中国共产党历史（地方卷）集成　社会主义革命和建设时期

中国共产党河北历史

第二卷（1949—1978）

中共河北省委党史研究室 著

中共党史出版社

图书在版编目（CIP）数据

中国共产党河北历史．第二卷，1949—1978 / 中共河北省委党史研究室著．-- 北京：中共党史出版社，2023.1

（中国共产党历史（地方卷）集成．社会主义革命和建设时期）

ISBN 978-7-5098-6130-1

Ⅰ．①中… Ⅱ．①中… Ⅲ．①中国共产党—地方组织—党史—河北—1949-1978 Ⅳ．① D235.22

中国版本图书馆 CIP 数据核字（2022）第 175928 号

出版发行：中共党史出版社
责任编辑：韩冬梅
责任校对：申宁
责任印制：段文超
社　　址：北京市海淀区芙蓉里南街 6 号院 1 号楼
邮　　编：100080
网　　址：www.dscbs.com
经　　销：新华书店
印　　刷：北京汇林印务有限公司
开　　本：170mm × 240mm　1/16
字　　数：545 千字
印　　张：35.75　15 面插页
印　　数：1—3000 册
版　　次：2023 年 1 月第 1 版
印　　次：2023 年 1 月第 1 次印刷

ISBN 978-7-5098-6130-1
定　　价：90.00 元

《中国共产党河北历史》第二卷编委会

主　　编：孙增武

副 主 编：赵胜军　宋学民　姚建敏

执行主编：刘京华

执　　笔（按姓氏笔画顺序）：

冉世民　刘京华　刘洪升　李桂花

李碧山　张建华　赵胜军

1949 年 7 月 12 日,中共河北省委在保定成立。图为省委办公地点——原直隶总督府。

1949 年 8 月 1 日,河北省人民政府在保定成立。图为成立大会会场。

1950 年 11 月 1 日至 9 日,河北省第一届各界人民代表会议在保定召开。图为第一届各界人民代表会议协商委员会主席、副主席、委员合影。

1950 年,在抗美援朝运动中,唐山市各界群众举行抗美援朝大游行。

1951 年 10 月 15 日,承德丰宁县举行控诉反革命分子示威游行。

1952 年 2 月 10 日,河北省人民法院组织的公审大贪污犯刘青山、张子善大会现场。

1954 年 8 月 1 日至 8 日，河北省第一届人民代表大会第一次会议在保定召开。图为全体代表合影。

1955 年 1 月 16 日至 19 日，中国人民政治协商会议河北省第一届委员会第一次会议在保定召开。图为第一次会议全体委员合影。

1956 年，在农业合作化运动中，全省广大农民积极要求加入合作社。

1956 年，在资本主义工商业社会主义改造中，石家庄市庆祝实现全行业公私合营大会会场。

1956年7月4日至16日，中共河北省第一次代表大会在保定召开。图为省委书记林铁作报告。

1958年4月28日，国务院批准河北省省会由保定市迁往天津市。图为河北省委搬迁天津后的办公地点。

1958年8月,国家"一五"计划重点建设项目——华北制药厂建成投产。

"一五"期间,全省兴建了石家庄、邯郸两大纺织基地。图为建成投产后的石家庄国棉二厂生产车间。

1963 年 8 月上旬,河北省中南部遭遇历史上罕见的洪涝灾害。图为抗洪军民搭起人墙,保护堤埝。

1963 年 11 月,毛泽东主席发出“一定要根治海河”的号召。图为治河民工奔赴海河工地。

1965 年至 1980 年,大规模根治海河工程建设,使海河流经天津顺畅入海。

1963 年至 1965 年,在全省开展了以“四清”为主要内容的社会主义教育运动。图为“四清”工作队分赴农村和厂矿。

1966 年 3 月 8 日，邢台地区隆尧县发生 6.8 级强烈地震。图为人民解放军奔赴地震灾区。

1968 年 2 月 3 日，河北省革命委员会在石家庄成立。图为成立后的挂牌仪式。

1968年12月,毛泽东主席发出“知识青年到农村去,接受贫下中农再教育,很有必要”的指示。图为石家庄市召开知识青年上山下乡誓师大会。

20世纪70年代,国务院和中央军委批准建设邯邢钢铁基地。

20 世纪 70 年代初，全国工业学大庆的先进企业——开滦煤矿厂区一角。

20 世纪 70 年代初，中国首批引进建设的 13 家大氮肥企业之一——沧州化肥厂。

一批批小拖拉机出厂。

20 世纪 70 年代,全省组织开展了“小拖拉机会战”“小化肥会战”。图为当时兴建的小化肥厂。

1976年7月28日，唐山市、丰南县一带发生7.8级强烈地震。图为中国人民解放军某部日夜兼程，以最快速度奔向灾区。

1976年10月，中央政治局采取断然措施，粉碎“四人帮”，结束了“文化大革命”十年内乱。图为纺织工人揭批“四人帮”。

1977年11月25日至12月3日,政协河北省第四届委员会第一次会议在石家庄召开。

1977年11月26日至12月3日,河北省第五届人民代表大会第一次会议在石家庄召开。

第二卷

目录

第一编
人民民主政权的建立和向社会主义过渡的实现

（1949年7月—1956年9月）

第 二 编
社会主义建设在探索中曲折发展

（1956 年 9 月—1966 年 5 月）

第三编
“文化大革命”的内乱及对内乱的抵制

（1966 年 5 月—1976 年 10 月）

第 四 编
社会主义建设在拨乱反正中进入新的历史时期

（1976 年 10 月—1978 年 12 月）

第一编

人民民主政权的建立和向社会主义过渡的实现

（1949年7月—1956年9月）

1949年七八月间,中共河北省委、河北省人民政府恢复建立不久,即迎来了中华人民共和国的诞生。从新中国成立到1952年底,中共河北省委领导全省人民全面实施新民主主义建国纲领,建立和巩固人民民主政权,开展各项新民主主义改革和建设,加强党在执政初期的自身建设,胜利完成了恢复国民经济的艰巨任务。

从1953年到1956年,河北进入了有计划的经济建设和对生产资料私有制的社会主义改造时期。中共河北省委根据党在过渡时期的总路线和总任务,制定实施了发展国民经济的第一个五年计划,展开了大规模的经济文化建设;有计划、有步骤地开展了对农业、手工业和资本主义工商业的社会主义改造,顺利实现了由新民主主义到社会主义的历史性转变。社会主义基本制度的建立,为经济发展和社会进步提供了根本政治前提和制度基础。

第一章

人民民主政权的建立和巩固

1949年1月，河北全境解放。遵照中共中央和中共中央华北局的决定，中共河北省委、河北省人民政府成立后，健全了党的各级组织；按照《中国人民政治协商会议共同纲领》的规定及河北省的省情，提出了建设新河北的施政纲要。领导全省各地采取自上而下任命及自下而上召开各界人民代表会议选举的方式，建立了各级人民政府及其常设机构——协商委员会；开展抗美援朝和镇压反革命运动，使新生政权得到巩固。各级政权机关的有效运转，使建省初期纷繁复杂的工作迅速打开局面，全省人民革命、生产热情空前高涨，燕赵大地呈现出万象更新的局面。

一、人民民主政权的建立

中共河北省委、河北省人民政府的组建

气势磅礴的人民解放战争以排山倒海之势，摧毁了国民党的反动统治。1949年1月，河北全境解放，为加强党的集中统一领导，更好地恢复和发展生产，支援全国解放战争，开展各项新民主主义改革和建设，中共中央决定撤销冀东、冀中、冀南区党委，组建中共河北省委员会。在中共华北局的领导下，经过充分准备，1949年7月12日，在保定市举

行了中共河北省委第一次全体委员会议，宣告中共河北省委正式恢复成立。

中共河北省委由林铁、马国瑞、杨秀峰、罗玉川、孙毅、王光华、薛迅、金城、谷云亭、李子光、吴德、刘秀峰 12 人组成。林铁任书记，马国瑞任副书记。8 月 1 日，经中共中央批准，中共河北省委增设常务委员会，由林铁、马国瑞、杨秀峰、罗玉川、孙毅 5 人组成。中共河北省委始设工作机构：秘书处、办公室、组织部、宣传部、社会部、政策研究室、工委会、青年工作委员会、妇女工作委员会、直属党委会、省委党校、河北日报社。

中共河北省委第一次全会通过了林铁作的《河北省基本情况与当前的基本任务》的报告；讨论确定了省级和省以下各级党、政、军的组织机构与编制原则，以及如何加强党的团结等问题，并任命了干部。会议要求全省共产党员和广大干部要继续保持和发扬革命战争年代的艰苦奋斗精神，为实现党和人民所赋予的光荣任务而奋斗。

中共河北省委建立后，将原属冀中、冀东、冀南的地委调整组建为中共唐山、天津、通县、保定、定县、沧县、石家庄、衡水、邢台、邯郸 10 个地委，并设中共保定市、石家庄市、唐山市、秦皇岛市 4 个直属市委。

1949 年 7 月 28 日，华北人民政府第三次委员会扩大会议决定，恢复重建河北省行政区，成立河北省人民政府。原冀中、冀东、冀南、太行行政区和原察哈尔省所辖的河北属各县、市，除南乐、清丰、濮阳、东明和长垣 5 县划归平原省外，均划归河北省；原冀南区所辖的山东省属临清、邱县、馆陶、夏津、武城、恩县 6 县及原太行区所辖的河南省属涉县、武安、临漳 3 县也划归河北省。全省共辖保定、石家庄、唐山、邯郸、邢台、定县、通县、天津、沧州、衡水 10 个专区；保定、石家庄、唐山、秦皇岛 4 个省辖市；132 个县、10 个县级镇、1 个矿区。总面积 14.2 万平方公里，总人口约 2970 万，省会驻保定市。以后又经过多次调整，其中，调整较大的一次为 1952 年 11 月，根据中央人民政府委员会决议，撤销察哈尔省建制，将察哈尔省的察南、察北两专区的 16 个县和张家口、宣化两市划归河北省后，设立张家口专区。张家口市、宣化市为省辖市。到 1952 年 11 月底，河北省共辖 11 个专区、6 个省辖市、148 个县。

根据华北人民政府关于重新建立河北省行政区，成立河北省人民政府的决定，1949 年 8 月 1 日，河北省人民政府在保定市正式宣告成立。华北人民政府任命杨秀峰、罗玉川、艾大炎、李锡九等 22 人为河北省人民政府委员，组成河北省人民政府委员会，任命杨秀峰为河北省人民政府主席，罗玉川任副主席；于力任河北省人民监察院院长，杜佩珊任河北省人民法院院长。

与此同时，河北省军区和河北省总工会筹委会、新民主主义青年团河北省工作委员会（简称青年团河北省工委）、河北省妇联筹委会等群众团体领导机关亦正式宣告成立。河北省建制的重新恢复及中共河北省委、河北省人民政府的建立，是河北人民政治生活中的一件大事。同日，省党政军机关、群众团体组织及保定市各界群众隆重集会，热烈庆祝中共河北省委、河北省人民政府的成立。中共河北省委书记林铁、河北省人民政府主席杨秀峰先后在会上发表讲话。林铁在讲话中指出，中共河北省委、河北省人民政府的成立，揭开了河北历史的新篇章。他号召全省共产党员、青年团员和广大干部要团结带领全省人民为国民经济的恢复与发展，巩固人民民主专政，建设新河北而奋斗。

建省初期面临的形势和任务

随着解放战争的胜利，国民党反动政权被推翻，筹建新中国的条件已经成熟。经过充分准备，1949 年 9 月 21 日至 30 日，中国人民政治协商会议在北京召开了第一届全体会议。毛泽东在开幕词中豪迈地宣布："占人类总数四分之一的中国人从此站立起来了。"会议通过了《中国人民政治协商会议共同纲领》等重大事项。《共同纲领》确定新中国为新民主主义即人民民主主义国家，实行工人阶级领导的、以工农联盟为基础的、团结各民主阶级和国内各民族的人民民主专政；人民行使国家政权的机关为各级人民代表大会和各级人民政府；各级政权机关一律实行民主集中制；并规定了建设新中国的总方针和总政策。它展示了新中国的宏伟建设蓝图，是新中国的建国纲领。在全国人民代表大会制定宪法前，它具有临时宪法作用，成为全国各族人民共同遵守的大宪章。

1949 年 10 月 1 日，中华人民共和国成立，首都北京 30 万军民在天安门广场隆重举行开国大典的喜讯传来，河北城乡一片欢腾，燕赵儿女纵情欢庆人民当家做主的新中国的诞生。全省党政军民表示,要在毛主席和中央人民政府的领导下,以坚强的信心和百倍的努力,为彻底实现《共同纲领》提出的各项任务,建设新民主主义新河北而奋斗。

新中国成立后,领导和组织人民革命取得胜利的中国共产党,成为在全国范围执政的党。从此,在中共中央的领导下,中共河北省委开始肩负起带领全省人民,全面贯彻《共同纲领》,开展新民主主义改革和建设,恢复和发展国民经济的历史任务。

建省初期,党领导全省人民建设新河北也有许多有利条件。河北省地处京畿,东环渤海湾,西靠太行山脉,境内河流纵横,水源充沛;煤、铁等矿藏及生物资源丰富;盛产粮、棉、油和干鲜果品等。河北历史源远流长,是华夏古老文明的发祥地之一。悠久的历史文化积淀,造就了众多的历史遗迹和风流千古的名人英烈。勤劳勇敢的河北人民有长期革命斗争的光荣传统,从辛亥革命以来的 38 年间,特别是中国共产党成立以来的 28 年间,河北人民为民族解放、国家独立,进行了不屈不挠的斗争,谱写了可歌可泣的光辉篇章。所有这些都是河北恢复与发展工农业生产、进行各项新民主主义改革与建设的有利条件和强大的精神动力。

河北是革命老区,中共党组织建立较早,党员队伍不断发展壮大。1949 年底,党员队伍已发展到 81 万;河北党组织向省外输送了一大批优秀干部和子弟兵,全省仍保留有地方部队和公安人员近 3 万人,民兵数十万。除新解放区外,革命老区大部分乡村与城镇的基层政权在历次反奸清算、土地改革基础上经过整顿与改造,确立了无产阶级领导的以工农联盟为基础的人民民主专政。这是新生的人民政权的宝贵财富,也是维护全省治安,继续消灭反革命残余势力,保障与领导人民安定地进行生产建设的可靠力量。但是,在存在以上有利因素的同时,刚刚执掌全省政权的中共河北省委和各级党组织也面临很多困难和严峻的考验。

在革命任务方面,部分老解放区的土地改革工作还没有结束,新解放区的土地改革尚未进行,封建地主阶级还没有完全打倒,地主和农民的矛盾仍是主要矛盾。公开的武装的敌人虽已消灭,但隐蔽的敌人依然存在。在新解放区,国民党反动派的残余势力还未彻底肃清,武装特务、土匪、恶霸地主及反动会道门还不断进行破坏,严重地影响着社会治安,危害着人民和国家利益。在城市和工矿企业中,民主改革尚未开展。

在国民经济方面,由于帝国主义的掠夺和国民党反动派的腐朽统治以及长期战争的破坏,已经千疮百孔,残破不堪。河北虽然是农业大省,但生产力水平低下。1949 年,全省平均亩产粮食只有 58 公斤、棉花 11.5 公斤、油料 55 公斤,全省人均粮棉油占有量分别为 152 公斤、3.5 公斤和 8.5 公斤,低于抗日战争前(以下简称战前)平常年份的水平。工业生产,门类残缺,重工业中除煤炭、电力、钢铁外,基本没有机器制造业和化学工业。现代工业寥若晨星,为数众多的是仅有五六个人或几十个人的手工作坊。1949 年全省共有工业企业 6479 家,其中国营 242 家,公私合营 21 家,合作社营 57 家,私营 6159 家。此外还有手工业合作社(组)31 个,工业企业职工 12.01 万人;全省工业总产值只有 6.16 亿元,比战前的 1936 年下降 23.7%,仅占工农业总产值的 22.9%。交通运输十分落后,仅有残缺断阻的铁路干(支)线 2000 公里左右,公路通车里程 5310 公里,其中铺有路面的仅 400 公里,基本上处于交通阻塞,运输瘫痪的状况。商业凋零,市场萧条,人民购买力低下,1949 年全省社会商品零售额仅 9.8 亿元,人均购买力为 31.6 元,其中农民仅为 20.7 元。①

在文教卫生方面,1949 年全省中等城市只有 8 个年久失修的电影院和破烂不堪的剧场。广大戏曲艺人社会地位低下,生活没有保障,人民文化生活十分贫乏。全省高校只有 3 所,在校生 1789 人;中等学校 173 所,在校生 3.78 万人;小学 3.25 万所,在校生 22.6 万人,工农群众 80% 左右是文盲和半文盲。人民缺医少药,疾病流行,全省城乡医疗卫生机构仅有 151 个,病床 2249 张,专业卫生人员 2.4 万人。

在党员干部队伍方面,还不适应新形势的需要。由于支援战争和新解放区,大批老干部外调,以致各级党政组织特别是县、区两级约占 60% 以上的干部缺额由新干部充任。这些新干部大多缺乏工作经验,文化知识和政策水平较低,加之在紧张的战争环境下,他们缺乏受系统教育的

---

① 1955 年 3 月 1 日后新人民币开始流通,本书所引用的旧人民币金额,均已折合为新人民币,新人民币与旧人民币的比价为 1∶10000。

机会,各种非无产阶级思想相当浓厚,组织纪律观念淡薄。平津战役后,新解放区骤然扩大,新区的建党建政工作还未普及,尚有6400多村没有党的组织,群众工作相当薄弱。此外,党也面临着因革命胜利而可能滋长的骄傲自满、享乐腐化等思想作风的侵蚀和考验。

面对上述复杂形势和种种困难,中共河北省委、河北省人民政府成立后,领导全省党内外干部和广大群众,认真贯彻执行中共七届二中全会精神和《共同纲领》的各项规定,牢记"两个务必",团结奋斗,以恢复和发展工农业生产为中心任务,开展各项新民主主义改革和建设。同时,恢复和发展人民的文化教育卫生事业;加强社会治安工作,肃清反革命残余势力,严厉取缔反动会道门,继续完成民主革命的遗留任务;加强民主政治建设,逐步地普遍建立各级人民代表会议,选举省、市、县(镇)、村人民政府;加强党执政后的自身建设,适应新形势发展的需要,提高执政能力和领导水平。所有这些,都是当时摆在河北各级党组织面前非常重要而紧迫的任务。

召开地方各界人民代表会议

1949年7月中共河北省委第一次会议通过的《河北省基本情况和党的任务的决议》中明确提出在两三年内普遍召开各级人民代表会议,选举省、市、县(镇)、村各级人民政府。解放较晚、条件不成熟的地区召开各界人民代表会议,逐步代行人民代表大会的职权,为普选的人民代表大会准备条件。

同年10月,中共中央华北局发出《建立村、区、县三级人民代表大会或各界人民代表会议的决定》,要求"不论在新老解放区,一律在今冬明春建立起村、区、县三级人民代表大会或各界人民代表会议"。10月29日,中共河北省委发出《关于具体执行华北局建立村、区、县三级人民代表大会或各界人民代表会议的决定几个问题的指示》,强调各级党委要深刻认识建立各级人民代表会议的重要性,普遍召开各界人民代表会议,为召开三级人民代表大会打下基础。在人民代表大会或各界人民代表会议中建立党组,党组在同级党委领导下进行工作。同时,对县、区两级会议代表的数额与各界的比数、代表资格,代表产生的办法都作了具体的规定，并要求各专区必须选择一至二个县先行试点。为取得组织实施县、区、村民主建政的领导经验，中共河北省委专门组织了工作组，在满城县进行试点。

各界人民代表会议，是在接管城市过程中创造的一种组织形式。一般由军事管制委员会在新解放城市或地区，邀请当地一些在社会上具有代表性的人士，并由群众团体推派代表，组成各界人民代表会议，作为军管初期党和政府领导机关征询意见、传达政策、联系群众的协议机关，听取和讨论政府的工作报告，提出批评和建议。由于各界人民代表会议在建立各级人民政权的进程中，起到了党和政府与人民群众密切联系的纽带作用，中共中央认为，这是逐步过渡到人民代表大会制度的最好组织形式。根据《共同纲领》的规定，1949 年 12 月，中央人民政府政务院发布《省、市、县各界人民代表会议组织通则》，规定凡具备条件的地方应抓紧召开各界人民代表会议。

根据中央的要求及河北省民主建政工作的进展情况，1950 年 2 月 15 日，河北省人民政府发出《关于召开村、区、县三级人民代表大会或各界人民代表会议并选举村、区、县三级人民政府的指示》，决定在谷雨前后，除灾区外，全省普遍召开县、区、村人民代表大会或各界人民代表会议，并选举三级人民政府。2 月 25 日经中央人民政府内务部批准，河北省人民政府又正式颁布了《区、村人民代表大会暂行组织通则》和《区、村人民政府暂行组织通则》，为有条件的地方召开区村人民代表会议，并选举人民政府提供了依据。《河北日报》为此发表《迎接伟大的人民民主运动》的社论。

在中共河北省委、河北省人民政府的指导下，全省民主建政工作进展顺利。全省 4 个省辖市除保定市、石家庄市早已于 1949 年 1 月、7 月先后召开了市人民代表大会外，唐山市、秦皇岛市于 1949 年 9 月，分别召开了市各界人民代表会议。据统计，到 1950 年，全省有 132 个县、10 个县级镇普遍召开了各界人民代表会议，代行人民代表大会职权；在全省 755 个区中，有 92 个区开过人民代表大会，选举了区人民政府，另有 39 个区召开过各界人民代表会议；还有 1.4968 万个行政村建立了人民代表大会，并选举了村人民政府，占全省 4.5065 万个行政村的 33.2%。

在市、县普遍召开各界人民代表会议或人民代表大会的基础上，具有历史意义的河北省第一届各界人民代表会议第一次会议，于1950年11月1日至9日在省会保定市召开。出席会议的正式代表490名，候补代表13名，包括由各地区、各民主党派、各少数民族、各人民团体、各机关、部队以及各界推选的代表和特邀人士，具有广泛的代表性。省委书记林铁出席会议并讲话。会议听取和审议了省政府主席杨秀峰作的《克服困难，发展生产，加强人民民主专政》的政府工作报告和省财政厅厅长范若一作的《河北省1949年财政决算和1950年财政情况的报告》，并分别作出了相应的决议；会议通过了《河北省人民政府组织条例》；审议、决定了河北省1951年的施政方针和政策。同时，会议选举产生了新的河北省人民政府，杨秀峰为省人民政府主席，李锡九、金城为副主席；林铁、孙毅、马国瑞等34人为政府委员。会议还选举产生了河北省各界人民代表会议的常设机构——河北省各界人民代表会议协商委员会，林铁为主席，马国瑞、王葆真、刘仙洲为副主席。

各界人民代表会议制度，是人民代表大会召开前的一种过渡形式。全省各级各界人民代表会议的召开，对讨论决定本级人民政府的施政方针与重大事宜发挥了重要作用。人民民主政权机构的基本建立，各级行政机关的有效运转，使建省初期纷繁复杂的工作迅速打开了局面。但各级政权组织的建设工作发展不平衡，有不少问题亟待解决。

为进一步加强地方各级政权建设，1951年8月16日，河北省人民政府根据政务院《关于人民民主政权建设的指示》精神，下发了《关于人民民主政权建设工作的指示》。《指示》强调，各级人民民主政权建设工作，应依据《共同纲领》与中央颁布的《关于市、县、区、村各界人民代表会议组织通则》的规定和毛泽东关于“必须认真地开好足以团结各界人民共同进行工作的各界人民代表会议”的指示精神，切实组织实施，并使之形成经常制度。《指示》指出，目前民主政权建设的重点是县级，一般应在1951年冬季实现县各界人民代表会议代行人民代表大会职权，选举县人民政府，并健全县协商委员会常务委员会；区可根据地区大小与工作需要，召开各界人民代表会议；村人民代表会议则应争取于1951年冬1952年春普遍建立，并逐渐达到每年春节前后进行改选。《指示》要求,各级凡已召开过人民代表大会或各界人民代表会议的,应继续充实民主建政的内容。各级人民政府的一切重大工作,应向各该级人民代表大会或各界人民代表会议提出报告,经会议讨论并作出决定。对于没有充分理由而不按规定时间召开各界人民代表会议者,应给予批评以至处分;如有充分理由必须推迟召开者,须报告上级人民政府批准。各级人民政府委员会及其行政会议亦应按照各级人民政府组织通则的规定,建立经常的会议制度。在民主建政中要注意代表的广泛性,工农代表要占到60%至70%。市、镇、区每年可根据需要召开3次会议。召开各界人民代表会议应事先收集提案,立案后要认真研究解决。

全省民主建政工作展开以后,为加强对建政工作的领导,1951年11月,河北省人民政府又发布《河北省县人民政府县长、副县长、委员选举暂行办法》和《河北省各界人民代表会议提案审查委员会组织暂行办法》,为县级选举和提案工作提供了依据。1952年9月10日,中共河北省委发出《关于召开第二届各界人民代表会议的指示》,对代表产生的办法、统战工作和提案搜集等工作作了具体规定。同月22日,省政府发出《关于进一步加强民主政权建设工作的指示》,要求各县、矿区、镇要在春节前后召开各界人民代表会议,凡没有代行人民代表大会职权的都全部代行,选举各级人民政府委员会。凡已代行的都要按期改选,充实民主内容。各地召开各界人民代表会议应结合各项中心工作特别是结合生产建设,认真做好选举工作和征集、处理人民代表的提案工作;各级人民政府应加强领导,并迅速成立建政办公室。

据统计,到1952年10月,省级及全省的市、矿区、县镇共计145个单位,都多次召开了各界人民代表会议。其中,4个省辖市,84个县、镇及7个市辖区已代行了人民代表大会职权,选举了各级人民政府;并有4个市、7个区及134个县(镇)建立了经常联系人民代表及向政府协商建议的常设机构——协商委员会或常务委员会。全省有254个区和70%的村庄召开了人民代表会议,选举了区、村政府。全省县以上各界人民代表会议的代表共计4.214万名;区和村级人民代表会议代表约90万名。各界人民代表会议的代表具有广泛的代表性,代表们以国家主人翁的姿态,本着效忠人民民主制度,团结一致,努力为人民服务,向人民负责的精神，在历次会议中，都集中地讨论和解决人民群众在生产、生活及在社会经济、政治、文化等方面迫切需要解决的问题。因而团结和激发了全省各界人民努力完成生产任务，为改善自己的生活建设新河北而奋斗的革命热情。从而在组织形式和民主制度上体现了人民民主政权已掌握在人民手中，民主范围不断扩大，人民监督政府的信心和当家做主人的积极性大大提高。

到 1952 年底，各界人民代表会议制度在全省范围内自下而上地建立起来，推动了河北的新民主主义改革和建设。实践证明，它是从进城之初临时的军事管理制度，逐步过渡到正式选举的人民代表大会制度的适当形式，是实行民主集中制的人民代表大会的雏形。它为党和人民政府进一步加强国家的民主政治建设积累了宝贵的经验。

省市协商委员会和民主党派组织的建立

政协第一届全国委员会第一次会议通过的《中国人民政治协商会议组织法》和政协全国委员会第一届二次会议明确指出，省、市各界人民代表会议协商委员会既是各界人民代表会议的常设机构，也是在政协地方委员会组建前代行其职权的机构。

建省初期，为适应党的工作重心由乡村转移到城市和在城市工作中全心全意依靠工人阶级，密切团结各民族、各民主阶级、各民主党派、各人民团体进行各项新民主主义改革和建设事业，根据政协全国第一届一次、二次会议决议和中共河北省委的部署，河北省各界人民代表会议的常设机构、地方统一战线组织形式的河北省协商委员会，于 1950 年 11 月上旬选举产生。它由河北省中共、政府、青年团、自然科学、军队、工会、青联、妇联、学联、工程技术、医药卫生、教育、宗教、农民、少数民族、文联、合作社、地区、荣军、新闻、交通、工商、特邀 23 个方面的代表组成。11 月 9 日，河北省协商委员会举行第一次全体会议，选举河北省协商委员会常务委员 17 名，河北省协商委员会主席、副主席即为河北省协商委员会常务委员会主席、副主席。

河北省协商委员会成立后，认真贯彻《共同纲领》和中共河北省委的决定。从 1950 年底至 1955 年初的 5 年间，紧密结合新民主主义改革和建设,相继召开 11 次全体会议和 17 次常务会议,协商讨论全省如何贯彻工会法和婚姻法,加强政权建设;开展抗美援朝,镇压反革命,“三反”“五反”,工农业爱国增产竞赛运动;宣传过渡时期总路线、总任务以及如何进行普选等重大问题。与此同时,受河北省各界人民代表会议的委托,审查通过了省财政历年的收支预决算。

全省 4 个省辖市人民政府在市委领导下,自 1949 年 12 月到 1952 年 9 月,通过召开市各界人民代表会议,选举产生市协商委员会。市协商委员会由主席、副主席、委员若干名组成。市协商委员会组建后,在协助市人民政府执行市各界人民代表会议的决议,协商并提出对市人民政府的建议,协助市人民政府在动员人民投入新民主主义改革和建设、恢复国民经济和进行文化建设事业等方面,发挥了重要作用。

中共河北省委根据《共同纲领》的要求,极为重视各民主党派的组织建设。为了更好地发挥各民主党派参政议政的作用,1951 年 9 月 27 日,中共河北省委批转了省委统战部《关于协助各民主党派建立组织发展党员的指示》,要求各市委协助民主党派建立组织,明确提出 1951 年 10 月底以前,保定市建立起中国国民党革命委员会(简称民革)地方组织,唐山市建立起中国民主同盟(简称民盟)地方组织筹委会办事机构。唐山、石家庄、保定三市在 11 月底前分别建立起中国民主建国会(简称民建)筹委会组织。

在中共河北省委的重视及省委统战部的积极协助下,河北省各民主党派组织相继建立,据 1952 年 11 月统计,河北省有民主党派人士 65 人,其中民革 29 人,民盟 14 人,民建 13 人,民进 4 人,中国农工民主党(简称农工党)3 人,九三学社 1 人,台盟 1 人。这些成员主要分布在保定、唐山、张家口等地。他们中的一些人具有较强的代表性,特别是民革成员,不但数量较多,而且层次高,多在省政府、省协商委员会工作。经过组织发展,到 1955 年 11 月,全省民革、民盟、民建这 3 个民主党派成员增至 235 人,其中民革 60 人,民盟 14 人,民建 161 人。

在协助民主党派建立组织、发展党员的同时,各级党委及统战部门还组织民主党派和无党派人士参加社会实践活动。1951 年底,中共河北省委组织包括民主党派成员在内的 14 人农村参观团,到建屏(今平山县)、定县(今定州市)的6个行政村参观土改后的农村新气象;还选派113人组成“全国政协土地改革工作团中南区第二十四团”,赴中南区参加土改工作。该团由省直机关、学校和保定、唐山、石家庄、秦皇岛市及华北军区等单位抽人组成,编成5个分队,其中民主党派人士85人,占总人数的75%。1952年“三反”运动开始后,各级节约检查委员会注意吸收党外有代表性人士和积极分子参加领导工作,并要求各机关一律动员党外人士参加内部“三反”运动。同时,河北省协商委员会通过学委会,广泛吸收省级和保定市有代表性的人物参加,组织他们学习讨论有关“三反”文件,结合运动中的实际问题进行座谈。在“五反”运动中也吸收了一部分教授和党外人士参加,使他们在运动中受到较深刻的教育和改造。

贯彻民族区域自治实施纲要

河北是一个多民族的省份,建省初期,全省有30多个少数民族,70%的县市都有两个以上民族共同居住,多数是大杂居、小聚居。新中国成立后,中国共产党的民族工作重点,由帮助少数民族从民族压迫制度下争取解放,转变为帮助他们彻底实现民族平等与自治和培养少数民族自己的干部。根据中共中央的指示,为加强党对民族工作的领导,进一步团结全省各族人民参加新民主主义的改革和建设工作,1950年11月,河北省召开第一届各界人民代表会议时,在519名代表中,有少数民族代表5人。1952年7月,河北省人民政府成立了民族事务委员会及宗教处。省民委成立后,认真贯彻《共同纲领》和《中华人民共和国民族区域自治实施纲要》,积极宣传贯彻党的民族政策。

同年7月24日,河北省民族事务委员会发出《关于培养少数民族干部的意见》。《意见》根据河北省人民政府的决定和要求,从1952年起,在河北省建设学院设立少数民族干部培训班;省级各专业学校与训练班中必须设立一定数量的少数民族学员名额;凡有少数民族的地区所举办的一般干部学校训练班,均应吸收适当数量的少数民族干部,并在其总的教学课程中适当增设民族政策课程。河北省建设学院少数民族培训班于同年10月7日正式开学,共招收少数民族干部45名,其中区长1名,区股级干部11名,村干部7名,教员2名,其他人员24名。重点学习民族政策、中共党史、河北省的基本情况和建政、工商、农业等方面的政策。

9月30日,省民委发出《关于开展民族政策学习运动与宣传工作上的几项意见的通知》,要求各地和有关部门,联系实际,认真组织学习《中华人民共和国民族区域自治实施纲要》《关于地方民族民主联合政府实施办法的决定》《关于保障一切散居的少数民族成员享有民族平等权利的决定》及中央民族事务委员会主任委员李维汉《有关民族政策的若干问题》的报告。为了配合这次学习,省民委于同月辑印《民族政策文件》和《民族工作资料汇集》两本小册子,下发各地及有关部门。新闻宣传部门把民族政策的学习和宣传列入计划,组织报道,有力地推动了这次学习的开展。与此同时,省民委还依据河北省少数民族居住的特点,制定了河北省少数民族区域自治实施计划。

1952年,根据《共同纲领》中关于"各少数民族聚居的地区,应实行民族区域自治"的规定和中央民委第二次委员(扩大)会议关于推行民族区域自治的决议精神,中共河北省委、河北省人民政府决定首先在三河县大厂地区进行民族区域自治的试点,由省民委和省民政厅联合组织工作组到大厂地区调查研究,帮助当地着手进行民族区域自治的准备工作。

新中国成立初期,三河县大厂地区有回民聚居村及回汉民合居村20个,连同毗邻的17个汉民村,合计为37个村。回族人口共有1.7299万人,占37个村总人口的51%。经充分准备,1952年10月7日,河北省人民政府批准了省民族事务委员会《关于在三河县推行大厂回族区域自治实施计划》,确定在三河县建立大厂回族自治区。随后,中共三河县委、县政府建立了大厂回族自治区筹备委员会,经过近一个月的准备工作,于同年11月6日,三河县大厂回族自治区召开了第一届第一次各界人民代表会议,出席会议的回、汉民代表111名,会议代行人民代表大会职权,民主选举出自治区人民政府委员会主席、副主席、委员及各界人民代表会议常务委员会主席、副主席、委员,组成了自治区人民政府及自治区人民代表会议常务委员会。会议宣布:大厂回族自治区正式成立。三河县大厂回族自治区，是河北省少数民族聚居区第一个实行民族区域自治的地方，它的成立受到了回汉人民的热烈拥护。

为深入贯彻落实党的民族政策，进一步做好民族工作，1952 年 11 月 30 日至 12 月 4 日，河北省人民政府召开回族人民代表会议。工人、农民、青年、妇女、学生、工商业者、小贩、教师、驻冀部队、民族工作者、伊斯兰教等各界代表 57 人出席会议。会议听取了省政府副主席薛迅关于《目前政治形势与任务》的报告和省民族事务委员会主任刘洪涛作的《关于民族政策的若干问题及河北省一年来在回族中贯彻民族政策的重要情况和今后的意见》的报告。代表们讨论了河北民族工作情况和实行民族区域自治问题，批评了对民族区域自治的某些狭隘看法。与会代表表示，一定要认真贯彻执行党的民族政策，在党和人民政府的领导下，加强各兄弟民族的紧密团结，共同建设我们伟大的祖国。会议选举马卓洲等 6 人为出席全国第二届人民代表会议的代表。

在民主建政中，河北各级党组织认真贯彻党的民族政策，得到了各兄弟民族对民主政权的拥护与支持。到 1952 年底，全省少数民族在各级政权中当选为代表者 234 人，当选为各级人民政府委员者 20 人。根据民族区域自治政策，全省建立了 201 个民族自治乡，迈出了民族区域自治的第一步。

二、中共河北省第一次代表会议

自 1949 年 7 月，中共河北省委组建到 1956 年 7 月，由于多种原因，没有召开党的代表大会，而是根据中共七大通过的《中国共产党章程》的有关规定，采取召开党的代表会议的方法，讨论并决定各种工作问题。1950 年 5 月 30 日至 6 月 14 日，中共河北省第一次代表会议在保定市召开。出席会议代表 447 人，列席 142 人（其中邀请民主人士 3 人，实际列席 2 人）。会议根据中共七届二中、三中全会精神，认真总结了建省近一年来的工作；确定中共河北党组织在国民经济恢复时期的主要任务是：加强党的建设，领导全省人民为争取国家财政经济状况的基本好转而斗争；会议还研究部署了传达贯彻中共七届三中全会精神和整党整干工作。会上，中共河北省委书记林铁传达了毛泽东在党的七届三中全会上作的《为争取国家财政经济状况的基本好转而斗争》的报告及《不要四面出击》的讲话。与会代表联系思想和工作实际，重点学习领会了毛泽东的报告和讲话精神，进一步明确了全党全国人民在当前阶段的中心任务，加深了对毛泽东关于“不要四面出击”策略思想的理解，一致表示坚决拥护，认真贯彻。

会议认为，建省近一年来，中共河北省委、河北省人民政府带领全省人民认真贯彻党的七届二中全会精神和《共同纲领》确定的各项方针政策，全省广大党员干部工作勤奋努力，在建立和巩固人民民主政权、开展各项新民主主义改革、生产救灾、维护社会稳定、恢复国民经济等方面取得了很大的成绩。但进城以后，也有不少党员干部的思想和工作作风还不适应新的形势，关键是党员干部还缺乏坚强的群众观点，在工作中存在着严重的官僚主义和命令主义作风，不善于与非党群众很好合作，以致在执行任务中发生了不少脱离群众的现象。会议强调指出，中共七届三中全会是新中国成立初期党中央召开的一次重要会议，为全面贯彻实施《共同纲领》规定了明确的战略策略方针和行动纲领。全省广大党员干部特别是各级领导干部，要认真学习，深刻领会党的七届二中、三中全会精神。要发扬党的实事求是、密切联系群众的光荣传统和优良作风，处理好同民族资产阶级、各民主党派、知识分子和少数民族之间的关系，尽可能团结一切可以团结的力量，稳步地开展各项新民主主义改革和建设，而不是四面出击，树敌太多，影响争取国家财政经济状况基本好转任务的完成和人民民主政权的巩固。会议要求，贯彻中共七届二中、三中全会精神和开展整党整干工作，要联系本单位本部门本地区的工作实际，检讨自己的思想和工作，切实转变思想观念，克服官僚主义和命令主义的作风。

会议期间，与会代表对照毛泽东在党的七届三中全会上的报告和讲话，联系自己的思想和工作实际，通过开展批评与自我批评，对官僚主义、命令主义的危害和本质有了进一步的认识。有的代表在检讨中说，由于自己的思想存在着单纯任务观点，对上级负责劲大，对人民群众负责劲小，把对上级负责与对人民负责二者对立起来。因此，在实际工作中，对下级压任务多，下指示多，要材料多，要数字多，具体帮助少，特别是帮助下级总结经验，教育提高干部很不够。对完成与超额完成任务者盲目奖励，不问或很少问完成任务的方法；对完不成任务者，不问实际情况，不帮助解决困难，不是批评就是处分，以致挫伤了一些干部的积极性。有的代表在检讨发言中说，过去自己总认为向群众学习只能学习他们的技术，在贯彻执行政策等方面，自己就得当群众的先生，甚至认为走群众路线麻烦，耽误时间影响完成任务，强迫命令做工作总比疲沓不做工作强，这实际上是党的宗旨观念和群众观点淡薄的表现。还有些代表检讨了在工作中不注意团结非党群众的问题，通过学习毛泽东在党的七届三中全会上的报告和讲话，不少代表说，过去我们忘记甚至丢掉了群众，主要是对毛泽东思想学习领会不够，是我们自己思想上的问题，今后努力好好学习，努力提高自己的思想觉悟和领导能力。

会议根据毛泽东在党的七届三中全会的报告及此前中共中央和华北局的指示，结合河北省的具体情况及迫切需要解决的问题，经过与会代表充分讨论作出了《中共河北省委关于整党整干的决议》《中共河北省委关于公私兼顾问题的决议》《中共河北省委关于贯彻农业生产政策的决议》《中共河北省委关于镇压反革命活动的决议》及《河北省首次党代表会议全体代表致毛主席并党中央的信》，与会代表在信中表示，回去后一定要认真贯彻党的七届三中全会精神和河北省第一次党的代表会议的决议，有效地加强与提高党员干部的群众观点和群众路线的工作作风；切实纠正领导工作中存在的以感情代替政策，以命令态度代替说服教育，以个人代替组织的官僚主义和命令主义作风，巩固全党的团结，改善党与群众以及党外人士的关系，并完全有信心在以毛泽东为首的党中央及华北局和省委的领导下，努力实现党的中心任务。

中共河北省第一次代表会议，是中共河北省委恢复重建后召开的一次重要会议。会议明确了河北党组织的主要工作，特别是通过开展批评与自我批评，对官僚主义、命令主义和不注意团结多数的思想作风的危害，对党的群众观点、群众路线和“不要四面出击”的策略思想的重要性有了更深刻的认识，为实现三年经济恢复时期党的中心任务奠定了思想基础。

三、抗美援朝

正当全省人民奋发努力全面落实党的七届三中全会和中共河北省第一次代表会议的部署,为争取财政经济状况基本好转而斗争的时候,1950年6月朝鲜内战爆发。美国随即派兵进行武装干涉朝鲜并派遣第七舰队入侵台湾海峡。侵朝美军不顾中国政府的多次严正警告,出动飞机轰炸中国东北边境的城市和乡村,新中国面临着外部侵略的严重威胁。为捍卫世界和平,应朝鲜民主主义人民共和国政府的请求,中共中央作出了抗美援朝、保家卫国的决策,毅然派遣中国人民志愿军赴朝作战。

以美国为首的“联合国军”的侵略行径激起了河北人民的极大愤慨。中共河北省委根据中央的部署,因势利导,在全省组织开展了声势浩大的“抗美援朝、保家卫国”的宣传教育。1950年6月27日,成立了以李锡九为主席的中国保卫世界和平大会河北省分会。8月1日,省会保定1500余人集会,纪念八一建军节、反对美帝侵略朝鲜和台湾地区。省委书记、省军区政委林铁,省军区司令员孙毅在会上讲话,号召全省人民要认清形势,随时准备回击美帝侵略者。大会还通过了给毛泽东和朝鲜民主主义人民共和国首相金日成的致敬电。

8月中旬,石家庄电业局、天津电业局第三发电厂全体职工分别发起签名活动,并上书毛泽东,表示要以安全发电的实际行动支援朝鲜人民的解放战争。他们致毛泽东的信是通过当时任中央人民政府燃料工业部部长的陈郁转呈的。9月11日,毛泽东给陈郁回信说:“转来石家庄电业局全体职工给我的信及天津电业局第三发电厂全体职工给我的信,均已收到。请你转告两处电业职工同志们,感谢他们的好意,希望他们团结一致,努力工作,为完成国家的任务和改善自己的生活而奋斗。”①毛泽东的回信极大地鼓舞了广大职工加紧生产、努力工作、抗美援朝的

① 河北省政协文史资料委员会 河北省档案局编:《毛泽东与河北》下卷,河北人民出版社2006年版,第24页。

热情。

志愿军入朝后，11 月上旬，省会保定召开各界代表会议，正式成立河北省抗美援朝宣传运动委员会，并决定开展抗美援朝运动宣传周。《河北日报》为此发表《正确认识当前时局，热烈开展抗美援朝》社论。21 日，中国人民保卫世界和平反对美国侵略委员会河北省分会成立后立即发出通告，号召全省各地普遍开展"抗美援朝、保家卫国"运动。1951 年 1 月 22 日，中共河北省第二次代表会议通过决议，要求把抗美援朝爱国运动贯彻到每一种工作和全省每一个角落，将经济工作和政治任务结合起来。为了使全省每一处、每个人都受到抗美援朝的爱国主义与国际主义教育，3 月 28 日，中共河北省委发出《关于在全省普及和深入抗美援朝运动及准备"五一"游行示威的指示》，要求各地根据本地情况，有计划有重点地进一步普及和深入开展抗美援朝的爱国宣传教育工作。从此，一场轰轰烈烈的抗美援朝爱国主义与国际主义教育运动在全省广泛深入地开展起来。

随着抗美援朝、保家卫国宣传教育运动的广泛深入，燕赵儿女的爱国热忱不断高涨，并以实际行动支援抗美援朝的伟大斗争。全省先后有数百万青壮年踊跃报名参军参战。广大在校中学生也踊跃报考军事干部学校，仅据 53 所中等学校的统计，报名参加军事干校的学生达 1.28 万多人。铁路员工、汽车司机和民工纷纷要求参加运输队、担架队随军赴朝参战。广大医务工作者争先恐后报名申请加入医疗队，奔赴前线为志愿军服务。工人提出了"工厂是战场，机器是武器"的口号，开展了热火朝天的增产节约竞赛。农民提出"前方打胜仗，后方闹生产，生产长一寸，支援志愿军""多打一粒粮，消灭一个美国狼"的口号，开展了爱国增产运动。1951 年全省工业战线增产节约 1.3 亿元，超过原计划 14%，涌现出劳动模范 1700 余人；农业生产超过战前最高年产量的 12.7%，仅据 4 个专区的统计就涌现出劳动模范 3.7 万余人。1952 年全省增产节约 1.8 亿多元，超过原计划 57%。

与此同时，全省人民积极响应中央和省委、省政府的号召，开展了制定爱国公约、捐献飞机大炮和优待烈军属的群众运动。省会保定市各机关团体率先提出捐献"保定号"飞机 1 架。在不到半年的时间里，全省共捐献人民币1957万元,这些捐款可购买战斗机130架,大大超过原定80架战斗机的计划。到1953年4月底,全省又捐款达115.2488万元。全省农村广大群众在“先军烈属、后自己”的口号下,为军烈属代耕土地的产量一年比一年增加。据统计,1952年邯郸专区烈军属土地的产量比1951年每亩平均增产20%左右;全专区代耕土地总产量比1951年增加3200余万斤。全省医务界还推出免费或减费为烈军属治疗疾病的活动。全省教育界在同等条件下优先录取烈军属子弟上学,并优先享受助学金待遇。在城镇,劳动人事部门优先安排烈军属及其子女就业。逢年过节,各地干部带着礼品慰问烈军属,不少军属给自己的儿子或丈夫写信,通报党和人民政府及乡亲们对家中的关照,嘱咐他们在前方多打胜仗,不打败美帝侵略者不回家。

侵朝美军为了挽救在朝鲜战场的败局,公然违背国际公约,于1952年初在朝鲜前线发动了大规模的细菌战。美军还多次出动飞机侵入我国东北的安东(今丹东)、抚顺、新民、长甸、临江及青岛等地投放大量细菌,致使上述地区出现瘟疫和人畜死亡,严重威胁着东北、华北广大地区人民群众的生命健康。中华人民共和国政务院总理兼外交部长周恩来发表声明,严正抗议美军的暴行。随即从3月起,在全国开展了一场粉碎美帝细菌战的爱国卫生运动。3月17日、21日,河北省人民政府发出《关于开展清洁卫生运动,警惕美帝撒放毒虫的指示》和《关于立即建立各级防疫组织开展工作的指示》,全省城乡成立各级爱国卫生运动委员会,发动群众开展了轰轰烈烈的爱国卫生运动。

为加强关内的防疫工作,周恩来于4月初派人到山海关专门组建山海关防疫委员会,并在山海关火车站对东北进关车辆采取高温蒸气消毒,为进关人员进行体检,对城乡人民进行预防注射,加强畜禽管理,监视空中敌机投放细菌和地面疫情。与此同时,发动全市人民清除户内外垃圾,填沟垫洼,疏通和填平臭水沟,消除蚊蝇滋生地,开展灭蚊、蝇、虱、蚤、鼠的“五灭”运动;翻修平整街道、胡同,普遍用白灰粉刷墙壁,大街小巷用三合土铺路;住户院内挂牌轮流值日,机关单位实行上班后、下班前10分钟清扫卫生,每周六下午为全市人民卫生日,开展卫生大检查。经过半年多的努力,山海关市卫生面貌焕然一新,为粉碎敌人细菌战作出了重大贡献。同年12月,该市荣获“全国中小城镇甲级卫生模范市”称号,获毛泽东题词“动员起来,讲究卫生,减少疾病,提高健康水平”的奖旗一面。其他各地也都开展了轰轰烈烈的爱国卫生运动。这一运动的开展,不但挫败了美帝国主义的细菌战,而且大大改善了全省城乡的卫生状况及人民群众的卫生习惯,增强了人民的健康意识,保证了工农业生产及各项改革、建设事业的胜利开展。

在异常残酷的抗美援朝战争中,志愿军指战员发扬祖国人民利益高于一切,为了祖国和民族的尊严而奋不顾身的爱国主义精神,英勇顽强、舍生忘死的革命英雄主义精神,不畏艰难困苦,始终保持高昂士气的革命乐观主义精神,为完成祖国和人民赋予的使命、慷慨奉献自己一切的革命忠诚精神,以及为了人类和平与正义事业而奋斗的国际主义精神,涌现出杨根思、黄继光、邱少云等30多万英雄功臣。其中,被中国人民志愿军追记“特等功”“一级战斗英雄”,被朝鲜授予“朝鲜民主主义人民共和国英雄”“金星奖章”“一级国旗勋章”等荣誉称号的某部排长杨春增,被中国人民志愿军追记“特等功”、授予“一级战斗英雄”等称号的志愿军空军某飞行中队队长孙生禄,以及电影《英雄儿女》中王成、王芳的主要英雄原型——赵先有、解秀梅,都是河北子弟兵的杰出代表。

抗美援朝战争的胜利,粉碎了美帝国主义扩张侵略的野心,维护了亚洲和世界和平,使中国的国际威望空前提高,为我国民主改革和建设赢得了一个相对稳定的和平环境。伟大的抗美援朝精神极大地激发了河北人民革命与建设的热情,成为恢复发展国民经济、推动各项社会改革、建设新河北的巨大动力。

四、镇压反革命运动

镇压反革命是新中国成立初期同抗美援朝、土地改革并称的三大运动之一。这一运动对巩固人民民主政权具有更直接的意义。

国民党败逃台湾后在大陆上潜伏了一大批反革命分子,继续进行种种破坏和捣乱活动。河北省大部分地区是老解放区，虽然境内残存的匪特及其他反革命分子数量不多，但危害性极大。朝鲜战争爆发后，他们以为“第三次世界大战”即将爆发，蒋介石“反攻大陆”的时机已到，反革命气焰更加嚣张。他们有的组织反动武装，联络国民党原特务人员，操纵土匪，进行所谓的“敌后游击”；有的利用会道门，造谣惑众，妄图搞武装暴动；有的毁机器、割电线，敲诈群众，抢粮要款；有的袭扰党政机关劫杀工作人员和村干部，破坏基层民主建政工作；有的甚至在党政机关、驻冀部队、企事业的集体伙食单位投放毒品，造成中毒事件。在农村一些不法地主富农也趁机反攻倒算，麦收期间他们抢收群众的庄稼，有的还威胁农民向他们交地租。

针对这种情况，1950 年 6 月 14 日，中共河北省委根据《共同纲领》和中央的指示，作出了镇压反革命活动的决议。要求各级党委、人民政府对匪特及其他反革命分子必须给予严厉的及时的镇压，坚决肃清之，并且规定了严格的政策。根据中共河北省委决议和省政府部署，各级党委和人民政府立即组织精干队伍，对匪特及其他反革命分子的破坏活动进行了清剿和镇压，对各种反动会道门予以通令取缔，并破获了一批反革命案件，肃匪反特及镇压反革命活动均取得了一定的成绩。据 8 月份的统计，全省共破获重要案件 4653 起，歼灭股匪 226 股，捕获匪徒匪首 2376 人，自首投案者 74 人。镇反工作虽然取得较大的成绩，但各地的工作很不平衡。由于有些地方广泛宣传党和人民政府的政策、深入发动群众不够，有些干部存在一定程度的“宽大无边”的右的偏向，对反革命的破坏活动镇压不够坚决，反革命残余势力的破坏活动，在有些地方还很猖狂。

为了纠正镇反工作中的右的偏向，严厉打击反革命破坏活动，10 月 23 日，中共河北省委根据中共中央的相关指示，作出了《关于具体执行中央镇压反革命活动指示的决定》，要求各级党委坚决执行中共中央和政务院、最高人民法院关于镇压反革命活动的指示，并继续贯彻省委关于镇压反革命的决议，坚决纠正一些地方存在的对反革命分子“宽大无边”的偏向，全面贯彻“镇压与宽大相结合”的政策和“首恶者必办，胁从者不问，立功者受奖”，对罪大恶极、怙恶不悛的反革命首要分子，实行坚决镇压的方针。从11月开始,各地党委、各级人民政府广泛发动群众,进一步在全省范围内大张旗鼓地开展了一场镇压反革命运动。

这次运动打击的重点是土匪(匪首、惯匪)、特务、恶霸、反动会道门头子和反动党团骨干分子。运动采取群众路线的方法,在党委领导下,实行全党动员、群众动员,使公安、司法机关同广大群众相结合,并且吸收各民主党派和民主人士参加。为了把广大群众动员起来,在镇压反革命运动中,全省各地通过举行控诉反革命罪行公审大会,举办反革命罪证展览,召开受难群众座谈、检举揭发会等,使广大群众受到了深刻的教育。与此同时,结合抗美援朝,各地动员一切宣传力量,采取多种形式,进行声势浩大的宣传发动工作。由于广泛深入的宣传教育,大大地提高了人民群众的阶级觉悟,增强了向反革命分子作斗争的勇气和信心,他们纷纷起来检举揭发,并积极协助政府追捕反革命分子。

在普遍发动群众的基础上,全省大规模的镇压反革命运动大体经历了取缔会道门、大张旗鼓镇压反革命和处理积案三个阶段。自1950年11月至翌年2月,在全省范围内以一贯道为重点,对反动会道门进行了彻底清查、集训登记和取缔工作。

1951年2月,中央人民政府颁布了《中华人民共和国惩治反革命条例》,使镇反斗争有了法律的武器和量刑的标准。随着《条例》的贯彻,省委、省政府因势利导及时总结推广各地开展镇反斗争的做法与经验,使运动迅速形成高潮。其中《察哈尔省关于取缔一贯道的情况报告》《河北省委关于沧县地委镇反工作经验的通报》《河北省公安厅关于天津专区逮捕反革命分子的情况报告》《河北省农业厅审查旧人员的经验》《察哈尔省万全县镇压反革命的经验》《察哈尔省委关于进一步普及镇反宣传计划》《华北局关于通县传达贯彻“死缓”政策的情况报告》,由中共中央和毛泽东作重要批语转发全国,及时有力地指导和推动了河北以至全国的镇压反革命运动。

同月底,根据全国第三次公安会议精神,镇反斗争转入处理积案和巩固成果阶段。中共河北省委召开全省公安会议,传达贯彻第三次全国公安会议精神。为了克服与防止程度不同的“左”的倾向以及工作草率现象,省公安会议决定从现在起,镇反工作采取谨慎收缩的方针,集中力量处理积案，建立和加强劳改工作。会议强调，要以《条例》为法律武器和量刑标准，要注意调查研究，重证据而不轻信口供，反对草率从事和逼供信，着重打击罪大恶极、为人民群众十分痛恨的反革命分子。对罪行较轻、愿意悔改者采取宽大的方针。由于正确贯彻了镇压与宽大相结合的政策，运动中有 7000 余名反革命分子向政府自首登记，交出长短枪 1000 余支，证件 2400 余件，使顽固不化的反革命分子更加孤立。为巩固镇反运动的成果，全省城乡普遍建立了治安保卫委员会，并在 323 个重要厂矿建立了 1882 个治保小组。这些群众性的治安保卫组织，对巩固镇反成果，维护社会秩序发挥了重要作用。1953 年 6 月，河北省的镇反运动宣布胜利结束。

镇压反革命运动的胜利，基本上扫除了国民党反动派遗留在河北境内的反革命残余势力，曾经猖獗一时的匪祸和一些黑社会势力基本上被肃清。这就使河北的社会秩序获得前所未有的安定，巩固了新生的人民政权，有力地支持和配合了新区土改和抗美援朝运动，确保了全省各项新民主主义改革与建设的顺利开展。

第 二 章

民主改革和建设的全面展开

各级人民政权建立以后，中共河北省委、河北省人民政府在领导开展抗美援朝、镇压反革命运动和民主建政工作的同时，按照《共同纲领》的规定，从 1949 年 10 月到 1952 年底，带领全省人民开展了新区土改、贯彻婚姻法、禁娼禁毒禁赌、工矿工交工商和文教卫生等领域的各项新民主主义改革和政治、思想、文化等方面的建设。民主改革的洪流荡涤着旧社会的污泥浊水，解放了生产力，推动了新民主主义建设，并从经济、政治、思想文化等多方面促进了社会主义因素的成长，为恢复和发展经济创造了必要的社会政治条件。

一、彻底进行土地制度改革

彻底废除封建土地制度是民主改革的一项重要工作，也是解放农村生产力，发展农业生产，恢复国民经济，争取国家财政经济状况根本好转的首要条件。

河北绝大部分地区是抗日根据地和老解放区，约占农村 80% 的村庄的土地改革，在 1946 年至 1948 年间已陆续基本完成。建省之初，河北全省仍有 20% 的新解放区（含曾是解放区后被国民党军队占领，第二次获得解放的恢复区，以下简称新区）没有进行土地制度改革。

河北的新解放区是指在1948年下半年后解放的唐山、保定、天津、通县4个专区的部分区域，共5849个村庄，417万人。据对新区10个县1177个村的典型调查，土改前地主占人口的3.1%，占有土地12.1%；富农占人口的3.9%，占有土地9.7%；中农占人口的50%，占有土地54.9%；贫农占人口的40.4%，占有土地23%；雇农占人口的2.6%，占有土地0.8%。从这一调查看出，占总人口7%的地主富农，占有21.8%的土地，而占总人口43%的贫雇农只占有23.8%的土地。

上述情况表明：刚获得解放尚未进行土改的新区，土地仍然集中在少数地富手中。其中有些曾是解放区的村庄（恢复区）虽曾进行过土改，但被国民党军队占领后，由于地富勾结敌伪反攻倒算，农民分得的土地又得而复失。特别是一些灾区无地的农民群众，为生产度荒，迫切要求分得土地。总之，新区的广大农民尤其是恢复区和受灾村庄的群众迫切要求尽快土改，分得土地生产度荒。

为解放农村生产力，恢复和发展农业生产，战胜灾荒，安定人民生活，支援全国解放战争。1949年10月10日，中共华北局根据中共中央有关土地改革的规定，作出《关于新区土改的决定》。10月15日，中共河北省委发出《关于具体执行华北局〈新区土改决定〉与老区、半老区结束土改的指示》，部署了全省的土改工作。

《决定》和《指示》总结了党领导老区土地改革的经验和教训，为适应新中国成立后的新形势确定了新的政策和要求，其主要内容是：（一）为了迅速恢复与发展农业生产，新区一律于1949年冬1950年春完成平分土地的任务。（二）没收地主阶级的土地及封建财产，征收旧式富农多余的土地及其财产的封建部分，分配给无地少地及缺乏生产资料的农民。废除一切封建半封建性的高利贷。（三）坚定不移地实行“中间不动两头平”①的平分政策，做到既准确消灭封建剥削制度，适当满足贫雇农要求，又切实巩固贫农、雇农和中农之间的团结。（四）慎重地用自报公议、三榜定案的民主方式划分阶级，巩固扩大乡村统一战线。

① “中间不动两头平”是指中农的土地及财产不动，只把地主的土地及其封建财产和富农多余的土地及其财产的封建部分，平均分配给贫农和雇农，地主、富农也平均分得一份。

（五）组织以贫雇农为骨干的、团结全体中农及一切劳动人民的农民代表会议及农会，彻底完成改造旧政权的任务。（六）将地主与旧式富农、大地主与中小地主、恶霸地主与一般地主、劳动起家的富农与一般富农、一般富农与带恶霸性的富农加以区别，分别对待。对罪大恶极、为害一方、为广大群众所痛恨的恶霸，应领导群众进行有组织的清算斗争。（七）群众性的斗争方式与人民法庭斗争方式紧密结合，严禁乱打、乱扣、乱杀或其他变相肉刑。

在工作方法上，《决定》和《指示》强调新区土地改革要坚持有领导、有计划、有秩序地进行。明确指出，土地改革必须贯彻党的群众路线，依靠贫农、雇农，团结中农，把广大农民充分发动起来，使他们在打倒地主阶级的斗争实践中提高觉悟程度和组织程度，真正相信自己的力量，实现当家做主。反对不发动群众，用行政命令方法把土地"恩赐"给农民的"和平土改"。同时，对群众运动不能放任自流，必须把放手发动群众同用党的政策去武装群众、引导群众结合起来。

根据上述决定，各新区认真进行了准备工作，并制定了具体实施方案。在土改过程中，一般都经过以下步骤：组织训练干部，学习掌握政策；广泛宣传、发动群众，组织农代会，讲阶级、划成分，联系诉苦清算封建剥削；按照"中间不动两头平"的原则平分土地及封建财产，确定地权，颁发土地证；结合进行乡村中共党组织、基层政权、群众团体和民兵等组织的建设。

为了加强对土改工作的领导，根据上述政策和实施步骤，进行土改的主要专区都认真培训了大批基层干部和积极分子。中共河北省委还派出了由900余人组成的土改工作队，与新区地、县委土改工作组结成强大的土改工作队伍，深入农村指导。由于认真汲取了领导老区土改的经验，抽调、培训了领导农村土改的骨干力量，并在新区城乡各界人民中进行宣传教育，形成最广泛的反封建统一战线。因此，土改中基本上避免了"左"或右的错误，没有出现严重乱打乱斗的情况，整个新区土改进行得比较彻底。1949年底开始的河北省新区土改到1950年3月底结束。

河北新区土改彻底废除了封建土地所有制，使广大农民获得了土地与必需的生产、生活资料。据保定、通县、唐山3个专区18个县镇统计,农民群众通过各种不同形式的斗争,从1.7089万户地主、富农手中分得土地75.23万亩,房屋8.7664万间,耕畜5345头,车辆、农具7.871万件,粮食1920.4万公斤。土地改革前后,土地占有对比情况也发生了变化。据涿县、新城等10个县统计,土改前地主人均土地17.7亩、富农8.69亩、中农3.85亩、贫农1.94亩、雇农0.9亩;土改后地主人均3.41亩、富农3.83亩、中农3.8亩、贫农3.11亩、雇农2.8亩。

新区土改解放了农村生产力,极大地调动了农民的生产积极性。广泛深入地宣传教育,使广大农民群众在土改斗争实践中提高了阶级觉悟和组织程度,形成了人民政权在农村最广泛的群众基础。通过新区土改,农村普遍建立起农代会和农会,建立健全了乡村的中共基层组织和共青团、妇女、民兵等组织,巩固了农村基层人民政权。据21个县镇不完全统计,发展党员8825名,建立党支部624个;发展青年团员1.1812万名,建立团支部508个;发展农会、妇会会员56.5129万名;民兵武装已掌握在党团员及可靠的积极分子手中,并得以巩固发展,成为保卫革命胜利果实的有力支柱。新区党组织依靠土改中建立起来的这些有觉悟、有组织的阶级队伍,完成了对旧的1035个村级基层政权的改造。全省土改的胜利完成,彻底推毁了封建制度的经济基础,使深受剥削压迫的广大农民获得土地等基本生产生活资料,摆脱了千百年来封建宗法的人身束缚,为农村经济的恢复和社会逐步走向进步奠定了深厚的群众基础。

二、工矿企业和工商业的民主改革

国营工矿交通企业的民主改革

河北省的国营工矿企业,除原来抗日根据地和解放区组建的工矿企业,还有从国民党政权手中接收下来的官僚资本工矿企业以及部分含有民族资本成分的工矿企业。

解放之初，在接管城市没收官僚资本企业过程中，为了不打乱原有的生产机构，便于接收，人民政府采取了原封不动的政策。这样做，也遗留了不少问题，需要进行改革。建省初期，河北各地对新组建的国营工矿交通企业曾开展过不同程度的民主改革工作，但由于缺乏统一的部署，改革工作不彻底，各地进展也不平衡。在许多厂矿交通企业中，反革命残余势力、封建把头、恶霸作祟，限制工人参加政治活动，打骂虐待工人等违法行为仍不同程度地存在着。由于这些企业中的工人在政治上、经济上尚未彻底翻身，严重地影响着工人群众的积极性和生产的发展。

为加强党对国营工矿交通企业民主改革的领导，1951 年 10 月 3 日至 10 日，中共河北省委召开河北省第二次城市工作会议，研究部署了深入开展城市民主改革，继续贯彻工会法和实施劳保条例。会议传达了中央关于清产核资的决定，讨论了加强私营企业工会和对手工业领导等问题。省委常委、组织部部长薛迅在会上作的《依靠工人，发动群众，开展民主改革运动，肃清封建势力，进一步发展生产，巩固人民民主政权》的报告指出，进行民主改革的方针是在调查研究的基础上提出的，各地、各工矿交通企业应依据本地、本企业的实际情况，缺多少补多少。

同年 11 月 12 日，根据中央《关于清理厂矿交通等企业的反革命分子和在这些企业中开展民主改革的指示》，中共河北省委发出《关于中小城镇继续开展民主改革运动的指示》。《指示》结合全省的实际情况，对国营工矿交通企业民主改革的目的、内容和方针政策等作了具体的规定。要求凡未进行过民主改革工作的市、镇和工厂、矿场、行业要在党的统一领导下，坚决依靠工人，放手发动群众，团结一切赞成民主改革的力量，组成有强大群众基础的统一战线，有步骤有区别地肃清一切反革命残余势力和封建把头，扫除生产障碍，解放生产力，提高工人觉悟，树立工人优势，建立新的制度新的作风，以达到进一步发展生产、建设城市、巩固人民民主专政的目的；已进行过民主改革的地方，要结合贯彻工会法、劳动保险条例进行复查。

《指示》明确规定了这次民主改革的内容，主要是肃清反革命分子、封建把头制度和压在工人头上的恶霸势力，废除打骂、虐待工人和限制工人参加政治活动的非法行为。另外还包括：一要教育职员和技术人员改变轻视工人和单纯技术的观点、不问政治的倾向，树立依靠工人阶级办好企业和全心全意为生产服务、为工人阶级服务的思想；二要树立新的劳动态度和劳动纪律，提高组织性、积极性和创造性；三要建立与健全党、团、工会、工厂管理委员会、职工代表会等组织，建立有利于发展生产的新制度。

《指示》要求在民主改革内容多、任务大的厂、矿、行业单位，成立基层民主改革委员会，在党的领导下，由工会担负全面工作。在民主改革任务较大的市、镇，以党组织为核心，吸收劳动、公安、工会、青年团、妇联等部门和团体以及工人、资本家的代表人物和民主人士，组成公开的民主改革指导委员会，统一领导民主改革的工作。

根据中共中央和中共河北省委的指示，全省工矿企业的民主改革运动大致经历了“民主斗争、民主团结、民主建设”三个阶段。

民主斗争，主要是引导群众将斗争的锋芒对准封建把头、反革命分子、恶霸等反动残余势力，彻底解放工人阶级。依靠工人群众“打击首要，教育一般”，彻底改革资本主义经营管理方式。党的方针政策一经和群众见面，深受拥护，群众很快发动起来了，对存在于旧企业中接收后还没有来得及改革的压在工人头上的反革命势力和封建把头制进行揭发控诉。全省共揭发出反动残余分子、封建把头6000余名。人民政府根据群众要求和问题的性质，按政策分别作了处理。广大工人在政治上翻了身，他们说这是“第二次解放”。

民主团结，主要是解决反动统治时期所造成的工人和技术人员、管理人员之间，以及工人群众之间的不团结问题；解决职员的旧思想、旧作风及工人中存在的旧社会的帮派、同乡等派别思想。通过加强正面教育，自我教育，达到了提高觉悟，改造思想，消除封建行帮和地域观念所造成的隔阂，增进了工人之间的团结和工人同管理人员、技术人员之间的团结。

民主建设，主要是在民主改革胜利的基础上进行生产改革。发动工人群众开展合理化建议，改进操作工艺流程，改进领导。通过民主讨论，普遍建立起合理的工资制度和生产责任制，制定新的生产计划，规定新的技术标准，严格成本核算，使企业经营逐步走上了经济核算制的轨道。

同时,通过建立厂矿管理委员会和职工代表会议,广大职工参加企业管理,实现了企业管理民主化,大批有威信的先进工人和职员被提拔到行政和生产管理的领导岗位,使工人真正成为企业的主人。

随着社会主义新型生产关系在国营企业的确立,工人群众焕发出空前的生产积极性和创造性,并开展了轰轰烈烈的劳动生产竞赛。在劳动竞赛中,全省职工的创造发明与提出的合理化建议多达 3.7 万件,被采纳实行 2.2 万多件,给国家创造了巨额财富。全省机器制造企业中的 21 个工厂、328 个车床,推广了调整切削法,使生产率平均提高了 1 倍,最多的高达 9 倍。在纺织企业中,石家庄纺织厂等 5 个较大工厂推广郝建秀工作法,工人看锭能力提高了 22% 至 55%。这些都有力地推动了工矿企业生产的恢复和发展。

私营工商业的民主改革

在对国营企业进行民主改革的同时,对私营工商企业也进行了民主改革。河北省建省初期,私营工商业在国民经济中占有的比重达 90% 以上。各级党委和人民政府认真贯彻“公私兼顾,劳资两利”政策,全心全意依靠工人阶级,积极引导私营工商业的发展,并在其内部进行民主改革。主要是协调私营工商业内部的劳资关系,充分调动私营工商业的管理者与工人的生产积极性,恢复和发展生产。

河北城镇在 1949 年初已全部解放,各地党组织在接管城市的过程中,就按照中共中央的有关指示,开始了对私营工商业的民主改革。中共河北省委、河北省人民政府组建后进一步推进了改革工作。对私营工商业民主改革的要求主要是:私方必须承认工人的民主权利,在承认工人阶级领导的前提下,实行劳资两利。劳资关系先以协商的方式来解决,逐步过渡到固定的合同关系,废除旧社会遗留的官僚管理机构和各种压迫职工的规章制度,改变工人在企业中的地位。在一些大型的私营企业中,解散为工人所痛恨的旧工会,由群众选举产生新工会;推翻封建把头,取缔“包工大柜”,铲除他们的欺压和盘剥。同时,对旧的学徒制度进行改革,实行考工办法,废除 8 年还当学徒工的不合理制度。

1949 年 9 月 18 日至 10 月 6 日召开的河北省首届职工代表大会确

定，在私营企业中建立劳资协商会议，订立劳资集体合同。随后，根据国家劳动部《关于在私营工厂成立劳资协商会议》的指示，在各级党组织的领导下，河北的私营企业陆续成立了劳资协商会议，从而使处于被剥削被压迫地位的工人在政治上翻了身，劳资双方平起平坐，协商解决企业的重大问题。唐山市在 1950 年 5 月至 8 月，正式备案组织劳资协商会议的工厂 27 家，签订劳资临时协议 77 件。全省各地在开展劳资协商过程中，工人普遍表现出了宽阔的胸怀，他们积极生产，增加产量；有的主动降低工资，减轻资方负担或者轮流上岗，留职停薪，以求维护企业的生产，帮助资方渡过难关。劳资协商制度的实行，稳定了资本家的情绪，调动了资方生产经营的积极性。

为了推进私营企业的民主改革，1950 年 11 月 12 日，中共河北省委在《关于中小城镇继续开展民主改革运动的指示》中，对私营企业的民主改革进一步作出了具体的要求。强调在私营工业、手工业中进行民主改革，要认真贯彻落实保护资本、保护劳动的政策，取缔资本家打骂、虐待工人和限制工人参加政治活动的行为，废除师傅打骂、虐待徒弟以及残余的封建制度（如卖身契约性质的师徒合同）等。在私营企业中进行民主改革，结合解决工时、工资及工人政治待遇等问题，解决的方式是经过劳资协商，订立劳资合同，正确贯彻劳资两利政策。

对私营企业的民主改革、调整劳资关系，调动了劳资双方的积极性，推动了私营企业生产的恢复与发展。到 1951 年，全省私营企业恢复和发展得很快，私营工商业者称赞这一年是他们的“黄金时代”。

1952 年结合“五反”运动，全省进一步对私营企业进行了民主改革，其主要步骤和内容是：第一步提高工人阶级觉悟，纯洁工人队伍，加强职工团结，改革不合理的制度；第二步开展增产节约运动，适当地进行生产改革，逐步实行工人监督生产。4 月 24 日，唐山市在《关于私营企业中建立工人监督生产制度的意见》中指出：经过“五反”斗争，私营企业职工的阶级觉悟已大大提高，普遍急切地要求改变过去职工对资方违法行为无权干涉的现象。《意见》认为：工人监督生产的性质，应是工人阶级代表国家监督机关，对私人资本家自下而上的监督，是执行国家赋予的监督权，应作为私营企业工会工作的主要任务之一。《意见》提出：在私营企业基层工会领导下，设节约检查委员会或小组，作为监督机构。节约检查委员会或小组有向资方要报表、单据、看账查账的权利，有质询权，有检查监督一切违法事实权，有立即抓赃作证权。唐山市的这个意见，使河北省对私营企业的民主改革上升到一个新的高度。

三、宣传新思想，建设新文化

加强宣传工作的领导，兴起学习毛泽东著作热潮

为实现《共同纲领》确定的发展民族的、科学的、大众的文化的目标，中共河北省委根据党中央确定的思想宣传工作的方针和任务，加强了对新闻出版、报纸广播等大众传播媒介的统一领导，并逐步建立起传播革命思想和新文化的宣传阵地。

1949年7月，中共河北省委重建后就决定将《冀南日报》《冀东日报》、冀中《河北日报》三报合并，在中共河北省委领导下出版全省范围发行的《河北日报》。原冀中区党委机关报《河北日报》的报头，系毛泽东题写。在筹建中共河北省委机关报过程中，为便于区别中共冀中区党委的机关报和中共河北省委的机关报，请毛泽东第二次题写了《河北日报》的报头，并从1949年8月1日启用，在省会保定创刊，行文竖排。8月1日创刊号一版发表社论——代发刊词，题为《为进一步统一地建设新民主主义的河北省而奋斗》。[①] 同年9月1日，河北人民广播电台在保定正式播音。9月9日，《河北建设》杂志创刊。该刊为中共河北省委主办的党内不定期刊物，主要刊载中共中央和省委的指示、各地各条战线的工作经验，向党内进行马列主义、毛泽东思想教育，宣传英模事迹，

① 1955年7月1日起，《河北日报》行文由竖排改为横排。1958年4月22日，河北日报社随省会由保定迁往天津市出版《河北日报》。1965年9月，中共河北省委第一书记林铁请毛泽东为《河北日报》再次题写新的报头。毛泽东当即题写了“河北日报”四个新字。这个新的报头一直使用到今天。（见《毛泽东与河北》上卷，河北人民出版社2006年版，第237、238页。）

批评错误倾向等(发至区、营级干部阅读)。

1949年12月1日,中共河北省委召开全省党的宣传工作会议。会议指出,省委、省政府暨河北省宣传阵地的建立,特别是新中国的成立,为扩展宣传党的理论、路线和方针政策创造了更为有利的条件。会议针对干部队伍存在的凭经验干工作,轻视理论学习的倾向明确提出:党的干部要努力学习和掌握马列主义、毛泽东思想,提高思想政策理论水平;全体党员特别是广大农村党员,要提高新民主主义政策水平和共产主义思想觉悟,积极贯彻中央和省委的方针政策;要紧密结合党的中心任务,加强对广大人民特别是广大农民群众进行新民主主义政策的宣传教育。会议要求新闻媒体应以首要篇幅来报道人民生产劳动情况,宣传工农业生产和经济财政工作中的经验与教训,讨论遇到困难解决的办法;对于重要的会议和文告应力求给予生动而通俗的解释,使人民群众能够了解;对于党政机关、经济组织及其工作人员工作中的缺点和错误,各宣传媒体应担负起批评的责任。这次会议明确了建省初期,中共河北党组织思想宣传工作的方针、任务及要求,对宣传贯彻新民主主义建国纲领,加强党对人民的思想领导及恢复和发展生产发挥了重要作用。

随着新民主主义改革和建设的全面展开,为进一步加强党对人民的思想领导,中共河北省委于1951年1月29日至2月2日,召开全省第二次党的宣传工作会议,传达贯彻中共中央关于在全党建立对人民群众的宣传网的决定。会议确定了建立河北省宣传网的方针、步骤和要求,并制定了宣传工作计划。会议提出,加强党对人民的思想领导,开展工农业生产的宣传是全年工作的中心。会议强调,对人民群众的一切宣传工作,必须联系抗美援朝、保家卫国这一政治斗争任务,并提高到党的总任务上来。

1951年下半年,全党全国政治生活中的一件大事,是迎来了中国共产党成立30周年和《毛泽东选集》第一卷出版发行。为了帮助人们正确了解中国革命的经验,掌握中国革命和建设的基本方法,党在新中国成立后,即决定以中共中央的名义编辑出版一部具有权威性的《毛泽东选集》在全国发行,系统地传播马克思列宁主义普遍原理同中国革命具体实践相结合的毛泽东思想。随着朝鲜前线战局基本稳定,为减轻毛泽东失去爱子毛岸英的悲痛，根据党中央的安排，毛泽东于同年3月初至4月27日在石家庄保育院（今太行国宾馆院内）休养期间，亲自主持完成了《毛泽东选集》前三卷的选编和改定工作。[①]

在中国共产党成立30周年之际，根据党中央和中共河北省委关于开展学习宣传中共党史的指示，全省各地开展形式多样的纪念活动，宣传党的理论、歌颂党的丰功伟绩。与此同时，各党政机关、驻冀部队、文教和青年团等还通过组织学习《人民日报》连续发表的党和国家领导人写的纪念文章、胡乔木写的《中国共产党的三十年》，以及陆续刊载即将出版的《毛泽东选集》第一卷的部分文章，加深了对中国共产党及其领导的中国革命光荣历史的认识。同年10月12日，《毛泽东选集》第一卷在全国正式出版发行，河北各地出现人们争相购买的空前盛况。10月16日，中共河北省委就《毛泽东选集》出版的宣传工作发出指示，要求各级党委在近期内向全体干部作一次关于出版《毛泽东选集》的意义与准备学习毛泽东著作的报告，为全省干部学习中共党史和毛泽东著作进行思想和组织准备。

随着《毛泽东选集》第一、二卷的陆续出版发行，在全省党政干部、青年、知识分子和各界人士中迅速兴起学习毛泽东著作和中共党史的热潮。党员领导干部特别是理论宣传教育工作者，极为重视学习掌握马列主义、毛泽东思想，不断提高自己的思想理论修养和政策水平，并收到显著成效。中共河北省委党校副校长阴一刚、罗云路通过学习和理论思考，于1951年10月27日致信毛泽东主席，对《华北建设》[②]第一一八期刊载的《中央关于工人阶级和半工人阶级的领导作用问题的解释》提出不同意见，希望毛主席给予答复和指示。这封信经中央领导核心成员传阅，毛泽东批语："过去的这种提法，中央认为是不适当的，而河北省党校阴一刚、罗云路二同志的意见则是正确的。"[③]毛泽东的这一批语不仅给阴一刚、罗云路二同志及全省理论宣传教育工作者以极大的鼓舞，同时也推动了全省各界人士特别是党员干部的理论学习。

---

① 中共河北省委党史研究室编著：《毛泽东与河北》，中央文献出版社2013年版，第303页。

② 中共中央华北局的机关刊物。

③ 《建国以来毛泽东文稿》第二册，中央文献出版社1988年版，第509页。

1952年4月,《毛泽东选集》第二卷出版发行。中共河北省委决定,从6月中旬至10月中旬,在全省开展中共党史和毛泽东著作学习运动,着力加强党员干部的思想政策教育,以巩固“三反”“五反”运动的成果。为把学习热潮引向深入,6月9日,省委书记林铁在省直和保定市、专区的干部大会上作学习中共党史、毛泽东著作的动员报告指出:中共党史和毛泽东著作是马列主义普遍真理同中国革命具体实践相结合的理论,是毛泽东思想形成、发展和胜利的历史。他强调学习理论要联系自己的思想和工作实际,要通过学习中共党史和毛泽东思想,加深对党领导中国革命胜利的经验和教训的理解,为更好地完成新时期党的任务而奋斗。《毛泽东选集》第一、二卷的出版发行和学习毛泽东著作热潮在全省的兴起,对河北省的思想文化建设和各项事业的发展产生了深远的影响。

改革旧教育,发展新教育

新中国成立以前,河北的教育事业基本上被帝国主义、官僚资本主义和封建地主阶级所控制,并为他们的利益服务,具有浓厚的半殖民地半封建性质。旧的学制和系科设置、教学内容和教学方法,严重地与新社会倡导的价值观和社会生产需要相脱节,并且广大工农劳动群众及其子女基本上被剥夺了受教育的权利,八成以上的工农群众是文盲。中共河北省委、河北省人民政府建立后,设立教育厅,并接管了国民党政府所属各类学校;将私立中学改为公办,统一学校名称,抽调县以上党员干部200余人到各中学担任党的领导工作和行政管理工作;制定并实行了校长责任制、教师责任制以及中学领导制度,加强了对学校的领导。同时,废除了国民党设置的反动的政治教材,建立和加强了革命的政治教育,增设了政治经济学、新民主主义论、社会发展简史等马列主义新课程。

1949年12月,第一次全国教育工作会议后,河北省按照会议确定的“教育应着重为工农服务”“普及与提高正确结合,在相当长的时期内以普及为主”的方针,开始有步骤地、谨慎地对旧教育制度进行改革。改革的一个重要方面,是改变旧社会劳动人民没有受教育机会的状况,解决教育为工农大众开门的问题。为此,大力发展小学和中学,并吸收工农子弟入学；兴办多种多样的工农速成中学、工农干部文化补习学校（班）和技术专修班，采取短期速成的方法，使一批工农干部、产业工人和解放军指战员达到中等文化程度，一些文化程度较高的还直接进入大学或高等专科学校学习。在高等学校、中等专业学校实行人民助学金制度，使广大劳动人民子女上学人数不断增多。在农村广泛开展扫除文盲运动，举办“冬学”“民校”“速成识字班”，提高农民文化水平。

1951 年 10 月，河北省根据《政务院关于改革学制的决定》，改革了旧学制中的不合理部分，确立并实行了符合省情的新学制，把工农干部学校和各种训练班列入正规的学校教育系统之内，并建立了必要的规章制度；小学改行 5 年一贯制，取消了初小和高小共修业 6 年的分段制；此外，还使各类学校系统互相衔接、彼此沟通，从初等教育到高等教育形成了一个新的教育系统，使全体人民都有通过各种渠道受到高等教育的机会。

为改变高等学校分布和院系分工不合理，以及教育与实际相脱离的情况，使高等教育更加适应国家经济建设的需要，河北省从 1952 年起，按照教育部关于院系调整“以培养工业建设人才和师资为重点，发展专门学院和专科学校，整顿和加强综合大学”的方针，对全省高等院校进行了院系调整。将河北省工学院与天津南开大学工学院、津沽大学工学院合并，成立天津大学；河北省水产专科学校撤销；河北农学院森林、牧医两个系分别并至北京林学院和内蒙古牧兽医学院；河北医学院由天津迁回保定市；河北师范学院与天津国立体专合并改建为河北师范学院，归由河北省领导；原河北省立北京中学改建为河北师范专科学校；建立和完善领导管理体制，更改或确定校名，并实行了统一招生和统一分配制度。调整后的高等院校大幅度扩大招生，为国家的经济和文化建设培养了一大批急迫需要的各类专门人才。

教育领域的革故鼎新，消除了帝国主义、封建买办势力在教育领域中的影响，促进了教育事业的恢复与发展。到 1952 年，河北省共有高等学校 4 所，在校学生 0.21 万人，比 1949 年增加 300 人；中等专科学校 191 所，在校学生 4.7633 万人，比 1949 年增加 2.7738 万人；普通中学 196 所，在校学生 9.5516 万人，比 1949 年的 2.6295 万人增加

6.9221万人;小学3.9843万所,在校学生达372.28万人,比1949年增加145.72万人,学龄儿童入学率达72.5%。各级学校在校学生总数达386.8049万人,比1949年增加154.71万人。在工农业余教育方面,1952年10月,全省职工参加业余文化学习者已达14.2万多人;农民业余学校2万多处,学员达114万人。1952年进一步开展了全省性的扫盲运动,广大工人、农民和基层干部纷纷参加学习,出现了工农群众学习文化的热潮,使大批目不识丁者摘掉了文盲帽子。

文艺事业推陈出新

中共河北省委、省政府十分重视文艺事业的恢复和发展。为繁荣先进的文化艺术事业,满足广大群众对文化生活的需求,于1949年10月1日,成立了河北省文学艺术工作者联合会筹备委员会。12月10日至18日,河北省第一届文艺工作者代表大会隆重召开,省文联正式成立。中共河北省委书记林铁、省人民政府主席杨秀峰出席会议并讲话,强调文艺工作者必须坚持为人民服务、为生产建设服务的方向;号召全省文艺工作者要进一步团结起来,继承和发扬民族文化中的优良传统,广泛地发展为人民服务的文艺事业,使人民的文艺活动大大普及开展起来。1950年3月,在河北省人民政府通过的《1950年文教工作计划草案》中提出:文化工作应以积极发展新文艺为主,并大力改革旧文艺;文化宣传工作应以鼓舞广大群众积极发展生产为主要内容,力求普及深入,在群众文艺运动已有相当基础的地区作适当提高。为此,对建立县、镇的文艺联合会和群众业余剧团,举办文艺训练班等制定了计划方案。

1951年春,毛泽东为中国戏曲研究院题词,提出“百花齐放,推陈出新”的方针。政务院发布关于戏曲改革工作的指示,要求净化戏剧舞台,整理传统剧目,剔除旧戏曲中的封建毒素,鼓励各种戏曲形式的自由竞赛;要求旧艺人在政治、文化和业务上加强学习;改革旧戏班、戏社中某些不合理的制度。根据政务院的指示精神,河北省人民政府确定1951年文化工作的重点是:积极发展新文艺,大力改造旧文艺,加强新旧文艺工作者的团结合作;巩固与发展广大群众中业余的新文艺组织,密切结合新时期的政治任务,通过深入工厂、农村开展示范性演出和创作活动，辅导群艺工作的开展，以满足城乡人民对文化生活的需求。

全省文艺工作者坚持文艺为工农兵服务、为人民服务、为新民主主义建设服务的方向，深入社会生活，投身于现实斗争，创作出了一批以革命斗争、民主改革为题材，反映新社会、新生活、新风尚，启发人们政治觉悟、鼓舞人民劳动热情和有较高品位的文艺作品，其中影响较大的有：小说《新事新办》，鼓词《董存瑞》，剧本《女儿亲事》，连环画《福贵》，年画《劳动换来了光荣》《新买的牛》等。在新文艺运动中还涌现出许多工农作家，他们深入生活创作的话剧《不是蝉》、短剧《大喜事》等，都受到了人民群众的普遍欢迎。

河北地方戏曲和民间艺术种类繁多，改革旧戏曲是人民政府的一项重要工作。1949 年 12 月，成立河北省戏曲改革工作委员会，专门负责对传统剧目的发掘整理工作。随后又组建了省戏曲审定委员会，对全省地方剧种的剧目进行整理、改编，清除了旧戏曲中有毒害的内容和野蛮、恐怖、猥亵等不健康的表演；纠正了在编改剧本中存在的反历史主义和公式化的倾向。

与此同时，对职业剧团进行登记和整顿，加强了对各专业和业余文化艺术人才的培养，仅河北省艺术学校 1952 年开办短训班，就培训文化馆长以及美术、群众艺术辅导干部 432 人，占全省文化馆干部总数的三分之一。到 1952 年底，全省共有职业剧团 124 个，其中河北省实验话剧院下属有河北梆子、京剧、评剧 3 个剧团；剧场达到 152 个，从无到有建立了 77 个市、县（镇）文化馆、405 个区文化站；城市电影院和以放映电影为主的工矿俱乐部发展到 41 个，电影放映队 67 个。农村、工矿业余剧团也迅速发展起来。各种文化娱乐活动的开展，丰富了城乡人民的文化生活，有力地配合了抗美援朝、镇压反革命、贯彻婚姻法、禁毒戒赌、移风易俗、发展生产等宣传教育活动的开展。

知识分子的思想改造运动

进城之初，党和政府对从旧社会过来的知识分子采取“包下来”的政策，使他们绝大多数继续从事原来的教育、文化、科学、技术等工作；给知识分子的代表人物以适当的社会政治地位，通过他们联系和团结知识分子共同建设新国家。刚从旧社会步入新社会,知识分子中许多人都有重新学习的愿望。1951年9月,北京大学12位著名教授发起北大教员开展政治学习运动,以期提高教职员的政治思想水平,推动学校的教育改革。中共中央十分赞赏和支持这种主动要求学习的行动,于11月30日发出指示,要求有计划、有领导、有步骤地在大中小学的教职员和高中以上的学生中,普遍进行初步的思想改造工作,主要解决分清革命与反革命、树立为人民服务的观点问题。1952年六七月间,科学界也开展了学习运动。这样,由教育界发起的以改造思想为主要内容的学习运动,逐渐扩展到整个知识界,发展为全国规模的知识分子思想改造运动。

根据中共中央的部署,1951年12月8日,中共河北省委发出《关于加强非党知识分子思想改造工作领导的指示》,要求各地、市委于今冬明春,有计划、有领导地组织广大知识分子系统学习马列主义、毛泽东思想,彻底批判与清除帝国主义、封建主义和官僚资产阶级的思想影响,逐步树立起爱国、爱人民的无产阶级思想。《指示》明确指出,知识分子思想改造运动的重点要放在市和专区以上政府中的党外民主人士、中等学校中的教员和文艺工作者、工商业者、宗教界中的上层知识分子,而其中又以前三者为主要对象。

1952年4月12日,省委又指示各地要在知识分子思想改造运动中,彻底揭发批判教师队伍中存在的"资产阶级思想观点和作风",确立工人阶级思想。省委指出,教师的思想改造是批评、自我批评和自我检查的过程,一般应采取小组会或小组联席会方式检讨,对个别"问题严重"的可采取召开教职员工全体会的方式进行批评教育。当时就河北省的实际情况看,知识分子多集中在教育界。

根据中共河北省委的上述指示精神,为便于集中统一领导,同年夏季,省政府决定采取集中起来进行学习的方式,重点将全省中等学校的教师分别集中在保定、石家庄、唐山3市开展暑期思想改造学习运动。成立了由河北省政府副主席薛迅任主任的省中等学校暑期学习委员会,并在保定、石家庄、唐山3市分别成立了地区学习委员会分会。为了保证这次学习运动的顺利进行,省、市、专区各级党委、政府以及有关部门的负责干部都直接参加领导,并抽调770名干部组成若干检查组,直接深入到教师中帮助学习，指导运动的开展。

这次学习运动有450所中等学校的6643名教师参加，从7月20日开始，历时47天，到9月6日结束。开学之日，高学历、知识型的省领导杨秀峰、薛迅分别出席开学典礼并亲自作学习动员报告，阐明这次学习的目的、意义、方针、政策及要求。在学习动员报告中，他们还结合自己参加革命的经历和思想改造的体会，着重阐明了知识分子进行思想改造的必要性，即学习的目的是改造自己的非无产阶级思想，更好地为人民服务。参加学习的教师们一致认为，省领导的报告亲切诚恳，其现身说法语重心长，深受启发和鼓舞。

在学习期间，由于党和政府的坚强领导，正确地贯彻了启发个人自觉、领导与群众相结合的方针，全体教职员运用批评和自我批评的武器，对各种错误思想进行了坦诚的批判，绝大多数教师的思想觉悟都有显著提高，明确了工人阶级的立场，初步树立起全心全意为人民服务的革命人生观。许多教师在运动中主动交代了自己隐瞒的政治历史和与反动派的政治关系，放下了包袱，获得了党和人民政府的谅解与信任。他们一致表示，要坚决站稳工人阶级立场，积极贯彻执行党的新民主主义教育方针，努力为工农子女服务、为祖国的经济建设和文化建设服务。

在集中学习提高的基础上，各中等学校党组织根据省委8月20日发出的《关于中等学校教职员党员在思想改造的基础上完成整党工作的指示》，用5天左右的时间，集中教师职工党员对照学习中共党员八项条件，检查自己的思想和工作，使每个教职工党员在思想改造的基础上又提高了一步。各校按要求较好地完成了整党工作。通过整党，清除了混进党内的各种坏分子，妥善处理了不具备或丧失党员条件的党员。1952年底，全省范围的知识分子思想改造运动结束。

在新旧社会转换时期，人们的立场和世界观的转变需要一个较长的复杂过程。知识分子的思想改造运动，采用运动的方式来解决思想观念问题，不免失之粗糙，表现为：政治上思想上有些批评过于片面、极端，学术上对一些不同的观点当作“资产阶级观点”来批判；要求“人人过关”等简单粗暴的做法，伤害了一些教师的自尊心；在运动后期，有些地方把文教部门干部队伍的组织清理工作，同思想改造工作混淆在一起，将知识分子的一般历史问题夸大为严重政治问题。在运动的进程中,中共河北省委对发生的缺点较为及时地作了纠正,并通报各单位要注意防止。

历史地看,知识分子的思想改造运动,总的是符合从旧社会过来的知识分子希望重新学习、转变思想以适应社会的要求的。在思想改造过程中,知识分子通过参加各种形式的学习活动,进行自我批评和自我教育,清除思想上残存的帝国主义、封建买办阶级的影响,在政治上划清革命与反革命的界限,并在清理资产阶级思想和唯心主义观念方面取得初步成绩。大多数知识分子抛弃过去不同程度存在的轻视劳动人民的旧思想,进一步站到人民的立场,开始学习掌握唯物史观和唯物辩证法,初步接受马克思主义的世界观。这是党对知识分子思想改造的主流。在党的团结、教育、改造方针的指引下,广大知识分子经受了实际斗争的锻炼,努力适应社会的变化,跟上时代的要求,为发展河北的教育文化事业贡献了知识和才智。

建设面向工农兵的医疗卫生事业

旧中国留给河北的卫生事业千疮百孔,环境卫生恶劣,缺医少药,传染病猖獗,人民健康水平低下。据 1949 年初统计,全省人口总死亡率为 20‰左右,婴儿死亡率为 200‰,孕产妇死亡率为 700/10 万,人均寿命仅 35 岁。为尽快改变这一严峻状况,提高人民健康水平,恢复和发展生产,中共河北省委、河北省人民政府遵循中共中央关于“面向工农兵、预防为主、团结中西医、卫生工作与群众运动相结合”的卫生工作方针,把积极改变旧的生活习俗,防病治病,培养各类医务人员,发展各级医疗卫生防疫机构,开展爱国卫生运动,改变缺医少药的落后状况,提高人民群众健康水平作为医疗卫生防疫工作的重点,大力建设面向工农兵的医疗卫生事业。

建立医疗卫生机构,加强对医疗卫生事业的领导。1949 年 8 月,省委、省政府成立伊始即建立省卫生厅。随后,各专区、市、县也相继建立卫生行政机构。同年 10 月,河北省人民政府召开专署、市、县、镇卫生科长、医院院长、医联会主任等参加的全省卫生工作会议,对全省医疗卫生工作进行了全面部署。1950 年 3 月,河北省人民政府发布了

《1950年卫生工作计划草案》。《草案》要求各级医疗卫生机构，要积极贯彻以预防为主、医疗为辅的方针，大力开展卫生防疫尤其是灾区的防疫工作，普遍地实施春秋两季种牛痘，力争两三年内基本消灭天花；有计划地推行预防注射，减少霍乱、伤寒、赤痢等传染病的流行，遏制麻疹合并症的死亡；广泛进行卫生防疫宣传教育，提高人民群众的卫生知识水平及防病胜于治病的认识；推行妇婴卫生工作，普遍推行新接生法；建立健全各级卫生行政组织，继续兴建医院，并贯彻实行企业化的经营管理，加强中西医的团结与改造，充实医联会组织；加强药政管理及医药的研制工作，培训医卫人员和在职干部，提高工作能力和服务水平。

《草案》下达后，由于各级人民政府的重视，全省医疗卫生防疫工作逐步步入正轨。在经济状况极端困难的情况下，各级人民政府都拿出一定数量的资金兴办医院、妇幼保健组织和卫生防疫机构。根据省政府决定，1949年11月组建的220人的河北省防疫大队，是河北省历史上第一支常设专业防疫队伍。之后又相继成立了省黑热病、性病、鼠疫等方面的防治队，形成了省、专、市、县的卫生防疫网络。各级医疗、卫生、防疫、保健机构互相配合，大力开展卫生医疗防疫工作，基本控制了严重危害人民健康的烈性传染病（霍乱、伤寒、赤痢、麻疹、鼠疫）的流行，天花近乎绝迹，各种传染病发病率明显下降。

广泛地进行卫生防疫宣传教育，提高群众卫生知识水平和防病胜于治疗的认识。随着各级医疗卫生防疫机构的初步建立，1951年至1952年间，全省有计划地开展了群众性的爱国卫生运动，大规模地消灭苍蝇、蚊子、老鼠等，减少了病媒虫害；推行妇婴卫生保健工作，训练和改造农村助产员，广泛地推行新接生法，减少了妇婴死亡率；通过大量印制与发行宣传画、连环画、通俗读物、制作模型、购制幻灯、举办展览会及广播等形式向广大人民群众普及卫生知识，扫除封建迷信思想，初步改变了人民群众的卫生习惯。在此期间，各级卫生医疗机构积极响应全省卫生工作会议提出的“医疗卫生工作要为国防建设和抗美援朝服务”的号召，对烈军属和革命伤残军人实行减费或免费治疗，有力地配合了抗美援朝、镇压反革命运动及拥军优属等工作的开展。

与此同时，加强医政药政管理，领导开展药品的研制工作，培训卫生技术人员，轮训在职干部，不断提高技术人员的数量和服务质量，基本适应了广大人民群众的健康需要，初步奠定了开展爱国卫生医疗防疫保健的群众基础和物质基础。到 1952 年底，全省医疗机构由 1949 年 8 月的 151 所发展到 1919 所，卫生技术人员由 2.4431 万人发展到 5.5705 万人，床位由 2249 张发展到 1.4715 万张。另有民办公助、公私联营诊所 885 个，个体诊所也有较大发展。医疗、卫生、防疫保健机构的建设初具规模，提高了人民群众的健康水平，有力地保证了工农业生产的恢复及各项建设的胜利开展。

四、移风易俗，改造社会风气

宣传和贯彻婚姻法

封建主义婚姻制度在中国延续了几千年，广大劳动人民深受其害。新中国一成立，中央人民政府就于 1950 年 5 月 1 日颁布施行了《中华人民共和国婚姻法》，这是新中国的第一部基本法律。婚姻法规定：废除包办强迫、男尊女卑、漠视女子利益的封建主义婚姻制度。实行男女婚姻自由、一夫一妻、男女权利平等、保护妇女和子女合法利益的新民主主义婚姻制度。这是几千年来中国社会家庭生活的一项伟大变革，也是中国人民反封建斗争的深入发展。

为广泛宣传和贯彻执行婚姻法，河北省各级党组织和人民政府进行了大量的思想和组织工作。同年 5 月，中共河北省委宣传部发出学习贯彻婚姻法的指示，并编发了通俗宣传教材。各地大都通过组织区以上干部学习讨论或由妇联、法院组织学习座谈，培养了一批宣传骨干。然后，通过召开村干部联席会、座谈会或利用集市向广大干部群众进行广泛宣传，使婚姻法得到初步贯彻。

为使婚姻法得到全面贯彻落实，省委、省政府于 1952 年 12 月 15 日成立了以省政府副主席薛迅任主任的河北省贯彻婚姻法运动委员会。

同月下旬，中共河北省委在《关于抓紧贯彻婚姻法准备工作的指示》中指出，遵照中共中央指示，省委、省政府决定，1953年3月为宣传贯彻婚姻法运动月，务使婚姻法家喻户晓，深入人心。要求各级党委务必做好一系列准备工作。翌年1月14日，河北省民主妇女联合会作出在全省妇女群众中开展贯彻婚姻法运动月活动的决定。

根据省委的指示和省妇联的决定，各专区、市、县贯彻婚姻法运动委员会相继成立，随后，一场学习宣传贯彻婚姻法的活动在全省城乡轰轰烈烈展开。通过宣传贯彻，使婚姻法达到了家喻户晓，广大干部、群众提高了对贯彻婚姻法的认识，划清了新旧婚姻制度的界限，婚姻自主的社会风气初步形成。据天津、保定、唐山、张家口、石家庄5个专区和宣化市、秦皇岛市的不完全统计，随着婚姻法的宣传贯彻，出现自主婚姻1.1365万对，解除私结婚约4348对，许多寡妇改了嫁，绝大部分的家庭妇女获得了参与家庭事务的管理权。城镇干部、职工和青年学生中自由恋爱的婚姻占了主导地位，重婚、纳妾、童养媳、小女婿等现象基本绝迹；以男性意志为转移的离婚制度废除；阻挠寡妇再嫁的恶习得到根本扭转；结婚登记制度成为广大群众的自觉行动。这样，从根本上摧垮了封建婚姻家庭制度，有效地推进了广大妇女的解放。

禁娼、禁毒、禁赌

在新民主主义改革中，党和政府领导人民采取坚决措施，对旧社会遗留的卖淫嫖娼、贩毒吸毒、聚众赌博这三大社会公害进行了严厉打击和综合治理。

石家庄市是华北地区解放较早的城市，1948年1月6日，石家庄市人民政府发布政社字第一号令，明令取缔妓院，严禁卖淫嫖娼，限令全市明妓暗娼自即日起停止营业，进行登记，焚毁所有妓女的卖身契约。随后，出动大批干部和民警封闭了全市42家妓院，将妓院老板全部集中审查处理，对罪大恶极抗拒登记的一等妓院经理杨宗寿、张国生当众宣布送交人民法院审查处理。将另外25名经理中的16名国民党员送交街政府审理，其他经理暂予取保释放。近300名妓女被统一集中到桥西原救济院内进行管教学习，启发她们控诉旧社会的罪恶和老板对她们的虐待，帮助她们改造思想、医治性病，组织她们参加生产、学习技艺。经过学习教育，他们中的绝大部分成为自食其力的劳动妇女，择偶成家，过上了正常人的生活。石家庄解放后，市委、市政府和军管会在处理妓院老板和帮助妓女改造思想、重新做人方面所做的卓有成效的大量工作，为其他城市开展这方面的工作提供了成功的经验。继石家庄之后，保定、唐山、张家口、承德等城市也都采取同样的措施，在很短的时间内，使这种在旧社会绵延几千年的丑恶现象顿时绝迹。

在取缔卖淫嫖娼的同时，人民政府还发布了一系列通告、法令，严厉禁止赌博。中共河北省委、河北省人民政府认真贯彻 1949 年 7 月 31 日华北人民政府发出的《关于禁止赌博的指示》，要求各地、市、县立即明令严禁赌博并协同各人民团体广泛宣传赌博的危害，组织发动广大群众，议定公约，禁止一切赌博或变相赌博行为。对赌棍游民，严格管理，强迫其劳动生产，以群众的力量肃清赌博行为。之后，全省各级人民政府对赌博行为采取严厉措施，并且始终作为经常性的重要工作来抓，一经发现，立即取缔，焚毁赌具，没收赌资；对赌犯的处理，轻者严肃教育，重者处以拘留。据石家庄市 1949 年的不完全统计，破获赌博案件 651 起，处理赌犯 2200 多人，没收赌资 112 万元。随着宣传教育的深入，人民政府禁赌的措施坚决有力，特别是群众性的有效监督，使赌博行为基本禁绝，全省各地的社会风气大为好转。

对于贩毒吸毒等与旧中国反动统治势力和黑社会势力有密切关系的社会病害，党和政府更是严加禁止。一方面发动群众有力地打击、制裁借此谋利的制毒贩毒者；一方面进行广泛的宣传教育，提高群众的觉悟，让吸毒者自觉地戒毒。

1950 年 7 月 15 日，河北省人民政府发出《禁绝鸦片的指示》，要求各级人民政府一要教育种植户铲锄所种植的鸦片，改种其他农作物；二要立即封闭烟馆；三要在种烟地区广泛进行禁烟宣传，保证在 1950 年冬至 1951 年春不再种烟；四要对制造、贩卖、吸食海洛因等毒品者从严惩处。1952 年 3 月 19 日，河北省人民政府通报了全省毒品流行情况和肃毒工作计划，指示公安部门对重点地区和案件要有计划地大力进行侦查，迅速掌握全面情况。

遵照中共中央《关于肃清毒品流行的指示》,根据公安部门掌握的基本情况,河北省人民政府于同年 8 月 7 日,向各地、市、县下达《立即开展禁毒运动的密令》,要求立即在全省范围内广泛发动群众,进行一次系统全面而又有重点的禁毒运动。对于毒犯的处理,必须采取严加惩办与改造教育相结合的方针,实行打击惩办少数、教育改造多数的政策。明确指出,打击的重点是制造、贩卖、运输毒品团伙的主犯、惯犯和现行犯。《密令》下达后,全省在各级政府统一领导和广大人民群众的积极支持下,以公安部门为主,有关部门密切配合,开展了声势浩大的禁毒运动。据统计,全省先后查出制造、贩卖、运输毒品犯 3238 名,其中逮捕 785 名,缴获毒品 2 万市两,有力地打击了制造、贩卖、运输毒品的罪犯。

经过近三年的综合治理,卖淫嫖娼、贩毒吸毒、聚众赌博等这些在西方社会也被视为不治之症的社会病害,在共产党和人民政府的领导下,很快在河北得到治理,被基本禁绝,广大群众交口称赞这是一个了不起的奇迹。这种移风易俗奇迹的出现,为新民主主义建设的全面展开,创造了良好的社会环境。

第三章

国民经济的恢复和发展

在各项新民主主义改革不断深入的同时，中共河北省委、河北省政府根据《共同纲领》的规定，遵照党中央的指示和部署，精心组织领导全省开展了稳定物价和统一财经、恢复生产和救灾度荒、兴修水利和山区开发建设、合理调整城市工商业、扩大物资交流活跃城乡市场、开展增产节约劳动竞赛等一系列经济活动，广大干部群众生产热情空前高涨。国民经济得到较快恢复和初步发展，国民经济结构也发生了深刻的变化，不仅有数量的发展，而且有性质上的变化和质量上的提高，为河北大规模有计划的经济建设准备了条件。

一、稳定物价，统一财经

建省初期百废待兴，面对极其困难的财政经济状况，中共河北省委、省政府认真贯彻中共中央的财经政策，精心组织领导了稳定物价和统一财经的重大斗争。

当时财政经济困难，是由于这样一些原因：全省刚由冀中、冀东、冀南等几个革命根据地合并到一起，收支规定不一，财力相对分散，而由省集中使用的财力不足；解放战争还在进行，支援战争开支浩大；为了社会稳定，人民政府对旧政府留下来的军政公教人员，只要他们不反抗新社会，一律采取包下来的政策，由此而使政府供给或支付薪金的全省脱产人员大量增加；为了恢复生产，恢复铁路交通，也需大量资金，而那时全省大部分地区基本上还没有正规的税收制度，全省各级人民政府的收入还远远满足不了支出，暂时还只能靠中央大量发行货币弥补财政亏空。在这种情况下，旧社会留下来的畸形发展的投机资本在新解放的城市中，继续兴风作浪，物价飞速上涨。同时，1949 年入夏以后，河北全省连降大雨，洪水成灾，受灾县 104 个，绝收减收占全省耕地面积 34.4%；虫灾遍及全省 10 个专区的 72 个县。粮、棉、油等农作物大面积减产，其他农副产品短缺。加之受平、津等大城市涨价风的影响，河北城市中的一些投机资本趁机囤积居奇，哄抬物价，追逐暴利，扰乱市场，致使全省物价飞速上涨。当时张家口市小米的价格上涨了 4 倍。这种情况到 1950 年 3 月达到了高峰，全省物价总指数比 1 月份增长 102.6%。

为了制止由于投机资本操纵而加剧的市场混乱，建立正常的经济秩序，安定和改善人民生活，1949 年 10 月，河北省人民政府发布《关于当前市场管理工作的指示》，以促进物资交流，活跃城乡贸易。11 月，省政府又发出《关于市场管理的补充指示》强调指出：在物价波动的情况下，必须加强行政管理，才能贯彻贸易政策，要克服放弃或放松必要的市场管理的偏向。对工商业者的经营范围，应有适当的限制，并须在当地工商部门登记与审查批准。在具体办理时要掌握几点：除摊贩及较小行商和农民副业性质的经营，在营业范围上不加限制外，凡坐商、工厂应有固定营业范围，超出营业范围时须经当地政府工商部门批准，并报税务局备案；棉店、粮店、布店，不得兼营其他业务；市场管理应着重放在工商业比较发达的城镇和集市，商品管理的重点是棉、粮等主要物资；粮价波动时，首先要照顾当地真正食用的直接消费者，其次照顾灾区与经济作物区的供给；对单纯谋利之囤粮户及贩运倒卖粮食者必须加以限制。对故意哄抬市价，趁机在棉、粮中掺杂使假或有其他捣乱市场情节的应予取缔；凡在中小城镇发生大宗的多头的收购情况，以致影响市场物价时，应以当地工商部门为主，组织联合采购，掌握适当价格，实行公平分配；在有棉、粮等专业公司（或供销社）的城镇，要抓紧组织交易所，以便于对主要商品价格适当掌握。

1950 年 3 月，根据政务院《关于统一国家财经工作的决定》，中共河北省委、省政府召开河北省城市经济工作会议，确定了贸易工作的方针与任务，主要是促进城乡物资交流，积极组织工业品下乡、原料品进城、外销品出口，并通过运销以沟通地区间的经济联系；根据生产与季节的需要，给有关生产单位供给原料，推销成品；大力稳定物价，做好灾区与城镇的煤、粮调剂供应，制止通货膨胀，安定人民生活。3 月底，河北省政府发出《为保护国营公司完成回笼任务，对机关生产出售物资须加管理》的指示；5 月，发出《加强市场管理，严禁机关、部队从事商业》的指示，要求机关部队、学校经营的规模较大的商店，一律移交国营贸易机关；一切规模较小的商业，一律由原机关自行结束；各专业公司停止委托机关生产或进行商业代购代销业务。经贯彻落实以上方针和办法，全省商品市场的混乱局面趋于好转。

为了统一财政收支、物资调动和现金管理，解决收支规定不一、财力相对分散的问题，从 1950 年起，河北省政府对全省财政进行了一系列的整顿和调整。主要是：

（一）整顿税收。对农业税，通过查田定产，统一征收标准，并在此基础上适当减轻农民负担，实行超产不加税的政策；对城市税收废止国民党政权遗留下来的旧税，而按照《全国税政实施要则》的规定，在全省范围内统一开征工商税收。

（二）整顿财政制度。建立全省统一的预决算制度、金库制度、粮库制度和会计制度；并通过制定和颁布《河北省市镇财政管理暂行办法草案》《河北省县村财政管理暂行办法》等一系列文件，统一了全省地方财政的收支范围和开支标准。与此同时，加强地方国营企业财务管理，通过开展清产核资，在多数企业推行了核算制。

（三）调整财政管理体制。1951 年，随着财政经济状况的逐步好转，河北省按照中共中央提出的“统一领导，分级负责”的指示精神，开始建立省级财政。并将原来实行的“统收统交”改为“划分收支，分级管理”的财政体制，相应地提高了地方各级政府管理财政的积极性。随着以上措施的贯彻执行，到 1952 年，全省财政经济状况出现明显的好转。当年财政收入完成 4.44 亿元，比 1950 年增长 63.8%。

在统一财经，稳定物价的过程中，实行了折实单位[①]，还采取了收回贷款、吸收存款、抛售或收购物资、回笼货币等经济措施。1950 年 1 月，河北省根据中央人民政府政务院的《人民胜利折实公债条例》，积极在全省范围推销发行，共募集资金 975 万元充实国家财政。1950 年春，全省开始建立贸易金库（共建起 3 个分库、22 个支库），回笼货币达到 589 万元。为了稳定物价，保障供给，各级人民政府一方面积极组织发展供销合作社、消费合作社，将人民群众必需的消费品通过合作社直接分配下去；另一方面通过国营商业加强了对主要工农业产品的控制。1950 年下半年，全省建立了粮食、油脂油料、百货、煤炭、土产、花纱布、烟酒和食盐 8 个国营公司，有效地稳定了市场物价，保障了人民基本生活必需品的供给，防止了投机分子囤积居奇和从中剥削。比如，石家庄贸易公司在投机商扰乱市场、抬高物价的情况下，大量抛出粮食和其他物资，迅速平抑了物价。该公司在半年中共调剂粮食 2000 多万公斤，对稳定物价，保障供给发挥了重要作用。

为继续做好稳定物价的工作，1950 年 11 月 20 日，河北省人民政府发出《加强市场管理，坚决贯彻稳价政策，安定人民生产生活的决定》，对保持物价稳定，加强市场管理，提出了以下措施：

（一）取缔扰乱市场的投机商业。在中小城市（重点是 4 市 10 镇）纱、布、棉、粮等有关民生的主要商品，除允许行栈（通过交易所登记）门市内成交外，不准在场外成交（不包括零售），严格取缔投机、囤积居奇。非纱、布、粮厂商（包括工厂为图取高利，拒售成品及囤积原料转售）禁止经营纱、布、粮。其他县镇亦应禁止投机商人到本地抓取套购以上主要物资。对私人布贩要建立购销手续制度，以限制其投机囤积，禁止东北及关内商贩运纱布到东北出售；东北所需之纱布由国营贸易统筹调剂。

---

① 折实单位：是指 1949 年初实行的一种以实物为基础、以货币折算的单位，一个单位等于一定种类、数量实物的价格总和。这种办法始于天津，一个单位实物包含面粉 1 斤、玉米面 1 斤和布匹 1 市尺，以前 5 天的平均价格为标准。折实单位的应用范围开始只限于存款，以后推广到工资、放款、公债、房租等的计算。当时对安定人民生活，使其不受物价波动的影响，起了积极的作用。

（二）严禁扰乱市场。对故意哄抬抢购套购、买空卖空、投机倒把、伪造假冒、掺杂使假及违犯政府规定等一切欺骗行为而谋取非法利润，以及散布谣言、刺激物价波动者，经查明属实，应根据其情节轻重，本着教育改造为主、处罚为辅的方针，给予教育、警告、按市价或低价强制出卖、罚款、拘留等处分，但属于罚款拘禁者，必须送交司法机关处理。

（三）加强对机关、部队、学校、团体及其生产单位的管理。这些单位凡囤积粮、布等主要物资，工商行政部门应进行了解登记，必要时由国营贸易统筹调用出售。机关、部队、学校、团体因供给需要，在本地或外区采购大宗物资时，必须经过当地国营贸易机关，不得直接或委托私商在市场进行收购。

随着以上措施的贯彻落实，加强了市场行政管理，取缔了扰乱市场的投机商，处理了一批哄抬抢购、买空卖空、投机倒把、伪造假冒等违法分子，比较好地稳定了市场，平仰了物价。1950 年 5 月至 12 月，全省国营贸易公司出售粮食总成交额由 2.65% 增加到 75.27%，棉纱由 18.94% 增加到 41.51%，基本满足了人民的生活需要，也打击了奸商，控制了物价。

稳定物价和统一财经工作，是新中国成立后党领导人民在财政经济战线上的一个具有重大意义的胜利。它证明中国共产党不仅在军事上，而且在政治上是强有力的，在经济上也是有办法的。

二、恢复和发展农业生产

恢复生产和救灾度荒

“农业的恢复是一切部门恢复的基础，没有饭吃，其他一切就都没有办法。”[①] 为了尽快恢复生产，渡过灾荒，中共河北省委、河北省人民政府结合新区土改，多措并举，着力促进农业生产的恢复和发展。

---

① 《周恩来选集》下卷，人民出版社 1984 年版，第 5 页。

根据《共同纲领》和全省农村土改的实际情况,中共河北省委、河北省人民政府制定了一系列保护和促进农业生产的政策:(一)切实保护农民的土地所有权,允许农民自由经营、自由处理。(二)贯彻合理负担的农业税收政策,减轻农民负担。改摊派办法为依率计征;在某些地区实行评定产量,多收不多负担;正确掌握棉粮比价。(三)提倡互助合作,允许自由雇工。(四)奖励劳模和技术发明创造,注意在生产过程中培养劳模,发挥其旗帜作用。鼓励农民"冒尖",鼓励农民生产发家,劳动致富。(五)保障借贷自由等。这些政策的实行,大大激发了广大翻身农民生产发家和劳动致富的积极性。

为了支援农业的恢复和发展,各地人民银行从贷款方面帮助农民解决缺乏农具、畜力、种子及肥料等方面的困难。1950 年至 1952 年,全省银行系统共发放各种农贷 4000 万元。发动私商从内蒙古和张家口等地贩运牲口,解决农民缺少畜力的困难。组织生产农具,全省各农具制造厂 1950 年至 1951 年共生产水车 2.1125 万辆,加上中央水利总社拨来的水车,贷给农民使用的水车共有 9.2494 万辆。组织各农具站积极推广新式农具,仅 1951 年 1 月至 9 月,全省共贷出、卖出新式农具——七寸步犁 3153 张,轻便耕锄 30 万张,水车 4.82 万辆,玉米脱粒机 1500 台,手动铡草机 151 架。积极开展农业技术传授工作,省农林厅先后培训 200 多名农业技术人员,向广大农民推广新式农具,传播精耕细作的科学管理方法,使技术上山下乡。据 95 个县的统计,直接受到技术教育的近 53 万人,间接受到技术教育的有 216.2 万人。各地还建立了配药站等技术组织。这些举措可谓雪中送炭,受到农民群众的普遍欢迎。

为增加农民的收入和纺织工业原料的生产与供应,中共河北省委、河北省人民政府实行了鼓励农民多种棉花的政策。其主要办法是:按照国家的规定调整了棉花的收购价格,规定每斤中级皮棉,不论任何季节出售,必须保证农民最低实得小米 4.25 公斤;在农业税的征收中,规定棉田按粮田同等负担,棉田可在秋后一次性以棉花抵交公粮;实行公平合理,按级给价的政策。这些奖励政策极大地调动了农民的种棉积极性,各地涌现出一批棉花丰产模范。全省棉花生产大发展,成为全国最大的产棉区,棉田面积由 1949 年的 938.1 万亩增加到 1952 年的

1467.1万亩。

河北农村贫困农民有自发组织生产互助的传统。省委、省政府成立后,要求全省各级党组织和人民政府积极引导农民组织起来,走互助合作的发展道路。并把它作为恢复和发展农业生产及救灾度荒的中心环节加以推动。1950年1月5日,省委书记林铁在全省农业经济工作会议上强调,组织起来,是当前农业生产的方向,是农村的第二次革命,实践证明,组织起来就能克服困难,改变一切。3月4日,省政府发出《关于开展劳模运动及发展合作的指示》。1951年省委召开的党代会和省各界人民代表协商委员会提出,每县可试办一两个农业生产合作社。并在农村广泛进行“社会前途、抗美援朝、组织起来、爱国增产”四大教育,从而激发了广大农民群众互助合作的热情。到1952年秋,全省农业生产互助组由1949年底的9万个,发展到69.4万余个,试办初级农业生产合作社发展到1082个。农业生产合作社增产纪录超过互助组27.5%,超过单干户42.4%,充分显示了互助合作的优越性。

省委、省政府在推动各地兴办农业互助合作的同时,为提高农作物的单位面积产量,采取下发文件、树立典型、表彰劳模等措施,进一步激发了广大农民群众组织起来,开展农业爱国丰产竞赛运动的热情。一些劳动模范和先进人物积极带领农民参加丰产竞赛,他们不但自己制订增产计划,还帮助全组、全村做出增产计划。并带头在组与组、人与人、组与单干户之间开展竞赛,组织交流增产经验,拟制或修订增产措施。1951年,全省有1万多个劳模、22万个互助组及5000多个村踊跃参加爱国丰产竞赛,并有耿长锁等4000多个劳模向山西省著名劳动模范李顺达应战。1951年冬,耿长锁、张希顺等劳动模范率先发起开展“千村万组模范丰产运动”。广大农民积极响应参加,进一步推动了爱国丰产运动的深入开展。在爱国丰产竞赛运动中,全省出现一大批丰产户、丰产组、丰产村。这些丰产旗帜对推动全省农业生产的恢复和发展发挥了重要作用。

由于采取了鼓励农民发展生产的措施,极大地调动了广大农民的生产积极性,农业生产得到了迅速的恢复和发展,农产品产量大幅度提高。到1952年底,全省粮食产量达到77.22亿公斤,比1949年的46.95亿公斤增长了64.5%;棉花产量由1949年的1.08亿公斤上升到1952年的2.815亿公斤,增长1.6倍,植棉面积和棉花总产量均居全国第一位;油料产量也有增加,1952年达到3.1亿公斤,比1949年的2.635亿公斤增长17.6%。

在恢复和发展农业生产的同时,全省还积极开展了救灾工作。1949年至1952年,河北省连续发生大面积水、旱、风、虫等灾害。1949年的水灾殃及全省104个县,绝收减收的面积占总耕地面积的33.4%,致使1950年春全省有996万灾民,重灾区65万人面临危难。1951年受灾又达100个县,受灾面积1915万亩,灾民621万人。面对严重灾情,中共河北省委、河北省人民政府把生产救灾作为中心任务之一。1949年8月,省人民政府成立了救灾委员会,由李锡九任主任;各重灾区也都建立和健全了生产救灾委员会、生产救灾办公室,并设专职干部,首长负责,专责掌握。广大灾区人民在各级党组织和人民政府的关怀支持下,开展了大规模的生产自救运动。他们提出"不依赖,不等待,自己动手,生产救灾渡荒"的口号,广开生产门路。到1950年春全省灾民投入从事各种副业生产的人员达284万之多。

灾区人民的生产救灾得到多方面的支援。全省各灾区的人民银行积极发放贷款支援灾区人民生产度荒,仅1952年就发放贷款107.8万元。各地供销合作社千方百计为灾区副业生产找原料,为产品找销路,并组织传授生产技术。据1950年统计,全省供销社采取买、换、贷、赊等办法,供应了各种种子2106万公斤、农药8万余公斤、肥料2441万公斤、农具115万件、牲口2395头。全省非灾区开展了"一碗米"的节约捐献活动。中共河北省委书记林铁带头每月捐米10公斤援助灾民,石家庄、保定等6个专区和保定、石家庄、唐山等市广大干部群众共捐粮157.9万公斤及大批其他物资和现款,充分显示了全省人民群众一方有难、八方支援的高度互助互济精神。

应特别提及的是,毛泽东和中央人民政府非常关心河北省的灾情和救灾工作。河北省人民政府主席杨秀峰经过实地调查,于1951年1月4日就阜平、曲阳山区灾情及解决办法写给省人民政府转呈中央人民政府政务院的报告,请求中央救济。报告转给毛泽东后,毛泽东很快于 1 月 22 日批给周恩来说:“周,应当批准此项要求。”[①] 按照毛泽东的批示,中央人民政府急拨首批赈粮 325 万公斤;4 月又拨给全省长期备荒种子基金 200 万公斤小米,使阜平、曲阳及全省因灾遭困的问题得以解决。1951 年全省受灾县达 100 个,受灾面积 1915 万亩,灾民 621 万人。中共河北省委于 1951 年 11 月 13 日,就关于恢复和发展农业生产问题向中共华北局作了综合报告。毛泽东看到华北局转呈的这个报告后,于 11 月 21 日代中央起草的向各中央局,并转分局、省市区党委和地委这个报告的批语指出:“河北省委这个报告很好,请你们加以研究,吸取其中有益的经验在各省推广施行。此件并可在党内刊物上发表。中央希望看到各省委都有一个关于恢复和发展农业生产的专题报告。”[②] 中共中央、毛泽东的关怀极大地调动了全省人民战胜自然灾害、恢复和发展生产的积极性,胜利渡过了连续三年的灾荒,旧社会一方遭灾、八方受难,逃荒要饭、流离失所的悲惨状况不再重演。灾民们说:“千年没有的大水灾,历来没有的好政府。”一语道出了新中国社会制度的优越性。

兴修水利和山区农牧业的开发建设

河北省河流众多,平原地区水患频仍;山区自然条件差,大都靠天吃饭。这种自然环境严重制约着农业生产的恢复和发展,改善农业生产条件的任务艰巨繁重。建省以后的前两年,省委、省政府决定将改善农业生产条件的工作重点放在水患严重的平原地区,着力防洪排涝,除治水害;在干旱地区着重挖塘开渠,引水灌溉,以保障与增加农业生产;同时加强水利勘察调研工作,为今后规划水利建设打下基础。

根据上述决策,1950 年上半年,河北省人民政府相继通过《治河计划草案》《河北省水利工程建设用地使用和迁移补偿暂行办法》《关于农业生产、河工防汛工作计划的决议》。同时成立由杨秀峰兼任主任的河北省河防春工委员会,负责领导指挥全省河防春季水利工程建设工作。

---

① 《建国以来毛泽东文稿》第二册,中央文献出版社 1988 年版,第 56 页。

② 《建国以来毛泽东文稿》第二册,中央文献出版社 1988 年版,第 517 页。

1950年从春季开始治河修堤，主要是对各河流下游河道进行整修。据统计，全年共完成1200万人工的巨大治河防汛工程，共动土方2300万立方米，约相当于1949年的4倍。1951年水利建设的主要任务仍然是：防洪排涝保护农业生产，保障京、津及铁路交通线的安全，并作长期打算，即从除水害中打下兴修水利的基础，逐步增加治水与防旱比重，重点整修旧有河道，以利交通。当年组织实施的具体工程是：在大清河与子牙河汇流点开辟独流入海减河；在永定河上游修建水库，下游改造泛区河道；在潮白河改建新河道；在大清河修建排水设施，在其中游培修千里堤，疏浚赵三河、潴龙河下游河道；灌区工程以改造旧渠、改进管理为主。以上各项均为国家和本省主办的重点河防水利工程，再加上其他工程，约相当1950年水利工程建设的3倍。

平原地区的干部群众经过两年的艰苦奋战，减轻了水患灾害，水利建设取得很大成绩。在减轻或消除水害方面：经对历史上危害最大的永定河南北堤及泛区的北大堤的修整，提高河道容量60%以上，保证了首都北京和京山铁路的安全；完成了潮白河改修新道的巨大工程，加强了蓟运河的堤防，基本解决了潮白河的水患，使香河、宝坻、玉田3县基本上免除了40年来的洪水灾害，并使过去常年积水的青甸洼、太河洼、大钟庄洼等连收两年；大清河千里堤与滹沱河北大堤的修复，保证了两河当中腹心地区10余县人民的生产、生活；子牙、南运等河主要堤防的加强及汛期的大力防守，未决口成灾。在渠道灌溉方面：修复旧有渠道6处，新开挖渠道3处；同时，加强了渠道的民主管理，解决了用水纠纷，逐步做到提前放水浇地和经济用水。其中最大的渠道是1950年的永定河固安、永清、涿县兴办的金门渠灌溉工程，1952年浇地已达12.3万余亩；南运河沧县水月寺渠1952年浇地达6.3万多亩。此外，自1951年开始在春秋两季进行临时扒堤引河水浇地，两年来共计浇地130万亩，保证了春秋两季及时播种和农副产品产量的增加。

河北省的水利建设从1952年开始，由局部治理转向流域的规划治理，由临时性转向永久性的工程，由消极的除害转向积极的兴利，把水利建设逐步推向一个新的发展阶段。

在兴修水利、改善平原地区农业生产条件的同时，中共河北省委、河北省人民政府还十分重视山区农牧业的开发建设工作。建省初期,全省有 50 个山区县,人口 788 万,占全省总人口的 21%,山区面积 8.1 万平方公里,约占全省总面积的 46%。这些山区县绝大部分是革命老区,资源丰富。因此,加强山区农牧业的开发建设对改变老区面貌,恢复和发展全省农业生产关系很大。

为加强对山区农业生产和开发建设的领导,1950 年 11 月 2 日,省政府主席杨秀峰在河北省第一届各界人民代表会议的报告中强调指出:山区由于自然条件限制,群众的生产生活比较困难,各级党委和政府必须重视加强对山区生产的领导。山区以增产粮食为主,提倡种植马铃薯等高产作物及早熟耐寒作物,改良耕作方法,提高技术;实行封山植林,发展畜牧,繁殖牛羊,有条件的开展副业生产;对于山货、药材、矿产等生产,应根据销路条件,适当恢复与发展。同时,还要有计划地大量开展供销合作,调剂有无,解决群众粮食供应及产品推销困难。1951 年 5 月,省政府发出《关于加强山区生产工作的指示》提出,山区生产的任务主要是巩固耕地,整修梯田,果树除虫,发展牧业等。12 月 5 日,杨秀峰在河北省第一届第二次各界人民代表会议上的报告中再次提出加强山区建设的任务,要求山区县制定恢复和发展山区经济的 3 年至 5 年计划,逐渐改变山区面貌。

中央人民政府政务院 1952 年 1 月 28 日发出《关于加强老根据地工作的指示》。河北省人民政府在《关于 1952 年农业生产的决定》中明确提出贯彻政务院的指示,加强老根据地经济建设的具体措施和要求:要坚持"解决群众当前生活困难与长期建设相结合"的方针,因地制宜,有计划有重点地逐步恢复与发展农林畜牧和副业生产;修整恢复山区交通,组织运输业;加强国家贸易机构与供销合作社工作,建立商业网,促进物资交流,以推销土产和供应山区人民的生产、生活资料,保障山区群众的生产和生活;帮助群众修建旱井、水窖,解决群众吃水的困难。同年 5 月,省政府又发出《河北省山区水土保持工作实施计划》。各山区县因地制宜,积极贯彻省政府的指示和决定。随着各种开发建设项目的组织实施,山区县的农业生产条件和群众的基本生活逐步得到改善。

三、恢复工交生产和调整工商业

全心全意依靠工人阶级恢复工交生产

河北省建制恢复后，在短短的时间里，首先是煤炭、冶金、发电、纺织等一批工业企业迅速恢复了生产。但是，长期战争给各工矿企业造成的破坏还没有彻底消除，原材料短缺、生产技术落后、机器老化等情况依然存在，恢复和发展生产仍面临着许多严重的困难。为此，中共河北省委、河北省人民政府要求各级党委、政府要全心全意依靠工人阶级，动员一切社会力量为恢复生产而奋斗。

根据中共七届二中全会精神，中共河北省委第一次全会明确指出，进入城市后党的工作要以恢复和发展生产为中心。为加强党对城市工作的领导，河北省人民政府于 1950 年 3 月 17 日至 25 日，召开了河北省中小城市经济工作会议。1951 年 4 月 2 日至 11 日，省委召开了各市、镇委书记、工会主席及省直有关部门领导共 210 人参加的河北省第一次城市工作会议。这两次会议的中心内容是贯彻中共七届二中、三中全会精神，加强党对城市工作的领导，以及加强工会与工厂管理，依靠工人阶级恢复和发展工交生产。与会人员通过学习、讨论，进一步加深了对党的七届二中、三中全会和省委一次全会精神的理解，提高了对城市工作和领导城市工作的认识。

随着这两次会议精神的贯彻落实，全省重点解决了变战时工业为平时工业，进行民主改革，工厂实行民主化管理，以及工人工资待遇和建立工会组织等问题。在党组织的领导下，许多厂矿企业逐步建立起民主化、企业化管理制度，使翻身做了国家和企业主人的广大工人的劳动积极性空前高涨。他们以主人翁的姿态，努力恢复和发展生产，开展劳动竞赛和技术革新，使生产水平显著提高，并涌现出一大批劳动模范、先进集体和先进人物。工交战线开展的学习以鞍钢工人孟泰“艰苦奋斗、勤俭建国、爱厂如家”的事迹命名的“孟泰精神”；学习河北省龙烟铁矿马万水“开发矿业的英雄掘进队”顽强拼搏、勇攀高峰的“马万水精神”的活动，成为50年代初河北工业战线的闪亮“风景线”。在学孟泰、学马万水精神，开展爱国生产竞赛中，1951年4月，峰峰煤矿罗永金小组创造了日产254.4吨煤的全国纪录；唐山发电厂李秀俊带领全组工友研究降低耗煤办法，于1951年11月，创造了每度电耗煤0.558公斤的全国先进纪录和长期安全生产纪录，被评为全国安全发电的先锋；唐山钢厂在提高产量的同时，试验成功碱性侧吹转炉炼钢，于1952年8月正式投产，并迅速普及到全国。这是当时炼钢技术上的一项重大改革和突破。经过广大工人的努力奋斗，全省煤炭、冶金、发电、纺织等一批工业企业很快恢复了生产，并在原有基础上有所发展。

中共中央、中央人民政府政务院对河北的经济恢复和发展十分关心，在经济困难、财力有限的情况下，解放初通过投资在河北新建和扩建了一些厂矿，对全省经济的恢复和发展起了重要作用。其中：中国自行设计、施工的大型棉纺厂——邯郸国棉一厂于1950年开始兴建，1952年竣工投产。国家还投资1961万元对开滦、峰峰、井陉3个矿区的8对矿井进行了恢复性建设和技术改造，提高了矿井机械化采煤的技术和生产水平。

交通运输是经济活动和社会活动的重要纽带，中共河北省委、河北省人民政府成立之初，把恢复遭受战争破坏的交通运输业，特别是铁路运输的恢复摆在优先地位，集中人力、物力、财力，经过不到两个月的艰苦奋战，使中断了三年的京汉铁路京石段，于1949年11月8日正式恢复通车。与此同时，人民政府大力发展群众运输事业，经过一年多的努力，到1950年底，全省运输栈由4处扩大到59处；组织群众运输的常年专用车和副业车达1万多辆。当时，内河航运在省内运输中占有重要的地位，通航恢复也十分迅速。水上客运量，1952年达到38万人；货物运输量由1949年的163万吨增加到1952年的228.5万吨。到1952年底，国家和地方铁路营业里程达到1827公里，比1949年增加294公里；公路通车里程达到7628公里，比1949年增加2318公里；内河航运达到2368公里。交通运输业的恢复和发展，沟通了城乡之间、地区之间的联系，为恢复生产、发展经济和安定人民生活发挥了重要作用。

合理调整城市工商业

河北省的国营经济是在继承和发展根据地、解放区的公营经济和通过民主革命没收官僚资本的基础上建立和发展起来的。在抗日根据地和解放战争时期的解放区,根据战争和人民生活的需要,创办的一些公营和合作社营的小企业,如造纸、制糖、火柴、印刷、榨油等,它们是河北最早的社会主义性质的经济。这些企业虽然数量不多,规模不大,但从历史渊源来说,它们是后来发展社会主义国营经济的前身。

河北对敌伪财产和官僚资本企业的清理没收工作自1945年9月起,随着各中等城市的先后解放,至1949年全部完成。这些官僚资本工业企业构成了国营经济的主要成分。到1949年底,全省有工业企业6479家,其中国营企业242家,占总数的3.7%;合作社营企业57家,公私合营企业21家,占总数的1.2%;私营企业6159家,占总数的95.1%。全省商业共有10.8299万户,其中国营商业7634户,占总户数的7.05%;合作社营1.2669万户,占总数的11.7%;私营商业8.7996万户,占总数的81.25%。虽然全省已建立起国营经济的基础,但还比较薄弱,私人资本主义经济还占有很大优势。在此情况下,依靠国营经济的领导作用,积极引导私营工商业的发展,发挥其有利于国计民生的积极作用,是党面临的一项重要任务。

在1949年7月,中共河北省委成立当天召开的第一次全体会议上,省委书记林铁就强调,要坚决贯彻新民主主义的三大经济纲领①,要加强对城市工作的领导,制定统一的政策,注意防"左"纠偏,尽一切可能用最大力量从事人民经济事业的恢复和发展。10月2日,河北省人民政府制定的《关于当前市场管理工作的指示》和11月4日中共河北省委第二次全体会议通过的《关于几个问题的决定》,都要求各级党委、政府对过去在地区分割、对敌斗争形势下所遗留下来的管理方法,如强调证

---

① 1947年12月,中共中央在陕北米脂县杨家沟召开会议,毛泽东在会上所作的《目前形势和我们的任务》的报告,在全国人民面前鲜明地阐明了新中国的基本经济纲领,即没收封建地主阶级的土地归农民所有,没收蒋介石、宋子文、孔祥熙、陈立夫为首的垄断资本归新民主主义国家所有,保护民族工商业。

照、限制购买、轻率冻结物资、扣留商人等必须加以纠正,克服对私商单纯管制的办法与不加区别地仇视私商的观点。特别批评了有些地方、有些领导干部在贯彻“公私兼顾”政策中的“先公后私”或“只公不私”等歧视私营工商业的现象。强调要正确执行公私兼顾、劳资两利的方针,以尽快恢复和发展工商业。

私营工商业者中的绝大多数愿意接受党和人民政府的领导,拥护党的工商业政策,能同共产党合作共事,并在资本家中进行工作,发挥一定的积极影响。但是,私人资本主义经济也有追逐利润、唯利是图的消极一面。为了发展生产,繁荣经济,人民政府必须扶持有利于国计民生的私人资本主义经济,限制其消极作用。如前所述,1949 年 11 月,人民政府打击投机资本,在限制与反限制的斗争中取得第一个回合的胜利,到 1950 年初物价趋于稳定后,又产生了另一方面的问题,就是部分私营工商户关门、歇业,造成新的失业现象。据全省 4 市 9 镇统计,1 月至 5 月中旬,共歇业 4902 户,失业职工约 4 万人,其中手工业 2469 户,占歇业工商户的 50.4%。一时间,公私关系恶化,失望和不满的情绪在一部分工人和城市贫民中迅速蔓延,经济问题已影响到了社会的安定。为了解决这个问题,河北省遵照中共七届三中全会的精神,对城市工商业进行了合理调整。

当时,私营工商业发生困难的主要原因:一是因通货膨胀而形成的虚假购买力的消失以及社会心理的变化,出现了一部分商品的滞销和生产过剩。二是某些商品的供给对象变化后,工作一时衔接不上。从前依赖国外市场的,现在靠不住了;过去面向达官贵人的产品和服务项目,现在人民不需要了,如新解放城镇的装饰品、奢侈品等大见衰退,甚至全部垮台。三是占城乡人口大多数的工人和农民的购买力有限,特别是农民的购买力很低,许多生产和生活必需的商品因价高而买不起。四是私营工商业企业大多数管理落后,人浮于事。这些问题从根本上讲,是社会变革过程中的产物,是难以避免的。此外,还有一个原因,就是前一阶段政府平抑物价的措施有些过猛。催缴税金、催收公债款、抽紧银根、扩展公营商业这“四路进兵”,虽然制止了通货膨胀,稳定了物价,但也带来了一些副作用。一些地方由于没有谨慎地区别投机资本的活动和正常的工商经营活动，没有采取区别对待的措施，而是简单地一棍子打下去，使有些合法经营且有益于国计民生的私营工商业活动也连带受到了打击；有些干部对“公私兼顾”政策认识上有偏差，歧视私营工商业，更有一些干部有挤垮私人资本主义提早实行社会主义的“左”的思想。

为了纠正存在的上述问题，帮助合法的私营工商业渡过难关，稳定他们的生产经营情绪，中共河北省委、河北省人民政府根据中共中央不要“四面出击”的策略思想和调整工商业工作必须坚持“公私兼顾、劳资两利”的基本方针的要求，抓了三个主要环节，即调整公私关系、劳资关系和产销关系，重点是调整人民政府和国营经济同私人资本主义经济之间的关系。主要采取了加强对私营工业的加工订货和投放货币、收购农副土产品、扩大城乡交流的措施与办法。

着手全省工商业的调整工作从 1950 年 5 月开始，6 月 5 日，中共河北省委转发了华北局给中共中央的《关于华北工商业情况及对策意见的报告》，要求“各市委、地委特别是有关部门务须具体研究执行”。为纠正弊端，报告提出 6 项建议：一要使干部透彻了解“四个朋友”① 必须合作，“五种经济”② 必须在国营经济领导下统筹办理，纠正“左”倾情绪；二要消除私营工商业者的思想顾虑，重申政府稳定物价的政策，不使物价暴涨暴跌；三要划分经营范围，国营贸易除了必须掌握 1/3 至 1/2 有关国计民生的重要物资外，其他商品应让给私人经营；四要对私人工商业须有专门组织来领导，反对放任自流和垄断排挤；五要在公私企业中，教育工人把维护发展生产当作自己的责任；六要调整国营与省营之间的关系，解决国营工业与国营商业争夺利润的矛盾。

1950 年 6 月 14 日，中共河北省第一次代表会议通过的《关于公私兼顾问题的决议》指出，公私兼顾、劳资两利政策，是党的经济政策的重要组成部分，是充分利用与发挥资产阶级积极性达到发展生产、繁荣经济的重要措施，也是党和民族资产阶级在政治上、组织上合作的基础。《决议》要求，全党干部必须正确认识在国民经济恢复时期与资产阶级

---

① “四个朋友”指工人、农民、小资产阶级和民族资产阶级。

② “五种经济”指国营经济、合作社经济、国家资本主义经济、私人资本主义经济、个体经济。

合作是党肯定的政策,不能有任何犹豫动摇。必须在国营经济的领导下,使“五种经济”统筹兼顾,分工合作,各得其所。要建立健全工商业联合会,使之成为团结教育工商业者的组织。

遵照中共中央、华北局和中共河北省委的指示,各市、镇和各有关部门普遍加强了对私营工商业的领导,从各个方面开展了对工商业的调整工作。在工业方面,着重抓好公营经济向私营企业加工订货、收购产品的工作。加工订货这一生产形式刚解放时已经出现,但多为分散进行,规模不大。调整工作开展后,政府要求国营经济机构根据需要和可能,对私营工业企业实行有组织的加工订货和收购产品,以解决私营工业在原料来源、产品销路和资金周转方面的困难,帮助它们维持和恢复生产。加工订货的方针是:重点扶持那些为人民生活和国家建设所急需的百货、杂货、轧花、纺织、印染、榨油、煤、烘炉、食盐、火柴、医药等行业或企业;对某些不适应国家建设需要的企业,帮助其转产;而对生产首饰等奢侈品和迷信品无益于国计民生的行业,则不予扶持。因此,加工订货实际上促进了私营工业的改组。由于抗美援朝战争的进行,国家为供应前线需要,对私营工厂的加工订货迅速扩大。从而扩大了工业、手工业生产,多数行业呈现供不应求的态势,市场交易日趋活跃。

在商业方面,政府着重调整公私商业的营业范围。国营商业在逐步扩大批发阵地的前提下,以能够稳定物价、制止投机商人扰乱市场为限,设置零售网点,所经营的品种主要是粮食、煤炭、纱布、食油、食盐、燃油等人民生活必需品,其他商品的零售业务让给私营商业或小商小贩经营。对农副土产品的收购,国营公司只经营主要的大宗农产品和外销农产品的一部分,其余则鼓励合作社和私商收购、贩运。在适当调整公私经营范围的同时,政府根据照顾产、运、销三方面的原则,在批发与零售之间、产区与销区之间、原料与产成品之间以及季节之间,规定合理的差价,使私商有利可图,鼓励私商长途贩运、近购远销,活跃城乡交流。

在货币投放与税收方面,由国家银行或联合私营行庄,对私营工商业发放贷款,并连续两次降低贷款利率,帮助私营企业解决资金周转困难。同时,在保证满足国家财政需要的前提下,适当减轻私营企业的税收负担。税率的确定,实行工业轻于商业、日用工业品轻于奢侈品的原则;在所得税的征收上,也作了一些有利于中小企业的调整,并对部分工业品实行减免税优惠,鼓励企业为满足社会需要而生产。

以上措施,有力地调节了国营经济与私营经济之间的关系,为私营工业提供了相对稳定的生产订单和一部分原料,给私营商业让出一部分市场和销售利润,并通过调整价格、利率和税率等经济手段,促进了有益于国计民生的私营工商业的恢复和发展。

在调整公私关系的同时,各级党委和政府还着力调整私营企业内部的劳资关系。劳资关系方面出现的问题,主要是私营工商业发生困难以后,一些停工企业的工人要求不减薪或发放遣散费,造成劳资冲突,以致出现工人不服管理,资本家不敢管理,资方对克服困难丧失信心,导致生产经营涣散等情况。为此,根据中共中央确定的调整劳资关系的基本原则,在各级工会的推动下,私营企业普遍建立劳资协商会议,商议克服企业困难的办法。即一方面要求资方积极经营,反对他们抽逃资金,躺倒不干;另一方面要求工人努力提高生产,维持私营企业的生产经营。许多工人承受了轮流歇工、减少工薪等困难。此外,政府大力救济失业工人,有重点地组织失业工人参加市政公共工程建设,以工代赈。经过对劳资关系的调整,私营企业内部逐步建立起劳资协商会议制度,出现新型的劳资关系。

对产销关系的调整,主要是帮助私营工业根据市场的需要进行生产,克服生产的盲目性。1950 年 6 月至 9 月,唐山、保定、石家庄、秦皇岛、邯郸、杨柳青等市镇,有的组织公私营企业对本地区群众的需求开展业务调查,有的召开城乡或有公私代表共同参加的一系列专业会议交流情况,拟定各行各业公私分工合作的原则及产销计划;对纺织、榨油等原料不足的行业,根据原料供应情况分配生产任务;对火柴、卷烟等滞销行业,确定以销定产,有的还合理地划分了销售范围,并在长途调运中注意引导私营与国营协调进货,使其既有分工又有合作。各市、镇的百货、杂货等行业,大多根据国营公司经营物资的供求状况,调运糖类、纸张、大米、颜料等货物,对土特产、药材等组织收购运销,各地或组织私商下乡,或协作联络外商采购等办法进行推销。土产公司还注意收购、推销季节性冷货,带动私商共同解决山区群众山货、药材收购与销售的困难。

城市工商业经过半年的调整,成效显著。工业生产由萎缩转向增长,商业销售量迅速增加。到1950年底,据全省4市10镇统计,私营工商业开业户与歇业户相抵,共增加3952户,增加从业人员1.0038万人,资金近164万元。在此基础上,1951年形势更好,当年全省城镇私营工商业户数为1949年的188.36%。资本家对调整工商业政策所带来的变化深感振奋,称1951年是私人资本主义经济发展的"黄金时期"。私营工商业的复苏,增加了社会财富,扩大了就业,活跃了市场,增加了国家的财政收入。据统计,全省工商业税收,1950年超额完成中央原分配全年任务的4%。通过调整,有利于国计民生的私营工商业得到较快发展,不利于国计民生的部分受到遏制;加工订货、经销代销等国家资本主义形式有了较大发展,使部分私营工商业的生产经营活动被间接地纳入国家计划的轨道。在调整过程中及调整以后,国营经济的领导地位和国家调节国民经济的力量进一步加强。

四、扩大物资交流,活跃城乡市场

建省初期,市场上的日用品特别是粮食、棉花、纱布等供应紧张,人民的经济生活比较困难。面对这种情况,1950年3月召开的河北省城市经济工作会议,确定贸易工作的方针与任务是:促进城乡物资交流,为恢复和发展生产服务;积极组织工业品下乡,原料品进城,外销品出口,并根据生产与季节的需要,供给原料,推销成品,稳定物价;沟通地区间的经济联系与运销,做好灾区与城镇煤、粮调剂供应,以支持当地副业和手工业生产。

为解决粮食问题,河北省人民政府按照中央财政经济委员会的统一部署,从东北调拨大批粮食入关,统一抛售,用经济手段打击不法商贩非法经营,使粮价很快平稳下来。根据中央人民政府政务院"贸易统一"的要求,1950年4月和11月,分别建立河北省粮食公司和油脂公司及各地分支机构,按照国家统一牌价购销粮油,参与市场调节,稳定粮油价格。

随着城市工商业的调整和上述贸易政策的实施，遭受战争破坏的城乡流通渠道逐步恢复，经济生活的困难局面得到一定程度的缓解。1950年秋，除灾区外，全省农村大部分地区获得丰收。由于农副产品的增加，农民的购买力也随之提高。为进一步扩大物资交流，根据中共河北省委、河北省人民政府的部署，从10月开始到12月上旬，各地组织民工整修疏通了省内44条、9140多里的主要公路干线，为扩大城乡之间的交流奠定了基础。

1950年的实践经验说明，城市工商业的复苏是农村经济转动的结果，其中起决定作用的是收购土特产品。为此，河北省人民政府在部署1951年经济工作时，要求各地把扩大城乡交流摆在第一位，将农产品、土特产品收购上来，将城市工业品销售下去。为打开农村土特产品的销路，河北省人民政府在1950年12月下旬召开的全省贸易工作会议上，要求各地充分发动与组织国营公司、合作社、私商和群众四方面的力量，大力推进土特产品销售，促进物资交流；同时广泛开展订立产销合同运动，发挥相互督促，共同发展的作用。

为贯彻国家供销合作总社提出的停止非社员交易，上级社为下级社服务、合作社为社员服务的方针和全省贸易工作会议精神，省供销合作总社于1951年初，召开专、市、县、社主任会议，确定1951年全省合作社的工作方针是，以组织供销社为主，用合作社的方法经营社员生产生活必需品，积极推销社员农副产品，变无组织交易为有组织交易。全省各地在国营商业和合作商业的组织带动下，团结私营商业共同努力，千方百计恢复传统的商业网，努力开辟新的流通渠道。

与此同时，各地还注意发展经常性的集市贸易、庙会、骡马大会等近地物资交流；或在传统的物资集散地，增设国营土产公司，鼓励私人开办贸易货栈，从而形成工农业产品双向流动的吞吐站，将收购土特产品、推销工业品的业务范围，沿水陆交通线扩展到华北、东北、西北等地区。仅1952年10月到1953年1月一个冬季，全省各地利用农民农闲季节和赶庙会的习惯，就召开了213场物资交流会，成交总额达19.8万元。土产一动，百业俱兴。

在全省多种经济成分的共同参与和努力下，城乡交流活跃起来，打破了过去地区间、城乡间、行业间的封闭状态。许多过去滞销的农副土特产品，通过交流大会开辟了新的市场，变为畅销货，甚至远销到国外。有些在农村被丢弃的废料，运到城里便成为工厂有用的生产原料。在各地举办的庙会上，新式农具和日用工业品备受农民的青睐，上海、天津生产的毛巾、袜子、胶鞋、绒衣、搪瓷用品、暖水瓶、手电筒乃至自行车，在农民那里都成了抢手货。全省工业和农业、城市和农村互为市场，初步形成了促进商品流通的市场格局。据统计，1952 年比 1949 年，全省社会商品零售总额、农副产品采购额、农业生产资料供应总额均增长约 50%。这样大规模的城乡交流，在旧社会是从未见过的。

第四章

执政初期党的建设和经济恢复的成就

中共河北省委恢复建立后,各级党组织担负着多方面的全新任务,党员队伍也面临新的考验。为使党员干部在复杂形势和困难面前,不被旧社会的恶习和资产阶级所腐蚀,中共河北省委遵照党中央的指示,在领导开展新民主主义改革和建设的同时,结合执政后特别是"三反""五反"运动中党员干部队伍暴露出来的问题,不断加强党的自身建设。通过开展公开建党的思想教育,整顿支部集训党员,整党整干和党员八项标准教育,反腐防变教育,提高了党的领导能力和执政水平,团结带领全省人民胜利完成了恢复国民经济的艰巨任务。

一、从秘密建党转变为公开建党

建省初期党的组织状况和党建任务

河北省建党较早,在抗日战争和全国解放战争时期,其大部分地区是中共党组织领导开辟的抗日根据地和革命老解放区。自中共七大以来特别是新中国成立以后,随着革命形势的发展,党的组织迅速发展壮大。1949 年 7 月中共河北省委重组时,党员由 1921 年的 2 名发展到 81 万余名,占全省总人口的 2.7%。其中农村党员 72 万,占农村总人口的 2.55%,城市党员 7.1 万,占城市人口的 1.7%。到 1950 年底,全省已有党员98万余名。

党的组织基础，主要在过去的解放区。在解放较晚的地区，很多地方没有党的组织，有党组织的地方党员人数也很少，并处于地下状态。随着全国解放，过去的秘密建党随之转变为公开建党。各地按照行政区划，迅速建立健全党的省、市、县委，并公开地、普遍地在新解放区广大城市和农村，在机关、学校及厂矿企业逐步建立起党的基层组织。到1950年底的一年多时间，全省就新增17万党员，这是中共河北组织史上巨大发展的一年。从党的基本队伍来看，绝大多数党员在革命胜利后，能够保持勤勤恳恳为人民服务的革命品质，克己奉公，艰苦奋斗，遵守纪律，联系群众，积极发挥模范带头作用，在人民群众中享有很高的威信。但另一方面，党内也存在不少弱点和问题，主要表现为：

（一）由于党长期处于分散的农村战争环境，党的组织分布也很不平衡。全省党的支部，除军队外，大部分集中在老解放区和半老解放区；工厂、矿山、企业支部所占比例较小。据1949年10月31日中共河北省委组织部的统计，在全省91.51万党员中，农民出身的党员约占83%，工人出身的党员约占1.16%，文化程度普遍很低。党组织的这种状况，对于担负领导建设新河北这样伟大艰巨的任务来说，是难以适应的。

（二）在巨大的胜利面前，有的党员缺乏应有的阶级立场和宗旨观念。一些党员滋生了骄傲自满和以功臣自居的情绪，以及贪图享受不愿再过艰苦生活的情绪。有的农民党员向往“三十亩地一头牛、老婆孩子热炕头”的生活，革命意志衰退；有的党员争名誉，闹地位，个人主义膨胀，利用手中的权力牟取私利，甚至腐化堕落；有些党员干部官僚主义、命令主义作风严重，用简单粗暴的态度对待群众，损害了党和政府在人民群众中的威信。

（三）随着党组织的迅速发展，在短短的几年之内，新党员成倍地增加，因战争的紧张环境，党的组织不可能对党员进行系统的教育和组织上的处理。从主观上讲，党的领导机关对于接收新党员的工作缺乏严格的审查，党的下级组织接收党员有的任意降低标准，认为“拥护共产党”“跟着共产党走”或者“生产积极”就是入党的主要条件；在接收党员的手续上，对于被吸收者的历史和政治面貌事先没有进行严格的审查，在工作中也没有实行严格的计划与报告请示制度等，因此不可避免地带来鱼龙混杂的情况。过去处于地下状态时，参加共产党是秘密的，随时有被捕坐牢以至杀头的危险。但在革命胜利后，一些投机分子看到入党不但没有危险，相反可以得到荣誉地位，便挖空心思钻进党内来。这在一定程度上造成党的组织不纯。

党组织的上述状况，向党提出了如何在执政的条件下加强党的建设的新任务。为了对党的干部和党员进行监督，根据中共中央《关于成立中央及各级党的纪律检查委员会的决定》，中共河北省委于 1950 年 3 月，正式成立以马国瑞为书记的中共河北省委纪律检查委员会（简称中共河北省纪委）和地方各级党的纪律检查委员会。其主要任务是检查和审理省直属各部门及各级党的组织、党的干部及党员违犯党的纪律的行为。党的各级纪委同政府监察委员会在工作上密切配合，努力加强党风政纪建设。鉴于中国共产党已在全国范围内成为执政党，其工作中的缺点和错误很容易危害广大人民的利益。因此，中共中央于 1950 年 4 月作出决定，要求在报纸刊物上，对于党和人民政府及所有经济机关、群众团体工作中的错误和缺点开展批评与自我批评，以发挥舆论监督的作用。根据中共中央的要求和中共华北局的部署，中共河北省委也作出了相应的决定和要求。随即，结合中心任务，针对党内存在的问题，在全省党组织开展了公开建党的政治思想教育和整风整党运动，着力从组织上、思想上、作风上不断加强党的建设。

开展公开建党的思想教育

随着人民解放战争的节节胜利和解放区的不断扩大，为扩大党的影响，根据中共中央和华北局关于公开党的指示，河北老区、半老区的党组织于新中国成立前结合土改均已大部公开。公开后的党组织开会邀请群众代表参加，并经常征求群众对党员干部的意见，进一步密切了党群关系，扩大了党的政治影响。广大党员在群众的监督下，其思想观念和工作作风也确实有了很大的转变与进步。经验证明，公开党不但教育了党员，同时也教育与提高了广大群众对党的认识。但除新区未公开以外，老区、半老区还有一部分党的支部尚未公开。有的领导怕公开，不敢公开，或主张先公开一部分。有的党支部虽然公开了，但由于公开的方式简单，特别是公开后未能及时提出支部如何领导群众进行工作，使党群关系和党的工作受到一定的影响。

为加强公开建党的思想教育，中共河北省委在1949年11月发出的《关于执行华北局“公开党”的指示》中指出，河北省公开的敌人已全部消灭，广大地区为老区、半老区，党的基础较强，经过长期残酷的斗争锻炼，得到广大群众的拥护，具备了公开党的有利条件。因此决定，不论农村、工厂、机关、学校，凡未公开的支部、党员均应一律公开。

公开支部、党员，是一项政治思想性很强的党务工作，中共河北省委强调，既要反对长期拖延不公开，又要防止没有准备的简单草率从事。要求公开前，党内在思想上、组织上要做好充分的动员准备工作，使每个党员都了解公开党是为了进一步密切党群关系，团结与领导群众前进；要解决或批驳各种不愿意公开党的思想顾虑和错误认识，并使大家知道共产党是什么样的党，是干什么的；要讲清党群关系，讲清群众有权利、有责任帮助党克服缺点，改进领导。公开时要举行一定的仪式，召开群众大会或代表会，由支部指定专人在会上作工作检讨报告。

按照省委的要求，经过两年的工作，到1951年，河北省党的基层组织全部公开。公开后，党内召开支部大会时，邀请非党干部群众代表参加，会前通知群众开会的时间、地点和内容，使群众有准备地在会上发表意见；在召开支部大会时，每个党员都能虚心听取并尊重群众的意见，从而使群众逐渐消除了对党神秘的感觉，党内一切积极的和消极的以至错误的言行群众都看得很清楚，为群众所监督，能及时听取群众的批评和建议。

公开建党的另一项任务，是公开发展党员。在劳动人民中间，公开地进行党纲、党章的宣传教育，对一切要求入党的人，不仅听取介绍人的报告、本人的意见及党内反映，而且还要采取各种方式广泛征求群众的意见，把公开建党切实放在群众帮助与监督之下，建设一个纯洁的、有战斗力的党。当时，全省新区的40余县、约8400个村庄没有党的基础,老区还有不少“白点村”,有些城镇党的基础还比较薄弱;有些地区在公开发展党员工作中存在着不重视质量,只追求数量的拉夫主义或者人为地提高党员条件的关门主义偏向。针对这些问题,中共河北省委强调指出:在公开发展党员的工作上,各级党组织的领导必须认真加以重视,坚持党员标准,重质不重量,注意党员成分,力求把根扎正,既反对关门主义,也反对拉夫现象;同时开展“白点村”党员的发展工作,以期在一二年内消灭“白点村”,建立党的支部。为适应党的工作重心由农村转入城市的需要,城市要在二三年内,使工人中的党员比例有所提高。

经过各级党组织的努力工作,在限期内实现了中共河北省委的上述要求,在农村消灭了“白点村”,在城市增加了工人党员的比例。据统计,到 1952 年 11 月,全省工厂、矿山共有党员 1.8877 万名,占党员总数的 1.18%;工人出身的党员 2.4304 万名,占党员总数的 2.3%,比 1949 年 10 月提高了 1.3%。

通过公开建党的思想教育活动,提高了党的战斗力,壮大了党的组织,扩大了党的影响。广大党员增强了党员意识和群众观念,工作作风逐步转变;广大群众也从中受到了教育,知道共产党是先进分子组成的,是为老百姓谋利益的,从而进一步密切了党群关系,为河北党组织在执政初期的自身建设奠定了基础。

二、开展整党整干

整党整干,改进思想作风

经过革命战争和土地改革的锻炼,特别是公开建党的思想教育,全省党员干部绝大多数工作积极,发挥了先锋模范作用。但在党的工作重心由乡村转入城市的情况下,不少党员干部滋长了骄傲自满情绪和脱离群众的官僚主义、命令主义思想作风,违法乱纪、贪污腐化的现象也时有发生。

为了系统地解决这些问题,根据中共中央1950年5月发出的《关于在全党全军开展整风运动的指示》,中共河北省第一次代表会议作出《关于整党整干的决议》。6月30日,林铁在省直及保定市各机关团体党员干部纪念"七一"大会上,对整党整干进行了动员和部署。明确指出,这次整党整干的目的是提高党员干部的思想觉悟,转变作风,克服官僚主义与命令主义,加强群众观点,实行群众路线,以达到团结全党,密切联系群众,贯彻党的政策,做好各项工作。其整顿重点、指导方针和方法步骤是:从团结全党、全体人民及关心爱护和改造党员干部出发,坚持"惩前毖后、治病救人"的方针,着重思想上的教育、改造与提高,辅之以必要的纪律制裁。地委以上机关以反对官僚主义为重点,同时又要克服命令主义;县区的重点是反对命令主义,同时又要克服官僚主义;村级主要是反对命令主义。性质严重的其他问题,围绕上述重点来解决。进行整党整干,一般分作三步:即学习文件、结合总结工作进行检查、建立健全规章制度。县以上党委用3个月的时间集中搞"清洁运动",而后转入"经常打扫"。全省整党整干工作从同年7月初开始,分两批进行,到10月上旬结束。

中共河北省委在领导开展整党整干运动中,采取的主要措施:一是设整党整干学习委员会。实行首长负责,行政领导,支部保证。中共河北省委决定,省级党、政、军、团体4系统设3个整风学习委员会,在中共河北省委常委会直接领导下,分别具体指导该系统的整风学习。二是抓重点示范。7个地区27个县的46个村支部先行一步,取得经验用以指导全盘。三是培训整风骨干。1950年8月,中共河北省委举办了地、市、县、镇委负责人训练班,共计162人,为期25天。此后,各地委又为区干部多次举办了为期半个月的轮训。四是通过各种形式听取党外群众意见。省委领导在自查的基础上带头于8月28日召开民主人士座谈会征求意见。民主人士在发言中对建省以来的干部作风、党内外团结、市场管理、就业等方面存在的问题提出了中肯的批评意见与建议。五是有针对性地适时提出指导意见。在学习阶段,强调讲解好、讨论好、组织好典型报告和问题解答,注意联系思想、工作实际,真正从认识上解决问题;在检查总结阶段,强调不搞形式主义、片面性,防止抓而不紧、信心不足以及未出偏差但亦不见成效的现象；在建章立制阶段，强调对检查出来的问题，认真加以分析与综合，切实建立健全相应的制度。六是坚持做到整风整干不影响生产，还要促进生产。

在整党整干中，从省委到地、市、区委，从党员领导干部到一般党员干部都积极参加。经过学习、检查、开展批评与自我批评，以及对犯错误的同志本着“惩前毖后，治病救人”的方针进行帮助和处理，不同程度地提高了广大党员干部的思想觉悟。主要收获：一是干部的群众观点、民主作风普遍有所增强。整党以来，不少单位、部门的干部在工作中注意采取通过召开不同类型的座谈会等形式听取意见，与基层干部、党外人士交流思想，集思广益，推动工作。对1950年的夏征工作，群众反映“负担公平了”。对税收工作，泊头镇的工商业者说：毛主席的办法好，整风使干部的态度转变了。二是工作效率普遍提高了。省地两级初步克服了机构重叠、责任不清、公文旅行、办事拖拉的缺陷。三是对居功自傲、贪图享乐等个人主义思想有所克服，解决了一批实际工作中的问题。四是不少县委注意了党政适当分工，对党政不分、一揽子抓的现象有所克服。

整党整干运动结束后，中共河北省委于1950年冬下发了《关于省委领导的检查与改进意见》和《关于巩固整风成果的指示》。在《关于巩固整风成果的指示》中，提出“中心环节在于改善领导和不断提高干部的思想”，主要措施是：严格党的生活，发扬党内民主，开展批评与自我批评；根据整风经验，通过人代会、党代会、各部门工作专业会、各种座谈会，发扬民主，征求意见，改进作风，密切联系群众；改进工作方法最主要的是领导干部以身作则，坚持检查制度，改进作风。

基层党组织的整顿

在整党整干的基础上，根据中共中央华北局《关于集训党员和整顿支部的计划》，中共河北省委于1950年10月发出关于《执行华北局关于整训支部计划的指示》，要求全省在1950年冬至1951年春完成对基层党组织的整顿。《指示》强调指出：集训党员、整顿支部应着重从思想上解决问题，以学会群众路线，加强政策观点，统一对任务与政策的认识为主要内容，重点反对命令主义、居功特权思想和骄傲自满情绪，克服尾巴主义和消极不干的思想；学习内容应根据支部的具体情况确定，凡对当前生产政策认识糊涂的应着重讲生产政策，凡党员觉悟较低的着重讲党的基本知识，凡党员蜕化思想较严重的则着重讲克服消极蜕化思想。集训时间每期12天。《指示》对整顿农村支部提出了具体要求，强调：通过整顿要达到提高农村党员质量，调整党员成分，改进不良作风，密切联系群众和改进工作，提高生产的目的。先整顿较好的一、二类支部，重点是三类支部。对平分土地和整党的遗留问题的解决，要首先肯定过去整党的成绩，明确过去整党中发生的偏向由领导上负责，然后批评某些干部思想上仍然存在的埋怨消极情绪。对各种不良分子的清退应加以区别，凡经过教育继续要求留在党内者不应一律清退，但对坚决要求退党者应予批准。

根据省委的以上部署，全省集训党员和整顿支部工作，从1950年冬开始到1951年2月结束，一般搞了4期，多的达5期，共集训党员11.519万人，整顿支部2395个。经过整训，广大党员提高了全心全意为人民服务的思想，改进了作风。据平乡、深县27个支部1038名党员调查：整训前，消极疲沓的564人，躺倒不干的218人，积极工作但一般有不同程度的命令主义作风的256人；整训后，有894人积极工作起来，仍消极疲沓的84人，不干工作的38人。同时，经过整训，纯洁了党的组织。据沧县地委对61个支部的统计，在2247名党员中，开除党籍的79人，取消候补党员资格的6人，劝其出党的19人，共清退104人，占党员总数的4.6%。凡经过整训支部的村庄，冬季生产、镇压反革命、抗美援朝、地粮附征等项工作大都完成得又快又好，其他工作也有了新的起色。

三、反腐防变教育和“三反”“五反”运动

开展增产节约与查处刘青山、张子善腐败案

为配合党的思想作风建设，中共河北省委、河北省人民政府根据毛

泽东于1951年10月在全国政协一届三次会议上发出的“增加生产,厉行节约”的号召,于11月中旬作出《关于贯彻增加生产厉行节约的决议》,并召开了省直机关开展增产节约动员大会,河北省人民政府主席杨秀峰发表讲话,强调党员干部和企业人员要高度认识增产节约的伟大意义,爱护国家资财,严格执行财经纪律,开展群众性的反贪污、反浪费斗争,揭发与批评铺张浪费的思想作风,严惩贪污腐化分子。会后,全省各地及省直各单位迅速传达贯彻,联系本部门的实际情况,初步检查揭发了一些铺张浪费的事实和由于领导上的官僚主义造成国家财产严重损失的问题,制订了增产节约计划。最为突出的是,检举揭发了刘青山、张子善二人在分别任天津地委书记、天津地区专员期间的严重违纪违法、贪污腐化的问题,引起了中共中央的高度重视。

刘青山、张子善分别是1931年和1933年入党的老党员,是经历过长期革命斗争的领导干部。刘青山曾参加过1932年高蠡农民暴动。张子善在领导铁路工人罢工斗争中,曾带头卧轨,打破了敌人破坏罢工的阴谋。他被国民党逮捕入狱后,参加狱中的绝食斗争。但是进城以后,刘、张居功自傲,贪图享乐,成了资产阶级腐朽生活方式的俘虏。

在中国新民主主义革命即将取得全国胜利的前夜,毛泽东在中共七届二中全会上曾告诫全党说:“可能有这样一些共产党人,他们是不曾被拿枪的敌人征服过的,他们在这些敌人面前不愧英雄的称号;但是经不起人们用糖衣裹着的炮弹的攻击,他们在糖弹面前要打败仗。”刘青山、张子善被毛泽东不幸而言中。他们的主要犯罪事实是:刘、张凭借手中的职权盗用国家救济粮、治河专款、干部家属救济粮、地方粮款,克扣民工供应粮、机场建筑款,骗取银行贷款等共计171.6万元,用于经营他们秘密掌握的所谓“机关生产”;他们勾结奸商张文义等,以49万元巨款倒卖钢材、木材,使国家蒙受21万元损失。为了从东北盗购木材,他们不顾灾民疾苦,占用4万元救灾款,并派人冒充军官进行倒买倒卖;他们以高薪聘用国营企业的31名工程技术人员,成立非法的“建筑公司”,从事投机活动;在兴建潮白、永定、大清、龙凤、海河等工程中,他们将国家发给民工的好粮换成坏粮,抬高卖给民工的食品价格,从中渔利达22万元;他们从盗窃的国家资财中挥霍浪费达3.7万元以上,其中刘1.8万元、张 1.9 万元。刘青山吸毒成瘾，借口有病，长期不工作。张子善为逃避罪责，曾一次就焚烧单据 300 多张。他们还把自己负责的地区视为个人的天下，宣扬天津地区党内只能有“一个领袖”“一个头”。在工作中欺上压下，独断专行，打击和排斥对他们提意见的人，实行封建式的家长统治。

刘青山、张子善的罪行，早就引起干部和党员的不满，由于他们欺上压下，一直未能公开揭露。但坚持正义、坚持党的原则的干部总是要站出来揭发和斗争的。天津专署副专员李克才向中共河北省委组织部揭发了刘、张的若干违法乱纪的事实后，引起了中共河北省委的重视并进行了初步调查。1951 年 11 月 21 日至 12 月 1 日，中共河北省委召开第三次代表会议，与会代表集中地检举揭发了上述刘、张的大量违法贪污罪行。根据刘、张的严重犯罪事实，中共河北省委建议省政府依法立即将主犯刘青山、张子善予以逮捕，并上报中共华北局。

华北局接到中共河北省委的请示报告后，经讨论并报请周恩来总理批准决定将他们逮捕法办。11 月 28 日晚，中共河北省委召开常委会议传达华北局的决定。29 日上午，省公安厅依法逮捕了张子善（刘青山当时在国外，12 月 2 日归国后当即被逮捕归案，捕前任中共石家庄市委副书记）。同日，中共华北局向中共中央、毛泽东报告了河北省揭发刘、张的犯罪事实。30 日，毛泽东在为中共中央起草的转发华北局报告的批语中指出：“这件事给中央、中央局、分局、省区党委提出了警告，必须严重地注意干部被资产阶级腐蚀发生严重贪污行为这一事实，注意发现、揭露和惩处，必须当作一场大斗争来处理。”

同年 12 月 1 日，中共中央作出《关于实行精兵简政、增产节约、反对贪污、反对浪费和反对官僚主义的决定》。《决定》指出：“自从我们占领城市两年至三年以来，严重的贪污案件不断发生，证明一九四九年春季党的二中全会严重地指出资产阶级对党的侵蚀的必然性和为防止及克服此种巨大危险的必要性，是完全正确的，现在是全党动员切实执行这项决议的紧要时机了，再不切实执行这项决议，我们就会犯大错误。”中共河北省委根据省党代会代表们的建议，经研究并于 12 月 4 日报请华北局批准，作出了开除刘青山、张子善党籍的决定。《河北日报》随即将刘、张的犯罪事实及中共河北省委关于开除刘、张党籍的决定公布于众，并发表题为《接受刘青山、张子善贪污案的教训，彻底肃清资产阶级的腐化影响》的社论，在全省引起强烈反响。

中共华北局、中共河北省委对刘、张贪污案的处理特别慎重。为尽快彻底查清刘、张的违法贪污事实，根据华北局的建议，河北省人民政府成立了调查处理委员会，会同天津市，对刘、张贪污案进行调查和侦讯。在弄清他们主要犯罪事实的基础上，中共河北省委于 12 月 14 日向华北局提出了处理意见。华北局经研究后向中共中央提出了对刘、张的处理意见："为了维护国家法纪，教育党和人民，我们原则上同意，将刘青山、张子善二贪污犯处以死刑（或缓期二年执行），由河北省人民政府请示政务院批准后执行。" 12 月 16 日，河北省人民政府将关于刘、张大贪污案的情况，向中央人民政府政务院提出报告。

党中央和毛泽东对刘、张腐败案的处理极为重视。12 月 29 日下午召开中央书记处扩大会议，研究处理意见。经慎重考虑，并征求党外人士意见，中共中央决定同意中共河北省委的建议，由河北省人民法院宣判，经最高人民法院核准，对刘、张判处死刑，立即执行。鉴于刘、张的地位和影响，根据毛泽东的意见，《人民日报》在 12 月 30 日头版，将刘、张贪污侵吞国家资财的犯罪事实公布于众，同时发表了中共河北省委关于开除刘、张二人党籍的决定。

1952 年 2 月 8 日，河北省人民政府召开扩大政务会议传达中共中央的批示。2 月 10 日，河北省人民法院组成临时法庭在省会保定市举行了公审刘、张两犯大会，河北省人民法院临时法庭奉中央人民政府最高人民法院令准，判处刘青山、张子善死刑，立即执行，刘、张两犯受到了法律的严厉制裁。公审大会召开前，有人提出是否可以向毛主席说说，不要枪毙，给他们一个改过的机会。意见反映到毛泽东那里，毛泽东说："正因为他们两人的地位高、功劳大、影响大，所以才要下决心处决他们。只有处决他们，才可能挽救二十个、二百个、二千个、二万个犯有各种不同程度错误的干部。"①

---

① 逄先知、金冲及主编：《毛泽东传（1949—1976）》（上），中央文献出版社 2003 年版，第 217—218 页。

公审大会后,刘、张受到法律的严厉制裁的消息传开,人心大快,称颂共产党廉洁清正,大公无私,惩治腐败决不容情。中国共产党人决不做李自成,决不背离全心全意为人民服务的宗旨,决不让千千万万先烈的鲜血白流。

“三反”运动的展开

刘青山、张子善事件,是“三反”运动(反对贪污、反对浪费和反对官僚主义的简称)中暴露出来的新中国第一大案,毛泽东直接督促案件的处理,在党内外引起强烈反响。1951 年 12 月 6 日至 12 日,河北省第一届各界人民代表会议第二次会议召开,传达了中共中央关于大张旗鼓开展“三反”斗争的决定,并作出河北省《关于开展爱国增产节约运动和开展反对贪污、反对浪费、反对官僚主义斗争的决议》。17 日,中共河北省委发出《关于开展反贪污、反浪费、反官僚主义运动的指示》,要求今冬明春在全体干部及工作人员中开展“三反”运动。《指示》明确提出,“三反”运动先从省、市、专区级机关开始。在运动中要广泛发动群众,大张旗鼓地进行,并按照先动员、再深入检查、检举,最后进行政治处理的步骤进行。

在随后召开的省直机关干部“三反”动员大会上,省委副书记马国瑞作了题为《立即行动起来,大张旗鼓地展开反贪污、反浪费、反官僚主义斗争》的报告。《报告》结合刘、张腐败案,着重强调了开展“三反”运动的重大意义。指出刘、张腐败案已向我们敲响了警钟,大家一定要牢记“两个务必”,高度警惕资产阶级腐朽思想的侵蚀,积极坦白或检举揭发贪污、浪费和官僚主义的问题。1952 年 1 月,河北省人民政府有关领导就刘、张贪污案件作了自我批评;省政府主席亲自主持省政府处以上干部扩大会议,检举揭发了省民政厅荣军管理局假造账目单据,冒领荣军事业粮款事件;省政府召开直属机关干部 6000 余人参加的反对贪污和坦白检举大会,并当场逮捕了几名拒不坦白的贪污犯。

在中共河北省委、河北省人民政府的领导和省直机关的带动下,全省各地的“三反”运动迅速展开。1952 年 1 月下旬,中共中央华北局急电中共河北省委及所属各省地市委，“一律做出打‘虎’计划”[①]，并迅速转入打“大老虎”的战斗。电报还说，省、地、市、县及所属单位结束“三反”，一律要经过各上级或同级党委批准，如结束后查出严重问题，批准机关及原请求机关要一并受到处分。遵照华北局电报的精神，中共河北省委立即发出指示，提出当前的任务是聚歼大贪污犯。1月31日，省直机关团体举行万人反贪污斗争大会，会议检举揭发了省直部门腐败分子的犯罪事实，并当场逮捕了拒不坦白的贪污分子和奸商。

为推动全省“三反”运动的开展，中共河北省委在省广播电台举办了“三反指导广播”节目，由省领导轮流主讲，这对指导全省“三反”运动的顺利开展起了很大的推动作用。“三反捉虎”进入高潮之时，正值备耕生产农忙季节。为不误农时并正确开展“三反”运动，中共河北省委通过发指示、召开会议等强调：那种把“三反”运动和生产对立起来，忽视生产是严重的错误。要坚决执行区、村（县以下）以春耕生产为当前压倒一切的中心任务和暂不进行“三反”的方针，要求各县一律召开一次以春耕生产、防旱救灾为中心的各界人民代表会议，动员一切力量，迅速结合生产开展增产节约和“三反”的宣传工作，以澄清运动中的混乱思想。要求全省各部门在4月底前结合“三反”运动，开展建立和修订各种规章制度，巩固“三反”成果。各级党政机关召开党员大会或党的代表大会，民主选举机关党的支部或党委会等。

全省“三反”运动历时半年，于1952年6月底基本结束。

“三反”运动暴露出党政机关中的官僚主义表现和铺张浪费现象相当普遍。据保定、石家庄、唐山3市和天津、邢台两地委不完全统计，因铺张浪费、失职或管理不善造成国家损失多达5985万元。严重的违法乱纪行为也是多种多样。据全省103个司法部门的检查，共查出贪赃枉法者340人。平谷县公安局副局长吸食大烟、贩卖黄金、路劫群众、聚众赌博；石家庄地委一副书记放高利贷；邢台镇、临城县干部在私商入股；有些单位挪用公款、公粮投入机关生产；有的部门浮支冒领、设小金库、造假账等。运动中本着“严肃与宽大相结合，惩治与改造相结合”的方

① 时称贪污犯为“老虎”，贪污旧币1亿元（折合新人民币1万元）以上者为“大老虎”。

针及“教育从严，处理从宽”的原则，严肃批判与纠正了官僚主义作风。对一些违法乱纪给国家造成损失者，经过认真清查，甄别定案，从组织内部清除1319名蜕化分子，开除了2191名不够党员标准的党员，使广大干部党员受到了深刻的教育。

“五反”运动的开展

随着“三反”运动的深入，揭露出不法资本家的行贿偷税等严重违法行为。1951年11月至12月，东北局、华北局、华东局在给中共中央的报告、电报中说：从两个月所揭发的许多材料中可以看出，一切重大贪污案件的共同特点是私商和干部中的蜕化分子相勾结，共同盗窃国家财产；党政机关内部的贪污往往是与非法商人从外部相勾结而产生的。鉴于这种情况，中共中央决定，在党政机关工作人员中开展“三反”斗争的同时，在私营工商业者中开展一场反对行贿、反对偷税漏税、反对偷工减料、反对盗骗国家财产、反对盗窃国家经济情报的“五反”运动。1952年1月26日，中共中央发出关于首先在大中城市开展“五反”斗争的指示。要求在全国一切城市，首先在大中城市，依靠工人阶级，团结守法的资产阶级及其他市民，向着不法资本家开展一个大规模的坚决彻底的“五反”斗争。

根据中共中央的指示，中共河北省委于1952年2月1日发出关于《大张旗鼓地开展工商界“五反”运动的指示》，强调“五反”运动是反击资产阶级猖狂进攻的直接作战。明确这一运动在保定、唐山、石家庄、秦皇岛4个市、10个镇、7个重点县进行，并迅速把运动推向高潮。《指示》要求：各地、市委必须依托统战部抽调干部，对“五反”运动加强指导；必须坚定不移地依靠工人阶级（工人、店员），大力发动市民群众；必须采取利用矛盾、实行分化、团结多数、孤立少数的策略，给不法的资产阶级分子以狠狠的打击。2月上旬省委又分别召开4市及各地委的“五反”工作会议，专门讨论和部署“五反”运动。

运动一般经过普遍发动、限期坦白、结合检举、重点检查等阶段。运动中，根据中共中央关于“斗争从严，处理从宽”“宽大与严肃相结合”的政策精神，中共河北省委、河北省人民政府确定不法工商业者，主要是根据以下几个标准和条款:(一)对国防建设有严重危害,如承包国防建设工程,以及军用加工中的严重偷工减料、盗窃行为等。(二)对国家经济生产建设事业,有较严重危害者,如大量盗窃国营企业的器材、原料以及大量屠宰耕牛等。(三)空手起家,专以盗窃、投机为业,“五毒”俱全,一贯违法者。(四)以极恶劣手段腐蚀、进攻革命干部,使国家在经济上、政治上遭受严重损失者。(五)极严重的、突出的抵抗运动的不法分子。

在“五反”斗争的发动和全面展开阶段,各地首先通过揭露不法资本家大量严重违法犯罪事实,使他们陷入孤立。人民政府在掌握事实的基础上,抽调大批干部、产业工人和店员积极分子组成工作队或检查组,分批进驻私营厂店,以企业的工人、店员为骨干,团结职员,争取高级职员,形成以工人阶级为主体的统一战线。对重点户采取自上而下的重点检查和自下而上的发动群众进行面对面的说理斗争;对犯有一般违法行为的资本家摆明政策,讲清利害,规劝他们选择主动坦白的道路;对一些劣迹昭著的反动资本家,则由人民政府逮捕法办。当运动进入高潮后,中共中央及时指示各大城市必须注意政策,注意维持经济生活的正常进行,生产、运输、金融、贸易均不能停顿。中共河北省委于 1952 年 3 月 1 日发出《关于安定人心团结生产的紧急指示》指出,目前春耕生产是压倒一切的中心任务。忽视生产,把“三反”“五反”运动与生产对立起来是严重的错误,必须坚决纠正。要克服党内正在滋长的对待民族资产阶级的“左”的情绪。

运动后期,进入对揭发出的问题进行核实定案阶段,中共河北省委按照中共中央转发北京市委《关于“五反”运动中对工商户分类处理的标准和办法》,根据其违法的程度和情节,确定把私营工商户划为五类,即:守法户、基本守法户、半守法户、严重违法户、完全违法户。要求各地把后两类严格控制在 5% 左右。并对“五反”定案、补交漏税和退回违法所得的工作规定了一系列合理的从宽政策。实践证明:这样做,我们能在政治上和经济上完全取得主动,使经济迅速恢复和发展,使资本家重新靠拢我们,恢复经营积极性,使工人不致失业。

全省的“五反”运动从 1952 年 2 月开始,到 6 月底基本结束。参加“五反”运动的职工和店员达 4 万余人,私营工商业者 3.1 万多人。定案结果为：守法户约占全体工商户的25%，基本守法户约占60%，半守法户约占13%，严重违法户和完全违法户约在2%以下。对各种违法户的处理，本着“少数从严，多数从宽”“过去从宽，今后从严”“坦白从宽，抗拒从严”“工业从宽，商业从严”和“普通商业从宽，投机商业从严”的原则。“五反”运动中，对违法工商户判处徒刑者共21户、25人，其中处3年徒刑者4人，2年者6人，1年者13人，半年者2人。这次运动既打击了不法资本家的“五毒”行为，又使工商业者普遍受到了一次守法经营教育。

运动后期，河北省坚持按中央规定的处理原则和实事求是的做法，允许资本家申诉和进行复查，定案工作做得比较稳妥。在处理补税退款问题时，强调主要不是为钱，而重在改造资产阶级，打击其“五毒”行为。说服干部和工人群众，克服“多算”“高算”的思想。一般采用分期退补，如1953年退不完还可以再适当推迟。对有利于国计民生的厂店经营确有困难者，予以扶持，并帮助他们解决加工订货、贷款、失业工人救济、调整劳资关系等问题。党和政府的这些举措，受到私营工商业者的普遍拥护，纷纷表示今后一定要守法经营。

“五反”运动结束以后，中共河北省委、河北省人民政府针对新出现的公私关系和劳资关系比较紧张、市场萧条的情况，进一步采取措施在新的基础上调整关系，扩大加工订货和收购包销，保证合理利润。1952年6月，省财经委员会在《关于当前几个有关经济工作的指示》中，就加工订货、税务、工人失业等问题作了明确规定。8月、10月，省人民政府又相继下发《关于调整公私、劳资关系的决定》《关于调整公私关系活跃物资交流几项措施的指示》，要求对公私关系进行广泛深入的宣传教育。首先要使干部和群众从理论上了解《共同纲领》，了解现阶段私人资本主义有其存在和发展的必要性。其次，依靠教育工人群众，主动地团结资方，改善经营方法，降低成本，提高产品质量，遵守劳动纪律；监督资方，不再犯“五毒”，同时也要保证资方的财产权、经营管理权与人事调配权。随着上述决定和指示的贯彻，私营工商业继续有所发展。1952年底，全省私营工商业从业户达到18.3174万户，是1949年的188.5%。

总起来看，在中共中央和省委、省政府的正确领导下，河北省“三反”“五反”运动的主流是健康的。“三反”运动是根据增产节约运动中暴露出的党政机关干部贪污腐化问题而决定开展的。为了在全党范围内实现七届二中全会防止腐蚀的方针,这场斗争是必要的。斗争采取群众运动的方式,大张旗鼓、雷厉风行、抓住典型、严肃处理等方式,形成了有力的社会舆论和群众威力。刘青山、张子善虽然对革命有功,但因堕落为大贪污犯被判处死刑,在全党全社会引起强烈震撼。“三反”斗争的实质,是党在执政的情况下,为保持共产党人和国家干部的廉洁,进行反腐败斗争的初战。“三反”采取群众运动的方式进行,决定于当时的历史条件和历史经验。运动中间在追查贪污犯的“打老虎”阶段,发生过一些“过火”斗争的偏差,但一经发现随即作了纠正。总的说来,这次运动教育了干部的大多数,挽救了犯错误的同志,清除了党和国家干部队伍中的腐化分子,有力地抵制了旧社会恶习和资产阶级的腐蚀,为执政党的廉政建设和反腐败斗争积累了经验,并对形成健康的社会风气起了很大的促进作用。

随着“三反”运动的深入,揭露出不法资本家的行贿偷税等严重违法行为。也就是说,干部贪污受贿往往是与不法商人内外勾结、权钱交易的结果。于是,党又依靠工人阶级,团结守法的资本家及其他市民,向违法的资本家开展了一场“五反”运动。“五反”斗争打击了不法资本家严重的“五毒”行为,在工商业者中普遍进行了一次守法经营教育,推动了在私营企业中建立工人监督和实行民主改革,使党在同资产阶级的限制和反限制斗争中取得又一回合的胜利。“三反”“五反”后,曾在河北流行过一段歌谣:“牛皮筋,我会跳,‘三反’‘五反’我知道;刘青山、张子善,全国头号贪污犯!”这说明“三反”“五反”的确震撼人心。因而在此后相当长的一个时期内,警钟始终在人们的耳边鸣响:拒腐蚀,永不沾!

四、三年经济恢复的成就

河北省委、省政府成立以来,面对复杂的形势、全新的任务和执政的考验,认真贯彻党的七届二中、三中全会精神,全面实施新民主主义建国纲领,结合开展各项工作,不断加强党的自身建设,巩固了人民民主政权。经过三年多的奋斗,胜利完成了新民主主义改革和建设的艰巨任务,使国民经济得到了全面恢复和初步发展。

1952年,全省工农业总产值由1949年的26.9亿元,增加到1952年的46.26亿元,三年提高64.3%,平均年递增20%。[①] 其中工业总产值由1949年的6.59亿元,增加到1952年的16.56亿元,农业总产值由1949年的20.31亿元,增加到1952年的29.70亿元。[②] 工农业主要产品的产量均已超过建省前最高水平。随着生产的恢复和发展,财政收支平衡,结构改善。文教卫生事业得到相应发展。职工、农民收入增加,生活有所改善。1952年同1949年相比,全省职工总数由32.7536万人增加到60.3864万人,工资总额由9357万元增加到24245万元,职工年平均工资由318元增加到435元。[③] 根据国家有关政策规定,先后在企业中实行劳动保险制度,在工教人员中实行公费医疗制度。农民收入1952年同1949年相比,一般增长30%以上。

在经济恢复的同时,国民经济结构也发生了深刻的变化。国营经济、私人资本主义经济、个体经济、国家资本主义经济、合作社经济都得到发展。由于国家的支持和社会主义经济的优越性,国营经济发展更为迅速。1952年同1949年相比,全省工业企业由6479个增加到7553个,工业企业职工达到19.17万人。在国民经济内部的五种经济成分中,国营工业总产值占全部工业总产值(16.56亿元)的比重由1949年的33.03%上升到1952年的53.16%。在社会商品零售总额中,国营商业和合作社商业比重也由1949年的18.75%上升到1952年的50.12%[④],控制了大部分社会商品的流通过程。另一方面的变化是,在全

---

① 中共河北省委党史研究室编:《河北社会主义经济通鉴》,中央文献出版社2000年版,第229页。

② 同上书,第732页。

③ 河北省人民政府办公厅　河北省统计局编:《新河北四十年》,中国统计出版社1989年版,第423、429、431页。

④ 《中国资本主义工商业的社会主义改造·河北卷》上,中共党史出版社1991年版,第519、520页。

省工农业总产值中，工业（包括手工业）总产值所占比重，由 1949 年的 24.2% 上升为 1952 年的 35.8%，其中现代工业总产值的比重，由 7.6% 上升到 17.4%。[①] 在工业总产值中，重工业产值的比重由 1949 年的 30.3% 上升到 1952 年的 36.5%。这表明河北省经济的恢复，不仅有数量的发展，而且有性质上的变化和质量上的提高。

国民经济的全面恢复和初步发展，新民主主义改革和建设任务的胜利完成，从政治、经济、文化等多方面促进了社会主义因素的成长，为河北省有计划的经济建设，并从新民主主义过渡到社会主义奠定了良好的基础。

---

① 张同乐主编：《河北经济史》第五卷，人民出版社 2003 年版，第 57 页。

第五章

贯彻执行过渡时期总路线和实施“一五”计划

新民主主义改革，恢复国民经济的任务完成后，从1953年起，我国开始了以实施发展国民经济第一个五年计划为中心的大规模经济建设。这一年，中共中央正式提出逐步实现国家的社会主义工业化，并逐步实现对农业、手工业和资本主义工商业的社会主义改造的过渡时期总路线。按照中共中央的部署和要求，中共河北省委宣传和动员广大干部群众，为实现党在过渡时期的总路线和总任务而努力奋斗。编制并实施了河北省发展国民经济第一个五年计划，大力发展工农业生产和实行粮食统购统销，掀起了大规模的经济建设新高潮。

一、宣传和贯彻党在过渡时期的总路线

掀起学习宣传总路线的热潮

党在过渡时期的总路线反映了中国历史发展的必然要求。经过土地改革和恢复国民经济任务基本完成后的河北省也具备了向社会主义过渡的许多有利条件。一是社会主义经济成分已成为社会经济生活中相对强大的因素。1952年国营、地方国营、合作社营工业总产值在全省

现代工业总产值中的比重增加到55.3%,1953年国营商业和合作社商业在商品市场销售总额中所占的比重达到66.9%。二是积累了利用和限制私营工商业的经验。国民经济恢复时期,在同资本主义经济反抗国家限制的不法行为和消极作用作斗争的过程中,在合理调整工商业的过程中,创造了加工订货、经销代销、统购包销、公私合营等一系列从低级到高级的国家资本主义形式,这不仅是对资本主义工商业的利用和限制,而且加深了资本主义工商业同社会主义国营经济之间的联系,有利于引导它们走上社会主义道路。三是积累了在土地改革后的农村开展农业互助合作的经验。到1952年,河北省不仅村村有互助组,而且试办了上千个初级农业生产合作社,加入互助合作组织的农户占全省总农户的49%,这就为实现农业的社会主义改造奠定了基础。有了以上三条,在河北省党内外广泛深入地开展总路线的宣传教育,迅速统一全省人民的思想认识将是十分有利的。

中共中央转发中宣部拟定的《为动员一切力量把我国建设成为一个伟大的社会主义国家而斗争——关于党在过渡时期总路线的学习和宣传提纲》后,中共河北省委指示各地从1953年冬至1954年春,结合粮食统购统销政策,大力宣传党在过渡时期的总路线,广泛深入地组织开展党内外的学习教育活动,用党的总路线来武装广大干部的头脑,提高党员的觉悟,并重新教育农民,以保证粮食政策和各项建设工作的顺利进行。此后,又接连发出《加强对干部学习总路线的领导问题》《关于各市应急速加强总路线宣传工作的通知》《关于总路线和统购统销粮食政策宣传工作中几个问题的通知》《关于研究和学习人民日报三篇社论[①]的通知》《关于对城市人民大张旗鼓进一步深入宣传总路线的补充指示》《关于进一步深入和加强对农村党员总路线和粮食政策教育的几点指示》等一系列文件,对城市和农村不同层次、不同范围的宣传教育工作提出了具体要求。按照中央宣传部《宣传提纲》的要求和河北省委的安排部署,全省以各级干部和全体党员为骨干,带动全体团员、全体宣

① 三篇社论指:《必须大张旗鼓地向农民宣传过渡时期的总路线》《帮助农民算三笔账》《领导农民走大家富裕的道路》。

传员和广大非党积极分子及其他宣传力量,经过培训,组成了一支175万余人的宣传队伍,采用小型灵活、宣传到户的方式,展开了广泛的宣传。同时,借助报纸、广播、刊物、电影、幻灯、宣传车、图片、宣传画、黑板报、剧团、曲艺等各种宣传工具和宣传形式,深入开展总路线和粮食统购统销政策的宣传。此外,通过农村中的冬学、民校向农民群众进行更大范围的宣传教育。全省中等以上学校和农村的冬学、民校均在政治课中加入了党的总路线和粮食政策教育的内容。各级党政机关、部队、厂矿、中等以上学校,鼓励干部、工作人员、战士、工人、教职员工和学生向亲属写信,帮助提高亲属的思想觉悟,使总路线和粮食政策家喻户晓,人人皆知。

在普遍宣传中,各级党委切实抓好各级干部的学习教育。省委召开了省、地、县三级干部会议,县委召开了县、区、乡三级干部会议,各级各系统召开了各种工作会议,把这些会议作为宣传教育统一思想的阵地。全省仅出席三级干部会议的县、区、乡干部就达到15.0307万人。省委对各级干部提出的学习要求是:深刻领会党在过渡时期总路线和总任务的基本精神,认识粮食统购统销政策是总路线不可缺少的一个组成部分。同时,按照县级以上党员干部、区级党员干部与一般非党干部、所有党员干部三个层次,明确规定了学习文件,通过学习讨论,使广大干部迅速统一了思想和行动,在总路线宣传教育活动和粮食统购统销工作中发挥了骨干带头作用。

鉴于苏联建设社会主义的经验对我国过渡到社会主义具有直接的借鉴意义,在部署学习宣传总路线工作时,中共中央发出学习苏联的号召,并组织中高级党员干部学习《联共(布)党史简明教程》的有关内容,学习列宁、斯大林论社会主义经济建设的有关著作,通过系统地了解苏联的经验,来理解和执行党在过渡时期的总路线。因此,从1953年8月开始,中共河北省委组织广大干部学习《联共(布)党史简明教程》和《苏联建成社会主义社会的经验》。这一学习在广大党员干部中产生了广泛而深刻的影响,社会主义意识普遍得到加强,有关过渡到社会主义的道路、方法、具体途径和过渡形式等,也有了比较明确的认识。但是,由于各种原因,当时全党对列宁过渡时期学说的理解,不能不受到斯大林领导苏联过渡到社会主义实践模式的影响,不可避免地带有历史的局限性,以致中共中央批发的过渡时期总路线的学习宣传提纲中明确指出:“党在过渡时期总路线的实质,就是使生产资料的社会主义所有制成为我国国家和社会的唯一的经济基础。”这使广大党员干部在“什么是社会主义”的问题上,开始形成一种固定观念,对社会主义所有制产生了过于求“纯”的消极影响。

总路线在广大农村的学习宣传活动是全省宣传教育的重点,历时3个多月。前一阶段主要是结合粮食统购统销政策的贯彻,后一阶段主要是结合互助合作运动的开展进行的。在对农村广大群众的宣传教育中,重点抓了对农村基层党组织和党员的全面培训,普遍进行了一次党的总路线和粮食统购统销政策的教育。参加过县三级干部会议的10万多名乡村党员干部成为普训中的骨干力量;省、地、县委下乡工作的干部和区委干部一起担任普训教员,以乡、联乡或小区为单位召开农村党员大会,向基层党员干部作总路线的传达报告。通过这一教育,农村党员普遍了解了什么是党在过渡时期的总路线,为什么要实行粮食统购统销政策,坚定了发挥党员先锋模范作用,为过渡到社会主义而奋斗的信念。通过3个月的集中宣传教育,全省所有的农村党支部包括90%以上的农村党员和70%的农民群众,都受到了一次极为深刻的社会主义教育,普遍提高了为实现社会主义而奋斗的积极性。

通过召开民主党派座谈会等形式,向党外民主人士、工商界和其他各界人士解释和宣传过渡时期总路线,也是宣传教育的一个重要方面。1953年1月17日,河北省协商委员会向各界代表发出“学习宣传和贯彻国家过渡时期总路线”的号召,提出要鼓励私营工商业者向国家资本主义发展,经过国家资本主义道路,逐步完成由资本主义到社会主义的转变。并指出,只要积极为实现过渡时期总路线而努力的私营工商业者,今天有合法利润可得,将来有适当工作可做,为社会主义事业服务,同样享受社会主义的生活,这是私营工商业者的光明前途。经过学习讨论,大多数私营工商业者受到深刻教育,认识到私营工商业社会主义改造是“大势所趋”;中国必须走社会主义工业化道路,不可能也不应该走资本主义工业化道路。初步明确了经过国家资本主义逐步完成私营工商业的社会主义改造，是较健全的方针和办法；拥护国家利用、限制和改造资本主义工商业的方针。有人还提出“积极经营，争取利用，不犯五毒，接受限制，加强学习，欢迎改造”，对前途比较乐观。

学习和宣传过渡时期总路线，是新中国成立后中共河北省委在全党和全体人民中间普及社会主义观念的一次空前规模的学习活动。这一宣传教育把理论认识、实践经验和现实依据结合起来，使过渡时期总路线很快在全省各级党组织以及社会各个阶层的群众中，起到了巨大的政治动员作用，激发了建设社会主义的积极性，为推动有计划大规模的经济建设和对农业、手工业、资本主义工商业的社会主义改造打下了思想基础。

“一五”计划的制定

通过学习总路线、宣传有计划按比例地发展经济，计划经济作为社会主义的一个重要特征被广大干部群众所认同，促进了河北省发展国民经济第一个五年计划的制定。

河北省“一五”计划，是在边编制、边调整、边建设过程中形成的。早在1950年9月，河北省人民政府成立了财政经济委员会，加强了对国民经济的统一领导，并根据中央人民政府政务院财政经济委员会颁布的国民经济计划编制暂行办法，开始编制全省经济工作计划。1951年，中共中央政治局根据毛泽东提出的“三年准备、十年计划经济建设”的思想，成立了由周恩来、陈云负责的6人领导小组，着手制定国家第一个五年计划。1952年12月，中共中央发出《关于编制1953年计划及长期计划纲要若干问题的指示》，要求各地进行“一五”计划的编制工作。到1953年6月，国家“一五”计划的基本内容已经确定。

制定一部切实可行的发展国民经济的中期计划，是完成过渡时期总路线规定的工业化主体任务的重要步骤。在国家“一五”计划制定工作的示范和指导下，河北省开始“一五”计划的制定工作。省财政经济委员会先行试编了1953年、1954年国民经济计划草案和五年计划纲要的建议数字。1954年省政府计划委员会成立后，续编年度计划和第一个五年计划，到 1954 年 12 月完成了代省委起草的《河北省发展国民经济第一个五年计划》，并第一次上报中央。后经过反复调整修改，于 1955 年 3 月第二次上报中央。1955 年 8 月，《河北省发展国民经济第一个五年计划（草案）》提交中共河北省第四次代表会议审议。会后，对《草案》又进行了补充修改。同年 9 月，河北省第一届人民代表大会第三次会议审议通过副省长阎达开所作的《关于河北省发展国民经济的第一个五年计划的报告》，并向全省公布实施，标志着“一五”计划编制工作最终完成。

在编制“一五”计划过程中，河北省根据中共中央和中央人民政府的指示，从 1953 年秋季试点到 1954 年春天全面铺开，进行了新中国成立后第一次人口普查，比较确切地掌握了全省人口与劳动力状况，弄清了实有常住人口数字，为制定国民经济发展计划提供了重要依据。

“一五”计划是新中国成立后河北省对经济建设进行计划控制和管理的第一次尝试。在编制过程中坚持实事求是原则，全面分析了河北省的自然经济情况和建省后国民经济的恢复发展情况，比较好地解决了经济建设过程中的一些重要问题，呈现出以下显著特点：

（一）从河北是农业大省的实际出发，把农业作为发展国民经济的基本环节。当时，全省有 5.7 万平方公里的大平原，土壤较肥沃；河流分布较广，有开发水利和航运的有利条件；四季气候分明，适宜多种农作物的生长；北部有广大的草原，适宜畜牧。1952 年统计，全省人口 3560 万，其中农村人口占 93.98%；农副业产值占工农业总产值的 74.93%；农业中的商品产值占农业总产值的 47.41%；全省轻工业及京津部分轻工业原料几乎均依赖本省农产品供应。这些现实情况决定了农业生产在全部国民经济中占据首要地位，对保证工业发展和全部经济计划的完成具有重大意义。河北“一五”计划根据这一经济特点，把农业作为国民经济发展的基本环节，积极推进农业增产，不仅可以保证地方工业的有计划发展，而且能够支援国家的工业化建设。

（二）实事求是地分析了河北省工业生产状况和资源情况，制定工业发展重点。河北省的工业生产和资源优势表现在：煤炭资源丰富，探明储量在当时居全国前列，而且开发早，开采量大。著名的开滦、峰峰、井陉等煤矿的产量在全国举足轻重，且煤种齐全，炼焦煤储量比重大，担负着供应全国冶金、电力用煤的主要任务；电力工业有一定的基础，并且煤源充足，运输比较方便，具备建大电站的条件。在河北进行电力建设，是保证北京、天津有强大的电力供应基地的必要条件；冶金工业有初步基础，尤其是铁矿石储量较大，冶金工业有很大的发展潜力；河北平原盛产棉花，50 年代初棉花产量居全国首位，约占全国棉花总产量的 1/4，对发展纺织工业十分有利。这些优势决定了在整个“一五”时期，在发展新式农具、化肥等支农工业的同时，应把煤炭、电力、纺织作为工业建设的重点，在全国统筹规划下，执行能源工业先行，加强基础工业建设，有重点地发展消费资料生产的工业发展战略。

（三）尽力而为、量力而行，确定经济建设规模和速度。由于大规模的经济建设刚刚开始，热情很高，在经济发展速度上，总希望尽快改变落后面貌，难免考虑需要的方面多，考虑客观限制和实际可能的方面少。因此，开始拟定计划时，提出工农业生产的增长速度大体上参照了 1950 年至 1952 年的增长速度，但那是带有恢复性质的发展速度，在有计划经济建设中保持那样的高速度是不可能的。当时，还把工业增产的主要希望寄托在新建项目的投产上，而对新厂投产往往预期过快过早，特别是对农业生产很快增长的可能性期望过高，而对制约农业增产的不利因素估计不足。1952 年是建省以来农业空前丰收的一年，如果以此为基础，逐年按一定比例上升，而忽视了自然灾害等因素，实现计划就有危险性。后来，在尽力而为、量力而行的原则指导下，经过反复论证和测算，最后确定工业生产年均增长 12.7%，农业生产年均增长 5.1%，事实证明这是比较符合实际的。

（四）正确处理积累和消费的关系，在发展生产的基础上逐步提高人民群众的物质文化生活水平。为了积累建设资金，一方面要求全省人民必须艰苦奋斗、勤俭节约，服从国家建设的长远利益、根本利益，而对眼前生活改善的幅度作必要的限制；另一方面，在扩大积累的同时也没有过多地挤掉消费，而是在生产发展和劳动生产率提高的基础上，适当改善人民生活。河北“一五”计划规定，五年内职工平均工资增长 36.5%，农民购买力增加 64.7%，文教卫生事业支出占 55.87%。确定这样的比例是比较适当的,有利于保护广大人民群众建设社会主义的积极性。

总的看,河北省发展国民经济第一个五年计划的制定,在没有先例可循的情况下,既坚持了党和国家的原则与要求,也结合了河北的实际情况。尽管计划编制过程比较长,但也因此经过了多方面的反复论证,使其成为一个比较好的中期发展计划,在河北工业化建设的起步阶段发挥了重要作用。

二、社会主义工业化建设的起步

动员各方力量支援工业建设

“一五”计划开始时,河北工业已经恢复并且超过历史上最高水平,新建了中央国营和地方国营工业企业147个,其中较大的有邯郸国棉一厂、磁山铁厂、石家庄动力机械厂、保定针织厂、涞源石棉矿等。同时,对开滦、峰峰、井陉3个矿区的8对矿井进行了恢复性建设和技术改造,提高了矿井机械化水平。各种主要产品产量都有较大幅度的增长。但是,与落实“一五”计划规定的各项工业指标的要求还有很大差距,任务十分艰巨。因此,中共河北省委大力动员各方力量支援工业生产。

通过党在过渡时期总路线的宣传教育,河北人民进一步认识到,大规模经济建设的重点是工业,只有实现国家的工业化,才能巩固国防,提高人民的物质文化生活水平,并保证我国经济向社会主义前进。这种社会主义的思想觉悟和信念,进一步激发了人民群众投身于工业化建设的热情,焕发出忘我劳动的巨大力量。全省城乡迅速形成参加和支援工业建设的热烈氛围。

为从组织上保证大规模经济建设的展开,中共河北省委有计划地培养、训练、提拔优秀干部到厂矿企业管理领导岗位上,以加强工业的领导力量。1952年先后两次从各级各部门抽调4010名干部(其中地委级干部160名、县委级干部1650名、区级主要干部2200名),到厂矿的管理部门及与工业有关的部门。1953年9月,继续抽调2200名干部分别到各专区行政干部学校学习,而后转入工业建设部门工作。1954年再次抽调各级各类干部1211名(含省级干部6名)到工业战线工作,其中有160名45岁以下、初中文化程度、身体健康的地级干部,到新建、改建和扩建的厂矿中担任党、政、工、团的领导职务。除此之外,为支援西藏、东北三省和其他兄弟省市的建设,按照中央的统一部署,中共河北省委调派了1108名干部。

同样,作为全国重点建设地区之一,根据河北省工业建设对人才、技术和干部的需要,在全国统一计划下,各有关省市也给予河北无私支援,为河北调配了大批的建筑队伍、必要的领导干部和技术干部,并承担大批技术人员的培训任务。石家庄、邯郸两个纺织基地,新厂各级领导干部和技术业务骨干都是采取成建制地从老厂配备调入。先后从天津调入干部和专业人员931人,其中工厂技术人员311人;调入工人2207人,其中技术骨干832人。此外还从上海、青岛、东北等地调入一批工程技术人员和其他专业人员,保证了各项建设目标的顺利完成。

加强重点工业建设

5年间,河北省基本建设重点放在煤炭、电力、纺织和冶金行业,符合“一五”计划提出的“集中必要的财力、物力进行重点建设,使河北的资源优势得到发挥”的要求。

煤炭工业依资源储地和原有建设基础,主要分布于唐山、石家庄、邯郸等地。“一五”期间,全省煤炭工业投资达3.37亿元。除新建兴隆煤矿外,在峰峰煤矿新建了6对矿井和2座大型洗煤厂;对在旧中国被水淹没的开滦马家沟矿、峰峰五矿的7处矿井,进行了恢复建设,增加生产能力216万吨;对具有丰富煤炭资源的峰峰矿和井陉矿的5个老矿井进行改建和扩建,设计生产能力由年产90万吨净增至180万吨;对开滦煤矿的4个老矿井的提升、通风、排水及井下运输环节进行了一系列改扩建,全矿区生产能力1957年比1952年净增177万吨。相继成立了开滦基本建设局、峰峰基本建设局、开滦煤炭设计院(后改为河北省煤炭设计院)、峰峰地质办事处(后改为河北省煤田地质公司)等机构,以适应大规模煤炭基本建设的要求。同时建设了张家口煤矿机械厂,为形成从地质勘探到设计、施工、生产和机械制造等配套的煤炭工业体系奠定了基础。

“一五”期间,河北的电力工业投资为2.28亿元,建成投产的大中型项目4个。其中作为国家156个建设项目之一的石家庄热电厂一期工程于1957年12月建成投产,以后又进行了扩建工程。这个时期还扩建了唐山发电厂、下花园发电厂、保定发电厂;架设了峰章送电线路等。唐山发电厂扩建工程所需的设备是捷克斯洛伐克提供的自动化设备,扩建后的发电量为原来的2.24倍。1956年,国家在“一五”期间兴建的第一座水力发电站——官厅水力发电站的第三台发电机组正式运转,投入生产。与此同时,对电网进行大规模技术改造,实现了京、津、唐(山)、张(家口)联网,完成石家庄、邯(郸)峰(峰)安(阳)、秦皇岛等区域性联网。在南部地区形成峰峰电网和石家庄电网,北部的唐山、张家口和北京、天津构成京津唐电网。

河北纺织工业在“一五”时期得到大发展,为形成规模较大、门类齐全、生产技术水平较高的纺织工业体系奠定了基础。这个时期开始兴建石家庄、邯郸两大纺织基地,国家投资达2.834亿元。石家庄纺织基地,从1953年起先后动工兴建了国棉一、二、三、四厂和石家庄印染厂,总规模为纱锭31.5万枚,织机1.14万台,印染能力12亿米;1955年又利用公私合营唐山华新纺织厂积累的公积金,建成了拥有5万多枚纱锭、1700多台织机的石家庄华新纺织厂。1956年邯郸纺织基地开始动工兴建,建成了邯郸国棉二、三、四厂,并在涉县兴建了印染厂,总规模为纱锭27.9万枚、织机3618台、印染能力8000万米。

此外,在“一五”时期扩建和新建的大中型项目还有龙烟铁矿,增加铁采矿能力295万吨/年;改造唐山钢厂、寿王坟铜矿,形成铜采矿能力73万吨/年,为河北冶金工业起步奠定了基础。开始动工兴建的工业企业还有保定造纸厂、保定胶片厂等。根据各地基本建设和国营工业的需要,地方建材业也有了很大发展,为市场提供了多种多样的建筑材料。苏联援建的全国最大的化学药品生产厂——华北制药厂于1955年开工兴建,1958 年投产。这是国家 156 个重点项目之一,投资 7247 万元。该厂建在石家庄市,占地 987 万平方米,建筑面积 513 万平方米,年产青霉素、链霉素 1731 吨,成为全国抗菌素生产基地,结束了中国青霉素、链霉素长期依赖进口的历史。

重点建设取得巨大成就,使“一五”时期形成的以资源优势为基础的煤炭、纺织、冶金、建材 4 个行业的产值占全省工业总产值的 59.9%,为以后发展河北的优势工业奠定了基础。

开展社会主义劳动竞赛

在计划经济建设的开局之年,即 1953 年,河北省委、省政府就把开展以增产节约为核心内容的社会主义劳动竞赛作为工业生产的一项重要任务提到议事日程。当年的 1 月 28 日至 2 月 1 日召开全省第二届劳模大会,总结交流 1952 年全省工业爱国增产节约竞赛运动的成绩和经验。5 月 3 日中国工会第七次全国代表大会召开后,为响应全总号召,省委作出《关于开展 1953 年工业爱国义务劳动竞赛的指示》,要求全面、均衡地完成和超额完成生产计划。9 月 9 日至 14 日,省委召开第二次工业会议,对劳动竞赛的重点和奖励作了规定。在省委、省政府的推动下,在各企业和各级工会的组织下,全省工人阶级积极行动起来,在努力提高科学文化水平和生产技术水平的基础上,开展了热火朝天的劳动竞赛,“每一秒钟都为创造社会主义社会而劳动”成为充满时代精神的口号。劳动竞赛逐步发展成以改进技术和管理,提高劳动生产率为中心的全省范围的技术革新运动。同时,竞赛运动与加强企业管理紧密结合,使企业管理水平显著提高。在改进技术、加强管理中,涌现了一大批劳动英雄和技术革新能手。唐山钢厂炼钢工人蔡连成,在增产节约竞赛中创造了“先深吹,再回吹,根据火焰变化摇动转炉”的新炼钢法,不但减轻了劳动强度,缩短了冶炼时间,而且使生铁消耗降到 8.5%,突破全国纪录。

领导和发动私营企业参加增产节约劳动竞赛,是党在过渡时期对资本主义工业实现利用、限制、改造政策的重要措施。通过竞赛,有利于私营企业克服生产的盲目性,增强计划性,使之逐步纳入国家计划轨道;使私营企业不断改善经营管理，改进技术，提高质量，降低成本，改革企业的落后状况，以促使私营企业适应国家和人民的需要，并为其逐步走向国家资本主义创造条件。为了有效地推进私营企业开展劳动竞赛，各级党委加强统一领导，一般都成立了竞赛委员会，组织各有关部门既适当分工又密切配合。工会、青年团着重职工的发动和对资本家的监督等工作；工商行政部门加强对加工订货企业的领导，管理、督促加工订货计划的执行，并加强对私营企业生产经营的管理与监督，严肃处理违法行为；劳动局加强安全生产和劳动保护工作；工商联做好资本家的发动、教育工作。通过劳动竞赛，特别是总路线的教育，提高了私营企业职工的思想觉悟，发挥了生产热情和劳动智慧，劳动纪律日益加强，出勤率和劳动生产率大大提高。

1955 年 9 月，河北省“一五”计划的公布和社会主义改造高潮的兴起给全省广大职工以极大鼓舞，以先进生产者倡议开展提前完成五年计划的竞赛为起点，全省掀起了社会主义劳动竞赛的新高潮。与过去历次劳动竞赛相比，这一劳动竞赛呈现出以下特点：一是运动的广泛性和群众性是前所未有的。不仅在工业、基本建设、交通运输、邮电等战线上，而且在手工业、商业、财政金融、农业水利、文教卫生等系统和国家机关中，都开展了社会主义竞赛；不仅是生产工人，而且越来越多的工程技术人员、企业管理人员、服务人员和其他各个方面的工作人员都积极投入到社会主义竞赛中。特别是在国务院总理周恩来《关于知识分子问题的报告》传达后，广大工程技术人员和其他从事脑力劳动的职工受到很大鼓舞，他们深入车间，与一线工人一起研究解决生产中的关键问题。二是突破定额，创造新纪录。这一时期的劳动竞赛有明确的提前完成“一五”计划的竞赛目标，参加竞赛的职工群众纷纷制定了提前完成计划的保证条件，不断地大量地突破定额，创造新纪录。许多单位不仅是一般地超额百分之几，而且是超过百分之几十甚至超过几倍地突破定额。龙烟铁矿总厂掘进五组，在组长马万水带领下，1955 年创造了大规模掘进 119 米的全国最高纪录，超过国家下达计划的 27.96%，火药消耗降低 34.7%，一个月完成了两个月零三天的工作量。石家庄货车修理厂于 1955 年 11 月修改了工时定额，到 1956

年4月实用工时比定额平均降低了23.52%,但生产水平提前两年达到了1957年国家计划标准。三是先进生产者和先进工作者队伍迅速形成并发展壮大。这一时期的劳动竞赛是以先进生产者运动的形式展开的,“学习先进,赶上先进,人人争取为社会主义立功”的口号深入人心,出现了广大职工纷纷争当先进的局面,从而不断扩大了先进生产者队伍。

在工业战线劳动模范和先进工作者的带动下,经过全省人民的团结奋斗,提前完成了“一五”计划的主要工业指标,创造了河北工业化建设的良好开端。从1953年到1956年,全省工业平均增长速度为10%,工业总产值1956年达到24.48亿元,比1952年增长47.83%。其中重工业产值的比重由1952年的29.11%上升到1956年的32.31%。[①]河北的工业生产较之国民经济恢复时期又上了一个新台阶。

三、发展农业生产,支援国家建设

多措并举,增产增收

河北是农业大省,农业人口占全省总人口的90%以上,农业产值在工农业总产值中的比重,1949年高达75.5%,以后虽有下降,但仍占50%以上。大力发展农业生产特别是粮棉增产对河北具有特殊的重要意义。一方面由于耕地少、人口多、自然灾害频发等原因,河北每年都需要中央从各地调拨大批的粮食,因此通过增产粮食逐步减少中央的粮食调拨以至达到自给是河北面临的一项历史任务;另一方面河北经济作物种植面积大,棉花生产约占全国总产量的1/4,在支持国家工业化上有举足轻重的作用。为此,河北省“一五”计划将实现粮棉增产确定为各项工作中最突出的中心任务,要求到1957年,粮食总产量达到81.92亿公斤,比1952年增长1.7%;棉花产量达到3.01亿公斤,增长27.2%。全省上

① 根据中共河北省委党史研究室编、中央编译出版社出版《河北国民经济的恢复与发展》第494页统计数字计算。

下多措并举,努力实现粮棉增产计划。增产的基本措施包括:兴修水利,保持水土,防除水患,变旱田为水浇地;推广新式畜力农具,逐步实现农业机械化;改良土壤,推行洼地生产改革;繁育和推广农作物良种;开辟肥源,增施肥料;扩大复种面积,提高土地利用率;发展高产作物;改进耕作方法,推广先进技术,扩大丰产面积;消灭农作物病虫害;开垦荒地,扩大耕地面积。与此同时,"一五"期间,国家和省财政尽量挤出资金,加大对农业的投入,由此保证了"一五"时期农业的较快发展。

一系列增产措施的落实是以农业互助合作为基础,并通过持续开展全省农业爱国增产运动实现的。党和政府投入巨大精力积极引导农民组织起来,努力把农业互助组和农业社办好,并依靠组织起来的优势,开展爱国增产运动,调动和发挥广大农民的积极性,扎扎实实地把各种增产措施落到实处,从而实现增产增收的目的。1953 年全省农业生产围绕"普遍增产,大面积丰产,创造新纪录,提高总产量"的目标,要求开展爱国主义增产运动,个体农民、临时互助组普遍增产一成,常年互助组、农业社普遍增产二成。但由于当年遭受了严重水灾,全省没有完成粮、棉增产计划。除 40% 比较巩固的社增产多、社员收入增加外,其他都没有增产或受灾减产。即使这样,与新中国成立后粮食产量超过历史最高水平、棉花产量创造历史最高纪录的 1952 年相比还是普遍增产了。尤其是农业社的亩产远超过单干户的水平,显示了在战胜自然灾害方面组织起来的力量。

1954 年是农业互助合作大发展的一年。上半年依靠互助合作组织带动广大农民,适时进行春耕播种,贯彻国家种植计划,超额完成国家对于棉花和油料作物的种植任务,并争取到小麦丰收。6—10 月间发生严重水灾后,没有能够全面完成全年生产计划。为减少损失,在非灾区开展超额增产运动,加强农作物的后期管理,号召群众精收细打;在受灾区积极防汛、排水,尽量减少损失。因此,虽然灾情重于 1953 年,但收成未减并略有增加。

1955 年至 1956 年在整顿、巩固和发展农业合作社的同时,全省掀起大规模的爱国增产竞赛运动。饶阳县五公村农业生产合作社、晋县(今晋州市)周家庄农业生产合作社等 26 个社的社长联名发出竞赛倡议书，提出 4 年完成五年计划，推动竞赛运动的发展。中共河北省委、省人委在 1955 年制定全面增产和高额丰产计划的基础上，1956 年又制定了关于贯彻执行《1956 年到 1967 年全国农业发展纲要（草案）》的规划（草案）。为调动农民的生产积极性，省人委还颁布奖励农民增产粮食、增产棉花、旱田变水田、垦荒种地改良土壤、繁殖牲畜以及奖励生产模范和发明创造等 6 项办法。各地根据省人委要求，围绕农业基本建设、采用新式农具、推广先进经验和新的农业技术，开展社与社、队与队的增产竞赛运动，大力兴修水利，防涝、防旱，努力实现粮、棉、油料增产，并因地制宜发展林业、畜牧业和水产事业，争取农业全面丰收。各级党政机关多次派出大批干部下乡，帮助农业社制定好生产规划和劳动规划。各经济部门大力搞好农业生产资料的供应工作。通过上下努力，大大减少了自然灾害带来的损失，使农业生产力得到较大提高。到 1957 年，全省农业总产值达 30.77 亿元，占工农业总产值的 54.34%；粮食总产量达到 81.92 亿公斤，超额完成增长 1.7% 的计划；棉花总产量达 3.01 亿公斤，比 1952 年增长 6.7%。总的看，“一五”计划中农业计划完成得比较好，开始改变河北落后农业省的面貌。

大兴水利，改善农业生产条件

开发水利是河北省农业增产的根本问题。一方面省内水系众多，流域内 300 多条河流上游多是荒山秃岭，植被稀少，水土流失严重，河道坡降大，河流短急，而下游入海口既少且小，遇洪水则漫溢决口；另一方面，省内春冬干旱少雨雪，夏季降雨 80% 集中于 6—9 月，在河流不畅的情况下，洪涝灾害频繁发生。由于抗灾能力低，灾情严重，农业生产极不稳定，还直接威胁人民的生命财产安全。广大群众迫切要求解决水灾问题，结束“春修堤、夏防汛、秋堵口、冬救灾”的被动局面，为迅速发展农业生产创造必要的条件。国民经济恢复时期河北做了大量水利恢复和建设工作，重点是恢复整治河道堤防，防汛、堵口、排水，对减轻洪涝灾害，提高抗旱能力发挥了重要作用。“一五”时期，水利建设仍是河北农业基本建设的重点，水利投资达 1.5 亿元，占农业基本建设投资的 90.9%，完成了几十项重点工程和几百项中小型工程。

省委、省政府确定“一五”时期全省水利建设的基本方针是：上游兴建水库，中游开挖、疏浚河道，下游增辟入海尾闾。重点治理水害威胁严重的河系，解决平原地区的防洪、除涝问题。围绕复堤修险、疏浚河道、开挖泄洪和排沥新河等具体目标，兴建急需的防洪除涝工程。1953年1月召开的全省水利工作会议提出，完成永定河官厅水库、大清河独流减河、拒马河张坊水库“三大治本”工程。从4月开始到5月底，全省组织13万民工进行春季水利工程，基本完成独流河、大清河、永定河、南运河等主要工程。1954年5月，官厅水库胜利完工。该项工程的完成，解除了危害千百年的永定河水患，保障了北京和河北省永定河两岸人民群众的生命财产安全。随着官厅水库的开工建设，唐山市陡河水库于1956年开工。陡河穿过唐山市，历史上经常泛滥成灾。陡河水库是河北省自己设计、施工的第一座大型水库，控制流域面积530平方公里，最大坝高42米，坝长3800米，库容3.3亿立方米，仅用一年多时间就完成了。在这一工程成功建设的启示下，全省有十几座中小型水库陆续开工建设。其中，行唐县的红领巾水库是全省少年儿童捐款，在国家帮助下建成的。

在防洪方面，主要续建完成独流减河工程，并修建了一部分分洪、滞洪、排洪工程。独流减河工程，位于天津市西南，东到海口，全长43.3公里，1953年建成。此后，南运、子牙、大清三河洪水在东淀汇流后，即可分洪到独流减河，直接入海，大大减轻了天津市区段海河洪水的威胁，对保卫天津市及津浦铁路安全起到重要作用。为减轻重要堤防河段防洪负担，利用有利地形，采取临时分洪、滞洪措施并取得显著成效。如在蓟运河上，利用青淀洼，临时分洪、滞洪，修建邵庄子分洪闸工程；在漳河与卫河汇流处的南岸封闭洼地，修建临时分洪、滞洪升斗铺口门工程；在南运河右岸开挖四女寺减河工程，可直接分洪入海；在永年洼修建滏阳河莲花口分洪闸工程；在潴龙河左岸陈村修建了分洪入白洋淀口门工程；在大清河文安县王村修建泄洪闸工程。

在除涝排水与洼地改造方面，“一五”期间共安排除涝排水工程46项。重点是海河下游，京、津之间；其次是黑龙港地区、南运河以东滨海地区等。京、津之间和天津附近共安排排水工程18项，占“一五”期间排水工程投资的50%以上。

在灌区工程方面,有正式列入省基本建设计划投资的灌区,也有利用银行贷款的灌区,还有地方群众自己搞的小型灌区。其中列入省基建计划的灌区计51项,投资3466万元。最大的一项是唐山柏各庄灌区。该灌区是引用滦河水,开垦利用滦河以西、沙河以东滨海荒地的灌区工程,1956年开工,1957年10月完工。该灌区经排水洗碱,改种水稻,亩产达到800斤,是当时效果最好的灌区。

以兴修水利为中心,同时开展治理山区水土流失、平原沙荒绿化、坝上造林,改善生态环境等农业基本建设,也取得了很大成绩。1953年3月,省水利厅经过调查作出山区谷坊等工程标准设计,确定滦河、蓟运河、大清河、子牙河、永定河5大水系上游的17个县为示范县,修建山区谷坊工程,对治理山区水土流失起了示范和推动作用。

开展生产自救、节约度荒

“一五”时期,河北省自然灾害频繁,5年中仅严重水灾就有4次,共淹没农田1.32亿亩,因灾减产粮食达70.5亿公斤,受灾人口超过4000万。可以说,这一时期,河北省农业的发展是在同各种自然灾害的斗争中取得的。采取的主要措施:一是强调生产自救,大力开展工副业生产,增加灾民收入;二是加强群众间的互助互济,在全省开展“节约用粮,支援灾区”活动;三是政府拿出大批粮款救济灾民。

1953年春,河北各地普遍缺雨,全省有1500万亩土地不能播种,旱情之严重为恢复河北省建制以来前所未有。中共河北省委连续召开紧急会议,确定领导农民抗旱播种为压倒一切的政治任务,并集中抽调省直机关干部300人,组成工作团,由省委书记林铁亲自带队,分赴沧县、唐山等7个专区、25个县,协助当地政府动员群众突击抗旱播种。5月初,邯郸、沧县、邢台、石家庄4个专区22个县降雹,部分地区小麦及刚出土的春苗被严重砸坏,各专区又急调干部下乡,慰问灾民,发动群众补种棉苗。而入夏以后,全省雨量过大,不少地区河水泛滥,沥水成灾,给灾区人民的生产生活带来极大困难。8月27日,省委召开省直机关干部大会,号召党员、干部与群众同甘苦,组织群众抢堵决口、抢救灾民、准备种麦和参加副业生产。为加强领导,成立了全省救灾委员会,林铁任主任。省直机关响应省委号召，精简机构、紧缩开支、节约粮食，支援受灾地区农民的生产自救。9月18日，省委连续发出关于生产救灾工作的指示和决议，要求全省受灾地区的党政领导机关和广大人民，做好排水种麦、收拾残秋、物资供应、副业生产、群众运输等生产救灾工作。省政府颁发《受灾地区工商税收减免办法》《关于灾区到期农贷减免缓收工作的指示》和《河北省农业税灾欠减免及社会减免暂行办法》等，尽可能减轻灾民负担，支持来年春耕生产。在“及早动手、生产自救、节约渡荒”的方针下，组织群众开展副业生产。到1954年2月，全省参加副业生产的灾民达287.6万人，灾民收入达4959万元，可解决344万人半年的生活。

1954年7月后，河北省很多地区阴雨连绵，尤其是11日、12日，大雨集中在全省中部，一般地区在200毫米以上，获鹿县一天的雨量即达344毫米。洪水、沥水灾害迅速扩大。石家庄市因石宁堤决口，市区被淹，京广铁路中断10天。以后又连续降雨，全省淹地达3965万亩。6月26日河北省委、省政府成立防汛指挥部，统一领导全省防汛工作。在其指导下，各受灾地区党政领导机关组织干部下乡慰问、安置灾民，发动农民群众堵口、防洪、排水、抢种晚田。全省共抢救灾民20万人，抢种晚田200余万亩，提前完成水围村庄“潺期”生产生活物资供应工作，冬季救济粮款一般按时进行了发放。特别在副业、手工业生产上取得较大成绩，投入生产的灾民达36万人，占灾民整半劳力的半数以上。至12月底，灾民生产获利5600万元，可解决灾民到麦收前缺粮总数近一半。随后，政府又发放贷款1100余万元，救济款1300余万元，组织灾民11万人参加秋季水利工程，以工代赈，扶植和救济灾民，制止了灾后严重情况的发展，也增加了支持来年春耕的力量，稳定了灾民情绪与社会秩序。

1956年的水灾更为严重，引起毛泽东的高度关注。当年9月24日，毛泽东同蒙古人民革命党代表团谈话，谈到水的问题时说：“今年河北闹水灾，三千万亩农田遭到了水祸。中国的水利工作，至今还没有能够很大发展，再有十年之久可能解决。”①

---

① 河北省政协文史资料委员会　河北省档案局编：《毛泽东与河北》上卷，河北人民出版社2006年版，第274页。

河北人民在与自然灾害的斗争中，始终得到中共中央的亲切关怀和全国人民的大力支持。1953 年，中共中央和华北局先后拨给河北省救灾款 1088.3 万元，急赈款 136.5 万元，修房补助费 118 万元，寒衣代金 80 万元，以工代赈款 250 万元，冬季救济款 350.5 万元；从 1956 年水灾后到 1957 年 6 月底，拨给河北省救济款 1.1 亿多元，以工代赈款 7000 万元，灾区生产生活贷款 1.5 亿多元，三项共计 3.3 亿多元，比全省农民在一个中长年景所交纳的农业税还多一半以上。为了保证灾区的粮食供应，还从全国各地调入河北省粮食 18 亿公斤。[①] 为使全省农民尽快恢复灾后生产，中共中央还将河北省 1955 年至 1956 年度粮食征购任务由原来的 16.9 亿公斤减为 15.4 亿公斤。

四、粮食的计划收购和计划供应

执行粮食统购统销政策

在组织实施“一五”计划，发展国民经济的同时，根据中共中央、政务院的决定，河北省在流通领域对粮食及食油（包括油料）、棉花等主要农产品实行计划收购和计划供应，即统购统销。

1953 年，随着大规模经济建设的开展，河北省国民经济进入紧张运行状态。工业建设的迅速发展，带动城市人口和就业人口的较大增加。1953 年全省市镇人口达到 343 万人，比 1952 年增加 24 万人；非农业居民消费水平增长 22.21%。消费品中需求最大的是粮食，一方面，工业、外贸、城市消费用粮数量增加；另一方面，农村经济作物种植面积扩大，粮食耕种面积相应减少，不少农民也需要消费商品粮，所以国家对农村的粮食返销量大增。1953 年全省乡村人口已达到 3000 万人，比 1952 年增加 47 万人，农民消费水平增长 16.8%。农民不仅要吃饱，还希望家有余粮。

① 阎达开在 1957 年 8 月 22 日河北省第一届人民代表大会第六次会议上作的《政府工作报告》。

这些情况带来的一个突出问题是粮食供应紧张。特别是1953年发生严重水灾,全省粮食减产31亿公斤左右,粮食供不应求越显突出。而农民余粮户待价惜售。在粮食供求矛盾加剧的情况下,私人粮商粮贩与国家政策之间的利益冲突越来越尖锐,一些不法粮商借机在粮食市场进行投机活动。从1953年7月开始,不法分子进一步乘东北发生严重水灾粮食减产和北京、天津等地面粉供应紧张之机,囤积居奇,哄抬粮价,与国家争夺粮源。北京、天津的大粮商也与河北省内的不法粮商勾结,制造混乱,加剧了粮食市场紧张。9月份,全省131个县城市场有90多个无粮收购,引起人心不安,严重影响大规模经济建设的开展和人民生活的安定。而从全国看,粮食紧缺情况也十分严重。因此,1953年10月,中共中央作出《关于实行粮食的计划收购和计划供应的决议》,决定在全国范围内实行粮食统购统销政策,为解决河北的上述问题提供了现实途径。主要内容:一是在农村向余粮户实施粮食计划收购;二是对城市人民和农村缺粮农民实行计划供应;三是国家严格控制粮食市场、严禁私商自由经营粮食;四是在中央统一管理下,由中央和地方分工负责管理粮食。

实行粮食统购统销政策,是关系到城乡全体居民的大事。1953年冬至1954年春,河北省各级党委和政府结合过渡时期总路线的宣传贯彻,投入巨大力量全力做好粮食统购统销工作。1953年10月21日至11月4日,中共河北省委召开全省粮食统购统销扩大干部会议,研究贯彻执行中共中央决议的具体办法。中共中央华北局第三书记刘澜涛和省委书记林铁分别作动员报告。会议讨论通过《关于农业税征收与粮食计划收购的方案》《关于配合粮食计划收购大力供应物资、稳定金融物价的方案》《河北省试行粮食统购后的市场管理办法》和《粮食计划供应方案》等文件。这些文件规定:凡主要粮食均由国家粮食部门统一管理,禁止一切私商小贩贩运粮食;城镇集市中的国营、公营和地方国营、公私合营以及合作社经营的粮食加工厂、粮食商店均应在国家粮食行政部门的统一领导下,为国家加工或代办粮食业务。私营粮食加工厂、小磨坊、粮食店,以及粮食运输、旅店、熟食业及食品工业均不得私自采购粮食;城市中的消费者按户口凭证供粮、计划供应。会议决定从秋季开始在全省实行粮食统购统销政策,并确定全省粮食征购任务为17亿公斤。会后,省委派出工作队分赴各地指导粮食统购统销工作。华北局也派出264名干部,赴唐山、通县、张家口3个专区协助工作。全省抽调5万多名区以上干部,组织了170多万人的宣传队伍(包括党团员骨干、宣传员、农民积极分子),深入农村,宣传中央的粮食统购统销政策。乡一级普遍召开乡党员干部会议、党员大会、乡人民代表会议以及青年团、民兵、妇女等各种群团组织的干部会议和群众大会,用回忆对比、算账等办法,进行层层教育发动、反复说服动员,使全省70%的成年农民直接受到教育,认识到个人利益与国家利益、目前利益与长远利益的一致性,进一步提高了社会主义觉悟。为了发挥党员干部的模范带头作用,省委还制发了《关于农村基层组织党员保证完成粮食计划收购任务的八项纪律》,在党内外形成“积极生产、节约粮食、支持国家建设光荣”与“贩粮违法、囤粮可耻”的社会舆论氛围。

向农民收购粮食是组织实施统购统销的首要一环。从1953年11月开始,全省仅用3个多月时间,共收购粮食15.88亿公斤,超额12.5%完成华北局分配给河北征购15.6亿公斤商品粮的任务。12月中旬,全省掀起第一次群众性交售余粮热潮。广大农民群众踊跃交售“爱国粮”“爱国油”。遵化县老庄子59户农民卖给国家粮食4.49万公斤,被县政府命名为“爱国增产售粮模范”;饶阳县耿长锁农业社18户农民,每户交售爱国粮达500公斤。1954年初,各地按照“国家需要、农民够吃、余多多购、余少少购”的原则,合理安排粮食统购任务。7月,省政府在关于1954年小麦统购工作的指示中提出,夏季小麦实行“随征代购”,全省平均统购率不超过总产量的30%。省财经委员会具体确定了一般地区和张家口坝上地区、山区和灾区每人每年的留粮标准,以及牲畜饲料和养猪的留粮指标,籽种则按实际播种面积和种植习惯留用。这些规定为完善统购办法奠定了基础。

在具体进行统购工作中,河北省委、省政府按照既使国家取得粮食又能发展生产、团结农民、排挤资本主义的原则,进一步明确若干政策界限:一是明确余粮界限。强调实行粮食的计划收购,向农村的余粮户购买国家所需要的粮食,不是降低一般农民现有的吃粮水平及其他必要的粮食消费；二是在收购余粮时，执行给售粮农民“留一点”余粮的原则；三是严格区别一般余粮户与囤积居奇牟取暴利的粮食投机者和剥削者的界限，鼓励农民多打粮食，并把多余的粮食卖给国家；四是收购面宜于稍大，不宜过小。在全省范围内一般收购面约占户数的40%至60%，最高不超过80%，以免影响缺粮少粮农民的生活。在此基础上，各地在执行粮食收购计划时，严格执行国家统一的统购价格和统购粮种，同时加强农村的物资供应，使农民出卖粮食所得现款，能够买到生产和生活必需的物资。由于措施得当，调动了农民售粮积极性，保证了各年度粮食统购任务的顺利完成。

在组织粮食统购的同时，进行了粮食统销工作。主要采取以下做法：一是收缴粮商、粮贩的证照，停止其营业；二是广泛深入地宣传总路线和粮食市场管理办法，着重说明为什么不准私商经营粮食及群众买粮要开证明的道理，教育乡村干部开证明要公正负责；三是对缺粮群众切实保证供应；四是加强检查工作，指定专人管理粮食市场；五是试行议价、限价。

在对粮食实行统购统销后不久，对油、棉等主要农产品也实行了统购统销。1953年11月，根据中共中央指示精神，河北省施行对油料的统购和食油的统销。各地按要求追加了油料收购任务，暂时停止了私商在市场上收购油料，公私油坊在收购期内一律不得自购、自销油料、油脂。1954年9月又对棉花、棉布实行统购统销，这些产品也实行凭票定量供应。由于棉花生产在工业化建设中的地位十分重要，对棉花、棉布等原料和产品的计划收购及供应的规定更加严格。省政府在《棉布计划收购和计划供应办法》中规定，所有国营、合作社营、公私合营和私营企业以及手工业、家庭副业生产之机纱棉布、机纱手纺交织棉布，均由国营花纱布公司或委托供销社进行统购，不得自行出售。所有列入中央人民政府商业部计划供应范围内的棉布及棉布复制品，不论花色品种和质量，在全国范围内，一律采取分区、定量、凭证供应的办法，实行计划供应。要求生产棉花的农民，按国家规定价格，将所产棉花除缴纳农业税和必要的部分外，全部卖给国家，私营棉花商贩一律不准经营籽棉、皮棉的收购和贩运业务。

1954 年秋收以后，河北省对粮食、棉花、油料的统购结合征收工作同时进行，并结合进行粮食统销工作，到年底完成除棉花以外的各项统购工作及粮食统销发证工作。随着粮、棉、油料等主要农产品脱离自由市场，纳入国家计划管理的轨道，全省对主要农产品逐步形成高度集中统一和计划经济管理的体制。

实行“三定”办法规范统购统销

总的说，粮食统购统销得到了全省农民的支持，这一政策的实行也初步缓解了粮食供应紧张状况，保持了市场物价的稳定，在不高的水准上满足了工业化对粮食的需要。但在实行过程中也曾发生过一些缺点和问题，主要是在 1954 年统购初期购了“过头粮”，使政府和农民的关系一度紧张。其中一个原因是购销制度缺乏严密的调查统计工作基础。全省购销指标虽然大体符合实际，但是分配下去，难免发生区与区、户与户的不平衡，尤其要估实粮食产量，弄清粮食余缺和余粮数量是很困难的。这就出现有的该购没有购足，或者购了过头粮；有的该销没有销够，不该销反而销了的现象。由于征购任务重和部分干部存在单纯任务观点，要求按期限完成，助长一些地方出现强迫命令、高估产、压低消费定额、挤群众口粮、乱批乱斗等偏差。

为从根本上解决这些问题，切实加强购销的计划性，从 1955 年 3 月开始，根据中央决定，河北省对粮食实行定产、定购、定销的“三定”办法。7 月，中共河北省委召开全省粮食工作会议，确定“三定”到户的具体方案。“三定”的具体原则是：以户为单位，按 1955 年实际产量，经过评定，确定常年产量，留足“三留粮”（口粮、种子、饲料）和少量社会余粮（一般为产量的 3% 至 5%），再扣除应征公粮后，余者为余粮户，核定统购粮；不余不缺者为自给户，不予购、销；自产粮不足“三留粮”者为缺粮户，予以核定统销指标。同时宣布定产定购“三年不变”，定销“一年一定”，分月供应。当时定购的起购点是保证每人每天口粮 0.5 公斤，以农业合作社或行政村为单位，对起购点以上的余粮进行定购，对缺粮的进行定销。超过定产数量的增产部分，增购不超过 40%。在“三定”数字确定后，对余粮户发给“定产、定购通知书”，对自足户发给“定产通知书”,对缺粮户发给“粮食供应证”。1956年全省实现农业合作化后,粮食“三定”由以户为单位改为以农业社为单位计算购销,并建立了以社为单位的分户粮食购销底账,逐步完善社队粮食分配。

同时,为了保证完成棉花收购任务,还出台了棉花预购和奖励政策。省政府在《关于1955年预购棉花的指示》中规定:为鼓励棉农按照国家计划生产和出售棉花,在预付定金的同时,凡棉农预售百斤皮棉,国家即在粮食、棉布统销的定额以外,增加供应10斤粮食和10尺棉布。由于加强了购销的计划性又有一定的奖励政策,农民感到心中有底,提高了生产积极性,促进了棉花生产发展。

在城镇粮食供应方面也进一步作了规范。根据政务院颁布的《市镇粮食定量供应暂行办法》,从1955年9月起,河北省对城镇居民口粮供应实行分工种分等级凭证定量。也就是根据人体需要和不同年龄、不同劳动强度,按工人、国家工作人员、公私合营企业职员及脑力劳动者、大中学生、一般居民等不同档次制定相应的定量供应标准,而后按月供应。在行业用粮方面,根据《河北省市镇粮食定量供应暂行办法实施细则》规定,对食品用粮、副食用粮、酿造用粮、工业用粮、城镇役畜饲料供应等都实行分类定量、计划供应的办法。同年11月,全国通用粮票和河北省地方粮票在全省范围内同时使用。从此,所有的流动人口和临时外出的城乡居民,都实行凭粮票购粮,形成一套比较完善的供应管理制度。

建立和完善粮食市场

为适应粮食统购统销的需要,建立和完善国家粮食市场是十分必要的。1954年4月,河北省政府发出《继续建立国家粮食市场》的布告,要求在各级政府领导下,以工商行政部门为主,结合粮食税务等部门共同监督管理国家粮食市场,并可建立粮食交易所,以辅助工商行政部门进行工作。四五月间,全省建立了1900多个国家管理下的粮食市场。对违反统购统销政策的不法粮商进行了坚决斗争,取缔不法粮商粮贩1.2507万户,冻结粮食183.5万公斤,收回粮食145万公斤,并逮捕法办了抵抗粮食政策的奸商与囤积居奇者75人。

建立国家领导下的、没有粮食私商参加的新型的农村粮食市场,对于活跃农村经济，调剂农村商品粮种，辅助国家粮食计划供应的推行，都起到了良好的作用，并受到群众的欢迎。但一些地方在管理中存在不少漏洞，或使牌价、市价严重脱节，或使市场陷于“死滞”，或给不法粮商贩卖倒运以可乘之机。对此，中共河北省委及时作出指示，要求进一步采取措施，对粮食市场实行全面管理，以稳定新型粮食市场的秩序，为粮食购销创造有利条件。根据这一要求，1955 年 3 月 15 日，省人委发布《关于执行前政务院〈粮食市场管理暂行办法〉的规定》，提出以下解决办法：(一)凡农民在国家粮食市场上互通有无和粮种调剂，均应受到保护；(二)严格取缔私营粮商粮贩投机倒运粮食；(三)城乡公私粮食加工厂和营业性质的土碾土磨户，一律不准自购原料，自销成品；(四)凡由国家供给原料的面食业、食品业和复制业，一律不准到国家粮食市场购买粮食或以其他商品兑换粮食；(五)享受国家计划供应的机关、团体、学校、部队、公私厂矿、工商业户及个人等，一律不准到粮食市场采购粮食或以其他物资兑换粮食；(六)凡到国家粮食市场购粮的农民，应按规定付给交易所百分之一的手续费，作为对交易人员的报酬；(七)为严禁私营粮商粮贩贩运粮食，凡国营、合作社、公私合营以及私营的交通运输工具，一律不准为私营粮商贩粮运粮。后来又规定：凡小城镇及广大农村国家不供应的面食业、复制业、私人工商户、运输业，必须根据营业证和营运定额，凭证到指定市场采购。另外，为保护农民正当交易，减轻乡村干部开条子的麻烦，决定对所有农民一律实行证照管理，凡缺粮户到市场购粮者，一律填入购粮证，视为计划供应；对余粮户、自足户普遍发给粮食品种交换证。

上述规定保证了粮食市场的货源和国家计划收购任务的完成，但不可避免地带来市场“死滞”。此后，随着粮、棉、油生产和购销情况的变化，河北省不断调整农村粮油市场政策和管理工作。1956 年 1 月 7 日，省人委下发《关于恢复与加强管理国家粮食市场的指示》，允许农民在完成国家规定的粮食征购任务后，不论余粮户、自足户、缺粮户，均可以在国家粮食市场上进行粮食交易和品种调剂，任何人不得干涉，但对以粮食进行投机者必须严加禁止和取缔。同时建立健全了国家粮食市场的管理机构(县设粮食市场管理委员会，区设小组)。1 月 12 日，省人委指示完成油料统购任务的县份,立即开放油料市场。油料市场附设于粮食市场内。11月,根据国务院关于放宽农村市场的指示,全省农村粮食市场全部放开。

历史地看,实行粮食统购统销,是在农业生产力水平低,与大规模经济建设不相适应的情况下,能较快解决现实需要而又切实可行的好办法。这一政策的实施,保证了城市工矿区人民和农村缺粮农民的粮食需要,支持了工农业生产,稳定了物价。特别是对于河北这个多灾的缺粮大省来讲,如果不实行粮食统购统销,要完成"一五"计划和保持社会安定是不可能的。同时,实行粮食统购统销政策,切断了私营工商业同农民的经济联系,加强了农民同国营经济之间的联系,有利于加快对生产资料私有制的社会主义改造。所以,实行粮食统购统销与农业互助合作,成为过渡时期对小农经济进行改造的相互联系、相互促进的两大战略措施。但是,也要看到,统购统销政策毕竟是推进我国工业化初期短缺经济的产物,其最大弊端是割断了农民同市场的联系,限制了商品生产的发展。但总的说,它是我国实现工业化初期一个适合当时需要的积极举措。以后20多年的实践说明,实施这一政策,对供给和支持经济建设,保证人民基本生活安定,维持物价和社会秩序稳定,以及每遇灾年调剂粮食赈灾度荒等,都起到重要作用。

第六章

过渡时期的文化建设、政治建设和党的建设

为适应大规模经济建设需要，顺利完成国民经济第一个五年计划，中共河北省委有效地组织和领导文化建设，努力提高人民的文化素质；以普选活动和召开人民代表大会为标志，推动民主政治建设；加强新形势下的统一战线工作，调动一切力量，为各项建设服务；加强党的思想、作风和组织建设，为更好地领导社会主义改造和建设提供组织保证。

一、教科文卫事业的发展

发展教育事业

随着经济建设高潮的到来，社会教育、科技、文艺、卫生事业为适应新形势，都加快了发展步伐，并取得较大成绩。

“一五”时期，河北省教育工作的主要任务是为适应国家社会主义工业化的需要，培养大批的建设人才，逐步提高人民的文化水平。为此，贯彻中共中央关于“整顿巩固、重点发展、提高质量、稳步前进”的文教工作总方针，一方面坚持教育面向广大工农群众，迅速提高工农干部群

众文化知识水平，大力开展扫盲运动，调整整顿中小学教育并扩大吸收工农子弟入学、创建工农速成中学、工农干部文化补习班和技术进修班；另一方面积极发展和改革高等教育，大力发展中等专业技术学校，逐步解决教育事业与国民经济发展之间的不平衡、教育事业内部存在的各级学校供求关系的不平衡，以及教师量少、质差与学校发展规模、要求的不平衡等问题。通过上述措施，逐步把教育事业纳入国家计划建设的轨道，使教育事业的发展与国民经济的发展相适应，建立起社会主义的教育制度。

各级各类学校稳步发展。1953 年河北省对各级各类学校特别是技术学校进行了调整和整顿。各类技术学校在调整中进一步明确了培养目标，统一了学制，确定了专业设置，突出了专业技术教育。在以后几年技术学校稳步发展，1954 年为 27 所、1955 年调整为 22 所、1956 年为 30 所、1957 年为 37 所。1954 年全省教育工作重点放在发展工农速成中学、高中和中级师范。由于贯彻了“向工农开门”的政策，在中等学校中工农子女已占绝对多数。为培养工农出身的知识分子，新建工农速成中学 4 所，入学人数达到 2436 人。干部专业教育发展比较快，初步形成比较规范的干部培训体系。伴随社会主义改造的基本完成，1956 年提出教育事业“加速发展”的要求，制定了比较高的发展计划。当年，各类教育事业都获得较大发展，其中中学教育发展迅速，全省普通中学达 1005 所，学生 33.1191 万人。普通中学的设置开始由城镇向农村分布，全省 70% 的区有中学班，平原地区中学班的服务半径多在 5 公里至 10 公里左右，受到广大群众的欢迎。但是，由于中学发展速度过快，超过了国民经济所能承受的程度，师资、基建、设备都有困难，教育质量不能保证，后来不得不采取整顿、巩固和适当发展的方针，对新增设的高中班一般停止招生。

有计划地培养技术工人。工业化建设的发展，使各厂矿企业对熟练技术工人的需求量大增。“一五”时期全省逐步建立了有计划地培养技术工人的制度，发展了一批技工学校。1956 年成立唐山市劳动技工学校（由唐山市劳动培训所改建）。同年 7 月，开滦煤矿钻探学校改建为开滦煤矿技工学校。同年，地质部在张家口市建立探矿机械训练班，后改名地质矿产部张家口技工学校；铁道部建立石家庄铁路技工学校。各技工学校都以生产实习教学为主，兼学一定文化。

开展业余教育和扫除文盲运动。1954年全省县以上干部业余学校达170余处，参加干部业余学校的人数达12.79万人，参加职工业余学校和农村民校的人数达100万人以上。1956年1月召开全省扫盲工作会议，制定5年内扫除全省文盲规划。4月5日，省委成立扫盲运动领导小组。当年，全省普遍建立了农民、职工、市民业余文化学校，形成从小学到中学的工农业余教育体系。由于生产发展的需要和开展扫盲宣传的逐步深入，广大人民群众认识到扫盲运动对建设社会主义事业的重大意义，自觉提出为生产、建设而学习。在农村群众中流传这样的话："高级化、高产化，不久就要机械化，我们必须学文化。"到1956年4月中旬，全省有90%以上的农村建立了农民业余学校，入学农民增加到803.5万人，其中扫盲学员765.2万人，占全省文盲总数的58%。

科技工作的起步

河北省在建省之初没有统一的科技管理机构，50年代初期，在省委设立科学处，负责制定全省科学方针、政策；在省政府设立文教办公室，负责管理科技工作的日常事务。1956年后，响应中共中央"向科学进军"的号召，建立了各级科学技术委员会，加强了对科技工作的领导，改善知识分子工作条件，编制了科技发展规划，初步建立了一批科研机构和技术推广组织，使河北的科学技术工作逐步走上有计划发展轨道。

为了普及科技知识，逐步改变民众普遍缺乏科学知识的现状，1951年6月，根据《中华全国科学技术普及协会暂行组织方案》的有关规定，省委组建河北省科学技术普及协会筹备委员会。筹委会建立后，即通过科技培训、科普讲座、科技展览、科普书刊及声像资料等多种方式，积极宣传、普及科学文化知识。1953年10月20日，派专职干部以石家庄纺织厂为试点，在厂党政工团和科普会员的协助下，开展纺织技术讲座，深受职工欢迎。在农村举办"大众科学巡回展览"，宣传唯物主义，破除封建迷信，并经常利用幻灯、电影等形式，播放科教片，宣传妇幼保健知识、饮水卫生和破除迷信等方面的科普知识。到1956年，全省建立了多支科技放映队,定期巡回放映科教影片。在宣传普及科学知识过程中,省科普筹委会建立了物理、数学、化学、生物、农业、医学、技术科学、地理、纺织、冶炼、地质等专业学组和76个会员工作组,并在石家庄、唐山、张家口、邯郸4市建立了支会。1956年6月15日至17日,省委、省人委在保定市召开河北省科普协会第一次会员代表大会暨中华全国自然科学专门学会联合会河北省分会成立大会,正式选举产生河北省科普委员会和河北省科联委员会。省科普委员会建立后,市、县科普组织进一步发展,到1958年有44个市、县建立了科普组织,会员发展到8927人。

新中国成立以前,河北省的科学研究和技术创新都是分散在民间单独进行的,没有统一的科研机构和科技管理机构。新中国成立后恢复和新建了一批科研机构,其中包括国务院有关部门驻冀科研机构,如石家庄通信测控技术研究所、水文地质工程地质研究所、煤炭科学研究院唐山分院和省属河北省计量测试研究所、淡水水产试验场、水产研究所、水利勘测设计院、林业试验场、农业科学研究所,等等。

适应工业化建设和农业增产增收的需要,各科研机构和科技管理机构切实加强科学研究和技术创新工作,取得较大成绩,推动了科技工作的发展。在工业生产中广泛开展群众性技术革新和合理化建议活动,工业生产各领域更多采用先进科学技术和管理方法,对原有生产设备进行单项技术改造,大大提高了劳动生产率。在农业生产中大力推广常规技术、优良品种和改良农具。1953年至1954年,省农业试验场选出一批矮秆、高产小麦品种用于生产,取代各地的农家种,实现第一次品种更新,使亩产水平提高到50公斤。在棉花生产上,1956年主要以引进的斯字棉品种代替原来的品种,实现了第一次品种更新,亩产15公斤至20公斤。在盐碱地的改良利用上,从1955年起,省农业厅会同中国农业科学院、北京农业大学、河北省农垦研究所等单位,对滨海盐土形成和改良进行连续的综合研究,根据研究结果,从50年代到60年代,对滨海盐土进行开垦,建立了柏各庄、芦台、汉沽、南大港、中捷等垦区和农场。

随着科学研究工作和科学知识普及工作的加强,全省科技工作者队伍得到较快发展,由1952年的1848人发展到5024人。但总体上看,专业门类不全,人员素质不高,还不能全面适应大规模建设的需要。

开展文化工作

鉴于文化所包括的范围和联系的群众十分广泛，中共河北省委要求在开展有计划经济建设的同时，必须加强文化事业的计划性，克服盲目性，并加强对这一事业的管理，以提高人民的思想文化素质，促进人民文化生活中社会主义因素的增长，更好地为社会主义经济基础和国家经济建设服务。

贯彻中央提出的“整顿巩固、提高质量、重点发展、稳步前进”的文教工作总方针和为工农兵服务、为生产服务的宗旨，1953 年，全省文化工作进一步明确了文艺的服务方向，尤其加强了厂矿的文艺工作，整顿改善文化艺术市场，充实文艺内容，活跃人民群众的文化生活，推动文化艺术的进一步发展。全省电影队发展到 146 支，公私电影院 22 座。文教系统的 66 个电影队实行企业化管理。全省 80 多个专业剧团中，部分剧团在试行计划上演、推广优秀节目等方面取得新成绩，全年组织多次厂矿和工地演出，对生产建设起到积极鼓动作用。

为进一步加强对文化事业的集中统一管理，1954 年 5 月，省政府发布《文化和教育行政机构一律分设》的命令，决定各专署、市、矿区、县一律实行文教分设，各市设文化局，专区、县和矿区设文化科，甲等县和重点县另设文化馆，在省文化事业管理局的统一领导下开展工作。当年，全省各种大型专业剧团发展到 106 个，群众业余剧团 1.23 万个，电影队 156 支；各县都建立了文化馆组织。各种文化艺术组织在向人民进行社会主义教育、配合经济建设和满足人民的文化要求方面发挥了积极作用。各国营文艺组织，经过整顿和训练干部，工作质量逐步提高。文艺创作工作者深入群众体验生活，收集材料，在戏剧创作和舞台演出艺术上增添了群众生活气息。尤其是 1954 年 3 月 29 日河北省召开第二届文化艺术界代表大会后，全省文艺工作者响应党的号召，深入到火热的生活中去，深刻理解生活，创作出了《红旗谱》《赶车传》《烈火金刚》和《敌后武工队》等优秀作品，为创造社会主义先进文化打下良好基础。

1955 年是河北省文化工作全面加强的一年。为配合党和政府的中心工作，积极开展宣传活动和群众性的文娱活动，有领导地发展地方戏剧，制定了《河北省民间职业剧团登记管理办法》；加强对创作工作的领导，努力供应厂矿、农村的演唱材料和通俗读物；加强对群众艺术工作的领导，广泛组织农村电影宣传网，并有计划地发展农村俱乐部，通过各种文娱活动向农民进行社会主义的思想教育，满足农民的文化要求；重视图书的影响作用，坚决反对利用反动、淫秽的图书毒害人民。依据省人委《关于处理反动、淫秽、荒诞图书工作的指示》要求，根据图书毒害程度的不同，经过一定的审批手续，分别采取查禁、收换、保留的办法，严肃处理反动、淫秽、荒诞图书（不含家庭藏书）。采取利用、限制、改造的方针，加强对图书租赁业的管理、教育和改造。文化出版界创作、出版了更多适合青少年阅读的读物，努力占领文化市场；加强文物保护工作，明确规定各级人民政府对具有历史意义或革命价值的地面古迹及革命建筑物负有保护责任，应采取积极措施切实加以保护。1956 年 9 月 7 日，省人委公布了河北省第一批文物保护单位名单，其中包括：安济桥、西柏坡、长城、山海关、沧州铁狮子、黄粱梦等 219 个，使大批文物得以妥善保留。

农业合作化运动高潮推动了农村文化工作的热潮。1956 年召开的河北省文化工作会议制定了在农业合作社中建立俱乐部，形成俱乐部网，同时形成电影放映网、书报流通发行网、文化馆辅导网、艺术团体流动演出网、有线广播网的宏伟规划。为了落实建立农村广播网的规划，要求除已经建立广播站的昌黎、涿县、平泉三县外，其余 150 个县在 1956 年分四批建立有线广播站。随着线路的延长，广播首先到乡，使各乡人民委员会和乡所在的农业生产合作社每天能听到首都、省会和县的广播。对 14 个工商业城镇建立和改建有线广播站，将广播发展到户。4 月 12 日，省人委决定建立农村广播管理处，负责全省农村广播网的规划及组织实施工作，并管理省属市的人民广播电台。5 月 2 日，省文化局、省编委联合下发通知，要求建立市、县图书馆。决定唐山、保定各建一处图书馆，一个专区可选一个重点县（石家庄专区选两个县）建立县级图书馆。除此之外，适应农业合作化发展的新形势，各县普遍建立了歌咏队、舞蹈队，开展群众性的歌舞活动。这些由农村高小毕业生、民校学员、农业社社员组成的歌舞队，使整个农村的文化生活出现了新面貌。

在推动文化建设高潮中，河北建立了一支庞大的宣传网。到 1954 年底，全省有报告员 9065 人，还有分布在全省各个角落的宣传员 84 万多人。这个宣传网还带动着广播站、黑板报、读报组、群众业余剧团、各种民间艺人的说唱组织等 20 多万个、170 多万人，开展不同的文化活动。这支庞大的有领导有组织的宣传力量，被看作党联系群众的桥梁，在宣传贯彻过渡时期总路线以及实施其他宣传教育任务中发挥了重要作用。

发展卫生事业

“一五”时期，河北省医疗卫生工作根据经济建设的需要和实际情况，采取合理部署和统筹安排的方针，重点加强工业卫生工作和城市医疗工作，继续开展爱国卫生运动，防止对人民群众危害最大的疾病，农村卫生事业与互助合作运动相结合，有计划地稳步开展。

“一五”计划的开局之年，河北省卫生事业在各级党委和政府的领导下，贯彻“预防为主、面向工农兵、团结中西医、卫生工作与群众运动相结合”的方针，取得好成绩。在卫生保健方面，1953 年和 1949 年相比，城乡医疗预防机构增加 653 处，床位增加 4748 张，县、区、镇大都建立了卫生院（所），城市医院病床增长 44%，门诊部增长 25%，基本形成了一定的医疗卫生网络。另外，新设干部疗养院（所）19 处、床位 4810 张，卫生防疫站 8 处。在厂矿中健全卫生组织，充实医务人员和干部，初步改善了职工的生活卫生，部分减低了车间高温、粉尘和有害气体对工人的危害，增进了职工健康。在城乡防疫方面，到 1953 年底，基本消灭天花，没有发生鼠疫和霍乱，伤寒、痢疾、麻疹、疟疾和黑热病的发病率和患病死亡率逐年下降。国家机关工作人员实行公费医疗，对荣誉退伍军人、烈属、军属和少数民族都给予适当照顾。各级人民政府组织医务工作队进入山区，防治危害山区人民健康的性病、黑热病、甲状腺肿等地方病。同时加强妇幼卫生工作，新设立 126 处妇幼卫生机构，并训练大批接生员，广泛宣传新育儿法，大大降低了婴儿和产妇死亡率。坚持开展爱国卫生运动，广大群众清除垃圾，填平污水坑沟，改善和新建厕所，改善了城乡环境卫生和个人卫生，增加了群众卫生知识，改善了卫生习惯。

1954年以后，卫生医疗工作继续向纵深发展。有步骤地整顿城市医疗预防机构，逐步改进医疗制度，推广先进疗法，并有计划地培养医务卫生人员；加强农业生产合作社的卫生保健工作和山区、灾区医疗预防工作，组织在乡医生为农民医疗预防工作服务；明确提出卫生工作为农业合作化服务，大力开展农业社的卫生工作。在城乡医疗力量统一安排下，积极发展联合诊所和合作社保健站。在全省农村先后出现一系列适合于农业社需要的卫生组织形式：农业社内的群众性卫生组织（主要包括卫生行政组织、医疗保健组织、简易急救组织、妇幼卫生组织四种）、不脱产保健员、社办医疗机构、乡办医疗机构等。1955年春天推广农业社设置不脱产保健员和农业社与当地医疗机构建立固定医疗关系的办法；结合工农业生产，深入开展卫生防疫工作和爱国卫生运动，普遍建立县卫生防疫站和妇幼保健站。在广大乡村出现不少卫生社、卫生村，大大减少发病率和死亡率；积极开展群众体育运动和国防体育活动，发展体育协会组织，在中等以上学校普遍推行劳卫制，并大力开展广播体操，有计划地训练运动员、培养干部、组织各种体育运动竞赛，从预防医疗和体育运动两方面，不断提高人民的健康水平。在改善医疗卫生条件的同时，组织开展节制生育宣传活动，并取得了一定成绩，为以后顺利实施计划生育的基本国策打下初步基础。

二、民主建政工作的新发展

普选宣传及基层选举

随着国民经济恢复任务的胜利完成，人民群众的组织程度和思想觉悟的提高，实行人民代表大会制度的条件已经成熟。1953年1月，根据中共中央提议，中央人民政府委员会第20次会议通过《关于召开全国人民代表大会及地方各级人民代表大会的决议》，决定召开乡、县、省（市）各级人民代表大会，并在此基础上召开全国人民代表大会。3月1日，中央人民政府委员会公布《中华人民共和国全国人民代表大会及地方各级人民代表大会选举法(草案)》。为开展普选宣传及基层选举,1953年6月6日,河北省协商委员会讨论通过《河北省选举实施细则(草案)》;经中共河北省委提议成立河北省选举委员会。随后,各市、县(镇)和设有政权组织的矿区先后成立选举委员会,各专区还设立了指导选举工作的专门机构。省选举委员会作出《关于基层选举准备工作的指示》,要求各级人民政府和选举委员会,进行充分准备工作,抓住宣传教育、训练骨干和普选试点三个主要环节,组织机关、企业、部队、学校和街道,切实认真地学习有关选举文件,拟制宣传提纲和通俗的宣传材料,同时训练指导选举骨干和技术人员。

在作出上述指示的同时,省选举委员会制发《关于基层选举工作计划》,把选举工作分为三大步:从6月开始到10月初为准备时期,做好一切准备工作;10月中旬到12月中旬进行第一批(先在整过党、工作基础好的乡进行),完成4000个至5000个乡的调查登记和选举工作;12月下旬到1954年2月底进行第二批,完成7000个至8000个乡及市区和镇(包括邯郸市)的调查登记和选举工作。1953年9月28日,省委召开全省普选工作会议,进行具体布置。会议强调指出,普选是对党员干部进行的一次广泛而深入的民主教育,是整党的继续。要求加强党内的思想教育,针对党员所产生的各种思想顾虑进行教育,特别是讲清为什么进行普选、党员在普选中应起到什么作用和如何才能带动广大群众参加普选工作等问题。对党员干部所犯的错误,实事求是地进行分析,区别对待。要从党的政策出发,全面、公正地解决选举中的各项重要问题,特别是候选人的提名问题。这次会议统一了思想认识,明确了政策界限,对推进全省普选工作具有重要指导意义。

根据地方各级人民代表大会选举法的规定,乡是国家政权基层组织,进行基层选举应以乡为单位。但在当时,河北省还是行政村制,基层政权在村。为了把行政村制改为乡制,1953年4月10日,省委召开地、县委干部参加的划乡会议,制定县、市、郊区、矿区等地具体的划乡方案。8月初,划乡工作结束,全省共划11496个乡(镇),其中有乡级镇325个,民族自治乡58个,民族民主联合乡107个,渔民乡44个,农牧乡415个,盐业乡8个,职工家属乡7个。

在进行划乡工作的同时，在全省范围内普遍开展关于选举意义及选举法内容的宣传。各县、镇党委通过召开党的宣传员代表会议，培训宣传骨干。依靠各级宣传员、报告员，采取报告会、讲演、街头讲话、小型座谈、个别访问和挨户宣传等形式，把党的声音传遍千家万户。在党的宣传网带动下，所有群众宣传队伍也都参加到普选宣传中，利用集市、庙会和其他群众集会等场合、场所进行普选宣传；各级文艺创作部门，省话剧团及各地群众业余剧团围绕普选主题进行创作和演出；各电影院、电影放映队、幻灯队在放映前加演普选幻灯片或有关普选的新闻简报；各地文化馆、文化站有计划地帮助驻地群众试办“选举宣传站”；各级各类学校利用业余时间，向师生讲解普选的意义和选举法的有关内容，组织学生利用业余时间有计划地参加群众选举活动，并向群众进行宣传，使党内外干部群众普遍受到一次民主教育，积极投身到普选运动中来。

按照选举法规定，直接选举人民代表的范围限于乡、镇、市辖区及不设区的市等基层政权单位，一般采取非秘密投票方式；而在县以上单位实行间接选举。因此，这次选举工作重点在基层。全省基层选举工作从 1953 年 10 月开始到 1954 年 2 月分两批完成。为使年满 18 岁的公民都依法参加选举，需要做好选民登记工作，这就必须以人口登记为依据。为此，按照中央人民政府政务院要求，在选举工作进行之前，河北省先进行了人口调查登记工作。调查登记的标准时间为 1953 年 6 月 30 日 24 时，9 月底前全部完成。在此基础上，各地进行选民登记，明确选民资格，同时在基层选举开始前，省选举委员会首先在清苑的大庄、蒲洼，定县的于沿士三乡进行试点，以创造经验指导全省。8 月 14 日前后，全省 6 个市 142 个县镇开始重点试办基层选举，参加试办工作的干部达 3133 人。

在组织准备和试点经验基础上，1953 年 9 月后，城市、矿区和县辖镇的选举工作分两批展开。到 1954 年 4 月上旬，全省基层选举工作顺利结束，共涉及 1.1567 万个基层单位，2079.0558 万选民，参选者达 1701.7355 万人，占选民总数的 81.5%，形成空前规模的民主运动。据不完全统计，全省共选出 32.1337 万名（缺 8 个县）人民代表大会代表，其中妇女占 16%。通过这次选举,在基层政权中加强工人阶级的领导和工农联盟基础。选举后的城、乡基层人民代表大会代表,中共党员一般占60% 左右。在城市中,工人阶级代表平均占代表总数的 51.64%;在农村,农业互助合作组织代表平均占代表总数的 80% 左右。这次选举也显示了代表的广泛性。城市基层单位人民代表大会中均有与其各阶层相适应的代表人物,其中私营工商业者占 6.64%,文教工作者、医务工作者、爱国民主人士及其他小资产阶级代表人物共占代表总数的 16% 左右。在少数民族聚居区,一般均注意选出与各少数民族人口相适应的代表。普选活动把河北人民的民主政治生活向前推进了一大步。

河北省第一届人民代表大会的召开

1954 年 4 月,基层选举工作结束后,各地先后进行了选举和召开市、县、矿区人民代表大会工作。各市、县、矿区人民代表大会,坚持以贯彻国家过渡时期的总任务和巩固工农联盟思想教育为指导思想,根据总任务和当前中心工作决定中心议题。其中,各县人民代表大会的中心议题是当前农业生产工作和互助合作运动以及粮食供应、严格管理市场工作,突出解决当前农业生产和互助合作运动中的问题。市和矿区人民代表大会以工业生产和基本建设工程中的劳动竞赛为中心议题,以发挥广大职工的劳动积极性、创造性,推动技术革新运动,为国家创造更多的财富,积累更多的资金;同时讨论市政建设如何为工业建设服务,以及对资本主义工商业的改造问题。会前,一些县、市、矿区的领导干部深入农村、厂矿了解人民群众当前的迫切要求,提交大会讨论,实事求是解决问题。

与此同时,根据中共中央指示,河北省认真组织对《中华人民共和国宪法(草案)》的学习、宣传、讨论。这个新中国成立后的第一部宪法草案,是在毛泽东为主席的中华人民共和国宪法起草委员会主持下,经过两年多的工作,反复修改后产生的。1954 年 4 月 18 日,河北省人民政府召集省级各机关、各民主党派地方组织、各人民团体负责人会议,成立省宪法草案讨论委员会,负责领导省级对宪法草案的讨论。各市、专区和部分县也先后成立宪法草案讨论委员会。从 6 月 15 日开始,各级宪法草案讨论委员会通过多种形式组织机关干部学习有关文件,训练报告员和宣传员,为宣传讨论宪法草案进行了比较充分的准备。当日,省宪法草案讨论委员会在保定市举行报告大会,省会1.8万多名干部和工作人员参加,省委书记林铁在大会上作关于《中华人民共和国宪法(草案)》的报告,阐明了制定中华人民共和国宪法的重要意义和宪法草案的基本内容。《河北日报》于当天刊登《中华人民共和国宪法(草案)》,投递到大街小巷;各地人民文化馆的有线广播,各公私企业的收音机、扩音器播出宪法草案全文,人们争相阅读和收听。6月下旬,全省各地利用多种多样的形式和方法,开始大张旗鼓地宣传宪法草案。在机关、厂矿、部队、学校等展开报告活动。在此基础上,7月中旬后,各地把重点逐步转到组织宪法草案的讨论上。通过讨论,继续深入地学习领会制定宪法的基本精神及主要内容。尤其是结合当地一些有深刻教育意义的典型事例,分别不同对象、明确重点、提出不同要求,让人民群众感受到制定宪法和自身利益有着密切关系,使之更加热爱自己的国家。根据109个县、6个市和一个矿区统计,参加讨论并从中受到教育的群众达1539万多人,占各地区人民群众的57%。截至8月底的不完全统计,全省各阶层人民群众对宪法草案提出的修改或补充意见共计3072条。

7月20日,全省各县、市、矿区人民代表大会全部结束。各代表大会通过拥护宪法草案和宣传讨论宪法草案的决议,审查、讨论和批准政府工作报告以及今后工作方案,并以无记名投票方式选举产生出席第一届河北省人民代表大会的代表,共计581名。其中工农代表202名,占总数的34.76%;干部代表237名,占40.8%;知识分子代表79名,占13.6%;民主党派、无党派人士代表48名,占8.26%;解放军代表15名,占2.58%。优秀共产党员、先进工人和劳动模范,农业生产互助合作运动中的积极分子和农业劳动模范,在代表中占很大比例。代表们深入厂矿、市区街道、农村和选民见面,并召开不同类型的座谈会,向广大群众宣传省人民代表大会的重要意义和会议的中心议题,认真听取群众的意见和要求,征集整理提案,为全省人民代表大会的召开做准备。

1954年8月1日,河北省第一届人民代表大会第一次会议在省会保定市举行。省人民政府主席林铁致开幕词。会议听取省委第二书记马国瑞作的《关于中华人民共和国宪法草案的基本精神与基本内容》的报告；听取和审议林铁作的《五年来政府工作概况和当前的主要工作任务》的政府工作报告。会议全面总结河北建省五年来政治、经济、文化教育等方面所取得的重大成就，指出各项工作中存在的缺点和问题；提出了当前的主要工作任务，仍以发展工农业生产为一切工作的中心。大会经过充分讨论，通过关于拥护《中华人民共和国宪法草案》的决议和《关于政府工作报告的决议》；对直接来自人民群众的2259件提案进行了认真审查处理。大会选举罗瑞卿、刘澜涛、林铁、薛迅等52人为河北省出席第一届全国人民代表大会的代表。

河北省第一届人民代表大会于8月8日闭幕。根据中央选举委员会、中央人民政府政务院政务会议联合会议的决定："由于宪法尚未公布，普选后的地方各级政权组织形式尚待确定，因此，省、市、县本届人民代表大会，不在首次会议上选举本级人民政府。"因此，这次大会没有选举新的省人民委员会。在全国人大召开之后，根据新的选举法，1955年2月，省一届人大二次会议完成了这个任务，选举产生了新的河北省人民委员会组成人员、省高级人民法院和各中级人民法院院长。会议选举林铁为河北省人民委员会省长，阎达开、张承先、高树勋、阮泊生、胡开明、张明河为副省长。此后，全省各市、县相继召开人民代表大会，选举市、县人民委员会和市、县人民法院院长。

河北省第一届人民代表大会的召开，是全省人民政治生活中的一件大事。作为河北历史上由人民行使权力的第一次大会，它结束了恢复河北省建制以来由各界人民代表会议代行人民代表大会职权的过渡组织形式，正式实行人民代表大会制度，标志着广大人民群众已经组织起来，社会主义觉悟和当家做主的能力大大提高，为加强人民民主制度和建立社会主义法制奠定了初步基础，对进一步调动全省人民的积极性，推进社会主义革命和建设事业发挥了巨大作用。

调整领导体制和行政区划

在第一届全国人民代表大会准备和召开期间，中共中央对党和国家领导体制进行了调整。一是调整多层次行政管理体制。首先撤销大区一级行政机构，结束了新中国成立初期由大行政区一级机构代表中央人民政府领导和监督地方政府的过渡状态。与此相应，自战争年代延续下来的中央派出机构中共中央华北局等同时撤销。二是在调整中央、地方之间组织层次的基础上，对党政领导体制作进一步调整。其中在国家行政体制方面，明确地方各级人民委员会即地方各级人民政府，是国务院统一领导下的国家行政机关，对本级人民代表大会和上一级国家行政机关负责并报告工作；地方各级人民政府所属各工作部门，受该级人民委员会的统一领导，并受上一级人民委员会（直至国务院）主管部门领导。这些调整工作，进一步加强了党对政府、中央对地方工作的集中统一领导。在党组织内部，更加强调集体领导，反对分散主义，这对实现党在过渡时期的总路线和总任务，顺利完成第一个五年计划和其他各方面的工作任务，起到重要保证作用。

在中共中央撤销中共中央华北局后，中共河北省委即直属中共中央领导。按照中共中央的指示，在领导体制方面进行了若干调整。从1952年开始，省委书记和省政府主席由同一人担任；1953年1月，省委增设第二书记；从1955年8月开始设省委书记处，由书记、副书记组成，对全委会和常委会负责，在省委既定方针政策下，负责处理日常事务，使省委既能集中精力研究和讨论重大政策和工作问题，又能及时处理日常工作。各地、市委也陆续设立了书记处。

本着便于行政管理和领导，有利于发展生产的原则，1952年11月，察哈尔省建制撤销后，原所属16个县划归河北。12月，省委增设张家口地委，原中共察哈尔省委所属张家口、宣化两市委改属河北省委。1955年12月中央撤销热河省建制，原所属8县划归河北。1956年1月，省委增设承德地委，原中共热河省委所属承德市委改属河北省委，6月改属承德地委。1954年8月，邯郸市委改由省委直属。12月，峰峰矿区区委改建为市委，由省委直属。1956年9月以后，各地委成为中共河北省委的代表机关。到1956年底，中共河北省委下设邯郸、邢台、石家庄、保定、天津、唐山、张家口、承德、沧县、通县10个地委和石家庄、唐山、保定、秦皇岛、邯郸、张家口6个市委和152个县（市）委。

除此之外，根据《中国共产党章程》的有关规定，逐步在省级政权机关设立党组,党组成员由省委任命,省委通过党组实现对省级政权组织的领导,保证地方国家机关和人民团体的领导机关中实现党的政策和决议。1949 年 11 月设立河北省人民政府党组,1950 年 9 月至 1954 年 8 月设立财经、政法、文教系统党组,分别代表省委领导所属厅、院、局、行、委、署的党组小组,省政府党组改称总党组。其后又增设计划委员会、农林水利两个系统党组,受省委直接领导,并代省委领导所属各厅、院、局、行、委、署的党组小组。这些党组先后于 1954 年底至 1955 年初撤销,它们所属的各厅、院、局、行、委、署党组小组也随之撤销。1955 年 2 月,河北省一届人大二次会议选举产生河北省人民委员会,原河北省人民政府总党组改称河北省人民委员会总党组。2 月 28 日,省委决定于 3 月在省高级人民法院、省人民检察院设党组。同时,分别在邮电管理局、粮食厅、商业厅、交通厅、统计局、民族事务委员会、外资局、水利厅、民政厅、人事局、中国人民银行河北分行、农林厅、计划委员会、公安厅、卫生厅、建筑工程局、文化局、教育厅、劳动局、手工业管理局、手工业生产合作社、财政厅、物资供应局、司法厅、监察厅、工业厅、省人委办公厅设党组,手工业管理局与手工业生产合作社合建党组(党组名称仍是两个,使用两个戳记)。

三、进一步加强统一战线工作

统一战线面临的新形势新任务

在 1953 年到 1956 年这一复杂而深刻的社会变革时期,随着国内阶级关系和主要矛盾的变化,以及人民代表大会制度实行后结束了政治协商会议代行人大职权的历史等情况的出现,都使党的统一战线工作面临着新形势。《中华人民共和国宪法》明确规定,人民民主统一战线将在动员和团结全国人民完成国家过渡时期的总任务和反对国内外敌人的斗争中继续发挥它的作用。因此,人民民主统一战线必须紧紧围绕实现党在过渡时期的总路线、总任务开展工作并使之进一步巩固和加强，永葆其生命活力。依据这一形势和任务的变化，从 1953 年开始，河北省统一战线工作重点转移到社会主义建设和社会主义改造方面。

党在过渡时期总路线颁布后，河北省各级党委及统战部门立即在资产阶级及其他社会中、上层分子中普遍深入地进行了宣传教育，为实现资本主义工商业社会主义改造奠定了思想基础。1954 年 1 月，省工商联召开会员代表大会，河北省人民政府副主席薛迅就过渡时期总路线和对私营工商业的利用、限制、改造政策作报告，大大减少了资产阶级上层代表人物的疑虑，一致表示拥护国家对私营工商业逐步实行社会主义改造的方针。会议通过《关于拥护并在私营工商业界中深入贯彻国家过渡时期总路线、总任务的决议》。经过对总路线的学习讨论，大多数资本家受到深刻教育，提高了认识，基本上接受了总路线和国家资本主义的方针。但在实际改造过程中，资产阶级分子还是经常表现出犹疑不安的心理。因此，反复宣传总路线，系统阐明党的和平改造和赎买政策，使他们逐步认识社会发展规律，主动掌握自己的命运，进一步接受社会主义改造，成为一项经常性的工作。针对资产阶级分子惧怕社会主义的心理，加强了破资本主义、立社会主义的思想教育；大力争取中间分子，培养和扩大核心分子队伍，缩小落后分子，孤立和分化反动分子。从而使更多的人认识到，资本主义道路是有悖于历史发展方向的，是走不通的死路一条，只有下决心走社会主义道路，才能掌握自己的命运，获得光明的前途。他们表示服从共产党和人民政府的领导，坚定爱国守法的立场，接受社会主义改造，把自己的命运同国家的前途结合在一起。

1956 年，生产资料私有制社会主义改造基本完成，标志着工人阶级已经在社会主义和资本主义两条道路的斗争中取得决定性胜利，人民民主统一战线内部关系发生更加深刻的变化：一是作为人民民主专政基础的工农联盟被推进到新的即社会主义的基础上，日益成为牢不可破的联盟；二是资产阶级作为一个阶级已被消灭，大多数资本家和资本家代理人成了公私合营企业的从业人员，在公方直接领导和工人群众直接监督下，按照社会主义原则共同工作。他们中积极接受社会主义改造的进步分子日益增多，有从少数发展成为多数的趋势；三是知识界的政治思想面貌发生深刻变化。从他们的社会经济地位来说,他们中的绝大多数已经是工人阶级的一部分;四是各民主党派已经基本上成了为社会主义服务的政治团体;五是大多数少数民族先后走上向社会主义过渡的道路,并且在各种不同的条件下继续前进。这些变化表明,统一战线内部的社会主义一致性正在发展和加强,进一步通过教育和学习树立社会主义思想,坚定地走社会主义道路,成了今后工作的中心。据此,中共河北省委及时处理了社会主义改造高潮期间出现的各种社会矛盾,进一步调整各种关系,活跃统一战线内部的学习和民主生活,调动广大知识分子、党外人士和工商业者为社会主义事业服务和接受社会主义改造的积极性,促进安定团结的政治局面,巩固和发展了社会主义革命的胜利成果。从此,在“长期共存、互相监督”正确方针指导下,河北统战工作进入新的发展时期。

各民主党派组织的建立和发展

1952 年 6 月全国统战部长会议通过的《关于民主党派工作的决定》提出,过渡时期各民主党派的发展方针是:继续依据所联系和活动的社会对象去发展党员,着重吸收属于资产阶级、城市小资产阶级(即雇有少数几个工人或店员的小资本家),一部分从地主阶级分化出来带有资产阶级色彩的分子以及和这些阶级、阶层相联系的知识分子。尤其是首先着重吸收一批在社会上有影响的上层分子。这与过去建议各党派以其所联系和活动对象的中下层为主要发展对象的组织方针不同,但并非一律拒绝发展中下层。《决定》要求各级党委和统战部门对民主党派发展党员工作,继续给予积极的协助。同时加强对各民主党派成员的思想改造,利用一切机会吸收他们参加各种各样的人民民主运动、参加机关学校的学习和政协的学习运动,并结合实践和学习开展适当的批评与自我批评。与此相应,要求民主党派协助党和政府进行团结教育和改造资产阶级、城市上层小资产阶级、一部分从地主阶级分化出来的带有资产阶级色彩的分子以及和这些阶级、阶层相联系的知识分子的政治任务,允许并推动和帮助他们向其所代表的阶级阶层进行活动,发生密切的联系,了解和反映其要求并代表其合法利益。总之是领导民主党派依照

《共同纲领》从事合法的活动，在合法活动中团结、教育和改造他们及其所联系和代表的阶级和阶层。

按照上述要求，在中共河北省委领导下，全省各级党委及统战部门把帮助民主党派建立组织和发展成员作为一项十分重要的工作。省委统战部在年度工作计划中，对协助民主党派发展成员问题作出明确规定，并提出设想发展数字。同时动员和领导民主党派组织及其成员参加反对国内外敌人的斗争，参加国家事务的管理，对于国家政治生活中的重大问题进行协商决定和执行，使民主党派有较快发展。到1956年底，全省各民主党派成员由新中国成立初期的十几人发展到1400多人，共建立了2个省级委员会（民革河北省委员会和民建河北省工作委员会），1个省级筹委会（民盟河北省筹备委员会），5个市级委员会，7个市级筹委会，3个支部，4个小组。主要涉及中国国民党革命委员会、中国民主同盟、中国民主建国会、中国民主促进会、中国农工民主党和九三学社等民主党派。

同时，各级党委及统战部门坚持多党合作，注意调动各民主党派参加社会主义建设的积极性，并在国家政治生活中发挥应有作用。（一）注意引导各民主党派参加和配合国家各项建设工作。要求各民主党派动员和帮助他们的成员及所联系的群众参加国家建设，在各自工作岗位上积极贡献力量。据此，各民主党派明确了基层组织的工作任务：在所在单位党政的领导下，密切围绕中心工作展开活动，而不是脱离中心，另搞一套；密切结合业务实践、结合高级知识分子的特点，进行深入细致的思想政治工作，既防止单纯业务观点，也克服脱离业务实践、空谈说教的偏向。（二）引导各民主党派，积极地反映和代表他们所联系群众的合法利益和正当要求。在对资本主义工商业进行社会主义改造过程中，积极支持民建、工商业联合会等，密切联系资产阶级，充分反映他们的意见和要求，并同他们进行诚恳的协商，采纳其合理建议，为社会主义改造增加了助力，减少了阻力。1954年在河北省工商联第一届执委扩大会议上，省民建号召会员们，“认清前途，掌握自己的命运，更加积极地接受社会主义改造”，“千万不要落在潮流后面”，“一定要以感激的心情，乐观的情绪，坚定的信心，百倍的努力，团结和带动全省工商业者，克服工作上的一切困难,为把我省私营工商业的社会主义改造推到一个新的阶段而努力工作”。在社会主义改造高潮中,民建组织涌现出大批新的进步分子,壮大了工商界接受社会主义改造的骨干力量。(三)吸纳各民主党派参加国家政权、参与国家事务的管理,发挥政治协商和参政议政的作用。各级党委积极创造条件,使各民主党派通过其代表人物在政府及所属部门担任领导职务,参加中共各级党委和人民政府召开的政治协商会、通报会、座谈会,向各级人大、政协会议提出建议、提案等多种形式,发挥其在国家政治生活中应有的作用。为了在实行人民代表大会制度时真正做到各民族、各民主党派、各阶级都有代表,根据中共中央统战部关于“既要保证党员加进步力量占显著优势并处于领导地位,又能包含需要包含的民主人士”的方针,结合河北实际情况,在各级人民代表大会、人民委员会、政协组织中,适当安排民主人士和各方面的代表人物。1954 年 8 月召开的河北省第一届人民代表大会代表共计 581 名,其中有民主党派和无党派人士 48 名,占代表总数的 8.26%。1955 年,省直 30 个厅局,有副厅局级以上干部 116 人,其中党外干部 23 人(正厅级 6 人),占总数的 19.83%。9 个市政府中均有党外人士担任副市长。同年 1 月,政协河北省第一届委员会产生,共有委员 155 人,其中民主党派和无党派人士 24 人,占委员总数的 15.48%。

在社会变革的过渡时期,民族资产阶级、城市小资产阶级及其知识分子和其他爱国人士,经历着深刻的社会主义改造的考验,联系和代表这些阶级、阶层的民主党派,同样经历着这种深刻的考验。为此,帮助民主党派进行自我教育、自我改造是党的一项重要工作。根据中共中央要求,对民主党派的改造,一般是要他们确立“接受工人阶级和共产党的领导”的思想,而不要求他们具有工人阶级的立场和思想。他们内部共同的准则是《共同纲领》。但对于他们中一部分从事文教科技等方面工作的知识分子,因岗位需要,要求学习马列主义理论,批判和克服资产阶级思想,逐步具备工人阶级的立场和思想。为此,各级党委及统战部门在帮助民主党派建立组织、发展成员时,积极组织他们参加时事政治和理论学习以及社会实践活动,使他们从拥护《共同纲领》发展到拥护总路线和国家宪法,从而达到团结、教育和改造民主党派及其成员的目的。

1956年党中央提出党同民主党派“长期共存，互相监督”的方针，对共产党与民主党派的关系、各民主党派的组织发展等问题进行了明确界定。全省各级党委积极推动各民主党派认真学习贯彻这一方针，大大启发了民主党派政治上的积极性和发展组织的强烈要求。许多党外人士对民主党派也有了进一步认识，不少人由过去不愿参加民主党派转变为主动申请参加，认为民主党派是共产党领导下的进步组织，参加民主党派是光荣的。因此，1956年全省各民主党派成员数量有明显增长，民主党派成员为社会主义建设服务的积极性也有很大提高，许多人被评为先进工作者和先进生产者。

团结改造知识分子既是党在知识分子问题上的政策，也是大规模经济建设开始后的迫切需要。各民主党派吸收了一大批拥有现代科学技术的专家学者和企业的经营管理人才，是社会主义建设的宝贵财富。恢复河北省建制以后，广大知识分子积极投身国家的各项建设事业，做了许多有益工作。1954年，党在思想文化领域领导组织了对资产阶级唯心主义的批判，广大知识分子进一步受到教育和改造，大部分人的旧观点旧习惯已经有了不同程度的改变。但在党内，一些人对现代科学文化在社会主义建设中的巨大作用认识不足，对知识分子特别是旧社会过来的高级知识分子存在宁“左”勿右的思想，存在着歧视、排斥乃至惧怕知识分子的心理，妨碍了党对知识分子团结教育改造政策的深入贯彻。随着社会主义建设事业的发展，这种“左”的偏向也在逐步改变。为了加强对知识分子工作的领导，1955年12月，中共河北省委成立了知识分子问题办公室，并召开知识分子工作会议，强调指出要不断提高知识分子待遇，充分合理地使用知识分子。1956年1月，中共中央召开关于知识分子问题会议，明确提出知识分子中间的绝大多数“已经是工人阶级的一部分”，充分地动员和发挥他们的力量，为社会主义建设服务，是努力完成过渡时期总任务的一个重要条件。号召全党努力学习科学知识，同党内外知识分子团结一致，为迅速赶上世界科学先进水平而奋斗。河北省认真贯彻会议精神，全面改善党同非党知识分子的关系。全省大中小学在当地宣传教育部门的组织领导下，开展了学习唯物主义、批判唯心主义的活动，为广大教师树立科学的世界观打下初步基础。当年1月至4月,全省共接受1600多名知识分子加入中国共产党,其中有大学教授、工程师、主治医师55名,中小学教员、工程技术人员1500名。同时加强对知识分子的调整使用。据11个地市和省直6个系统截至8月底的统计,调整使用不当的高、中级知识分子694人,占应调整总数838人的82%。对知识分子的生活待遇、学习、住房等问题也进行了合理安排与解决,进一步激发了广大知识分子爱国主义、社会主义的积极性。

政协河北省第一届委员会第一次会议的召开

随着1954年8月河北省第一届人民代表大会的召开,河北省协商委员会继续代行人民代表大会和政协地方委员会双重职权的组织形式已不适应统一战线工作的需要,河北省协商委员会行使政权机关的职能已经消失,但作为统一战线的组织形式仍继续存在和发挥作用。到1955年1月中国人民政治协商会议河北省委员会(简称“政协河北省委员会”)第一次会议召开以前,河北省协商委员会共召开4次全体会议,协商讨论进一步贯彻婚姻法问题,《河北省各级人民代表大会选举实施细则(草案)》,过渡时期的总路线、总任务和粮食统购统销的政策,河北省人民代表大会代表名额分配和省级各方面代表候选人提名等问题。与此同时,河北省协商委员会在推行地方法令法规、协助政府密切联系和动员各界人民贯彻中国共产党和国家的各项方针政策、动员与组织各界人士进行学习和思想改造以及推动各民主党派、各人民团体和各界民主人士的团结进步等方面都发挥了重要作用。

1955年1月4日,河北省协商委员会召开第十七次常委(扩大)会议,协商通过政协河北省第一届委员会委员名单、大会主席团和秘书长名单草案及其他有关事项。按照会议协商意见,政协河北省第一届委员会由21个单位155人组成,比原省协商委员会成员增加一倍,包括各民主党派河北省地方组织、各人民团体、少数民族、国外华侨和其他爱国民主人士的代表,具有广泛的代表性。其中:中共河北省委11名,民革河北省筹委会7名,民建河北省委员会7名,无党派民主人士10名,团省委4名,省工会8名,农民7名,省妇联6名,省青联3名,合作社2名,省工商联6名,省文联8名,自然科学团体7名,教育界9名,医药卫生界

8 名，新闻出版界 1 名，对外和平友好团体 4 名，少数民族 5 名，华侨 2 名，宗教界 5 名，特别邀请人士 35 名。在全体委员中，中共党员 46 名，占委员总数的 29.68%；非中共党员 109 名，占委员总数的 70.32%；妇女 21 名，占委员总数的 13.55%。

1955 年 1 月 16 日，政协河北省第一届委员会第一次会议在省会保定市开幕。会议学习讨论了《中国人民政治协商会议章程》和《中国人民政治协商会议第二届委员会第一次会议宣言》，审议了河北省各界人民代表会议协商委员会工作报告，并通过相应决议；选举产生政协河北省第一届委员会，马国瑞为主席，阎达开、王葆真（民革）、吕复（民革）、刘洪涛、赵辉楼、李兴中（民革）6 人为副主席；选举政协河北省第一届委员会常务委员 29 人。

政协河北省第一届委员会第一次会议明确了人民代表大会召开后人民政协的性质、地位、作用和任务，明确了加强统一战线和人民政协工作的必要性、重要性，为长期坚持共产党领导的多党合作和政治协商制度奠定了思想、政治和组织基础。会议指出，根据政协章程的规定，政协河北省委员会是人民民主统一战线的地方组织，它的任务是：遵守和实行《政协章程》，推行政协全国委员会的决议和号召，协商和进行地方的人民民主统一战线工作。这个统一战线的组织，在团结河北省各民族人民、各民主党派、各人民团体和各界民主人士反对国内外敌人和进行社会主义建设与社会主义改造事业中，将继续发挥作用。近期的工作任务是：加强与各民主党派、各人民团体和民主人士的联系，并通过他们广泛地联系各界人民；就有关国家政治生活和人民民主统一战线的重要事项进行协商讨论，组织和推动人民民主统一战线的组织及其有关机关和人员进行理论和实践相结合的思想改造学习，加强爱国主义、国际主义和国家过渡时期总任务的教育，学习马列主义理论和积极参加社会主义改造事业。

政协河北省第一届委员会第一次会议的召开，正值河北省对生产资料私有制的社会主义改造进入高潮时期，对于活跃全省政治生活，发展和壮大人民民主统一战线，调动各界人士参加社会主义改造和社会主义建设的积极性，完成社会主义改造，起到促进作用。

民族工作新任务和民族关系的调整

在开始大规模经济建设和社会主义改造的新形势下，党的民族工作也要适应过渡时期总路线的要求，确定新的任务，以获得新的发展。在中共中央制定的过渡时期民族工作任务和一整套民族工作方针和具体政策指导下，河北省的民族工作在整个过渡时期进行得比较稳妥，在社会主义改造工作中基本上正确地贯彻了党的民族政策，从地区和民族特点出发，循序渐进地引导各族农民、牧民、手工业者逐步走上合作化道路，私营工商业者加入公私合营，为各民族的团结合作和共同进步奠定了基础，有力地支持了河北省过渡时期总任务的顺利完成。

贯彻民族区域自治政策，实现民族平等权利。根据 1953 年全省人口普查统计，到 6 月 30 日 24 时，全省有回族、满族、蒙古族、朝鲜族、壮族、维吾尔族、彝族、苗族、藏族、民家族（后改称白族）、水家族 11 个少数民族，人口 35.632 万。按照中央的指示精神，过渡时期对少数民族地区的社会改革是继续贯彻民族区域自治政策，实现少数民族管理本民族事务的权利。因此，在 1953 年划乡时，全省设立了若干个民族自治乡和民族民主联合乡，使一切散居的少数民族都能享有民族平等权利。同时在全省各地分别建立了民族事务委员会或在民政部门设置了民族事务机构或专管干部，负责办理该地区民族事务。

民族乡属于区域自治的范畴。但有的乡地域小、人口少，难以实行自治管理。1955 年 3 月，经国务院批准，经过调整设立了孟村和大厂两个回族自治县和 84 个回、满、蒙古族乡。自治县民族委员会和民族乡干部配备都体现了以少数民族为主体的政策精神。两个自治县建立后，各项事业发展比较快，大厂实现了电力灌溉，孟村建立了小型发电厂，两县均建立了小型的轧花、榨油、磨面、农具修配工厂和拖拉机站以及中等学校，培养了当地民族的工人、知识分子和企业管理人员，自治机关所在地逐渐形成全县政治、经济、文化中心。在县乡选举工作中，兼顾民族平等政策的贯彻，保障了县乡人民代表大会、人民委员会中均有一定数量的少数民族代表和委员名额；少数民族较多的县乡，有条件地选举少数民族的县长或副县长、乡长或副乡长。

积极扶植少数民族经济建设，逐步改善少数民族人民的生产、生活状况。河北省少数民族总户数中有70%的户经营肉、面食业及其他手工业或从事粮食生意。在社会经济改组过程中，特别是执行了粮油统购统销政策后，将使当时约35万少数民族人口处于失业和半失业状况。为此，河北省委、省政府制定实施了一系列政策措施，帮助少数民族人民解决实际问题。一是在城镇认真贯彻劳动就业、转业方针，在招工时明确规定吸收适当数额的少数民族。在工作中尊重其风俗习惯，切实解决其炊事用具等困难；二是对少数民族的手工业，切实加强领导，对有前途的手工业，通过供销关系大力发展生产小组或供销生产社，并逐步过渡到生产合作社，特别组织民族联合的生产合作社或组，变个体、分散、落后的手工生产为集体的近代化的生产；三是在农业生产上，组织与办好生产互助组和农业社，特别是民族联合的农业生产合作社，为从根本上改变少数民族地瘠、肥缺、生产技术低的状况创造条件；四是有计划、有步骤地组织少数民族人民从事服务性的行业；五是进一步贯彻扶植与发展少数民族生产的政策，妥善使用少数民族生产补助金，重点用于补助各种生产合作社和生产互助组，解决其生产资料上的困难，同时也适当照顾生产有困难的单干户。在这些政策指导下，各地采取了一系列措施和办法，帮助少数民族人民发展生产，改善生活。如增加少数民族面食业的粮食供应，准许经营肉食的少数民族户凭证采购牛羊，帮助少数民族工厂解决资金难题等。1954年省政府专门拨给少数民族生产补助费20万元，扶持少数民族地区特别是生产合作社、互助组发展农业、手工业和副业生产。在银行贷款数量、归还期限和贷款利息上，也都给予少数民族以特殊照顾。

组织少数民族参加互助合作运动。河北各民族在历史发展中素有互助关系，特别是在贯彻执行党的民族政策以后，民族间的经济合作事业有了更大发展。在社会主义改造高潮中，回、满、蒙、朝人民与汉族人民联合组建了1389个农业、农牧业和手工业生产合作社，在提高各族社员团结互助发展生产的思想觉悟基础上，通过银行贷款、社会救济和发放少数民族生产补助费，帮助少数民族合作社解决发展生产中遇到的困难。沧县、唐山、承德、天津等专区的民族社和民族联合社一般都达到90%以上的社员增加收入。各民族联合组织的农业、农牧业和手工业生产合作社,从根本上消除了民族压迫、互相歧视的社会历史根基。为了进一步巩固合作社,加强各民族团结,共同发展生产,各地在整社建社工作中,开展民族团结生产、尊重风俗习惯的教育,正确处理社内民族关系方面的问题。民族联合社的管理委员会和各种劳动组织中配备了适当数量的各民族干部,共同进行合作社的经营管理。有的地区本着满足蒙古族社员喝奶、吃肉和回族社员过节、祭祀用羊等生活需要的原则,确定自留适当数量的牛羊。在分配使用各族社员劳动力时,也注意照顾到各民族的风俗习惯、劳动特长等。

在私营工商业的社会主义改造中,针对少数民族(主要是回族)商业绝大部分是夫妻店、连家铺,或多是农商兼作,而且人口多,生活困难的特点,尽量照顾民族经营特点和风俗习惯,使少数民族商业的社会主义改造顺利发展。到 1956 年 10 月,参加公私合营、合作企业、经销、代销和参加国营、合作社企业工作的占少数民族商贩总户数的 63.2%,使其职业不稳定状况有了很大改变。随着工资调整工作的进行,大多数从业人员收入增加,生活改善。在农村和小城镇,对农商兼作户,采取农业、商业两方面包起来的办法,即对从事商业的人员,吸收其参加商业经营,农业生产合作社吸收其家庭劳动力为社员,参加农业生产。就是对从事商业的人员,其空闲时也吸收他们参加农业生产,取得相应报酬,既从根本上解决他们的生产生活问题,又发挥其社会生产力作用,增强了社会主义建设力量。

扶持发展少数民族文教卫生事业。“一五”时期,河北省继续把发展民族文化教育卫生事业作为解决民族问题的一个重要方面,放在十分重要的地位,及时制定了帮助各少数民族发展文化教育卫生事业的方针政策,从各个方面采取特殊措施给予扶持,使少数民族文教卫生事业发生了历史性变化。仅 1956 年全省共拨发少数民族教育、卫生补助费 21.8 万元,在少数民族聚居地区建了两个医院、两个妇幼保健站、两个卫生防疫站和 24 个中西医联合诊疗所;扶植民族小学修建校舍,增设桌凳。全省专设民族小学达 176 所,连同普通小学兼收的少数民族在校生共 5.9958 万人,少数民族学龄儿童入学率达到 70% 左右。在民族中等教育方面,1955 年孟村回族自治县建立后,在孟村镇创办 1 所回民中学。

为培养少数民族各种专业技术人才，在农业、林业、铁路和地质等56所中等专业技术学校内增设民族班，有的给予优先录取的照顾。在少数民族与汉族杂居地区，少数民族子女与汉族学生同校学习。各专设民族学校和普通学校，还对少数民族学生放宽入学年龄，经济上给予优惠，招生时给予特殊照顾。通过一系列特殊政策和措施，大大改变了少数民族文化教育落后面貌。

四、加强执政党的自身建设

党组织的整顿和发展

从1951年下半年开始的以党员八项标准教育为重点的整党运动，计划用3年时间完成。1953年进入有计划的经济建设和社会主义改造新时期后，由于党的工作重心转移，整党工作围绕过渡时期党的组织工作任务展开，即动员全党从组织上保证过渡时期总路线的贯彻执行，保证国家第一个五年计划的顺利实现，不断巩固和扩大党的组织，从思想上武装全党，提高党员的思想政治水平，提高党的战斗力。整党工作至1955年下半年基本完成。

基层党组织的整顿，重点在农村。河北农村整党紧密结合农业社会主义改造进行，目的是进一步克服党员中的资本主义思想和行为，提高党员社会主义觉悟，从思想上、政治上和组织上扫除农业社会主义改造道路上的一切不利因素，保证社会主义事业的顺利发展。具体要求是：经过整党，每个党员都能积极宣传党的合作化政策，以身作则带动群众参加农业合作社；不断纯洁、巩固、扩大党的组织，健全支部领导，改进工作方法和领导作风，加强党的民主生活；调整支部领导成分，选择具有共产主义觉悟的贫农和下中农成分的党员积极分子，组成支部领导核心。

根据1953年结束的第一期农村整党中所暴露出来的主要问题，在整党内容上确定三个重点，即村干、党员对农村经济发展方向认识不清、命令主义和违法乱纪问题。在方法步骤上,首先是了解农业社和支部党员的情况,贯彻整社整党的方针政策,统一制订工作计划,然后结合实际情况向党员进行党的基本知识和互助合作政策特别是阶级政策的教育,使其懂得党的政策,提高全体党员的觉悟,充分发挥党员在整社建社中的骨干带头作用。在提高觉悟的基础上,以每个党员对整社建社的思想和行动为主要内容,开展批评与自我批评,审查和考验每个党员,解决支部中存在的主要问题。最后,围绕整社建社,总结支部、党员的思想和工作,进行表扬、批评和必要的组织处理,改选支部,调整领导核心。

按照上述计划和目标要求,各地根据当地的具体情况及整党队伍的主观力量,本着保证效果与质量的原则,制订了具体计划,经省委批准后实施。到 1955 年 8 月,全省农村共整顿支部 3 万多个,约占农村支部总数(4 万多)的 75%,有 60 多万名党员参加了整党活动,占党员总数的 74%。经过整党,四分之三的支部达到整党要求。被开除出党的 1.2 万余人;自退、劝退与取消候补党员资格,受到其他处分的 2.4 万人,进一步纯洁了党的组织。[①] 在农村整党的同时,工商、学校、机关支部也进行了整党,整党要求及方法、步骤与农村大体相同。

在整党中进一步加强了建党工作。建党工作在保证实施党在过渡时期总路线的前提下,继续坚持“积极慎重”的方针,紧紧围绕各阶段的中心工作提出发展党员的目标要求。针对基层党组织中存在的问题,1953 年 4 月 20 日,中共河北省委发出《关于加强建党工作的指示》,同年 6 月省委提出把发展党员的重点放在党的基础薄弱或没建党组织的地方。党在过渡时期总路线提出后,工业化建设全面展开,发展党员的重点放在国营、地方国营、合作社营、公私合营的厂矿,发展对象着重是产业工人中的工程技术人员、技术工人、劳动模范、科室的先进工作者和手工业合作社的社员。在 1955 年农村整社建社高潮中,党员发展工作适应农业合作化运动的需要,根据党员分布和质量情况,适当地有重点地发展新党员。重点是调节党内成分,充实新生力量,解决分布不平衡的问题。当年,在 300 个无党员村发展党员,全省所有厂矿、乡和农业合

① 《河北省志·共产党志》,中央文献出版社 1999 年版,第 538、539 页。

作社都建立了党的组织。党员队伍稳定增加，1955 年底全省党员发展到 127.074 万人，占全省人口的 3.1%，党员文盲比例由 1950 年的 54.2% 下降到 50.6%。

结合党组织的整顿和发展，各级党的纪律检查工作得到加强。纪检机关根据党员干部的思想和工作实际，有针对性地进行党风党纪教育。采取的主要方法是：综合一定时期党员的主要错误思想倾向，报请党委在党内进行批判和纠正；在重大工作部署前，提出该项工作中应着重防止和反对的错误倾向，在党员中进行教育，以避免和减少党员犯错误；利用各种会议和训练班，作有关纪律与检查的工作报告。最常用的是通过典型案例的处理，在会议、党报、党刊公布或党内发出通报，组织党员学习讨论，并结合思想和工作实际进行自我检查。1953 年，省委大张旗鼓地处理了一些典型事件，有效纠正了当时一些党政机关工作人员漠视人民疾苦的官僚主义作风，保护与鼓励了人民群众的检举控告。

党员干部的教育培训

为适应大规模建设需要，1953 年 4 月，中共中央发出关于理论教育的指示，要求全党具有初中以上文化程度的党员干部，都必须分别参加理论学习的高级组、中级组，学习社会主义经济建设理论。这一指示，在河北得到认真贯彻执行，推动了全省党员干部学习理论热潮。当时，部分工农干部文化水平低，学习理论有困难，就组织他们先学习文化，后学习理论。全省各地、各系统举办文化培训班，使文化较低的干部，逐步提高到相当于高小以至初中文化毕业水平，继而能够有效地学习政治理论和钻研业务。1956 年上半年，通过文化补习达到高小毕业程度的干部有 5.5746 万人，达到初中毕业程度的 1.2557 万人，另有 5.5 万人先后达到初中数学或语文单课结业后转入理论学习。

1955 年 10 月中共七届六中全会召开后，农业社会主义改造运动掀起高潮。为了使农村基层党员干部的思想跟上新形势，中共河北省委决定从 1955 年 12 月至 1956 年 9 月，将全省乡总支委员、乡政府和人民团体的主要党员干部轮训一遍。据此，各地举办轮训班，不少县的县委委员分工讲课，各区或各部门也抽调一批干部到轮训班帮助乡干部学习。在轮训中着重解决三个问题:一是了解党的最终目的是在中国实现共产主义。要求党员懂得现阶段社会主义革命的纲领和第一个五年计划的基本任务,懂得新的革命阶段农村中的阶级斗争形势及发展趋势,明确树立为共产主义事业奋斗的理想和信念;二是懂得实行第一个五年计划时期党在农村的基本任务和基本政策,着重了解新的革命阶段的农民问题是农业合作化问题,而农业合作化运动是引导农民过渡到社会主义的根本问题,党员必须切实贯彻执行"全面规划、加强领导"的方针和党在农村的阶级政策,端正对合作化的态度;三是努力提高党员的共产主义觉悟,加强党员的党性锻炼,深入批判资产阶级、富农思想在党内的影响,以坚定党员的共产主义立场,增强党的农村支部的战斗力。通过轮训,使广大基层干部的思想适应从新民主主义转变为社会主义的新形势,促进了社会主义新秩序的建立、巩固和发展。

在教育培训党员干部中,充分发挥各级党校和其他干部学校的作用。1953 年,河北省 64 所党校、干校、团校、妇校、合作学校都举办了训练班。按照省委的要求,各干部训练班的政治课不少于总课时的 30%,使 2.6858 万名干部受到政治及业务、技术训练。省委党校作为进行马克思主义理论教育、加强思想理论建设的重要阵地,适应大规模经济建设需要,从 1953 年到 1956 年,以经济建设理论为中心内容,主要轮训县、区党政主要领导干部和其他战线县级以上党员负责干部,并举办理论教员训练班。1956 年,省委党校被中共中央确定为中级党校,按照中级党校的规格连续举办学制一年的中级班和中级干部短期轮训班,主要培训本省地委委员、县委书记、县长及相当于上述职务的领导干部,同时还举办过初级班和师资班,训练对象分别为区、乡级领导干部,党的宣传教育部门的理论教员及大专院校和中等学校的政治教师等。同年 3 月,根据省委决定,唐山市委党校和石家庄、通县、保定地委党校改建为中共河北省委第一、第二、第三、第四初级党校,负责初级党员干部较正规的理论训练;同时建立省委马列主义教研室和省级业余政治大学,负责理论教学研究工作,指导全省干部理论学习。由此,全省干部理论教育进一步加强。1956 年,全省在职干部中有 4.5157 万人学习了哲学、政治经济学、中共党史、党的建设、苏共党史和党的政策。

开展“新三反”运动

为进一步加强党的思想作风建设，1953 年河北省开展了反对官僚主义、命令主义和违法乱纪的斗争，史称“新三反”。

当时，河北省农村基层干部中的命令主义和违法乱纪现象比较严重。1953 年 1 月 30 日，新华社《内部通讯》登载《河北省农村基层干部违法乱纪情况严重》的内参，毛泽东专门作出批示，要求各中央局、分局、省委和各市委阅看。按照当时省委的分析，认为命令主义是基层干部中相当普遍的与带一贯性的作风。如在组织生产互助中，有些干部为了组织互助组，采用不参加互助不散会，不参加互助就是破坏互助，以及把一类组一律升为二类组，二类组一律升为农业生产合作社等办法，强迫群众组织起来；在抗旱打井中，有些地方采用强摊硬派、划圈指地、抓阄投票的办法，强迫群众打井；有些县人民银行给村干部布置“只许超过不许完不成”的任务数字，强迫群众储蓄等等，使党和政府的方针政策被曲解，将好事办成了坏事，引起群众不满。而命令主义和违法乱纪所以达到如此严重地步得不到揭发与及时纠正和彻底处理，根本原因在于领导机关存在着严重官僚主义。主要表现在不关心群众疾苦，因而对所属地区发生的坏人坏事不了解或不愿去了解，甚至熟视无睹，客观上起了包庇坏人坏事的作用；在日常领导活动中，不注意对干部的教育，不向干部交代清楚任务，检查工作不彻底，只关心是否完成数字和任务，不关心是如何完成的，以及采取的手段、方法，群众影响如何等。因此，省委指出，开展“新三反”运动，对加强河北党的建设具有十分重要的意义。

“新三反”运动从检查处理人民来信入手，在听取群众揭发和批评过程中，检查各机关的官僚主义和命令主义问题。针对这些问题，以处理典型案件为突破口，将运动全面开展起来。从省到各地党政机关，基本上是按照这种思路展开的。这一思路被省委第一书记林铁概括为：“典型处理，教育一般”。据此，全省“新三反”运动便从处理易县台底村干部违法乱纪案件开始。该村党支部副书记和原村长、原书记结成团伙，欺上压下、违法乱纪、强奸妇女、敲诈勒索、霸占财产、为所欲为。中共河北省委于 1953 年 1 月 20 日至 25 日召开典型案件处理大会，传达中央指示和省委贯彻执行中央指示的初步意见，对其进行严肃处理：解散该村支部委员会,开除有关人员党籍,并建议人民政府对首犯依法判处死刑。省委还责成易县十区区委、易县县委和保定地委作出深刻检查;同时,对犯有官僚主义错误的相关党员干部分别进行了处分或给予严肃批评。

鉴于台底村事件的深刻教训,在中共中央《关于反对官僚主义、反对命令主义和反对违法乱纪的指示》下发后,1 月 28 日,中共河北省委作出《关于深入开展反对官僚主义、反对命令主义、反对违法乱纪斗争的指示》,要求在全省深入开展反对官僚主义、命令主义、违法乱纪的斗争,以纯洁党的思想、组织和作风,进一步密切党与群众的联系,提高党的战斗力;并电示各级党委和宣传部门,在报纸上展开公开的批评,推动“新三反”运动的开展。省委强调,凡在斗争中揭发出来的严重事件,只要属实,即可在报纸上发表,任何单位和个人不得因事关自己而阻挠发表。据此,《河北日报》《天津日报》从读者来信反映的问题中,经查实后连续揭发了一些典型案件,有力地推动了全省“新三反”斗争的开展。易县台底村事件后,省委、省政府和一些地、市委连续处理了一批严重违法乱纪典型案件,惩办了一些欺压人民的坏分子。3 月 6 日,毛泽东在《中央转发关于开展新三反斗争经验的批语》中指出:“希望各省市委仿照河北省委的榜样,在一九五三年内结合各项工作,有领导地开展新三反斗争,并请在春季三个月内选择几个典型案件,由省委书记亲手主持,开展斗争,在报上揭露,以为全省倡导。”①

结合“新三反”斗争,河北省委认真贯彻落实中央关于“克服五多”②“政勤民简”的指示精神,突出抓紧反对省、专两级领导机关的官僚主义、分散主义,并带头检讨检查领导上的官僚主义问题,分析产生这些问题的思想根源。4 月 24 日至 26 日,省委召开八次全会,听取省委关于领导问题的检讨和改进领导的报告。会议强调当前领导问题的中心是反对官僚主义的同时必须反对分散主义,并作出相应决议。根据全会部署,省直机关召开党代会和党员干部会,揭露官僚主义、分散主义和命

① 《建国以来毛泽东文稿》第四册,中央文献出版社 1990 年版,第 92 页。

② “五多”,指“党政组织在农村工作中任务多、会议多、公文报告多、组织多、积极分子兼职多”的问题。

令主义，开展批评与自我批评，着重从正面向干部进行教育，树立从实际出发及走群众路线的工作作风；各地、市委召开全委会，对反官僚主义与反分散主义进行民主检查和总结，对党委制及集中领导问题进行系统的检查与讨论，抓住尚未解决的问题，切实加以解决；在基层干部中则结合民主选举开展批评与自我批评，解决命令主义。

为了切实有效地指导反官僚主义斗争的开展，河北省委对问题较多的省水利厅和省供销合作总社进行重点检查，取得经验推动其他。同时，由省委主要领导干部带队，先后组织110名厅、处级负责干部及2085名一般干部下乡，检查反官僚主义斗争和春耕播种工作。各市也组织检查组，对下级机关进行工作检查。根据中央“边反、边改、边建”的方针，及时制定改进措施。省直各部门提出具体改进意见：一是加强干部的集体主义思想教育，提倡民主，认真地发扬民主，继续贯彻自下而上的批评和实行群众监督；二是加强工作上的统一安排，建立必要制度，以克服各自为政的混乱现象；三是加强检查工作，着重检查执行方针、政策和计划的情况；四是建立健全民主检查制度，每季度一小结，每年一总结。在总结工作中发扬民主，开展自下而上的批评与自我批评，加强群众对政府工作的民主监督。

“新三反”是1952年开展的“三反”（反贪污、反浪费、反官僚主义）运动的继续，都是为了解决执政党与人民群众密切联系这个全局性、根本性的问题。但“新三反”所要解决问题的重点不同，它一开始就将反对官僚主义作为首要任务，在全省范围内发动群众揭发和批评领导机关的官僚主义现象，揭露官僚主义的严重性和危害性。这一运动及时地遏制了领导机关的官僚主义和基层干部的强迫命令及违法乱纪现象的蔓延，稳定了农民生产情绪，促进了农业生产和其他工作；提高了党员干部的觉悟，增强了群众观念，改善了工作方法；提高了党组织和干部在群众中的威信，密切了党群、干群关系。因此，“新三反”运动的开展，在河北党风和廉政建设史上具有重要意义。

学习四中全会决议，增强党的团结统一

1954年2月，中共七届四中全会作出《关于增强党的团结的决议》，

强调增强和维护党的团结的极端重要性；重申严格遵守民主集中制，严格遵守集体领导的原则，是党的团结的重要保证。1955 年 3 月，党的全国代表会议通过《关于高岗、饶漱石反党联盟的决议》，决定成立党的中央和地方各级监察委员会，代替中央和地方各级党的纪律检查委员会，借以加强党的纪律，加强对党员特别是党的高级领导干部的监督，反对党员中各种违法乱纪现象，特别是防止类似高饶事件的重复发生。

中共七届四中全会后，中共河北省委召开第十次全会，传达讨论四中全会决议及高岗、饶漱石反党罪行。全会一致表示坚决拥护四中全会的各项决议，并为其贯彻落实而努力。为加强党的集体领导，会议决定：（一）在两年内有计划地分批召开党的地方、县、市代表大会，然后召开省代表大会，总结讨论工作，并选举各级党委；（二）各级党委必须定期召开全体委员会议，省委全委会每年至少召开三次，地、市、县委全会每年至少召开四次；（三）严格执行中共中央关于健全党委制的指示，以及中共中央华北局关于加强党的领导工作的决定，凡一切有关方针政策及工作中的重要问题，都须经过党委集体讨论决定；（四）充分发扬民主，开展批评与自我批评，特别是自下而上的批评，加强检查工作，使自下而上的监督与自上而下的检查紧密结合，及时发现和解决各级领导上的问题和各种错误倾向。会议通过开展批评与自我批评，对省委的团结问题作了初步检查，号召在全省党员中开展反对个人主义、反对自由主义、反对宗派主义的斗争。

会后，省委召开全省县以上主要领导干部会议，对中共七届四中全会精神进行认真讨论，开展批评与自我批评。会议认为，河北省的各级党组织在党中央的领导下，经过各种斗争锻炼，基本上是团结的。但是胜利以后的骄傲情绪和个人主义思想，在不少党员干部中有所滋长，不利于增强党的团结。与会人员对妨碍党的团结的各种有害思想和错误倾向，尤其是资产阶级个人主义的危害，进行分析批判，并根据四中全会精神，初步检查本地区、本单位和个人有关这方面的缺点和错误，提出增强党的团结，纠正缺点错误的具体措施。会议号召全省党员认真学习四中全会决议，不断提高觉悟，向各种不良倾向展开不调和的斗争；强调增强党的团结，必须加强各级党组织的集体领导，健全党的组织生活，充分发扬党内民主,开展批评与自我批评,在党内外群众监督下,增强党的组织性、纪律性,巩固与提高党的战斗力。会后,省委第二书记马国瑞、副书记阎达开等分头到各市委和地委,向县级以上党员干部传达会议精神。

4 月 21 日,省委发出《关于组织县以上党员干部学习七届四中全会决议的指示》,要求各地、市委组织县级以上干部学习中共七届四中全会文件,提高思想觉悟,并根据《决议》中的规定,联系实际,联系个人,进行深入检查,严肃开展批评与自我批评,着重批判和清除资产阶级个人主义,以及一切不利于党的团结的问题,提高无产阶级集体主义自觉性和革命警惕性,以增强党的团结,加强党的统一领导和集体领导。为了组织党员干部学习好四中全会决议,省委成立专门学习委员会。各机关也都组织了由党委书记、副书记亲自领导的四中全会文献学习委员会,直接领导全省 5000 多名县级以上党员干部进行学习。县级干部的学习告一段落后,从 9 月初开始,又分步骤、分层次向区级干部以至一般党员传达四中全会决议。同时,对各级机关非党干部和民主人士也作了适当通报。在传达中贯彻正面教育、讲清道理的方针,注意正确引导启发,防止发生副作用。

通过七届四中全会决议的传达学习,主要解决了以下思想认识问题:一是明确认识了高、饶反党分裂活动罪行的性质及其危害性;二是认识了过渡时期阶级斗争的尖锐性、复杂性,提高了革命警惕;三是认为加强党的团结是党的“命根子”,党的团结又是实现社会主义的根本保证,检查批判了妨害党的团结、违背集体领导的现象和骄傲自满情绪以及个人主义思想,使党的团结状况与集体领导制度有明显改善。各级党委特别是县委以上的党委制度也进一步健全起来,凡是关系到党的方针政策和群众生活的原则性重大问题,一般都能做到集体研究,根据“少数服从多数”的原则作出决议,然后在党委集中领导下分工负责贯彻执行,在很大程度上克服了个人包办的不民主作风和各自为政的分散主义现象。

审查干部工作和内部肃反运动

新中国成立后,干部队伍迅速扩大,干部成分比过去任何时期都复杂。

虽然经过镇反运动中的清理，以及“三反”、整党和各种社会民主改革运动，处理了干部中一些最突出的问题，但由于新中国成立以来的工作任务十分繁重而紧迫，干部调动又相当频繁，因此各级领导机关还来不及对干部进行全面审查。据此，1953 年 11 月，中共中央作出《关于审查干部的决定》。《决定》指出：有必要在两三年内对全国干部进行一次细致的审查，以便进一步了解干部，保证国家建设任务的顺利进行。

就在中共中央作出审查干部的决定并组织实施期间，党内又出现了高岗、饶漱石反党分裂活动。在对其问题的进一步审查中，牵连到一批高级干部，并造成“潘、扬反革命集团”① 的冤案。其后，又因批判胡风文艺思想的逐步升级，酿成思想文化领域的一大错案——“胡风反革命集团”②。这些事情被联系在一起，使中共中央作出“在很多部门、很多地方，大量的暗藏的反革命分子还没有被揭露和肃清”的估计。于是，1955 年决定在全国范围内开展一场肃清暗藏的反革命分子运动。

根据中共中央的决定，在中共河北省委领导下，从 1954 年 8 月开始，河北省有准备、有计划、有步骤地开展了审干工作和内部肃反运动。按照中央要求，这次审查干部的范围是县以上党政机关、人民团体及财经、文教等部门的全部干部。审查步骤是先党内、后党外；先领导骨干、后一般干部；先要害部门、后一般部门；先审查地委、专署（市）以上的领导机关和重要的国营厂矿企业，后审查县、区级机关和次要的厂矿企业；先审查政治面目不清、来历不明和重要关节上含糊不清的干部，后审查其他干部。且主要从政治上审查，弄清每个干部的政治面目，清除混

① 潘指潘汉年，时任中共上海市委第三书记、副市长；扬指扬帆，时任上海公安局副局长。二人在对饶漱石问题作进一步审查时受到牵连，被定性为“反革命集团”，于 1955 年 4 月予以正式逮捕关押，后分别被判无期徒刑和 16 年有期徒刑。中共十一届三中全会后，中共中央经过全面复查，认为这个冤案是在当时的历史背景下，严重地忽视了对敌隐蔽斗争的特殊性，混淆了是非界限和敌我界限作出的错误决定，分别于 1982 年和 1983 年给予彻底平反，恢复名誉。

② 胡风原名张光人，著名文艺理论家、批评家和诗人，早年参加中国共产党领导的左翼文艺运动，并形成比较系统、自成一体的文艺思想。对胡风的一些理论主张，长时期内一直存在着不同意见，展开过批评。1955 年开展了一场对胡风文艺思想的批判，随后升级为政治问题，将胡风及与他有联系的一批党内外文艺工作者定性为“反革命集团”来斗争。后分别于 1980 年、1985 年、1988 年进行复查，予以彻底平反。

入党政机关内的反革命分子、阶级异己分子、蜕化堕落分子，以保持干部队伍的纯洁；同时又多方面地了解和熟悉干部的思想品质、工作才能，以便更有计划地培养干部，正确地使用干部。

审查干部工作在省委统一领导下，各部门分工负责，逐级进行。省委成立审干委员会及所属办公室，拟定审干计划。1954 年 7 月 26 日至 29 日召开全省第一次审干工作会议，传达《中共中央关于审查干部的决定》和《中共河北省委审干计划》等文件，对全省审干工作进行部署。会议决定从 8 月开始，利用 3 年时间，将全省所有的干部审查一遍。其中，到 1954 年底完成县以上领导机关、国营厂矿及党、政、群、团领导骨干的审查。根据省委统一部署，各级党委先后成立专门审干机构，抽调与工作任务相适应的专兼职干部 3.5718 万人做审干的具体工作，并对其进行培训，使其懂得审查干部的方针、政策和必要知识。1955 年中央决定在内部开展肃反运动后，为了使审干工作与肃反运动结合进行，省委修订了审干计划，指示各地将原定 1956 年底完成审干工作推迟到 1957 年 6 月底，待肃反结束后再将审干工作转入经常。原来审干工作贯彻分工负责，逐级推进的原则，鉴于各级党委需要审查的人数太多，力量不足，进度缓慢，特别是与肃反运动不能结合的问题，省委对各级党委与各部门之间的分工办法也进行了修正。特别强调将审干工作与肃反斗争结合起来，根据审干、清理以及肃反斗争以来摸底排队的结果，将审查重点、对象做统一的排队，确定处理的方式方法，以便通过肃反斗争解决审干中突出的重点问题。据此，全省第三次审干工作会议后，不少地区修订了审干工作计划。到 1957 年，全省共审查干部 25.3577 万人，重点审查 5.5589 万人，并作出相应结论。

肃反是一场极为严肃、复杂、艰巨的斗争。为了指导运动的健康发展，中央提出“以事实为根据，以政策为准绳”“既严肃又慎重”的原则和“提高警惕，肃清一切特务分子；防止偏差，不要冤枉一个好人”的方针，明确要求，对于不同案件要进行实事求是认真全面的分析，划清界限区别对待，查深查透事实，取得可靠人证物证，防止草率结案。为严格执行中央的有关方针政策，1955 年 8 月，河北省委对肃反工作作出具体规定：全省肃反工作预计分三批到四批进行。在顺序和时间上，先省、市、专,后县、区;先机关、团体、学校,后工矿企业。机关团体中政法系统先行,以便早日将其力量投入整个运动。工矿企业先国营、合作社营,后公私合营。尽量利用生产、工作空隙开展运动。一次搞一批,集中时间力量,不零打碎敲。各地认真落实省委部署,首先进行了必要的准备工作:有肃反任务的地区和单位分别建立了肃反组织机构(五人小组、专案小组、甄别小组);配备了一定数量的骨干力量,并进行训练,使其懂得肃反政策和基本做法;摸清肃反对象底数并掌握有关材料等。从9月份起,在全省城乡开始了提高革命警惕性和彻底肃清一切反革命分子的宣传教育,形成肃反运动第一个高潮。

河北省第一批肃反到1956年春基本结束。结束前,着重抓了以下几项工作:(一)甄别定案与处理工作。执行中央十人小组《关于反革命分子及其他坏分子的解释及处理的政策界限的暂行规定》进行甄别,斗争目标更加集中,主要打击锋芒指向进行破坏活动的现行反革命分子及历史上有严重罪恶、民愤极大而坚决抵抗、拒不坦白的反革命分子。同时对假案进行平反,对错案和处理不当者进行纠正,对搞得不透的案件继续进行查证或补充证据,在很大程度上纠正了过去处理面偏宽、处理偏严的偏差。(二)要案审查工作。把破获要案作为衡量肃反胜利的重要标志。对经过努力,一时不能搞清楚的案件,采取以下处理措施:一是有侦查价值或必须使用侦查手段才能弄清的美蒋派遣、潜伏特务案件和国内关系已经普查必须调查国外关系才能结案的大案要案,交公安机关长期侦查;二是运用一般调查研究方法即可搞清的案件,由于种种原因短期内不能搞清者,组织专人继续进行;三是嫌疑不足的案件,撤销专案交由审查部门继续审查。(三)复查和善后工作。复查主要是查错、查漏、查处理的畸轻畸重,以达到不错、不漏、不左、不右的目的。在复查中严格执行政策,全面进行复查。善后工作主要是对甄别工作中降下来的人,分别不同情况,做好结论,进行适当处理,达到团结的目的。经过上述一系列工作,清查了一批暗藏的反革命分子和其他坏分子,破获了一批重要的现行反革命案件;查清了一批人员的政治历史情况,分别作出结论;清算了一些错误甚至反动思想对革命队伍的腐蚀和影响,打击了邪气,提高了正气。

第一批肃反基本结束时,省委适时地对第二批肃反运动进行安排部署。全省第二批肃反任务虽然更艰巨,但运动发展迅速而正常。主要由于接受了第一批肃反经验教训,做了比较充分的准备。各地因地制宜采用多种多样的运动形式,做到边斗、边查、边甄别、边处理。同时由于1955年肃反斗争胜利,通过政策教育和典型案件的处理,号召坦白,使肃反对象主动交代问题的占61%。全省肃反运动于1957年底基本结束。

第七章
社会主义基本制度的建立

中共中央提出的党在过渡时期的总路线，其中一个重要任务是要逐步地对农业、手工业和资本主义工商业进行社会主义改造。随着过渡时期总路线的宣传贯彻和“一五”计划的实施，对农业、手工业和资本主义工商业的改造也迈出坚实步伐。这场社会主义的大变革，由于方针正确、领导有力、群众拥护、步子稳妥，在很少社会震动的情况下，于1956年初成功实现。以此为标志，无产阶级和资产阶级的矛盾基本解决，社会主义的基本制度随之初步建立起来。这是广大工人、农民、知识分子和其他各界人民群众必然的历史选择。

一、农业的社会主义改造

初步发展农业互助合作

新区土地改革完成以后，在经济上政治上获得解放的广大农民，第一次劳动在自己的土地上，他们精打细算，辛勤耕作，表现出前所未有的生产热情。但从总体上说，农村生产力水平还很低，使用传统手工工具，靠人畜耕种。在经济恢复发展过程中，农村出现一些新情况新问题。主要是少数富裕中农，凭借资金、农具、劳力等方面优势，通过雇工或放高利贷等，发展成新富农；少数农户出卖土地，生活水平下降，土地佃租关系重新出现。租种土地的各阶层都有,出租土地的则以富农居多,一部分中农对限制土地买卖不满,埋怨买不到土地。在老解放区,已经组织起来的农民,也有不少人向往单干,觉得单干才能发财;一部分贫困农民因为车马、农具不够,希望参加互助组种好地,然后买马拴车,实行单干;也有相当一部分贫农存有“农业社会主义”的思想,盼着早日进入“共产社会”。根据这些情况,党中央十分重视在土地改革完成后的农村开展各种形式的互助合作,以避免产生新的两极分化,推动农村生产力进一步发展。

早在抗日战争时期,为度过荒年,发展生产,改善生活,支援抗战,从1943年开始,河北老区民主政府就根据中共中央“组织起来”的方针,在各解放区引导组织农民发展劳动互助组织。1944年诞生于冀中抗日根据地饶阳县五公村的耿长锁土地合伙组,是全省第一个初级农业生产合作社;同期,鸡泽县也出现带有初级社性质的合作组织。据1947年1月统计,邢台县、井陉县、赞皇县男整劳力参加劳动互助的分别占总数的87.2%、78.4%和82.4%。中共河北省委、省政府恢复建立后,注意发挥农民个体经济和互助合作两种积极性,帮助农民组织起来,开展互助合作,并一直把倡导互助合作作为恢复、发展农业生产的重要手段和引导农民走社会主义道路的重要步骤加以推动。尤其是1951年12月《中共中央关于农业生产互助合作的决议(草案)》印发实施后,河北省农业生产互助合作得到较快发展。到1952年底,全省农业生产互助组发展到64.9万个,入组农户343.8万户,占总农户的49.2%,其中参加常年互助组的户数占互助户数的25.7%;同时,初级农业生产合作社达到1527个,它们分布在全省106个县、634个村庄内,基本上达到县县有社。这就为有系统地对农业实行社会主义改造奠定了基础。

初级农业生产合作社的发展和整顿

进入1953年,国家大规模经济建设的展开对农业提出了新的更高要求。河北农村的互助合作虽有初步发展,但个体经济仍占主导地位。分散落后的个体经济不能满足大工业和城市发展对大宗粮食与农产品原料日益增长的需要。解决这一矛盾最直接而现实的办法是把农民组织起来走互助合作的道路，通过农业合作化实现对农业的社会主义改造，以提高生产率，增加粮食和其他农产品，并增加农民收入，实现共同富裕。

3月26日，中共中央正式下发《关于农业生产互助合作的决议》，要求全党把农业互助合作"当作一件大事去做"。提出按照自愿和互利的原则，发展农民劳动互助的积极性，根据生产发展的需要与可能的条件而稳步前进的方针。在中共中央决议的指导和推动下，河北省的农业合作化运动进入一个新的发展阶段。其中一个显著特点是在1952年大发展的基础上，初级农业生产合作社发展较快，1953年春达到5809个，基本上区区有社。

但1952年以来，河北各地在试办农业生产合作社工作中，也存在较突出的急躁冒进问题。不少干部认为，组织起来就是半社会主义的经济，单纯"以多为好""以大为好"，过于追求数量，以致发生严重形式主义和强迫命令，有名无实的社（组）在各地占有相当比重；有些互助组条件不够就被要求转社；在互助合作组织内部也存在贯彻互助合作政策不妥当的"左"的偏向。如将耕牛和农具变相地无偿归公，盲目强调增加社会主义因素，引起农民主要是中农的不安，影响了生产积极性。针对这些情况，中共河北省委曾于1952年底发出《关于建立农业生产合作社与合并农业生产合作社中所发生偏向的通报》，中共中央华北局予以转发，并指出：急躁办社的错误做法在若干地区存在着，引起农民怀疑和恐惧，影响生产情绪，必须纠正。1953年1月至3月，省委又先后发出《关于目前盲目发展大社的通报》《关于发展农业合作社的决定》《关于纠正农业生产合作社发展中的盲目冒进偏向的指示》等文件，批评了办社中存在的急躁冒进错误，要求各地停止试办大社（50户以上的社）和发展新社；对已建立或正在建立的大社，要求各级党委立即派人了解情况，审查条件，以群众是否自愿和是否有坚强领导骨干为基本条件。对不够条件的，讲清道理，说服群众转为小型组、社；对合乎条件者，切实帮助其制订生产计划，订立制度，以加强其经营管理工作。为实现上述要求，在审批手续上更加严格，50户以上100户以下的社，要求经地委审查批准，100户以上的大社经省委批准。《河北日报》也连续发表社论，强调必须严格遵守农民自愿原则，实行重点试办，吸引农民入社。4月7日，省委再次发出《关于审查、整顿农业生产合作社工作的指示》，进一步要求围绕春耕生产这一中心任务，继续加强整社工作。同时要求各地坚决贯彻入社自愿、退社自由的原则，解决区、村干部"怕丢人""嫌麻烦"等抵触情绪，公平合理地处理退社农户入股的土地、牲口、农具等问题。

各地按照省委指示精神，采取有力措施，对农业生产合作社进行审查和整顿，使全省三分之一不够条件的合作社转成互助组。同时巩固提高3649个条件较好的合作社。到1953年6月初，部分地区盲目冒进和强迫命令的偏向基本上得到纠正。同年7月召开的全省互助合作会议进一步确定，下半年互助合作运动的方针和任务仍以整顿巩固为主，在巩固的基础上稳步发展。即发展临时互助组，整顿与提高长期互助组，巩固现有合作社，并从巩固中有条件地发展合作社。12月，省委召开全省第二次互助合作会议，进一步明确逐步对农业实行社会主义改造的重要意义。会议确定，1954年的奋斗目标是全省农业社发展到5500个。并要求各级党委必须坚决地把农村工作重点转到互助合作方面来，积极稳步地实现对农业的社会主义改造。

这次会议不久，1954年1月，中共中央下发关于农业互助合作运动的第二个决议，即《中共中央关于发展农业生产合作社的决议》。这个决议草案是中共中央制定过渡时期总路线后作出的，因此它把过渡时期的总路线作为全部立论依据，明确规定党在农村最根本的任务是"教育和促进农民群众逐步联合组织起来，逐步实行农业的社会主义改造"。特别强调发展初级农业生产合作社是推动农业互助合作运动的主要环节，是引导农民过渡到完全社会主义的农业生产合作社（即高级社）的适当形式。要求"积极领导，稳步前进"。为贯彻落实中央这一指示，河北省加快了农业社会主义改造步伐，初级农业生产合作社由试办进入全面发展的新阶段。

1954年春开始，在各级党委领导下，广大农民群众积极响应党的号召，掀起办社热潮。当时，粮食统购统销政策的贯彻执行，也直接推动了初级农业生产合作社大发展。由于实行粮食统购统销需要同成千上万的农户打交道,需要核定各户粮食的余缺,工作既繁且难,客观上要求把"小辫子梳成大辫子",把一家一户的农民进一步组织起来,参加农业生产合作社,以顺利进行统购统销工作,进而保证工业建设对大宗粮食和农业原料的需求。在这样的基点上,农业合作化运动就必然和粮食的统购统销政策紧密结合起来,相互配合、相互促进,并对农业合作化的进程和高度计划经济体制的形成产生深刻影响。到 1954 年 5 月,全省初级农业生产合作社发展到 3.1496 万个,超过省第二次互助合作会议确定目标的 5 倍多,入社农户由原来的只占 0.74% 发展到 6.06%,基本上达到乡乡有社。

在大办初级社过程中,针对由于建社面广,数量多,很多干部不熟悉互助合作政策与事务,新建社中缺少骨干,使经营管理上发生许多问题的情况,全省各地举办互助合作骨干训练班,学习党在过渡时期的总路线和发展互助合作的方针、政策,以及建立农业生产合作社的方法和具体步骤。中共河北省委从省直机关抽调 130 人,组成 10 个互助合作检查组,对全省新建的 7000 多个初级农业生产合作社进行检查;还责成农村工作部召开重点社工作会议,研究改进与提高重点社的领导问题,检查总结重点社的工作。同时,在全省初级社学习推广晋县周家庄曹同义社、饶阳五公村耿长锁社"包工包产""季节包工""临时包工"经验,普遍推行包工制,大大扭转了窝工、旷工现象,鼓舞了社员的生产热情。在此基础上,省委于 1954 年 7 月 20 日召开第十一次全委扩大会议,讨论通过《关于整顿、巩固农业生产合作社和今冬明春发展农业合作社的决议》,要求进一步加速农业的社会主义改造。计划在 1954 年冬到 1955 年春,全省初级农业生产合作社从 3.1496 万个发展到 10 万个,入社农户发展到 200 万户。为完成这一艰巨任务,省委决定在全省培训 10 万名至 15 万名建社骨干,以加强对互助组的领导,充实互助生产新内容,使其能成为建社的基础。会议对农业社的批准手续问题也作了严格规定:200 户以上的大社及土地不分红的社均需报省委批准;100 户以上 200 户以下的大社报地委审查批准;县委审查批准中小型农业社。这次会议之后,初级农业合作社发展再掀热潮,到 1955 年 1 月初发展到 8.7

万个,入社农户达230万户,办社数量居全国首位。

这一时期,河北各地在大办初级社过程中创造了不少好经验好做法。在华北行政委员会第三次扩大会议上,省委第一书记、省长林铁将其总结概括为六点:一是制订计划,分配建社任务,克服自流,防止冒进;二是坚持办社条件,保证新社质量;三是掌握由点到面,积极稳步地发展;四是搞好生产,使其迅速而显著地发挥出优越性,这是巩固合作社工作中起决定性作用的环节;五是把巩固农业生产合作社的过程,作为加强贫农与中农巩固联盟,清除农村资本主义思想影响,增强农村社会主义因素的过程;六是认真实行民主管理,教育干部依靠全体社员共同办社,改进领导方法,克服不民主和家长式领导作风。

在农业合作化运动中,国营农场发挥了重要推动作用。1954年,河北省有机械农场8处,省、专区、县的试验与示范农场155处,职工3771人,耕地9.93万亩。各国营农场积极学习苏联的深耕、密植、选用良种、合理灌溉、施肥等农业科学技术,把碱地、河滩变成肥沃良田,创造了大面积丰产范例,单位面积产量一般高于当地农民产量的60%以上,展示了农业集体化、机械化,以及先进农业科学技术的优势,有力地吸引了广大农民积极参加互助合作。同时,各国营农场还有计划地通过向农业社、组传授技术、推广良种和代耕农田的办法,向广大农民充分地展示组织起来的优越性。仅1953年就有重点地培养了313个农业社和108个互助组,使他们把农业科学技术与群众的生产经验密切结合起来,普遍实现增产。农民群众说:“拖拉机耕地又深、又快,又能多打粮食,小块地用拖拉机展不开,不组织起来不行。”

但合作社发展过快,不可避免地又带来一些问题。主要是一些地方出现贪多、贪大、贪高级形式的急躁情绪和违反农民自愿原则,强迫命令,侵犯中农利益的偏向。另一方面,由于许多地区遭受严重水灾,国家下达的粮食统购任务增加,粮食收购中一些干部也出现强迫命令。不少农民手中粮食少了,引起不安,甚至对合作化运动产生抵触,有的社员闹退社,杀猪宰牛、滥伐幼树,少数社因此垮台。这些问题引起河北省委、省政府高度重视。根据中共中央关于整顿和巩固农业生产合作社的通知和大力保护耕畜的紧急指示,以及根据不同地区、不同情况,对农业社实行“停止发展、全力巩固,适当收缩,在巩固中继续发展”的方针,省委提出“进行整顿,合理收缩”的要求,集中力量整顿、巩固现有初级农业生产合作社,有计划地发展互助组。整顿巩固的主要内容是:加强与改进劳动组织和劳动计酬方法,建立与健全财务会计制度;纯洁社的组织;加强社的生产领导,并通过农业社带动个体农民贯彻国家种植计划,挖掘潜力,保证增产。同时,结合整顿巩固工作,积极训练建立新社的骨干和会计人员,选择互助组培养建社对象,准备合作社的继续发展。

1954 年 11 月 1 日至 14 日,中共河北省委召开地、市委农村工作部长会议,具体部署整社工作。会议决定:凡已经超过原计划的地区,要停止发展农业社,集中力量进行巩固整顿工作;尚未完成计划或建社很少的地区,可按计划稳步发展,务必防止草率粗糙。会议指出,有些大社是在干部贪多求大的情绪下搞起来的,因此,对大社要迅速整顿,没条件办好的社,要适当划小,分成几个社。1955 年春,省委又先后发出《关于抓紧时间大力整顿、巩固农业生产合作社的指示》《关于加强农村各级党委对整顿巩固农业生产合作社集体领导的指示》和《关于集中力量整顿好农业生产合作社的指示》,并召开全省县以上干部参加的整社会议,要求集中力量全力进行整顿与巩固,坚决停止发展,并合理进行收缩。强调整顿、巩固农业社要从生产入手、从教育入手,从爱护群众的社会主义热情出发,正确贯彻政策,尽量帮助群众把社办好。在既不伤害积极分子热情,又保证新建社质量的原则下,对现有的社数和社员户数作合理的必要的减少。对某些地方在干部催办、群众被迫应付的情况下出现的有名无实的挂名合作社,经过帮助重新组织,如不能继续办下去,让其改为互助组,将来再转为合作社;对勉强入社农民,首先从积极方面对其进行教育,提高觉悟,使其做到自愿入社。如经工作仍坚持退社者,则允许退社,公平合理地处理其与社的经济关系。

对整社中有关大农具使用问题、劳力与土地报酬分配问题、生产投资问题,特别是牲畜使用、饲养问题,1955 年 5 月,中共河北省委在《关于整顿农业生产合作社中几项政策问题的指示》中作了详细规定。在自愿互利的原则下,强调今后对社员牲口入社应采取私有私喂由社租用的办法,对大型农具(铁轮、胶轮大车,水车等)应广泛提倡私有租用的办法。如果实行牲口、农具折价归社的办法,必须是在农业社已有相当基础,社员集体生产已有习惯,社员社会主义觉悟更加提高的基础上才宜采用。中共中央认为,河北省委的这一指示是适用的,批转各地参照执行。

依照中央农村工作部的要求,整社中,河北省应缩减2万个至3万个合作社,占全省总社数的1/3。中共河北省委多次开会讨论,认为这样大的数字,不宜向下布置。提出“合理收缩”方针后,明确整顿结果是:保持入社农户占总农户的30%左右。并把各种不同情况的社分类,首先解决第四、五类社的问题,然后集中力量整顿三类社,同时兼顾第一、二类社的巩固工作。通过全面安排,分类整顿,一般避免了可能发生的“全面开花,一哄而散”的偏向。

中共中央关于农业互助合作决议中明确提出,衡量农业互助合作运动的标准是“提高生产率”“多产粮食,增加收入”,只有这样,才能动员农民组织起来,只有这样才能把社巩固下来。所以,各地在整社工作中紧紧抓住认真搞好生产、坚持互利政策、提高社员觉悟三个环节,抽调1.4万名工作人员下乡,协助指导并紧紧依靠基层负责人员,深入下层,搞好重点,做出样子,总结经验,指导运动。总的看,这次整社工作,提出的措施及时得力,既肯定成绩是主流,又正视了存在的问题,使合作社在整顿巩固中进一步发展。对不能巩固的合作社妥善处理,保护了农民搞合作化的热情。

毛泽东十分关注河北农业合作化工作。1955年3月5日,毛泽东就一封群众来信中反映安平县一个村在发展农业合作化过程中,简单化地用“是跟共产党走,还是跟老蒋走”一类大帽子压群众入社,造成农民生产积极性下降的问题,批示省委书记、省长林铁,请他注意类似这样的事情。11日,毛泽东又就安平县细雨村副村长李培学反映“发展农业生产合作社中强迫命令现象严重”一信再次致信林铁,指出:“这种情况恐怕不止安平县一个县里有,很值得注意。”要求“予以处理”①。省委即专

① 中共河北省委党史研究室编著:《林铁传记与年谱》,中共党史出版社2005年版,第162—163页。

派一工作组到该村进行整社工作。林铁在12日给毛泽东的回信中汇报了河北省农业社的发展情况和存在的问题,指出在社的大发展中强迫命令现象的确比较普遍,“不止安平县一个县里有”。“建社工作中过快过粗现象,已经促进了我们与农民关系的紧张,使农业生产受到影响,如不采取有效措施予以纠正,则是相当危险的。”同时报告了省委关于1955年农业社“停止发展,全力进行巩固”的决定以及整顿目标和措施。

经过1955年春夏期间的整顿,全省90%以上的社巩固下来,存在的问题逐步得到解决,并发展了一批新社。到6月底,全省共有9.7359万个社,入社农户达到274.14多万户,占总农户的35.2%,在整社的基础上把全省农业合作化运动向前推进了一大步,出现1.17万个合作化村,2229个合作化乡,136个合作化区和24个合作化县。至此,河北省农业互助合作运动进展还比较正常,基本上保持着发展、巩固、再发展、再巩固的势头。而且,由于合作化运动的健康发展,进一步教育了农民,培养了骨干,为发展农业生产并逐步实现全省农业合作化创造了条件。

树立和宣传农业合作化典型

在发展农业合作化运动中,河北省树立了一批办社典型,对全省乃至全国的农业合作化运动产生重要影响和积极推动作用。耿长锁合作社、王国藩合作社、王玉坤合作社是其中的代表。

饶阳县耿长锁农业生产合作社是抗战时期由全国第一个“土地合伙组”发展起来的,经过近十年发展,积累了丰富的办社经验,同时也在不断地创造着新经验。1953年在以产定工的基础上实行包工包产制,使管理水平进一步提高。其主要做法:一是本着有利生产,便于领导的原则,以大体40户划分生产队,强弱劳力合理搭配,挑选公道、能干、精通农业生产的人任队长;二是本着“因地制宜,便于经营,便于机耕”的原则,划分耕作区;三是合理搭配耕畜、农具,实行包工包产;四是实行评定产量定额和记工标准,并规定奖惩办法。这种办法既科学简便,又符合奖励劳动、合理分配的原则,很快便在全省推广。《河北日报》也不断刊发该社的经验。1953年10月报道了耿长锁社举行10周年纪念大会情况,并发表题为《耿长锁农业生产合作社组织起来十周年》的长篇通讯,以生动事实全面介绍耿长锁领导合作社10年来战胜自然灾害、生产持续增长、社员生活改善的成就。11月再次以《我省农民走社会主义道路的光辉榜样——耿长锁社全面实现增产》为题发表该社消息;翌年3月刊登耿长锁社实行“季节包工”和耿长锁当社长的经验,以及该社进行政治思想教育的经验,赞扬耿长锁出以公心,带领大家办社的精神和取得的成就。

遵化县王国藩合作社是1952年10月创办的。当时,积极参加办社的23户农民都是村里最穷的农户,他们没有车辆、农具和生产资金,只有土改时由几户到几十户共同分一头驴的驴股,而这些持有1/30至1/4的驴股凑起来,仅够3/4头驴,故被讥笑为“三条驴腿”的“穷棒子社”。但他们不怕讥笑,坚持白手起家,勤俭办社。在办社初期,为解决购买生产资料缺少资金的问题,全社19名壮劳力不顾天寒地冻,到15公里以外的迁西县王寺峪一带砍山柴4万多斤,收入430多元,全部用于添置生产资料,渡过难关。由于在办社中始终坚持勤俭经营,量力而行,开源节流,优先发展生产的方针,取得农业大丰收。办社仅一年,粮食总产达到4.58万公斤,扣除集体留粮后,平均每户分配收入达190多元。这一事实教育和吸引了社外农民,农业社很快由23户扩充到83户,耕地由230亩扩大到930亩,农具、牲口等生产资料也大大增加,“穷棒子社”改名“西四十里铺建明初级农林牧生产合作社”。扩充后的农业社,实行小部分社内急需生产资料折价归社,大部分牲口等生产资料仍归个人所有的办法,继续坚持勤俭办社方针,积极兴修水利,增施肥料,使农林牧副各业增收,合作社进一步扩充增大。到1955年,全村148户全部入社。当年集体收入大幅度增长,达到5.2567万元,比1953年增加6.7倍。

王国藩合作社勤俭办社的经验集中反映在《书记动手,全党办社》这篇文章中。毛泽东在1955年9月和12月两次主持编辑《中国农村的社会主义高潮》一书时,经过反复比较,认为这篇文章写得很好,值得作为本书的第一篇向读者们推荐。他对这篇文章做了多处文字修改,并写了1534个字的“本书编者按”。按语说:“遵化县的合作化运动中,有一个王国藩合作社,二十三户贫农只有三条驴腿,被人称为‘穷棒子社’。他们用自己的努力,在三年时间内,‘从山上取来’了大批的生产资料,使得有些参观的人感动得下泪。我看这就是我们整个国家的形象。难道六万万穷棒子不能在几十年内,由于自己的努力,变成一个社会主义的又富又强的国家吗?社会的财富是工人、农民和劳动知识分子自己创造的。只有这些人掌握了自己的命运,又有一条马克思列宁主义的路线,不是回避问题,而是用积极的态度去解决问题,任何人间的困难总是可以解决的。”[①] 在《中国农村的社会主义高潮》一书中,紧接《书记动手,全党办社》一文,就是《勤俭办社》这篇文章,毛泽东在此文的批语中说:“这里介绍的合作社,就是王国藩领导的穷棒子社。勤俭经营应当是全国一切农业生产合作社的方针,不,应当是一切经营事业的方针。”“什么事情都应执行勤俭的原则。这就是节约的原则,节约是社会主义经济的基本原则之一。”[②] 毛泽东对王国藩农业合作社的批语,不仅是对该社经验的充分肯定和赞扬,而且从个别窥见一般,批语中提出的一般理论原则至今仍是我国社会主义建设所坚持的指导方针。

安平县南王庄王玉坤合作社,是 1955 年春整社时由王文章合作社分出的一个小社逐步发展起来的。开始,这个小社除王玉坤、王小其、王小庞三户贫农外,还有三户中农、上中农。由于三户中农、上中农认为和贫农在一起办社吃亏,共同商量后退了社。王玉坤等三户贫农凭着三条身子一头牛,继续把社办了下去。他们依靠集体力量,用最大毅力向各种困难作斗争,实现增产增收。1955 年全社 40 亩地收谷子 900 公斤、玉米 990 公斤、花生 1000 公斤、棉花 350 公斤、甘薯 2500 公斤,共折合原粮 6580 公斤,比 1954 年增产 50% 多。王玉坤等三户贫农开始办社的时候,社外富裕户曾讥笑他们,秋收增产事实终于说服了人们,说明走互助合作的路走对了。当年 11 月 28 日,《河北日报》发表通讯,详细介绍王玉坤等坚持办社的经过,同时发表社论,号召全省人民学习王玉坤、王小其、王小庞坚持办社的精神,还用 4 个整版的篇幅刊登了他们办社的图片。毛泽东在《关于农业合作化问题》的报告中高度评价说:“河北省

---

① 《建国以来毛泽东文稿》第五册,中央文献出版社 1991 年版,第 488 页。

② 《建国以来毛泽东文稿》第五册,中央文献出版社 1991 年版,第 491 页。

有一个很小的合作社只有六户，三户老中农坚决不想再干下去，结果让他们走了；三户贫农则表示无论如何要继续干下去，结果让他们留下，社的组织也保存了。其实，这三户贫农所表示的方向，就是全国五亿农民的方向。一切个体经营的农民，终归是要走这三户贫农所坚决地选择了的道路的。”① 在《中国农村的社会主义高潮》一书的按语中，毛泽东又说：“这个三户贫农的合作社，几个月以来，在全国农村中产生了很大的影响，大家都知道河北省有这么一个了不起的英雄的合作社，给贫农壮了胆。”②

这个时期，河北省还涌现出邢台县东川口王志琪农业社（王志琪被毛泽东誉为“群众所信任的领袖人物”）、晋县周家庄曹同义农业社、新乐县东王庄三户贫农一户下中农坚决选择合作化道路等办社典型。这些典型不仅起了办社示范作用，而且在农村各项工作中发挥了模范带头作用。1955 年 12 月，耿长锁、曹同义等 26 个社的社长联名发出开展农业爱国增产竞赛倡议书，提出 4 年完成五年计划的目标。对办社先进典型的广泛宣传，在社会上引起更加强烈的反响，全省各地掀起学习先进典型运动。对此，《河北日报》大量报道，反映各地干部群众的反响动态，并刊登学习体会和心得，推动全省农业合作化运动蓬勃发展。

高级农业合作社的加速发展

1955 年 3 月间，毛泽东提出对合作社进行“停、缩、发”的整顿方针，其中一个主要原因是合作社发展中的一些偏向影响了农民生产积极性，造成对生产力的破坏。正当各地加紧整顿巩固农业社时，毛泽东于 1955 年春夏之交两次外出视察，沿途看到、听到的情况，结合他在北京派身边的警卫战士回乡作的调查，以及见到的各方面反映的材料，综合起来，认为不能说农民生产消极，消极的只是一小部分，“闹自由”、不愿搞社会主义的也只是一小部分；先前对粮食紧张的估计言过其实，不能把农村的紧张情势归咎于合作化搞快了。由此，毛泽东对农村形势的

① 《建国以来毛泽东文稿》第五册，中央文献出版社 1991 年版，第 241 页。

② 《建国以来毛泽东文稿》第五册，中央文献出版社 1991 年版，第 491 页。

估量发生重大变化，对农业社的发展作出新判断：“停、缩、发”方针的重点应放在“发”上。提出合作化还可以快一些，农业社必须大发展的意见。7月31日，毛泽东在省市区党委书记会议上作了《关于农业合作化问题》的报告，开头就说：“在全国农村，新的社会主义群众运动的高潮就要到来。”报告批判了在农业合作化问题上的“右倾保守”思想，集中论述了加快农业合作化的必要性和紧迫性。据此，会议议定加快农业合作化步伐基调，在很大程度上助长了合作化运动中的急躁冒进情绪。会后，中共中央连续下发毛泽东的讲话和关于农业合作化的文件。在“全党办社”、批判“右倾思想”的形势下，农业合作化运动迅猛发展。

8月17日，中共河北省委召开第四次党代表会议，根据全国省市区党委书记会议精神，着重批判了农业合作化问题上的“右倾保守思想”，重新研究制订全省农业合作化发展计划。会后，各县召开干部大会，传达毛泽东《关于农业合作化问题》的报告，贯彻省党代会精神，检查“保守”，反对“右倾”，制定本县发展合作化的全面规划，并先后抽调大批干部下乡领导建社工作，检查督促合作社的大发展。《河北日报》也发表社论——《加强准备迎接农业合作化运动的新高潮》，批判干部中存在的“右倾保守思想”。此后，农业合作化步伐大大加快。

1955年10月，中共七届六中全会（扩大）讨论通过《关于农业合作化问题的决议》，强调社会主义革命阶段的农村阶级斗争，主要是农民同富农和其他资本主义因素的斗争，是关于发展社会主义或发展资本主义的两条道路的斗争。批判“右倾机会主义”，并根据不同地区的不同条件，将全国分为三类情况，大幅度提升了合作化运动发展速度和实现合作化的时间。

按照中央的分类标准，河北属于第一类地区。10月14日召开的河北省地委书记联席会议认为，经过两个浪潮即可基本完成半社会主义化。因此把原来确定的1955年冬到1956年春农业社发展计划又提升了一大步。10月25日至29日，中共河北省委又召开各部委、各党组负责干部和市委书记联席会议，根据中共七届六中全会精神，进一步检查工作中的“右倾保守思想”，讨论市郊区农业合作化问题。10月下旬，全省各地、市委先后召开全体会议，传达中共七届六中全会决议，批判农业合作化运动中的“右倾”思想。农业合作社实际发展情况也大大超过省委计划。到1955年12月初,新建社与老社扩大共吸收新社员274.5万多户,全省入社农户达到总农户的71.43%。河北率先在全国基本上实现半社会主义的农业合作化。

进入到1956年1月,全国加入合作社的农户也由上年末的63.3%,猛增到80.3%,标志着全国基本上实现半社会主义初级社化的时间大大提前。于是,中共中央政治局在1月23日提出《一九五六年到一九六七年全国农业发展纲要(草案)》,明确要求:“对于一切条件成熟的初级社,应当分批分期地使他们转为高级社,不升级就妨碍生产力的发展”;同时要求合作化基础较好并已经办了一批高级社的地区,在1957年基本上完成高级形式的合作化。按照《纲要》的这一思路,农业合作化运动在大体完成初级社化后,便可迅速升级为办高级农业生产合作社的阶段。6月30日,毛泽东以国家主席名义公布《高级农业生产合作社示范章程》,规定高级农业生产合作社实行主要生产资料完全集体所有制,社员的土地必须转为合作社集体所有,取消土地报酬;耕畜和大型农具作价入社。在《纲要》和《章程》的推动下,全国各地很快出现了并社升级浪潮。

对于办高级社,河北省一直比较慎重。中共河北省委多次强调办高级社要具备一定条件:一是社内生产有很大提高,赶上或超过当地富农的生产水平。转为高级社以后,绝大部分社员的收入不会降低,没有劳动力的社员的生产和生活有所安排;二是社员的社会主义觉悟程度已经提高,真正自愿把初级社转为高级社;三是强调重点试办。1955年9月,省委第一书记林铁为参加中共七届六中全会拟写《河北省农业合作化问题》发言稿,进一步提出在现有基础上,在今后几年内有计划地逐级逐年试办一批高级社的想法。其中提出在1955年冬至1956年春每个专区试办二三个,1956年底每县试办1个,基础好的可试办2个至3个;1957年每个区争取试办1个,并保证试办一个成功一个,以便吸取经验,树立榜样,为彻底实现农业社会主义改造打下基础。

但是,在全国并社升级浪潮推动下,上述计划与设想显然不能适应形势发展要求。省委重新制订发展高级社计划,决定:1955年冬至1956

年春试办一批高级社，数量为 8000 个至 1 万个，在 1956 年一年内取得办高级社经验；1956 年冬至 1957 年春再办 1 万个左右，做到乡乡有高级社；到 1959 年实现全省完全社会主义的农业合作化。这一目标相对于中央的要求还是比较保守的。但在实际执行过程中，全省各地出现了初级社匆忙转为高级社、小社并大社、单干农民一步登上高级社的局面。大批农民或者凭一时的政治热情，或者随大流一起拥进了高级社，还有一部分农民是被硬拉进去的。1955 年底全省有高级社 7000 个，到 1956 年 1 月中旬达 1.07 万多个。满城、安国、徐水等 24 个县实现完全社会主义的农业合作化。这一发展形势促使省委作出河北省发展高级社条件已成熟，合作化运动高潮已到来的新判断，要求各级党委采取积极措施，加强领导，调整发展规划，只要初级社具备社员自愿、有较强领导干部，且转入高级社后有 90% 以上社员都能增加收入等条件，便可“放手发展高级农业社”，而且能办多少办多少，争取做到一村一社，有条件的还可以合并为一乡一社，进一步激发了各地大办高级社的热情。到 1956 年 2 月 7 日，全省高级社增至 2.38 万个，入社农户 801 万个，占总农户的 98.04%，除 87 个初级社外，已全部转为高级社。高级社规模扩大，由初级社的平均 30 多户上升到 336 户，500 户到 1000 户以上的大社占总数的 23%，其中联村、联乡社又占大社的 33.02%，一村一社的占 64.5%，一村数社的仅占 2.42%。从 1955 年 12 月初省委作出决定，到 1956 年 2 月 7 日全省实现高级农业合作化，仅用 2 个月时间，河北再次“跑”在全国前列。

河北省高级农业合作社，是在初级社还没有完全巩固的情况下，急促地实现的。高级农业合作社在性质和组织形式上，基本等同于苏联的集体农庄。由于土地和主要生产资料完全归集体所有，公有化程度大大提高，组织规模也扩大了，完全实行集中生产、统一经营管理，这对于缺少文化和合作化经验的农民来说，必然会在生产经营管理方面带来许多困难和问题，干部和会计的培养也远远跟不上。因此，在高级社发展过程中不断地进行整顿。在整社工作中，首先是本着有利生产、便于经营管理的原则，适当调整了农业社和生产队的规模，使社、队的组织情况尽可能适应生产需要和社的经营管理水平；同时，大力推行包工包产制，实行包工到组、田间管理固定到户的办法，提高了劳动生产率和劳动质量；进一步贯彻民主办社、勤俭办社方针，提高了社员生产积极性。经过1956年的整顿，大部分社的规模缩小。到年底，全省农业社增为2.5414万个，每社平均户数降为332户；但联村社仍有7200多个，一个联社一般包括四五个行政村，平均680多户。其后，又多次进行整顿，社的规模进一步缩小，管理上也有所改善，尤其是1957年冬季开展了大规模整风整社运动，使高级社的情况进一步好转。

从土地改革在全省范围内基本完成后的历史情况看，河北农村确实需要发展互助合作经济。它不仅是避免农村两极分化，引导农民走向共同富裕的社会主义道路的必然要求，而且从发展生产力的角度来说，合作化也是促使农业经济走向现代化的一种有效途径。因此，党提出农业合作化的大方向和基本思路是正确的。合作化后期出现群众运动高潮，也不纯粹是个人意志的产物，它反映了革命胜利和建立新中国后，长期处于贫困状态的中国人民普遍急于摆脱落后状态的心理，这是合作化运动的社会基础。农业合作化不仅把农民引上了社会主义道路，把广大农村的个体经济改造成了社会主义集体经济，使集体经济成为农村经济的主体，有力地防止了土地兼并和贫富两极分化，为农民的共同富裕创造了条件，而且在集体经济基础上的确办了许多单干农民根本办不了的事情，如开展大规模农田水利基本建设、抗御各种自然灾害、提高粮棉产量等，显示出组织起来的优越性。所以，尽管后期步子走得太快了，但合作化的完成，对于河北农业以至整个国民经济发展确实起到了促进作用，揭开了河北农村及整个国民经济发展新的一页。

二、手工业的社会主义改造

重点试办手工业生产合作社

手工业是指主要依靠手工劳动，使用简单工具的小规模工业和服务业。河北是手工业较发达的省份，铁、木、缝纫、制鞋等行业遍布全省各地，一些行业历史悠久，产品制作精良，享有盛名。如高阳县的棉织品，唐山和彭城的陶瓷，张家口、辛集和大营的皮毛，安国的中药材加工，固安的柳编，白洋淀的苇席，武强的年画，蔚县的剪纸等，都远销全国各地。据1952年统计，全省手工业工人和手工业独立劳动者达36.94万人，生产总值为4.09亿多元。因此，手工业不仅在恢复国民经济时期占有重要地位，而且在向社会主义过渡时期，在支援农业生产、满足城乡人民生活需要，辅助大工业产品不足和特种工艺品出口等方面都具有重要作用，是河北地方工业的一个重要组成部分。

但是，建立在个体私有制基础上的手工业生产，与大规模、有计划国民经济的发展不相适应。主要反映在：一是个体手工业生产分散，设备简陋，资金单薄，生产规模小，技术落后，劳动生产率低下，不适应大规模经济建设和人民日益增长的物质文化生活的需要；二是生产盲目性大，且极不稳定，难以适应国民经济发展要求；三是个体手工业者既是劳动者，又是小私有者，由于受资本主义经营思想影响，在完成国家交给的加工订货任务中，偷工减料、粗制滥造现象时有发生。因此，对分散的个体手工业实行社会主义改造，变个体私有制为社会主义集体所有制，是扩大和发展社会生产，更大程度上满足社会需求的必要途径。

个体手工业和个体农业比较，就其生产关系和经营方式来说，有一些基本的共同点。因此，河北省对手工业的社会主义改造，采取了和改造个体农民基本相同的办法，即说服教育、典型示范，引导他们自愿地组织起来，走合作化道路。大体经历三个阶段：从恢复河北省建制后到1952年为典型试办，1953年至1955年上半年为稳步发展，1955年夏至1956年初为合作化高潮。主要组织形式是手工业生产合作社。

个体手工业也有不同于个体农业的显著特点，比如：个体手工业者没有多少生产资料，主要靠手艺养家糊口，资本有机构成比农业低；严重依赖供销关系畅通；行业众多，经营灵活；技术传授采取师傅带徒弟的方式，等等。因此，手工业合作化同农业合作化又有明显区别，它是从生产中最困难的供销环节入手，再过渡到生产合作。首先是有计划地供应手工业者以必要的原料，大力收购和推销其产品，尽量不采取开设工厂的方式。这样，一方面解决了手工业者的困难，保证其生产不断发展；另一方面切断了它与资本主义的联系，有利于走向社会主义道路。

早在1949年，河北省在大力扶持手工业恢复和发展的同时，就在一些同国民经济关系最密切，并有发展前途的行业中，选择觉悟较高又具有代表性的手工业劳动者，重点试办合作社，并从贷款、供销、税收等方面加以扶持。到年底，共办起手工业生产合作社31个，社员777人。1951年8月召开了全省第一次手工业生产合作会议，传达贯彻全国第一次手工业生产合作会议精神，并根据“先整顿后发展”的方针，依据《手工业生产合作社章程准则（草案）》，对试办社进行首次整顿，清洗混入合作社的坏人，纯洁了组织；选举理事会和监事会，加强组织领导，初步建立了民主管理和生产管理制度。同时，国家从贷款、供销、税收等方面加大支持力度，使试办起来的手工业生产合作社得到巩固和发展。经过一年努力，到1953年底，全省手工业生产合作社（组）发展到580多个，社（组）员2.8万人。

这批试办的手工业生产合作社的生产由个体生产走向集体生产，生产资料由个体所有制改为集体所有制，从而解决了个体生产不能克服的困难，不但保证了连续生产，而且大大提高了生产水平和产品质量，打开了销路，增加了收入，社员生活也得到改善。组织起来显示的这种优越性，为全省手工业者走向社会主义道路树立了榜样。

手工业合作社的全面发展

根据党在过渡时期总路线的要求，1953年11月至12月召开的第三次全国手工业合作会议，确定了对手工业进行社会主义改造的方针和政策，即：“在方针上，应当是积极领导，稳步前进；在组织形式上，应当是由手工业生产小组、手工业供销生产合作社到手工业生产合作社；在方法上，应当是从供销入手，实行生产改造；在步骤上，应当是由小到大，由低级到高级。”这里提出了手工业合作化的三种形式：首先是手工业生产小组，是对手工业进行社会主义改造的初级形式，它不改变原有的生产方式和所有制关系，只是负责统一安排原材料采购、产品推销和统一接洽加工订货等业务，小组成员仍然独立生产，分散经营，自负盈亏；第二种是手工业供销生产合作社，这是一种过渡形式，特点是在供销环节上组织起来,生产资料仍为私有,一般是分散生产,但在有些生产环节上已开始集中生产,并开始购置公有的生产工具,因而较前一种具有更多的社会主义因素;第三种是手工业生产合作社,是手工业社会主义改造的最高形式,特点是入社的社员必须将自己的全部生产工具、设备折价归社,社员直接参加集体劳动,根据按劳分配原则取得劳动报酬。这三种形式大体上是手工业社会主义改造从低级向高级依次发展的一般过程,分别发挥着应有的作用。

根据全国会议精神,河北省委、省政府进一步采取措施,加强领导,积极引导手工业劳动者组织起来走合作化道路。1954 年 1 月 21 日,省委召开全省手工业工作会议,总结几年来领导手工业生产、组织手工业合作社的经验,提出手工业发展的新任务:“在国民经济发展的总轨道上,适当地扶持与发展为农业生产,为工业与城市建设,为农产品加工和为城乡人民生活需要服务的手工业,并引导手工业劳动者在自觉自愿的原则下组织起来,逐步走向合作化与现代化。”确定“积极领导,稳步前进”和“集资入股,自备工具,分工合作,按劳分配”的办社方针,以及“从供销入手,对手工业进行由小到大,由低级到高级”的改造步骤。会议还根据全省手工业的特点和手工业者的觉悟程度,提出坚持说服教育、典型示范与国家支持的方法,因地制宜,从实际出发,把个体手工业者之间的家长关系、师徒关系与雇佣关系变为合作关系,逐渐地把生产资料的私人所有制改变为社员的集体所有制,把个体分散的生产过程,改变为集中的生产过程,把落后的生产工具变为半机械化和机械化。

为了切实加强领导,1953 年下半年至 1954 年上半年,河北省先后建立健全市、县级手工业生产合作社联合社,成立河北省手工业生产合作社联合社筹备委员会。手工业从供销合作总社中分离出来,形成独立的管理系统。1954 年 7 月,省政府成立手工业管理局,保定、邯郸、张家口等市和手工业较多的县也相继成立手工业管理局(科),进一步强化了对手工业的行政管理和从业人员的团结教育。

其时,经过广泛的学习宣传,党在过渡时期总路线已深入人心,广大手工业者也亲眼看到试办手工业生产合作社所显示出来的优越性,纷纷要求组织起来,使全国和全省的手工业工作会议精神得到顺利贯彻落实。到1954年底,全省已组织起手工业生产合作社2476个,包括铁、木、棉、纺、砖、瓦、柳编等49个行业,有社(组)员8.49万人。手工业生产合作组织的产值在全省手工业总产值中所占比重,由1953年的9%左右上升到29%左右。在此期间,完成了全省手工业的调查工作。据调查,全省手工业的自然行业有130多种,从业人员达160多万人,年产值为全省工农业总产值的11.29%,占全省地方工业总产值的28.3%。这项调查的完成,为进一步有计划地推进手工业合作化做了必要的准备。这时,手工业生产合作社的发展比较健康。在全体成员自愿的基础上从供销环节入手组织起来,开始有了一些公共积累和统一经营,并初步采取工资和劳动分红的形式,社员劳动积极性比较高,劳动生产率也相应提高,供销生产合作很有生气,发挥了组织起来的优越性。

随着国家大规模经济建设的开展,尤其是对主要农产品和某些工业品实行统购统销、包购包销后,手工业的原材料供应一度出现困难,个体手工业者困难更大,生产很不正常,严重影响社会主义改造成果的巩固和发展。为解决好这一矛盾,1955年2月,中共河北省委召开全省手工业工作会议,根据第四次全国手工业生产合作会议精神和"统筹兼顾、全面安排、积极领导、稳步前进"的方针,提出手工业的社会主义改造必须同国家的社会主义工业化和对农业、对私营工商业的社会主义改造结合起来,合理安排;要求把手工业的主要行业摸清,分别轻重缓急,按行业拟定产、供、销和手工业劳动者的安排计划,以便有准备、有步骤、有目的地进行改造;同时要以极大努力做好对现有社(组)的整顿、巩固和提高,以及稳步地发展新社(组)和社(组)员的工作。据此,1955年全省手工业发展的重点是扶持发展为农民生产、生活需要而又有原料、有销路的、不与大工业产生矛盾的行业,同时贯彻积极领导、稳步前进的方针,继续对手工业进行社会主义改造,在此基础上适当发展新社。当年,一方面对铁、木、棉织等主要行业,分别采取发展、利用、限制等办法,根据有利生产、有利改造的原则,逐行逐业地统筹安排生产和供销,在一定程度上缓和了供产销不平衡的紧张局势;另一方面在各地展开以反对资本主义经营思想作风、改进经营管理为中心内容的第二次整社运动。到1955年11月,全省组织起各种类型的手工业生产合作社(组)3489个,比1953年底增加6.23倍；社(组)员达15.31多万人，增加4.51倍。有122个县、市经过民主选举，建立了手工业生产合作社联合社。这一时期手工业合作化的发展是积极的，也是稳步健康的。

手工业合作化的加速发展

1955年9月制定颁布的河北省发展国民经济第一个五年计划中再次强调，对手工业进行社会主义改造，必须本着积极稳步的方针，逐步引导手工业者走上合作化道路；特别强调在走向合作化的过程中，一般应是从低级形式逐步过渡到高级形式，注意供、产、销情况，防止盲目组织和追求大集中的偏向。但由于1955年下半年，农业合作化方面批判所谓"右倾保守"思想，迅速掀起农业合作化高潮，资本主义工商业改造也加快了步伐，在这种形势下，对手工业的社会主义改造不可避免地加快发展速度。

11月，中共中央关于资本主义工商业改造工作会议刚结束，刘少奇等提出："手工业改造不能搞得太慢了""手工业改造不能比农业慢"。认为手工业合作化在1956年、1957年两年内搞完比较合适，"时间拉长了，问题反多"①。据此，12月9日召开的全国重点地区手工业组织检查工作座谈会，检查了"与总路线要求不相适应的保守思想"，提出"加快发展，迎接高潮，全面规划，计划平衡"的新任务。接着，在北京召开全国第五次手工业生产合作会议，着重批判了怕背供销包袱而不敢加快手工业合作化步伐的"右倾保守"思想，研究制定第一个五年计划期间基本上完成手工业社会主义改造的全面规划。中共中央在批转会议情况时强调指出，"加快手工业合作化的发展速度，是当前一项迫切的任务。"毛泽东在1956年初发表的《中国农村的社会主义高潮》一书序言中，也提出：中国手工业改造"也应当争取提早一些时候去完成，才能适合农业发展的需要"②。经过这一系列的探讨和规划后，全国迅速掀起了手工业改造高潮。

---

① 《毛泽东时代的中国》第一卷，中共党史出版社 北京出版社2003年版，第543—544页。

② 《建国以来毛泽东文稿》第五册，中央文献出版社1991年版，第485页。

1955 年 12 月 2 日至 8 日，河北省召开手工业生产合作社第一届社员代表大会，对照中央指示和全国会议精神，总结两年来手工业合作化运动的成就和经验，检查批判“右倾”思想，制定手工业社会主义改造全面规划。会议指出，今后应根据“全面规划，加强领导”的方针，加快手工业合作化运动发展速度，并结合进行某些行业生产技术改革，以适应全省农业生产合作化运动发展的需要。会议要求原定对手工业改造在第一个五年计划末完成，现争取 4 年完成，并提出了一些政策措施。会议选举产生了河北省手工业合作社联合社委员会、理事会、监事会，正式成立了河北省手工业生产合作社联合社，加强了手工业合作化的专门领导。这次社员代表大会，为实现全省手工业合作化打下了思想和组织基础。

中共河北省委在分析了全省手工业互助合作现状以后，认为全省手工业的社会主义改造速度“还很迟缓”，不能适应当前各方面发展的需要。因此在 1956 年 1 月 24 日指示各地、市委加速手工业改造步伐，于三四月份完成，并尽可能直接组织高级社。这一指示传达后，全省出现手工业全行业、全地区组织起来的形势，且越过供销合作社，直接组织起集体所有制的手工业生产合作社。到 1956 年 2 月底，全省手工业生产合作社达到 5952 个，社员 31.3 万人，入社人数占全省手工业总人数的 97%，全省基本上实现了手工业合作化。与此同时，全省的运输业、盐业、渔业等个体劳动者也实现了合作化。

这次合作化高潮来势凶猛、发展过快，大大超过原定计划，思想上和组织上都缺乏足够准备，出现贪大贪多、盲目办大社、盲目集中经营，不适当地把一些兼营手工业的农民也组织到手工业合作社（组）中来，新社组织不健全、规模扩大后的老社经营管理不善等问题。省委发现这些问题后，立即作出指示予以纠正。其时，中共中央也提出：“必须掌握手工业各种不同的复杂情况，正确地执行对手工业社会主义改造的政策”，“在合作化以后，凡是不适宜集体生产的，就应保持分散生产的形式”。据此，1956 年 6 月至年底，全省各地采取以下措施进行整社工作：一是主要本着“有利生产、方便群众”的原则，因地、因产品制宜，改变组织形式，采取更恰当的形式调整农业和手工业关系；二是加强经营管理，健全和完善制度；三是实行计件、计时加奖励、分成、死分活值等体现不同行业特点和不同劳动特点的多种分配形式；四是进一步端正经营思想，使全省手工业走上较为健康发展的轨道。据 1956 年底统计，全省手工业合作社（组）为 4528 个，入社（组）人数 27.1 万人，占应入社人数的 87%。相对于年初，社的数量减少，但更巩固。

总的看，河北省的手工业社会主义改造进行得比较顺利，方针、政策和方法比较得当，既坚持了组织起来的方向，又基本上符合当时的生产发展水平，因此手工业的发展出现可喜变化：一是实现均衡生产，解除了淡季“饿肚肠”的威胁。个体手工业组织起来后，国家一方面从资金、设备和物资上给予大力支持（据不完全统计，从 1949 年至 1956 年国家拨给河北省扶持手工业生产资金 600 多万元，调拨给手工业设备和物资价值 2000 万元）；另一方面采用加工订货办法保证手工业正常生产，解决了忙闲不均问题。二是生产条件改善，劳动效率提高。合作化以后，不少社（组）随着生产发展和公共积累的增多，逐步提高了机械化生产程度。由于生产工具改进，劳动效率大大提高，生产迅速发展。1956 年手工业年产值达到 4.74 亿元，比上年增长 1.3 倍。1957 年，全省手工业全员劳动生产率由 1952 年的 832 元增加到 1872 元，提高 1.3 倍；出口产品产值由 1953 年的 526 万元增加到 1009 万元，增长 91.8%；上缴国家的税收由 1954 年的 136 万元增加到 1751 万元，增长 11.8 倍。三是服务领域扩大，产品大量增加。全省实现手工业合作化后，认真贯彻为农业、大工业、人民生活和出口需要服务方针，有力地支援了社会主义建设。

当然，同农业社会主义改造一样，在手工业社会主义改造后期，也存在要求过急，工作过粗，改变过快，形式过于简单划一等问题，忽视了手工业分散生产、独立经营特点，致使在手工业内部和外部关系上出现一些弊端。主要表现在：把一些适合于个体生产、经营的手工业行业纳入合作经济，造成品种花色减少，一些传统产品质量下降，部分产品一度短缺，某些传统工艺失传；由于盲目追求集中，使得生产规模过大，经营方式过于简单划一，给群众生产生活带来不便；原来分散经营的供销关系被割断，而合作社统一经营一时建不起来，管理跟不上，造成生产损失。后来，根据中共中央的指示，一些缺点和偏差得到及时纠正，一部分盲目集中合并的手工业合作社，改成合作小组。

三、私营工商业的社会主义改造

私营工商业国家资本主义低级形式的发展

1953年后,河北省各级党组织根据党在过渡时期总路线的要求,在积极稳步地推进农业、手工业合作化进程的同时,有计划、有步骤地开展了对资本主义工商业的社会主义改造。这一改造经历了先把私营企业纳入各种初级形式的国家资本主义轨道,再发展到公私合营,最后完成全行业公私合营的过程,从而实现了马克思和列宁曾设想过的对资产阶级的和平赎买。

河北省恢复建制后,根据国家建设方针,依据“公私兼顾、劳资两利、城乡互助、内外交流”的经济政策,大力调整工商业,保护私营工商业生产资料所有权,积极扶持私营工商业的恢复和发展。到1952年,全省私营工业企业发展到6835户,占全省工业总户数的90.5%,工业产值达到1.49亿元,占全省工业总产值的10.8%。全省私营坐商共计6.88万户,个体商贩36.93万户,两者零售总额9.27亿元,占全省社会商品零售总额的58.3%。这些情况,一方面说明私营工商业在国民经济中占有重要地位;另一方面说明对私营工商业进行社会主义改造的任务相当艰巨。

把私人资本主义引向国家资本主义轨道,是对资本主义工商业进行社会主义改造的第一个步骤。这种国家资本主义经济不同于解放前的资本主义经济,已经带有社会主义性质,它主要是为国家和人民的需要而生产,资本家不能为所欲为地唯利是图。在国民经济恢复时期,尤其是在调整工商业过程中,河北省的国家资本主义低级形式就有了一定程度的发展。其中工业中的国家资本主义低级形式出现较早、发展较快,商业中的国家资本主义低级形式产生较晚。

工业中国家资本主义低级形式主要有收购、加工、订货、统购、包销等五种形式,一般统称为“加工订货”。收购是国营商业根据产品的规格、质量，以合理价格，临时或定期向私营工厂收购一定数量的产品，在这种形式下，国营经济与资本主义经济之间只发生不太稳定的外部经济联系；加工，是由国营企业或其他国家单位，通过订立合同，向私营工厂提供原料和半成品，委托其按照国家规定的价格、质量、数量和期限，进行加工生产，并将成品交给国营企业或其他国家单位，后者付给私营工厂加工费（工缴费）；订货，是国营企业或其他国家单位，通过订立合同，向私营工厂订购产品，后者按规定的规格、数量、质量，按时交货，取得合理货价；统购，是由国家以法令形式作出规定，由指定的国营商业部门，对私营工厂生产的某些与国计民生关系重大的产品，按照适当价格长期地统一收购，一律不准私营工厂在市场上自行销售；包销，是国营企业同私营企业订立合同，规定后者所生产的某些产品，按照规定规格、质量和合理价格，在一定时期全部卖给国营企业，即由国营企业对私营工厂的这部分产品全部包下来销售（有的产品只包销一部分）。加工、订货、统购、包销，虽然还是国营经济与资本主义经济在外部进行联系的形式，但这种联系已是比较固定、比较紧密，有的甚至还带有法律强制性，大大加强了国营经济对资本主义工业的领导，并使后者的生产纳入国家计划间接控制轨道。

1952 年，河北私营工业中接受国家加工订货、收购包销部分占产值的 30%。此时公私合营开始建立。到 1952 年底，政府通过没收官僚资本和清理敌伪产业转为公股而实行公私合营的企业有 26 户，占全省工业总户数的 3.4%，占全省工业总产值的 3.78%。过渡时期总路线公布以后，进一步明确了对资本主义工商业利用、限制和改造的方针政策。同时，随着过渡时期总路线的贯彻，实施粮棉油统购统销，在原料与市场等方面对私营工业产生制约，尤其是以农产品为主要原料的轻纺工业，在原料供应和销售市场两方面都受到国家政策的严格限制，资本家的生产经营不得不接受国家委托加工、计划订货，由此推动对私营工业的改造。在已有基础上，从 1953 年开始，河北有计划、有步骤地扩大对私营工业加工订货、收购包销范围。在扩大加工订货过程中，各地、市贯彻省财经委《关于解决加工订货问题的决议》，加强对私营企业的统一领导、统一管理和计划分配任务等工作，从当年第四季度起，陆续对粮食、油料、棉花、猪肉、酒类等主要农产品、工业品实行统购统销和对私营工业采取加工订货的办法，政府掌握工业原料供应和工业品收购包销两个主要环节，削弱了私营商业与工业原料之间的联系。1953年底，全省私营工业企业生产的主要产品，已经全部或绝大部分为国营商业所掌握，其中水泥为99.7%，铁铸件97.6%，棉布97.4%，面粉95.7%，水车95.8%，原煤95.6%，造纸85.8%，印染布73.5%，食用植物油71.6%。对重要工业原料的分配，也首先满足国家对私营企业加工订货的需要。这一做法很快由重点行业扩展到一般行业，从大、中户扩展到中、小户，由主要产品扩展到一般产品，由短期或临时的合同转为长期或固定合同，有力促进了加工订货的发展。

商业中国家资本主义低级形式的发展，按照批发商、零售商和独立劳动的小商小贩不同性质采取不同形式。首先从改造私营批发商开始，主要采取代替方针，并由此推动零售商的改造。批发商业是联系生产和市场的中间商业，掌握商品流通的主要环节，在市场供求关系上起着重要作用，并决定着物价水平。私营批发商有很大的投机性，是1949年到1950年稳定市场和物价斗争中打击的主要对象。在调整工商业和“三反”“五反”斗争中，私营批发商进一步被削弱。1953年下半年开始，河北省各级党委、政府采取一系列措施，限制私营批发商的活动。国营商业进一步扩大对资本主义工业的加工、订货、统购、包销和农产品收购，紧缩批发商活动范围。继而，又先后对粮食、油脂油料、棉花、棉布实行统购统销，对工业品采取加工、订货、统购、包销，基本上切断了城乡之间、地区之间、工商之间、批零之间资本主义的经济联系，粮、油、棉、布的批发市场完全由国营商业占领，其他主要商品货源也大部分由国营商业掌握，私营批发商的阵地大大缩小。到1954年底，河北省国营、合作社营批发比重已达94.74%，私营批发商降到5.26%，全省批发商减少3467人。

随着国家对私营批发商的限制和改造，私营批发商的经营发生很大困难，商业中的公私关系趋于紧张。为了妥善解决这些问题，避免流通渠道遭到破坏和大批店员失业，河北省根据中共中央《关于加强市场管理和改造私营商业的指示》，结合私营批发商的复杂情况，坚持国家需要、力量可能,又能解决市场供求问题的原则,采取一面前进、一面安排和前进一行、安排一行,安排和改造相结合的办法,区别不同行业的情况,有计划地对私营批发商业进行代替和安排:一是对于国营商业已全部和大部分掌握货源,私营批发商已难维持经营的染料、新药、烤烟、白麻等行业,全部排挤代替。对其从业人员,包括资方实职人员和资方代理人,由国营商业按行业吸收到国营批发机构安置使用,以充分运用并吸收其原有经验、技术和业务关系,利用其资金和设备。根据需要,有的行业则改造为国营商业的二级批发。二是国营商业掌握了部分货源,但一时不能完全代替的,如百货、文具纸张、五金器材、日用杂货、化工交电、呢绒绸缎等行业,凡私营批发商能够经营者,让其继续经营;经营有困难的,采取代国营批发或吸收其部分职工减少开支的办法,使其维持经营。三是国营商业没有控制或很少控制货源,其商品零星、经营额小,而一时不能担负起市场供应任务的行业,如小土产、小手工业品、日用家具、钟表眼镜、干鲜果品等 13 个行业及其他行业,则充分发挥私营批发商的积极性,使其经营国营、合作社不经营或可不经营的商品,解决市场供应问题。对这些商业的代替,放在以后较长时间进行,并协助他们解决经营上的困难。通过采取上述办法,到 1955 年底,全省私营批发商基本上被排挤或代替,留下一些小批发商,在 1956 年全行业公私合营高潮中,随私营零售商一起实行了公私合营。

零售业中国家资本主义的低级形式主要有批购、经销、代销等形式。批购,即批购零销。私商以现款向国营商业批购商品,然后零售出去,赚取批零差价收入;经销,即私商经销国营商业指定的商品,取得批零差价收入;代销,即受国营商业委托代销商品,取得规定的代销手续费。专业代销与代销不同,其全部货源都由国营商业供给,无自营业务。国民经济恢复时期,在零售商中即有批购、经销、代销等形式,但多属临时性的,并限于少数商品。从 1953 年下半年开始大量发展批购形式。从 1953 年底到 1954 年,由于国家对粮食、油料、棉纱、棉布等主要商品实行统购统销,国家掌握这些商品的全部货源,粮、油、布三个行业的零售商全部纳入经销、代销。随后,猪肉、煤炭、五金、茶叶、酒等行业陆续实现全行业经销、代销,粮食、油料、棉花等主要农产品基本脱离自由市场。截至

1955年12月,全省为国营、供销社经销、代销的人数占私营商业从业人员总数的35.6%。

私营商业中很大一部分是个体经营的小商小贩。他们一般都是小本经营,规模小,资金少,担负着收购、分配和短途运输的社会任务,或摆摊售货,或肩挑叫卖,一般都不雇佣店员,由自己和家属一起劳动,或者只雇佣极少数辅助人员。他们与商业资本家不同,属于个体劳动者,依靠或主要依靠从事商品流转过程中的劳动维持生活,因此,对他们的政策也与对商业资本家的政策不同,在改造形式上也不一样,一般是在供销合作社领导下,根据自愿原则,通过经销、代销小组或合作商店,把他们组织起来,逐步地改造成为社会主义性质的商业。

在安排私商的同时,省、专、市、县供销社抽调干部组成工作组,深入农村进行私商改造试点,并着手对私商进行全面改造,改造方针由"先安排、后改造"转为"主要改造、继续安排",区别不同对象,采取不同改造措施。一是对购销兼营、流动串乡的小商小贩和经营零星分散的连家小铺,主要采取经销和代购代销形式;二是对集镇上的小商人和部分固定摊贩,主要纳入合作商店、合作小组形式;三是对农村资本家和某些加工性行业及饮食业的小商人,多采取合营的形式。

少量私营企业的公私合营

公私合营是国家资本主义的高级形式。最初出现的公私合营方式是个别行业的公私合营,它是由国家投资并由国家派遣干部同资本家共同经营的企业,是公私共有的企业。实行公私合营,使社会主义经济成分同资本主义经济成分之间的经济联系从企业外部渗透到企业内部。

河北省有计划地发展公私合营是从1954年开始的。1月,中央财政经济委员会召开会议提出,在今后若干年内,积极而稳步地将国家需要的、有条件改造的私营工厂,基本上(不是一切)纳入公私合营轨道,然后在条件成熟时,将公私合营企业过渡为社会主义企业。同时明确了从1954年开始,有计划地扩展公私合营的任务和"巩固阵地、重点扩展、做出榜样、加强准备"的工作方针。这次会议精神经中共中央批准后在全国实行。同年9月,国务院制定公布《公私合营工业企业暂行条例》,对公私合营企业的性质、任务和公私关系、劳资关系、经济管理、盈余分配等各方面的原则作出明确规定,为推行和规范公私合营提供法规依据。

根据中央部署,河北省有计划有重点地扩展对私营企业的公私合营。在步骤上,先城市、后农村,先主要行业、后次要行业。在合营方式上,采取国家投入资金并派遣干部同资本家共同经营;国营及公私合营厂与私营厂合并;国家投资一部分并吸收私商资金建立新厂等三种方式。并采取以下措施组织实施:(一)遵照中共中央关于扩展公私合营要"稳步前进、重点发展"的方针,结合河北省实际制订扩展公私合营企业工作计划。在安排1954年对资本主义工商业社会主义改造工作任务时,一方面要求加强对现有公私合营工业的领导,有步骤地进行民主改革和生产改革,加强企业管理改善经营,进一步搞好公私关系,以便做出榜样,积累经验;另一方面要求根据国家、人民的需要与可能,稳步发展新的公私合营工业。(二)在国务院制定的公私合营条例颁布之前,根据河北省以往合营企业的经验,制定公私合营临时章程,经省委批准执行。同时注明:待中央决策颁布后,如有不符,按中央精神修改。对计划扩展公私合营企业,先派国家干部,对企业进行调查摸底,待上级核准计划后,立即以公股代表身份参加合营筹备工作,着手开展清产核资,以明确公私股份。(三)把扩展重点放在与人民生活有密切关系的重要行业的企业,尤其是公私合营空白行业的重点企业,政府给予重点扶持,优先实行公私合营。如政府与大兴纱厂合营时,投入资金达100多万元;为扶持汉沽私营制盐厂(包括3个制盐社)实行公私合营,政府即投入30副盐滩和35万元的资金。(四)兼顾私方利益,使绝大多数资本家自愿接受公私合营。在个别企业公私合营时,利润分配采取"四马分肥"的办法,即企业全部利润除了交纳税收、提取公积金、公益金外,私方股息红利约占25%,最低不得低于20%。除此之外,对有技术才能和管理能力的资本家,给予高薪。同时加强对资本家的政治思想教育,组织他们学习党的总路线,使他们认清接受改造是大势所趋,走社会主义道路是唯一光明的前途,促使资本家主动提出合营要求。

河北省最早实行公私合营的企业是厂址设在唐山市的启新洋灰股

份有限公司——启新水泥厂,这是一座1907年兴办的私营老厂,其生产的“马牌”水泥,在美、法、意等国际赛会上多次获奖,一直饮誉南洋。该企业总经理周叔弢参加过政协全国第一次会议,后出任天津市副市长。1954年4月22日下午,毛泽东视察该厂时,因周叔弢在天津,由副经理姒南笙接待。毛泽东视察了水泥烧制的全过程,了解了工人们的生产、生活情况,最后还同姒南笙座谈,问及公司现有资产多少、搞公私合营舍得舍不得等。毛泽东视察的第二天,姒南笙急忙赶到天津向周叔弢作了详细汇报。经公司董事会研究、申请,启新水泥厂在全省乃至全国率先实现公私合营。

事实证明,凡实行公私合营后的企业,其管理得到改善,企业利润普遍增加,这就保证了合营企业可以积累更多的资金用于扩大再生产。合营工厂私股分得的红利,也比私营时期的利润多,促使更多的资本家要求实行合营。另外,实行公私合营的企业在原料、市场、贷款等方面都得到国家支持,生产和销售各方面都优于私营企业。在其示范和影响下,不少渐感经营困难的私营企业,主动要求国家支持,实行公私合营。

扩展公私合营工作总的是稳中求进,但起初合营的重点是些大企业,时称“吃苹果”。大企业合营完了,剩下的中小企业便很难安排;再加上国营部门在对私营企业加工订货分配上往往重视国营和公私合营企业,对中小企业照顾较少,因此出现中小企业“吃不饱”,甚至难以维持的局面。国家为了保证重点建设,又不可能分散力量向更多的小企业投入资金和干部。这样,扩展公私合营工作遇到新的矛盾和问题。对此,中共中央提出“统筹兼顾、归口安排、按行业改造”的方针,在扩展公私合营的方式上,要求按行业作通盘规划,统一安排;分别情况,或实行个别合营,或采取以大带小、以先进带落后的办法实行联营合并或公私合营,这就为加快资本主义工业的社会主义改造找到了途径。

河北省私营工业的特点是大企业少,小企业多,在扩展公私合营中遇到的矛盾和问题更突出。中共中央提出上述方针政策后,河北省委、省政府即对中小私营企业进行经济改组,在国营经济领导下,以大厂带小厂,以先进带落后。第一步先组织小厂联营并厂,经过一段时间维持和发展,再实行第二步,即进行公私合营。私私联营并厂企业的出现,逐步发展成同行业一连串企业以至全行业的公私合营，即后来常说的“摘葡萄”。由于及时采取措施，调整公私关系，既解决了中小企业的实际困难，也为全行业公私合营奠定了基础。

全行业公私合营的完成

在农业合作化高潮推动下，从 1955 年下半年到 1956 年，河北省私营工商业改造也加快步伐，进入全行业公私合营新阶段。

各种形式的国家资本主义虽然能够在不同程度上缓和资本主义生产关系和生产力发展的矛盾，但由于资本家所有制的存在，即使公私合营形式，经过一定时间的发展，也必然要变成生产力发展的障碍。因此，国家资本主义只能是一种过渡形式。1955 年 11 月，中共中央政治局召开各省、市、自治区党委和 50 万人口以上城市党委负责人会议，讨论加速私营工商业改造问题，通过了《中共中央关于资本主义工商业改造问题的决议（草案）》。《决议（草案）》指出，现在已经有了充分的条件和完全的必要把对资本主义工商业的改造从个别企业的公私合营推进到全行业公私合营阶段。据此，对原定用 3 个五年计划基本完成工商业社会主义改造的部署作出重大调整，规定在第一个五年计划期间内（1956 年至 1957 年），全行业公私合营争取达到 90% 左右；争取在第二个五年计划内，逐步使公私合营企业基本上过渡到国有化。会后，《人民日报》连续发表社论，阐述实行全行业公私合营的必要性。

从河北省的实际情况看，适当加快资本主义工商业改造步伐是可能的。经过 1954 年的扩展，到年底，河北省公私合营工业企业达到 127 个，产值占员工 10 人以上私营工业总产值的 75%。其余为数不多的私营企业也进行个别行业的公私合营。在商业方面，私营商业在批发行业中的转业改组已基本完成，在零售行业中只占全省零售总额的 28.43%。同时，北京、上海等大城市实行全行业公私合营的成功经验也为河北提供了借鉴。

1955 年 12 月 8 日至 16 日，中共河北省委召开地市委书记扩大会议，传达贯彻中共中央指示。此前，省委成立对资本主义工商业改造领导小组，各专区、市、县均成立相应机构，以加强对资本主义工商业改造的领导。在这次会议上拟定了加速资本主义改造计划,提出用两年(1956年、1957年)时间,按行业,分期分批,有计划地完成全行业的公私合营。1956年元旦,省委书记林铁在省人民广播电台发表讲话提出,对私营工商业要进行“全面规划,统筹安排,经济改组”,分期分批实行“全行业公私合营”。1956年要将关系国计民生较大的、占私营工业总产值80%以上的企业全部和大部实行公私合营。

这时,农业合作化浪潮已席卷各地,割断了城市资本主义经济与农民的联系,资产阶级在经济上已失去独立存在条件,处于孤立地位。面对这一新形势,许多资本家预感到改变资本主义所有制的时刻就要到来,形势逼人。他们害怕失去现有的经济利益和社会地位,为自己的前途和命运忧心忡忡,内心充满矛盾。为了解除资本家的顾虑,各级党委和政府向他们宣传党对资产阶级的和平赎买政策,强调解决好资本家的工作安排和政治安排,勉励私营工商业者认清社会发展趋势,主动掌握自己的命运,走社会主义道路才有光明前途,从而稳定了民族资产阶级动荡不安的情绪,对加快资本主义工商业的社会主义改造起了重要推动作用。

就在全省各地积极稳妥地规划和实行对私营工商业改造计划时,传来北京市1956年1月10日全部实现全行业公私合营的消息,大大鼓舞了全省工商界人士。各地资本家争先恐后地表示要乘“第一辆列车”进入社会主义,纷纷向政府提出申请,要求实行全行业公私合营。在这种情况下,省委不得不改变原来逐行逐业、分期分批改造规划,采取“先收编、后改组”的办法,重新抽调力量,立即组织各行各业集体申请,政府一次全部批准公私合营。1月15日,保定市在全省率先实现全部56个行业、1332户私营工商业全行业公私合营,成为继北京、沈阳、西安之后,全国第四个实现工商业全行业公私合营的省会城市。当天,全市实行公私合营单位的职工、工商业者及其家属1.2万多人举行盛大集会游行,市内各主要街道、商店,张灯结彩,鞭炮齐鸣,游行队伍敲锣打鼓向党和政府报喜。接着,唐山、石家庄、张家口、承德、邯郸等市也相继实现全行业公私合营。1月下旬,全省小城镇的私营工商业改造进入高潮。到3月底,全省私营工商业基本上实现全行业公私合营,涉及1520户私营工业，占全省私营工业总数的99.37%，从业人员1.8086万人，其中资方人员2094人，总产值7604.7万元；私营商业中已实现改造的占67.89%，转农业的占11.44%，保留独立经营的占20.7%。在已经实现改造的私营商业中，直接过渡为国营、合作社营的占5.53%，公私合营的占33.39%，参加合作商店、合作小组的占27.52%，经销代销的占33.36%。

全行业公私合营后的后续工作

资本主义工商业改造进展到全行业公私合营的新阶段，虽然是“理有固然，势必所至”，但发展之快令各级党委、政府始料不及。就连毛泽东事后都说：“前年年底，北京几天就实现了全行业公私合营，宣布进入社会主义，本来对这样的消息就要好好考虑，后来一广播，各地不顾本身具体条件，一下子都干起来，就很被动。”[①] 同农村相比，城市经济结构更为复杂，生产改组和经济改组牵涉到公私、劳资、供产销、人财物等方方面面，需要做大量繁杂细致的工作，才能保证在所有制变革中尽量避免或减少损失。所以，中共中央连续发出《关于私营企业实行公私合营的时候对于清产核资估价中若干具体问题的处理原则的指示》《关于对目前资本主义工商业改造应注意的问题的指示》和《关于公私合营企业私股推行定息办法的指示》等。国务院也据此公布了《关于目前私营工商业和手工业的社会主义改造中若干事项的决定》等几个规范性文件，要求迅速做好合营后行业的生产安排、企业改组和人事安排等工作。《人民日报》连续发表了《不要轻易改变原有的生产和经营制度》《慎重地改造城市小商店》和《慎重地从经济上逐步改组公私合营企业》等社论。于是，依据以上指示和要求，在实现全行业公私合营后，河北各地立即进行了以下几项工作：

（一）清产核资。根据中共中央提出的“公平合理、实事求是”和“从宽处理，尽量了结”的原则，对企业原有资产进行清点估价。全部工作包括清点估价、处理债权债务和核定私股股金三个方面。在清点估价工作中，各地都在行业公私合营委员会和公方的直接领导下以及职工群

---

① 中共中央文献研究室编：《毛泽东文集》第七卷，人民出版社1999年版，第265页。

众监督协助下，由资方自点、自估、自填、自报，行业合营委员会协商通过，最后经政府批准。对企业债权债务的处理，既维护债权人的合法利益，又照顾企业现有的资金。对原私营企业的对公欠款尽可能地予以减免，使一部分资不抵债户也保留了一定的财产作为公私合营后的股权。最后核资定股，确定各个私方人员的股金，发放定息，实行赎买。第一次清产核资时，不少私方为表示积极，主动少报；也有的人心存疑虑宁低勿高；同行业互评时，又彼此挤压，再加上干部职工在负责监督时害怕国家吃亏，也愿低估，不愿高估，结果普遍发生清点面过宽、过紧和估价偏低问题。中共河北省委发现后，于 1956 年 5 月召开地、市委汇报会议，及时进行分析研究，指示各地在六七月间，进行全面复查，纠正不合理核资。全省复查结果，基本上做到了依质论价、公平合理。

（二）发放定息。全行业公私合营后，原来分给资本家的利润，改变为按照固定资产价值付给定额利息（利润）的办法，称定息。1956 年 8 月 1 日，省人民委员会批转省工商局《发给合营企业私股股东领息凭证和定息的方案》，明确在全省继续贯彻党的赎买政策，在公私合营企业普遍实行定息制度，并规定利息率不分工商，不分大小，不分地区，不分盈亏，一律年息 5%，一般均从 1 月 1 日起计发股息。同时宣布对资本家的工资包括高薪一律保留不变。同年 8 月发放了第一次定息。全省老合营企业和 1956 年全行业公私合营新增的公私合营工业企业共计 314 个，私股金额共 3781.7 万元，按年息五厘计算，上半年应发股息 94.5 万元。由于个别城市批准某些行业实行公私合营时间较晚，1 月份盈利已经分配，经协商从 2 月 1 日起计息，因此，第一次实发股息 91.2 万元。除峰峰市因水灾拖至 9 月上旬外，其他 7 市和 4 个专区代管市均于 8 月发放结束。与前几年比较，新合营的企业资本家所得股息较私营时提高，老合营企业资本家所得股息比过去“四马分肥”时略有减少。部分私营企业（约占 17%）由于经营管理不善，长期亏损，合营以后，可以按时领到比过去更多的股息，感到非常满意。关于支付定息的期限，国务院决定自 1956 年起，为期 7 年（1962 年又决定延长定息期限，实际发放股息到 1966 年，共 10 年），这就使老合营企业股资较多的资本家有长期稳定的股息收入，因此也就化不满为感激，认为党的和平改造政策英明。

（三）经济改组和调整商业网。全行业公私合营后，中共河北省委从全省新合营工业企业小型多、大型少，技术落后，生产力水平低，专门制造业少，直接服务于群众的加工业多的特点出发，提出以提高生产、改进技术、提高质量、降低成本为原则，分别不同情况，采取不同形式进行生产改组。主要形式有：第一，建立专业公司统一管理，各厂独立核算。同一地区的同行业户数多，各厂都有独立生产与经营能力的，适宜于采用这种形式。如河北省陶瓷业集中的唐山、峰峰两地，分别设立瓷器公司统一管理。第二，实行总厂制。将合并的单位作为分厂或车间，由总厂设领导机构统一经营，分厂分散生产，不独立核算。同一地区、同一行业、户数多、各自独立经营人员不足和有一定困难的，适宜于这种形式。第三，并入地方国营厂，由老厂带动起来。第四，同行业中的老厂、大厂与新合营的小厂合并。第五，对过剩行业或没有发展前途的合营厂，安排其转业或淘汰。经过生产改组，全省在改造高潮中，由私营转变为公私合营的 1683 户工业企业，合并为 247 个单位。商业网的调整工作基本上按照“一般不动，个别调整，便利群众购销，适合经济核算”的原则，分期分批进行。其中，全行业公私合营中，有大批的小商店，有些仍然可以维持经销代销的形式，以发挥其经营积极性。特别是分散在农村的小商小贩和串乡的货郎担子，在组织起来后，为供销社广泛开展代销、代购业务，采用送货上门的办法，以便利群众购买。

（四）安排资方人员。根据“量才使用，辅以必要的照顾”政策，对资方人员“全部包下来，适当安排工作”。在工作中注意把握以下几点：一是保证社会主义的领导地位，又充分使用原企业的资方实职人员。公派干部掌握“少而精”原则，不使资方实职人员因合营而失业或有过多的降职人员。二是一方面注意机构精简，提高效率，使安排与使用相称，便于做到有职有权、守职尽责；同时适当照顾企业的原有情况，即便副职较多，人浮于事，当安排者亦安排，以后再逐步改善，以安定人心。三是虚职与实职相搭配。针对资方人员的具体情况，对于某些代表性人物因年老等原因已失去管理企业的能力，但对企业有功而挂名支取薪水的资本家，如果本人没有其他生活出路，合营后也通过各种方法加以适当安排，如安排到董事会，让其支取一定薪水；或安排其子女参加工作，以利团结教育改造。四是厂长、董事长的正副职，照顾到有利生产和客观影响，公私人员适当安排。对于主要代表性人物而又靠近政府的则有意识地安排正职。有的资本家有一定管理企业的能力或技术，但因过去劳资关系不协调或其他原因，本人不愿在本企业工作，或职工群众也不同意其在本企业工作，就安排到其他企业。由此使大部分工商业者得到适当安排。全省 1330 名民族资产阶级代表人物分别由省直部门负责安排了 58 人，地、市负责安排了 128 人，县（区）负责安排了 1144 人；安排公私合营企业的实职资方人员 3532 名。

对资方在职人员的工资问题，按照“高的不降，低的适当增加”的精神进行调整，使之逐步向当地地方国营企业看齐。新公私合营企业调整后的月平均工资为 42.16 元，为地方国营企业的 83.95%，比调整前增长 20.05%，高于地方国营企业 15.13% 的增长幅度。公私合营高潮期间，同时带进一大批没有雇佣剥削的小商、小贩、小手工业者以及只有轻微剥削的小业主，这部分人约占全部私方人员的 80%。他们普遍工资低，定息少，最关心合营后的生活福利待遇。为了消除他们的后顾之忧，按照国务院的有关规定，河北省对私方人员的疾病医疗和病假工资，凡在国家机关和国营企业工作，一律按干部或职工同等待遇。凡在合营企业工作，股金在 2000 元以下的，疾病医疗按所在企业职工待遇办理；股金在 2000 元以上的，如确有困难，也按照职工待遇办理；私方人员的病假工资，不论股金多少，一律给予本人工资的 50% 至 70%。

河北省在对私营工商业社会主义改造过程中，注意从实际出发贯彻中共中央的方针政策，通过一套从低级向高级过渡的国家资本主义形式，把企业的改造同人的改造结合起来，彻底变革了资产阶级对生产资料的私人占有关系，逐步使多数资本家成为自食其力的劳动者，避免了对生产资料和生产力的破坏。全行业公私合营后，又通过各种措施，解决了私营工商业改造后期由于速度过快、工作过粗出现的一些问题，使生产关系得到调整，进一步调动了广大职工群众的生产积极性，改进了生产经营管理，使公私合营企业出现新气象。1956 年，新公私合营工业产值比合营前的 1955 年增长 36.7%，新公私合营商业的营业额比

1955 年增长 15.8%。到 1957 年,全省公私合营工业的总产值从 1949 年的 2684 万元增加到 3.4 亿多元,增长 11.6 倍;全省公私合营工业 1956 年人均劳动生产率达到 1.254 万元,为 1949 年人均劳动生产率的 2.4 倍。

从农业、手工业、资本主义工商业社会主义改造过程看,1953 年到 1955 年上半年,由于采取积极领导、稳步前进的方针,工作进展顺利,发展是健康的。1955 年夏季以后,由于各种因素的综合作用,农业合作化运动加速进行,迅猛发展。随之而来的是手工业和资本主义工商业改造速度大大加快,形成社会主义改造群众运动高潮,到 1956 年春,全省基本完成了三大改造。这是一场涉及几千万人口的、大规模的、复杂而深刻的社会变革。三大改造的完成,使农民、手工业者由劳动群众的个体私有制,基本上转变为劳动群众集体所有制,由资本家所有的资本主义私有制基本转变为国家所有即全民所有的公有制。在公私合营企业,资本家虽有私股,但已同生产资料分离,不起资本的作用,只在一定时期内起领取定息凭证的作用。这样,国家对公私合营企业可以按照社会主义原则进行生产管理,与国营企业基本上没有什么不同。原私人企业的工人摆脱了雇佣劳动者的地位,同国营企业的工人一样成为企业的主人。全民所有制和劳动群众集体所有制这两种社会主义公有制形式,在整个国民经济中占据绝对优势地位。

生产资料私有制的社会主义改造,是在基本上保证国民经济稳定发展,并且得到各阶层人民普遍拥护的情况下完成的。在这一社会变革过程中,党和政府适时进行政策调整,对生产和流通上的许多环节进行统筹安排,不仅避免了在社会大变革中通常难以避免的生产力下降,反而大大促进了工农业和整个国民经济的发展,并有力地巩固了人民民主专政,推动了整个社会主义事业的发展,成功地实践了社会主义革命是解放和发展生产力的马克思主义观点。在基本完成三大改造的 1956 年,河北省第一个五年计划原定的主要指标大都提前完成。接下来的 1957 年全省经济建设取得更好成就,主要工农业产品产量增加。"一五"时期的经济建设成为河北省社会主义经济建设史上重要的奠基时期,并为社会主义制度的建立提供了坚实的物质基础。

以社会主义改造基本完成为重要标志,以生产资料公有制占绝对优势的社会主义经济制度在河北省初步建立起来，这就为社会主义经济和社会的全面发展提供了制度基础。当然，刚建立起来的社会主义经济制度还很不完善和巩固；新建立起来的生产关系需要适应生产力的发展要求不断进行调整；与之相应，社会主义上层建筑中不适应经济基础的部分，也需要进行调整改革。这一切为探索社会主义建设道路提出了新的任务。

第　二　编

社会主义建设在探索中曲折发展

（1956 年 9 月—1966 年 5 月）

随着新民主主义到社会主义过渡的实现，河北人民走上了社会主义道路，并开始进入全面建设社会主义的新时期。全省人民精神振奋、意气风发，以主人翁的姿态积极投身社会主义建设事业，在中国共产党领导下，在探索中前进、前进中探索，使各项建设事业取得了巨大成就。但由于中国的社会主义制度刚刚建立，对于什么是社会主义、怎样建设社会主义，全党尚缺乏足够的理论和思想准备，在艰难探索社会主义建设道路的过程中，犯了急躁冒进和反右派斗争扩大化的“左”倾错误，给人民造成的损失和危害是严重的，但广大党内外干部群众在严重挫折中表现出来的建设社会主义的热情和战胜困难的勇气是极其宝贵的。这是在遭受严重挫折后全省社会主义建设仍然取得很大成就的强劲动力。

第八章

社会主义建设的良好开端

在全省完成了由新民主主义向社会主义的过渡,进入了社会主义社会后,摆在全省各级党组织和全省人民面前的一个崭新课题是如何建设社会主义。全省人民意气风发,斗志昂扬,迅速掀起了工农业生产新高潮。根据河北社会主义建设面临的新形势,中共河北省委召开了中共河北省第一次代表大会,提出了建设社会主义的新任务和新措施。党的第八次全国代表大会召开后,全省人民认真学习、宣传和贯彻八大确定的方针和政策,提前完成了发展国民经济的第一个五年计划,在社会主义建设事业中迈出了可喜的第一步。

一、中共河北省第一次代表大会

掀起工农业生产新高潮

1956 年初社会生产关系的根本变革,解放了生产力,焕发了河北省 4000 余万人民建设社会主义的积极性和创造性,并迅速掀起了工农业生产新高潮。中共河北省委因势利导,于同年 1 月 24 日召开农业增产竞赛大会,号召全省普遍开展社会主义农业增产竞赛运动,为超额完成 1956 年农业增产计划而奋斗。号召发出后,耿长锁、王玉坤、王国藩等 118 个高级农业社主任首先响应并向全省所有高级社提出了“开展社会主义农业竞赛运动”的倡议。全省其他高级农业社纷纷响应,立即修订增产计划,制定增产措施,争取大量增产粮棉油料,支援国家建设。与此同时,省委在工业战线及时传达了中央关于超额完成第一个五年计划的号召和要求,全省广大职工积极行动起来,掀起了“五年计划四年完成”的劳动竞赛运动。

正当全省工农业生产高潮即将到来的时候,1 月 26 日《人民日报》公布了中共中央拟定的《1956 年到 1967 年全国农业发展纲要(草案)》,这是一个力求多快好省地发展社会主义农业的纲领,它向广大农民提出了全国农业的远景规划和长期奋斗目标,描绘了中国农村繁荣幸福的明天,表达了全国农民的愿望和要求。这个《纲要(草案)》一公布,极大地鼓舞了全省人民的生产热情。

为深入贯彻全国农业发展纲要(草案),进一步推动全省农业增产竞赛运动的开展,2 月 23 日至 3 月 1 日,中共河北省委在北京召开了由 1196 人参加的第一次区委书记会议。省委书记林铁代表省委作了《全面整顿农业合作社,深入开展农业增产竞赛运动,提前超额全面完成第一个五年计划的农业增产计划,为逐步实现农业发展纲要而奋斗》的报告。中央领导对河北省委召开的这次会议极为关怀,彭真、聂荣臻、薄一波到会并讲话,毛泽东、刘少奇、周恩来等看望了与会全体同志并合影留念,给大家以极大的鼓舞。

第一次区委书记会议的召开,进一步推动了全省工农业增产运动的开展。在农业战线很快形成了社与社、队与队、组与组的生产竞赛,特别是兴修水利、广开肥源的群众运动出现了新的高潮,全省共动员了 850 万人投入水利建设。在火热的劳动竞赛中,青年、妇女大显身手,全省农村妇女开展了学习抚宁县渤海农渔业合作社王淑兰、王汝兰和王惠兰热爱劳动、热爱集体、帮助别人共同提高的共产主义风格活动。全省农村青年积极响应安国等县 13 个青年生产队提出的“千斤玉米、千斤水稻、万斤甘薯、百斤皮棉”大面积丰产竞赛的倡议,开展了“千百万”丰产运动。

在工业战线上,全省广大职工超额完成第一个五年计划的劳动竞赛运动也在展开。各厂矿企业的党组织积极帮助职工制订先进生产计划和保证条件，挖潜力、找窍门，学习和推广先进经验，开展合理化建议，不断突破旧定额，创造新定额。生产纪录日新月异，先进经验不断创造，全省涌现出了大批先进生产者，到 1956 年 3 月，这支队伍已达 5 万多人。为使竞赛运动持续不断地发展，中共河北省委又及时组织领导了先进生产者运动，号召广大职工不断提高技术，改进工作方法，创造先进定额，向先进生产者看齐。4 月 16 日，河北省第一届先进生产者代表会议召开，出席这次大会的先进生产者代表共 1000 多人。会议传达贯彻了中共中央关于领导先进生产者运动的指示和中华全国总工会关于开展先进生产者运动的决议。会议要求全省广大职工进一步行动起来，在全省范围内更广泛深入地开展社会主义竞赛和先进生产者运动，把各项建设工作做得又多、又快、又好、又省，争取提前和超额完成第一个五年计划，以更大的成绩来迎接中国共产党第八次全国代表大会的召开。

会后，一个以提前完成第一个五年计划为中心、以支援农业为具体内容的先进生产者运动在全省迅速开展起来。不仅在工业、基本建设、交通邮电部门，而且在手工业、商业、财政金融、农田水利、文教卫生以及机关团体等各条战线也都普遍展开。越来越多的工人、工程师、技术员、企业管理人员、各行各业的服务人员、国家机关的工作人员，纷纷投入到先进生产者运动中来。

在全省掀起工农业生产热潮中，党的组织和干部队伍也经受了锻炼，得到发展壮大。到 1956 年上半年，全省党员已发展到 127 万人，所有的乡和农业合作社都建立了党的组织；随着形势的发展和工作的需要，还培养和提拔了大批干部，脱产干部的数量由 1949 年恢复河北省建制时的 8.3 万人增加到 24.9 万人。这些党员干部在保证党的路线、方针和政策的贯彻执行上，在密切联系群众上，发挥了应有的作用。为加强党的组织建设和思想作风建设，调动一切积极因素，团结一切可以团结的力量，把建设社会主义的事业继续推向前进，中共河北省委根据中共中央的指示，召开了中共河北省第一次代表大会。

中共河北省第一次代表大会的召开

1956 年 7 月 4 日至 16 日，中共河北省第一次代表大会在保定召开。出席这次代表大会的代表606人。这次会议的召开是河北省党组织生活中一件有历史意义的大事。为开好这次代表大会,按照中共河北省委的要求,在1956年5月前,全省12个市委,152个县委,10个专区直属机关党委先后召开了党的代表大会选举产生各级党委,并选举产生了出席省第一次党代表大会的代表。全省共选出代表694名,其中正式代表634名,候补代表60名。

中共河北省第一次代表大会首先听取和审查了林铁代表省委向大会所作的《河北省建省以来的工作情况与今后任务》的报告,并通过了相应的决议。大会对河北省恢复重建以来所取得的巨大成就表示满意,认为全省正面临着提前完成第一个五年计划的工农业生产高潮,必须进一步加强领导,贯彻以农业为基础、地方工业为农村经济服务的方针,以推动整个国民经济的发展,同时相应地发展商业、财政、金融和文教卫生事业,在发展生产的基础上,逐步提高人民的物质生活和文化生活水平。

为继续贯彻党对农业"全面规划、加强领导"的方针,代表大会讨论和修订了省委提出的贯彻执行《1956年到1967年全国农业发展纲要(草案)》的规划(草案)。这个规划草案共38条,其中心是发展粮棉生产,要求在12年内粮食产量达到平均亩产430斤,总产量达到545亿斤,棉花产量平均亩产达到100斤,总产量达到20亿斤;花生产量平均亩产达到360斤,总产量达到20亿斤。为保证实现上述要求,规划(草案)提出了兴修水利、改良土壤、增施肥料、多种高产作物、繁育和推广良种、推广新式农具、改进耕作方法、消灭病虫害等10项措施。对为农业生产和人民生活服务的科学研究、气象、交通邮电、商业、财政、金融、文教卫生等各项事业的发展也作了相应的规划。

为使全省各级党组织切实担负起领导全面建设社会主义的责任,代表大会提出了加强和改善党的领导的任务。要求全省各级党组织和全体党员,必须谦虚谨慎,戒骄戒躁,努力工作,努力学习,加强调查研究,深入接触实际,倾听群众意见,坚决克服工作中的官僚主义、主观主义和命令主义作风,进一步加强党的团结,领导全省人民在伟大的社会主义建设事业中创造更大的成就。

代表大会选出中共河北省第一届委员会委员41人,候补委员15人;

选出出席中共第八次全国代表大会的代表70人，候补代表7人。在7月16日召开的中共河北省一届一次会议上，林铁当选为中共河北省委第一书记，马国瑞、阎达开、张承先、谷云亭当选为书记处书记。

这次大会，由于充分发扬了民主，认真开展了批评与自我批评，圆满完成了各项议程。代表们本着“知无不言，言无不尽”的精神，根据党章关于党员义务和权利的规定，毫无顾虑地揭露、批评工作中的缺点错误，对全省各方面的工作提出了许多中肯的批评和建议。这不仅对加强党的建设，增强党的团结，更好地带领全省人民投身社会主义建设事业有着重大的意义，而且为党内民主生活的开展树立了榜样。

根据中共八大通过的《中国共产党章程》的有关规定，1956年11月，中共中央发出《关于党的第八次全国代表大会以前召开的地方各级党的代表大会实行常任制问题的规定》，中共河北省第一次代表大会实行常任制，每届任期三年。实行代表大会常任制，使代表大会可以成为党的充分有效的最高决策机关和最高监督机关，它的积极效果是几年开会一次和每次重新选举代表的原有制度所难以达到的，这是党内民主生活的重大发展。

这次代表大会刚刚闭幕，中共河北省委即带领全省人民与洪水开展了斗争。从7月29日到8月上旬，由于连降大雨，北起拒马河，南至漳、卫河之间所有河流都同时发生了几十年少见的特大洪水。全省受灾面积达4500万亩，占全省总耕地面积的35%；受灾人口达1500万人，因灾倒塌房屋约260万间，死亡1211人，伤2900人。面对严重的自然灾害，全省投入了异常紧张的防汛抢险战斗。各级党政领导机关都采取了紧急措施，发动与组织大批干部下乡，一面与洪水搏斗，一面大力抢救灾民。同时，在灾区通过积极排水，多种小麦，开展多种多样的副业生产，发放救济款，帮助灾民解决口粮、住房、寒衣和疾病医疗问题，终于战胜了洪水灾害。由于灾后加强了农田管理，全省1956年粮食产量仍达到了161亿斤，稍低于1955年的年产量。未受灾或受灾较轻的地区，如唐山、承德、张家口等地粮食作物一般比1955年增产10%以上，有力地支持了灾区的生产、生活。受灾严重的地区大力开展生产自救，再加上中共中央的关怀和支持、友邻地区的支援，灾区人民的生活得到了保障，而且取得了1956年冬至1957年春渡过灾荒的胜利，初步显示了社会主义制度的优越性，保证了全省各项建设事业继续向前发展。

二、贯彻党的八大确定的方针政策

学习宣传党的八大精神

1956年9月15日至27日，中国共产党在北京召开了第八次全国代表大会。这是中国共产党执政后召开的第一次全国代表大会，这次大会的任务是：总结党的第七次全国代表大会以来的经验，团结全党，团结国内外一切可以团结的力量，为建设一个伟大的社会主义中国而奋斗。

大会正确分析了国内形势和国内主要矛盾的变化，提出了党在今后的根本任务。大会指出，在生产资料私有制的社会主义改造基本完成的情况下，无产阶级和资产阶级之间的矛盾已经基本解决，剥削制度已经基本消灭，社会主义的社会制度已经基本建立起来。虽然还有阶级斗争，但是国内的主要矛盾已经是人民对于建立先进的工业国的要求同落后的农业国之间的矛盾，已经是人民对于经济文化迅速发展的需要同当前经济文化不能满足人民需要的状况之间的矛盾。党和全国人民当前的主要任务就是集中力量来解决这个矛盾，把我国尽快地从落后的农业国变为先进的工业国。

大会总结了近年来党领导经济建设的经验教训，坚持了既反保守又反冒进，即在综合平衡中稳步前进的经济建设方针，提出应该根据需要和可能，合理地规定国民经济的发展速度，把计划放在既积极又稳妥可靠的基础上，以保证国民经济比较均衡地发展。应使重点建设和全面安排相结合，以便国民经济各部门能够按比例地发展。科学文化建设要贯彻“百花齐放，百家争鸣”的指导方针，努力创造社会主义的民族的新文化。

大会要求国家工作应继续加强我国的人民民主专政，进一步扩大国家的民主生活,开展反对官僚主义的斗争;加强国内各民族的团结;继续巩固人民民主统一战线;逐步制定完备的法律,建立健全的法制,使党和政府的活动做到“有法可依”“有法必依”。共产党和各民主党派、无党派民主人士实行“长期共存,互相监督”的方针,坚持中国共产党领导的统一战线和多党合作。

河北省各级党组织非常重视这次代表大会精神的学习和宣传。在大会召开期间,即掀起了对已公布的八大文件和有关会议情况报道的学习热潮。党的第八次全国代表大会开幕的 9 月 15 日晚上和 16 日上午,保定、唐山、石家庄、峰峰、秦皇岛、张家口、邯郸和沧州的许多机关干部、厂矿职工、市民和郊区农民,以兴奋的心情收听了大会开幕的消息、毛泽东的开幕词和刘少奇的政治报告。他们决心通过收听和学习大会文件,提高思想,改进工作。

为深刻领会八大会议精神,10 月 18 日,中共河北省委发出《关于组织全省干部深入学习第八次全国代表大会文件的指示》,决定用 4 个月的时间,组织全省党与非党干部继续深入开展对八大文件的学习。指示发出后,全省各级党组织根据本地实际,制订了学习计划,深入思想动员,把学习逐步引向深入。10 月 22 日,省委又发出《关于向基层干部、党员和人民群众宣传党的第八次代表大会精神的通知》,要求各地紧密结合工作实际,广泛宣传党的八大的主要内容和精神,使基层干部、党员和人民群众了解建设社会主义的总任务和基本政策,以及加强党在社会主义建设中的领导作用的重要意义。为加强对八大文件学习的领导,省、地、市委和省直机关都成立了八大文件学习领导小组。

通过深入学习,全省党员干部逐步认识和领会了建设社会主义的新任务和为完成这些新任务采取的各项基本政策。此后,全省各地各部门的党组织,在领会八大文件精神的基础上,开始以八大精神为准绳,联系本地区本部门的实际情况进行检查,发现问题,改进工作。秦皇岛市委为改进领导,整顿党员干部的思想作风,决定从 10 月开始,根据八大精神,用 3 个月时间,对党员干部脱离群众的思想作风进行一次整顿。石家庄市委根据党的八大精神组织干部深入厂矿、建设工地检查工作,发现很多单位存有严重的官僚主义和命令主义作风,9 月 29 日市委召开了厂矿、交通运输、基本建设系统的党委书记会议，提出了改进领导作风的一系列具体措施。

调整若干方面的经济关系

党的第八次全国代表大会闭幕之后，中共中央按照八大制定的正确路线和提出的许多新方针，继续探索适合中国情况的建设道路，使八大确定的一些重要思想和方针继续得到丰富和发展。河北省社会主义建设也沿着八大确定的正确方向继续前进，并结合河北的实际，对若干方面的经济关系和1957年经济计划进行了必要的调整。

按照八大确定的“三个主体，三个补充”的思想，即国家与集体经营、计划生产和国家市场是主体，一定范围内国家领导的个体经营、自由生产和自由市场作为补充，全省适当放开了对国家领导下的自由市场的管理。允许企业实行一定程度的自由选购和自由推销，允许完成统购任务后的部分农产品进入自由市场。

1956年随着社会主义改造的基本完成，特别是商业网点下伸到农村后，有人认为以个人产品交换为主要内容的集市贸易同社会主义经济已经不相适应了，集市作用不大了，有些地区盲目减少集市，延长集期。市场管理存在着偏重完成国家收购任务，忽视照顾群众合理需要的偏向，地区间经济封锁限制，随意扣留罚款、冻结物资等现象严重；有些地区和部门，乱订规章，乱管市场，形成政出多门，限制了集市贸易的发展，对农业生产发展不利，给农民生活带来了很多困难。为此，11月8日，河北省人民委员会发出《关于认真执行国务院〈关于放宽农村市场管理问题〉的指示》，开放了农村集市贸易，允许农业社和农民在完成统购任务后部分农产品在国家市场上进行品种交换和互通有无，并对集市贸易开放的原则及市场中各类商品的管理方法等作出了明确的规定。强调集市贸易是国家领导下的自由市场，是社会主义统一市场的组成部分，纠正了一些人把集市贸易和社会主义统一市场对立起来，以及企图取消集市贸易的错误做法。到1956年底，全省共有集市2661个，成交额达9826万元，相当于社会商品零售总额的3.34%。农村集市贸易的开放，对于进一步活跃农村经济，便利群众购销，收到了明显的效果。在市场开放以后，过去许多停止或缩小生产的土副产品开始恢复和扩大了生产；有些过去销路不畅的产品，也开始找到了销路。从而进一步提高了农民的生产积极性，激活了土副产品生产的发展，活跃了城乡物资交流，减轻了国家供应的压力。

但是，随着市场的逐步开放，也出现了一定程度的混乱。主要是一些人投机贩运国家统购物资，影响到国家收购任务的完成；物价上涨，国家牌价和市场价格严重脱节，农业社和农民开设店铺贩卖铜、铁、肉食以及从事其他的商业活动相当普遍，引起很多社员"厌农喜商"，直接影响到农业生产的发展和农业社的巩固。为此，根据国务院指示，中共河北省委、河北省人委于1957年4月发出《关于加强市场管理的指示》，8月又先后发出《关于进一步加强农村市场管理的联合指示》和《河北省市场管理暂行办法》，对自由市场的范围加以限制，取消了粮食（包括薯类）、油料、棉花的交易市场；完成国家统购任务剩余部分出卖时，也只准卖给国家。不论城市和农村，不论统购期间和统购完成以后，一律不准私人在市场上买卖粮食、油料和棉花；同时，严格取缔私人贩运粮食、油料和棉花。允许进入国家领导下的自由市场出售的主要是一部分小土副产品。但在贯彻这些规定的过程中，从省到县又层层增加统一收购物资品种，对违犯者有的强行作价收购，甚至予以没收，致使一些地区土副产品的交流受到影响。对此，省工商行政管理局及时发出通知，强调这一时期的市场管理任务，总的要求是认真贯彻开放国家领导下的自由市场的方针政策，保护一切正当经营，促进小土产、小商品的生产和交流，制止一切投机违法活动，限制自发势力的滋长。强调自由市场将在长时期内存在，从管理上只能限制，不能封死，方针是"管而不死，活而不乱"，使其真正成为社会主义市场的补充。经过检查纠正，情况有所好转。到1957年底，全省仍保留2439个集市，当年集市贸易成交额为1.0112亿元，相当于社会商品零售额的3.6%。

党的八大以后，全省对农业集体经济的内部关系也作了一些调整和改进。1956年是全省实现高级合作社的第一年，合作化初期，由于对合作社的规模存有越大越好的盲目热情，因而建立了不少过大的社。到1956年9月，全省共有合作社2.4249万个，其中联村、联乡社占

33.02%,一村一社占64.56%,一村数社占2.42%。全省合作社平均每个社的户数是340户,联村、联乡社所包括的户数达社员总户数的60%以上。大多数联村、联乡社出现了管理困难,政策难以贯彻,村与村之间的经济利益存在严重矛盾等问题;再加上当时农业生产指标定得过高,农业基本建设和技术改革要求过急,同时一度忽视了发展副业生产,对生产资料的入社和社员向社投资有的未能严格遵守互利原则或贯彻民主办社方针不够,社员感到"当家做不了主",致使有些社员对高级社产生了怀疑,认为"高级社不如初级社""合作社不如单干",甚至认为合作社的路越走越窄。这些问题的存在使群众生产和办社的积极性受到一定影响。

为解决农业生产合作社存在的问题,河北省根据八大关于调整现有合作社组织,纠正过分强调集体利益和集体经营而忽视社员个人利益、个人自由和家庭副业的倾向,要求合作社在产品分配方面实行"少扣多分",在生产经营方面实行"大的集中,小的分散",实行"主要公有,次要私有";同时强调必须贯彻勤俭办社和民主办社的方针,并根据中共中央关于整顿农业生产合作社的指示精神,1956年11月22日和12月28日,中共河北省委先后发出《关于今冬明春生产整社的指示》《关于在农村普遍深入开展政治宣传运动,推动生产整社工作的指示》,要求各地对农业生产合作社进行一次普遍整顿。在整社中首先本着有利生产,便于经营管理的原则,适当调整了农业社和生产队的规模。经过调整,到1957年6月底,全省共有高级社3.6016万个,入社农户达845万户,占总农户的99.56%;社的规模进一步缩小,一村一社和一村数社的占86.15%,联村社、联乡社下降到13.85%,从而使社、队组织规模进一步适应了生产的需要和社的经营管理水平。同时,在生产经营管理方面,大力推行了包工包产和大包工制度,实行了包工到组、田间管理固定到户的办法,提高了劳动效率和劳动质量。到1957年3月,全省已有8055个农业社订出包工包产方案,占全省农业社总数的24.3%。3月12日《河北日报》为此发表《积极地推进包工包产》的社论,要求迅速推动这一工作的进行。9月13日,中共河北省委农工部、省农业厅在《河北日报》发表《对当前有关包工包产问题的若干意见》,认为包工包产应包到生产队，还要包投资，包生产资料；包产指标应积极可靠，适宜包工的活计，可以包到组、户、人；可采取全奖全赔、多奖多赔、按一定比例奖赔三种奖赔形式。为解决社员的养猪饲料问题，1957 年 6 月 13 日，省委还发出通知，要求各地酌量增加社员的自留地，将原来规定的社员自留地不超过当地每人平均土地数的 5% 提高到 8%。

上述调整农业集体经济内部关系的措施，虽然不可能完全解决农业体制中存在的各种问题，但在一定程度上调动了广大农民的生产积极性，同时也是实行农业生产责任制的创造性尝试。

在调整农业集体经济内部关系的同时，河北省针对 1956 年基建规模偏大的状况，对 1957 年的基本建设进行了调整。1957 年 4 月，河北省人委在《关于 1956 年国民经济计划执行的基本情况和 1957 年度计划草案的说明》中提出，必须在建设事业总的进程中，根据财力、物力和技术的实际可能，切实贯彻“保证重点，适当收缩”的方针。对资金的使用，既要适当地集中，以保证主要工程的需要，又要合理解决收缩当中的遗留问题；同时要在适当照顾长远需要的原则下，着重解决能很快增加生产和有较大现实性的事业方面的问题，避免摊子铺得过大、过多，影响 1958 年计划的安排。为接受 1956 年在基本建设计划工作中的经验教训，对基本建设项目的安排，明确提出必须遵循以下几条原则：（一）在考虑建设的时候，首先必须挖掘现有企业（包括手工业）、事业单位的生产能力和服务能力，并要因陋就简，发扬勤俭办企业的精神。对于确实不能适应需要的行业，必须结合长远需要，以扩建改建为主，辅之以必要的新建，但必须严格控制新“上马”的项目，凡是不急需的也不扩建。（二）投资要重点明确并适当集中使用。主要用于对农业增产有密切关系，并行之有效的农田水利和全国缺乏的原料工业（如煤、矿石等）以及与国家工业建设相配合的必要的城市建设、急需的交通事业等方面。除迫切需要的学校外，对一般的民用建筑尽量不建。（三）无论扩建、改建或新建，必须考虑到技术设备的条件和劳动力多余的特点，防止盲目追求大规模、机械化或专业化，应该采取中、小型相结合，而又以小型为主的方针。（四）对以往安排不当，而继续进行建设又将发生很大困难的，要坚决“下马”；对已经“上马”但投资很大而在一二年内并非急需可以延期的，要坚决“勒马”；对跨年度和1956年应完未完工程，不继续进行就会对事业的发展有严重影响的，则在投资上予以保证。针对一些单位贯彻勤俭建国的方针不够深入，在基本建设中贪大喜新，盲目追求现代化的倾向，省人委要求继续批判盲目追求现代化和高标准的思想，认真审查投资计划和工程计划，对于那些可以削减的、可以推迟的建设项目要坚决削减、推迟；对于那些建筑标准过高、占地过多、技术经济定额过大的设计要坚决降下来。民用建筑更应提倡俭朴，坚决制止追求豪华的偏向。在城市建设中，对那些引进规模大、不切实际需要的建设计划，应当在把目前正在进行的工程做好安置的情况下，迅速着手进行修正。

按照上述要求调整后的1957年基本建设规模，与河北省财力、物力基本上取得了平衡，使1957年的经济建设工作放在了积极而又稳妥可靠的基础上，从而保证了1957年经济建设的健康顺利发展。

此外，为发挥各地区、各企业的积极性，河北省还根据八大提出的“统一领导，分级管理，因地制宜，因事制宜”的原则，着手改进地方工业管理体制，改变省对地方工业管理过多、过严的不合理状况。在1956年11月21日至26日召开的中共河北省一届二次全委扩大会议上，研究讨论了《关于改进地方工业体制问题（草案）》，明确了关于地方工业分级管理的划分原则：凡是生产技术较高、规模较大、产品营销范围超过本省或为国家需要的企业，由省直接管理；凡是规模较小、技术简单、对当地土特产品进行简单加工的企业，由县管理；其余企业则交市或委托专署管理。哪级主管的企业，即为该级的企业。对现有企业，都实行地方与部门双重领导的制度。根据上述原则，对全省地方工业的隶属关系，进行适当调整。这种以简政放权为中心的管理体制改革，是试图突破高度集中、统得过死的传统模式的最初努力。

贯彻中央关于知识分子的指示精神

早在1949年8月，中共河北省委就发出了《关于新知识分子使用问题的决定》，对解放前公教人员中的知识分子采取了包下来的方针，使绝大多数的知识分子得到适当安置。随着社会主义改造和社会主义建设事业的发展，又大量吸收知识分子参加了各项建设事业，并且培养了一批新的知识分子,使知识分子队伍迅速壮大。据1955年底粗略统计,全省约有高级知识分子2000人,一般知识分子54万人,其中中等专业以上知识分子5万余人。广大知识分子经过思想改造,政治面貌已经发生了根本变化,思想作风和业务能力都有了不同程度的提高。从政治态度上,不少知识分子对共产党和人民政府从解放初期的观望怀疑,转到积极拥护,并且已有部分知识分子参加了共产党。他们已经在科学、教育、文化、卫生、工程技术各个不同的战线积极地为社会主义建设事业服务,并且做出了重大贡献。但是,全省知识分子无论在数量上和质量上都还远远不能适应社会主义建设事业的需要。高级知识分子仅占全省人口的0.5‱,而且在知识分子工作上还存在许多缺点和错误,如对知识分子的作用估计不足,重视信任不够等,影响着知识分子作用的发挥。

1956年1月,中共中央召开了关于知识分子问题的会议,着重研究了加强党对知识分子和科学文化工作的领导以及妥善解决知识分子的工作安排和生活待遇问题。周恩来代表中共中央作了《关于知识分子问题的报告》,宣布经过新中国成立后6年来贯彻执行党对知识分子的团结、教育、改造的政策,知识界的面貌已经发生了根本变化,“他们中间的绝大部分已经成为国家工作人员,已经为社会主义服务,已经是工人阶级的一部分”。社会主义建设必须依靠体力劳动和脑力劳动的密切合作,依靠工人、农民、知识分子的兄弟联盟。并在分析世界科学技术一日千里发展的紧迫形势后,提出了“向现代科学进军”的任务。这个估计和判断,奠定了社会主义时期党对知识分子的正确政策的基础。毛泽东在会上讲话,号召全党努力学习科学技术知识,为迅速赶上世界科学先进水平而奋斗。会后不久,中共中央政治局发出《中共中央关于知识分子问题的指示》。党的八大进一步确认“百花齐放,百家争鸣”为发展科学和文化艺术的指导方针。这一方针的实质是要充分调动知识分子的积极性和创造性,繁荣科学文化事业。

为贯彻落实中央关于知识分子问题的指示,1956年2月6日至9日,中共河北省委召开了第二次知识分子工作会议。在1955年12月,省委曾召开过全省知识分子工作会议,对全省知识分子政策执行情况进行了检查。第二次知识分子会议是在过去检查工作的基础上,深入传达学习周恩来关于知识分子问题的报告,着手制定解决知识分子问题的具体规划,解决知识分子急需解决的工作条件、生活待遇问题。周恩来关于知识分子问题的报告传达后,在全省知识界引起了很大反响,使广大知识分子感到党的无微不至的关怀,纷纷表示要以实际行动响应党的号召,投身建设社会主义的伟大事业,不少单位的科学技术人员自动制订科学研究计划,解决生产工作中的一些关键问题。2 月 17 日,省委又进一步作出部署,要求各级党委深入地向党内外干部传达中央关于知识分子问题会议精神,认真改进党对知识分子的工作,解决存在的问题;结合社会主义建设各项事业的全面规划,作出知识分子工作的规划,迅速纠正对知识分子使用不当、安排不妥的现象;各地区、各系统应将自己管辖范围内的科学研究人员、医疗卫生人员、教学人员、文化艺术工作者的工作条件和生活待遇进行一次普遍检查,并将能够解决的问题立即加以解决,一时不能解决的,要作出计划逐步解决。

同年 4 月 5 日,省委副书记张承先在政协河北省一届二次会议上作了《关于知识分子问题的报告》,再次重申河北省解决知识分子问题的工作思路:第一,正确解决对知识分子的安排使用、信任支持、工作条件和生活待遇问题,以便最充分地发挥他们的作用。第二,省委决定加强在知识分子中发展党员的工作,对已具备入党条件的要立即吸收入党;暂时不具备条件的,要给他们指出前进的方向,努力加以培养和提高。省委还要求各级党组织作出在知识分子中进行发展党员的计划,并逐步加以实施,坚决纠正关门主义倾向和官僚主义态度。第三,要对知识分子工作作出全面规划,大力培养知识分子新生力量,提高知识分子的业务水平。据当时的不完全统计,全省在 12 年内需要高等学校毕业的知识分子 15 万人左右,需要中等专业学校毕业的知识分子 53 万余人。为解决人才供应问题,必须大力举办各种专业学校。全省今后 12 年内需新建大学、专科学校 19 所,新建中等专业学校 52 所。此外,还必须加强在职干部的轮训与进修,使现有知识分子的水平不断提高,使工农出身的干部的科学文化水平迅速提高。第四,加强党对知识分子工作的领导,省委、省人委决定在最近一个时期内将知识分子工作当作中心任务之一来抓,制订长远规划,不断扩大知识分子队伍,以适应经济建设的需要。

根据中共河北省委解决知识分子问题的工作思路,省委组织部对省管辖范围内使用不当的知识分子立即进行了调整。经过 4 个月的工作,到 1956 年 8 月底,共调整使用不当的高、中级知识分子 694 名,占应调整总数 838 名的 82.8%。在调整他们工作的同时,对其生活待遇、学习、住房等问题也进行了合理安排和解决。

中共中央关于知识分子问题指示精神的初步贯彻,极大地调动了全省知识分子建设社会主义的积极性,全省知识界出现了以"向科学进军"为基本内容的知识分子建设社会主义高潮。3 月 5 日,省会各界知识青年 1400 多人在河北会堂举行了向科学进军大会。中共河北省委副书记张承先向大会作了报告,他号召所有知识青年响应党中央提出的向科学进军的号召,勇敢地、大胆地向科学进军,早日攻下科学堡垒。会议通过了省会知识青年为向科学进军致全省知识青年的倡议书。会后,全省掀起了向科学进军的高潮,许多地区和部门的知识分子结合当时的任务和远景规划,制定了科学研究与业务进修规划,工农干部也作出了业务学习与提高文化的安排;许多知识分子还提出了提高思想觉悟,争取入团入党的规划。在向科学进军的过程中,一些科研机构和学术团体相继成立。6 月,中华全国自然科学联合会河北省分会和河北省科学普及协会成立,7 月,河北省农业科学研究所在石家庄成立。1957 年 11 月,河北省人委作出决定,成立了河北省科学工作委员会。这些组织的建立,使全省知识分子深受鼓舞,更加激发了他们投入科学技术、文化教育事业,并向广大群众宣传普及科学知识和生产技术的热情,推动了社会主义建设不断向前发展。

提前完成第一个五年计划

在党的第八次全国代表大会和中共河北省第一次代表大会精神指引下,经过全省人民艰苦努力,顽强奋斗,到 1957 年底,第一个五年计划确定的各项指标都大幅度地超额完成,社会主义经济建设取得了显著成就。

在工业方面,有重点地进行了基本建设,为工业发展打下了初步基础。"一五"期间,河北省集中财力、物力,充分发挥资源优势,在煤炭、电力、冶金、纺织行业进行了重点建设,全省基本建设投资共完成 19.22 亿元，其中工业系统投资占64.4%，而用于煤炭、电力、纺织和冶金等重点工业的投资就占全省基本建设投资的80%以上。煤炭工业新建了兴隆煤矿，扩建了峰峰、开滦、井陉煤矿。到1957年，全省煤矿矿井建设规模达777万吨，全省矿井设计能力达到年产1763万吨，占全国总能力的12.27%；原煤产量达1520万吨，比1952年增加523万吨，成为全国重要的煤炭基地之一。在电力建设方面，相继建成投产的大中型项目有石家庄热电厂、唐山发电厂、下花园发电厂、保定发电厂；同时对电网进行了大规模技术改造和建设，到1957年底，全省发电装机容量达20.98万千瓦，比1952年增长近1倍，平均年递增14.6%；发电量达到9.76亿度，增长1.3倍，平均年递增18.26%。纺织工业在"一五"期间从无到有，开始兴建了石家庄、邯郸两大纺织基地，为形成规模大、门类全的纺织工业体系奠定了基础。到1957年底，全省总计新增棉织机1.41万台，棉纱产量25.86万件，比1952年增长2.74倍，棉布3.12亿米，增长60.8%。苏联援建的全国最大的化学药品生产厂——华北制药厂，于1958年建成投产，年产青霉素、链霉素1731吨，成为全国抗生素生产基地。这个时期扩建和新建的大中型项目还有龙烟铁矿、寿王坟铜矿等。开始动工兴建的工业企业还有保定造纸厂、保定胶片厂等。

在农业方面，"一五"时期河北省用于农业方面的基本建设投资2.32亿元，占基建总投资的12.1%，高于全国7.1%的水平。由于省内洪涝旱碱四大灾害频繁，水灾尤为突出，造成农业生产极不稳定，还经常直接威胁人民的生命财产安全。为解决广大群众迫切需要解决的水害问题，"一五"时期河北农业基本建设的重点是水利建设，5年共投资1.5亿元，占农业基建投资的90.9%。在水害威胁严重的河系，围绕着复堤修险、疏浚河道、开挖泄洪和排沥新河等具体目标，初步修复了堤防，整治了河道，修建了一些急需的防洪、排涝工程。在永定河上游修建了全国第一座大型水库——官厅水库，在唐山修建了陡河水库，使水害得到了初步治理。此外，还依靠集体的力量开展了大规模的农田水利建设，改进耕作制度，推广新式农具，提高农业生产技术等，使农业生产条件不断改善，为农业生产发展创造了条件。1957年全省粮食产量达163.83亿斤，比1952年增长6.1%；棉花总产达6.12亿斤，比1952年增长6.7%。

在“一五”期间,全省国民经济得到了迅速发展,经济面貌发生了显著变化。工农业总产值1952年为42.36亿元,1957年增加到56.63亿元,增长33.7%。其中农业总产值由28.55亿元增加到31.81亿元,增长11.7%,平均每年增长2.2%;工业总产值由13.81亿元增加到24.75亿元,增长79.2%,平均每年增长12.4%;轻工业比重由23.6%上升到29.5%;重工业比重则由10.2%上升到14.2%。同时,“一五”时期,国民经济各个部门的发展是比较协调的。在工农业总产值中,工业所占比重上升,农业所占比重下降,但农业仍有发展。除了工农业生产协调发展外,建筑业、运输和邮电业、商业都得到了相应的发展。1957年建筑业产值达到5.23亿元,比1952年增长165.9%;运输和邮电业产值达到4.19亿元,增长117%;商业产值达到9.67亿元,增长51.3%。

在工农业生产不断发展的基础上,全省人民的物质文化生活得到了显著改善。“一五”时期,全省社会商品零售额由1952年的15.89亿元增加到1957年的25.82亿元;农民人均纯收入由1952年的75.9元增加到1957年的96.31元,全民所有制企业职工年平均工资由1952年的438元增加到1957年的598元。

全省人民共享了公共事业发展的成果。交通运输和邮电方面,随着工农业生产的发展和基本建设规模的扩大,交通运输量和邮电业务量都有较大增长。1957年全省公路通车里程达到1.265万公里,比1952年增加5024公里;内河通航里程2487公里,增加119公里;民用汽车达到3226辆,增加1796辆;地方客运量1043万人,增加685万人;地方客运周转量3.9196亿人公里,增加2.1451亿人公里;地方货运量4069万吨,增加2250万吨;货运周转量6.1489亿吨公里,增加2.9546亿吨公里。邮电通信经过一系列整治、更新和扩充,面貌发生了很大改变,到1957年底初步形成了以省会保定为中心的邮电通信网路雏形。邮电局、所达到1200处,邮路总长度达12.6761万公里,长途线路总长2.7753万对公里,邮电业务总量增长2.98倍,每百人平均拥有电话0.218部,5年增长8.5倍。

文教卫生事业同经济发展相适应也得到较大发展。在教育事业方面,建立了社会主义教育制度。1957年,教育支出总额1.0568亿元,比1952年增加8239万元;教育事业费占财政支出的20.82%,增长8.42%;在校学生人均教育费支出23.3元,增加16.98元。新建了一批学校,在校生大幅度增加。1957年底,全省高等学校达6所,比1952年增加2所,在校生0.85万人,增加0.64万人;中等专业学校在校生4.19万人,比1949年增加2.46万人;普通中学847所,实现了县县有中学,比1949年增加797所,在校生37.26万人,增加35.21万人;小学4.0337万所,比1949年增加7553所,在校生412.3万人,增加185.7万人。同时,通过扫盲运动,举办各种“识字班”“民校”“工农速成中学”等,形成了广大干部群众学习文化知识的热潮,提高了文化水平。

文化事业方面,1957年底,全省有艺术事业机构403个,比1949年增加269个;公共图书馆14个,增加12个;群众文化机构514个,增加414个;文物事业机构增加3个;电影放映单位558个,增加532个。

医疗卫生事业方面,1957年全省卫生机构达8958个,比1949年增长58.3倍;床位数达到1.85万张,增长7.5倍;卫生机构全部人员10.90万人,增长3.34倍。其中卫生技术人员9.93万人。卫生事业的发展提高了人民群众的健康水平,使人口死亡率下降。

总之,社会主义制度的建立,激发了全省人民投身于社会主义建设的热情,使他们焕发出为国家繁荣富强而忘我劳动的巨大力量。尽管这一时期社会主义建设才刚刚开始,但由于党在探索适合中国情况的社会主义建设道路的过程中制定了一系列正确的路线、方针、政策,使河北的社会主义建设取得了巨大的成就,工农业并重并快速健康发展,各项社会主义事业蓬勃兴起,社会安定团结,人民安居乐业,生活显著改善,这一切都说明河北的社会主义建设有了一个良好开端。

第九章

从整风运动到反右派斗争

1956 年在社会主义改造基本完成后，由于无产阶级和资产阶级之间的矛盾已经基本解决，而大量的人民内部矛盾则逐渐显露出来。为加强党的建设，巩固党的执政地位，根据中共中央的部署，中共河北省委开展了以正确处理人民内部矛盾为主题的整风运动。在整风过程中，有极少数资产阶级右派分子利用帮助共产党整风的机会，向党和新生的社会主义制度发起了进攻。在中共中央统一部署下，省委组织领导人民群众对反对党的领导、反对社会主义道路的右派分子进行了坚决反击和斗争。但由于对阶级斗争的形势作了过分严重的估计，混淆了两类不同性质的矛盾，导致反右派斗争严重扩大化，使河北建设社会主义的良好开端遭受曲折。

一、正确处理人民内部矛盾

人民内部矛盾日渐显现

1956 年是一个不寻常的年份。在国内，我国完成了生产资料私有制的社会主义改造，社会主义制度已经基本建立起来。党的八大明确宣布，“无产阶级同资产阶级的矛盾已经基本上解决”，标志着中国“由革命到建设”的转变。由于大规模的阶级斗争基本结束，而人民内部的矛盾则逐渐大量显露出来，突出起来。在国际上，1953 年 3 月，斯大林逝世后，苏联共产党逐步着手纠正他在经济工作中出现的失误和政治上的冤案。1956 年 2 月，苏共举行的第二十次代表大会，尖锐地揭露了斯大林在领导苏联社会主义建设中的错误以及对他的个人崇拜所造成的严重后果，这不仅引起了西方国家的舆论哗然，而且导致了社会主义阵营内部的强烈震动和分裂。6 月和 10 月，先是在波兰，继而在匈牙利，由于不满苏联同这些国家的不平等关系和本国执政党制定的国内政策，先后发生大规模游行和示威，最后升级为骚乱和武装冲突。波匈事件虽然最后以不同的方式和手段得到了平息，但它对社会主义阵营的冲击是巨大的。苏共二十大后，东欧一些社会主义国家弥漫着动荡不安的气氛。

苏共二十大和波匈事件对河北也有一定的影响。从 1956 年下半年开始，由于社会主义改造的急促和变化的深刻，经济建设中冒进倾向未能完全克服，使经济和政治生活出现了某些紧张，以致出现了生产资料和生活资料供应短缺，少数学生、工人和复员军人在升学、就业、安置等方面遇到了一些一时难以解决的困难，一些社会矛盾突出起来。具体表现为：有些群众不能正确认识国家建设中的困难，强调个人眼前的利益，忽视集体的长远利益；强调民主忽视集中，强调自由忽视纪律；强调主观愿望而不顾客观条件；强调社会主义建设中的某些缺点，忽视社会主义建设中的成就等。有些富裕中农因入社后收入减少就对高级社产生了怀疑，想走回头路；也有的农民不习惯于集体生产、集体劳动，想搞自由生产。在城市中一些被改造的资本家怕取消定息，生活水平降低，依恋于资本家的生活方式，对社会主义事业不积极；有些刚毕业的青年学生分配工作时挑挑拣拣，不愿到边远地区和艰苦的地方去工作；在少数干部、工人中也滋长着闹级别、闹待遇、闹享受的名利思想，不肯过艰苦生活，不愿到农村去。这些消极情绪和错误思想的蔓延，在政治思想工作薄弱以及领导上存在官僚主义的地方，必然会产生不良后果。有的地方甚至发生了工人罢工、学生罢课、农民闹缺粮、闹退社风潮。据全省 5 个市 32 个县的不完全统计，自 1956 年 4 月到 1957 年 4 月，共发生事件 90 起，参与人数共计 9000 余人。从时间来看，1956 年 4 月至 10 月较少,每月平均不到两起;1956年11月至1957年1月,每月平均25起;1957年1月份最多,共发生32起,占总数的35.5%。这些事件是群众生活、工作安排、福利分配不当引起的。怎样对待社会上出现的这些新情况、新问题,如何正确地加以解决,是摆在各级党组织面前的一个全新课题。社会主义制度建立后,资产阶级思想与无产阶级思想、先进与落后的斗争仍然存在,社会主义制度还需要有一个继续完善和巩固的过程,国家工作人员也需要一个学习和取得经验的过程。在这个过程中,任何时候、任何情况下,都不能放松党的思想政治工作。因此,进一步加强党对思想政治工作的领导,正确认识和处理日渐突出的人民内部矛盾,成为捍卫新生的社会主义制度的迫切要求。

加强党的思想政治工作

面对新形势下出现的新矛盾、新问题和国际局势出现的新情况,许多党内外干部群众思想上缺乏准备,认识迷茫,陷于被动。根据中共中央关于正确处理人民内部矛盾的指示精神,中共河北省委加强了对干部群众的思想政治工作。

1957年1月11日,中共河北省委发出《关于在寒假前向大中学校学生进行一次时事政策教育的紧急通知》,针对群众中存在的不满情绪和波匈事件引起的思想混乱,要求各地市委迅速通知并督导所属各大中学校的党组织,在寒假前对学生进行一次深刻的时事政策教育,使学生对国际国内形势有比较清楚的认识,以正确的态度对待所遇到的问题,并要求有宣传能力的学生回家后要向群众做宣传解释工作。有条件的可以聘请当地领导机关负责干部作报告,报告要针对学生的思想情况,做到有的放矢,解决问题。

为及时掌握各方面的思想动态,中共河北省委在2月7日至15日召开的地、市、县委书记会议上,着重对当时各方面的思想动态进行了认真分析讨论,对部分干部群众中存在的消极情绪和错误思想以及接连出现的群体性事件的原因进行了客观分析。会议认为,面对社会主义改造完成后出现的许多新问题,缺乏处理经验,有些问题的处理也不够妥善,助长了某些错误思想的发展。根本的原因是各级领导忙于各项建设事业,放松了对政治思想的领导。为防止此类事件的再次发生,必须加强党对政治思想的领导。对学生、工人、农民、复员军人、机关干部都要进行艰苦建设社会主义的教育,使他们正确理解党的各项政策,明辨是非界限,为此,会议要求县以上各级领导干部,都要有计划地经常地向工人、农民、学生、复员军人、干部作政治报告,首先从省委委员做起,形成制度。业务行政部门的厅局长、经理、厂长,必须抓思想,抓政治,克服不问政治的倾向。县以上各级党委要注意经常了解学校师生的思想动态,加强学校政治教育。各地要注重选派一些干部到学校中做思想政治工作,逐步建立学校中的党委制。同时加强工人的思想工作,工厂中文化、教育、政治的学习时间,市委有权力加以必要调整。另外还要加强基层党组织的工作,彻底纠正党不管党、放松对基层党组织的领导的现象。

为进一步加强党对学校政治思想工作的领导,3 月 6 日,中共河北省委专门发出《关于加强学校政治思想工作的指示》,要求各级党委必须迅速地把学校的政治思想工作提到议事日程上来,纠正任何忽视和放松学校政治思想工作领导的右倾麻痹思想;必须认真加强教师和学生的时事政策教育。各级各类学校应建立定期时事政策报告制度。各级党政负责人要认真执行省委的决定,每学期要亲自出马,给学校作一两次时事政策报告。同时要求自省委到县委的党委委员,凡是到下面检查工作时,都应该给就近学校的师生作报告或解答他们的问题;各级党委必须高度重视中小学毕业生的教育和安排工作。鉴于全省有大量不能升学的中小学毕业生,各地要广泛深入地开展中小学毕业生从事生产劳动的宣传教育运动,造成欢迎中小学毕业生到农村去、到合作社去、到生产劳动中去的社会舆论和社会风尚;要在广大师生中深入进行发扬革命传统,提倡艰苦朴素与群众同甘共苦的教育。反对铺张浪费和贪图享受不愿过艰苦生活的不良风气,树立克勤克俭、努力工作、刻苦学习的优良风尚;要保持工农子弟的勤劳传统,有计划地组织师生参加业余劳动。在宣传社会主义优越性的同时,要指出建设社会主义的长期性、艰巨性,鼓励师生乐于忍受社会主义建设中某些暂时的困难,把学生培养成不怕困难,善于和困难作斗争的勇敢、坚毅的社会主义建设的新人。《指示》强调指出,加强学校党的工作是加强学校政治思想工作的关键。为加强学校党的领导,必须适当充实学校中党的骨干。省委要挑选一批政治素质较高、工作能力较强的干部到高等学校做政治工作。各地党委在调整机构时也应注意选拔一批适合到中等学校工作的干部到中等学校做党的工作,同时要把那些确实不适于做学校工作的干部,有计划有步骤地调出学校。此项调整干部的任务,要求在 1957 年一年内完成。

在农村,为克服部分富裕中农对高级农业社的怀疑和非难,调动农村中的积极因素,克服消极因素,1956 年 12 月 28 日,中共河北省委发出了《关于在农村普遍深入地开展政治宣传运动,推动生产整社工作的指示》,决定 1956 年冬至 1957 年春在农村普遍深入地开展一次政治宣传运动,大张旗鼓地宣传高级合作社的优越性。要肯定一年来生产办社的成绩,正确地指出农业社存在的问题,引导社员用积极的态度去总结经验,克服困难,解决问题;要宣传办好合作社的各项政策,坚决把农业社办好;要教育全体社员树立主人翁观念,关心合作社的问题,关心集体的事业。基层干部必须树立群众路线的工作作风,发扬民主,虚心听取群众的意见。《指示》要求,通过这次宣传运动,克服有些地区在高级合作社后政治思想工作薄弱的现象。

为加强农村的思想政治工作,1957 年 6 月 1 日,中共河北省委又专门发出《关于加强农村思想政治工作的指示》,要求第一书记亲自动手,发动全党做思想工作。要加强思想工作的组织管理和制度建设,注意帮助基层党组织加强对思想政治工作的领导,坚决克服党社不分、削弱和取消思想政治工作的现象。

通过一系列加强党的思想政治工作的努力,广大党内外干部群众对当时面临的形势有了全面的认识,他们中的消极情绪、错误思想和模糊认识正在逐步得到纠正,罢工、罢课和群众性请愿事件也得以平息。但是在处理日渐突出的人民内部矛盾的过程中,许多党员和干部对于人民内部矛盾已经转化为主要矛盾这一新形势认识还不明确,对正确解决人民内部矛盾尚缺乏经验,有些党员、干部对群体事件仍企图采取简单粗暴的办法处理。这说明,对于如何正确处理人民内部矛盾,当时在党员干部中还存在许多模糊甚至错误的认识。

学习和贯彻关于正确处理人民内部矛盾理论

为正确处理日渐突出的人民内部矛盾，1957年2月，毛泽东在最高国务会议第十一次扩大会议上发表《关于正确处理人民内部矛盾的问题》的重要讲话。这篇讲话根据马克思列宁主义的辩证法，阐明了我国在由革命转入建设的新形势下所面临的一系列根本问题。他指出：矛盾是普遍存在的，社会主义社会也充满着矛盾。社会主义社会的基本矛盾仍然是生产力和生产关系、上层建筑和经济基础之间的矛盾，不过社会主义社会的这些矛盾同旧社会的这些矛盾具有根本不同的性质和情况，可以通过社会主义制度本身不断地得到解决。他还指出：在社会主义社会存在着敌我之间和人民内部这两类根本不同的矛盾，前者需要用强制的、专政的方法去解决，后者只能用民主的、说服教育、团结——批评——团结的方式去解决，绝不能用解决敌我矛盾的方法去解决人民内部的矛盾。这样，就把正确处理人民内部矛盾作为国家政治生活的主题，并且从理论上提出了关于社会主义社会矛盾的新学说。他还联系农业合作化等一系列问题，系统地分析和阐述了正确处理人民内部矛盾的方针和方法。毛泽东强调：革命时期的大规模的急风暴雨式的群众阶级斗争基本结束，但是阶级斗争还没有完全结束。他认为，在这个时候提出划分敌我矛盾和人民内部矛盾两类矛盾的界限，提出正确处理人民内部矛盾的问题，主要是为了团结全国各族人民，发展我们的经济和文化，巩固我们的新制度，建设我们的新国家。3月，毛泽东又在全国宣传工作会议上讲话，进一步强调“百花齐放，百家争鸣”是一个根本性的也是长期性的方针，要放手让大家讲意见，使人们敢于说话，敢于批评，敢于争论。

随后，这两篇讲话在广大干部和知识分子中进行了传达和讨论，同时揭露和检查各方面存在的人民内部矛盾。在此前后，毛泽东、刘少奇从北京分途南下，沿路作报告，要求广大干部充分认识由革命到建设的深刻转变，充分理解党正确处理人民内部矛盾的方针。

1957年2月，中共中央副主席、全国人大常委会委员长刘少奇带领全国总工会、共青团中央和教育部的负责人南下途中在河北保定、石家庄、邯郸就人民内部矛盾问题进行调研，并同省、市负责人进行了座谈。2月18日,刘少奇一行抵达保定市,在火车上听取了河北省委第一书记林铁和省直有关部门的汇报。林铁着重汇报了河北由于去年洪涝灾害缺粮十分严重的情况。省教育厅厅长汇报了学生升学中出现的问题,省工会主席就工人罢工、请愿的情况作了汇报。针对河北缺粮的问题,刘少奇要求尽量采取措施,保证不出问题。当天深夜,就林铁提出的急需粮食的要求,刘少奇在火车上给周恩来总理打电话,要国务院尽快调拨。周恩来当即答应说:“我马上请有关部门办理!”2月24日,刘少奇在石家庄市同河北省委和石家庄地、市委的领导进行了座谈。他首先问起正定学生闹事事件。正定县委书记汇报了事件的起因和过程,以及采取的措施和目前情况。刘少奇说,这是人民内部矛盾。随后他向参加座谈的省、地、市领导介绍了国际国内形势,提出了要学会正确处理人民内部矛盾的新课题。他说:“我们国家的矛盾,集中在人民群众和领导的矛盾上来了,现在的矛盾,主要是人民内部的矛盾”,“人民内部矛盾,即人民对领导,领导与被领导的矛盾,人民内部的矛盾突出了,阶级矛盾、敌我矛盾降为次要矛盾了。这是我国的新情况”。“国内形势已经变化,阶级矛盾,敌我矛盾在国内基本上解决了,而人民内部矛盾升长起来了。旧的矛盾解决了,新的矛盾升长起来。人民内部矛盾集中到对领导,对党和政府,对领导机关的矛盾,而我们对(处理)这个矛盾没有准备,没有经验。”刘少奇还就如何认识和对待群众闹事问题谈了自己的看法,他说:“群众闹事是好事还是坏事?不能把它看得那么绝对,要两面看。第一不是好事,如果群众起来示威游行,要求是对的,就是领导上犯了官僚主义错误造成的;或是领导上没有错误,那就是群众犯了错误,提出了不合理的要求,硬要你接受,要求不正当的游行、罢工,这也不是好事。另一方面又是好事,好事是反掉了我们的官僚主义,改正我们的错误,群众一起来,我们就紧张起来,官僚主义就没有了。”①

刘少奇在河北调研期间生动阐述了正确认识和处理人民内部矛盾

① 参见中共河北省委党史研究室编:《领袖在河北》,中共党史出版社1993年版,第270—272页。

的原则和方针政策，给当时干部的思想以深刻启迪。

为学习贯彻中央关于正确处理人民内部矛盾的指示精神，中共河北省委从3月开始，采取多种形式向全省干部、知识分子和党的基层组织进行了广泛传达。3月26日，省委召开省直机关干部大会，对如何学习和正确处理人民内部矛盾进行了动员，并对省直干部提出了要求。

4月15日至22日，中共河北省委召开全省宣传工作会议，贯彻中共中央提出的“百花齐放，百家争鸣”和“长期共存，互相监督”的方针，全面加强党的思想政治工作，以便正确地处理人民内部矛盾。

4月28日，省委又发出《关于深入学习贯彻毛主席关于正确处理人民内部矛盾的报告的通知》，要求各级党委要深刻领会毛泽东关于正确处理人民内部矛盾的报告以及有关指示，并联系检查领导思想，具体分析本地区、本部门属于人民内部矛盾的重大问题，研究正确解决的办法。为使学习检查搞得更深入，必须贯彻“放”的精神，使思想和工作中的问题能彻底放开，鼓励大家独立思考，自由争辩，大胆提出意见，发挥党员的积极性与创造性，要特别善于尊重和听取非党干部群众的批评与建议，善于尊重和听取各种不同意见，以便改进工作。

5月9日至19日，政协河北省第一届委员会举行第三次全体会议，中心内容是讨论毛泽东关于正确处理人民内部矛盾的指示，并对河北省存在的人民内部矛盾进行了研究和分析。省政协主席马国瑞作了《贯彻执行毛主席关于正确处理人民内部矛盾的指示》的报告，提出要从河北实际出发，正确处理好八个方面的矛盾：粮食供应指标偏低与人民群众需要的矛盾；即将到来的夏季征收统购和预分中国家与合作社、社与社员的矛盾；市场上（主要是自由市场）某些物价不稳与群众利益的矛盾；地区之间的水利纠纷；中学毕业生要求升学与国家招生有限的矛盾；工人中的季节工、临时工要求转长期工与国家需要的矛盾；农村基层干部不实行民主办社和社员的矛盾；安置复员军人就业中的矛盾。会议要求根据正确处理人民内部矛盾的精神，妥善解决这些矛盾。

中共中央关于正确处理人民内部矛盾的指示在河北的宣传贯彻，引起了广大干部和群众的普遍重视，各级干部和各界人士开始以毛泽东关于正确处理人民内部矛盾的理论为武器,分析本地区、本部门存在的主要矛盾,并根据正确处理人民内部矛盾的方法,转变领导作风和工作方法,着手解决人民内部在新形势下出现的各种问题。许多干部的思想有所提高,领导作风有了新的转变,他们积极深入群众,与群众打成一片,和群众共同商量解决问题,政治生活呈现出生动活泼的景象。

二、整风运动的开展

整风运动的部署

随着正确处理人民内部矛盾理论的宣传贯彻,一些日益突出的人民内部矛盾逐渐被检查和暴露出来。由于党处在执政地位,党和国家建设社会主义的方针、政策和具体措施必须通过各级领导贯彻到人民群众中去,人民群众的很多要求也要通过这些领导者才能得到满足。因此,大量的人民内部矛盾往往通过人民群众和领导者之间的矛盾而集中表现出来。而且这种矛盾的存在和发展又是与党和国家机关的某些工作人员不同程度存在的官僚主义、宗派主义、主观主义思想作风分不开的。为了适应全国由革命时期转入建设时期的新形势,正确处理人民内部矛盾,就必须克服党内存在的障碍党群关系和脱离实际的官僚主义、宗派主义、主观主义作风。1957 年 4 月 27 日,中共中央发出《关于整风运动的指示》,决定在全党进行一次以正确处理人民内部矛盾为主题,以反对官僚主义、宗派主义和主观主义为内容的整风运动。这是党在执政的新的历史条件下,及时解决党内出现的新矛盾新问题,防止脱离群众,确保党不变质的重大举措。

遵照中共中央关于整风运动的指示,5 月 1 日,中共河北省委召开书记处会议,研究了开展整风运动的意见,并决定成立省委整风运动领导小组,领导小组由 8 人组成,省委第一书记林铁任组长,书记处书记张承先、谷云亭任副组长。随后县以上各级党委和部门都建立了整风运动领导小组。5月2日，省委又召开常委扩大会议，由林铁向省直机关各部门党组织的负责人部署全省的整风运动。5月5日，省委制定了执行中共中央《关于整风运动的指示》的具体计划，具体部署整风运动的内容、时间和方法步骤。省委强调这次整风运动的重点是县级以上、军队团级以上的中共党组织以及大厂矿和大专院校的中共党组织。整风的内容是以正确处理人民内部矛盾为主题，围绕这个主题，从总结检查工作和检查政策入手，重点检查党员干部特别是领导干部存在的官僚主义、宗派主义和主观主义问题。省委要求，全省整风运动要分批分阶段进行。从5月到9月底为第一阶段，重点在县团级以上机关团体、部队、大厂矿和大专院校的党组织进行，同时在部队基层党组织中进行试验，为基层党组织的整风运动做准备。第二阶段从10月开始到1958年2月底，在全省基层党组织中普遍开展整风运动。省委强调，在整风中要切实贯彻既严肃认真又和风细雨的精神，边检查、边改进、边提高，使整风与当前的工作密切结合起来。为了做到和风细雨，在开展的方式上要强调发扬党内民主，采取同志间谈心或召开小型座谈会等生动活泼的方式；强调部门间、同志间上下左右的思想交流，使上下级的意见更好地沟通起来。同时，还明确提出民主党派、民主人士以及其他非党干部，是否参加整风完全自愿。如果他们参加，不论参加整风座谈会或小组会，是请他们向中共党组织提意见和进行批评，不是要他们批评自己。

为使整风运动与解决人民内部矛盾紧密结合，中共河北省委根据中央指示，要求各级党组织对党和工人、农民、学生、士兵、知识分子、民主党派和少数民族7个方面的内部矛盾问题进行深入的调查研究，并结合河北省的具体情况，突出地解决粮食供应问题、即将到来的夏粮征收统购和预分问题、物价不稳与群众利益的矛盾问题、地区之间的水利纠纷问题、中学生升学就业问题、工人中的季节工与临时工的问题、农村基层干部命令主义作风问题和复员军人安置问题。省委还要求从省委书记处到各级党组织，都要减少文件批转和过多的会议，以便集中精力进行整风和研究解决人民内部矛盾。

中共河北省委还针对各级干部特别是主要领导干部进城后很少直

接参加生产的情况，要求有劳动能力的负责干部，立即行动起来抽时间去参加生产劳动。

5月6日下午，林铁在省直机关干部大会上，进一步传达了中共中央关于整风运动的指示精神和省委关于开展整风运动的计划。他对整风运动的目的、指导思想以及整风的领导、内容、方式等问题都作了详细说明，并要求省直机关的整风运动要走在前头，以推动全省的整风运动。

开展整风运动

中共河北省委关于开展整风运动的指示发出后，全省县以上各级党组织开始了对整风文件的学习，并以正确处理人民内部矛盾为主题，着手解决工作中存在的问题和强迫命令作风。很多领导人都抽出时间到工厂、田间，同工人、农民一起参加生产劳动，并建立了干部参加劳动的制度。同时还诚恳邀请党外人士，对党和政府的工作提出批评和意见，帮助共产党整风。

在5月9日召开的政协河北省一届三次会议上，委员们本着“百花齐放，百家争鸣”和“长期共存，互相监督”的方针，畅所欲言，各抒己见，对全省各方面的工作，既肯定了成绩，也尖锐地批评了党和政府工作中的缺点和错误，揭露了各方面的矛盾，并积极地提出了解决矛盾的建议。省委第一书记林铁到会讲话，他诚恳希望非党人士继续帮助共产党整风，并把会议上大胆“鸣”“放”的精神带到各地去。会后《河北日报》发表了《欢迎党外朋友的批评，推进整风运动》的社论，再次表达了省委欢迎党外人士帮助整风的诚心和决心。此后，各级党组织开始通过各种座谈会广泛征求党外各方面人士的意见。

5月11日，中共河北省委邀请政协河北省委员会、各民主党派河北省地方组织的负责人和无党派民主人士举行座谈，林铁向与会人员介绍了河北省各级党组织开展整风运动的计划和步骤，请求各民主党派和无党派人士，在共产党整风期间批评共产党的缺点和错误，不要进行自我批评。并强调，共产党要整掉三个歪风——官僚主义、宗派主义和主观主义，需要有外力帮助，特别需要民主党派和无党派人士的帮助。受省委委托，5 月 29 日至 6 月 12 日，省委统战部又先后召开了 9 次座谈会，征求各民主党派地方组织负责人和无党派人士对共产党的批评和意见。会上共有 49 人发言，对河北党组织各方面的缺点和错误进行了批评，较广泛地揭露了工作上的许多矛盾，反映了各方面的意见和要求，对全省整风运动有很大影响，对正确处理人民内部矛盾、贯彻执行政策、改进工作有很大帮助。与此同时，6 月 4 日至 19 日，省委统战部还邀请省市工商界人士召开了 19 次座谈会，听取他们对党和政府各部门工作的批评和建议，动员他们本着“知无不言，言无不尽”的精神，大胆“鸣放”，揭露矛盾，帮助共产党整风。继之，全省各地市、各部门的党组织，在学习整风文件的同时，也连续召开了民主党派、知识分子和教育、医务、文学艺术等方面人士的座谈会，广开言路，欢迎批评，广泛征求党外人士的意见。

在上述民主党派和无党派人士及工商界人士座谈会上，党外人士被共产党诚心诚意听取批评意见的态度所感动，对党各方面工作中的缺点和错误提出了大量的批评和意见。一些党外人士批评党员干部中存在官僚主义作风，存在以功臣自居的特权思想，看不起党外人士，脱离了群众。他们认为全省各级党组织似有以党代政之嫌，共产党领导国家的一切事业是无可怀疑的，但是这不等于说以党代替机关、团体、企业、学校和部队，不等于越过各单位的行政组织，而由党团员指挥一切，遇事任意干涉。有的党外人士认为，党员与非党人士之间确实存在着一条鸿沟和一道大墙，希望党员同志对党外人士要以诚相见，要真亲切，不要假亲切，要从心里和蔼，不要表面和蔼。有的党外人士还批评有些部门的党组织对知识分子政策贯彻不够，用老眼光看待知识分子，对知识分子的积极性估计不足，信任不够，呼吁省委有关部门切实解决这一问题，不要把它只停留在口头上。在工商界人士的座谈会上，有人批评有些党员在与党外人士合作共事时尊重党外朋友的职权不够，对私方人员信任不够，帮助不够。这些批评和建议对于改进党的工作，克服官僚主义、主观主义和宗派主义工作作风起了积极作用；同时，也说明共产党请党外人士帮助整风是必要的，效果也是明显的。

三、从整风到反右派斗争

反右派斗争的开展

党用发动党外人士来帮助整风的方法，让党外人士对党的一切工作畅所欲言，这是史无前例的，说明共产党人不仅不害怕批评，而且敢于接受批评；说明党为了国家和人民的利益，为了更好地领导人民进行社会主义建设，是有决心消除各方面工作中的缺点和错误的。很多党外人士本着爱护党的精神对党在各方面的工作提出了很多批评和意见，这些批评和意见大多数是正确的，是善意的，有很多意见是积极中肯的。这些缺点和错误的揭露，对于党改进工作有极大的帮助，对社会主义建设事业是有益的。但是，随着整风运动的迅猛展开，也出现了一些复杂情况。在整风的过程中，除了对党的工作作风提出的批评外，也有极少数资产阶级右派分子，利用党整风的机会乘机鼓吹所谓“大鸣”“大放”“大民主”，向党和新生的社会主义制度发动进攻，妄图取代共产党的领导，推翻新生的社会主义制度。他们攻击共产党的政治领导是“党天下”，公然提出共产党退出机关、学校，公方代表退出合营企业，要求“轮流坐庄”，妄图取代共产党的领导；他们极力抹煞社会主义改造和建设的成绩，根本否定社会主义制度的优越性，把人民民主专政的制度说成是产生官僚主义、宗派主义和主观主义的根源。从5月19日起，北京的高等院校开始贴出“大鸣”“大放”的大字报，许多大字报带有鲜明的和尖锐的反党反社会主义性质。随后，全国各地高等学校的学生纷纷起来仿效，大字报铺天盖地，贴满各个学校，使本已复杂的局面变得更加复杂。

在全国极少数资产阶级右派大肆向党进攻的时候，河北也有极少数人与资产阶级右派分子产生了共鸣，掀起了一股反党、反社会主义的逆流。有些高校贴出大字报，公开辱骂“党员都是蛆虫”，“共产党不讲真理”。石家庄师范学院还有人鼓动“‘党天下’是事实，应该各党派轮流上台”；有些人还借口党不懂业务，不能领导高等学校和科学研究工作，主张取消党对高等学校的领导。

中共中央密切关注着各地事态的发展。在知识分子队伍中,极少数人对社会主义抱有敌对情绪,这是党本来清醒估计到的并且曾多次指出过的。但是他们中有些人乘整风之机向党和社会主义制度发动进攻,则是党在开始整风时所没有预料到的。这种异常现象,不能不引起党中央的高度警惕,并把它看成是一个危险的政治信号。6 月 8 日,中共中央发出《关于组织力量准备反击右派分子进攻的指示》,要求各省、市机关、高等学校和各级党报都要积极准备反击右派分子的进攻。整风运动的主题开始由正确处理人民内部矛盾转向对敌斗争,由党内整风转向反击右派进攻。

极少数资产阶级右派散布的反对共产党的领导,反对社会主义制度的言论,激起了全省各地各阶层人民的义愤。6 月 9 日,保定、唐山、石家庄、邯郸、张家口等市工人和工程技术人员纷纷集会痛斥反党反社会主义的言论。农民、青年学生也随之参加了反击右派进攻的斗争。

为彻底打退右派分子的进攻,6 月 29 日,中共河北省委发出了《关于打击、孤立资产阶级右派分子的指示》,要求各市委必须认真地组织群众,趁热打铁,乘势追击,紧紧地抓住已暴露的真正反党、反人民、反社会主义的右派分子,特别是右派的领导骨干,实行内外夹攻,无情地给予歼灭性的打击。切记不要在“阶级斗争”的紧要关头,麻痹松懈,优柔寡断,姑息养奸。《指示》还要求划分右派分子必须实事求是,有多少划多少。为了慎重起见,省委规定,在市委报纸上点名的右派分子,要经省委批准,全市范围的右派分子的骨干和代表人物的确定,由市委掌握决定,同时报省委备查。市直属各单位在内部点名为右派分子的,要经市委批准。当时,划分右派的标准,主要根据毛泽东在 6 月 19 日公开发表的《关于正确处理人民内部矛盾的问题》中提出的区分香花和毒草的六条标准①,其中最主

① 这六条标准是:(一)有利于团结全国各族人民,而不是分裂人民;(二)有利于社会主义改造和社会主义建设,而不是不利于社会主义改造和社会主义建设;(三)有利于巩固人民民主专政,而不是破坏或者削弱这个专政;(四)有利于巩固民主集中制,而不是破坏或者削弱这个制度;(五)有利于巩固共产党的领导,而不是摆脱或者削弱这种领导;(六)有利于社会主义的国际团结和全世界爱好和平人民的国际团结,而不是有损于这些团结。

要的两条是，是否真正拥护社会主义道路和党的领导。

为进一步把反右派斗争引向深入，8 月 6 日，中共河北省委发出《关于继续开展反右派斗争的指示》。根据中共中央关于在民主党派、教育界、新闻界、科技界、文艺界、卫生界、工商界、工人阶级、农民阶级各阶层、手工业工人和其他城乡劳动者，都应分期分批进行整风和社会主义教育的指示精神以及省、市、地、县整风的四个阶段（即大鸣大放阶段，反击右派阶段，着重整改阶段，批评反省、提高自己阶段）的安排，省委确定全省各级各行业的整风和反右派斗争的大体时间步骤是：省、地、市、县机关团体，厂矿企业和中等以上学校的整风，到 1958 年 5 月结束；农村基层组织的整风自 1957 年冬季开始到 1958 年底结束。省委还对今后反右派斗争和各界的整风及社会主义教育运动提出了意见，要求进一步把省、市两级的反右派斗争引向深入，对已经发现右派分子的单位，一定要把斗争进行到底，绝不能半途而废，或出现夹生饭现象，以免养痈遗患；估计有右派分子的单位，要深入挖掘，防止和克服右倾麻痹思想，防止草率收兵。鉴于文教界是知识分子集中的地方，情况复杂而斗争任务艰巨，8 月 23 日，省委又发出《关于在中小学、医院、剧团等文教基层组织开展整风运动和反右派斗争的补充指示》。这两个《指示》发出后，河北省的整风和反右派斗争，首先从省市党政机关、人民团体、部分厂矿、高等学校、民主党派、工商界、文艺界、新闻界、科技界、卫生界开始，以后发展到专县机关、中小学教职员，接着又在广大农村与工人中展开，逐步扩展成一个规模巨大的全民整风反右派运动。反右派斗争中采取了“大鸣、大放、大字报、大辩论”的方法。随着反右派斗争的范围不断扩大，斗争逐渐深入，被揭露出的右派分子逐渐增多。8 月 14 日，省委发出了《关于确定右派分子批准问题的通知》，对确定右派分子的批准权限进行了重新规定。为了做好审批工作，省委决定以统战部为主，吸收组织部、监委、文教部等有关部门参加，组成审批小组，协助省委办理审批工作。1958 年 2 月，整风和反右派斗争被“反浪费、反保守”运动所代替。到 1958 年六七月间，全省的整风反右派斗争基本结束。

反右派斗争的严重扩大化

在社会主义条件下，由于资产阶级思想和封建残余思想的影响，依然存在意识形态方面长期而复杂的斗争。由于各级党委对如何正确认识和领导这种斗争还缺乏经验，加以自上而下地对少数右派分子向党和社会主义制度进攻的形势作了过分严重的估计，致使反右派斗争被严重地扩大化。

一是混淆了两类不同性质的矛盾。在1957年9月召开中共八届三中全会期间，毛泽东曾先后指示："我们过去一个时期，主要是提人民内部矛盾，敌我矛盾没提。""现在看来，两个矛盾同时存在。""八大讲目前敌我矛盾基本解决了，现在看来也对，但只能是在经济方面的，如从政治方面、思想方面看就不能这样说了。""阶级矛盾与敌我矛盾有区别。资产阶级同我们的矛盾，有对抗的和非对抗的两面。一般说来，资产阶级、富裕农民仍作为人民内部矛盾来处理，是非对抗性的，但处理得不好也会转化成敌我矛盾。阶级矛盾，重要的是在资产阶级、上层小资产阶级及他们的知识分子这三部分人民中间，他们有的不对抗，有的对抗。""人民内部矛盾包括着阶级矛盾（因为资产阶级还有选举权）。敌我矛盾是阶级矛盾，但阶级矛盾不一定就是敌我矛盾。……阶级矛盾内有敌我矛盾，但不是主要的，大部分是人民内部矛盾。"① 把阶级矛盾同敌我矛盾加以区别，说明阶级矛盾不一定就是敌我矛盾，这在理论和实践上都有重要意义。但是，说阶级矛盾大部分是人民内部矛盾，又容易发生将阶级矛盾与人民内部矛盾混淆，造成阶级斗争扩大化。当时被划为右派分子的人中，许多人只是向党的工作和党员干部提出批评意见，但有的批评意见带有片面性甚至错误；有的人带有偏激情绪，对一些不合理现象提出批评言语比较尖刻；有些人则是受"右派"言论的影响，发表过一些错误议论，并不是反党反社会主义。而我们的许多领导干部，往往把这些批评、言论视为反党、反社会主义，是"敌我矛盾"，使许多同党长期合作的民主人士，许多有才能的知识分子，许多政治上热情而不成

---

① 逄先知、金冲及主编：《毛泽东传（1949—1976）》（上），中央文献出版社2003年版，第717—719页。

熟的青年,还有敢于直言的党员干部,被错划为右派分子,使他们经受了长期的冤屈和磨难,这不但造成了他们个人及家庭的悲剧,也给党和国家的事业造成了巨大损失。这说明人民内部矛盾大量的和主要的都不属于阶级矛盾的范围。这是应该吸取的一个沉痛的教训。

二是对阶级斗争形势作了过分严重的估计。就河北省来说,本来反党、反社会主义的人是极少数,但反右派斗争经过层层发动,首先从省市党政机关、部分厂矿、大专学校、民主党派、工商界、新闻界、文艺界、科技界、卫生界开始,以后又发展到专、县机关,中小学教员,接着又扩展到广大农村与工人中。中共河北省委在关于反右派斗争情况向中央的第五次简报中认为,"右派不仅在高级知识分子和机关中的上层人员中有,在交通、服务、保育等下层人员中也有。""右派分子往往不是孤立的一个人,而是有形无形的小集团,过去我们曾认为我省的右派分子'合作社'不多,大部分是'单干户',现在看来,这种估计并不符合事实。"这种对形势的错误估计必然导致反右派斗争的扩大化。到8月22日,仅在省市两级揭露出的所谓右派分子就由7月的263名增加到508名。反右派斗争扩大化的教训启示我们,对于某一时期的重大思想动向和社会思潮,一定要经过深入的调查研究,冷静地加以分析,查明来龙去脉,作出符合实际的判断,问题发生在什么范围、什么领域,就应当在什么范围和领域内解决,而不能随意扩大或缩小。

三是缺乏明确具体的划分右派分子的标准。全省反右派斗争开始时,主要依据毛泽东6月19日公开发表的《关于正确处理人民内部矛盾的问题》中提出的区分香花和毒草的六条政治标准。六条标准中最重要的两条是,是否坚持党的领导和社会主义道路。但这并非划分右派的具体界限和具体标准。7月11日,中共中央转发了统战部《关于划分左、中、右的标准的建议》,虽然具体了些,但仍较空泛,不便于掌握。当时中共河北省委要求各级各部门要根据这个划分左、中、右标准的原则,在确定右派时,根据事实和材料,有多少定多少,力求准确;必须实事求是,既不要主观主义地漏划右派,也不要主观主义地勉强去找右派。但在当时的形势下,在指导思想上更多的是怕漏掉,所以一再强调"不能半途而废",要深入进行挖掘,防止和克服右倾麻痹思想,"防止草率收兵”，“有的‘大鲨鱼’还可能没有暴露”。由于确定右派的政策界限不清，许多地方出现了对“疑似右派分子”采取“打着看”的办法，实际上也把这部分人当成右派进行了斗争。直到10月15日，省市机关和大专院校等单位反右派斗争已基本结束，中共中央才制定下发了一个统一的《划分右派分子的标准》。《标准》中指出，在根本立场上并不反对社会主义和共产党的领导，而只是对于局部性的工作制度和局部性的不属于根本原则的政策、工作中的问题、学术性的问题和对共产党的个别组织、个别工作人员表示不满，而提出批评的人，即使意见错误、措词尖锐，也不应划为右派分子；同样，在根本立场上并不反对社会主义和党的领导，而只是在思想意识上有某些错误的人，也不应划为右派分子。这个《标准》下发后，省委要求省市两级，对定为右派分子的人，进行一次普遍审查，达到准确无误，发现有定错的人必须改正。但同时又强调，“必须注意保护群众和积极分子的热情，不要使人产生反右派斗争过了火的错误印象。”这样做的结果，使中共中央下发的《关于划分右派分子的标准》的通知实际上没有得到很好的贯彻执行。这就出现了把说了几句错话，但不属于根本立场问题的人，说成是反党反社会主义；把几个人在一起的自由议论，说成是反党小集团；把对某些领导或领导机关的带尖锐性的批评，说成是向党进攻等。这就不能不导致反右派斗争的严重扩大化。在反右派斗争中，全省共有25717人被划为右派分子。中共十一届三中全会以后，遵照中共中央处理右派问题的指示精神，河北省开展了纠正错划右派的工作。

开展农村社会主义教育运动

在农业合作化运动后期，河北省仅用两个月的时间就急促实现了高级合作社。高级社的一小部分是在初级社的坚实基础上办起来的，但很大一部分是刚办初级社还立足未稳，就转成了高级社；也有些是未经初级社阶段，直接办起高级社的。由于各地区生产力发展水平不同，合作化的发展历史不同，干部的管理水平也不同，在很短的时间内都办起高级社，一律以高级社作为核算单位，并存在较严重的平均主义，以致使有些社的内部矛盾便开始突出出来。据不完全统计，自1956年4月3日到1957年3月2日,全省农村就有53起群体事件,在这些事件中,因财务账目不公开、分配不及时而引起的有35起,占40.7%。从1956年10月起,有些富裕中农、劳力少人口多的户和手工业者、小商小贩等开始提出退社的要求,退社户一般占社员户数的1%,多的达5%。据1957年8月中共中央办公厅转发的中央农村工作部《关于当前接待群众来访的重要情况和今后意见的报告》显示,1957年半年中农村人员来京上访骤增,河北是进京上访比较多的省份,反映的主要问题是要求退社。退社的原因:一是收入减少,生活水平降低,发生困难无法解决;二是干部不民主,打骂群众,违法乱纪,财务账目不公开;三是生产资料入社作价过低。闹退社,大多是工作上的原因造成的。但在当时受反右派斗争扩大化的影响,对农村的阶级斗争形势估计得过于严重,认为这些富裕中农少数人闹退社,是农村中的一些反社会主义分子与资产阶级右派分子互相呼应配合,向社会主义展开进攻,想走资本主义道路。因此,必须在政治思想战线击退反社会主义的逆流,巩固农村的社会主义阵地。

在整风运动转向反右派斗争之后,中共中央于1957年8月8日发出了《关于向全体农村人口进行一次大规模的社会主义教育的指示》,要求在农村中就合作社的优越性等问题进行一次大辩论。为贯彻中共中央的《指示》精神,中共河北省委发出了《关于在农村大规模地开展社会主义宣传教育的指示》。《指示》强调,要以反击资产阶级右派反对统购统销、反对合作化等反社会主义、反对共产党领导的荒谬言论为主要内容,正面地向群众开展一次普遍深入的社会主义思想教育。从正面教育入手,联系实际,展开讨论。经过辩论,批判党内的右倾机会主义思想,批判某些干部的本位主义思想,批判一部分富裕中农的资本主义思想和个人主义思想,打击地主富农的反革命行为。强调这场斗争主要是围绕两条道路的斗争进行,因此应把主要锋芒指向动摇的富裕中农,对他们的资本主义思想与走“回头路”的企图,进行一次说理斗争,作到家喻户晓,深入人心。

《指示》发出后,全省各地普遍召开了三级干部会议,部署开展社会主义宣传教育工作。各级党委组织大批报告员下乡,召开报告会,开展群众性大辩论,批判右倾思想,批判本位主义、个人主义和自由主义,批判富裕中农的资本主义思想。

随着整风运动在农村的开展，社会主义教育运动也就成了农村整风的重要内容。1957 年 9 月 13 日，中共河北省委发出《关于深入开展农村社会主义教育运动几个问题的补充指示》，指出这次农村大规模的社会主义宣传教育运动，实际上就是农村整风运动的开始，在农村中进行全民整风，大体上可分为四个阶段：发动鸣放；开展辩论，反击不法地富和反社会主义分子（结合边整边改）；着重整改（继续鸣放）；检查思想，进行总结，整顿组织。强调在整风中不论党内党外都要实行大鸣大放，开展群众性的大辩论。认为只有经过充分鸣放，充分争辩，才能充分敞开思想，才能彻底暴露反社会主义分子的反动言行，给他们以有力批判，才能使广大农民群众与反社会主义分子划清思想界限。这样，全省农村整风、反右派斗争和社会主义教育运动实际上交织在了一起。在运动中普遍采用“大鸣、大放、大辩论”的方法，并且认为这是相信和依靠群众，发扬社会主义民主，解决思想问题，正确解决人民内部矛盾的最好形式，实际上形成了对部分干部和群众的批判和斗争，进一步加重了阶级斗争扩大化的错误。到 1958 年 7 月，全省农村整风基本结束后，根据唐山、保定两专区部分县的统计，整风中对犯有各种错误的党员，在组织处理中，处分面高者达党员总数的 12% 多。如徐水县参加农村整风的党员共 4170 人，受处分的党员 540 人，占 12.9%，滦县参加农村整风的党员 18046 人，受处分的党员 2327 人，占 12.8%。

这次农村整风、反右派斗争与社会主义教育运动结合进行，虽然在宣传社会主义思想、巩固农村社会主义阵地方面起了一定作用，但仍然存在混淆两类不同性质的矛盾和阶级斗争扩大化的问题，以致伤害了一批党内外干部和群众，这是要引以为戒的。

第十章

“大跃进”和人民公社化运动

在整风反右派斗争后期,中共八届三中全会开始酝酿经济建设的大发动,接着,中共八大二次会议又通过了“鼓足干劲、力争上游、多快好省地建设社会主义”的总路线。中共河北省委根据八届三中全会和总路线的精神,相继开展了“大跃进”和人民公社化运动,使高指标、瞎指挥、浮夸风和“共产风”为主要标志的“左”倾错误严重泛滥起来。为纠正“大跃进”和人民公社化运动中发生的问题,从1958年11月第一次郑州会议到1959年7月庐山会议前期,按照中共中央的部署,河北各级党组织对“左”倾错误进行了初步纠正,使形势开始向好的方面转变。但庐山会议后又错误地开展了“反右倾”斗争,中断了纠正“左”倾错误的进程,使“左”的错误再度泛滥,国民经济陷入了严重困境,河北的社会主义建设在艰难探索中遭受严重挫折。

一、“大跃进”运动的开展

“大跃进”运动的兴起

河北作为京畿重地,是“大跃进”运动开展较早的省份之一。河北省的“大跃进”运动是从农业开始兴起的,这是由当时河北农业在国民经济和人民生活中的特殊地位决定的。河北省恢复重建以来,农业生产虽然有了较快的恢复和发展，但粮食生产不能满足本省消费的缺粮问题仍然没有解决，因粮食不足消费，中央每年都给河北调运大批粮食，而且调粮数字逐年增加，由 1950 年的 9.1 亿斤，到 1956 年上升到 36 亿斤。如果河北在最短的时间内能够做到粮食自给，那就不但是自己的一个大翻身，同时也是对国家建设事业的重大贡献。这是当时河北各级党组织和广大群众的普遍愿望。

1957 年 10 月 10 日，中共八届三中全会闭幕的第二天，中共河北省委立即在北京召集参加八届三中全会的各地委书记举行会议，经过再次研究，认为要改变河北省的缺粮情况，实现粮食自给，在第二个五年计划期末，全省粮食总产量要达到 300 亿斤，棉花总产量达到 10 亿斤；为逐步实现这个计划，1958 年粮食总产量要达到 220 亿斤，棉花要达到 7 亿斤。这个农业发展规划表达了全省人民在 5 年内实现全省粮食自给的愿望和决心。中共中央书记处书记谭震林出席了这次会议，向河北提出了生产“大跃进”的口号。省委认为，农业生产上组织跃进的关键，就是改变生产条件，首先在水利、积肥上组织跃进。10 月 14 日至 20 日，中共河北省委、河北省人委在保定联合召开了水利、积肥积极分子代表会议，动员全省农民在 1957 年冬掀起大规模的水利建设与积肥运动的高潮，推动农业生产“大跃进”。国务院副总理薄一波、农业部部长廖鲁言、水利部副部长李葆华专程赶到保定参加了会议并讲话，表明中央对河北省农业增产的关心和支持。省委第一书记、省长林铁致开幕词。省委书记处书记、副省长阎达开向大会作了《开展群众性的规模壮阔的水利建设和积肥运动，向先进社看齐，为促进农业生产大跃进而奋斗》的报告。会后，《河北日报》发表《掀起水利建设和积肥高潮，实现农业生产大跃进》的社论。这次会议的召开和社论的发表，发出了河北开展“大跃进”的动员令。

10 月 21 日至 30 日，中共河北省委召开一届四次全会扩大会议。号召全省党组织和全省人民为组织生产“大跃进”想办法、出主意，辛勤劳动；要求地方工业为实现农业发展规划服务。会议提出，解决水利和肥料，是实现全省农业生产规划有决定意义的措施。

11 月 1 日，中共河北省委召开地委书记电话会议，省委书记处书记马国瑞强调,必须集中一切力量,以最大的魄力,做好对群众的发动工作,紧急行动起来,迅速全面掀起水利建设高潮。11月5日,《河北日报》发表《兴修水利要有革命精神》的社论指出,要使农业生产“大跃进”,必须首先使水利建设“大跃进”。跃进,就不是慢步前进,而是要超出寻常的发展规律,来一个突飞猛进。

这样,经过层层发动,全省迅速掀起了空前规模的冬春水利建设和积肥运动的高潮。1957年底全省投入到水利积肥运动的劳力每天有1200万人之多。白天红旗招展,夜晚灯火通明,尽管当时已是天寒地冻,风雪逼人,但广大群众表示:“天冷冷不住热心,地冻冻不住决心,大雪盖不住信心,大风刮不倒恒心”,表达了他们与时间赛跑,向自然宣战,让高山低头、河水让路的豪迈气概。

在全省掀起空前规模的水利建设和积肥运动高潮的时候,1958年1月和3月,中共中央先后在南宁和成都召开会议,会上更加严厉地批判了1956年的反冒进,说反冒进泄了6亿人民的气,犯了政治方向错误。并提出“不断革命”的思想,强调要“解放思想,破除迷信”。5月中共八大二次会议召开,正式通过了“鼓足干劲、力争上游、多快好省地建设社会主义”的总路线。这次会议完全肯定了当时的“大跃进”形势,宣称中国正处在马克思曾经预言的“一天等于二十年”的伟大时期,经济文化事业完全能够以超过西方发达国家的速度发展。会上还指责对“大跃进”抱怀疑态度的人是“观潮派”“秋后算账派”,说他们举的不是红旗而是“白旗”,号召各地区、各部门都要“拔白旗”“插红旗”。这些批评的压力,大大助长了急于求成的思想和浮夸不实之风。此后,以片面追求工农业生产和建设高速度,大幅度提高和修改计划指标为标志的“大跃进”运动在全省开展起来。

1月18日至2月14日,中共河北省委召开地、市、县委第一书记和部分区、乡党委书记及大厂矿、大专院校党委书记、省直各部门党组负责人共1394人参加的四级干部会议。会上,省委第一书记林铁传达了中央南宁会议精神,并代表省委对1956年中共河北省第一次代表大会提出反冒进问题进行了自我批评。在反对“右倾保守”的气氛下,会议提出了一些不切实际的工农业“大跃进”的规划和口号。在农业方面,提出提前实现全国农业发展纲要的指标，要求10年计划5年完成，5年计划3年完成；要开展向大自然进军，苦战三年，基本改变河北面貌。会后全省各地纷纷召开会议，传达贯彻省四级干部会议精神，打破旧规划，组织新跃进。各行各业也竞相提出跃进计划。省地方矿业部门提出1958年全省煤炭产量比1957年增产42%；铁矿石产量比1957年提高61%；黄金产量比1957年提高860%。省国营商业制定“大跃进”的总方针是：商业工作和工农业生产一同大跃进；全省文艺创作跃进规划会议将原来提出的“五百戏，千支歌，万幅画，其他演唱材料十万多”，修改为“五千戏，万支歌，十五万文学作品，二十万幅画，其他演唱材料六十万”；省科协提出苦战一年，改变全省科学普及工作面貌，全年完成科普讲演50万次，争取达到60万次；科学文教界提出“在政治上作坚定的左派，在科学上作革新派，在事业上作促进派，鼓足干劲，力争上游，争取成为又红又专、更红更专的工人理论知识分子”。

在河北“大跃进”运动的发动过程中，1958年2月7日，国务院第七十次会议决定，将天津改为河北省省辖市；2月11日，第一届全国人民代表大会第五次会议通过了这个决议。天津市划归河北省后，为适应“大跃进”的新形势，河北省委拟将河北省省会由保定迁往天津，并就省会迁津问题多次召开座谈会，认为省会迁往天津有很多好处，如天津是大工业城市，而河北工业落后，省里仅依靠中央调拨和本省现有工业，不能解决生产“大跃进”的需要。而天津成为河北省省会后，有了这样一个大工业城市作为依托，对全省的经济社会发展必然大有好处。现在，农业“大跃进”，工业也要“大跃进”。省会搬津后，工农业就可以“同时并举”。4月18日，河北省第一届人民代表大会第七次会议根据省人民委员会提出的建议，决定将河北省省会由保定迁往天津。于是，从1958年4月开始，省委、省人委、省军区及各局(委)开始陆续搬迁，天津成为河北省省会。

农业“大跃进”的开展

中共八届三中全会基本通过的《一九五六年到一九六七年全国农

业发展纲要(修正草案)》提出了全国不同地区的粮食产量指标。据1957年统计,河北已有9个县、2个市、2849个农业社达到或超过了《纲要(修正草案)》所规定的粮食亩产400斤的指标,有8个县、1个市、1689个农业社的棉花亩产达到或超过了《纲要(修正草案)》规定的60斤皮棉的指标。全省有不少地方还出现了很多丰产典型,创造了多种多样的增产经验。因地制宜地推广他们的增产经验,发挥好广大群众在水利积肥运动中焕发出来的积极性、创造性,实现农业较快增产的目标是有可能实现的。

但是在贯彻中央南宁会议关于计划指标实行“两本账”① 的要求时,《纲要(修正草案)》规定的计划指标却被层层拔高。1958年6月30日至7月5日,中共河北省委召开地、市委书记扩大会议。在会议正式召开前,中共河北省委书记处召开了临时会议,强调这次地、市委书记会议要从思想上解决问题,首先要解放思想。解放思想的标志就是敢于提出亩产五千、一万,争取两万,准备搞二万五千斤。在这样的思想指导下,地市委书记会议确定农业要快马加鞭,同时间赛跑,使全省的工农业生产在跃进的基础上有更高速度的跃进。会议就如何高速度地发展农业生产、提前实现《纲要(修正草案)》问题展开了讨论,确定将1958年的粮食生产计划由300亿斤提高到350亿斤,棉花由8亿斤提高到12.7亿斤,油料由9亿斤提高到10.5亿斤。这些指标都比1957年的实际产量翻了一番。会后,《河北日报》发表社论《客观可能性和主观能动性是有限的还是无限的?》,认为“客观可能性是无限的,人的主观能动性也是无限的”。7月21日至22日,中共河北省委为贯彻华北六省市农业协作会议精神,又召开了地市委书记会议。会议根据各地修改后的新指标,再次修订了全省粮棉生产指标,1958年全省粮食总产量由7月初的350亿斤提高到450亿斤,棉花由12.7亿斤提高到16亿斤;油料(花生)由10.5亿斤提高到14亿斤,比1957年的实际产量分别提高1.7倍、1.66倍和1.9倍。为实现这些脱离实际的高指标,会议提出必须以总路线为

① 计划指标实行“两本账”是指:第一本是地方必成的(即中央期成的计划),第二本是地方期成的。

纲，发动群众开展大辩论，彻底批判“右倾保守”思想、“条件论”、“生产到顶论”，痛击“怀疑派”“观潮派”“秋后算账派”。要组织全面检查，开展“拔白旗”“插红旗”运动。

在高指标和批判右倾保守的双重压力下，实事求是的作风被破坏，使一些对高指标有意见的人不敢讲真话，浮夸风也愈演愈烈。报刊上连续不断地出现创“高产”、放“卫星”① 一类的报道，而且越放越大。7 月 30 日，中共河北省委、河北省人民委员会发出《关于颁发 1958 年农业丰产及“元帅”“卫星”奖励标准（草案）的通知》，指出县县都可能当“元帅”，社社都可以发射“卫星”，样样作物都会有“元帅”升帐、“卫星”升天。7 月 31 日，《河北日报》发表社论《在力争全面丰产的同时，让各路“元帅”升帐，成群“卫星”上天》。8 月 2 日，《河北日报》又发表社论《海阔天空地想，生龙活虎地干》，不切实际地断言，“可以预期今年秋后将是百斤级、十万斤级甚至几十万斤级的‘卫星’纷纷上天的光辉时期”。此后，又掀起了秋季作物放“卫星”的高潮。《河北日报》刊发专号进行放“卫星”的连续报道。

根据当时上报的数字，全省放出各种农作物“卫星”600 多个，其中粮食亩产万斤以上的大“卫星”就达 100 多个。这些离奇的高产典型，大都是采用并田的方法假造出来的，有的是按植株数推算出来的，有的是纯属编造出来的，从而造成了全省粮棉等农产品总产量将大幅增长的假象。有些人还发出了“粮食多了怎么办？”的感叹。

伴随着高指标、浮夸风又出现了瞎指挥。1958 年秋，为了发射更多的高产“卫星”，在全省开展了以深翻土地为中心的种麦突击运动。8 月 13 日，中共河北省委、省人委发出《关于全党全民总动员积极准备深翻地运动的通知》，要求全省把所有的土地深翻一遍，深翻 1.5 尺到 2 尺以上。随后，全省有 900 多万人投入深翻地运动，工农商学兵一齐出动，战棚林立，红旗遍野。全省种麦土地深翻 1 尺以上的约占 70% 以上，其中很大一部分达到 1.5 尺以上，有的达到 3 尺以上甚至 5 尺以上。过度的

① 1957 年苏联发射了人造地球卫星，在全世界引起很大震动。受苏联发射人造地球卫星的启发，当时就把“大跃进”中制造的所谓高产典型叫作放“卫星”。

深翻,打乱了活土层,使耕地肥力下降,农作物不仅没有高产,而且造成严重减产。

1958 年 9 月,中共河北省委第六次全会提出全省搞大面积小麦丰产田 1500 万亩,其中亩产 3000 斤的丰产田 1000 万亩,亩产 5000 斤的丰产田 400 万亩,亩产 1 万斤以上的丰产田 100 万亩。并将此项任务分解到各地、市。同时提出,全部麦田使用良种,实行高度密植。

为解决劳动力不足的问题,全省用群众运动的方法,大搞农具改良,实现滚珠轴承化和绳索牵引化。到 11 月底,全省已推广和改制各种农具 1082.8 万件,超过了建省 8 年来推广农具总和的 110 多倍。农具改良运动虽取得了一定积极成果,但采用大搞群众运动的方法,一律要求“化”,并且要求在很短的时间内完成,严重脱离实际,造成虚报浮夸,产品质量低劣。

为制造高产大“卫星”,1958 年 8 月 4 日,中共河北省委、省人委发出了《关于大战三十天积肥三万亿的紧急指示》,要求在积肥运动中,充分发动群众,做到“三亩一坑、五亩一窑”,社社队队都搞熏肥窑,家家户户都用“牛尾灶”熏肥。为在短时间内完成积肥任务,有些地方还发动群众挖猪圈底、羊圈底、鸡窝、河泥,拆炕帮、锅台、破房、破庙。由于层层下达积肥任务,并且要求过高、过急,结果造成不良后果。1958 年 9 月 5 日,省委赴某地区检查团给省委的信中写道,“今年积肥成绩大是肯定的,但经过检查,与上报数字有很大距离,架空现象相当严重。冀县各村都有很多高高的粪堆,但刨开看,有不少村庄或大路两旁的粪堆,里面是土。这个地区架空 30% 是一般现象,个别的有 50% 以上。”

这种采取自上而下发动群众,刮大风式推动工作的方法,即使正确的做法,也难免被扭曲,更不用说一系列过高的指标、求成过急的要求,一些并不科学或只在一定条件下见效的具体经验被拔高为普遍经验加以推广,其后果是严重的。“大跃进”中对农业的高估产、放“卫星”,加上“挖地三尺”的突击蛮干,使农村生产力遭到严重破坏,极大地挫伤了农民的生产积极性。本来 1958 年河北省是风调雨顺的丰产年景,结果并没有丰收。经过认真核实,1958 年全省粮食实际产量仅为 167.52 亿斤,比 1957 年增长 2.3%;棉花总产 5.9 亿斤,比 1957 年减产 1.7%;花生总产5.4亿斤,比1957年增长11.2%。到1959年,全省粮食实际产量由1958年的167.52亿斤,下降到147.94亿斤,减少了19.58亿斤。本指望通过开展农业“大跃进”实现粮食大幅度增产的良好愿望,却走向了相反的方向。

掀起全民办工业的热潮

1958年初中共中央召开的南宁会议和成都会议上,在部署加快农业发展速度时,也考虑了加快工业发展速度问题。提出在5年至7年内使地方工业总产值赶上和超过农业总产值,要求各省市立即着手制订计划。为贯彻中央的指示精神,3月6日,中共河北省委召开了电话会议,要求各地迅速制定工业建设发展规划,为全省工业规划会议做好准备。3月11日,省委召开省委常委扩大会议,讨论全省地方工业规划问题,提出了发展工业的奋斗目标,规定了“加强领导,全党动员;因陋就简,多快好省;各级办工业,县县办工业,乡乡办工业;地方工业遍地开花结果”等发展地方工业建设的原则。3月20日至28日,省委召开全省地方工业建设规划会议,制定了《河北省第二个五年地方工业规划纲要(草案)》。4月7日至13日,在省委召开的一届五次全会上,确定1958年全省地方工业建设的具体方针是:大搞农业技术改造,支援农业“大跃进”;大搞煤、钢、电、水泥等原材料的生产,支援工业生产建设;大搞农、副、特产品加工,充分利用野生资源,发展多种生产,活跃经济;发展地方工业,坚持以小型为主,抓住重点建设,要多快好省,鼓足干劲,力争上游。此后,全党动员,全民动手,因陋就简,多快好省办工业的热潮在全省兴起。全省县乡工业从寥若晨星到星罗棋布,发展迅猛,从3月规划会议到5月1日,在不到两个月的时间内全省已有8000多个新建的中、小型厂矿和作坊投入生产。这些县乡工业从修配制造农具、提水工具、农副产品加工,到新建煤矿、炼铜厂、铁矿、发电、制水泥等,几乎包括了各行各业。据《河北日报》报道,东光县在“乡乡办工厂,社社机器响”的奋斗口号下,通过开展“大鸣、大放、大辩论”,广大群众纷纷拿出资金、物料、工具,仅用40多天时间就新建和扩建工厂331个,到年底这个县新建的工厂将达到1560多个,全县地方工业总产值将比去年工业总产值提高 6 倍,占全县工农业总产值的 70%。

5 月 20 日至 26 日,中共河北省委在东光县召开发展地方工业现场会。要求各地解放思想、破除迷信,打破办工业的神秘化观点和教条主义束缚,发扬共产主义风格和敢想、敢说、敢干的独创精神,在全省广泛深入地掀起全党全民办工业的热潮。会后,全省各地、县、乡党委和各系统陆续召开现场会,总结推广东光县的经验,检查批判“右倾保守”思想,重新修订发展地方工业的指标,调整和扩大工业队伍,纷纷提出“争上游,提前实现农业机械化和农村电气化”等不切实际的口号。专区与专区之间、县与县之间迅速出现了你追我赶、互争上游的局面。到 6 月底,全省已建成厂矿 50 多万座,提前半年超额完成全年建厂 50 万座的计划;到 7 月上旬,全省共建成大小厂矿作坊 74 万多个,其中有 70 多万个是社营小厂矿。发动全党全民办工业,开展群众性的技术改革运动,解放劳动力,反映了当时农业“大跃进”对加快工业发展的迫切要求。把群众的力量和智慧集中组织起来,进行技术改造,因地制宜地兴办一些适合当地情况的小型工业企业,大方向是正确的。但在大办工业的过程中,由于不适当地强调“因陋就简”,“打破办工业的神秘化观点”,轻视科学技术和专家学者作用,把一些不科学、不成熟的技术作为解放思想、破除迷信的革新典型进行宣传,并广泛推广;许多地区根本不具备办工业的技术和物资条件,就动员群众发扬共产主义风格,出钱、投料,献铜献铁,腾房子,借家具,助长了“平调风”的蔓延。这种用群众运动一哄而起大办工业的做法,浪费了大量人力和资源,形成了一批小钢铁、小矿山、小煤炭、小农机修配等各种小企业,其中相当多的企业规模结构不合理,设备简陋,技术水平低。这种先天不足、起点低的状况,给河北地方工业的发展留下了长期难以解决的后遗症。

全民大炼钢铁运动的开展

在工业“大跃进”的浪潮中,全民大炼钢铁的群众运动迅猛开展起来。随着地方工业的大量发展和基本建设任务的空前增多,造成了全省生铁供应的短缺,使许多生产部门不断出现停工待料现象,基本建设也因缺乏钢铁等建筑材料而不能如期完工。如果不尽快解决生铁生产问题，“大跃进”中提出的许多规划就面临着落空的危险。为此，中共河北省委发出“凡是有资源的地区都要尽快地建起一批小高炉，通过大搞地方炼铁业，迅速达到生铁自给”的号召。并于4月15日至19日召开全省兴建小型炼铁厂抚宁杜庄现场会议，决定在全省尽快地建立起一批“抚宁式”小高炉。5月9日至10日，又在北京召开紧急生铁促进会议，决定以“向深山索铁”的气魄，在“七一”前建成小高炉237座，年底建成小高炉936座，拿到生铁36万吨。6月22日和26日，省委两次给各地市委发出关于快马加鞭发展钢铁工业的特急电报，要求各地大量兴办小高炉和小型炼钢厂。6月30日至7月5日，在省委召开的地市委书记扩大会议上，确定1958年要生产140万吨铁和105万吨钢，1959年全省要达到600万吨铁、400万吨钢。为了完成这个翻几番的指标，从工厂到农村，从学校到机关，从干部到学生，从市长到家庭妇女，千百万群众组成一支支“向地球宣战，向深山索铁，同时间赛跑”的炼铁大军。无论是山区平原，也不论是草原水乡，到处都是炼铁的战场。到8月26日，全省工、农、商、学、兵投入建炉、采矿、炼铁的人数达到20万人，建起小高炉242座、土坯炉2.7万多座。同时，在邯郸、承德、宣化、石家庄等地兴建的大中型钢铁厂也在紧张施工。一个大型和中小型钢铁企业相结合、土洋相结合兴办钢铁工业的热潮在全省形成。

尽管全省人民为完成钢铁生产任务付出了极大努力，但钢铁生产进度缓慢，计划完成情况很不理想。到7月底，全省仅完成钢30.8万吨，占全年任务的27%；到8月底，全省仅完成生铁1.6万多吨，约占全年任务的2%。全年的钢铁任务中，钢73%以上、铁98%以上要在今后4个月中完成，难度是可想而知的。正在这时，中共中央召开的北戴河政治局扩大会议决定，1958年全国钢产量达到1070万吨，比1957年钢产量翻一番。9月1日，《人民日报》还发表《立即行动起来，完成把钢产量翻一番的伟大任务》的社论指出，这是全党全民最重要的政治任务。于是，河北同全国一样，掀起了空前的全党全民大炼钢铁运动。

8月21日、25日和9月1日，中共河北省委先后三次召开电话会议，要求各地委第一书记挂帅，号召全党全民紧急动员起来，在9月份开展一个钢铁生产大突击运动。各地委、县委要立即组织钢铁指挥部，第一书记上火线，采取一切措施，不缺一两、不少一斤地完成全年钢铁生产计划，并力争超过。9 月 3 日，河北省钢铁指挥部成立，由省委第一书记林铁任总指挥，省长刘子厚和省委书记处书记吴砚农任副总指挥。指挥部下设 5 个办公室，有专职干部 120 人。9 月 8 日至 11 日，中共河北省委又召开了一届六次全体（扩大）会议，确定钢铁生产是压倒一切的任务，其他工作可以缓办的就缓办，即使影响其他工作和生产也在所不惜。必须以破釜沉舟的精神，调动一切可以调动的人力、物力、财力，支援钢铁任务的完成。会后，全省连续组织了几次大规模的“夺钢战役”，集中大批劳动力投入大炼钢铁，最多时曾达 460 万人。到 9 月底，全省已建成炼铁小高炉 583 座，土炉 6.5915 万座，炼钢小转炉 75 座。全省到处是高炉群起，烟囱林立，白天浓烟蔽日，夜间火光冲天，形成了全民大炼钢铁的高潮。10 月 9 日，中共中央召开电话会议，决定提前 20 天完成全年 1070 万吨钢的生产任务。为响应中央的号召，全省又连续组织大规模的“钢铁争夺战”“钢铁高产周”。为保证全国 1070 万吨钢铁任务的完成，省委要求在所有的厂矿、企业、机关、部队、学校中分配炼钢炼铁任务，所有的劳动力、运输力、设备、材料、资金，都要服从钢铁，调动一切力量为钢铁服务，使全省各行各业全部投入到大炼钢铁运动中去。炼钢需要铁，炼铁需要铁矿。为了找矿，一些中小学生、七八十岁的老人也投入了找矿运动；炼钢离不开煤，于是大办煤炭，成千上万的农民，背着锄头带着锅灶，上山挖煤。运矿运煤需要运输工具，就大办运输，所有的汽车和大批的人力车、自行车都投入了运输。全省城市、农村、厂矿、企业、机关、学校，都成了土法炼钢炼铁的战场。就连省委机关大院也建起了小土炉，省委领导和机关干部都不分昼夜地投入了大炼钢铁运动。经过几个月的全民保钢夺钢的群众运动，土法加洋法，截至 12 月 24 日，全省宣布钢产量达到了 103 万吨，生铁产量达到了 78.78 万吨（不包括烧结铁），提前完成了中央分配的钢 103 万吨、铁 70 万吨的生产计划。

全民大炼钢铁运动，违背了生产规律和经济规律。在大炼钢铁中，调动了大批农村劳动力和运输力，致使秋收种麦粗糙草率，影响了农业生产。有相当数量的公社把公共积累都投入了大炼钢铁，影响了公社的财务开支，挤掉了其他副业生产。由于运输紧张，也影响了城乡物资交流，造成城乡日用工业品的供应短缺。同时，几百万钢铁大军在山上安营扎寨，又时值隆冬，衣食、住宿、取暖及日用品供应都存在许多问题，有的地方造成疾病流行。更令人痛心的是，全省虽然投入了巨大的人力、物力、财力，不少地方的矿产资源遭到破坏，树木被砍光，有的地方甚至把群众家里的铁锅及其他含铁的物品都砸碎炼钢，但是却没有生产出多少合格的产品，许多的铁不能炼钢，钢不能成材。国家冶金部规定生铁的含硫量不得超过 0.1% 至 0.2%，而河北省小高炉和土高炉生产的生铁含硫量一般在 0.5% 至 0.9%，最高的达 1.5% 以上，而且含渣量多，一般为 40% 至 50%，最高的达 80%。这样的土铁既不能用于铸造，又不能用于炼钢，造成极大浪费。不仅如此，这些用处不大的生铁还使国家财政支付了巨额补贴。按当时国家规定，每吨铁的调拨价格为 150 元，而河北省每吨铁的生产成本低的为 250 元至 300 元，高的达到 600 元，个别的竟达到 2000 元。生产每吨铁国家补助 150 元后，省财政仍背负着巨额亏损。1958 年全省钢铁亏损 2.9522 亿元，扣除国家补贴，到年底还有 2.219 亿元的亏损。至于大炼钢铁挤掉农业和轻工业，造成农轻重比例失调以及由此造成的直接和间接经济损失，更是难以估量。

教科文领域的“大跃进”

“大跃进”运动在农业、工业等领域高潮迭起的时候，也席卷了教育、科学、文化各界。

1958 年 5 月 24 日，中共八大二次会议闭幕的第二天，中共河北省委即在北京举行常委扩大会议，号召全党全民大办教育事业。6 月 1 日，省委又发出《关于全党全民大办教育事业的决定》，提出为实现教育大普及，就必须大量地举办学校，建立起广泛的学校网。在发展各级各类教育事业中，要冲破一切教条主义束缚，坚决贯彻两条腿走路的方针。既要发展国家办的学校，更要发展群众办的学校，要放手发动机关、厂矿、企业、商店、学校、城市街道、农村合作社去办学。凡是机关、厂矿、学校、商店、街道及农村群众自办的学校，都不要强求统一的规格，既办儿童青年教育，也办成人教育；既办普通学校，也办职业学校；在学习时间上，可以是整日制的、半日制的或业余的；在课程设置上，可以是几科的，也可以是单科的；在学习期限上，可以是几年、一年、半年甚至几个月。《决定》还指出，凡国家和群众新办的学校，当前不宜过于强调保证质量，而是应该强调因陋就简，从无到有，首先把它先办起来，然后再逐步提高。《决定》要求各级党委本着上述精神制定出本地区教育事业的发展规划，迅速贯彻执行。

7月7日至8月3日，省委召开全省教育工作会议，制定了教育跃进的初步规划，确定：大办高等教育与中等教育，争取在10年至15年内普及高等教育；大办高中，要求在5年内普及高中；加速文化大普及，1958年基本扫除青壮年文盲、普及小学教育及初中；大办师范教育，各县都要办师范学校，逐步达到初中以下师资由县解决，专区负责解决高中师资，省负责解决高等学校师资。要实现以上目标，必须贯彻群众路线，发动全党全民大办教育；做到公办与民办并举；普通教育和职业教育并举；儿童教育和成人教育并举；学校教育与函授教育并举。会后，全省迅速形成了全党全民大办教育的运动。到1958年底，全省普通中学和职业中学发展到4253所，中等专业学校由1957年的40所发展到462所，中等师范学校由1957年的48所发展到138所，高等学校由1957年的10所发展到94所。

在大办教育的过程中，河北省还进行了教育与生产劳动相结合的探索，并试行了刘少奇提出毛泽东同意的“两种教育制度、两种劳动制度”，即一面保持传统的全日制教育制度和劳动制度，一面实行半工半读的学校教育制度和半工半读的劳动制度。并为此创办了大量的半农半读的农业中学和半工半读的职业中学。它满足了广大群众对科学文化知识的渴望，促进了理论和实践的结合，受到了群众欢迎，也取得了一些成绩。但是在“大跃进”的高潮中，不讲任何条件、不受任何限制，来了个学校大办工厂、工厂大办学校，不切实际地要求学校一律做到半自给或自给，而且劳动过多冲击了正常的教学，有的干脆来个“以劳代学”，这样就违背了教育与生产劳动相结合的本来意义，给教育工作造成了很大损害。同时，在教育战线过分强调教育为无产阶级政治服务，开展了两种思想两条道路的斗争，在斗争中较普遍地采取了“大鸣、大放、大辩论”的方法。在红专大辩论中，搞“插红旗”“拔白旗”，实际上形成了对一些持不同意见的老教师的围攻，严重伤害了他们的感情，使教学质量和学术研究受到很大影响。

文化艺术界的“大跃进”同样高潮迭起。1958年5月27日至6月2日，全省召开文化工作会议。会议根据社会主义建设总路线和全国文化厅（局）长会议精神，全面检查总结了全省8年来的文化工作，讨论确定了文化工作的任务。为促进工农业生产的“大跃进”，使文化工作适应经济建设迅速发展的需要，会议提出：首先要掀起文化艺术大普及运动，开展群众性文化艺术活动和群众创作运动，积极发展民办电影队、图书室、活动书箱、文化宣传站和俱乐部等各项群众文化事业；各专业文艺表演团体，要大力贯彻上山下乡、为工农兵演出的方针，还要大力普及曲艺工作、普及电影放映工作。7月10日，省委宣传部发出《关于开展“歌颂大跃进、回忆革命史”一千万件群众文艺写作运动的计划》。7月20日，省委又发出《关于开展“歌颂大跃进、回忆革命史”群众文艺写作运动的指示》，号召所有献身于社会主义建设事业和经历过历次革命斗争的工人、农民、士兵，所有的党员、干部、国家工作人员和知识分子积极参加写作运动。《指示》还要求省和各专区、市、县、乡、厂矿都成立“跃进与回忆”写作运动委员会，以加强对运动的组织领导。

10月16日至22日，省委宣传部召开全省文艺创作座谈会，传达中央宣传部召开的文艺创作座谈会精神，在文艺创作上提出在发展社会主义文学的同时，要建设共产主义文学，用最新最美的共产主义文学来反映人们的生产面貌和精神面貌，使文艺工作更好地为加速社会主义建设、准备向共产主义过渡服务。会议还提出全省文艺创作也要发射“卫星”向国庆10周年献礼。此后，文艺界也出现了大放“创作卫星”的局面。

在“大跃进”的声浪中，河北省的科技界也活跃起来。1958年6月，中共河北省委发出《关于加强科学技术工作的决定》。9月5日至11日，省委召开地方科学工作会议，讨论研究如何掀起技术革命、大办科学事业的问题。会议决定各地应在短期内普遍建立科学工作委员会，争取1958年全省建立一支200万至300万人的科学技术大军。还要加强科学研究机构,开展“千所万站”运动,人民公社要社社建立研究所,队队建立试验站。还要大搞科学技术普及工作,争取一年内初步扫除科学盲。会议强调,必须进一步加强党对科学工作的领导,打破科学研究只在实验室进行的小圈子,大搞群众运动,形成全党全民大办科学事业的高潮。这一年,省科学技术委员会主持制定了《河北省 1958 年—1962 年科学技术发展规划纲要》,确定了以农业为重点的 21 个方面、109 项科学研究业务。这一年还先后成立了中国科学院河北省分院、河北省农业科学院、河北省医学科学院以及各级科研机构和基层农业技术推广机构,力图在科学技术工作方面也实现“大跃进”。1959 年,河北省科学工作委员会改为科学技术委员会,作为省人民委员会的一个职能部门。同时建立了河北省科学情报研究所,负责科技情报的搜集、整理、管理、研究、交流等工作,形成了“学科学、讲科学、用科学”的氛围。但是由于只讲必要性,忽视了可能性,存在着盲目追求“高”“精”“尖”的倾向,使河北省第一个科学技术发展规划不得不中途停止。

二、人民公社化运动的兴起

小社并大社,建立人民公社

1957 年冬,伴随着大规模农田水利建设的开展,尤其是一些大中型水利设施的动工,在土地、劳动力的使用等方面打破了原有的社、乡界限。一方面,较大规模的农田水利建设常常是跨社、乡甚至是跨县开展的,造成社与社、乡与乡之间围绕用地、劳动力使用和受益情况等方面时常产生矛盾;另一方面,大中型水利设施的建设又往往是单靠一乡一社的人力物力难以建成,需要乡、社间的合作。为此,一些地方开始打破乡、社界限,在县、乡、社之间普遍采取了大规模的社会主义大协作,相互支援,并肩前进。广大群众在实践中也体会到集体力量在改造自然、发展生产等方面的作用,感到原来的小社在人力、物力、财力、技术等方面已经不能满足生产建设的需要。在这种情况下,中共中央和毛泽东也在重新考虑合作社的规模问题，并提出了“并大社”的设想。1958年4月8日，中共中央发出了《关于把小型的农业合作社适当地合并为大社的意见》，指出，“我国农业正在迅速地实现农田水利化，并将在几年内逐步实现耕作机械化，在这种情况下，农业生产合作社如果规模过小，在生产的组织和发展方面势将发生许多不便。为了适应农业生产和文化革命的需要，在有条件的地方，把小型的农业合作社有计划地适当合并为大型的合作社是必要的。”6月底7月初，晋、冀、鲁、豫、陕五省和北京市在郑州召开农业协作会议，专题讨论了小社并大社的问题。会议通过的《关于农业社问题的意见》中提出：“为了适应农业更大的跃进和农业机械化、电气化的需要，小社应适当并大。”关于大社的规模，会议认为，一个社以1000户至2000户比较适宜，有的地方还可以小一些，有条件的地方也可以大一些。此后，小社并大社工作在全省陆续展开，“有的明着合并，有的暗中联合，有的上书请求批准成立大社”。张北县于7月中旬将全县218个社合并成为62个社。保定地委计划全专区将合作社扩大到平原地区1万户，山区5000户左右。在小社并大社的同时，为解放妇女劳动力，各地农业社还普遍兴办了公共食堂、幼儿园、托儿所、幸福院等公共福利事业，建立了各种工厂，大办中小学校甚至大学，并进一步加强了民兵武装，形成工农商学兵俱备，政治、经济、文化、军事全面发展的新态势。

8月4日至5日，毛泽东来到河北，视察了“大跃进”运动中的农业生产先进典型徐水县和安国县。在徐水，毛泽东参观了南梨园乡大寺各庄农业社的棉花、谷子、玉米、甘薯和粮食加工厂、供销部、幼儿园、幸福院、公共食堂；视察了徐水细菌肥料厂、铁工厂。毛泽东离开河北后又视察了河南、山东。一路上毛泽东对当时正在兴办的人民公社大加赞扬。8月10日，在返京途中，毛泽东的专列抵达天津，又听取了河北省委和天津地委的工作汇报。随后，河北省根据中共中央和毛泽东的指示精神，迅速着手制定小社并大社建立人民公社的规划及有关政策。

8月14日和15日，中共河北省委召开书记处会议，研究讨论了河北省委农村工作部草拟的《关于并社问题的意见（初稿）》和中共河北省委《关于合作社规划草案》，认为“大跃进”开展以来，大体可以预计在第二个五年计划期间我国就可以建成社会主义，第三个五年计划就可以向共产主义过渡。现有农业社的组织规模已经不适应这种新的形势，生产力的大发展迫切要求相应地调整生产关系，解决这个新矛盾，就是把现在的小社合并成大社。大社的规模，就全省来说，平原地区 1 万户左右，山区 5000 户左右为宜，全省大致可并成 1000 个左右的大社，每社平均四五个乡、60 个自然村、8400 户左右、3.7 万人左右、12 万亩土地。随着合作社规模的扩大，县乡的行政区划也要加以调整，实行乡社结合，即一乡一社，现有的区撤销。现有的县也应适当扩大，平原地区的县扩大到 60 万至 80 万人口，丘陵地区的县扩大到 40 万至 50 万人口，山区县扩大到 20 万至 30 万人口。根据这个精神，1958 年 12 月，全省行政建制进行了大规模调整，将两个或三个县合并为一个大县，扩大了县的行政区域，全省由 143 个县合并为 58 个县。《规划草案》对大社的性质和名称也作出了规定，指出大社的所有制目前还是采用集体所有制，它的任务是管理本社的一切工农业生产、商（交换）、学（文化教育）、兵（民兵，即全民武装）和其他各项社会主义建设事业，它实际上已经不是农业生产合作社了，为了形式和内容的一致，可以定名为某某人民公社。

由小社并大社进而提出办人民公社后，全省农村迅速掀起了人民公社化高潮。

人民公社的普遍建立

人民公社作为一种群众运动，是从 1958 年 8 月中下旬中央政治局在北戴河召开扩大会议后开始的。这次会议正式讨论了在全国农村建立人民公社的问题。毛泽东在讲话中对人民公社的出现多次给予赞扬。会议通过了《中共中央关于在农村建立人民公社问题的决议》。《决议》认为“人民公社是形势发展的必然趋势”，“在目前形势下，建立农林牧副渔全面发展、工农商学兵互相结合的人民公社，是指导农民加速社会主义建设，提前建成社会主义并逐步过渡到共产主义所必须采取的方针”。《决议》最后满怀信心地说：“看来，共产主义在我国的实现，已经不是什么遥远将来的事情了，我们应该积极地运用人民公社的形式，摸索出一条过渡到共产主义的具体途径。”同时，会议还通过了《中共中央关于今冬明春在农村中普遍开展社会主义和共产主义教育运动的指示》,要求就农业社的收入如何分配和是否建立人民公社的问题,进行鸣放辩论,引导农民用社会主义和共产主义精神来解决这两个问题。还要求采取“插红旗”“拔白旗”的方法,大破右倾保守、甘居下游的思想,使“观潮派”“秋后算账派”在思想上彻底破产。此后人民公社一哄而起,席卷全国。

根据中共中央的指示精神,河北迅速行动,很快掀起了农村人民公社化运动的高潮。还在北戴河会议召开期间的 8 月 26 日和 28 日,中共河北省委书记处两次召开扩大会议,研究建立人民公社的问题,制定了《中共河北省委关于建立人民公社的指示》。因《指示》下发太慢,会议决定,27 日晚先召开电话会议,把建立人民公社的方法、步骤和各项具体政策传达下去,使各地有所遵循。8 月 29 日,中共河北省委正式发出《关于建立人民公社的指示》。《指示》指出,当前广大农民群众建立人民公社的热情非常高涨,一个小社并大社、建立人民公社的群众运动已经形成。小社并大社建立人民公社是生产力发展的必然结果,是促进生产更大跃进、加速农村社会主义建设的重大变革。各级党委必须积极主动地赶上去领导这个运动,使农业合作化制度向更高阶段发展,并且使人民公社逐步发展为在农村中建立共产主义制度的最好的基层组织形式。《指示》还指出,在整个人民公社化运动中,大体可分两步走,在种麦前迅速建立好公社的组织或筹委会,搭好干部的架子,亮出人民公社的牌子,宣布公社成立;完成种麦后,再进一步发动群众大鸣大放大辩论,在提高群众觉悟的基础上有步骤地处理各项经济问题,同时建立与健全各种组织和制度。《指示》虽然强调建立人民公社必须有领导、有准备、有步骤地去进行,既要快又要好、不要粗不要哄,但又要求在 12 月底前,把建立人民公社和并县工作全部完成。《指示》发出后,人民公社化运动很快就进入了高潮。继徐水县和张北县建立人民公社之后,石家庄专区和张家口专区也全部建立了人民公社。到 9 月 8 日,全省在 4.2183 万个农业社的基础上,合并成 951 个包括工、农、商、学、兵的大型人民公社,人民公社的规模由原来每个农业社平均 197 户扩大到平均 8836 户,加入人民公社的农户达到 820 多万户,占总农户的 99.95%。没有经过试验,仅一个多月,全省农村就实现了人民公社化,成为全国最早实现人民公社化的省份之一。

初期的农村人民公社与过去的农业生产合作社相比,有许多新的特点。第一是大。人民公社化前,全省农业社每社平均197户;公社化后每社平均8836户,其中1万户以上的社就有300多个。第二是公。农业合作社的土地、耕畜、农具等生产资料及其他公共财产全部转归公社所有,由公社统一经营,统一核算。原来由社员经营的自留地、林木、牲畜收归公社经营或归公社所有,国家将粮食、商业、财政、银行等部门在农村的基层机构下放给公社管理经营。这种所有制方面的改变,把经济条件不同、贫富水平殊异的社强行统在一起,实际上是穷社共了富社的产;取消农民的自留地和林木、牲畜甚至生活资料,实际是集体共了个人的产;把全民所有制部分企业下放给公社,实际是公社共了国家的产。所有这些,都混淆了集体所有制和全民所有制的界限,使得“共产风”大为泛滥。第三是实行“政社合一”。农业生产合作社时,农村实行的是乡社分设体制,乡是农村基层政权组织,农业生产合作社是经营组织;公社建立后,人民公社实行“政社合一”,乡党委就是社党委,乡人民委员会就是社务委员会。乡社既是一级政权机构,又是经济组织,在乡社内部,又分为生产大队和生产小队,实行三级管理。一切生产资料和劳动力统归公社调配和使用,工、农、林、牧、副、渔等一切建设事项,统归公社经营,由公社统一制订各种生产建设计划和决定收益分配。第四是在分配上实行供给制与工资制相结合的分配制度。供给制主要是粮食供给,就是对所有农村人民公社的人员,在本社内普遍实行吃饭不要钱。工资则是在供给制之外,按一定的等级分配给社员一定数额的货币和一定数量的劳动奖励。人民公社在实行供给制的同时,还普遍办起了公共食堂,并把它当作解放妇女、节约粮食、节省劳动力,甚至消灭私有制残余的“共产主义萌芽”大力提倡。到1958年10月下旬,全省已办起公共食堂23.5万个,参加食堂的人数达3482万人,占农村总人数的95.5%。第五是在生产和生活中实行“组织军事化、行动战斗化、生活集体化”,把男女劳动力按照军队建制组织起来,同时大办托儿所、幼儿园、幸福院等公共福利事业。到10月下旬统计,全省共建立托儿所21万多个、幼儿园10万多个、幸福院1.3万多个。

农村人民公社化的浪潮还汹涌地冲向了城市。到11月底，全省共试办各种类型的城市人民公社152个，入社人口139万，占城市人口（不包括郊区农业人口）的28%。其中，石家庄市以原行政区为单位建成3个人民公社，邯郸市和邢台市以机关、企业、学校、街道为单位建成131个人民公社，天津、唐山、秦皇岛3市各建立4个至6个不同类型的人民公社。城市人民公社建立后实行了半供给制半工资制的试点，有些地方产生了急于实行半供给制和多包比少包好的情绪，也有的把建立公社同实行供给制混淆起来。在组织集体生活方面，有的地方采取"苦战几昼夜，实现食堂化、托儿化"。据全省10个市不完全统计，共办起托儿所9057个，入托幼儿20万；办起公共食堂6873个，就餐人数150万，其中石家庄市吃食堂的人数最多，达89.3%。各市试办的人民公社并没有经过充分准备，忽视了人们的生活习惯和觉悟水平，引起了一些混乱。

人民公社化运动的实践证明，在落后的生产力基础上，企图依靠不断提高和扩大公有制，实现迅速建成社会主义，从而很快过渡到共产主义，这只是一种脱离客观实际的主观愿望，是一个超越社会发展阶段的空想，它必将造成对生产力的极大破坏。

徐水向"共产主义"过渡的试点

在人民公社化运动中，为将来向共产主义过渡创造经验，中共河北省委还要求每个地委都要选择一个条件好的县试办共产主义典型县，选择一两个条件较好的大社试办共产主义公社。徐水县曾被作为提前向共产主义过渡的试点而闻名全国，并被称作"沿着人民公社道路，奔向共产主义乐园"的典型。

徐水县原是一个只有31万人口、79万多亩土地的小县。在1958年9月撤区并县中与容城县、安新县合并，仍称徐水县。这时已成了拥有70万人口、170万亩土地的大县。

1957年冬至1958年春，在全省农村掀起了以兴修水利为中心的生产高潮。徐水县委组织全县人民大干一冬一春，在穿越全县的瀑河、漕河、萍河两岸建成51座"葡萄串"式蓄洪水库，在平原修建了157座"满天星"式的平原水库。同时，还改造了不少旧有的蓄水坑塘，挖了自流泉，打了265眼机井，修复了一些砖石土井，开挖了500多华里长的渠道，使全县灌溉面积大大增加，旱涝问题得到了较好的解决。在大搞水利的过程中，县委提出打破乡社界限，统一规划和调配劳力，把全县10万多劳动力编为营、连、排、班，实行“组织军事化”“行动战斗化”。为解放妇女劳动力，各社还建起了公共食堂、托儿所、幸福院、缝纫厂等，实行家务劳动集体化和社会化。为推动水利建设还在全县开展了社会主义教育运动，反对本位主义、分散主义，用“大鸣、大放、大字报、大辩论”搞群众自我教育，使这个县的生产“大跃进”高潮不断。

徐水县组织农业生产“大跃进”的经验，得到了中央领导和河北省委、保定地委的肯定和重视。1958年2月中旬，到省会保定参加全省四级干部会议的中共中央书记处书记谭震林听取了徐水县委的汇报并到徐水进行了参观考察，对徐水的经验大加赞赏并在会议上进行了初步总结，要求中共河北省委进行系统总结推广。谭震林回到北京后，还把徐水搞水利建设的主要经验推荐给《中国农民报》刊登。2月18日（农历正月初一），中共河北省委第一书记林铁和省委、省人委、省军区的领导来到徐水，慰问大年初一仍在积极劳动的干部和群众。月底，中共中央农村工作部副部长、国务院农林办公室副主任陈正人也来徐水考察水利建设，对徐水县委组织大搞水利建设给予了很高评价，并就徐水县实现农田水利化的情况向毛泽东及中央有关负责人写了报告。3月，毛泽东在中共中央召开的成都会议上，把陈正人的报告批示给与会同志讨论，同时提出“徐水的经验普遍推广”①。3月11日，《人民日报》发表《苦战三月，改变全县自然面貌》的文章，并配发了《徐水创造了好经验》的社论，称赞徐水是在“全县规模又快又好的组织全面大跃进的好榜样”。随后，中共河北省委派出工作组对徐水县的工作进行了总结，3月28日向中共中央正式报送了《中共河北省委关于徐水县委组织农业生产大跃进领导经验的总结》。4月17日，《人民日报》以突出的版面全文刊登了这个报告。4月19日，省委向全省发出学习徐水县委组织农业生产大跃进领导经验的通知，要求各地组织干部进行深入学习。从此，徐水县

① 《建国以来毛泽东文稿》第七册，中央文献出版社1992年版，第143页。

成了河北省乃至全国“大跃进”的典型。

8月4日,毛泽东视察徐水,极大地鼓舞了徐水县建立人民公社的热情。毛泽东离开徐水后,一个建设人民公社的群众运动在徐水掀起。当天晚上,毛泽东视察过的大寺各庄就成立了人民公社,定名为“徐水县东方红八四人民公社”。8月5日,徐水县召开了全县共产主义思想文化跃进大会,县委第一书记张国忠作了向共产主义进军的讲话,号召大家成立人民公社,向共产主义过渡。随后,全县248个农业社宣布转为人民公社,在社员“自愿”的基础上,各户私有的部分农具、牲畜、房屋、树木等都转为公社所有,生产资料入社折款的部分也决定取消。为把规模很小的公社合并成工农商学兵互相结合的大型人民公社,徐水县于8月15日将全县20个乡镇合并为9个大的乡镇。

8月6日,陈正人再次来到徐水。8月8日,召开了有河北省委、保定地委、徐水县委有关负责人参加的座谈会,传达了中央领导在徐水搞共产主义试点的指示。他在会上说,刘少奇指示在徐水搞一下向共产主义过渡的试点。为什么要在徐水搞共产主义试点呢?他说,因为徐水县跃进很快,在水利建设上有创造性,军事化又走在了前面,一年来群众在运动中有了很多锻炼,农业上有了很好基础,交通方便。对试点的内容,陈正人大体讲了工业、农业、文教的规划、指标,提出全县可搞一个大联社。[①] 中共河北省委对中央在徐水搞共产主义试点非常重视,8月12日召开书记处会议进行了专题研究,决定成立由中共中央农村工作部、国家计委、化工部、冶金部和省、地、县共计100多人组成的规划小组,在徐水县委领导下进行工作。8月22日,徐水县委制定出《关于加速社会主义建设向共产主义过渡的规划(草案)》,规划的目标是“1959年基本完成社会主义建设,并开始向共产主义过渡,到1963年即进入伟大的共产主义社会”。规划的前景是:1958年实现灌溉机械化和加工机械化;1959年实现耕作机械化,农村初步电气化;1963年实现高度机械化和电气化,一切主要体力劳动都要为机械所代替。1959年每人平均可占

---

① 中共保定市委党史研究室编:《中共保定党史大事记(1949.10—1978.12)》,中央文献出版社1999年版,第150页。

有粮食2000斤、食油20斤、肉类50斤;到1963年,每人平均占有粮食2000斤、食油50斤、肉类300斤、棉布100尺、糖240斤、水果147斤,主要生活资料实现各取所需。1959年消灭30岁以下的文盲,1963年达到高小以上文化程度,成为专家。体力劳动和脑力劳动的本质差别逐渐消失。规划中还具体规定了1959年至1963年工业、农业、林牧渔业、交通、文化等方面的具体指标。从8月23日至9月1日《人民日报》连续发表长篇通讯《徐水人民公社颂》,对人民公社充满了赞美之词。文章最后说:“徐水的人民公社将会在不远的期间,把社员们带向人类历史上最高的仙境,这就是那‘各尽所能,各取所需’的自由王国的时光。”

为向共产主义过渡,9月15日,徐水县成立了“徐水县人民总公社”(后改为徐水县人民公社),实行县级政社合一,全县统一经济核算,劳动力、资金、基建、生产建设、分配由县统一管理。为消灭私有观念,徐水县首先改变了所有制,把集体所有制和个体所有制全部改为全民所有制,把一些集体企业统统上升为全民所有制企业,一切财产归全民所有,不仅生产资料,大部分生活资料也归了公,房子可以随时拆除,有些村庄鸡、鸭、猪和树木也归了公。铁锅砸去炼铁,家家户户不冒烟,全都去吃食堂。甚至有些地方连箱箱柜柜都收为公有。群众除了一双筷子、一只碗是个人的,其他都归公了。这就给了群众一个错觉:共产主义就是“共产”,就是一切归公。

9月20日,徐水县委又向全县人民发布了《中共徐水县委关于人民公社实行供给制的试行草案》。这是徐水县向共产主义过渡的具体措施,也是向共产主义过渡的核心,当时在全国影响很大。即取消记工分红、工资制等按劳取酬的分配制度,采取向共产主义“各尽所能,按需分配”过渡的分配制度,在全县范围内实行有限度的全民供给制,包括农民、工人、职员、一切在徐水工作的人员及大中小学学生,从9月份起,干部、工人取消薪金,社员取消按劳取酬,每月只发几元钱的津贴,对全县人民实行“十五包”,即吃饭、穿衣、住房、鞋、袜、毛巾、肥皂、灯油、火柴、烤火费、洗澡、理发、看电影、医疗、丧葬这15项开支,全部由县里统一包起来。尽管徐水县实现农业合作化以来,群众为改变贫穷落后的面貌,积极发展生产,工农业都有了较大发展,但依靠其贫穷的物质基础,即使要实现这样低水平的全民供给制也是根本不可能的。

徐水的共产主义试点虽然昙花一现，但当时在国内外影响很大。从 1958 年 3 月 11 日《人民日报》报道徐水县创造了组织“大跃进”的好经验，特别是 8 月 23 日连续发表徐水县向“共产主义”迈进的消息后，来徐水参观、学习、访问的国内外人士络绎不绝。据统计，从 3 月到 9 月底半年多的时间内，先后有 40 多个国家和 3000 多个国内单位共有 9.5738 万人前来参观。

在徐水县进行的向共产主义过渡的试点，中央、省委和地委的领导一直十分关注，及时指出了存在的问题，并给予了不同程度的纠正。

徐水向共产主义迈进的规划草案制定不久，1958 年 9 月 10 日，曾提出在徐水县搞共产主义试点的全国人大常委会委员长刘少奇到徐水视察，他对徐水急迫渴望早日向共产主义过渡的热情和干劲给予了鼓励和赞扬。当他看到徐水向共产主义迈进的规划草案后，感到规划有些问题，并引用孟子“且 人之身而百工之所为备”的话，说明生产规划安排的复杂性和重要性。他还指出，全民所有制并不就是共产主义性质的。只有社会产品极大丰富了，人们的共产主义觉悟极大提高和全民教育普及与提高了，工农、城乡以及脑力劳动与体力劳动的差别都逐步消失了，这才得以进入共产主义时代。

毛泽东对 8 月 4 日视察徐水的所见所闻并不放心，在离开徐水后，随即把身边的 18 位工作人员派到徐水进行深入调查，发现不少问题。10 月 18 日，中央办公厅机要室在徐水劳动的同志向毛泽东写了一份报告，反映徐水县主观主义、强迫命令、虚假现象不少。10 月 14 日下午，毛泽东到河北视察，在天津听取了河北省委和徐水县委的汇报。当徐水县委负责人汇报他们的“全民所有制”时，毛泽东明确表示，徐水的全民所有制和鞍钢的全民所有制有区别，不能混为一谈。徐水还是全县人民的所有制，还不是 6 亿人民的所有制。只能叫徐水的全民所有制，实质是扩大了范围的集体所有制。[①] 随后，他要求河北省省长刘子厚去徐水

---

① 逄先知、金冲及主编：《毛泽东传（1949—1976）》（下），中央文献出版社 2003 年版，第 885 页。

作些调查。

根据毛泽东对徐水问题的指示,河北省委立即组织了一个工作组,由省长刘子厚率领,于10月18日至20日到徐水进行了3天的调查。21日下午,刘子厚等省委领导到北京中南海颐年堂向毛泽东作了汇报。他如实汇报了徐水存在的浮夸风和“共产风”等问题,如一亩白薯产量不过2000斤,却虚报成8000斤;把几个村的猪集中起来,让人参观,弄虚作假;在宣布全民所有制的同时,所有个人财产和私人债务统统“共了产”,分配上实行完全的供给制。听到这些,毛泽东明确表示反对。关于浮夸风,毛泽东强调要实事求是,对虚报的人要进行教育,进行辩论,不要讲假话,是多少就是多少;关于“共产风”,强调生活资料不能归公,对私人间的债务不能一风吹,这是劳动人民的劳动所得,把你的拿过来,这不是租借是侵略了;关于分配问题,他反对把什么都包下来,指出多劳多得是社会主义原则,要把劳动力多的农户的积极性调动出来,使他们收入多点,工资多点,不要平均主义。当听到一些基层干部工作方法简单,捆人、打人的情况时有发生,他十分生气,批评说:“有捆人,打人,就是还有封建残余,是对敌我界限和人民内部矛盾的相互关系没有搞清楚。一捆、二打、三骂、四斗,不是解决人民内部矛盾的方法。”①

刘子厚等省委领导从北京回到河北后,就毛泽东对徐水问题的指示向省委作了汇报。10月29日,中共河北省委召开省委书记处会议,保定行署专员列席会议,专门讨论徐水的工作和贯彻落实毛泽东对徐水的指示。会上指出了徐水在搞共产主义试点过程中出现的作风、政策和领导上的问题,责成保定地委帮助徐水县委解决。随后,省委、地委又派出工作组帮助徐水县解决存在的问题,使徐水县委在向共产主义过渡中一些过急的做法和“左”的倾向,在一定程度上有所纠正。从11月开始,徐水县取消了全县一社体制,全民供给制改为工资制和供给制相结合的分配制度,干部恢复薪金制,并宣布私人房屋仍归原主所有。1958年

① 参见《毛泽东传(1949—1976)》(下),中央文献出版社2003年版,第886—887页;《领袖在河北》,中共党史出版社1993年版,第94—95页。

11 月 9 日，在中共中央召开的第一次郑州会议即将结束时，毛泽东批评徐水是“独立王国”，“急急忙忙往前闯”，提出以后不要再宣传徐水。[1]

三、“左”倾错误的初步纠正

贯彻中央郑州会议精神，开始纠“左”

毛泽东是“大跃进”运动和人民公社化运动的积极倡导者和推动者，也是较早通过调查研究觉察到运动中出现高指标、瞎指挥、浮夸风、“共产风”等严重问题并努力加以纠正的中央主要领导人。这期间他曾多次到河北实地调查，通过与河北各级领导座谈，使他了解到大量真实情况，并且他认为只有纠正这些错误，“大跃进”和人民公社化运动才能健康地发展。为此，从 1958 年 11 月初的郑州会议开始到 1959 年 7 月中旬庐山会议前期，中共中央召开了一系列重要会议，领导全党努力纠正已经觉察到的“左”倾错误。

1958 年 11 月 2 日至 10 日，中共中央在郑州召开了有部分中央领导和省委书记参加的会议，史称第一次郑州会议。会上，毛泽东在充分肯定“大跃进”和人民公社化运动的前提下，针对当时普遍存在的混淆社会主义和共产主义、集体所有制和全民所有制的情况，明确提出必须划清这两种界限，肯定现阶段是社会主义，肯定人民公社基本上是集体所有制。毛泽东批评了否定商品生产、价值规律、商品交换的错误，指出在中国社会主义现阶段废除商品是违背经济规律的，中国是商品生产很不发达的国家，商品生产不是消灭的问题，而是要大大发展。他特别强调，为了团结几亿农民，必须发展商品交换。会议期间，毛泽东还给县以上各级党委委员写了一封《关于读书的建议》的信，建议大家认真阅读《苏联社会主义经济问题》和《马恩列斯论共产主义社会》，并要求联系

① 薄一波著：《若干重大决策与事件的回顾》，中共中央党校出版社 1993 年版，第 752 页。

中国社会主义革命和经济建设去读这两本书，使自己获得一个清醒的头脑，以指导经济工作。

在此期间，毛泽东还特别注意群众生活问题。在郑州会议上，毛泽东就强调要实行劳逸结合，既抓生产又抓生活，保证群众吃好睡足，并责成各地认真检查。11 月 14 日，郑州会议结束后毛泽东在前往武昌的途中，看到新华社编印的《内部参考》上刊登的一篇电讯稿，反映河北邯郸地区伤寒疫病普遍流行，主要原因是一些领导干部只注意生产，忽视了群众生活，致使社员过度劳累，身体抵抗力下降，疾病蔓延很快。毛泽东特别作出批示，指出这“很值得注意，是一个带全国性的问题，注意工作，忽视生活，必须立即引起全党各级负责同志的注意，方针是：工作生活同时并重”。① 在随后召开的武昌会议上印发了这个批语。

第一次郑州会议闭幕后，中共河北省委于 1958 年 11 月 12 日至 18 日在天津召开了全省地市委第一书记会议，传达郑州会议精神和毛泽东的指示，学习了斯大林著的《苏联社会主义经济问题》和《马恩列斯论共产主义社会》。会议还对全省工农业生产问题进行了讨论，初步检查了由于大搞钢铁引起的某些方面的紧张情况。会议决定要适当收缩采矿和水库工程的劳力，迅速转移到农副业生产和交通运输方面，要切实关心人民生活和健康，批判只见物不见人的错误思想。会议还讨论了河北省 1959 年的生产计划，认为完成中央分配的生铁 400 万吨、钢 250 万吨、钢材 200 万吨有一定困难，决定调整为生产铁 300 万吨、钢 200 万吨、钢材 160 万吨。会议提出以后钢铁生产的方针是由“小土群”逐渐转到“小洋群”，然后再过渡到“中洋群”和“大洋群”；农业要逐步实行深耕细作、少种多收的方针。

为迅速解决人民生活问题，1958 年 12 月，中共河北省委还先后召开三次电话会议，确定党委第一书记挂帅，层层有专人负责，全面进行检查，逐户作出安排，保证群众过好冬、过好春节。为加强对人民生活的领导，12 月 26 日，省委决定成立河北省人民生活委员会，解学恭为主任委

---

① 逄先知、金冲及主编：《毛泽东传（1949—1976）》（下），中央文献出版社 2003 年版，第 905 页。

员，尹哲、张明河、马力为副主任委员，委员会下设办公室掌握全省情况，办理日常事务。12 月 31 日，省委、省人委制定了《关于群众生活若干问题的决定》，决定采取如下措施，迅速解决人民生活问题：（一）适当调整任务，腾出劳力，开展多种生产。钢铁生产除 6.5 立方米以上的高炉继续生产外，其他土炉一律停止生产。水利建设除岗南水库等 6 个大型水库继续修建外，其他大中型水库一律停止。深翻地也一律停止。（二）认真贯彻劳逸结合，冬季每天劳动 8 小时，睡眠 8 小时，吃饭休息和娱乐学习 4 小时。男劳力每月休假 2 天，妇女每月休假 3 天，阳历年放假 1 天，春节放假 5 天。（三）大力整顿食堂，使群众吃得好，吃得饱。应允许社员把饭打回家吃。（四）解决群众住房、棉衣和过冬取暖问题。在外炼铁、修水库的民工，要安置在民房内或工棚内，在本社劳动的一律不准在野外宿营，冬季一律停止拆毁民房；对无棉衣、棉被的社员，要立即解决，要让社员准备下充足的过冬烧柴，保证住暖。（五）办好托儿所、幼儿园。（六）加强疾病防治，保证社员身体健康。对已经发生疾病的地区，大力组织医务人员下乡治疗，迅速扑灭；对病情严重的可到城市住院治疗，如果经济困难，可以先治病后付钱。（七）凡没发工资的社在春节前要发一两次工资，没钱的可以贷款。（八）大搞多种经济，增加社员收入。要贯彻执行奖励政策，各个公社要向各生产队分配副业生产指标和劳动定额，超过部分 30% 归公社，70% 归生产队或个人，以激发生产队和社员的积极性。（九）做好春节的充分准备，使所有社员过好年，同时广泛组织与开展春节文娱活动。（十）要求各级党委加强领导，第一书记挂帅，像抓钢铁一样抓人民生活问题。逐级建立专管机构，专门研究解决人民生活问题，改进领导作风，改变不关心群众疾苦的官僚主义作风。

第一次郑州会议后，全省各级党组织虽然仍未摆脱“左”的束缚，继续提出一些高指标，对公社化的错误也不可能有比较深刻的认识，但它毕竟是纠正错误的重要开端。

农村人民公社的初步整顿

郑州会议结束后，11 月 21 日至 27 日，中共中央在武昌召开政治局扩大会议（即武昌会议）。这次会议沿着郑州会议的思路，继续批判急于过渡的倾向以及工农业生产上的高指标和浮夸风。按照毛泽东的话说，这次会议要唱个低调，把脑筋压缩一下，把空气变成固体空气。为解决高指标、瞎指挥、强迫命令等问题，毛泽东在武昌会议上，更加严厉地批评了弄虚作假，他说：现在有种空气，只讲成绩，不讲缺点，有缺点就脸上无光，讲实话就没有人听；造假，讲得多，有光彩。他还严正告诫：现在严重的问题是，不仅下面作假，而且我们相信，从中央、省、地到县都相信，主要是前三级相信，这就危险。

在第一次郑州会议和武昌会议的基础上，11 月 28 日至 12 月 10 日，中共中央在武昌召开了八届六中全会。全会通过了《关于人民公社若干问题的决议》，集中反映了这一期间党中央在纠正公社化错误方面作出的努力。

《决议》正式公布前一天，12 月 8 日，中共河北省委发出《关于立即学习宣传中央“关于人民公社若干问题决议”的通知》，指出《决议》从理论上和政策上阐述了有关公社的一系列问题，对于提高思想，明确方向，澄清认识和整顿巩固人民公社具有重大历史意义。各地应立即组织全体干部进行学习讨论并向广大群众展开宣传。通过学习讨论，正确认识当前形势，弄清实现“两个过渡”① 的理论和应进行的具体准备，深刻了解人民公社的一系列政策，澄清思想。公社党委应首先对《决议》进行深刻的学习讨论，把问题弄清，然后再向广大党员和群众展开广泛宣传，并以此为中心掀起共产主义思想教育运动高潮，为整顿、巩固、提高人民公社做好充分思想准备。

为贯彻落实中共八届六中全会精神，中共河北省委于 1958 年 12 月 29 日至 1959 年 1 月 9 日在天津市召开了中共河北省第一届代表大会第二次会议，会议通过的《关于整顿巩固农村人民公社的决议》，规定了全面整顿巩固人民公社的方针、政策和做法。要求抓紧 1958 年冬 1959 年春的有利时机，用 4 个月的时间，动员全党全民对所有的人民公社普遍进行一次深入的整顿巩固工作，系统解决人民公社的生产、分配、交换、生活福利、经营管理等方面的问题。《决议》宣布，社员个人所有的生活

① “两个过渡”，指由集体所有制过渡到全民所有制，由社会主义过渡到共产主义。

资料和银行的存款，永远归社员所有，房屋、家具等已经宣布归公社集体所有的应根据上述政策加以处理；社员可以保留宅旁的零星树木、小农具、小工具、小家畜等，也可以在不妨碍集体劳动的条件下，继续经营一些小副业；公社和社员、社员和社员相互间的债务，一律不要宣布废除；社员向社投资的肥料、种子、现金等，应该由公社偿还，国家和公社、公社和原小社之间的经济关系，必须认真加以清理。

会后，全省抽调了万人左右的整社大军，由各级党委第一书记挂帅，分赴农村进行整社工作。并于1月13日成立了农村工作领导小组，加强对农村整社工作的领导。

经过宣传中共八届六中全会决议，使广大干部和群众划清了集体所有制和全民所有制、社会主义和共产主义的界限，着重解决了社与队的关系问题，加大了生产队的管理权限。但由于公社在生产劳动和财务管理上统得过多、卡得过死，生产队不能机动灵活地进行管理，加以在收益分配上有些公社仍无代价地统一调拨产品和对高估产高征购的错误缺乏认识，因此在整社过程中又不适当地开展了反对本位主义和瞒产私分的斗争，造成农民严重不满，使党和政府同农民的紧张关系仍没有真正缓解。

1959年2月23日，毛泽东再次离开北京，到河北、山东、河南视察，沿途同当地各级干部座谈，了解公社的生产、分配问题。23日，毛泽东在停靠天津的专列上，与河北省省长刘子厚、天津市委书记万晓塘等省市负责人进行座谈。通过调查，毛泽东认为，必须从明确公社内部所有制分级入手，进一步解决“共产风”问题。为此，2月27日至3月5日，中共中央在郑州又举行了政治局扩大会议（即第二次郑州会议）。会议的主题是解决人民公社的所有制和纠正“共产风”问题。这次会议比较系统地检查了人民公社化运动以来的情况，对“左”的错误的认识和纠正比八届六中全会又有所进步。会议根据毛泽东的意见，规定了整顿和建设人民公社的方针，制定了《关于人民公社管理体制的若干规定（草案）》。接着在三四月间召开的中央政治局上海会议和随后召开的中共八届七中全会上，又制定了《关于人民公社的十八个问题》。

第二次郑州会议结束后，中共河北省委于1959年3月6日至15日召开了有5000多人参加的六级干部大会，传达第二次郑州会议精神和毛泽东的指示，统一了对人民公社所有制的认识，研究并确定了公社管理体制、积累与分配比例、劳动力安排等具体政策问题。确定以生产队（即原来的高级社）为人民公社基本核算单位。3月16日，中共河北省委又发布了省六级干部会议讨论通过的《关于农村人民公社管理体制及若干问题的规定》，确定全省人民公社管理体制采取的总方针是：统一领导，队为基础；分级管理，权力下放；两级（或三级）核算，各计盈亏；物资劳动，等价交换；分配计划，由社决定；适当积累，合理调剂；按劳分配，承认差别。根据这个总方针，规定人民公社以原来的高级农业社，即现在的生产队为基本的经济核算单位。原来属于高级农业社的生产资料，仍归原社建成的生产队集体所有和使用；其产品和收益，完全归本队所有和分配。生产队所有的产品物资和劳力，在同公社和各生产队进行交换或协作的时候，应当贯彻等价交换的原则，不得无代价地调拨。生产队每年上缴国家的农业税、公社的公共积累和本队扣留的公积金、公益金、管理费等一般占总收入的40%左右，高的也不超过45%，其余55%分配给社员消费。在分配给社员的消费总额中，工资部分所占比例一般不能少于50%，社员工资要坚决贯彻“按劳分配，多劳多得，多产多分”的原则，并且要认真执行“合理评级，死级活评，评工记分，按劳动日计酬”的办法。对上述规定，省委要求各地必须采取最迅速的办法于3月19日前与全省农民见面，做到家喻户晓。同日，省委将六级干部会议情况上报中共中央并毛泽东主席。3月17日，毛泽东作出批示，认为中共河北省委的报告很有参考价值，要求转发给各省、市、自治区党委。

与此同时，各地也纷纷召开五级干部会议，贯彻省六级干部会议精神。全省有40多万人参加了会议。会议当中，群众情绪非常高涨，纷纷奔走相告，有的生产队长连夜回村开会，安排生产，全省形成了群众性生产整社的新高潮。

为进一步调动各方面的积极性，中共河北省委于1959年4月3日发出《关于农村人民公社经营管理的十项规定（草案）》，进一步明确了人民公社要制订好生产、交换、收入分配计划，搞好劳动规划，合理使用劳力，把土地、劳力、牲口、农具固定到小队，实行“四固定”。生产队对生产实行“三包一奖”,即包工、包产、包投资,超产奖励。按劳分配,多劳多得。积极办好食堂,干部参加劳动,社员参加管理。

经过近一个月的整顿,到1959年4月上旬,全省农村人民公社的基本所有制由公社所有制已经基本退回到原来的高级社或初级社规模。由于乡社体制得到改进,所有制得到调整和贯彻按劳分配、等价交换的原则,广大社员的生产积极性较以前确实有了提高。但是“一平二调三收款”所带来的问题还没有彻底解决,有关公社各级所有制和按劳分配、等价交换的具体政策贯彻得还很不够,如算账、退款、还物和权力下放等执行得不坚决、不彻底,再加上部分干部有贪污多占行为,作风上浮夸和强迫命令,少数干部有违法乱纪现象,这些问题还严重影响着群众的生产积极性。1959年4月13日,中国科学院经济研究所昌黎县工作组副组长王绍飞写的《河北省昌黎县最近公社的工作情况及问题》反映,1959年春季同1957年下半年和1958年上半年比较,农民出勤率提高,但干劲不大。产生这种情况的主要原因是:对秋后能否落实按劳分配政策表示怀疑;生产指标脱离实际太远,伤害了群众的积极性;粮食紧张,难以支持劳动;管理区和生产队的关系尚未理顺。严重的问题是生产计划虚假和粮食问题,基层干部不敢向上反映,大家心里清楚,背后方知真心话。5月2日,毛泽东看到这个报告后给各省、市、区党委第一书记写了一封党内通信,指出河北省昌黎县的情况和他们所提出来的意见是有普遍性的,各地各级党委都应注意解决,越快越好。在此之前的4月29日,毛泽东还曾致信省、地、县、社、队、小队六级干部,谈了当时影响农业生产的六个关键问题,是针对“大跃进”以来在农业生产方面存在的一些错误做法提出来的,贯穿着一个中心思想,就是要实事求是。他说,包产能包多少,就讲能包多少,收获多少,就讲多少,不可以讲不合实际情况的假话。有许多假话是上面压出来的,上面“一吹二压三许愿”,使下面很难办。因此,干劲一定要有,假话一定不可讲。[①]5月2日,中共河北省委接到毛泽东关于农业问题的六条指示后,立即印发到各公

---

① 逄先知、金冲及主编:《毛泽东传(1949—1976)》(下),中央文献出版社2003年版,第944—945页。

社、生产队和生产小队，并在干部群众中进行了传达讨论。干部群众一致反映这六条指示一针见血地解决了农业上的几个根本问题，觉得心情舒畅了，“疙瘩”解开了。很多人把这封信叫“救命信”。有些社员反映：“主席看透了人们的心，说的都是我们心里的话，正是人们迫切要求解决的问题。”有的社员还把毛泽东主席的信放在大镜框里，用玻璃罩起来，说：“这是我们的武器，以后再有人逼着瞎干，拿出主席的信让他们看看。”

为了纠正农村人民公社化运动中的“共产风”，彻底清算公社化以来的账目，退赔平调的资金和物资，整顿干部作风，5 月 13 日，中共河北省委发出《关于整社工作的指示》，要求各级党委切实算清国家、社、生产队、社员之间的账目。要力争切实兑现，以取信于民；确实难以立即兑现的，要暂记一笔账，分期偿还。要结合算账退赔，坚决整顿干部中存在的浮夸虚报和强迫命令作风，对极少数违法乱纪分子要给予严肃处理。5 月 19 日，中共河北省委又发出《关于农村人民公社所有制问题的若干规定》，明确宣布：属于社员所有的财产、物资必须受到保护，在一平二调中已经动用了的，应该彻底算清，退还社员个人；公社无代价从生产队（原高级社）调拨的物资、资金、劳力和土地都要清理偿还或退还。同时，对生产小队的权限作出明确规定：作为包产单位的生产小队，对于土地、耕畜、农具和劳力有固定的使用权，生产大队和生产小队都不能轻易调用；生产小队向生产队包工、包产、包成本，超产部分 80% 以上归本小队所有和分配，20% 归生产队；各项增产技术措施，生产小队有权根据本小队的具体情况作出决定，凡是生产小队认为没有把握的技术措施，公社、生产队都不能勉强让他们实行；生产队固定给小队的牲口、农具，可采取保本保值包干的办法，盈亏由小队负责；生产小队自己繁殖和购置的牲口、农具等生产资料，归小队所有。

在整社的过程中，根据中共中央的指示和广大农民的要求，5 月 8 日、5 月 28 日和 6 月 16 日，中共河北省委还先后发出《关于坚决执行中央关于分配私人自留地问题的通知》《关于切实做好夏季农村工作，实现收好、留好、征购好、用好、种好的指示》和《关于农村人民公社社员生产“小自由”问题的指示》等文件，针对农业生产计划难以完成，农民生活存在严重困难的问题，提出了一些具体措施：（一）恢复自留地制度。分配给社员自留地的数量按人口计算不超过每人平均占有土地的5%。社员自留地所生产的产品，由社员自由支配，不征公粮，不计统购任务，并宣布长期归社员耕种。（二）对耕地以外的零星闲散地，允许社员垦种，谁种谁收，不计征购。（三）社员宅旁、院内、村边的果树、树木，仍归社员所有，并鼓励在这些地方栽种果树、树木，收入归社员自己。（四）允许并鼓励社员养小家畜、家禽，如猪、羊、鸡、鸭、鹅、兔、蜂等，允许社员对小牲畜实行包养、伙养、自养。（五）允许社员搞家庭小副业，对从事农业为主的小手艺人（如补锅、锔盆、锔碗、磨刀剪、阉猪等），要恢复他们的活动，以方便群众，并实行交款记工、包干分红等办法，做到两利。（六）人民公社夏收时，实行少扣多分的原则。分配给社员的部分应占收入的65%以上，并且使大多数社员收入有所增加；要根据按劳分配、多劳多得的原则，执行工资制和供给制相结合的分配制度，使工资部分占社员收入70%以上；认真执行包产、包工、包成本的三包责任制和奖励制度，做到多劳多得，赏罚分明；本着积极办好、群众自愿、多种多样、有利生产的原则，整顿公共食堂。参加食堂与否是生活方式问题，不是社会主义和资本主义道路问题，入不入食堂个人有选择的完全自由。

全省农村人民公社经过几个月的整顿，刹住了急于向全民所有制和共产主义过渡的势头。尽管当时没有彻底清算片面追求“一大二公”的“左”的指导思想，纠“左”不可能是彻底的，但人民公社化运动中产生的错误和混乱现象，得到了相当程度的纠正和澄清，平均主义和“共产风”也受到了抵制和遏制，人民公社的所有制和分配制度也根据当时生产力发展水平和要求后退了一大步，对扭转、缓和党与农民之间的紧张关系发挥了积极作用。

“大跃进”指标和生产安排的调整

根据中共中央的指示精神，河北各级党组织在纠正人民公社化运动中的“左”倾错误过程中，对“大跃进”运动中暴露出来的问题也进行了纠正，主要是调整过高的经济计划指标，逐步“压缩空气”，并采取有关措施缓解“大跃进”中造成的比例失调、生产下降、市场供应紧张的局面。

1958年12月29日至1959年1月9日，中共河北省委在天津召开的中共河北省第一届代表大会第二次会议，在肯定“大跃进”取得成绩的同时，承认在1958年国民经济中存在着某种程度的比例失调。会议提出在安排1959年的国民经济计划中，一定要尽可能地符合有计划按比例发展的客观法则，使计划尽量建立在充分可靠的基础上，并保持适当的比例关系；大力提倡深入调查研究的工作作风，提倡实干、苦干、巧干，提倡“十分指标、十二分措施”，既要反对浮夸，反对谎报成绩、隐瞒缺点，也要反对以多报少的本位主义。会议通过的《关于1959年国民经济计划决议》，根据毛泽东在武昌会议上提出的要“压缩空气”，把根据不足的高指标降下来的精神，对1959年国民经济计划主要指标作了必要修订：钢产量由250万吨修订为130万吨，铁确定为220万吨，煤由4500万吨修订为4000万吨，粮食由1000亿斤修订为600亿斤，棉花和花生分别由30亿斤修订为18亿斤。经修订后的指标仍比1958年的预计产量增长150%左右。这次会议不久，中央分配给河北省的任务是铁240万吨（龙烟20万吨），钢150万吨（龙烟10万吨），钢材120万吨，比省委拟定的指标略有增加。但这一年的第一季度，全省国民经济计划完成得并不理想，特别是某些主要工业产品和重点建设项目，与原定计划的要求还有相当距离。在工业方面：生铁第一季度计划生产40万吨，实际完成30.4万吨；钢计划生产21万吨，实际完成9.5万吨；钢材计划生产17.1万吨，实际完成13万吨。在基本建设方面：第一季度计划投资2.2343亿元，实际完成1.3412亿元，完成计划的64%，在计划内49个重点工程中，完成计划50%以下的即达21项。上述情况表明，这次修订后的全省国民经济计划指标仍然是脱离实际的。

4月12日至17日，中共河北省委召开常委扩大会议。会议传达讨论了毛泽东在中共八届七中全会上关于多谋善断、留有余地、波浪式前进等工作方法的讲话。会议认为，制订计划指标既要积极，又要留有余地，如果指标定低了会松劲，但定高了就会泄气。会议根据中共八届七中全会精神和中央下达的各项指标，结合全省第一季度计划执行情况，对1959年度国民经济计划指标再次进行了调整，对基本建设规模进行了适当压缩。在工业方面：钢由150万吨调整为137万吨，生铁由240万吨调整为228万吨，钢材由120万吨调整为105万吨，原煤由4000万吨调整为3900万吨；在农业方面，根据留有余地的精神，粮食由600亿斤调整为400亿斤，棉花由18亿斤降为12亿斤，花生由18亿斤降为14亿斤；在基本建设方面，全年投资总额调整为12.0854亿元，比原计划的基建投资削减了3.5162亿元，主要建设项目由原来的110个调整为76个。这次调整后的经济计划虽然比原来的指标有所降低，但它规定的速度仍然偏高，生铁指标比1958年好铁产量增加2倍，钢比1958年好钢增长了85%，原煤增长54%，粮食、棉花都增长50%以上。显然，这个经过调整后的计划仍然是严重脱离实际的。5月7日至10日，中共河北省委召集各地委第一书记会议，接着于5月11日至13日召开了省委常委扩大会议。两次会议在肯定"大跃进"和人民公社化运动以来取得成绩的前提下，对发生的问题进行了比较实事求是的分析，并认为对问题的发现和认识经过了一个过程，矛盾是逐渐暴露的，认识也是逐渐深刻的，有些问题的发生是难以完全避免的。会议根据全省工业生产任务长期不能落实，基建战线太长，原材料供应不足，县社工业发展过多过快的实际，决定进一步调整1959年生产指标：铁由228万吨调整为150万吨，钢由137万吨调整为80万吨，煤由3900万吨调整为3500万吨。同时决定调整基本建设计划。全省1959年地方项目的基建计划为9.2亿元（包括地方自筹在内），加上1958年结转2亿元，共为11.2亿元。为集中力量，保证重点，全省要在9.2亿元投资的基础上再削减1.5亿元至2亿元；坚决缩短基本建设战线，保证重点项目，该下马的下马，该勒马的勒马，该保证的保证；切实收缩县社工业，凡当地没有原材料的，要坚决收缩。这次会议对粮棉计划指标虽然没作进一步调整，但6月3日省委发出通知，对1959年林业、畜牧、水产等计划指标进行了修订，造林面积由2500万亩调减为1500万亩，大牲畜由420万头调减为380万头，猪由2500万头调减为1200万头，羊由730万只调减为650万只，鸡由1亿只调减为5000万只，水产由原计划的31.5万吨调减为20万吨，果品由15亿斤调减为9亿斤。

如上所述，中共河北省委根据中央的指示精神，结合河北的实际，从1958年底以来对1959年国民经济计划指标进行了多次调整。几次调整尽管在计划安排上还没有完全摆脱急于求成、盲目跃进的“左”的思想影响，特别在农业方面对粮食、棉花仍安排为400亿斤和12亿斤这样过高的指标，其他一些指标也安排得高了些，但在工业方面，关系全局的如钢铁、煤等主要产品产量和基本建设投资总额等指标，经一再压缩，比原来的数字更接近实际些，为进一步采取各种措施缓和“大跃进”造成的国民经济困难创造了有利条件。为完成调整后的国民经济计划指标，省委采取了以下主要措施：

（一）积极安排日用必需品和副食品生产。在“大跃进”高潮中，日用必需品和副食品供应已日趋紧张，1959年第二季度更为严重。为缓和市场紧张状况，省委要求迅速发展副食品生产和日用必需品的生产。适当扩大蔬菜种植面积，增加品种。城市近郊区要以蔬菜生产为主，蔬菜和粮棉发生争地矛盾时，粮棉应该让路。同时大力发展猪、鸭、鸡、渔生产，大力收购农副土特产品，加紧废品收购。凡是生产群众生活日用品的手工业，已经改行或并厂的都应该恢复起来，凡是传统性的手工业，已经并入大厂的要归队，并对它们所需要的原料优先照顾。

（二）厉行节约，坚决压缩社会购买力。全省县以上企业职工，必须在1958年底实有人数的基础上，减少50万人至55万人；各级行政机关和企事业单位精简4万人至5万人，人员编制冻结，只许减少，不许增加。坚决削减公用开支，压缩集团购买力。省委要求一切机关、团体、学校、事业和企业单位，都必须认真贯彻执行勤俭建国、勤俭办企业、勤俭办一切事业的方针，从6月份起停发各单位3个月到半年的行政经费，器具购置一律停止；没有用完的福利费、工会费和奖励金一律予以冻结。大力开展城乡储蓄，严格控制货币投放；农贷一律不增加，并要适当收回到期农贷赊销款，今后一律不准进行商品赊销和发放预付货款，违者必究；加强信贷资金与流动资金的管理，凡没列入计划的贷款和超计划要求贷款，一律不得批准支付。彻底清查仓库，尽快地把清出的物资投入到生产和市场上去；对某些市场供应紧张的商品，采取凭证（票）定量、限量供应的办法，实行计划供应。大力组织非商品性的货币回笼，要把修理、缝纫、洗染、饮食、理发、摄影等服务性行业认真加以恢复和充实，同时要大力开展文化体育活动。

（三）整顿县社工业，解决县社工业摊子大、战线长的问题。1959 年 7 月 2 日，省委批转了省委工业部《关于进一步整顿县、社工业的意见》，决定对县社工业加以适当收缩：县社工业只能使用国家拨给的和上调后所剩余的原材料，本地区没有原材料的要停止举办；精简人员，支援农业生产，县社工业所占用的劳动力，不得超过农村劳动力的 2%；县工业限额以下、计划以外的基建项目停止建设；农业生产和人民生活迫切需要的小商品，特别是有历史传统的名牌产品和手工艺品，凡已停产的都应迅速恢复生产；县社工业分县、社两级管理，各厂独立核算，各计盈亏。根据上述原则，对现有县社工业进行定点、定型、定任务、定人员、定领导。在“五定”过程中，该停的停，该并的并，该分散下放的分散下放，该继续生产的继续生产，该恢复的恢复。

（四）加强企业管理，克服混乱现象。“大跃进”以来，工业企业管理混乱，产品质量下降，事故不断，浪费严重；企业的生产行政工作调度不灵，缺乏统一指挥；有些企业在实行精简机构的时候，把计划、设计、技术检验、技术安全等必要的职能科室取消或合并了；有些企业在改革规章制度时，废除了一些不合理的规章制度，但没有建立新的制度，造成许多工作无章可循。针对上述情况，1959 年 6 月 20 日，省委转发了《地市委工业书记会议纪要》，要求认真贯彻实行党委领导下的厂长负责制，逐步建立健全行政责任制、专业责任制和岗位责任制，建立健全必要的管理机构，如计划、设计、工艺、技术检验、设备动力、劳动工资等科室，已取消或合并不当者，要恢复或分开。建立必要的管理制度和集中必要的权力，加强计划管理、技术管理、财务成本管理，大力整顿劳动组织，实行定额管理，恢复考勤制度、安全检查制度等。

事实表明，从 1958 年底到 1959 年 7 月庐山会议前期，河北省各级党组织根据中央的指示精神，为纠正“大跃进”和人民公社化运动中发生的问题，做了多方面的工作，收到了一定的成效。当然，这种纠正还是不彻底的，是在肯定总路线、“大跃进”和人民公社的前提下作为工作中的问题进行纠正的，认为只要解决了这些问题，人民公社就能健康地发展，就能实现工农业生产更大的“跃进”，而没有从根本上认识到“大跃进”和人民公社本身就是“左”倾错误的产物。因此，虽然改正了某些完全脱离现实可能性的高指标，而实际上仍然制定了一些偏高的指标；虽然批评和反对了人民公社化运动中的平均主义，却仍然保留着较大规模的核算单位以及供给制、食堂这些平均主义的东西。但是，尽管如此，在这期间，错误毕竟是在逐步地改正，形势毕竟是在朝好的方向转变。可惜的是，庐山会议后，遵照中共中央的指示精神，全省错误地开展了“反右倾”斗争，中断了纠正“左”倾错误的进程。

四、“反右倾”斗争和继续“大跃进”

“反右倾”斗争的开展

1959 年 7 月 2 日至 8 月 16 日，中共中央在庐山先后召开政治局扩大会议和中共八届八中全会（史称庐山会议）。这次会议最初议题是总结 1958 年“大跃进”和人民公社化运动以来的经验教训，进一步纠正实际工作中的“左”的错误。然而到会议后期，主要是由于彭德怀直言上书“大跃进”以来存在的一些严重问题及其原因，不但没有得到毛泽东的正确理解和支持，还被当作“右倾思想”发动了一场对彭德怀等人的错误批判，使会议由纠“左”转向了反右。8 月 7 日，中共中央发出了《关于反对右倾思想的指示》；8 月 16 日，中共八届八中全会通过了《为保卫党的总路线、反对右倾机会主义而斗争》的决议，认为“右倾机会主义”已成为当前的主要危险，“保卫总路线，击退右倾机会主义的进攻，已经成为党的当前的主要战斗任务”，要求在全党开展一场“反右倾”斗争。

还在庐山会议召开期间，参加会议的中共河北省委第一书记林铁曾多次给主持省委工作的领导打电话，通报庐山会议精神，布置有关工作。8 月 1 日，省委书记处召开会议，根据庐山会议关于坚决反对右倾情绪，厉行增产节约的精神，研究确定了 1959 年全省钢铁、粮、棉、油生产指标。会议认为，郑州会议后，好多问题都解决了，现在要大搞增产节约运动。过去指标定高了，已经经过几次调整，还说完不成，还说不可能，就是“右倾”。现在不是浮夸问题，是要“反右倾”、反泄气。随后，省委又发出了关于彻底检查批判“右倾思想”，迅速全面掀起增产节约运动新高潮的指示和关于在工业战线深入开展增产节约运动的具体意见。

为进一步传达和贯彻庐山会议和中共八届八中全会精神，中共河北省委从8月24日到9月16日召开了一届八次全会扩大会议。省委委员和候补委员，各地、市、县委第一书记，省直各部门党组书记，重点大学的党委书记、校长，重点厂矿企业的党委书记，省内驻军所属各团团长、政委等共659人出席了会议。会议完全拥护中共八届八中全会的决议。会上把部分党员干部中存在的害怕困难、干劲不足、四平八稳，对“大跃进”成绩估计不足，对缺点估计过重，对总路线产生怀疑等统统视为“右倾思想”进行了批判，并认为不反掉它，就不能继续跃进，甚至迷失方向，有滚进“右倾机会主义”泥坑的危险；同时，认为河北同全国的情况一样，也有个别“右倾机会主义”分子，附和着国内外敌对分子的诽谤活动，诬蔑攻击总路线、“大跃进”和人民公社。省委候补委员、张家口市委第一书记葛启，对“大跃进”和人民公社化运动中的错误做法曾多次提出批评意见，指出“在胜利中冲昏头脑，存在许多浮夸和弄虚作假现象，卫星越放越大，越放越假，有些地方的数字，连估都不估就是在那里编，这是自欺欺人”；“有计划按比例发展，是社会主义的法则”，“法则就是客观存在，违犯了就有很大威力，但遵守是不容易的”；“重工业挤掉了轻工业，挤掉了农业，大办钢铁成本高、质量低”，“去年打了一年消耗仗”；“不等价交换就否定了集体所有制，不按劳分配就否定了生产生活上的差异性，这对生产生活都不利”。应该说，这些意见是比较实事求是的，也不乏真知灼见，但这些正确意见被视为“对党的总路线、‘大跃进’、人民公社和党的领导的猖狂进攻”，是“右倾机会主义的反动逆流”，因而遭到错误的揭发和批判。葛启被定为“右倾机会主义分子”，并被撤销了张家口市委第一书记的职务。

9月16日，中共河北省委一届八次全会扩大会议通过了《关于反右倾、鼓干劲，深入开展增产节约运动的决议》。此后，在全省各级机关、群众团体、大专院校、厂矿企业的党员干部中，以大鸣大放的形式，开展了大规模的整风“反右倾”运动；在农村开展了以两条道路斗争为中心的社会主义教育运动和整风整社运动。

全省的整风“反右倾”运动，大体上划分为四个步骤：第一步，各个机关、企业单位普遍地开展大鸣大放，上交下烧，乱箭齐发，充分暴露问题，彻底交心，鸣放深透；第二步，在大鸣大放，充分把问题暴露出来的基础上，立即把整风重点转到领导核心和党员领导干部，深入地揭发和重点批判；第三步，领导核心和党员干部的问题基本上解决后，要在一般党员干部中开展整风运动，用自我教育的方法进行自我批评和互相批评；第四步，在机关、企业等单位发起工作、业务学习“大跃进”的高潮，迎接1960年生产建设的“大跃进”。

在农村整风整社和社会主义教育运动中，当时把1959年夏季各地农村提出的“生产小队基本所有制”，利用“小自由”发展个人副业，取消生活供给制，整顿公共食堂等措施，统统视为农村中的“资本主义歪风邪气”“反社会主义逆流”，要求各地在两条道路斗争和社会主义教育运动中进行深入彻底的揭发批判。1960年1月16日，省委还批转了《关于农村人民公社若干具体政策问题的处理意见》，要求凡是把基本核算单位退到生产小队者和实行包工包产到户的都应坚决纠正过来，并对社员自留地的数量，小片荒地的开垦、宅旁院内空隙地的使用，社员个人所有的牲口、农具、果树、林木入队，以及社员饲养家畜家禽、个人和生产小队开展副业生产等，都重新作出了限制性规定。这样，不但基本上否定了1959年上半年农村人民公社的纠“左”，而且使一些“左”的错误在农村中更加发展。

全省“反右倾”运动持续了将近半年时间，到1960年春基本结束。“反右倾”运动时间虽然不长，但是造成的后果非常严重。这场运动把阶级斗争引入党内乃至党的领导干部。在各级党组织中一大批干部遭到错误批判，不少人被定为“右倾机会主义分子”“右倾机会主义错误”。这些干部大都是敢讲真话，敢于实事求是反映情况，敢于提出批评意见的人，他们因此而受到不公正的打击，严重地损害了党内民主生活，造成了不敢讲真话等不正常现象。这场运动，在经济上中断了纠“左”的进程，使“大跃进”和人民公社化运动中许多已经被发现、正在被纠正的错误重新发展起来。

继续“大跃进”

随着“反右倾”斗争的开展，高指标、瞎指挥、浮夸风、“共产风”和强迫命令风又刮了起来。

1960年1月23日至25日，中共河北省委召开有地、市委书记参加的省委常委扩大会议；2月2日至9日，省委召开市、地、县委第一书记会议；2月10日至14日，省委召开了市、地、县、公社党委第一书记和部分生产队长，省直和天津市处级以上党员干部，共4500多人参加的五级干部会议。省委连续召开的这一系列会议，在不同范围内传达贯彻了中共中央1月在上海召开的政治局扩大会议精神和毛泽东对国际国内形势的分析，并根据全国1960年国民经济计划，研究确定了河北省1960年的工作任务和今后3年至8年国民经济发展规划。由于省委连续召开的这几次会议，都是在继续“大跃进”的浓厚气氛中进行的，对形势的估计和提出的任务都不符合实际。会后，全省又开始提出一些不切实际的口号和无法实现的高指标，各地纷纷大办县社工业，大办水利，大办食堂，大办养猪场等，开始了1960年上半年新的“大跃进”。主要表现在以下几个方面：

（一）制定了更高的、不切实际的高指标。在农业方面，要求苦战三五年，根本改变农业面貌，基本解决粮食问题，力争做到“三年包天津，五年包北京”。确定1960年粮食产量达到320亿斤，比1959年增长19.8%；棉花10.5亿斤，增长25.7%；花生总产量达到9.73亿斤，增长41%；猪达到3600万头，增长160.87%。并认为这些指标是留有余地的，应该作为保证数字，逐级分配下达，还要求各地可以提出本地区的增产指标（或者叫干劲指标），作为奋斗目标。在工业方面，继续贯彻以钢为纲，优先发展重工业的方针。1960年钢产量计划达到160万吨，比1959年增长78%；生铁280万吨，增长55.5%；原煤4200万吨，增长41.1%。由于1959年估产偏高，如同实际产量比较，1960年计划指标的增长幅度更高，这样的增产指标，显然是脱离实际的。

（二）继续大搞“小洋群”“小土群”。1960年上半年“大跃进”的突出表现是在整个工业战线上继续大搞“小洋群”“小土群”。1960年4月初，省委召开工业书记会议，提出了《关于1960年全省小洋群工业规划方案（草案）》，要求各地区在三年内都要搞成一个有钢、铁、煤、化工、轻工的“小洋群”工业体系。在步骤上要边规划，边行动，边新建，土法上马，由土到洋。在方法上要大搞群众运动，调动工、农、商、学、兵的一切积极因素，各行各业一齐动员，迅速掀起全民大搞“小洋群”的新高潮。4月27日，省委又发出紧急通知，要求大搞“小洋群”工业要以钢、铁、煤、矿石、小铁路为中心，使小高炉、小转炉、小煤窑、小铁矿、小铁路“五小成群”。

（三）大搞全民性的技术革新运动。这是1960年上半年“大跃进”中的一个特色。根据中共中央的指示精神，2月中旬，中共河北省委发出了《关于大搞技术革新和技术革命运动的指示》，号召全省立即掀起一个以大搞机械化和半机械化、自动化和半自动化（简称“四化”）为中心的技术革新和技术革命运动。4月初，省委召开工业书记会议，要求“七一”前全省机械化、半机械化程度达到80%左右；同时根据条件积极向自动化、半自动化、连续化、高速化进军，“七一”前全省自动生产线和生产联动线至少增至8000条，自动化机台增至1.5万台，并要搞出成百上千的自动化或连续化的车间和小组；各地区各行业在“七一”前至少要掌握几件或十几件高精尖技术。5月6日和7月22日，中共河北省委先后发出《关于总结经验，扩大战果，进一步深入开展技术革新和技术革命的指示》和《关于更加广泛深入地开展技术革新和技术革命运动的指示》，要求全省各行业立即动手，大搞“双革”试验田，同时要着重推广22个项目，大抓新技术、新工艺的创造、推广、巩固、提高。此后，以“四化”为中心的技术革新和技术革命运动发展成为全民性的技术改造运动。但由于缺乏科学态度，急于求成，提出了许多不切实际的奋斗目标，出现不少浮夸和浪费现象，推广了不少条件不成熟甚至根本不应该推广的项目，结果劳民伤财，收效甚微。

（四）大办城市人民公社，农村大办公共食堂。1960年3月，中共中央发出《关于城市人民公社问题的批示》，要求各地采取积极态度，放手发动群众，试验组织各种形式的城市人民公社，上半年普遍试点，下半年全面推广。根据中央试办城市人民公社的指示精神，3月6日，中共河北省委成立了城市人民公社领导小组，解学恭任组长，谷云亭任副组长。

4月2日，中共河北省委发出《关于城市人民公社若干问题的指示》，决定在大中小城市一律建立人民公社。到4月底，天津、石家庄、唐山、邯郸、保定、张家口、秦皇岛、承德8个大中城市已经全部实现了人民公社化。8个城市共建立了89个人民公社，入社人口559万，占城市总人口的93%。社办生产单位共7500多个，生产人员30多万人。办城市公共食堂2.57万个，办托儿所、幼儿园1.6649万个。

1960年3月，中共中央又指示继续推广农村公共食堂。本来，河北在整顿人民公社时，有些地方已经取消了供给制，解散了公共食堂，但在“反右倾”斗争后，食堂被认为是人民公社的重要组成部分，必须坚持固守的社会主义阵地，是农村中两条道路斗争的尖锐所在，因而又逐步恢复起来并且很快搞起了食堂化。据省委农工部5月20日就农村公共食堂情况向省委的报告显示，当时全省农村共有公共食堂19.6万多个，有3400多万人在食堂吃饭，占农村总人口的95.8%。食堂化脱离了农民当时的生活水平，违反了自愿原则，给农民生活带来许多不便，甚至侵占、克扣了农民的口粮，引起了农民的很大不满。

（五）急于改变生产关系的思想再度抬头。根据中共中央1960年提出的在今后3年、5年、8年要分期分批地采用各种不同形式，完成人民公社由基本上生产队所有制，到基本上公社所有制的过渡，并且开始向全民所有制过渡的设想，中共河北省委于1959年12月17日，批转了省委农村工作部《关于农村人民公社由基本队有制逐步过渡到基本社有制的意见向省委的报告》，提出从1960年算起，全省大体上用5年或者更多一点的时间，分期分批完成由基本队有制过渡到基本社有制。到1960年3月底，全省计划过渡的试点公社有27个，部分过渡的队有2037个。过渡最多的是石家庄市，有977个队，占全市总队数的19.2%。同时，在过渡的试点过程中，由于片面认为过小的基本核算单位不适应大规模生产的需要，全省还开展了合并过小核算单位的工作，到1960年3月共合并基本核算单位5312个，占核算单位的13%多。

在过渡试点中，由于许多试点单位根本不具备搞社有制的条件，便采取平调生产队的劳力和财物的做法，发展社有经济，大办社有工业，大办养猪场，大办水利，大办交通，各种“大办”一齐上；为了扶持穷队赶上富队，在资金、劳力、生产资料等方面搞“共产主义大协作”，使一平二调的“共产风”重新泛滥起来。邯郸市所属139个公社中，发生平调土地的有75个社，占53.95%；调机器的29个社，占20.8%；调牲口的19个社，占13.7%；调猪羊的16个社，占11.5%；调牲畜马车的20个社，占13.8%。一些农村再次出现了杀猪宰羊、砍树伐林的现象。束鹿县小樵公社田村生产队，由于害怕被平调，集体杀羊40只。承德市三家子公社解家营大队，因害怕“过渡”，砍掉3000多棵果树。

由于1958年以来，连续进行“大跃进”，国民经济的运行不断恶化，国民经济出现了严重困难。为了应对困难，1961年1月，中共八届九中全会召开，决定对国民经济进行全面调整，“大跃进”高潮才逐渐平息下来。

“大跃进”运动的开展，反映了广大干部群众迫切改变我国“一穷二白”面貌的良好愿望和迫切心情。特别是河北省是一个长期缺粮、每年需要中央调拨粮食支持的省份。尽最大努力，以最快速度发展农业生产，实现粮食自给，加快工业发展，壮大经济实力，提高人民生活水平，这更是河北各级党组织和全省人民的共同心愿。这个心愿是无可非议的，全省广大干部和人民群众为实现这个愿望所表现出的拼搏奋斗精神是难能可贵的，他们付出的辛勤劳动也取得了一些实际成果，比如“大跃进”初期进行的农田水利建设，特别是修建的大中型水库和其他水利工程，在防洪抗旱中发挥了很好的作用；新开工兴建后来形成生产能力的邯郸钢铁厂、承德钢铁厂、马头发电厂、石家庄化肥厂和拖拉机配件厂、保定变压器厂和化学纤维联合厂等大中型企业，增强了河北省的物质技术基础，在以后的经济建设中发挥了重要作用。在全省从来没有工业的地方，普遍办起了工业，虽然造成了很大浪费，但终究为各地工业的发展播下了种子。

然而，“大跃进”运动所付出的代价实在是太大了。“大跃进”运动，违背了实事求是的思想路线，片面夸大主观能动作用，认为只要破除迷信，解放思想，反掉保守，就会“人有多大胆，地有多大产”。用这种脱离实际的主观主义来指导社会主义建设事业，是不可能取得成功的；党的各级干部由于缺乏领导建设社会主义的经验，不懂得科学发展，盲目贪大求快，又习惯采取革命战争和政治斗争中大搞群众运动的做法，而且对群众运动中出现的偏差，总认为是支流，担心纠偏挫伤群众的积极性，使问题越积越多。其结果，破坏了综合平衡，国民经济比例关系严重失调，造成严重后果；再加上“大跃进”运动是在不断“反右倾”“拔白旗”的氛围下开展的，党的各级干部普遍存有怕当“右倾”的压力，不敢讲真话，在这种情况下，高指标、浮夸风、瞎指挥等严重泛滥，甚至不惜弄虚作假，放假“卫星”，欺骗上级；由于高估产、高征购，加上自然灾害，农民手中的粮食越来越少，造成浮肿病流行，有相当数量的人非正常死亡。原本希望快一些让人民群众过上好日子，结果却出现这样令人痛心的情景。这个教训是极其沉痛的。

同舟共济，共渡难关

由于三年“大跃进”造成的严重后果，再加上当时的自然灾害和苏联政府背信弃义地撕毁合同、撤走专家等客观原因，1959 年至 1961 年全省国民经济陷入极大困境，人民生活遇到很大困难。其主要表现是：

（一）国民经济重大比例关系严重失调。三年“大跃进”，打乱了国民经济的正常比例，造成工农业比例失调。“一五”计划期间，河北的工业与农业的比例大体是 4∶6，从当时的经济条件和生产力水平看，这种比例是基本合适的。而到了 1960 年工业比重高达 71.1%，农业则仅占 28.9%。在工业内部，轻重工业比例失调。“一五”时期，轻工业与重工业大体上是 7∶3，1957 年轻工业占工业总产值的 68.5%，重工业占 31.5%，到 1960 年轻工业所占比重下降到 55.7%，重工业比重则上升到 44.3%。三年“大跃进”，基本建设盲目膨胀，积累和消费比例严重失调，积累率由 1957 年的 23.9% 增加到 1960 年的 38.8%，消费率由 1957 年的 76.1% 下降到 61.2%。过分地扩大建设规模，超过了当时财力和物力的可能，以致使 1962 年形成了负积累率，即把原来积累的部分又拿来消费。1962 年全省国民收入使用额入不敷出，积累额出现了 4.49 亿元的赤字。

（二）工农业生产大幅度下降。1962 年全省工农业总产值由 1957 年的 56.63 亿元减少到 53.65 亿元，下降 5.3%。其中农业总产值由 31.88 亿元减少到 23.98 亿元，下降 24.8%。这个时期受害最重的是农业，1962 年全省粮食、棉花、油料总产量分别为132.56亿斤、2.6亿斤、1.68亿斤，与1957年相比，分别减少31.27亿斤、3.4亿斤、3.71亿斤。粮食总产量几乎下降到1951年的水平，棉花由调出省变为调入省。同期，林业产值下降了42.9%，畜牧产值下降了24.3%，生猪存栏减少到1962年的524.43万头。1962年钢产量下降到13.15万吨，比1957年还少11.62万吨；生铁产量1962年仅有21.34万吨。

（三）人民生活严重困难。在农村，由于浮夸风带来的高估产高征购，使得农民手中的粮食严重不足。全省农民口粮1957年为368斤，1961年减少到268斤，减少了100斤。在城市，粮食定量供应量减少，副食品和生活必需品供应严重不足，粮食零售量由1957年的56.18亿斤下降到1962年的37.3亿斤，减少33%；食用植物油零售量由1957年的1.28亿斤下降到0.32亿斤，减少75%；猪肉零售量由43.6万头下降到12.5万头，减少72%；棉布零售量由2.6亿米下降到1.2亿米，减少54%。商品供应量减少，物价上涨，人民的实际生活水平下降。许多地方由于粮食紧缺，不得不用瓜、菜和其他代用食品充饥。1959年冬和1960年春是人民生活最困难的时期，因饥饿引起的浮肿病在许多地区蔓延，全省44个县、235个公社、5600多个村庄发现浮肿病人。

为了克服困难，中共河北省委发出“生产渡荒、节约渡荒”的号召，要求采取有效措施，千方百计地解决人民群众的生活问题。为了解决粮食不足的问题，1960年4月1日，中共河北省委、省人委发出《关于发动群众大种瓜菜的指示》，要求保证完成全省计划种菜450万亩的任务。7月15日，河北省人民委员会召开会议，研究解决农业生产和人民经济生活问题，要求各地以农业为基础，以农业为中心，妥善安排人民生活；抓紧时机，大种薯类和蔬菜。7月26日，省委、省人委发出《关于动员全党全民抢荒种菜的紧急指示》。8月31日，省委召开电话会议，省委书记处书记、省长刘子厚在会上要求，各县委要召开农村小队长以上的干部会议，要把粮食问题解决好；由于粮食不足，各地要组织群众采集野菜、野生籽实。10月10日，省人委发出指示，要求各市、县利用一切可以利用的宣传工具，搞好防毒宣传，把一切有毒野菜及防止中毒的科学知识告诉群众，坚决杜绝食物中毒事件的发生。10月24日，省人委又召开省直有关部门负责人联席会议,传达全国救灾会议精神,讨论全省的灾情,制定了制止农民外流,解决灾民寒衣、烧柴、副业生产原料和采购代食品等救灾工作的措施。11 月 4 日至 5 日,省委召开各市委第一书记会议,着重讨论粮食和群众生活的安排,提出以抓食堂为中心解决群众生活,抓“低指标”(降低吃粮的标准)、“瓜菜代”,大搞代食品。1961 年 3 月 7 日,省人委召开扩大会议,进一步提出了克服困难的措施。为了保证农民的最低生活标准,省委、省人委决定减少粮食征购数量。全省 1961 年征购粮食 33.32 亿斤,比 1960 年少购 12 亿斤;1962 年又比 1961 年少购 9 亿斤。

为了帮助河北省渡过灾荒,中共中央和国务院有关部门在 1960 年拨付救灾款 2500 万元,还从省外调拨粮食,缓解河北的困难。

由于中共河北省委、省人委采取有效的救灾措施,广大农民群众千方百计生产自救,节约度荒,全省人民团结互助,互相支援,同舟共济,到 1962 年,胜利渡过了严重的经济困难。

第 十 一 章

国民经济和政治关系的调整

在国民经济和人民生活严重困难面前，全党上下决心认真调查研究，纠正错误，调整政策。1960 年 11 月中共中央发出了《关于农村人民公社当前政策问题的紧急指示信》和 1961 年 1 月中共八届九中全会决定对国民经济实行“调整、巩固、充实、提高”的八字方针，标志着党的指导方针的重要转变，是中国共产党为战胜国民经济困难而采取的重大战略决策。根据中共中央的部署和安排，从 1960 年底开始，河北省全面展开了对国民经济和政治关系的调整，推动整个国民经济状况逐步好转。

一、国民经济调整方针的初步贯彻

贯彻“十二条”和“农业六十条”

国民经济的调整工作，首先是从纠正农村工作中“左”的错误、调整农村生产关系开始的。1960 年 11 月 3 日，中共中央发出了《关于农村人民公社当前政策问题的紧急指示信》（简称为“十二条”），其基本点是：重申以生产队为基础的三级所有制是现阶段农村人民公社的根本制度，要加强生产队的基本所有制，同时也要坚持生产小队的部分所有制，明确该制度 7 年（从 1960 年算起）内不变；坚决反对和彻底纠正“一平二调”的错误；坚持各尽所能按劳分配的原则，供给部分和工资部分要三七开；允许社员经营少量自留地和小规模的家庭副业；有领导、有计划地恢复集市贸易；积极办好公共食堂等。这是毛泽东和中共中央为纠正“共产风”等“左”的错误而采取的重要步骤。同日，中共中央还发出《关于贯彻执行〈紧急指示信〉的指示》，强调贯彻《紧急指示信》要“彻底清理一平二调，坚决退赔”。11 月 15 日，中共中央又对省、市、区党委发出了“关于彻底纠正五风问题”① 的指示，要求各级领导，首先是省一级，“现在是下决心纠正错误的时候了”。

中共中央的上述指示发出后，11 月 25 日至 12 月 7 日，中共河北省委召开了第九次全委扩大会议，结合学习中央《紧急指示信》，重点揭发了“五风”以及违法乱纪等各方面的问题，并联系工作实际，检查“五风”盛行的根源，研究了全面开展整风整社的方法步骤和处理平调问题的具体办法。省委于 12 月 8 日至 9 日又召开了中共河北省第一届代表大会第三次会议，审议并通过了中共河北省委书记处书记刘子厚代表省委所作的《坚决贯彻执行中央的紧急指示，深入开展整风整社运动》的报告。12 月 18 日，省委又发布了《关于处理“一平二调”问题的若干具体办法（草案）》，对平调的耕地、劳力、农机具、自留地、林木、果树、苇田及社员私有财产等处理办法作了详细的规定。《紧急指示信》的贯彻，在各级组织和广大群众中起了澄清思想、统一认识和行动的重大作用。这是扭转农村形势的一个新的起点。

1961 年 3 月，中共中央在广州召开中央工作会议。会前，毛泽东为倡导大兴调查研究之风重印了他 30 年前写的《调查工作》（即《反对本本主义》）一文，并亲自布置三个调查组，用两个月时间分赴广东、湖南、浙江，主要调查农村问题，而后毛泽东亲自听取汇报，为广州会议作准备。广州会议讨论制定了《农村人民公社工作条例（草案）》（简称“农业六十条”）。“农业六十条”主要解决队与队之间和队内社员之间这两个平均主义的问题，对纠正社队规模偏大、公社对下级管得太多太死、民

① “五风”，指在“大跃进”和人民公社化运动中发生的“共产风”、浮夸风、命令风、干部特殊化风和生产瞎指挥风。

主制度和经营管理制度不健全等问题,作了较为系统的规定。广州会议后,从中央领导人到省、市、自治区负责人,包括毛泽东领导的三个调查组带着"农业六十条"草案深入基层,征求意见,开展更大规模的调查研究。5 月至 6 月间,根据调查研究成果,中共中央召开了北京工作会议,对"农业六十条"草案中的一些规定作了重要修改,形成了《农村人民公社工作条例(修正草案)》。这个修正草案,将原草案规定的公共食堂"应该积极办好"改为"生产队办不办食堂,完全由社员讨论决定",口粮分配的办法也改为"不论办不办食堂,都应该分配到户,由社员自己支配",将原草案中关于社员分配供给与工资三七开的规定取消,改为无论包产收入或包产以外的收入,都"按劳动工分进行分配"。从中央广州会议到北京会议制定"农业六十条",其纠"左"的程度,超过了第一次郑州会议以来历次会议和文件,说明对建设社会主义规律的认识前进了一大步。

中央广州会议以后,中共河北省委于 4 月 5 日至 15 日召开三级干部会议,传达贯彻中央广州会议精神,讨论"农业六十条",集中解决有关社队规模、"四固定"、"三包一奖"、评工记分、工资制与供给制、食堂 6 个方面存在的平均主义问题,制定了《河北省农村人民公社工作补充条例(草案)》。5 月,根据河北具体情况和当时急需解决的几个主要问题,对《补充条例》又进行了修改。修改后的《补充条例》的主要内容是:(一)调整农村人民公社各级组织的规模,适当划小。(二)生产大队必须把劳动力、土地、耕畜和农具,固定给生产队使用,并且登记造册,不再变动。关于固定劳动力,文件重申:保证农业生产第一线有足够的劳动力,是当前保证农业生产特别是保证粮食生产的中心关键;城乡各个战线,凡是应该压缩和可以压缩的劳动力,都必须坚决压缩下来,充实农业生产的力量;在劳动力固定到生产队以后,公社兴办企业和事业,应该尽先使用城镇的非农业劳动力;占用生产大队的劳动力,一般地不得超过生产大队劳动力总数的 1.5%,生产大队兴办的企业和事业,从生产队占用的劳动力,一般地不超过生产队劳动力总数的 3%;公社或生产大队根据生产的需要,在组织生产队之间的互助协作时,必须坚持自愿、等价互利的原则。(三)生产大队对生产队必须认真实行包产、包工、包成本和超产奖励的“三包一奖”制。实行“三包一奖”制时,要注意避免生产队之间的平均主义。(四)生产队必须实行严格的评工记分制度,避免社员和社员之间在计算劳动报酬上的平均主义。评工记分要贯彻执行奖励劳动、奖励技术、男女同工同酬、公平合理、民主评议的原则。(五)按劳分配,多劳多得,生产大队在收益分配中,实行少扣多分,保证 90% 以上的社员增加收入。(六)农村公共食堂一般不办。食堂菜地一般可以分配给社员作为自留地,也可以由生产队继续经营,产品收入按劳分配给社员。(七)人民公社社员的家庭副业,是社会主义经济的必要补充部分,它附属于集体所有制经济,是它们的助手。应该允许和鼓励社员利用剩余时间和假日,发展家庭副业,增加社会产品,补助社员收入,活跃农村市场。随着中央“农业六十条”和河北省《补充条例》(草案修改稿)的实行,公社、大队、生产队的规模大都划小了,对“一大二公”人民公社的许多弊病有了相当的克服,对于稳定农村形势起了积极作用。据 1961 年 10 月底统计,全省公社由 909 个调整为 3711 个,生产大队由 3.6258 万个调整为 5.0526 万个,生产队由 16.4987 万个调整为 20.4678 万个。

1961 年 9 月,为彻底纠正“一平二调”的错误,加强对全省退赔工作的领导,中共河北省委成立了退赔委员会,由省委书记处书记阎达开任组长。之后,退赔工作进一步展开,到 10 月底全省已退赔 5.74 亿元,占平调总值 13.5 亿元的 32.2%;退赔房子 219.3 万间,占平调社员房子总数 300.6 万间的 73%。这一政策的贯彻执行,对农村形势也起到了积极的稳定作用。

改变基本核算单位

关于人民公社三级的名称,过去各地方的叫法很不统一,从“农业六十条”起,一律称为公社、生产大队(相当于原来高级社的规模)、生产队三级。广州会议制定的“农业六十条”是以生产大队为基本核算单位,但毛泽东提出以生产队为基本核算单位的问题,可以试办。随后在宣传贯彻“农业六十条”的同时,中共河北省委和地委的一些负责人在一些生产大队作了调查研究和试点。

1961 年 3 月,中共河北省委常委、张家口地委第一书记胡开明在参加刘少奇在北京主持召开的“三北”（华北、东北、西北）会议上提出将基本核算单位下放到“脚”（即生产队）上，认为只有这样，才能纠正“五风”，彻底克服队与队之间的平均主义，解决生产和分配不相适应的矛盾，调动农民生产积极性。对此，华北其他省区也都赞成，但是，东北区、西北区有不同意见，仍坚持基本核算单位放在“腿”（生产大队）上。会后，胡开明亲自带领一个工作组到万全县郭磊庄大队搞生产队收益分配“大包干”试验。“分配大包干”是基层干部和群众对于以生产队为基本核算单位进行分配的通俗叫法。经过两个月的酝酿、讨论，郭磊庄顺利实现了核算单位下放。具体办法是：生产大队由生产小队提取公积金、公益金和管理费，生产队直接向国家承担粮食征购任务，其余收入归生产队自行分配。实行这种办法后，社员出勤多了，干劲大了，劳动效率提高了，生产队也发挥了积极性和自主权。根据试点经验，胡开明于6月22日亲自起草了郭磊庄分配大包干向省委的报告。报告说：“三包一奖”制一遇自然灾害就不能兑现，更难分清天灾和人为减产各占多大比重，而且“三包一奖”手续复杂，讲不清，算不清。由大队统一核算，避免不了分配上的平均主义，不利调动社员和小队的积极性。报告认为，在一部分或大部分地区实行“分配大包干”代替“三包一奖”有五大好处：将生产和分配统一起来，使社员感到个人与集体利害关系直接了；彻底解决了大队干涉过多和瞎指挥问题；能够发挥干部和社员的主动性、积极性，使生产真正做到因地制宜；大包干方法简单，好算好懂，好实行；从根本上避免了瞒产私分。为此，张家口地委根据群众要求和粮食征购任务已普遍包干到生产队的情况下，计划在全区农村人民公社各生产大队，根据不同条件，因地制宜地推行“大包干”的办法。

中共保定地委在宣传讨论“农业六十条”的过程中，也发现各地在实行“三包一奖”方面存在着不少问题，主要是“三包一奖”手续繁杂，不易为基层干部和广大社员群众所掌握。为此，地委专门进行了调查研究，发现了唐县峒龙公社张显口大队，从1957年就实行分配大包干的办法，有效地克服了生产队之间的平均主义。地委决定在贯彻“农业六十条”的同时，把这个办法连同“三包一奖”一并交给群众讨论，让他们自行选择，根据群众要求积极推广。

7月，中共河北省委召开三级干部会议，把张家口地委在郭磊庄生产大队实行"分配大包干"的材料，保定地委所发现的峒龙公社各生产队很早就实行的"分配大包干"的材料，印发给出席大会的人员进行讨论。由于当时有些干部有亲自调查或试点的经验，有些干部则没有这种经验，同时也由于"农业六十条"所规定的"三级所有、队为基础"，是大队而不是生产队，所以在讨论中大家有不同的看法。绝大多数与会人员赞成"分配大包干"的办法，他们用许多事实说明，以生产队为基本核算单位，实行"分配大包干"，是群众的迫切要求。实行这种办法的好处很多，这些好处中最根本的一条，就是解决了生产队是基本的生产单位，而分配权在大队的矛盾，彻底克服了大队统一分配所产生的队与队之间的平均主义，发挥了生产队的主动性，调动了广大社员集体生产的积极性。但也有人对这个办法有怀疑，顾虑这样做不利于进行基本建设，不利于机械化，不利于帮助穷队、灾队，顾虑辫子多了不便于领导，甚至担心"这是不是倒退？"最后，会议"提倡各地试行"。到9月底，全省试行"分配大包干"的有2700多个大队。同时，在调查中还发现有4800多个大队名义上实行的是"三包一奖"，大队统一分配，实际上也是"分配大包干"，以生产队为基本核算单位。这些试行和早已实行分配大包干的7500多个队，占全省5万多个生产大队的15%。

9月26日，毛泽东在邯郸同河北省委代理第一书记刘子厚和省委主管农业的候补书记王路明、山东省委分管农业的书记周兴，以及石家庄、邯郸、张家口、邢台、保定5个地委的书记开了谈话会。与会者主要汇报了一些地方实行大包干制的情况，谈了对大包干制的看法。当时毛泽东问，是否有具体的试点材料。刘子厚把张家口和保定地委的材料递给毛泽东。毛泽东看后，在张家口的材料上批示："中央政治局：这个材料请你们看看，我认为基本核算单位还是下放到生产队好。请你们讨论决定。"[①]29日，中共河北省委召开地委第一书记会议，传达了毛泽东的指示，讨论了"分配大包干"和以生产队为基本核算单位的问题。议定以生产队为基本核算单位，土地所有权仍归大队，生产队的规模和"四

---

① 贾文平著：《真理与命运——胡开明传略》，人民出版社1995年版，第181页。

固定”一般不再变动；生产队上交生产大队的公积金、公益金目前不宜过多等。10月14日，中共河北省委将《关于“分配大包干”（以生产队为基本核算单位）试行情况和今后意见的报告》上报中央，计划在全省范围内分两步普遍推广。10月7日，中共中央发出了《关于农村基本核算单位问题给各中央局、各省市区党委的指示》，将郭磊庄的报告列为附件。该指示指出：从这些材料看来，就大多的情况来说，以生产队为基本核算单位，是比较好的。它最大的好处，是可以改变生产的基本单位是生产队，而统一分配的单位却是生产大队的不合理状态，解决集体经济中长期以来存在的这种生产和分配不相适应的矛盾。要求各级党委仔细地研究这个问题。1962年2月13日，中共中央发出《关于改变农村人民公社基本核算单位问题的指示》，正式决定全国绝大多数的人民公社，原来以生产大队为基本核算单位的，普遍改为生产队，即原来的生产小队，规模大体相当于过去的初级社，平均每队二三十户人家，并要求在当年春耕前后，把基本核算单位调整为生产队的工作做完。这样就把组织生产和进行分配的单位统一起来了。最后修订的“农业六十条”规定：农村人民公社以生产队为基础的三级集体所有制，是在一个长时期内，例如，至少30年内实行的根本制度。这些规定虽然尚未彻底解决人民公社的一些根本矛盾，但是由于解决了一批当时群众意见最大的紧迫问题，在调动农民积极性，恢复和发展农业生产方面，发挥了重要作用。而且在以后相当长的时间内，在遏制“共产风”方面，一直发挥了积极作用。①

二、国民经济的进一步调整

中共河北省委《关于四年来工作的初步总结》

1961年1月，中共八届九中全会正式通过“调整、巩固、充实、提高”

① 胡绳主编：《中国共产党的七十年》，中共党史出版社1991年版，第372页。

的八字方针，确定调整是重点，其具体内容是：通过国民经济的适当调整，加强农业战线，提高农业、轻工业的发展速度，缩小基本建设规模，使国民经济各种比例关系由失调变为协调，变被动为主动。1961 年河北省初步贯彻“调整、巩固、充实、提高”八字方针，确实取得了很大成绩，但在工业生产和基本建设方面的调整进度缓慢，成效不大。究其原因主要是对形势和八字方针的认识不一致，有些干部虽然想调整，但怕政策多变，不敢大胆执行；有些干部则对当时经济形势的严重性认识不足；有些受“反右倾”影响较深的人，则仍然坚持大上，反对后退。这样就使得中央的八字方针和调整计划难以实现。当时的情况是，基本建设规模虽有压缩，工业发展速度也有所放慢，但指标仍然很高，基建规模仍然过大，超过当时国力的可能。由于调整方针贯彻不够，生产下降幅度较大，1960 年工业总产值为 74.37 亿元，1961 年下降到 42.09 亿元。有相当一部分企业的成本高、劳动生产率下降，亏损严重。1961 年 9 月中共中央在庐山召开工作会议，作出了《关于当前工业问题的指示》，强调今后 3 年内贯彻八字方针必须以调整为中心，把工业生产和基本建设的指标降到确实可靠、留有余地的水平上。10 月 5 日至 11 月 1 日，中共河北省委召开第一届委员会第十二次全会扩大会议，传达贯彻中央庐山会议精神，解决国民经济存在的问题。会议认为中央关于“调整、巩固、充实、提高”的方针是积极的方针，必须毫不动摇地执行。会议强调指出，为了贯彻以调整为中心的八字方针，在必须后退的地方要坚决退够。会议还根据全国“一盘棋”的原则和河北的具体情况，对全省国民经济调整的几项任务作了初步安排。经过这次会议，对整个国民经济形势和八字方针有了进一步的认识，所定的措施对扭转工业被动局面起了一定作用。

1962 年 1 月 11 日至 2 月 7 日，中共中央在北京召开扩大的中央工作会议，即七千人大会，进一步总结了 1958 年以来经济建设的基本经验教训，讨论了当时颇有争议而急需解决的一些重大问题，统一了全党的认识。河北省区以上的各级领导干部参加了会议。中共河北省委为贯彻会议精神，于 2 月 17 日召开了省委常委扩大会议，5 月又作出了《关于四年来工作的初步总结》。

《总结》肯定了河北省1958年以来的工作成就:(一)工业基础得到加强,设备能力有了提高;(二)工业总产值比第一个五年计划期间增加了近一倍,工业主要产品产量有了增长,技术水平有了提高;(三)全省农村实现了人民公社化,3600万农民组织在3700多个人民公社中;(四)修建了蓄水在1亿立方米以上的大型水库16座,中型水库21座,基本上能控制海河水系绝大多数河流的洪水;(五)农业技术装备增加,农用拖拉机达9700多标台,比1957年增加2.5倍,机耕面积达到2300多万亩,比1957年增加2倍多,占全省适宜机耕面积的22.3%;(六)财贸部门在支持工农业生产,组织工农产品的收购,供应人民需要,为国家建设积累资金等方面,做了许多工作;(七)文教事业,特别是高等教育有了重大的发展;(八)政法、民兵、群众团体等方面,也取得了一定的成绩。

同时,《总结》还比较实事求是地指出了四年中发生的主要缺点和错误:在工农业生产及各项事业的发展上,脱离实际,盲目求大、求快,没有贯彻执行农轻重的方针;在生产关系方面,过多过急地变动所有制,违反了等价交换、按劳分配的社会主义原则;在党的生活中,发生了过火斗争的错误,损害了党的民主集中制。最重要的教训是在经济建设上,破坏了工农业应有的比例,造成了国民经济的严重失调,影响了工农业的发展,给财政经济造成严重的困难。

《总结》分析了产生这些缺点错误的原因:从客观方面来说,是由于缺乏进行社会主义建设的经验;主观方面,主要是调查研究作得很差;许多事情没有很好地走群众路线;思想方法上有片面性,缺乏实事求是的作风;许多干部,包括省委领导干部在内,在成绩面前,不够谦虚谨慎,滋长了不同程度的骄傲自满情绪。

《总结》认为总路线、"大跃进"、人民公社这"三面红旗"的基本方向和主要原则是正确的。成绩是主要的、第一位的,而缺点和错误只是次要的、第二位的。对于这几年来工作中的缺点和错误,省委承担了责任。

中共河北省委的《总结》,有其历史局限性。它是根据"七千人大会"精神,在原则上肯定"三面红旗"的大前提下,作为执行正确路线中工作上的缺点错误来进行检讨的。尽管如此,《总结》在当时的历史条件下，能较好地检讨“大跃进”以来严重的缺点错误及其原因，统一对形势任务的认识，坚决贯彻以调整为中心的八字方针，这对于团结和动员全省人民齐心协力战胜困难，促进国民经济的恢复和发展起了积极作用。在此之后，国民经济的调整逐步全面展开，政治关系的调整也进入了一个新阶段。

调整农业，改善农业生产条件

农业调整的内容主要包括三个方面：

（一）坚定不移地贯彻以农业为基础的方针，大力加强农业。1962 年 7 月中共河北省委决定，地委以下各级党政部门要全力领导农业，各行各业都要以农业生产为中心，根据农业的要求安排各方面的工作。对恢复农业生产提出“六保”，即一保种子，二保饲料，三保口粮，四保生产资料供应，五保国家加工副产品的返还，六保工农业产品等价交换。为切实把人民公社的基础——生产队整顿好、建设好，省委于 5 月和 7 月两次召开常委会议，就加强生产队的工作、巩固集体经济问题进行了研究讨论。特别是 7 月常委会议对这个问题作了进一步的研究和部署，作出了《关于加强生产队工作的几项规定》，要求各级党委，特别是县、公社两级党委，要把工作重点放在加强生产队的工作上来，在近一二年内把全省近 30 万个生产队，分批分期整顿好、建设好，并要求生产队要贯彻“以农为主，以副养农、农副结合”的方针，因地制宜地大力发展副业生产。为了恢复和发展农业生产，省委在不同类型地区的 12 个县进行调查研究的基础上，有针对性地提出了一些鼓励政策和规定：为了鼓励社员增种闲散地，增产不增购；大牲畜分槽饲养，允许社员合养一两头牲畜；养猪公养和私养并举，以私养为主；对养猪养畜户增加饲料地；允许恢复和发展农村的“五坊”（油坊、粉坊、豆腐坊、轧花坊、糖坊）；制订年度种植计划要给生产队一定自主权，恢复传统土特产品生产；稳定粮食征购任务，有组织有管理地开放粮食市场；恢复自留地，适当提高自留地的比例；社员家庭副业产品允许在完成国家定购合同以后在集市上出售；农村小艺人（如小炉匠、张箩匠、理发、修鞋、阉割等手工艺人）可实行交款记工办法，也可以独立经营、自负盈亏等。这些政策和规定对调动农民的积极性,增加农副产品生产,丰富市场,起了促进作用。

（二）把粮食生产放在了极端重要的地位。1962 年 12 月,河北省委、省人委召开全省农业工作会议,明确提出“把增产粮食放在第一位”。为了大上粮食,决定全省分期分批地建设稳产高产田。总的战略方针是,结合洪涝排泄与治理山区的工作,解决稳产问题;在种好全部农田的基础上,有计划有步骤地实现高产,因地制宜地建设稳产高产农田。在山区要通过植树造林、闸沟垒坝、修整梯田,解决水土流失,并结合农业技术改革,逐步实现稳产和高产;在一些已有灌溉工程和生产比较稳定的地区,要做好井灌和渠道配套,实行精耕细作,采取新的农业技术,努力实现高产;在低洼易涝区大搞排涝治碱,发展台田,多种耐涝耐碱作物,解决稳产问题,逐步争取高产;在沙荒地区主要采取植树造林,防风固沙,改良土壤,逐步改变低产,为高产创造条件。同时大力推广农业技术,提倡科学种田,提高农产品产量。实行上述措施,对粮食生产的恢复和发展发挥了巨大作用。鉴于 1959 年以后粮食的严重短缺,造成城乡人民忍饥挨饿的深刻教训,“以粮为纲,全面发展”的方针普遍为群众所接受,并在增产粮食上发挥了积极作用。问题是在后来贯彻中,忽视了因地制宜和全面发展,把“以粮为纲”绝对化、片面化,造成了消极后果。

（三）把工业转向以农业为基础的轨道上来,围绕农业办工业。这是相当一个时期内河北经济发展的重要指导思想。全省陆续开展的大上化肥、大上农机,搞机井会战等都是基于这种思想而提出并实施的。1961 年 7 月,河北省委、省人委召开第一次工业支援农业会议,确定工业支援农业为中心任务,重点安排了小农具、拖拉机、排灌机械配件、配套产品生产。1962 年 4 月召开第二次工业支援农业会议,再次落实了支农产品生产。在支援当年的抗旱播种和浇麦中,向各地农村调拨排灌机械 1.9 万台、水泵 6000 台、化肥 7 万吨、农药 6 万吨及价值 2400 多万元的机械配件。在以后各年度的生产计划安排中,都把支农工业产品放在优先位置,认真落实农业机械、农业用电、化肥、农药、水利施工机械和交通运输工具的生产和建设,为农业提供了大量生产资料。全省从 1961 年开始,进一步建设和完善农机具修配网,逐步达到县县有修造厂,社社有修配厂,做到农机具大修不出县,中小修不出社。还积极开展了农机技术人员和机务管理人员的培训工作。1962 年全省对农业的基本建设投资由原来的约占投资额的 16.5% 上升到 39%,占到了第一位;全年共发放各种农业贷款 1.47 亿元;供销合作部门一年来供应农业方面的生产资料总金额 2.1 亿元,其中化肥 19 万吨、农药 1.69 万吨,耕畜 6.8 万头。1962 年随着精简职工和压缩城市人口,使吃商品粮的人减少了,全省征购任务比 1961 年也相应地减少 25%。这些措施对加强农业起了重要作用。

缩短基本建设战线

“大跃进”期间,基本建设战线过长、规模过大,上马项目过多,造成大量资金、物力、人力被浪费,经济效益大大降低。因此,要对基本建设战线进行压缩,首先要压缩基本建设规模。1960 年全省完成基本建设投资 16.34 亿元,1961 年减少到 4.41 亿元,压缩幅度为 73%。1962 年基本建设投资完成 2.65 亿元,比 1961 年减少 1.76 亿元,又压缩了 40%,这是第二个五年计划期间最少的一年。基本建设的施工项目也大大减少,国家和省在 1962 年安排的大中型项目共 44 个,比 1961 年的 78 个压缩了 34 个,减少 43.5%。随着基本建设投资规模和基建项目的缩小,积累率也相应降低了。1960 年国民收入使用额中积累和消费的比例:积累为 38.8%,1961 年下降为 24.6%,1962 年降为 -12.1%,1963 年为 14.9%。这样,就可以集中更多的人力、物力、财力去加强国民经济中的薄弱环节农业和轻工业。采取以上措施后,经济效益大大提高了。

压缩重工业,充实轻工业

“大跃进”期间,全省工业,特别是重工业超高速发展,超过了国民经济,特别是农业的负担能力。1958 年,工业生产比上年增长 56.7%,农业仅增长 4.4%;1959 年,工业比上年增长 61.2%,农业下降 4.2%;1960 年,工业比上年增长 18.3%,农业下降 15%。1958 年至 1960 年三年河北省工业总产值增加 1.99 倍,农业总产值减少 15%。河北省工业方面的调整主要是针对工业发展过多、重工业膨胀过快进行的。此前工业发展不仅超过了农业生产的负担能力,而且工业内部发展也长短不齐,并有相当一部分生产能力不能创造物质财富或是经济效益很差,出现工业生产力的“虚胖”现象。在工业调整中采取了10字措施:增(对市场短缺的轻纺和日用品生产企业增加生产能力)、维(维持现有生产能力)、分(大厂划分为若干个小厂)、改(改变隶属关系和所有制)、压(压缩生产能力)、关(撤销)、停(停产)、并(合并)、转(转产)、迁(迁移)。通过上述措施,大力压缩投资规模,大幅度降低工业生产速度,改善工业内部结构。在初步调整的基础上,1962年对主要工业部门的1153个国营企业(不包括手工业和商业、粮食加工业等)进行了调整。其中充实和增加生产能力的18个,维持生产能力的662个,大厂划分为小厂的2个,改为集体所有制的34个,压缩生产能力的125个,关停的234个,合并的36个,转产或转入其他系统的42个。工业总产值1961年比1960年降低46.9%,1962年再比上年降低24.4%,重工业在1963年继续降低。轻、重工业的比例由1960年的55.3∶44.7,调整为1962年的62.3∶37.7。全省全部工业企业的变化情况是,1960年为6697个,1961年为6380个,1962年为5611个,1963年为4465个。在调整中,还加强了工业生产计划的集中统一管理,调整了隶属关系,上收了一批“大跃进”中下放的企业。

精简职工,压缩城镇人口

这是减轻农民负担的一项措施,是关系全局的大事。“大跃进”期间,由于工业和基本建设急剧膨胀,职工人数猛增。全民所有制职工由1957年的104.5万人增加到1960年的211.8万人,非农业人口由1957年的362.9万人增加到1959年的489.6万人,大大超过了国家财力和城市的承受能力。早在1960年8月22日,中共河北省委就作出了《关于坚决压缩城镇非农业人口、严格控制城镇粮食销量的指示》,提出了压缩城镇人口、控制城镇粮食销量的具体要求和办法,至1961年底,全省共精简全民所有制职工60.26万人,增减相抵后,纯减44.13万人;全省压缩城镇人口87万人,增减相抵后,纯减62.47万人;全省共压缩非农业人口127.4万人;压缩吃商品粮人口109.37万人(城镇压缩93.65万人),纯减少82.39万人(城镇纯减少60.72万人)。为贯彻中共中央、国务院《关于进一步精简职工和减少城镇人口的决定》,1962 年 5 月中共河北省委常委扩大会议决定,1962 年全省精简职工 80 万人,减少吃商品粮人口 160 万人。6 月 1 日,成立了河北省精简委员会,林铁任主任,统一领导国家机关精简、职工精简和压缩城镇人口的工作。到 1963 年 4 月,精简工作基本完成。全民所有制工人减少到了 129.48 万人,比 1960 年减少了 39%;全省非农业人口由 1960 年的 481.1 万人,减少到 1962 年的 338.12 万人,减少 29.7%。这样,一方面增加了农业生产劳动力,另一方面缓和了城市商品粮和其他消费品供应紧张的局面。

1961 年以来,还对商业、供销社、财政、金融等方面进行了调整。1961 年 12 月省人委通过了《河北省农产品收购办法》和《河北省农村集市贸易暂行规定》后,全省放开了城乡集市贸易,增加了高价糖、高价糕点等食品的供应,积极发展了农副产品、轻纺产品、日用小商品的生产,沟通了物资流通渠道。到 1962 年底,全省集市衰而复兴,恢复到 2225 个,当年集市贸易成交额达 14 亿元;放宽了三类商品的管理和流通,普遍建立和开展了贸易货栈的代购代销、代储代运活动。供销社也于 1962 年改变了"大跃进"中与国营商业合并的体制,恢复了集体所有制的性质。加强了财政、金融以及物资的集中统一管理,适当集中了财力、物力,注意发挥了价格、税收等经济杠杆的作用。经过这些政策和体制上的调整,流通领域开始活跃起来。

三、政治关系的调整

教育、科学、文化政策的调整

同经济工作的调整相适应,文化工作的各个领域也进行了调整。自 1961 年至 1963 年,中共中央先后批准颁发了《关于自然科学研究机构当前工作的十四条意见(草案)》《教育部直属高等学校暂行工作条例(草案)》《关于当前文学艺术工作若干问题的意见(草案)》《全日制中学暂行工作条例（草案）》和《全日制小学暂行工作条例（草案）》。这些意见和条例的中心是调整党和知识分子的关系，贯彻落实科学和文艺工作中“百花齐放，百家争鸣”的方针。这些意见和条例要求，一切有知识分子工作的部门和单位，对反右派以来在知识分子中进行的批判加以清理，凡是批判错了，或者有一部分错了的，都要甄别事实，分清是非，纠正错误，由党的负责干部采取适当的方式向他们讲清楚，戴错了帽子的要摘掉，以利于解除思想疙瘩，发扬民主，增强团结。针对自然科学、社会科学、文学艺术各个领域出现的问题，这些意见和条例分别论述和规定了执行“双百”方针的一系列具体政策，要求严格划分政治问题和学术、艺术问题的界限，严格划分敌我矛盾和人民内部矛盾的界限，不允许用政治斗争的方法，更不允许用对敌斗争的方法处理人民内部在学术、艺术问题上的不同观点。

这些意见和条例还针对当时科学、教育、文化部门中出现的生产劳动过多、社会活动过多的现象和业务工作中的浮夸风和瞎指挥风，明确规定科研单位的根本任务是出成果、出人才，为社会主义服务；必须保证科研工作的稳定性，保证科研人员至少有 5/6 的时间用于业务工作；学校以教学为主，学生以学习为主；文艺为政治服务不能理解得过分狭隘等。中共河北省委及时贯彻执行了上述意见和条例，使党和知识分子的紧张关系得到缓解，教育、科学、文化工作秩序得到恢复。

1962 年 3 月，国家科委在广州召开科技工作会议，文化部、全国剧协召开话剧、歌剧和儿童剧创作座谈会，毅然从实质上恢复了 1956 年知识分子工作会议上党对知识分子的阶级状况所作的基本估计，肯定了知识分子的绝大多数已经是属于劳动人民的知识分子，而不是属于资产阶级的知识分子。同年 3 月，中共河北省委召开全省知识分子工作会议，及时传达会议精神，对进一步落实知识分子政策问题进行了认真讨论，检查了这方面的工作，调整了同知识分子的关系。会后对知识分子在生活上给予照顾，工作上给以合理安排，还进行了平反工作和升级评等工作，从而使党和知识分子的关系得到缓解，调动了知识分子的积极性。

与此同时，教育的调整精简工作也有条不紊地展开。由于在“大跃进”中各级各类学校发展过快、规模过大，超过了国民经济和教育资源的承受能力,影响了教育质量的提高。1961 年和 1962 年先后两次对各类教育事业进行了大的调整。1961 年,根据缩短战线、集中力量、提高质量、保证重点的原则,将全省 42 所高等院校撤销 8 所,合并 7 所,改中技的 3 所,由学院改专科 10 所;对 32 所五年制专科学校撤销 3 所,合并 4 所,改中技 8 所。全省总计保留大学 3 所,学院 16 所,专科学校 27 所。在校学生由 5.5946 万人减至 4.7369 万人,压缩 23.3%。为了更好地贯彻执行“调整、巩固、充实、提高”的方针,根据中央关于“精兵简政”、减少城镇人口的指示,以及全国教育会议的精神,从 1962 年 4 月开始,对全省各级各类学校做了进一步的调整精简工作。采取的主要措施是:控制学校招生指标,多毕业少招生;改一批全日制初中为半日制初中,合理安排全日制、半日制的规模和城乡学校的布局;改一批农村国办初小为民办初小;撤并一批大专学校和中师、中技。截至 1962 年 11 月,全省各级各类学校的调整和教职工的精简任务基本完成。经过调整,大专学校由 49 所减到 21 所,学生由 6.4452 万人减到 3.321 万人;中等技术学校由 108 所减到 43 所,学生由 3.3156 万人减到 1.7819 万人(以上两项包括中央直属学校);中等师范学校由 78 所减到 24 所,学生由 3.0816 万人减到 9885 人;公办普通中学由 1489 所减到 1306 所,学生由 57.3 万人减到 54.7 万人;小学由 4.6504 万所减到 4.6397 万所,学生由 507 万人减到 496 万人。至 9 月底,全省各级各类学校教职工已精简 6.1246 万人。经过调整精简,适当缩小了国办教育事业的规模,发展了民办教育,在一定程度上缓和了人力、物力、财力与教育事业规模不相适应的矛盾。同时,对精简的教职工,都进行了妥善安置:有的回乡参加生产充实农业战线;有的充实到下一级学校继续担任教学工作;有的不适合继续从事教育工作的安排到其他部门,或转到民办学校,或根据本人自愿作了退职退休处理。对裁并的大专和中技、中师三类学校的 3 万多名学生也作了妥善处理:安排继续学习的占 38.7%,提前毕业的占 7.6%,回乡参加农业生产的占 35.8%,安排到其他部门工作的占 5.2%,应征入伍的和作其他安置的占 11.7%。

这次教育的调整精简工作,使教育事业同国民经济特别是与农业的关系较为适应,对充实农村劳动力,减轻国家负担、恢复和发展生产起了积极作用。在教育的内部关系方面,经过调整,适当缩小了国办教育规模,发展了民办教育,缓和了人、财、物与教育事业规模不相适应的矛盾;合理安排了全日制、半日制学校的布局;适当地调整了大专、中技学校的专业设置,使教育事业更加适应国民经济建设和人民群众的需要。与此同时,不同程度地充实和加强了保留的各级学校,教师队伍的政治文化业务素质有了显著提高,领导干部也有所加强,为提高教学质量创造了条件。

全省的文化系统也进行了精简调整。调整的目的是:通过精简,使艺术事业在政治质量和艺术质量上有一个显著提高,达到政治纯洁,队伍精悍,人才集中,组织健全的标准。1961 年 6 月 21 日,首先推出了省直属文化产业、企业单位调整压缩方案:河北美术学院、天津音乐学院压缩人员;河北文化学院停办;河北戏曲学校、曲艺学校压缩(1962 年底该校宣布解散);天津音乐学院附属歌舞学校停办。艺术表演团体的精简压缩分两步进行,1961 年调整压缩第一批,1962 年 8 月精简压缩了第二批。精简压缩任务完成后,全省(含天津市)专业艺术表演团体从整顿前的 384 个(包括话剧、歌舞、乐团、文工团、戏曲、马戏、杂技、皮影等)调整为 233 个,压缩了 39.3%;从业人员从 2.1933 万人调整为 8286 人,压缩了 62.2%。1962 年底统计,全省 233 个专业艺术表演团体(含天津市)中,有话剧团 5 个,歌舞剧团 5 个,戏曲剧团 149 个,皮影社 16 个,马戏、杂技团 10 个,曲艺团(队)48 个。过去文化事业规模大、战线长、力量分散的现象得到了初步扭转。

进行甄别平反工作

1958 年“大跃进”以来,党内党外进行了一系列运动包括“反右倾”斗争,这些政治思想上“左”的批判,对经济建设上“左”倾错误的发生和加剧,造成了不良的影响。调整国民经济,纠正经济建设上的“左”倾错误,必须调整政治上的关系。1961 年五六月的北京中央工作会议上,毛泽东在讲话中指出,1959 年不该把“反右倾”斗争搞到群众中去,提出要对几年来批判和处分错了的干部、党员甄别平反。会议决定要开展甄别平反工作。

1961年6月15日，中共中央发出《关于讨论和试行〈农村人民公社工作条例修正草案〉的指示》，规定："为着发扬民主，有必要对于最近几年来，受过批判和处分的干部和党员，实事求是地加以甄别。""过去批判和处理错了的，要改正过来，恢复名誉，恢复职务；部分问题批判和处理错了的，就改正这一部分问题的结论。对于生产大队和生产队的干部的处分，应该交给群众审查。至于错误地对群众（包括富裕中农在内）进行的批判，应该在适当场合向他们道歉；如果作了错误处分的，还应该纠正。"《指示》还规定："今后在不脱产干部和社员群众中间，不许再开展反对右倾或者'左'倾的斗争，禁止给他们戴政治帽子。"

遵照中共中央的指示精神，中共河北省委于1961年9月召开全省甄别工作会议进行贯彻和部署。强调这次甄别工作的目的，就是要分清是非，加强团结，实事求是地纠正实际工作中的缺点错误，接受经验教训，发扬党内外民主，以便调动干部和群众的积极性，从各方面逐渐造成一个又有集中、又有民主，又有纪律、又有自由，又有统一意志、又有个人心情舒畅、生动活泼的政治局面。甄别工作的范围是，最近几年来受过批判和处分的干部和党员，包括各部门、各系统和农村基层单位，也包括工业企业的职工、小学以上的教员、文艺工作者和科学技术工作者等。甄别工作的重点，以1959年"反右倾"运动中批判和处理的问题作为重点。凡是在整风反右运动中重点批判和处分的案件，一般地应该逐个进行甄别，并要求各地、市、县委负责人亲自动手，亲自出面去和一些被错误批判处分的人谈话交心，亲自去主持有关案件的甄别会议，亲自出面向受委屈的人承认错误，由领导上、组织上承担责任，做到上下通气，分清是非，更好地接受教训。关于甄别工作的方法步骤，强调必须细致深入，时间不妨搞长一点，不能搞运动，不能搞突击；应该先易后难，先领导骨干后一般干部。甄别工作应该分作两部分，一部分是脱产干部、党员中的问题，一部分是基层干部、党员中的问题。应该先解决脱产干部、党员中的问题，而后再逐步解决基层中的问题。各地、市、县委应该首先进行甄别工作的试点，取得经验，然后有计划有步骤地分期、分批进行甄别。为了加强对甄别工作的领导，省委成立甄别领导小组，由省委候补书记裴仰山任组长，朱子强、李德、王玉任副组长。

各级党委根据中共河北省委的指示精神，共抓了189个甄别工作的试点，对在1959年整风反右运动中受过批判和处分的党员和干部进行甄别。然后在全省范围内普遍展开，处理了一批案件，取得了一些经验。但总的来说甄别工作的进展还是比较缓慢的。其原因，有思想问题，也有方法问题。省委觉察到这个问题后，于1962年1月10日召开了全省甄别工作会议，着重解决当时存在的思想认识和工作方法问题。为了解决甄别工作进展缓慢的问题，会议决定集中一段时间，首先解决1959年整风反右运动中比较容易甄别的问题。通过甄别，对广大干部进行一次党的方针、政策和原则的教育，以达到分清是非，统一思想的目的。要求各级党委加强领导，改进方法，首先集中力量做好第一批甄别；采取由党委统一审查和群众充分讨论相结合的办法进行。

甄别平反的工作，进行到1962年上半年时，已经取得一定进展，但是发展得很不平衡。有的地方领导干部和领导机关决心大、方法对，进度快，收效也大。党员干部的思想水平提高了，党内团结加强了，干群关系也密切了，有力地促进了工作和生产。但是，也有些地方贯彻执行不力，有些负责干部对甄别工作重视不够，决心不大，甚至有抵触情绪，工作方法不对头，甄别工作进展缓慢。

为推动这一工作的进行，中共河北省委于1962年5月14日发出《关于进一步抓紧做好甄别工作的指示》，要求各级党委必须根据扩大的中央工作会议的指示精神和最近中央《关于加速进行党员、干部甄别工作的通知》，进一步把甄别、平反工作更好更快地开展起来。《指示》强调，要把甄别工作的重点，放在县级以下的农村基层干部，对县级以上的干部、党员的甄别工作也应同时抓紧进行。关于基层干部的甄别，根据河北的情况，一般地从1958年以来到1961年上半年整风整社这一时期内，凡是在“拔白旗”、“反右倾”、整风整社、民主革命补课运动中批判和处分完全错了的和基本错了的基层党员、干部，都要按照中共中央指示的简便方法，认真地、迅速地加以甄别平反。方法是：由县委、公社党委负责同志，帮助基层组织摸清被错误批判和处分的党员、干部情况，召集他们开会谈话，然后召开干部大会或党员大会、群众大会，成批地宣布一律平反，恢复名誉。其中即便有的有些轻微错误，也不要留尾巴。平反之后要很好地安排他们的工作，只要群众同意，应当恢复原来的职务。对于错误批判、错误处理的社员，也要一并加以平反，并恢复其名誉。有关领导干部应该当场向被错误批判错误处分的党员、干部、社员进行道歉。上级党委应该派人参加平反大会，说明错误的责任主要在上级，号召卸掉包袱，加强团结，搞好当前工作和生产。对于县一级机关的一般党员、干部，学校、工矿、企业中的一般党员、干部和工人、学生，凡是被错误批判和错误处理的，也要采取上述简便方法予以平反。关于上述这些人的甄别结论要采取简便方法。凡是不脱离生产的党员、干部的甄别平反，一律采取当众宣布的办法，不再写文字的甄别结论；原来批判和处分时有文字结论的，在甄别平反后，要撤销原结论；公社一级脱离生产的党员、干部和县级机关、学校、工矿、企业中的一般党员、干部，在宣布平反后，也可以不另写文字的甄别结论，只填甄别卡片，同原来批判处分的结论一并存档。《指示》要求，各级党委特别是县委、公社党委必须加强领导，把甄别平反工作当成一项重大政治任务，在五六月内集中时间，集中力量，加速进行。对于基层干部、党员的甄别平反，务于 6 月底以前基本完成；对于脱产的干部、党员的甄别平反工作，各级党委必须进一步摸清底数，凡县以上干部、党员被错误批判处分的甄别平反工作，要于 8 月底以前基本完成。5 月 23 日，中共河北省委又发出紧急通知，要求天津市委和各地委对甄别工作进展缓慢的原因立即进行检查，采取坚决措施，把省委关于加速进行甄别平反的指示贯彻下去，争取 6 月底基本完成甄别平反工作。

之后，甄别平反工作取得了显著进展。据统计，从 1958 年至 1961 年上半年，全省被批判和处分的脱产干部、党员约 7.92 万人，到 1962 年 6 月底已甄别 65%。其中属于中央和省委管理的干部被批判、处分的 489 人，已甄别 41.9%。同一时期内，全省已经查明被批判和处分的基层党员、干部约 21.5 万人，已经甄别 97%；已经查明被批判和处分的社员、工人、学生等一般非党群众约 31.3 万人，已经甄别了 84.4%。经过甄别平反，干部、党员和群众进一步分清了是非，总结了经验教训，增强了团结，党内外的民主生活开始活跃起来，干部、群众的积极性有了显著提高。甄别平反工作，无论对党内还是党外，都是一次极为深刻的实事求是、坚持真理的教育，对于调动一切积极因素，克服困难，搞好生产和工作，具有重大意义。但是这一工作因不久召开的中共八届十中全会批判所谓“翻案风”和重新提出抓阶级斗争，没能完全彻底地进行下去。在“四清”运动和“文化大革命”运动中，在极左思潮的干扰下，许多地方对于1961年和1962年平反、改正的人，又重新定为右倾机会主义分子或右倾机会主义错误，并对他们进行批斗；对于还没有平反、改正的人，则更因此被揪斗或受到纪律制裁，不少人受到开除党籍、团籍、降职、降薪、下放、开除公职等各种处分。直到中共十一届三中全会以后，省委根据中共中央通知精神，对在1959年以来的“反右倾”斗争中，被错定为右倾机会主义错误的，一律予以平反、改正。

统战工作和宗教工作的调整

1962年6月14日至23日，中共河北省委统战部召开地、市委统战部长会议，传达了5月全国统战部长会议精神和全国民族工作会议精神，学习了中共中央批转统战部《关于全国统战工作会议的报告》，分析和研究了河北省当时统一战线的形势和工作任务，制定了解决问题的措施。

为切实全面地贯彻执行中央指示和各项规定，全省各级党组织从以下几个方面展开了工作：

（一）在精简、压缩城镇人口中，做好党外人士和有关人员的安置工作。在当时的精简职工，压缩城镇人口工作中，有些地区把一部分资产阶级工商业者和其他党外人士下放农村或精简回家，引起了很大震动。中共河北省委重申要切实贯彻“包下来，包到底”的政策，分别按以下具体规定处理：1. 在职的资产阶级工商业者和他们的家属（妻或夫），不下放农村。所谓资产阶级工商业者，是指1956年参加公私合营的大小资本家，资本家代理人和有定息的其他私方人员，全省约10.3万人。其中个别因家在农村的，确系自愿回乡的，可以同意；但不能强迫或者动员他们。对已经下放农村的，如非本人自愿，应该调回，加以安置。对于因关厂、并厂必须精简下来的，要进行妥善安置；一时确实不能安置的，要等待处理，务使每个人都有着落，不能推出了事。对合乎退休条件的，应按退休办法处理;对合乎退休条件而已被下放的,应当改为按退休办法处理。2. 对于县和县以上的各界代表人物,不精简,不下放。这些人包括人大代表、政协委员、各民主党派和工商联等有关人民团体的委员,以及其他需要照顾的代表人物。如果原单位撤销、合并而必须调整和精简的,可根据他们的具体情况,另安排相应职务。3. 安置在机关、企业、学校等方面的华侨干部和职工,全省共 2000 余人,根据中央指示一律不要精简下放。4. 因为少数民族职工和干部一般数量较少,在精简职工中,也需适当予以照顾,特别是要注意保留少数民族干部。5. 对因企业、学校停办合并,而必须精简下来的资产阶级工商业者和其他党外人士,要妥善安置,并做好思想工作。

(二)做好党外人士的甄别平反工作。随着党内甄别工作的开展,对党外人士的甄别平反工作,亦认真地抓紧进行。按照指示,1958 年以来,在历次运动中,如学术批判、“拔白旗”以及 1959 年“反右倾”运动中,凡是批判错了的或基本错了的党外人士,予以平反。在交心运动中,因交了心而受批判或戴帽子的,也一律平反。1960 年在财贸基层进行的“新三反”运动中,批判处理了一批资产阶级工商业者,根据中央批转的文件中的有关原则精神,进行调查了解,凡是需要重新处理的问题,予以甄别处理。

(三)做好对摘帽右派和右派分子的安置工作。给右派分子摘帽子的工作,是 1959 年 9 月 17 日,中共中央发出《关于摘掉确实悔改的右派分子的帽子的指示》后开始的。河北省先后三批摘帽 1.5013 万人,占原有总数的 53.3%。这些人大部分都安置了工作,一部分所谓的右派分子也安置了工作。但是,已经分配工作的人员,在精简中,又要精简他们;正在休整学习的则无法安置工作,使许多正在休整学习的人感到前途无望,很不安心。对此,中共河北省委决定:对摘了右派帽子的人和右派分子已经分配了工作的,如果认为需要精简的,暂时不要动,等中央指示下达后,再作处理;对于正在休整学习的,能安置工作的尽量给予安置,目前安置有困难的,可在原地继续休整学习,在休整学习期间所需要的经费,由财政拨款报销;加强对休整学习、摘了帽子的人和右派分子的政治教育,充实必要的骨干力量,管理不要过严过死。对生活确有困难或生活待遇不合理的,要按照中央原有规定给予调整,使他们能够安下心来,进行休整和学习;要积极做好第四批右派分子摘帽子的准备工作。

(四)认真贯彻党的民族政策和宗教政策。民族、宗教工作,几年来取得了很大成绩,但也存在不少问题。主要是:对民族、宗教工作的长期性和复杂性认识不足,在处理民族关系和宗教关系中有急躁情绪,有一些事情做过了头。对照顾少数民族特点和尊重他们的风俗习惯有所忽视;对民族自治权利有些地方尊重不够;在反对地方民族主义斗争中,不适当地批判了一些少数民族干部,伤害了他们的积极性。对于宗教信仰自由政策的贯彻有片面性,占用教堂寺庙过多;对他们正常的宗教活动限制得过严过死。针对这种情况,中共河北省委要求,必须根据 1962 年 6 月 20 日《中央批转关于民族工作会议的报告》的精神,认真贯彻党的民族政策和宗教政策,调整关系,加强团结。要求对民族和宗教政策执行情况进行一次检查,切实解决存在的问题。各地贯彻省委的要求,采取措施解决了一些实际问题,使政府同少数民族和宗教界的关系有所改善。如在教徒聚居的地方调剂了宗教活动场所,给教会解决一部分自用房屋;对宗教界上层人士继续进行政治安排和物质照顾,同时加强了思想教育,使宗教界为社会主义建设服务的积极性有所提高。

几年来,河北各级统战部门和统战系统的干部队伍受到很大削弱。据 1961 年底的统计,全省各级统战部和各级民委、宗教局、侨委、人民政协、民主党派、政治学校和有关人民团体共有干部 1786 人,较 1958 年减少 44%。在精简中,又撤销了一些县统战部和民族、宗教机构。有的把政协和民政科合在一起,以致引起党外人士的误解。为此,省委要求,各级原有的统战部和统战系统的机构,都要保留,撤掉的要恢复。干部力量弱的,还要适当加强;过去调走的骨干,必要时可以归队。除地委都须保留统战部外,阶级关系、民族关系和宗教关系比较复杂的县,也要恢复和建立统战部。一般的县也要有一名干部协助县委考虑这方面的工作。民族、宗教机构也要保留,不能削弱。人民政协、民主党派、工商联等机构,在编制上要稍加照顾。随着统战工作机构和相关机构的恢复和建立,对于纠正政治关系方面的“左”倾错误,建立和发展多方面的统战工作起了重要的作用。

四、对农村生产责任制的探索和尝试

农村人民公社基本核算单位下放到相当于原来初级社规模的生产队以后,农民积极性有很大提高,同时,“包产到户”“三包到组”等各种形式的生产责任制在许多地方自发地搞了起来。自从合作化以来,每当党提出调整农业集体经济组织内部的生产关系时,总有农民自发地搞“包产到户”。虽然屡次禁止,但一有机会又重新出现。这个事实说明,作为集体经济内部一个层次的家庭经营,在许多方面适合农业以手工劳动为主的生产力状况,适合大多数农民的要求。到1962年7月,全省有20%以上的农村实行了“包产到户”等各种形式的责任制,效果大都较好,深受农民群众和基层干部的欢迎。

“十项小自由”政策

在对“大跃进”以来“左”的错误进行反思的基础上,为尽快恢复农业生产、渡过灾荒,1962年5月,中共河北省委书记林铁同熟悉农村工作的干部和有关负责人反复讨论,主持制定了《加强生产队的工作和有关农村的几个政策问题》。这是一年多来经过深入实际,反复调查研究作出的决定。1961年春,为渡过灾荒,有的农民提出,把地包给他们种,只定购,不定产,怎么种,(上级)不要管,就能够多产粮食。当时,由于“左”的思想束缚,怕犯方向路线错误,各级领导干部都不敢开这个口子。当年上半年,林铁利用在南方治病的机会进行考察,看到有的省放宽了某些农村政策,认为这是渡过灾荒的有效办法。回来后,便召集一些地委书记和省直厅局长座谈,商量在河北如何推广这些办法。在7月的省委书记处会议上他提出:自留地再加一点,一户可以有一亩或一亩半自留地;小部分土地可以包产到户;在灾区,在荒地多、生活困难的地方,可以采取临时性的办法,搞“借地渡荒”,每个劳动力分一二亩地,定产部分顶口粮,多产归己。8月,他又给省委书记处写信,再次强调:在很困难的地区,迅速明确“保命田”,不要再拖。否则,越拖时间长了越不好办。在他的倡议下,1962年5月,省委召开常委扩大会议,作出了放宽农村政策的若干规定。这些具体政策有十项:(一)加强农村基层的领导核心,加强支部工作和开展以团结群众、克服暂时困难、坚定社会主义方向为内容的思想教育;(二)继续落实基本核算单位下放到生产队的各项政策;(三)夏收口粮及其他食物的分配采取基本口粮和按劳分配相结合的办法;(四)对于少数队出现的“单干”问题,等秋后调查研究后再作处理;(五)自留地增加到占生产队耕地的10%;(六)社员开垦小片荒地超过自留地数量的现在不要收回;(七)允许户养大牲畜;(八)养猪,继续贯彻“公养私养并举,私养为主”的方针,可以把占生产队耕地2%的食堂菜地分给社员作饲料地;(九)适当放宽家庭副业范围,凡适合社员家庭经营的纺织、缝纫、渔猎、刺绣、养蚕、养蜂、采集等应允许和鼓励,允许社员私有小船、冰床、小渔具等;(十)允许农村手艺人(炉匠、理发、修鞋、阉割等)独立经营,自负盈亏,或交款记工参加集体分配。当时,人们把这十条称为“十项小自由”。这些具体措施是省委负责人深入实际,倾听群众呼声,突破“左”的禁锢,坚持实事求是的产物,是符合河北的实际情况的。虽然由于“左”的阻挠,未能在全省贯彻到底,但确实对一些地区摆脱困境,渡过困难起到了积极作用,受到干部和群众的欢迎,而且,对于后来探索农村改革之路,也具有启示性意义。但在“文化大革命”中却当成林铁“复辟资本主义的纲领”错误地进行了批判。

张家口专区试行“三包”到组和包产到户的生产责任制

中共张家口地委通过调查研究后,在一些生产生活十分困难的县社队,实行“三包”到组和包产到户等多种形式的生产责任制。

原中共张家口地委第一书记胡开明通过进一步的调查研究发现,仅有“三级所有,队为基础”的模式还不够,要真正调动农民生产的积极性,必须有责任与利益紧密结合的生产管理形式,张家口地区一些地方的农民创造的“三包”到组是一种比较有效的生产责任制形式。1962年7月30日,他在中共中央华北局农村工作座谈会上作了关于推行

“三包”到组生产责任制的发言，同年8月8日，他给毛泽东主席写了一封信并附上《关于推行“三包”到组的生产责任制的建议》。8月16日，毛泽东在胡开明的信上批示：“印发各同志讨论。”① 胡开明在《建议》中提出：目前农村劳动管理制度非改不可。平均主义的计酬方法必然障碍劳动生产率的提高，也是非改不可。实行以生产队为基本核算单位“比较彻底地克服了队与队之间的平均主义，农民的生产积极性比以前高多了，但是还没有充分调动起来”。接着，他分析了农民生产积极性没有充分发动起来的原因，介绍了有些地方实行“三包”到组生产责任制的做法，即：一是由社员自愿结合组成一个六七八户或六七八个劳动力的组，在一般情况下长期不变；二是生产队把全部土地都分到生产组，耕畜、农具也尽可能分到组使用，长期不变；三是“三包”期限，最好与国家粮食征购包干期限一致起来；四是到了秋后，包产以内的全部产量，由生产组交生产队统一分配，包产以外的超产部分，全部归生产组分配。他根据试点经验，归纳了“三包”到组的七大好处，还以事实批驳了一些反对意见。《建议》最后对社员要求包产到户问题也大胆地提出了自己的见解。他说：“通过工作，如果社员还是非要包产到户不可，我们也不能硬顶硬纠，因为那样，他们会躺倒不干了，在这种情况下，我们只好允许群众实行包产到户。但是，其中如果有人同意包产到组，就是二三户，我们也应该帮助他们搞起来。”“同时，对于那些包产到户甚至分田到户的农民，也不能歧视，他们在生产上有困难，我们也应该满腔热情去帮助。”胡开明的《建议》共6000字，字里行间洋溢着实事求是、以理服人的精神，充分地反映了农民群众的心愿和要求，为彻底解决人民公社“一大二公”的弊端，给农民以生产自主权，调动农民生产积极性，提出了可行的方案，非常接近中共十一届三中全会后实行的家庭联产承包制，体现了他在农村体制改革上的真知灼见和远见卓识。但是，由于这个建议触及了人民公社“一大二公”管理体制的禁区，因此他的建议不但没有被采纳，反而被认为是搞资本主义复辟，招来长达15年之久的受批判、遭迫害的厄运。

---

① 《建国以来毛泽东文稿》第十册，中央文献出版社1996年版，第152页。

1962年4月,中共张家口地委《关于四年来工作的基本总结》提出:应该允许群众实行包产到组,在荒地较多又无力耕种的生产队,可将这部分荒地包产到户或谁种谁收。5月,地委向河北省委报告,张家口全区有10%的大队和生产队,社员生活极其困难,土地至今没有种上,部分生产队自发地实行了包产到组、到户。地委提出:在严重困难的地方实行包产到组,以调动群众生产积极性,迅速恢复生产。省委第一书记林铁指示张家口地委,深入调查研究,按照实际情况,可以因地制宜地采取一些非常、有效的措施。地委书记处研究决定,由专署农林局长率领工作组到比较典型的蔚县常宁公社进行调查研究、进行"三包"到组试点工作。

6月14日,工作组向地委写出了《关于常宁公社生产力破坏严重,社员生活困难,集体生产搞得不好及群众要求的调查报告》。《调查报告》反映了常宁公社粮食产量由1958年的200万斤降为40万斤的事实,反映了社员每日平均口粮不足2两,出现了卖儿卖女、讨饭、离婚等问题。社员强烈要求包产到户或实行小组分配大包干。工作组与县委商量后,在东沟大队第一生产队实行小组分配大包干,收到显著效果。《调查报告》建议,在这类严重困难的生产队,应当实行包产到组、到户或小组分配大包干,以便尽快解决粮食生产问题,恢复生产力。地委常委会听取工作组汇报后,地委第一书记葛启带队到常宁调查,针对地种不上,群众破产度荒,迫切要求包产到户,不参加集体劳动的严重情况,与县委一起研究提出了实行"集体所有,统一计划,统一经营,统一分配,定产到地,责任到人,超产奖励"生产责任制的意见。在干部、群众消除了"恐右"顾虑的基础上,几天内,常宁公社就全部实行了集体所有,定产到地,责任到人,完成任务(征购和公共积累等)其余归己的生产责任制。

此外,在张家口地区还实行了"半亩山药口粮田""羊只草半养""大牲畜分户饲养""林木分户管理"等各种形式的生产责任制。

承德地委实行"十项规定"和"毛驴户养"

1959年8月1日,中共承德地委第一书记王克东主持起草了《中共承德地委关于进一步调动全区农民积极性全面发展农业的十项规定(草案)》。十项规定是:定规模、定包产、定奖励、定干部、定购销、定小队权利、定按劳分配、定个人副业生产、定责任制、定计划和任务。涉及家庭经营的是第八、第九两项。“定个人副业生产”包括以下规定：社员个人家庭副业收入，可以弥补集体收入不足，不能取消，社员集体生产与家庭生产收入比例一般以二八为宜（集体占80%，个人占20%）；个别家庭副业收入比重较大的队，要从增加集体收入下手逐步改变，不要动员硬砍；个人家庭副业用工，一般不超过10%左右为宜，年假、节假和早晚休息时间除外；完成集体劳动或小包工任务后，剩余时间全部归社员自己支配；大队（小队）干部对社员个人生产和勤俭持家，要予以组织领导和支持；社员产品，要服从国家计划指导和市场管理、物价政策，严禁破坏性生产和商业投机。“定责任制”是指：农林牧等大队一律采取“三包”到队，队“二包”（包工、包产）到组，组包“责任田”到户到人，深山散居户“三包”到户，专业队或专业组要包产包责任到块到棵。

《十项规定（草案）》未形成正式文件，但在1959年“反右倾”运动中却遭到错误批判。王克东被错定为“右倾机会主义分子”，受到撤职处分。

承德地区北部，零星草场多，农户养毛驴普遍。毛驴是这些地方代人拉碾、拉磨的重要工具。1958年收归集体后，管理差，群众使用不便。1959年中共承德地委放宽政策，在毛驴主要用于社员家庭生活而集体使役不多的生产队，将毛驴下放给农户。1962年7月，承德地委根据省委政策精神和干部群众的要求，进一步落实毛驴户养政策，允许生产队将一部分毛驴卖给社员，允许社员从外地（主要是内蒙古）购买毛驴。“毛驴户养”后来被错误地批判为“资本主义泛滥现象”。

沧州地区“借地”和包产到户

中共沧州地委在河间县米各庄公社进行加强生产队工作试点，设想把生产队规模再划小一些，或者包产到组；与此同时，为发展牲畜、生猪，提出分给社员饲料地的方法。中共河间县委于1962年7月6日印发《对有特殊困难的生产队实行借地的意见》，其中规定：在县东北部困难地区可把集体耕地的一部分暂时借给社员，每人0.3亩到0.5亩，时间为2年至3年，不计征购。使用期满，视生产生活情况再选择适当时机把土地收归集体经营。对此，沧州地委提出，实行“借地”的生产队数量控制在生产队总数的5%;《意见》还提到,部分县的一些公社或生产队出现包产到户、分田到户、多分自留地、饲料地、借地等多种形式的责任制,这些做法受到群众拥护。以上想法与做法在1962年10月省委工作会议上却被作为“单干风”进行批判,沧州地委、行署主要负责人在会上作了检查。一些地、县领导人在“文化大革命”中因此受到批斗。

保定地区的“分配大包干”

早在高级社时,保定地区部分生产队就曾搞过“分配大包干”。在调整国民经济过程中,为解决“三包一奖”所造成的生产队之间分配不公、瞒产私分和算账麻烦等问题,唐县张显口和水头、定县八里店和东建阳、安国南旺和田袁李等村自发实行生产队“分配大包干”,群众称之为“老包干”“砸估堆”等。实行“分配大包干”后,生产队有自主权,“五风”受到一定遏制,生产逐年提高,群众生活提高。对此,保定地委在讨论贯彻“农业六十条”时,组织力量专门调查总结,并选择山区联村(自然村)队试行,并于1961年9月8日向省委书面报告。省委派9人工作组到唐县峒龙公社张显口、中显口、水头3个大队调查,并向省委写出报告材料。

总之,在国民经济困难时期,河北省各地进行的农业生产承包制的种种探索和试验,是积极的和有益的。实践也证明,这些可贵的探索,对提高产量,克服暂时经济困难起了重要作用。但在当时“左”的思想指导下,却被视为“修正主义”“复辟资本主义”,许多领导干部为此受到不公正的批判。

五、国民经济调整任务的胜利完成

三年继续调整

1962年8月中共八届十中全会以后,河北同全国一样,虽然在政治和思想文化方面“左”倾错误再度发展,但是直到“文化大革命”发动之前,还没有成为支配全局的错误。党和全省人民的主要注意力,仍然放在调整国民经济,恢复和发展生产方面。1963 年 9 月,中共中央实事求是地分析了全国当时的形势,认为国民经济确实出现了全面好转的局面,但是还存在不少问题,如农业生产还没有恢复到 1957 年的水平,工业结构不平衡、产品质量差、生产效率低等问题还没有很好解决,企业的经营管理还很不健全,亏损还相当严重。因此确定,从 1963 年起,再用 3 年时间,继续贯彻执行“调整、巩固、充实、提高”的方针,作为第二个五年计划到第三个五年计划之间的过渡阶段。

在前两年的调整中,河北工业主要是解决了“长线”的收缩问题。为了把工业真正转上以农业为基础的轨道,中共河北省委确定后三年调整主要做好以下几方面的工作:(一)进一步调整企业的方向,明确企业的产品方向、生产规模和协作关系,同时注意企业产品的专业化协作。(二)根据国家投资安排和材料、设备的供应条件,有计划、有步骤地进行老厂的技术改造和新厂的填平补齐。(三)进一步检查清理现有的停关企业。根据企业的现状,结合以后的发展需要,凡是必须保留的企业,应切实做好厂房、设备的维修、保管工作;没有必要保留的企业,应彻底加以清理、撤除,腾出人员、设备、厂房,用到最需要的地方去。(四)根据生产建设任务的要求,适当扩大一部分产品的生产能力。(五)进一步改善企业的经营管理。先后对主要工业部门确定了充实、巩固、提高的基本要求:对轻工业和手工业努力增加以非农产品为原料的产品,扩大原料较易解决而广大群众又急需的产品生产;煤炭工业主要是加强老井的开拓和掘进,并做好新井配套,主要补充井巷工程,补足“三量”;电力工业主要是进行电网配套工程,填平补齐;冶金工业的突出任务是提高质量,增加品种;化学工业发展的重点是化肥、农药、塑料和硫酸;机械工业重点是保修配,首先是保证拖拉机、排灌机械和汽车及采矿机械的配件和维修,主机制造主要是保国家计划,不宜在计划外多搞;水泥耐火材料的生产要适当收缩。

在调整中,继续加强农业。深入贯彻“农业六十条”,落实农村各项经济政策,充分调动农民的生产积极性,充分利用现有的物质技术条件,挖掘生产潜力。以粮食生产为中心,对棉花、油料、副食及其他经济作物生产作出适当安排,并解决好以下几方面的问题:大力提高机耕能力;增加牲畜,提高畜力;合理组织农作物种植,解决耕地问题;靠养猪积肥和群众性的常年积肥、造肥,解决肥料问题;根据防害与兴利并举的治水方针,山区以蓄为主,平原以排为主,解决水利问题;大力发展手推胶轮车及其他手推车,解决农村运输问题。同时,大力发展支农工业。

国民经济的恢复和发展

经过全省广大干部群众5年的艰苦奋斗,到1965年,国民经济得到迅速恢复和发展,工农业生产已经在比较协调的基础上达到一个新的水平。

基本建设规模得到有效控制。1963年至1965年累计完成投资14.1亿元,平均每年投资4.7亿元,比“二五”时期的平均每年投资额减少5.9亿元。投资效益提高,固定资产交付使用率达到83%,接近“一五”时期85.2%的水平。调整工农业投资比重取得显著成效,工业部门完成的投资比重由“二五”时期的65.6%降低到50.4%,农林水利系统的投资比重由“二五”时期的23.5%提高到28.4%。

农业基本建设和农业生产取得了很大成绩。在基本建设中,重点进行了水利建设,突出了综合性水利开发,抗洪兼顾蓄水、灌溉和发电。在山区建成和基本建成了岗南、黄壁庄、岳城、王快等十几座大型水库,同时完成了与水库配套的水电站、灌溉工程以及排水工程。全省从1962年开始,开展群众性机井建设,到1965年,机井达到7.7万眼,基本配套机井5.3万眼。农用机械有了较大发展。到1965年,有大型拖拉机5614台,机引农具1.5365万部,灌溉用动力机械10.29万台。县、社、队三级农机修配网也建立起来。全省农业战线的建设,改善了农业生产条件,稳产高产田的建设取得了相当大的成绩。1965年全省水田、水浇地面积达到2631.4万亩,比1962年增加595.4万亩,占实有耕地面积的比例,由1962年的19.5%上升到25.1%;机耕面积达到2646万亩,比1961年增加663万亩;农村用电量5.42亿度,增加3.5亿度;化肥使用量22.1万吨,平均每亩4.23斤;旱涝保收、稳产高产田1210万亩。1964年全省有1万多个生产队的粮食、棉花亩产达到农业发展纲要的指标规划，涌现出一批农业生产先进集体。由于农业生产条件的改变，农村政策的放宽和农民生产积极性的提高，农业总产值和主要农产品产量有了大幅度增长。1965年农业总产值达到33.5亿元，比1962年增长39.7%，平均每年增长11.8%。其中：农业增长38%，平均每年增长11.4%；林业增长77.5%，平均每年增长21.1%；牧业增长64.1%，平均每年增长18%；副业增长31.8%，平均每年增长9.6%；渔业增长17.6%，平均每年增长5.6%。从主要农产品产量和农业总产值增长情况看，到1965年，已经基本上恢复到1957年的水平，有些方面超过了1957年的水平。

工业战线经过调整，获得了新发展。“二五”时期开工兴建的邯郸钢铁厂，经续建扩建，成为一个初具规模的中型钢铁联合企业。1962年调整停建的邢台钢铁厂、石家庄钢铁厂又开始恢复建设。煤炭工业扩建了一批新井，提高了煤炭生产能力。支农工业进一步加强，新建了一批化肥、农药、农机企业。到1964年底，农业机械制造和修配厂已有160多个。完全依靠中国自己力量设计建设的石家庄拖拉机配件厂于1965年建成投产。纺织、轻工业及手工业都有较大发展。1965年，工业总产值达到46.69亿元，比1962年增长57.4%，平均每年增长16.3%。主要工业产品产量都有大幅度增长。交通运输业也得到恢复和发展。公路通车里程由1962年的2.3968万公里增加到1965年的2.6445万公里；地方铁路通车里程由319.2公里增加到484.6公里；货物周转量由5.85亿吨公里增加到7.99亿吨公里，货物运输量由3616.7万吨增加到4586.4万吨。

1965年国民经济的进展，使得从1961年开始的国民经济调整工作胜利完成。1965年同1957年相比：全省工农业总产值达到80.2亿元，增长41.6%，其中农业增长5%，工业增长88.7%；国民收入达到64.35亿元，增长15.6%；财政收入达到12.38亿元，增长85%；社会商品零售额达到31.63亿元，增长22.5%。主要工业产品的增长：钢18%，生铁1.99倍，原煤64%，发电量2.68倍，棉布58%，棉纱1.51倍，化肥从无到有，达到16.14万吨。农业方面，除棉花、油料尚未达到1957年水平外，粮食产量达到964.53万吨，比1957年增长18%；生猪达到772.88万头，增长9.7%；全省人均粮食达到236公斤，人均油料4.35公斤。市场供应的粮、油、肉、蛋、菜日趋丰富，物价稳定，职工收入有所增加，人民生活得到改善。总的看，工业方面有相当大的发展，农业基本恢复到1957年的水平，国民经济的主要经济指标达到和超过了历史最高水平。如果把在国民经济调整期间，河北遭受特大洪水灾害和邢台地震灾害的因素考虑进去，取得这样的成绩，实属不易。

在战胜经济困难，争取国民经济恢复和发展中，全省人民表现出了高度的政治觉悟、无比的英雄气概和高昂的精神状态，各条战线涌现出了一批模范人物。遵化县沙石峪大队党支部书记、全国著名劳动模范张贵顺，带领沙石峪人民艰苦创业十余年，把一个“土如珍珠水如油，满山遍野大石头”的穷山沟，建设成为“层层梯田绕山转，果树缠腰一片片，六畜之首挤满圈，农林牧副齐发展”的社会主义新农村。秦皇岛市朝阳街百货商店优质服务，成为商业战线的先进集体。在省委的号召下，全省党员、干部和人民群众掀起了学劳模、学先进、赶先进的热潮。

第十二章
向自然灾害作斗争

在调整国民经济过程中，河北先后遭遇特大洪水灾害和邢台地震。全省广大人民群众在中共河北省委、省人委领导下，在中共中央、国务院的关怀和兄弟省、区、市大力支持下，开展了波澜壮阔的抗灾救灾，重建家园的斗争，并取得了胜利。

一、抗洪斗争

历史上特大的洪水灾害

1963 年 8 月上旬，河北省南部和西部海河流域连降特大暴雨。一旬之内，平均降雨在 400 毫米以上的地区有 7 万平方公里，在西部山区和京广铁路两侧，平均降雨 600 毫米至 800 毫米，有不少地区降雨在 1000 毫米以上。在大清河、子牙河、漳卫运河流域内，共降雨 577 亿立方米，总径流量 302 亿立方米，相当于 1939 年大水的 2 倍多，为 1956 年的 1.9 倍。这是河北省有水文记载以来从未出现过的降雨。

暴雨持续时间长而集中，是这次暴雨的特点。8 月 3 日，暴雨中心在邯郸地区。4 日，扩大到邢台地区。6 日，又扩大到石家庄地区。7 日，邯郸雨势减弱，但保定地区又出现新的暴雨并扩大到北京。8 日，邯郸地区再降暴雨。直到 8 月 9 日，暴雨中心才移出河北省。据气象记载,全国一日降雨最高纪录是 417 毫米,临城县灰山在 8 月 4 日降雨达 624 毫米。全省降雨量在 500 毫米以上的面积有 4.257 万平方公里,其中超过 1000 毫米以上的就有 5390 平方公里。

集中的特大暴雨,引起各河流洪水猛涨,发生了巨大洪峰。漳河、卫河和南运河洪水总量 63 亿立方米,虽经上游岳城水库和滞洪区滞洪,两岸仍漫决多处;漳河左堤大名县境内 10 华里堤段普遍漫溢;南运河高水位持续了一个多月。滏阳河和滹沱河洪水同时暴涨,各支流穿过京广路的洪峰共达 4 万多立方米 / 秒,洪水总量达 100 亿立方米。京广铁路多处被冲断。大清河南支各河洪水猛涨,冲破堤防,齐奔白洋淀,十方院水位高达 11.53 米,超过保证水位 1 米多。北支白沟洪峰流量 5120 立方米 / 秒,与南支白洋淀洪水汇流进入东淀后,淀内水位达 8.56 米,超过保证标准 0.56 米。全省大清河、子牙河、南运河三大河系洪水虽有十大水库拦蓄,但仍汇成了巨大的洪流。从邯郸到保定地区,各河通过京广铁路流向广大平原的洪峰达 7.8 万立方米 / 秒以上。洪水所到之处,河道漫溢溃决,平地行洪,水深数米。数百里内,一片汪洋。全省工农业生产和广大人民的生命财产遭受到极其严重的损失。邯郸、邢台、石家庄、保定、衡水、沧州、天津 7 个专区的 101 个县市受灾,其中进水县城 32 座,被水包围 33 座;保定、邢台、邯郸 3 市市内的水深 2 米至 3 米;受灾村庄 2.274 万个,其中水淹 1.3124 万个。全省受灾面积 4756 万亩,成灾 3739 万亩,有 200 多万亩农田被水冲沙压;倒塌房屋 1265 万间,其中 2545 个村庄全部被荡毁。全省受灾人口 2200 万,死亡 5030 人,伤 4.27 万人,大牲畜死伤 13 万头,粮食减产 24.6 亿公斤,经济损失 59.3 亿元。

工矿企业、交通、电信也遭受严重损失。邯郸、邢台、石家庄、保定 4 市有 225 个工矿企业一度停产,占 4 市工矿企业总数的 88%。京广、石德、石太铁路被冲毁 822 处,全长 116.4 公里,南北交通断绝。冲毁桥涵 209 座,其中大桥 12 座;通信线路损毁 959.7 公里,公路被冲毁淹没 6700 公里,冲毁公路桥 112 座。7 个专区的公路交通几乎全部中断。水利工程遭受了严重破坏。刘家台、东川口、马河、佐村、乱木 5 座中型水库失事,330 座小型水库被冲毁(其中 16 座被淤平),占邯郸、邢台、石家庄、保定4个专区原有数的37%。大清、子牙、南运等三大水系主要河道决口2396处,支流河道决口4489处,滏阳河350公里全部漫溢,溃不成河,梯田、塘坝损失占50%以上,平原排水工程约有90%被冲毁、淹没,灌区工程62%被冲毁。

各河系洪水一百几十亿立方米汇流到天津外围,把文安洼、贾口洼、东淀、团泊洼全部灌满,严重超过安全水位,而且继续上涨。天津外围水位比市区地平线高出5米多,严重地威胁着天津市的安全。在天津附近的静海、青县、文安、大城等县,则处在长时期的浸泡之中,灾情严重发展。

波澜壮阔的抗洪斗争

面对这次来势凶猛的大洪水,河北省委、省人委按照中共中央、国务院制定的抗洪方针,及时研究确定各个时期的战略部署,统一领导,果断指挥。8月6日,省委书记处书记、省长刘子厚主持召开省委常委会,决定成立河北省防汛救灾指挥部,统一指挥抗洪救灾工作,杨一辰副省长兼指挥长,省委候补书记王路明兼政委,抽调省直有关单位负责人组成委员会,下设综合、水情、救灾、部队支援四个组。省委根据中共中央指示,把抗洪救灾作为全省的中心任务。在此后一个多月的抗洪救灾斗争中,省委常委会及时掌握洪灾动向,合理调度各方力量,慎重而果断决策,指挥全省人民进行抗洪斗争。

8月7日,国务院副总理谭震林视察天津,他指示:"在确保天津市和津浦路安全的条件下,尽量缩小灾害损失。"8日,省防汛救灾指挥部召开会议,以谭震林的指示作为抗洪救灾的总方针,决定"速泄北水,缓滞南水",错开大清河系与子牙河系洪峰到达天津外围的时间,确保天津市的安全。开辟"二十五孔桥"分洪、导洪入海工程,由解放军部队完成紧急施工任务。

8月10日,中共河北省委举行紧急常委扩大会议。会后,由省委和省人委联合向全省人民发出了防汛救灾紧急指示。指示要求:"目前全省总的工作中心应当立即转移到防汛救灾的紧急任务方面来……对受洪沥水淹没围困的地区,应当首先抢救人,再抢救牲口,抢救粮食,抢救物资；受灾后已退水的地方，要立即抢救受淹物资和安排人民生活，组织群众恢复生产，打捞残秋，能维持的庄稼尽量维持，维护住一亩是一亩，维护住一分是一分；对脱水耕地，庄稼已死的，要抢种红萝卜、蔓菁和蔬菜；已经受到洪水威胁、势必受淹的地方，要区别情况，采取相应的措施，尽可能地减少损失；一切非灾地区，应当动员群众，加强作物管理，力争超产丰收，支援灾区……天津市应立即进行紧急动员，全力以赴，加强领导，采取各种有效措施，投入保卫天津市的斗争。”15 日，省委、省人委联合向中共中央、国务院作了《关于保卫天津市的防汛措施的报告》。为确保天津市的安全，确定采取以下措施：首先处理东淀的洪水，在隔淀堤分洪入文安洼，减轻天津西河大堤的压力；全力确保千里堤安全，不使白洋淀水溃决；开辟“二十五孔桥”新行洪道，增大泄洪能力；把各河排队，因水势制宜，导洪拦洪，力争使各河洪峰错开；加强天津市周围堤防，全力固守。各地、市、县根据中央和省委的指示，从 8 月初到 9 月下旬，组织动员人民群众展开了一场波澜壮阔的抗洪斗争。

（一）奋力抢救灾民。面对突如其来的洪水，各级党委迅速组织力量救灾。8 月 3 日至 4 日，特大暴雨后，中共邯郸地委和邯郸专署立即召开紧急电话会议，号召全区党政军民紧急动员起来，投入防汛抢险斗争。邯郸市政府、区直机关、公社、居委会干部全部出动，组织城乡居民，挨门挨户动员仍留在家里的灾民转移，把他们安置到安全地带，市区救出灾民 5597 户、2.4 万多人，郊区救出灾民 6991 户、2.3 万人。邯郸全地区共组织干部 1.2 万人、民工 10 万人、解放军指战员 5186 人，救出灾民 24 万人。

石家庄地区赵县、赞皇、高邑等县遭灾后，中共石家庄地委领导于 8 月 4 日连夜分赴各重点地区指挥防汛救灾。去高邑县的干部先乘铁路轨道车，然后蹚水到达该县县城，接着又赶到受灾最重的村庄看望社员，组织救灾。

4 日深夜，中共保定地委和保定专署召开了紧急电话会，号召全区党政军立即积极行动起来抗洪救灾。当满城县方顺桥一带洪水积存、形势险峻时，保定专署立刻派出工作队前往组织抢救，中国人民解放军驻保定某部也立即派出指战员携带救生圈前往抢救。

滹沱河北大堤的安全,不仅关系到沧州、衡水、石家庄、保定等地区的安全,而且对天津市安全关系重大,上述地区各派一名专员成立了滹沱河防汛领导小组,统一指挥防汛斗争。到8月6日,沿河各县已组织5万民工上堤,深泽、安平、饶阳等县民工都是由县委书记或县长带队防守。6日,滹沱河安平、饶阳段洪水猛涨。安平县干部群众明知在南堤分洪对本县危害大,但为了避免天津市和保定、天津地区人民受重灾,接上级指示后立即从南堤扒口分洪。

8月6日,河北省委、省人委召开省直单位负责人紧急会议,要求省直各部门以防汛救灾为中心安排自己的工作,以战斗姿态投入防洪救灾斗争,并决定派出工作组,分别到邯郸、邢台、石家庄、保定、衡水、沧州地区,与当地领导机关共同指挥防汛救灾斗争。8月8日,省工作组到衡水后,立即同当地干部群众一起抢救灾民。9日上午,当他们得悉王渡公社告急消息时,立即派出前来衡水抢险的东海舰队某部40多名指战员抬着橡皮艇飞奔王渡口、常庄、大杜庄等村,将被水围困的群众抢救到安全地带。

与上述救灾活动同步,中共中央和省委还组织各方面力量,加工大批熟食,拨出大量的救生物资,从8月5日晨开始派飞机,到邯郸、邢台等地区空投。仅8月10日,中央和省就派出飞机43架次,向宁晋、安平、清苑、衡水等灾区空投了大批救生器材和熟食。11日,石家庄地区用19只大船给衡水运去熟食3万公斤和大批木船、内胎、橡皮船等救生器材。这些船只卸下物资后,又立即投入抢救灾民。省航运局、正定县、新城县等单位,也向衡水派出拖轮、驳船、汽车,昼夜不停地抢救灾民、运输救灾物资。

到8月12日,保定、石家庄、邢台、邯郸4个地区沿京广铁路两侧受灾县的水情开始缓和,部分受淹耕地已经开始脱水。这些地、县的领导一面积极组织群众继续排除积水,安置灾民生活,一面抓紧时间组织群众抢种萝卜、打捞残秋、管理还能有收成的庄稼,开展生产救灾工作。保定地委书记李悦农带慰问组到清苑县东石桥公社后,召开社员会给群众讲全国的好形势,并协助各村逐户安排群众生活,制定生产自救措施,鼓舞了当地社、队干部和社员生产自救的信心。许多社员表示,不仅要管好还有收成的庄稼,多种些菜,还要准备种好小麦。

在严重的洪灾面前,全省党政军民团结一致,艰苦奋斗,最大限度地保护了人民的生命财产。经过一个多月的紧张斗争,由于修筑堤埝保住了7400多个被洪水包围的村庄没有进水;使200多万灾民和近百万头牲畜转危为安;50多万灾民主动撤离;空投的熟食和救生器材,使二三百万灾民得到救援;同时,抢救出1000多万公斤粮食和价值1.2亿元的物资。

（二）保卫水库和河道安全。在暴雨形成洪水初期,各个水库先后出现紧张局面,绝大部分大型水库长期溢洪,出现险情,中小水库普遍溢洪或漫坝,平原河道堤防多处发生漫决。为此,在河北省委、省人委的领导下,全省人民为保卫水库的安全,夜以继日地与洪水进行了顽强的斗争,采取了护堤、护坝和一系列的分洪措施,最大限度地缩小了灾情。为了延缓洪水到达天津的时间,在一切可以滞洪的洼淀滞蓄洪水,并利用南衡公路、石德铁路、沧石公路等自然地势节节拦截,使子牙河水系洪水下泄时间延缓了4天至5天之久,使各河洪水“循序入海”,从而为保卫天津的抗洪斗争赢得了时间,争取了主动。

（三）全力保卫天津市。天津市是河北省海河水系各河入海必经之路,素有“九河下梢”之称,地势低洼,历史上曾多次被淹。这次的暴雨洪水大大超过历史上最高纪录,而河道容量又是上大下小,尾闾不畅,因此,特大暴雨发生后,洪水威胁天津的局面就已形成。尤其是暴雨中心先南后北,而北部河系（大清河）源短流急,下泄较快;南部河系（子牙河、漳卫河）河道漫长,泄水较慢,洪水北峰刚过,南水接踵而至,几路洪水穿插交错,几乎挤在一起,使天津市的局面更加严重。这次海河水系各河上游降雨总量577亿立方米,径流总量302亿立方米,经过洼淀滞蓄及蒸发渗漏,至少要有190多亿立方米洪水流经天津入海,平均每天来水5亿立方米,而海河及独流减河每天只能泄出2亿立方米,外围洼淀最大也只有67亿立方米的蓄洪能力。1939年,天津是在比这次洪水还小一半的情况下惨遭水淹的。在如此严重的形势下,能不能制服洪水,确保天津市的安全,是对河北各级党组织和人民的一次严峻考验。

中共中央、国务院制定的“保卫天津、保卫津浦路,力争缩小受灾面积和受灾程度”的抗洪救灾方针，既说明了特大洪水对天津市和津浦路的严重威胁，也突出指明了这场抗洪斗争的重点。保卫天津、保卫津浦路的斗争，是在河北省委、省人委直接领导和指挥下进行的。天津市委、市人委也及时研究确定了各个时期的战略部署，并于8月12日、13日两次联合发出紧急指示，号召全市党政军民紧急动员起来，战胜洪水。8月初，当南运河、子牙河、大清河相继出现特大洪峰后，为减轻洪水对天津和津浦路的压力，省防汛指挥部首先决定利用上游水库和洼淀，节节缓洪错峰，为天津外围的抗洪准备争得了时间。与此同时，天津市和天津地区组成了50万人的抗洪大军，赶赴天津外围300多公里长的各大堤上，加固堤防、修子埝、打后戗、垒土牛、抛片石，加固天津外围各大堤。

天津外围抗洪斗争的第一个战役是从保卫千里堤开始的。千里堤是白洋淀东堤，堤外地势低洼，万一防守失利，淀水将以排山倒海之势，直扑天津。大清河南支洪水自8月8日开始进入白洋淀。这股洪水约有67亿立方米，超过白洋淀正常容量的4倍至5倍，而且水势凶猛。10日一昼夜，淀内水位即上涨了2.7米，两昼夜即超过保证水位将近1米，千里堤全线紧张，有的堤段水位超过堤顶20厘米至70厘米，仅靠子埝抵挡。在此紧急情况下，按照省委指示，关闭了王快、西大洋、口头、横山岭四库闸门，减少来量。13日下午，省委又指令在小关及榕花树分洪；清除白洋淀下口泄水障碍；同时动员了3万军民坚决固守千里堤，连续斗争了两昼夜，即将50公里的重点堤段普遍抢修起了1米高的子埝，同时做好防浪措施与风浪进行搏斗。8月14日，洪水上升到11.53米的最高水位后，开始缓缓下降，到8月26日降到了保证水位。

在白洋淀战役紧张进行的同时，大清河北支，白洋淀和子牙河初期的洪水，共约60亿立方米，从8月12日起，先后涌向东淀。而东淀仅能容纳9.5亿立方米洪水。东淀紧邻天津，水位比市内地面高3米至5米，一旦围堤出险，洪水冲入市区，后果不堪设想。为了削减洪水来量，关闭了安各庄水库泄洪闸门，白沟河加大东务分洪口门，加大兰沟洼滞洪。当洪峰进入东淀后，利用独流减河闸、西河闸、滩里闸、锅底闸分泄洪水，分别流入海河、北大港、文安洼和贾口洼，减轻洪水对东淀的压力。由于洪水量大势猛，8月15日第六埠水位达到8.39米，超过保证水位0.39米。为彻底解除高水位对天津市的威胁，又分别在赵王新渠右堤、滩里隔淀堤扒口，分洪入文安洼；在独流减河右堤扒口，分洪入团泊洼，16日东淀水位开始回落。从而取得了保卫天津的第二个战役的胜利。

子牙河上游洪水是一股水量最大、来势最猛的洪水。自8月8日起猛扑贾口洼。从而展开了更为紧张、更为艰巨的第三个战役。这一路洪水，是邢台、邯郸地区大面积的洪水，以100多公里的宽度，流经衡水、沧州地区，到达津郊。由于流水面积愈下愈窄，到贾口洼已束至20余华里的范围之内，因而洪水越流越猛，水头越壅越高。18日进入贾口洼的流量竟达17000多立方米/秒，洼内水位以每小时平均13.4厘米的速度猛涨。至20日21时，达到了8.94米的最高水位，严重威胁天津市的安全。19日，中共河北省委常委紧急会议决定，派副省长郭芳去隔淀堤，扒开贾口洼与东淀的隔淀堤，在李家湾至七堡之间扒口4处，分洪入东淀；派副省长谢辉去王口，炸开子牙河堤，分洪入文安洼。20日，又决定扒开南运河两堤，使洪水经津浦路“二十五孔桥”泄入团泊洼，并使贾口洼、东淀、文安洼互相沟通，联合运用，调节洪水。为了减轻子牙河水位的顶托，又在姚马渡扒开子牙河左堤，分洪入文安洼。采取这些有效措施以后，贾口洼水势尽管凶猛，也终于在21日转升为落，到23日18时，降至8.35米。

三洼联合运用以后，由于每天的洪水来量大于泄量1.7亿立方米，故形成了三洼水位齐涨的严重局面，各堤段不断出现险情，再加上风浪袭击，抗洪斗争仍然十分艰巨。中共河北省委根据中央指示，作出“全线固守、高水位、持久战”的部署，天津市委领导亲赴市第一道防线检查。天津市和天津、沧州地区的百万军民在全区500多公里的堤段上日夜奋战，抢修子埝，加做大堤后戗，加强防风防浪设施，消除隐患，排除险情等。经过艰苦的战斗，终于保住了各段堤防的安全，取得了天津外围抗洪斗争第四个战役的胜利。

为了保卫天津市，河北人民表现出了勇于牺牲局部、顾全整体的崇高精神。在河北省委、省人委直接指挥下，全省党政军民实行高度集中统一，全省城市、农村和上、中、下游统一调度，统筹安排。为了分散水势，上游地区该分洪的坚决扒堤分洪，该滞洪的坚持拦截洪水，该蓄洪的洼地，积极蓄积洪水。在漳河洪水汹涌下泄时，为减轻对下游的压力，邯郸人民坚守漳河左堤和卫河右堤，同洪水顽强搏斗，主动把洪水控制在漳、卫两河交叉点的三角地带。邢台、衡水、沧州等地区的30万军民，日夜保卫南运河左堤250公里防线达一个多月。沧州地区还在黄骅县承担了下泄洪水任务。当大清河、子牙河两股洪峰8月13日晚在东淀相遇、东淀水位迅速上涨，已对天津市构成很大威胁时，文安县委坚决执行省委、省人委的分洪命令，在8月14日，舍“小家”，保天津，从10路将洪水引进文安洼。洪水到来后，全县20个公社、380个大队中，有18个公社、329个大队受灾，其中331个大队被水围困，128个大队被洪水突破护村埝，个别村庄街心院内水深达1.5米。洪水淹没了全县130万亩耕地，其中68万亩是即将成熟的大秋作物，受灾人口达20.6万人，占全县总人口的87%，倒塌房屋4.6万间，占全县总数的38%。历年来兴建的水利工程都被水冲毁，全县8处中学冲毁4处，小学被冲毁近百处，社办企业全被冲毁。全县为了保卫天津承受的直接经济损失达1亿多元。

（四）保卫津浦铁路。津浦铁路“二十五孔桥”分洪以后，团泊洼水位迅速上涨，到8月24日，水位达到6米左右，与津浦铁路路基大体相平，严重威胁津浦铁路的安全。津浦铁路不仅是全国南北重要交通干线、保卫天津抗洪斗争不可缺少的物资供应线，而且是南运河右堤、独流减河左堤的重要屏障，一旦被洪水冲毁，将使保卫天津市的抗洪斗争功亏一篑。因此，中共河北省委星夜召开紧急常委（扩大）会议，专门研究保卫津浦铁路的问题。确定在三日内把良王庄到静海段的路基增高7.5米，并随着水位的提高，继续加高加固，全力防护，保证火车畅通。为了实现这一要求，采取的措施是：星夜行动，赶运草袋、片石、黄土等物料，并对供料、运输、装卸等各方面进行周密组织，动员到底，任何环节不得延误；动员军工民工6000余人投入抢护斗争；专门建立保卫津浦铁路的前线指挥部，并由省委常委郝田役、胡开明亲往良王庄一线进行指挥。虽然措施有效及时，但仍赶不上水势发展的迅速。到28日，水面高出路基0.5米，路轨出现沉陷、倾斜等险情，列车被迫停开。省委再次决定：全力动员，坚决抢救。省委、天津市委及市人委的主要负责人前往具体指挥。当即关闭了独流减河进洪闸,在良王庄到静海段突击抢修挡水墙,在双轨路基中间开挖排水沟;同时动员铁路员工打破常规,突击运料。在火车停开的情况下,动员足够的船只,保证现场物料供应。经过2.3万军工民工和铁路员工十几个昼夜的抢护,在铁路两侧打排桩,放石料,压草袋,形成了两道高出水面80厘米至1米的防水墙,路面漫水、坍塌溜坡渗水现象均被制止,使一度中断的津浦铁路恢复了通车。

能不能迅速降低天津外围各洼淀的水位,解除洪水对天津市及津浦路的威胁,使上、下游受灾地区尽早脱水,恢复生产,重建家园,又是一场极为艰苦紧张的突击战。从8月下旬开始,沧州、天津地区和天津市数万军民,先后在马厂减河两堤、海大道、北大港西南围堤以及青静黄排水渠等处,破开了总长33华里的口门,使停蓄在团泊洼的洪水经马厂减河、北大港宣泄入海。这一地区地势平缓,阻水障碍很多,水流不畅。为了扩大和加速入海泄量,两万多军工民工在深水急流中,进行了一个月的割苇草、除残堤的艰苦斗争,疏通了泄洪道。天津外围的洪水大量宣泄入海,各洼水位逐渐回落。到9月25日,经北大港导入渤海的洪水总量66.8亿立方米,文安洼、东淀、贾口洼的洪水均降到安全水位以下。至此,天津外围的抗洪斗争取得了全部胜利。

全国人民的支援

为了保证河北抗洪斗争的胜利,中共中央向全国发出动员,调度了全国力量,使河北的抗洪斗争形成了举国一致的抗洪行动。在中共中央的领导和号召下,全国四面八方立即行动起来。中央军委和国务院有关部门,对河北的抗洪斗争及时给予大力支持。有的派出大批优秀专家和技术人员到河北帮助勘测水情,制定抗洪斗争的方案;有的千方百计地筹集供应了大量抗洪救灾物资;有的及时调拨了粮食和种子;有的迅速拨发了救济款、物;交通部门在运输上优先配车、装车;卫生部门优先供应药械。特别是中央军委、北京军区和人民解放军官兵对抗洪斗争的巨大支援,是全省人民永远不能忘怀的。在抗洪斗争的整个过程中,解放军官兵始终是河北抗洪斗争前线的一支强大的中坚力量。为了更好地支援河北的抗洪斗争,北京军区在天津成立了前线指挥部,与河北省委共同研究策划，并亲临前线指挥。参加抗洪救灾的解放军先后有9万多人，出动飞机33架、舰艇25艘、汽车800多辆。广大官兵在抗洪斗争中，充分发扬了解放军的光荣传统，显示了人民军队的伟大风格，他们临危不惧、舍己为民，有的官兵为了抢险护堤、抢救群众，还献出了自己宝贵的生命。据不完全统计，经部队官兵亲手抢救出来的群众有2万多人、抢救出粮食250万公斤、空投食品50多万公斤，并且胜利完成了护堤修路、架桥、泄洪等极为艰巨的任务。部队抗洪救灾的伟大功勋，仅仅从统计数字上表达是极其不够的，更重要的是他们给予了河北人民战胜自然灾害的伟大力量。

在抗洪斗争中，各兄弟省、市、区也给予了巨大支援，表现了崇高的共产主义精神。北京市率先支援河北，并且一直支援到底。当河北暴雨成灾后，北京市党政领导机关立即成立了支援河北抗洪救灾领导小组，同时拿出大批救生器材，赶制几十万斤熟食，主动进行空投救援。当天津受到洪水严重威胁的时候，他们拿出了保卫首都防汛备用的50万条草袋、150辆汽车和大批通信设备，以及其他防汛物资，尽先支援了天津；同时派出7个慰问团和医疗队到河北灾区慰问，为灾民防治疾病。抗洪斗争胜利以后，北京市委、市人委专门发出了《大力支援河北救灾工作的指示》，号召全市人民增产节约，捐献粮食、衣物，支援河北灾区。与首都人民一样，全国其他省、市、区在抗洪救灾最紧要的时刻，都给予了最及时最可贵的援助。各地支援的物资，仅草袋就有750万条，苇席20多万领，炸药150万吨，木材8000多立方米，煤10万吨，还有大量的食品、药品、衣物等。全国人民的支援，是河北抗洪斗争胜利的重要保证。

二、根治海河工程的初步组织实施

“一定要根治海河”

海河流域特大洪水引起了党和国家的高度重视。1963年9月21日，中央救灾会议决定全面治理黄河、淮河和海河,指出:“对于黄河、淮河和海河这三大河系,必须制定一个上中下游全面治理的规划,列入国民经济建设长期计划,在若干年内,分批分期地逐步进行,并且成立一个专门委员会,直属国务院,统一领导这项工作。”[①] 毛泽东对河北这次遭灾非常关注,灾后的8个月里,4次到河北,找省委和灾区地委的负责干部了解灾情,询问救灾工作的安排。他问得很详细,包括受灾面积有多大,哪些县受了灾,哪些县没受灾,灾区群众是不是悲观失望,粮食安排得如何,烧的怎么办,老百姓安定下来没有,外流的有多少,采取了哪些救灾措施,等等。当时衡水地区受灾最重,毛泽东指着衡水地委书记赵树光说:“你那个地方的水灾情况,我从照片上看到了,只露着几间房,可惨哩!”“衡水是历来遭灾的。为什么叫衡水?衡水就是洪水横流,患难于中国。这是禹王之事,书经有载。”毛泽东一年一年地计算河北的年景:从1949年到1963年15年间,3年大灾,5年中灾,3年丰收,4年中收,受灾率占一半多,心情显得很沉重。毛泽东一面看着河北省水利工程长远规划图,一面指着刘子厚和阎达开语重心长地说:“你们都是河北人,你们就是要把河北的灾救出来,要把水切实地治起来。”毛泽东问了林铁、刘子厚、阎达开的年龄以后,深情地说:“你们10年能把水治好吧!我70岁了,不一定看得见了,你们这一辈子把水治好吧!”当时,河北正在搞一个抗洪抢险斗争展览,中共河北省委领导人请毛泽东为展览会题词,毛泽东当即答应,接着又说:“我现在不作湖南人了,要作河北人,生在湖南,死在河北。”[②]11月17日,毛泽东为河北省抗洪抢险斗争展览会题词“一定要根治海河”,刘少奇、朱德、周恩来、陈云、邓小平和董必武、彭真、谭震林、李先念、陆定一等中央领导人也都为展览题了词,充分表明根治海河水患已经引起中央领导集体的高度关怀和重视。

---

① 《建国以来重要文献选编》第十七册,中央文献出版社1997年版,第89页。

② 李约翰、谭德山、王春明著:《毛泽东和省委书记们》,中央文献出版社2000年版,第240页。

根治海河的初步组织实施

1963 年大水后，河北省委、省人委通过全面总结 15 年来治水的经验教训，制定了“上蓄、中疏、下排，以排为主”的治理方针。“上蓄”，即在上游修建和加固水库，开展水土保持工作，以拦蓄洪水，发挥综合效益；“中疏”，即疏通中游河道，使其顺畅泄水，不致泛滥；“下排”，即在下游开辟入海尾闾，使洪沥水通畅入海。与此同时，在水电部的指导下，制定了根治海河的治理规划。按照规划，根治海河工程分两个十年实施。第一个十年，即从 1964 年到 1973 年，工程重点放在中下游防洪河道和排沥骨干河道治理方面。规划原则是：在工程布局上，洪涝兼治，洪沥分流，各辟通道，单独入海；防洪、排沥河道统一规划，同时治理，洪沥各行其道，高水高排，低水低泄，互不干扰。在实施步骤上，先干后支，先挖后扩，先通后畅，先受益后提高，即排沥河渠先按低标准挖通，以后再根据人、财、物力条件扩建，提高到经济合理的标准。第二个十年，即 1974 年到 1983 年，贯彻“以小型为主，配套为主，社队自办为主”的方针，进一步提高防洪除涝标准，扩大水源，增加灌溉面积。除小型配套工程外，主要工程项目是续建、扩建、加固、新建大中型水库，提高防洪、抗震安全标准；扩建排渠，提高黑龙港流域除涝标准；进行中上游河道治理，充分利用水资源；进一步搞好山区水土保持工作。

在制定治理方针和规划的同时，建立各级根治海河指挥部。1965 年 3 月 24 日，中央书记处第 395 次会议决定：“由河北省派人担任总指挥，水电部派人担任副总指挥，统一领导工程的进行。”①6 月，国务院批准成立河北省根治海河指挥部（以下简称省海河指挥部），负责河北海河系统列入国家计划的大型水利基本建设工程规划和施工管理工作。7 月 1 日，省海河指挥部在沧州正式成立。至 7 月中旬，邯郸、邢台、石家庄、衡水、保定、沧州、天津、唐山 8 个专区及所属有关县也都成立了根治海河指挥部。

河北省根治海河指挥部由阎达开（中共河北省委书记处书记、副

① 中共中央《关于在“三五”期间根治海河重点工程的批复》（1966 年 6 月 26 日），原件存河北省档案馆。

省长)任总指挥,王英先(水电部副部长)、谢辉(河北省副省长兼水利厅厅长)、丁廷馨(中共河北省委农村工作部部长)、王培仁(天津市副市长)任副总指挥。省海河指挥部内设办公室、政治部、后勤部和工程部,是中央和地方相结合,各个职能部门相结合的领导机构,它的组成有利于发挥地方积极性,有利于各个职能部门的配合,更好地为根治海河服务。

根治海河民工主要来自农民,以民兵为骨干。民工按军事化的组织形式进行编队。民工队伍以民兵为基础,采用团、营、连、排、班建制。为了便于指挥,一般根据人数多少,以公社为单位设立民工连,以连为单位建立食堂;出工人数多的公社也可设民工营,以大队为单位建立民工班,出工多的大村设民工排。同时,连以上各级建立政治工作机构,配备政治工作人员。营设营长、教导员,连设连长、指导员,分别负责工程指挥和政治思想工作。团长和政委分别由县级和副县级干部担任,副团长由县级水利部门主要领导担任,其他人员组成除从本县水利部门抽调外,则从有关粮食、商业、煤炭、卫生、交通、银行等部门调配。这样有利于各部门之间的相互协调与合作,最大限度地满足海河工程的各种需要。

根治海河是整个海河流域范围内的施工,远程作战,绝大多数民工要经过长途跋涉,因此,动员几十万民工根治海河,组织和管理成为至关重要的问题。当时在民工组织管理上借鉴军队的组织管理模式,从组织形式上,建立一种切实有效的军事建制,并把军队的相关规章制度运用于整个治水工程。应该说,根治海河在这方面进行了有益的探索和实践。民工的军事化管理是根治海河取得巨大成就的组织保障。

根据中央提出的“生产队集体出工,义务劳动,国家管饭,不计工资”的原则,海河指挥部制定了具体的出工政策。规定:“小车、小型工具、排水机械、炊事用具、工棚物料均由生产队或社员自带,国家按规定给予补助。”在当时国家经济困难的情况下,海河出工政策较好地处理了国家、集体、个人三者之间的经济关系,它对于最大限度地利用各种资源,克服暂时的经济困难,进行大规模的水利建设起到了积极作用。

集中治理海河工程是从 1964 年冬治理宣惠河开始的。宣惠河是沧州地区的一条排涝骨干河道,全长 165 公里、流域面积 3000 多平方公里。为解除宣惠河流域严重的沥涝灾害，改善农业多灾低产的落后面貌，1964年冬到1965年春，沧州地区组织六七万人，大干一个冬春，完成了原计划三个冬春才能完成的宣惠河疏浚工程，投资比原方案节省三分之二。施工期间，省水利厅派工作组驻工地了解情况，总结经验，最后写出《宣惠河除涝工程设计施工革命化基本经验总结》，通报全省。中共河北省委及时将这一情况报告中央。1965年10月16日，《人民日报》发表题为《宣惠河疏浚工程充分体现大寨精神——紧密依靠群众，深入发动群众，设计施工革命化》的报道，并且发表了题为《依靠五亿农民办水利》的社论，对宣惠河设计施工经验给予充分肯定。从此揭开了河北省根治海河的序幕。自1965年开始，河北省每年组织七八个地区，八九十个县市，三五十万民工，大协作，大会战，采取集中力量打歼灭战的办法，一条河系一条河系地治理，进行了大规模的根治海河工程建设。即使在“文化大革命”内乱期间，根治海河工程也没有间断，施工照样进行。

三、抗震救灾，重建家园

新中国第一次大地震

1966年3月8日凌晨5点29分14秒，邢台专区隆尧县东部白家寨公社的马栏、任村和牛家桥公社的梅庄一带发生了6.8级强烈地震。震中位置为北纬37°21′，东经114°55′，震中烈度9度强，震源深度10公里。3月22日16点19分46秒，邢台专区宁晋县东汪乡又发生了7.2级地震。主震震中位置为北纬37°32′，东经115°03′，震中烈度10度，宏观震源深度15公里。

在短短的时间里，在不大的范围内接连发生强烈地震，而且强震叠加，加重了破坏程度。据不完全统计，两次强震的受灾面积达2.3万平方公里，仅邢台、石家庄、衡水、邯郸、保定、沧州6个专区，就有80个县市、1639个乡镇、1.7633万个村庄共毁坏房屋500余万间，其中260余万间破坏严重或倒塌。位于震中区的隆尧马栏、任村一带和宁晋东汪等地，房屋几乎全部倒塌，村镇街道变成一片废墟。两次地震使 8064 人丧生，3.8 万余人受伤。强烈地震造成地面裂缝、塌陷、隆起、喷水、冒沙，农田被覆盖，公路开裂，桥梁塌落，交通中断，农田设施等被严重破坏。全区震毁医院房屋 1789 间、防疫站 181 间、卫生所 1816 间。一些医疗器械被压埋砸毁，给抢救工作带来了很大困难。地震还使 110 多家厂矿和 52 个县、市、乡邮局，以及许多学校的教学设备仪器，也遭受不同程度的破坏。这次地震造成的经济损失极为严重，仅据邢台专区的不完全统计，总损失达 10 多亿元。

组织力量抗震救灾

地震发生后，中共河北省委当日立即派省委书记处书记阎达开、副省长郝田役带领有关部门负责人和邢台地委第一书记刘琦赶到现场，及时地提出抢救的五大任务，并具体部署了救灾工作。地震后赶赴灾区的还有中共中央华北局第一书记李雪峰和省委第一书记林铁、省长刘子厚，具体组织指挥救灾工作。3 月 9 日晚，根据周恩来总理的指示，成立了以部队为主的党政军联合指挥部。指挥部下设司令部、政治部、医疗卫生、物资供应、交通运输、治安等办公室。根据救灾工作需要又设立了 7 个分指挥部。各县、公社、大队、生产队也建立了抗震救灾机构。抗震救灾指挥部负责灾情调查、抢救力量的组织调配、伤员的医治外运、运输工具的统一指挥及救灾物资、药品的分配及宣传、教育、治安等工作。应急阶段过去之后，根据周恩来的指示，4 月 5 日撤销了军地联合抗震救灾指挥部，成立了河北省抗震救灾总指挥部，总部设在石家庄。指挥部由省人委、省军区、省民政、财贸、卫生等部门负责人组成五人领导小组，在省人委领导下，负责抗震救灾和恢复重建工作。各受灾地区、县也相应成立了抗震救灾指挥部，负责当地的灾情上报，救灾物资的申报、转运、分发，人民生活的安置和恢复生产、重建家园工作。

邢台地震是新中国成立后发生在人口稠密地区造成严重伤亡和损失的第一次大地震。中共中央、国务院以及各级党政部门对此极为关切和重视。地震发生的当天下午，周恩来召集紧急会议，部署了邢台专区的抗震救灾工作。晚上，各部委按照周恩来的指示落实了救援组织与计划。中国人民解放军总参谋部派出部队、医疗队和空军参与震区抢救工作；卫生部成立了临时办公室，负责震区医疗队的派遣及组织工作；国家科委组织了中国科学院、地质部、石油部、国家测绘局等单位的科学工作者赶赴震区，参加地震的科学考察工作。

3 月 9 日 21 时，周恩来冒着余震星夜赶到隆尧县，在听取了县委书记张彪关于灾情的汇报及部队负责人关于救灾情况的汇报后，当即决定成立党政军联合抗震指挥部全面负责震区救灾工作。

3 月 10 日下午，周恩来乘坐直升机到极震区白家寨公社白家寨大队视察和慰问，对闻讯赶来的人民群众三四千人发表了重要讲话，转达了中共中央、毛泽东对灾区人民的关怀，号召灾区人民“自力更生，奋发图强，发展生产，重建家园”，极大地鼓舞了震区人民战胜灾害的信心。

4 月 1 日，周恩来再次来到地震灾区，进行视察和慰问，先后前往宁晋县东汪、耿庄桥，束鹿县王口，冀县码头李，巨鹿县何寨等重灾区，慰问受灾群众，查看伤员的伤势，了解灾后人民生活、生产情况。在冀县码头李公社召开的群众大会上，周恩来指出：“我相信你们，天上灾，地下灾，都能战胜它”，他号召灾区人民要不误农时及时播种，先发展生产，再重建家园。

地震发生后党和国家其他领导人也亲临震区慰问，指导救灾工作。国务院副总理李先念于 3 月 25 日、3 月 26 日两次来到宁晋县城和耿庄桥、巨鹿县城及新河县寻寨视察慰问。

地震之后，中共邢台地委领导即刻分赴灾区调查灾情，指挥抢救。邢台专区各机关、学校的几千名干部、职工和师生，有的骑车、跑步，奔赴救灾前线。北京、上海、山西、内蒙古、天津和各兄弟专区闻讯后，纷纷派出医疗队赶来支援。北京军区的部队、医院和空海军的部分部队，接到救灾命令，立即以战斗姿态，紧急集合，一小时之内全部出动。河北省委、省人委派出大批干部到达灾区。据不完全统计，参加救灾的达 100 多个单位、3.6674 万人，其中解放军官兵 2.4411 万人，医务人员 7095 人；汽车 881 辆，飞机 38 架。在联合指挥部的领导下，救灾工作迅速展开。

邢台地震,使广大群众蒙受了巨大的灾难,地处极震区的干部,从倒塌的废墟挣脱出来后,立即组织群众相互救援并向上级汇报灾情,争取援助。非极震区的党员干部主动地担负起自救互救的领导责任,迅速把幸免于难的群众组织起来,抢救受灾群众。被救出的群众不顾个人伤痛,也随即投入抢救行列。宁晋县咬口村民兵指导员孟魁,从倒塌的房中挣脱后带领民兵和群众,仅半小时就救出了 34 人。牛家桥杨庄村下乡工作队队长赵平身,震后马上组织身边的 5 名下乡队员和群众,仅用了 2 个小时就救出全村 250 名受灾群众;巨鹿县小吕寨大队党支部组织党员、团员和基干民兵,仅用半个小时,就把全村被埋压的群众救出来。该县石佛大队老党员李继平,从倒房中挣脱后,顾不上闷在屋里的爱人、孩子,忍着伤痛,一口气救出 16 人。在抢救群众中各级领导、党团员、民兵发挥了重要作用。

邢台地震后,邢台专区有 3 万多伤病员迫切需要医疗救护。各级政府和有关部门派出的医疗队,星夜赶到震区。震后第二天,先后到达震区的医疗队达 94 个,医务人员 7115 人。为了便于统一指挥,3 月 9 日,成立了震区医疗卫生指挥部,10 日,在 6 个重灾区建立了 29 个战地医院、35 个手术点,并组织了巡回医疗队,分赴灾区村庄开展医疗救护工作。整个医疗救护工作大致分两个阶段进行。第一阶段的主要任务是突击抢救。集中在震后三四天,对救出的伤员进行检伤、分类、包扎、止血等前期处理,对重危病人进行急救。重伤员集中到战地医院或治疗点进行护理、治疗。在设备缺乏、条件艰苦的情况下,医务人员想方设法,克服困难,共抢救危重伤员 2124 人,做大小手术 1198 人次。震后第四天,即转入第二阶段,为正常医疗阶段,主要对伤员采取三级治疗的办法:轻伤员分散在各村就地治疗,由伤员家属护理,医疗队定期巡回治疗;重伤员集中到战地医院或县社医院治疗;危重伤员外转到医疗水平较高的医院治疗。为外转伤员还调动了 20 多架直升机、700 多辆救护车和卫生列车,集中突击外运。震后第五天向石家庄、邯郸、邢台、保定等医院转送伤员 3252 名。大部分留住伤员,集中到县社医院和战地医院进行治疗,指挥部调集 750 个帐篷,搭起了标准较高的防震简易房作为战地医院,配备了有经验的医生、护士,对伤员进行治疗。各医院根据骨折伤员多的特点(石家庄收治的1473名伤员中,骨折占76.6%),千方百计克服困难进行治疗。震区医疗卫生指挥部在石家庄、邢台和邯郸三地组织了一部分骨科专家成立技术指导小组,对住院的骨折伤员进行复查,及时进行复位治疗。各医疗队除治疗伤员外,还狠抓防病工作。发动群众,结合重建家园,整修简易厕所,改良水源,用漂白粉消毒饮用水,开展三联疫苗注射和药物灭虱工作等,从而控制了疫病蔓延。

邢台地震后,如何安排震区群众的生活,是一件迫在眉睫的大事。地震的当天下午,邢台专署召开紧急会议,要求做好以下几项工作:第一,做好群众工作,稳定思想情绪。第二,解决震区群众吃住问题,成立临时食堂,由生产队支锅做饭。另外组织县直机关和学校搞一部分熟食,连同各地支援的熟食,分发到各受灾社队。第三,粮食部门负责把库存的成品粮和外地支援的成品粮下发到各社队及群众手中。第四,组织震区青壮年搭临时防震棚,使群众有暂居之地,使老、幼、病、残有防寒栖身之处。第五,危险地区,先把老、弱、妇、孤转移到安全地带,组织民兵挖掘被压埋的粮食、衣物等,运输救灾物资,维持社会治安。

震区的基层干部,积极组织群众,一方面把外地支援灾区的熟食、粮食、物资分发到灾民手中,一方面挖掘被压埋的衣服、粮食。震后第三天基本上达到了一家一口锅,每人一个碗、一双筷子、粮食5公斤至7.5公斤、煤10公斤,人民的吃饭问题基本得到解决,震后没有出现饥饿现象。

一方有难,八方救援。邢台地震后,全国各地积极行动起来,支援灾区受灾群众。临近震区的天津、邯郸、石家庄、衡水等地全力支援灾区。邯郸专区食品加工部门和饮食部门连夜加工大批食品,运往灾区。生产部门为震区调拨了一批草袋,木材公司5个小时之内即把100立方米木材运往灾区。石家庄专区和石家庄市为震区赶制了大批熟食品和救灾物资运往灾区,仅石家庄市支援粮食即达125万公斤。衡水专区各机关企业也大力支援灾区人民,专区供销社连夜为震区包装好1万领苇席、5万条草袋、250公斤麻绳,连同其他救灾物资、药品,由地委书记赵树光带队,运往灾区。

北京市派来许多汽车并运来了帐篷,广西运来了治伤药品,黑龙江运来了木材,四川运来了淀粉、粉条。河南省副省长率慰问团代表省委、省人委、省军区进行慰问,并送来苇席20万领、青麻2.5万公斤。到12日,各地运到灾区社、队的粮食已达295万公斤,熟食15万公斤,苇席6万领,铁锅5500个,饭碗20万个,还有大批医药。此外,各地还邮寄人民币8.1万多元,包裹508个(包括被服、食品、衣物等),慰问信1300多封。各种救灾物资源源不断送往灾区,形成了"一方有灾,八方支援"的动人场面,给灾区人民以极大的精神鼓舞。

为了解决群众的穿衣问题,地震当天,商业部就调运了5万公斤棉花,以解决人民的衣服、被褥问题。邢台市南长街居委会组织了180人的市民服务队,为震区赶缝衣服、被褥。震区的民兵及解放军在震后三天突击挖出了衣服、被褥17万件,再加上各地支援震区的衣服、被褥,使震区的防寒问题基本得到了解决。

为解决灾民的临时居住问题,各级政府及时为震区调运了大批苇席、木杆;各级商业部门为震区运去了6万领苇席、20万个草袋。军民一起行动,至14日,共帮助群众搭起防震、防风、防寒、防雨的简易窝棚5.5万间,各家各户都有了安身之处。

发展生产,重建家园

为了解决灾区发展生产,重建家园的需要,国家决定给震区拨款3000多万元。农业部在地震的当天即派63名兽医赶赴震区,抢救受伤的牲畜。为了解决灾区牲畜缺少的突出问题,各地向震区支援了大批牲畜。西藏自治区支援300匹耕马,由5名藏族同胞经过一个多月的长途跋涉,运到邢台。内蒙古自治区抽调干部,从各牧场挑选了3000余头牲畜,4月底全部送到灾区。沈阳军区支援军马200匹,北京军区支援军马80匹,黑龙江省支援耕牛300头。为了帮助灾区恢复农业生产,国家下拨了3000立方米木材,用于震区农具修理。另外从天津、石家庄、邢台等地抽调了一批技术人员,为灾区修理大型农机具和排灌机械。支援灾区的天津市技术人员,到4月底,为灾区修理大型排灌机械295台、电器设备148台、水泵236台。震区各村还建起了由铁匠、木匠组成的抢修组修理农机具,保证春耕需要。

灾区人民群众深感党和国家的关怀、全国人民的支援，鼓起生活勇气，积极投入生产自救。震后第三天，马栏大队的社员就下地修整农田。震后各村，在大搞春耕生产的同时，开展了农田水利设施的整修，保证麦田灌溉。由于震区人民的辛勤劳动和全国人民的支援，当年农业生产获得大丰收，创造了历史上最好的收成。

省、地、县各级党委极为关注震区的住房问题，专门召开地震灾区建房会议。中共河北省委提出“简易上马，逐步提高”的原则。无论是轻灾区还是重灾区，当务之急是从修建简易房屋和维修加固旧房入手，解决群众当前的住房问题。简易房屋是个过渡办法，不能过于讲究，但应当达到“四防”（防震、防潮、防雨、防寒）、“四有”（有门、有灶、有炕、有放东西的地方）。到 5 月底，全区标准简易房的修建基本完成。据隆尧、宁晋、巨鹿等 10 个县统计，共建简易房 40.6 万间，安置灾民 25.4 万户。

秋收之后，震区工作的重点已转向了房屋建设。中央和地方建工部门，在震区抗震救灾指挥部的领导下，通过对震害的调查，提出震区重建房屋的设计方案和施工技术要求，首先作了试点，取得经验之后推广，保证了重建房的质量。

邢台震区房屋重建工作进展迅速，仅用一年时间，震区人民便基本上住上了具有一定抗震性能的住房。每间住房国家平均投资 30 元至 50 元，花钱不多，房屋质量符合设计要求。以后的 20 年中邢台震区发生了多次强余震，但震后重建的房屋基本完好。

第十三章

社会主义教育运动和党的建设

在全党上下集中精力调整国民经济的过程中，1962 年 9 月，在中共中央召开的八届十中全会上，毛泽东提出阶级、形势、矛盾的问题，把社会主义社会中一定范围内存在的阶级斗争扩大化和绝对化。八届十中全会后，党中央决定在城乡发动一次普遍的社会主义教育运动。河北省在社会主义教育运动中，总结了保定地区以清经济为主的小“四清”经验，并于 1963 年上半年在全省开展了“四清”运动，这一做法得到了毛泽东的肯定。1963 年 5 月中共中央杭州会议后，对社会主义教育运动注入了新的内容，河北即按照中央的部署，在全省开展了以清政治为主的“四清”运动。在这一时期，河北党组织还不断加强党的组织建设和作风建设，带动了社会良好风气的形成。

一、开展以清经济为内容的“小四清”

保定地区的“小四清”

河北农村社会主义教育运动（又称整风整社运动），是从保定地区开始的。根据省、地委的决定，中共定县县委在整风整社运动中，首先在该县阜头庄大队进行试点。在县委整风整社工作组和大队党支部的组织领导下，1962 年 11 月 15 日至 30 日，阜头庄试点完成了整风整社第一步的工作，即进行社会主义教育。从12月1日起，结合年终分配，又开始进行整风整社的第二步，即贯彻落实“农业六十条”，解决贯彻“勤俭办社，民主办社”（简称“双办”）方针的问题。县委工作组和大队党支部通过向群众普遍宣讲“农业六十条”，把政策交给群众，发动群众检查生产队和大队的工作。通过检查，社员们反映有的干部不勤不俭，铺张浪费，账目不清，多记工分。认为能不能贯彻“农业六十条”，实行“双办”方针，能不能落实年终分配，必须从根子上解决。这个根子，就是四个“不清”，即账目不清，工分不清，钱的来踪不明，仓库的粮食没个数。不把四个“不清”弄清楚，抓什么也得落空。

根据群众意见，县委工作组和大队党支部研究决定从根本上抓起，发动群众对生产队的账目、工分、财务、粮库，来一个彻底的大清查，并逐项逐条向群众作出交代。于是，阜头庄大队以查账、清财务、清工分、查粮库为内容的“四清”工作，迅速开展起来。至此，“四清”的做法和概念初步形成。

“四不清”盖子揭开后，社员情绪高涨，踊跃参加“四清”。到12月底，“四清”结束，阜头庄大队共查出粮食6939.5公斤、现款9070元的“不清”问题，干部、群众都受到了一定教育。

1963年1月初，中共保定地委、中共河北省委都明确表态，肯定了定县“四清”的做法后，中共定县县委召开三级干部会议，部署在全县开展“四清”运动，并把“四清”内容概括为清账、清工、清财、清库，使“四清”的项目进一步具体化、明确化，从而使“四清”的做法和概念趋于完善。① 会后，县委训练了5900余名“四清”积极分子（平均每个大队120人），由县、区、社干部参加，组成大批工作队（组），从2月起，在全县范围内开展了“四清”工作。

中共保定地委及时总结了定县“四清”经验，在请示中共河北省委后，决定在全区普遍开展“四清”运动。在1963年1月全区县委书记会议上，中共保定地委正式作出安排，要求全区在整风整社的第二步中，开

① 以清账、清工、清财、清库四项经济问题为内容的“四清”，人们通称为“小四清”。这和后来在全国范围内开展的以清政治、清经济、清组织、清思想为内容的“四清”不同，后者人们通称为“大四清”或“四清”。

展“四清”。2月27日,保定地委再次发出《关于在第二步工作中突出地做好“四清”工作的通知》,对在“四清”中的认识、领导、检查、处理等七个方面的问题,作了详细的指示和要求,从而使保定“四清”的概念和做法更加明确。从2月下旬起,第一批1300多个大队的“四清”工作开展起来。半个月内,“四清”工作就在全区由点到面普遍展开。3月6日,中共保定地委又总结、推广了定县八兄大队、高阳县季郎大队、满城县西马大队开展“四清”工作的经验,推动全区“四清”运动的发展。到3月底,整个保定地区的“四清”即告结束。

全省“小四清”运动的开展

保定“四清”运动受到了中共河北省委的高度重视,从开始就给予了肯定和支持。1963年2月13日,省委召开电话会议,向全省推广保定“四清”的经验。21日,省委作出了在全省《关于进一步做好农村整风整社工作的安排》,正式提出“要抓好‘四清’(清账、清工、清财、清库),检查发现问题,按照民主程序处理问题”。同时批转了保定地委关于整风整社的第二步即开展“四清”的安排,要求全省各地在整风整社中参考保定“四清”的做法。

按照省委的统一部署,全省农村的“四清”运动很快就开展起来。到6月初,全省95.5%生产队的“四清”工作基本上结束,4.5%的生产队还在进行。通过“四清”揭发了基层干部铺张浪费、多吃多占、贪污盗窃、投机倒把等问题。据当时的统计,以上四项共损失粮食1120.5万公斤,现款及其他实物折款3015万多元;犯有各种错误的干部34万多人,占干部总数的14%。全省有18万多名干部作了退赔,占应退赔干部总数的60%;退款599万元、粮食236.5万公斤、劳动日(即工分)193万个。

各地“四清”的做法,主要是根据中共中央调整农村经济的方针和“农业六十条”精神,按照省、地、县委统一部署,经过培训大队“四清”骨干,在大队党支部和上级派来的工作组领导下,以加强经营管理和整顿干部作风为目的,对社队经济开展的全面清查活动。就一个大队来讲,一般经过以下四个步骤:(一)组织社员群众学习“农业六十条”,宣传政策,统一思想,认识搞好“四清”的目的和意义。(二)“四清”工作班子和群众运动相结合,揭发“四不清”问题。在群众发动起来并揭露出大量问题后,在工作组和党支部的领导下,建立“四清”班子,进行具体的查证。“四清”班子由社员代表和一名队长、一名会计组成,在党支部的领导下,和群众运动相结合,负责对近两年来的工、账、财、库做仔细的清查。其做法是,群众提出的问题,交“四清”班子去查证;“四清”班子清出的问题,向群众交代、公布;群众再次提出的疑问和线索,又由“四清”班子去对证。“四清”的重点,一般是“黑账”“黑库”“黑物”,干部补贴工分,储备粮,奖售物资和票证,以及收入较大的副业摊子。群众对这些方面怀疑最多,说它是“四不清”的窝子。在做法上比较有效的方法是“清摊账”。(三)对清出来的问题,按照政策和组织手续处理,退赔兑现。对揭发出的问题,一般做到了边揭发、边查证、边处理、边退赔兑现。(四)在总结经验教训的基础上,建立健全各种必要的规章制度,巩固“四清”成果。这些制度主要有会计工作制度、粮食保管制度、公物登记保管制度、干部参加劳动和补贴工分的办法等。

全省的“小四清”运动,是河北在农村社会主义教育运动中为解决基层干部经济“四不清”的问题而由点到面地开展起来的,也可以说是河北的独创。这一运动解决了一些急需解决的问题,核算单位下放当中的遗留问题也大都得到解决,从而调动了社员的生产积极性,推动了生产的发展。当年全省夏粮增产就是最好的证明。但是,“小四清”中也存在一些缺点,主要是后期过分强调部分生产队和某些干部中存在的问题,把农村形势估计得过于严重,愈来愈强调抓阶级斗争,并以阶级斗争的手段错误地对待和处理了一些人与事。尽管如此,全省“小四清”主流是好的,其积极作用占据主导地位。

1963 年 2 月 1 日,毛泽东在邯郸听取了中共河北省委书记处书记、省长刘子厚关于社会主义教育运动在河北开展情况的汇报,当即表示:要把这个办法介绍到全国。同月 17 日,中共河北省委向中央写了关于在农村贯彻中共八届十中全会决议,开展整风整社运动的报告。这个报告在同月召开的中央工作会议上被印发。毛泽东称赞这个报告与中共湖南省委的报告“都是好文件,值得引起全国各地、中央各部门的同志们认真研究一下”。在这次会议的最后一天,毛泽东专门讲了社会主义教育问题,他强调指出:“要把社会主义教育好好抓一下。社会主义教育,干部教育,群众教育,一抓就灵。”他说:“我跑了这么多省,两个省的同志(王延春同志在长沙,刘子厚同志在邯郸)突出地跟我讲这个问题。”①

二、全面开展“四清”运动

“四清”试点

1963年5月2日至12日,毛泽东主持召开杭州会议,主要是讨论修改《中共中央关于目前农村工作中若干问题的决定》的草案稿。在讨论中,毛泽东再次提出他走了11个省只有王延春、刘子厚滔滔不绝地向他讲社会主义教育,其他省就不讲。②杭州会议结束后的5月22日,正式下发了《中共中央关于目前农村工作中若干问题的决定(草案)》(共十条,简称“前十条”)。“前十条”中的第八条讲“四清”问题,就是根据河北的经验概括出来的,还引用了保定地委报告的一大段原话,指出目前社队普遍存在“四不清”的矛盾,这种矛盾主要是干群之间的矛盾,必须予以解决。党的方针是:说服教育、洗手洗澡、轻装上阵、团结对敌。这样,中共中央便把河北“四清”(即“小四清”)的经验纳入了农村社会主义教育运动的一项重要内容。中共中央发布的“前十条”,涉及党的思想上、政治上、组织上和经济上的几项建设,比河北“小四清”所要解决的问题广泛得多。1965年初中共中央下发的《农村社会主义教育运动中目前提出的一些问题》(即“二十三条”)规定:城市和乡村的社会主义教育运动,今后一律称为“四清”(清政治、清经济、清组织、清思

① 逄先知、金冲及主编:《毛泽东传(1949—1976)》(下),中央文献出版社2003年版,第1310—1311页。

② 逄先知、金冲及主编:《毛泽东传(1949—1976)》(下),中央文献出版社2003年版,第1316页。

想)运动。

1963 年 5 月下旬,中共中央“前十条”下达后,中共河北省委根据中央的指示精神和要求,决定用三年的时间开展较“小四清”内容更广泛的“四清”运动。省、地、县委先后召开各种会议,传达学习“前十条”,训练干部。同时组织工作队进行“四清”试点。

1963 年 6 月,省、地、县三级共抽调了 1360 名干部,由各级领导干部带队,组成 31 个工作队,在 33 个县、38 个公社的 99 个大队进行“四清”试点。6 月 26 日,中共河北省委组织了有省、地、县、区、社各级干部参加的省委工作队,到抚宁县卢王庄公社的蒲兰大队进行试点,省委第一书记林铁亲自挂帅。此外,还在邢台的任县和邯郸的永年县,选择了 4 个村、5 个大队进行试点。8 月初,全省发生特大洪水,南部几个专区暂停“四清”运动,全力投入抗洪救灾斗争。

1963 年 12 月,中共河北省委召开非灾区“四清”工作会议,对非灾区“四清”运动作了部署。决定第一批于 1964 年 1 月铺开,派出 1.74 万名干部,集中力量搞好 53 个非灾县的 197 个公社、2122 个大队的“四清”工作。会议还学习讨论了中共中央关于在春耕前普遍讲解两个文件①,以及中共中央华北局关于在农村积极做好面上的社会主义教育工作的通知,决定在认真搞好第一批社队“四清”的同时,在春耕前有领导、有计划地分批向全省人民宣读讲解好两个文件,在农村深入开展社会主义教育运动。会议确定了面上社教工作应采取的步骤和注意的问题,强调学习文件、提高干部觉悟为主,教育干部自觉自愿带头“洗手洗澡”,不追不逼,不搞辩论。对地、富、反、坏分子,只打击现行破坏活动。会议同时决定,在灾区只进行粗线条“四清”,规定了粗线条“四清”的步骤、方法及有关政策。为了宣讲好“双十条”,省委要求各级领导干部亲自讲解。全省共抽调了 12 万名干部参加宣讲工作,并从基层干部和群众当中选拔训练了 40 多万辅导员,进行辅导。此后,各地“四清”运动试点逐步铺开。到 1964 年 9 月,先后在 239 个公社、3700 个大队,进

① “两个文件”,指“前十条”和《关于农村社会主义教育运动中一些具体政策的规定(草案)》(简称“后十条”),统称“双十条”。

行了系统的社会主义教育试点。

在试点阶段，全省各地“四清”运动的做法，一般是分四步进行的：一是访贫问苦，扎根串连，组织阶级队伍。二是发动群众，教育干部“洗手洗澡”，进行“四清”。主要方法是：教育干部检查，发动群众揭发和“四清”班子查证相结合；教育干部“洗手洗澡”，采用阶级忆苦和开展“查上当、查受蒙蔽”的办法。三是划清阶级阵营，开展对敌斗争。无论是新区、老区，凡是土改不彻底或阶级阵营不清的大队，都要发动群众进行阶级登记、阶级复议，或重新划分阶级成分。在划清阶级阵容的基础上，开展对敌斗争。对敌斗争，主要是从政治上打垮，一般不搞经济斗争。四是整顿组织，选举干部，建立规章制度，建立阶级档案。

“桃园经验”和小站夺权斗争“经验”

在试点阶段，河北出现了几个“经验典型”样板，被中共中央转发全国，产生了重大影响。其中影响最大的是“桃园经验”和小站夺权斗争“经验”。

“桃园经验”是王光美1964年7月5日在河北省委工作会议上的报告。1963年11月下旬，王光美按照中央的安排，化名董朴，作为工作队员参加了河北省委在抚宁县开展的“四清”运动试点。经过短期集训，工作队分配她到卢王庄公社桃园生产大队蹲点，担任副组长。该工作队由省委书记挂帅，干部阵容强大。由于阶级斗争观点的作用，工作队基于大队的领导权是否在“敌人”手里的考虑，进村便从“访贫问苦，扎根串连”做起，把民主革命时期开辟新区的做法搬到共产党领导下实现了农业合作化多年的农村。原定20多天的“四清”，搞了5个多月，至1964年4月结束。7月5日，王光美在河北省委工作会议上作了《关于一个大队的社会主义教育运动的经验总结》（简称“桃园经验”）的报告。报告以阶级斗争为纲作为指导思想，主要内容是：先搞扎根串连、访贫问苦，从小到大逐步组织阶级队伍；然后开展背靠背的揭发斗争，搞“四清”；再集中地系统地进行阶级教育，开展对敌斗争；对待基层组织和基层干部“又依靠，又不完全依靠”；最后进行组织建设。“桃园经验”强调“四不清”干部在上边有根子，必须解决上边的问题。经验认为，“四清”的内容已不只是清工、清账、清财、清库，而是要解决政治、经济、思想和组织上的“四不清”,并且认为桃园党支部“基本上不是共产党”,“是一个反革命的两面政权”,支部书记是一个钻进党内的“坏分子”“国民党分子”。“这次社会主义教育运动确实是一次比土地改革运动更尖锐、更复杂、更艰巨的阶级斗争。”在运动的方法上,它不是依靠基层组织和基层干部而是强调工作队直接“扎根串连”,然后“四清”,开展对敌斗争;在内容上它由单纯清经济扩展到既清经济,又清政治、清思想、清组织,范围更广泛了;在“四清”的任务上提出了要补两个课:一是要补民主革命的课,解决“土改不彻底”的问题;一是补“社会主义革命不彻底”的课,解决干部蜕化变质和贪污腐败的问题。“四不清”干部不仅有受地富影响的“下面”的根子,还有“上面”的根子,强调要找真正的根子。根据毛泽东的批示和中央会议讨论,9月1日,中共中央把王光美的报告转发全党。中央的批语说:这个报告记录,“是在农村进行社会主义教育的一个比较完全、比较细致的典型经验总结”,“桃园大队的经验是有普遍意义的”[①]。中央的批示和“桃园经验”材料的下发,进一步加剧了社会主义教育运动“左”倾错误的发展。

小站地区夺权“经验”,是陈伯达[②]一手搞的。天津市(1958年2月至1967年1月归河北省领导)小站地区的社教运动自1964年1月开始。3月起,市委抽调大批干部加强了工作组的力量。经过一番斗争,在这里打了三个“反革命集团”(为首的一个是原水稻专家,一个是女劳动模范,一个是小站镇的总支书记)。8月4日,陈伯达给中共中央写信,送上了小站地区三个“反革命集团”的社会关系分布网,并附有三个“反革命集团头子”的历史大事记各一份。8月12日,中共中央转发了这封信及所附材料。中共天津市委于9月25日向中共河北省委、中共中央华北局和中共中央写了《关于小站地区夺权斗争的报告》。《报告》错误地认为:小站地区的政权是三个“反革命集团”建立的“反革命的两面政权”,他们长期“进行反革命复辟活动。在社会主义教育运动以前,这里的天下还不是我们的,或者在很大程度上不是我们的”。认为三

① 《中华人民共和国国史全鉴》第三卷,团结出版社1996年版,第3382页。

② 陈伯达,时任中共中央政治局候补委员、《红旗》杂志总编辑。

个“反革命集团”上边的根子就在区委。区、社一部分领导干部,实际上就是他们的保护人。天津市委的《报告》还总结了小站地区的经验,包括开展夺权斗争、改组区委领导和“集中优势兵力,打好歼灭战”“掌握运动的火候”“公安工作和群众运动相结合”等。10 月 24 日,中共中央发出《关于社会主义教育运动夺权斗争问题的指示》,转发了天津市委的《报告》。指出:“凡是被敌人操纵或篡夺了领导权的地方,都必须进行夺权的斗争,否则,要犯严重的错误。”① 这个指示和小站“经验”的下发,更加助长了当时已经盛行的夺权风。

“四清”运动全面铺开

1964 年 5 月召开的中央工作会议认为,前一段社会主义教育运动搞得不深不透。毛泽东、刘少奇作出这样的估计:全国有三分之一左右的基层单位,领导权不在我们手里。② 刘少奇还说,“四不清”不仅下面有根子,上面也有根子,而且危险性在于上层。③ 根据这些精神,在刘少奇主持下,中央对“后十条”作了修改,对形势做了更加不符合当时实际情况的严重估计,规定“整个运动都由工作队领导”。刘少奇还提出要抽调大批工作队,集中力量打歼灭战,并且要采取类似土地改革运动中访贫问苦、扎根串连的工作方法。这一部署加上“桃园经验”、小站夺权斗争“经验”的下发,河北乃至全国的“左”倾错误进一步发展起来。

8 月 21 日至 9 月 4 日,中共河北省委在北戴河和北京连续召开地委书记会议,主要讨论“四清”中存在的问题,错误地认为当前干部的精神状态主要是右,而不是“左”,提出“要反中游”(随后改提为“反右倾”)。会议传达了刘少奇关于“四清”“五反”问题指示和集中力量打歼灭战的讲话精神。9 月 10 日,省委对农村“四清”运动重新部署。省委认为各级领导干部,包括省委在内,对于当前阶级斗争的严重性和复杂性认识不足。特别是对阶级斗争在干部队伍中的反映这种严重情况

---

① 《中华人民共和国国史全鉴》第三卷,团结出版社 1996 年版,第 3382 页。

② 胡绳主编:《中国共产党的七十年》,中共党史出版社 1991 年版,第 395 页。

③ 中共河北省委党史研究室编:《中国共产党河北历史大事记》(1949.7—1978.12),中央文献出版社 1999 年版,第 354 页。

估计不足。在部署上没有集中力量打歼灭战，只是由各县分散去搞，战线拉得过长，力量过于分散。许多领导干部顾虑重重，不敢放手发动群众，因而作战不利，使很多试点打了“黏糊仗”，或者走了过场。因此决定：在1964年冬1965年春把各县工作队集中到地委，省委工作队也分到各地委，在省委、地委直接领导下，每个地委集中搞一个县。为了集中力量打歼灭战，对于1963年冬以来全省陆续铺开尚未结束的“四清”试点，要坚决进行收缩，全省大体收缩50%左右。积极做好面上的社会主义教育工作。普遍宣讲“双十条”，发动群众，搞好1964年的“四清”，初步改善干群关系，刹住歪风。全省抽调10万名干部，组成10个工作团。①

从10月开始，全省“四清”运动即由（试）点向面上铺开。按照当时的安排，第一期“四清”首先在18个重点县和天津市南郊区开展。这一期分两批进行。

第一批在永年、任县、赵县、新城、衡水、任丘、霸县、抚宁、隆化、怀安10个县和天津市南郊区展开。从1964年11月中旬开始，至1965年7月结束。第二批8个县，即南和、冀县、藁城、涿县、肃宁、固安、昌黎和万全县，从1965年2月开始，到8月先后结束。两批共搞了429个公社、5765个大队、3.261万个生产队。在第一批后期，省委根据《农村社会主义教育运动中目前提出的一些问题》的有关精神，部分地纠正了“四清”运动中发生的“左”的偏向，但由于“二十三条”把“四清”规定为清政治、清经济、清组织、清思想，强调运动的性质是解决社会主义和资本主义的矛盾，运动的重点“是整党内那些走资本主义道路的当权派”，把斗争的矛头集中指向党的各级领导人。许多地方错误地进行夺权斗争，打人、体罚、逼供信问题十分严重。

“四清”全面铺开以后，整个运动的搞法大体分为三个阶段、五个步骤，即准备、“四清”、建设三个阶段和动员准备、清经济、清政治、组织建设、生产革命五个步骤。绝大多数社队的做法都是按照这个路子进行的。三个阶段和五个步骤的主要内容：（一）准备阶段。主要包括宣讲

① 《中共河北省委关于今冬明春农村社会主义教育运动的部署》（1964年9月10日），原件存河北省档案馆。

"双十条"和"二十三条"的有关部分，深入调查了解情况，解决群众中迫切需要解决的一些问题，发现积极分子，建立贫协组织，查账、查库，初步进行分类排队等。对很明显是被阶级敌人篡夺了领导权的，要发动群众，先将领导权夺回来。（二）"四清"阶段。这是关键性的阶段，这一阶段又分作两步：一是清经济。主要解决干部中经济不清的问题。包括开万人大会亮明政策，发动群众背靠背揭发"四不清"问题，干部"洗手洗澡"，解放大多数干部，批判问题严重拒不交代的人，搞好查证落实，进行经济退赔。二是清政治。清政治是"四清"运动的重点。之所以把清政治作为"整个运动中很重要的一步"，是因为省委认为清经济时，虽然暴露出了不少问题，但是，没有从政治上、思想上进行系统的批判。只有突出地搞一段清政治，才能把运动引向深入。清政治的内容是"内查立场，外斗敌人"。一个重要方法是，亮活典型、打"活靶子"。在对敌斗争前后，要清理阶级成分，评审地、富、反、坏分子。有民主补课内容的地区，要搞好民主补课。（三）建设阶段，也分为两步，即组织建设和生产建设。在整个运动过程中结合清思想，建设阶段也进行思想建设。

从 1964 年 12 月中旬起，根据中共中央、华北局关于面上社教工作的指示，全省还在面上抽调 4.4 万多名干部，普遍搞了一次粗线条"四清"。在安排面上社教时，要求是粗线条的，没有强调组织阶级队伍和阶级评审等政治斗争，重点是清经济和分配问题，并进行干部的调整和选举。开展粗线条"四清"的用意，在于起到"刹风"作用，落实当年的分配。

1965 年 9 月底 10 月初，根据中共河北省委十六次全会部署，全省第二期"四清"运动开始。这一期范围扩大到 48 个县和 8 个市郊区的 1318 个公社、1.83 万个大队。多数县以公社为单位，少数县以大队为单位，分两批进行，1965 年冬搞第一批，1966 年春铺开第二批。根据第一期运动的经验，省委提出"在整个'四清'阶段，要突出清政治、清思想，就是在清经济这一步，也要突出清政治、清思想"①。省委认为：清经济不仅是为了粮、款、物，更重要的是为了达到重新教育人，重新改造

① 《关于充分发动群众，坚持高标准，切实搞好当前运动的几个问题》（1965 年 11 月 19 日），原件存河北省档案馆。

人的目的。因此,要从提高觉悟、解决思想问题入手。并要“善于把四不清问题,提高到阶级斗争和两条道路斗争的纲上来,教育干部和群众认识‘和平演变’的危害。这样,才能把清经济搞深搞透”[①]。因此,突出清政治是第二期运动的特点。全省参加“四清”运动的工作队员为18.7万人。第二期“四清”运动的做法与第一期基本一致。到1966年,全省结束“四清”的有66个县、14个市郊区,占总数的48%(全国为32%);公社1543个,占39.7%;大队2.1166万个,占39.1%;生产队11.6602万个,占39%。尚未“四清”的还有78个县、2个市郊区、2336个公社、3.2902万个大队、18.2281万个生产队。

第二期“四清”开始后,遵照中共中央华北局的指示,第一期“四清”县又于1965年10月开展“四清”复查运动,大多数县于1966年七八月份先后完成,个别县于9月结束。复查运动采用“小工作队、大积极分子群”的办法。在复查前,各县都训练了大批党员、干部和积极分子。复查的重点是打击走资本主义道路的当权派。复查运动比“四清”运动更左,使大批基层干部被打成了走资本主义道路的当权派。

按照中共河北省委计划,对于尚未开展“四清”的大队,每年搞一批,到1968年底分三期搞完或基本搞完。“文化大革命”开始后,各地的“四清”运动已无法进行下去了。1966年12月15日,中共中央发出《关于农村无产阶级文化大革命的指示(草案)》,规定“把‘四清’运动纳入文化大革命中去”,“四清”运动实际上也就停止了。

河北省农村“四清”运动,经历了本省自主开展的“小四清”到根据中共中央指示全面开展“大四清”的发展过程,可以说是全国开展“四清”运动最早、时间最长、过程最全面的省份之一,是全国经济“四清”主要发源地。“小四清”对于纠正当时农村一些社队经营管理混乱和一些干部多吃多占、贪污盗窃、强迫命令作风以及调动社员集体生产积极性等方面起了一定的作用。其经验得到了毛泽东和中央的高度重视,是

① 《河北省委农村四清领导小组关于当前四清运动几个问题的意见》(1965年10月28日),原件存河北省档案馆。

中央制定“前十条”的依据之一。

河北农村“四清”按照中共中央的部署全面展开后，基于对农村问题的过于严重估计，在以阶级斗争为纲、整党内走资派、开展夺权斗争的错误思想指导下，加上“桃园经验”和小站夺权“经验”为蓝本，从而混淆了两类不同性质的矛盾，使许多的基层干部和群众受到不应有的打击和错误的处理，影响了他们的积极性，留下了后遗症，后来这些问题同“文化大革命”搅在一起，加剧了一些地区和单位的混乱。

在运动中全省建立十几万人的工作队，搞“人海战术”。整个运动都由工作队领导。这样，实际上就把基层组织搁置在了一边。这是导致“四清”运动迅速向“左”转，严重扩大打击面的一个重要措施和步骤。1965 年 1 月，当中共河北省委负责人汇报到新城县社教运动时，毛泽东对此进行了批评，说：“集中一万五千人，搞一个小县，是‘人海战术’，四十几天不进村，打不开局面，是繁琐哲学。”[①] 自第二期开始，随着“四清”运动的扩大、县份的增加，这种“大兵团”才有所改变。

就河北全省而言，由于“四清”运动仅在约占 40% 的农村基层单位分期分批进行，运动中对一些政策也作出过正确的或基本上正确的规定，对运动中的偏差也进行过一些纠正，特别是在运动中也还一直强调抓生产，把生产的好坏作为检查运动好坏的条件之一，因而“四清”尚未造成全局性的损失，国民经济的调整工作在这一时期仍得以顺利推行和完成，全省工农业生产一直是向前发展的。

三、党的建设和良好的社会风貌

领导体制的调整

在探索建设社会主义道路的过程中，中共河北省委为使自身既能集中精力研究和讨论重大政策和工作问题，又能及时处理日常工作，根据

① 《刘少奇传》下册，中央文献出版社 1998 年版，第 971 页。

中共中央指示，于 1955 年 8 月始设书记处。书记处对全委会和常委会负责，在省委既定方针政策下处理日常事务。1956 年 9 月，中共第八次全国代表大会通过的《中国共产党章程》规定，县和县以上党的代表大会改为常任制，同时规定，党的中央组织和地方组织的职权应当有适当的划分。凡属全国性质的问题和需要在全国范围内作统一决定的问题，应当由中央组织处理，以利于党的统一；凡属地方性质的问题和需要由地方决定的问题，应当由地方组织处理，以利于因地制宜。上级地方组织和下级地方组织的职权，也应当根据同一原则作适当的划分。八大还特别强调，中国共产党是国家的执政党，但不是说，党可以直接去指挥国家机关的工作，或者是把各种纯粹行政性质的问题提到党内讨论，混淆党的工作和国家机关工作所应有的界限。

为贯彻八大的指导方针，中共河北省委对领导体制作了适当调整。但是，由于 1957 年下半年以后，随着党内“左”的错误的发展，领导机构建设经历了曲折的发展过程。中共河北省委第一届委员会组建后，根据中共中央关于党和国家最高决策层实行一、二线的体制，从 1958 年 4 月开始，省委第一书记和省长实行分任。同年 6 月，中共中央又提出：“大政方针在政治局，具体部署在书记处”，并规定“大政方针和具体部署都是一元化，党政不分。具体执行和细节决策属政府机构及其党组”。这以后，党政工作的决策权逐步集中于党委。在此期间，由于 1957 年反右派斗争严重扩大化，1959 年“反右倾”运动中有两名地、市委书记被定为所谓右倾机会主义分子、5000 多名干部受到错误批判，党内民主生活开始出现不正常状况。1962 年 7 月，中共中央为纠正党委包揽政府部门业务的现象，转发华东局取消工业书记、农业书记、财贸书记、文教书记的名义，改变书记“分兵把口”的做法，把应由政府部门承办的业务交由政府部门办理。但是，在实际工作中，党政不分的问题，仍未能解决。

1958 年 4 月到 1966 年 5 月间，随着行政区划的调整和形势任务的变化，中共河北省委的领导成员曾进行过不同程度的调整。1958 年 4 月，天津市划为河北省省辖市后，中共天津市委领导干部充实到中共河北省委。经中共中央任命和中共河北省委一届五次全会通过，省委委员增到 58 名，省委常委增至 22 名，书记处书记增为 8 名。1960 年

10月,省委增补候补书记1名。同年12月,中共河北省第一届代表大会第三次会议增补省委委员9名,候补委员8名。1964年3月,增设省委第二书记。1964年10月,鉴于多数省委书记、常委蹲点搞“四清”运动,为领导面上的工作,决定由15人组成代理常委会。代理常委会又决定由6人组成省委办公会议,代行书记处职权,负责省委日常工作。

1956年7月,第一届河北省委所属组织仍设有10个地委和6个市委。到1966年5月,省委下设邯郸、邢台、石家庄、保定、张家口、唐山、承德、天津、沧州、衡水10个地委和天津市委。分设144个县委,9个地属市委,38个区委。

组织建设,发展党员

截至1956年年底,河北省共有党员133万人。从党员数量上看,全省党的力量是强大的,党的基层组织的战斗力也是坚强的,因而保证了党的各项政治任务的实现。但是,随着社会主义建设事业的快速发展,党员的分布情况还不能满足各方面的需要。如有些老区的农村支部,几年来接收党员较少,缺乏新血液;随着工业、交通运输事业的发展,新工人的增加,老厂支援新厂,党员的数量相对地减少了,特别是在新建和扩建的厂矿企业中,许多党的组织还很薄弱;在文教卫生和财贸系统中,也有许多单位党的组织薄弱;全省党员中,妇女党员仅占党员总数的14%左右。为了适应社会主义建设的需要,为了加强党的领导,壮大党的组织,进一步提高党的战斗力,还需要积极地、有计划地接收一批新党员。为发展知识分子入党,中共河北省委于1957年7月提出四条意见:(一)鉴于大多数高级知识分子的政治历史和社会关系比较复杂,凡已查清并作出结论而不影响入党者,只要其他方面具备入党条件,可以接收入党。(二)直系亲属和其他社会关系在台湾、香港、澳门和资本主义国家的积极分子,如果这些关系是反革命分子,且本人解放前后有过政治上的联系,目前一般不接收入党。如果这些关系虽是反革命分子,但本人已主动交代了这些关系,并且解放前后没有发生过政治上的联系,只要本人具备了入党条件,经过严格、慎重考察,可以接收入党。如果这些关系不是反革命分子,本人在解放前后虽有联系,也不影响其入党。

（三）民主党派成员入党，如果具备条件，本人积极要求，可以接收入党，但不要让其退出民主党派或改变他们的职务或社会地位。（四）关于生活作风上的问题，由于高级知识分子的劳动条件和生活条件与工农出身的知识分子所不同，所以，对他们一般的缺点，或过去有严重的缺点现已改正的，就不要过分挑剔，也不应影响入党；对目前仍有严重缺点，只要经教育，能够认识和改正的，也可不影响其入党；对于确属品质不好，严重脱离群众的，则不应该接收他们入党。这些意见对知识分子加入党组织起了一定积极作用。

1958 年以后，发展党员的重点，是没有党员和党组织薄弱的单位。在农村主要是没有党员的生产队和生产小队以及老区缺乏新血液的支部；在工业系统中主要是新建和扩建的厂矿企业；财贸系统中主要放在城市和农村无党员的单位和较大的服务、零售单位；在文教卫生系统中，主要放在高等院校及中等以上的技术学校和科学研究机关。由于连续大量发展，至 1961 年 9 月，全省共接收了 31 万多名新党员。全省党员已占全省总人口的 3.56%，农村党员已占农村人口的 3.19%，分别高于 1964 年全国比例（当年全国党员占总人口的 2.55%，农村党员占农村总人口的 1.74%[①]）。

为了加强党的领导，党员有一定的数量是必要的，但主要的是党员质量问题。从全省党员情况看，党员数量已经很大，党员质量迫切需要普遍提高。因此，党的组织建设，在一个时期内，已不是再增加党员数量问题，而是集中力量普遍提高党员质量的问题。有鉴于此，1960 年 6 月 17 日，根据中共中央华北局的要求，在农村一律停止发展党员。1961 年 9 月，中共河北省委召开的全省市、地、县委组织部长会议提出，接收新党员的工作，必须采取严格控制和更加慎重的方针。具体要求是：（一）接收党员必须严格控制。在今后几年内，一般应该停止接收新党员，只在无党组织的生产队或缺乏新血液的支部个别接收。厂矿企业和其他方面，今后几年内重点放在党的力量薄弱的单位，个别地接收党员。（二）按照党章规定把接收党员的工作，作为党的基层组织的一项经

① 陈至立主编：《中国共产党建设史》，上海人民出版社 1991 年版，第 880 页。

常任务，不搞突击，不得搞运动，不要提出消灭空白点的口号。县以上各级不再作接收党员计划。（三）党的基层组织，必须经常做好非党积极分子的工作。要选拔一批非党积极分子团结在党组织周围。凡是需要个别接收党员的单位，必须从积极分子队伍中，选拔经过长期培养、考察确实具备入党条件的优秀分子，由支部提出名单，基层党委同意，经过县（市）委派人检查，然后对发展对象经过三天至一周的训练，凡自愿入党而又具备条件的，再由党的基层组织按党章规定办理入党手续。凡不合乎手续者一律无效。（四）为了坚持党员标准，保证党员质量，在农村中不得接收富裕中农入党，在城镇不得接收小业主和资产阶级分子入党。选拔 25 岁以下青年入党，必须是共青团员。

到 1964 年，中共河北省委对发展新党员问题，提出要有领导有计划地进行。基层单位党组织提出发展计划，报县（市）委批准。省委强调接收新党员必须是经过较长时间的培养和全面考察，又经过“五反”“四清”运动的考验，真正是成分好、阶级觉悟高、政治历史清楚、具备党员条件的优秀分子。对于暂不搞“四清”的单位，主要是做好发现、培养和考察积极分子的工作，一般不接收党员。在已经开展“四清”“五反”的单位，待运动结束后个别接收。发展对象是否成熟，要经支委会、小组会和支部大会充分酝酿讨论，在农村还要征求贫下中农骨干的意见。凡是认为成熟的对象，由基层党委提出名单，报县（市）委派人谈话，审查批准，然后再按党章规定办理入党手续。当年发展党员数量很少。实际上，自 1961 年至 1964 年基本上停止了接收新党员。党员数量不但没有增加，反而有所减少。经过“四清”运动，发展党员的工作有所进展。这些新党员大部分是“四清”运动中的积极分子。

开展调查研究

在 1961 年 1 月召开的中共八届九中全会上，中共中央和毛泽东向全党发出了大兴调查研究之风，使 1961 年成为实事求是年的号召后，调查研究、实事求是之风就在全党范围内，尤其是在各级领导机关中逐步兴起。从中央到省、地的负责干部起了带头表率作用。1961 年 4 月下旬到 5 月中旬，周恩来派出国务院总理办公室副主任许明带领工作组到邯郸地区进行调查工作。周恩来在日理万机的繁忙工作中,也抽出时间亲自下基层调查和指导。他在邯郸听了 3 天汇报,然后到武安伯延公社进行调查。5 天中,他找了公社、大队、生产队的干部和社员谈话。在座谈会上,他听说有两个农民经常不参加集体劳动,就亲自登门探望,了解情况,并帮助解决困难。周恩来在调查研究的基础上,向毛泽东作了汇报。共反映了四个问题:(一)食堂问题。绝大多数甚至全体社员,包括妇女和单身汉在内,都愿意回家做饭。我正在一个食堂搞试点,解决如何把食堂散好和如何安排好社员回家吃饭的问题。(二)社员不赞成供给制,只赞成把五保户包下来和照顾困难户的办法。现在社员正在展开讨论。(三)社员群众迫切要求恢复到高级社时评工记分的办法,但已有发展。办法是:包产到生产队,以产定分,包活到组。这样才能真正实现多劳多得的原则。因此这个办法势在必行。只有这样,才能提高群众的生产积极性。(四)邯郸专区旱灾严重。看来麦子产量很低,甚至有的颗粒不收,棉花和秋季作物还有希望。目前最主要的问题是恢复社员体力和恢复畜力问题。[①] 毛泽东对周恩来的这个报告非常重视。5 月 7 日,毛泽东转发了周恩来关于农村政策问题的调查报告。

在这期间,河北省的一些负责人也深入基层,调查研究,从实际出发,对战胜困难,提出了许多真知灼见,受到中共中央和毛泽东的重视。1961 年 3 月,河北省委书记处书记、省长刘子厚在北京参加由刘少奇、周恩来主持的工作会议(即"三北"会议)时收到了毛泽东《关于认真调查公社内部两个平均主义问题的一封信》,会后,4 月中旬,即带领工作组到他的家乡任县城镇公社,调查农村食堂问题。4 月 29 日至 5 月 1 日,到邯郸向正在邯郸搞调查的周恩来汇报。周恩来也正在武安伯延调查公共食堂问题。周恩来指示:这个问题要让群众充分讨论,党委要走好群众路线,要把调查结果向毛主席报告。5 月 9 日,刘子厚专就农村公共食堂问题给毛泽东写了报告。报告认为,食堂是平均主义的一个集中所在地,越是大力支持,平均主义越多。他举例说岭南第十四生产队,食堂劳力占劳力总数的 36.3%,生活用工占劳动日总数的 43%;永福

① 《周恩来选集》下卷,人民出版社 1984 年版,第 315 页。

庄第九生产队,食堂用工占全队用工总数的47%。由于生活用工过多,降低了工分分值,把劳动所得的一半按人平均消费了,由于食堂做饭,分户吃饭,两头起火,户户冒烟,仅岭南村一年就多用煤180多吨。经在50多个食堂,放手让群众讨论,多数人都愿意退出食堂,愿意继续入食堂的,永福庄占总户数的1.9%,占总人数的0.8%;岭南村占总户数的7.2%,占总人数的5.4%。5月10日,中共河北省委将这个报告印发到全省各地、市、县委。毛泽东收到了刘子厚的报告,同时也收到了中央领导人和其他省委的类似内容的报告,于5月14日作出了"食堂散的越快越好"等重要指示。这样农村食堂很快地解散了,供给制也被取消了,社员与社员之间的平均主义问题得到了部分解决。[①] 同一时期,刘子厚经过调查研究,总结了唐县峒龙公社几个生产大队实行的生产队"分配大包干"的办法和取得良好效果的经验,几次向中共中央和毛泽东汇报;省委常委、中共张家口地委第一书记胡开明在总结基层试点的基础上起草了《关于郭磊庄分配大包干的调查报告》上报给毛泽东,均受到毛泽东的重视。他们的意见和材料为中共中央调整农村经济政策、确定将生产队即小队作为人民公社基本核算单位,从而为作出《关于改变人民公社基本核算单位问题的指示》提供了有力的依据。之后,张家口地委负责人深入调查研究,按照实际情况,试行"三包"到组、包产到户等多种形式的责任制,对调动农民积极性,恢复生产发挥了重要作用。自中共八届九中全会上中共中央和毛泽东号召全党大兴调查研究之风以后,中央领导以身作则,带动了各级党委领导人员下基层开展调查研究工作。调查研究工作取得了丰硕成果,党的实事求是作风和坚持走群众路线的传统得到了恢复和发扬,推动了党纠正工作上的失误并制定出一系列正确的政策和工作条例,也促进了党的自身建设。

组织干部学习革命理论

中共中央和毛泽东历来十分强调提高干部的理论修养,坚持理论联

---

① 中共河北省委党史研究室编:《刘子厚(传记与年谱)》,中共党史出版社2005年版,第25—26页。

系实际的传统。因为这是制定和贯彻正确路线和方针政策的重要保证。尤其是党的高级干部理论水平的高低会直接影响到决策的正确与否。只有广大党员和干部马列主义的理论水平提高了,党的路线方针政策才能得到正确的贯彻执行,即使在党的路线和政策出现失误的情况下,也容易作出正确的分析和鉴别。

1964 年 2 月 15 日,中共中央作出了关于组织高级干部学习马、恩、列、斯著作的批示,同时下发了《干部选读马克思、恩格斯、列宁、斯大林著作目录(草案)》,列出了 30 本书,由各地从中圈定,组织地委书记以上干部阅读。8 月 18 日,中共中央又作出《关于县以上干部学习毛主席哲学著作的决定》,要求从中央一级到县(团)委一级,一切干部,特别是主要的负责干部,都应该精读毛泽东的《实践论》《矛盾论》《关于正确处理人民内部矛盾的问题》《人的正确思想是从哪里来的?》等哲学论著。

接到中共中央和毛泽东关于组织高级干部学习马、恩、列、斯著作的指示后,中共河北省委于 1964 年 2 月 28 日发出通知,要求全省地委书记、副书记,省直各部委厅局负责干部,都要按照中央列出的书目,有计划地阅读 30 本书,1964 年首先读完《共产党宣言》《国家与革命》《无产阶级革命与叛徒考茨基》等几本书,同时结合学习毛泽东著作;在全省县委书记和相当这一职务的干部中,首先系统地学习毛泽东著作,争取在 1964 年和 1965 年两年内,读完《毛泽东选集》和毛泽东的其他著作,在学完毛泽东著作之后,也要适当阅读一些马、恩、列、斯的著作。为了推动干部学习,4 月 17 日,省委批转了衡水地委书记赵树光关于学习毛泽东著作情况给省委的信和衡水地委关于学习毛泽东著作情况的简报;批转了南宫县委和干部学习毛泽东著作情况的两个报告;在《河北日报》报道了盐山县卸楼公社社队干部和群众学习毛泽东著作的经验。省委批示指出:作为党的一个高级领导干部,必须认真地系统地学习毛泽东著作,学习中央规定的 30 本书,努力提高自己的理论素养,做到时时刻刻以毛泽东思想挂帅。这是一个具有战略意义的任务。省委号召全体高级干部,下决心,挤时间,坚持以业余自学为主,力争在五六年或者七八年内,结合系统地学习毛泽东著作,完成中央规定的 30 本书的学习任务，力争把毛泽东思想真正学到手。为了把学习和工作更好地结合起来，省委常委核心学习小组在4月29日学习会上研究确定，学习内容，根据当前工作中的问题，以学习毛泽东关于社会主义时期阶级和阶级斗争的学说、学习毛泽东的哲学思想为主，结合学习马、恩、列、斯的有关著作。省委常委核心小组还规定：尽量争取每天早晨学习半小时到一小时，每周星期三学习三小时，下乡下厂也必须坚持学习，每隔一周在机关的人员要进行一次讨论。一般情况下，每星期三下午不安排会议。省委常委核心小组学习安排下发后，各地委、省直各部委厅局高级干部学习小组，参照省委核心学习小组的安排，调整了自己的学习计划，制定出了相应的制度。

1964年10月18日，中共河北省委又作出了《关于贯彻执行〈中央关于县以上干部学习毛主席哲学著作的决定〉的指示》，要求县委级以上所有干部，特别是主要负责干部都必须坚决执行中央决定，精读毛泽东哲学著作，并提出以下具体措施：（一）在学习中，要切实贯彻理论联系实际的原则，坚持带着问题学，活学活用，学用结合。反对从书本到书本，从概念到概念。（二）各级主要的负责干部必须带头学好，为大家作出榜样。运用毛泽东的哲学思想解决工作中的实际问题。（三）要建立必要的学习制度。中央决定指出，学习形式“可以是自学，也可以是集体地学。不管采取哪种形式，每个同志都应该做学习笔记，按时组织适当的讨论和交换意见。笔记可以多种多样，讨论主要是小型的，要有内容，不要搞形式主义”。对中央这些规定，必须严格地遵照执行。对这些制度的执行情况，经过一定的时间，要在党的小组会上进行检查。现在执行的、各级党委规定的学习日制度，仍应坚持，以保证学习的正常进行。（四）在组织广大干部学习毛泽东的哲学著作的同时，地委正副书记、专员以及相当这一职务以上的干部，还要力争在年内读完省委此前所规定的《共产党宣言》《国家与革命》《无产阶级革命与叛徒考茨基》三本书。县委正副书记、县长以及相当这一职务的干部，也仍应按原计划，主要采用业余自修的方式，在两年内读完《毛泽东选集》一至四卷。之后，各级党委领导带头学，亲自总结典型经验，树立学习标兵，交流学习经验，从而形成一个全党学习毛泽东著作的高潮。通过学习，使广大党员干部理论水平和政策水平大大提高，组织观念增强，坚定了社会主义方向和共产主义信念，工作上廉洁奉公，遵纪守法，以党和国家的利益为重，得到了广大人民群众的拥护和爱戴。

结合“四清”进行整党

从“四清”运动中揭发出来的情况看，在全省存在问题的干部中，多吃多占的占 20% 左右，超支挪借的占 10% 左右，贪污盗窃的占 4.5%，投机倒把的占 1.5%。犯有各种错误的干部 34 万多人，占干部总数的 14%。由于当时的“四清”受“左”的影响，揭发出的问题有虚夸之处，但它毕竟部分地反映了党内存在的问题。这些问题影响了党和群众的密切联系和农村广大群众的积极性，对农村各项工作的开展极为不利，也影响了农村党的基层组织的建设。为了在社会主义教育运动中解决这些问题，“前十条”和“后十条”都明确提出，要把社会主义教育运动同整党结合起来，并提出一系列帮助基层干部“洗手洗脚”，解决手脚不干净问题的政策和措施。

中共河北省委按照中央指示，从运动一开始就注意抓整党工作，要求各地党委：(一)教育党员积极参加运动，针对党员思想，进行整党教育。党员干部“洗手洗澡”，要先党内后党外，党内外相结合，进行批评与自我批评，开展党内斗争。(二)通过运动，对党员逐个地进行考察，在考察鉴定的基础上，做好党员的登记、处理工作。(三)抓好党的思想建设和组织建设。党支部要通过“四清”运动，树立起三大作风，建立起三大制度①。各地必须及早物色培养入党的对象，强调质量，坚持标准接收一批新党员。(四)及早注意发现、培养新的领导核心成员，经过运动的考验，逐步形成革命的领导核心。②省委还要求在“四清”的建设阶段集中一段时间搞整党。在整党过程中，各地一般都做了以下工作：进行整党动员，对党员提出具体要求；在发动群众摸情况的同时，对党员进行

① “三大作风”和“三大制度”，指理论和实践相结合的作风、和人民群众紧密联系在一起的作风，以及自我批评的作风；学习毛泽东著作的制度、联系群众的制度及批评和自我批评的制度。

② 《关于充分发动群众，坚持高标准，切实搞好当前运动的几个问题》(1965 年 11 月 19 日)，原件存河北省档案馆。

摸底排队；针对党员的思想情况，进行党员标准、开展批评与自我批评、忠诚老实等教育；从积极分子队伍中，选拔一批有培养前途的优秀分子，作为发展党员的对象，进行考察、培养；组织党员干部“洗手洗澡”，采取先党内后党外，党内外相结合的办法，进行批评与自我批评，开展党内斗争。①

在帮助一些干部“洗手洗澡”过程中，省委强调：干部中的“四不清”大量的是人民内部问题，必须按照正确处理人民内部矛盾的公式（团结—批评—团结）和说服教育的方针正确对待。干部“洗手洗澡”可先在党内或干部中进行检查批评，主要领导干部和错误严重的，应向群众公开进行检查，发动群众背靠背地提意见，不要搞大会斗争；对犯有贪污盗窃、投机倒把错误的干部，一般的也是采用背靠背的方式揭发批评；只有对少数问题严重、确有实据而又拒不坦白交代、群众意见很大的，可以在一定范围的群众会上（比如由干部、贫下中农代表参加的会），进行揭发和批评，但必须坚持说服教育的方针，不追不逼，不打不骂，不变相体罚，不侦查监视，不限制自由。对于一时想不通的要耐心教育。解决干部“四不清”问题的基本要求是：坚持说服教育，深刻检查，必须退赔，坚决改正。②在这次“四清”运动中，省委对农村干部参加集体生产劳动的问题始终抓得很紧，对他们提出严格的要求。广大农村干部注意和群众在一起参加集体生产劳动，密切了与群众的联系。

良好社会风气的形成

在进行国民经济调整，战胜经济困难的过程中，中共中央、毛泽东一直强调重视思想政治工作。在 1964 年底召开的三届全国人大一次会议上，发出了“工业学大庆，农业学大寨，全国人民学解放军”的号召。大庆油田、大寨大队在 20 世纪 60 年代初依靠艰苦奋斗，自力更生，为

---

① 《当前农村四清运动发展情况和一些值得注意的问题》（1965 年 11 月 2 日），原件存河北省档案馆。

② 《河北省委关于集中力量搞好第一批社、队的四清，迎接今冬明春第一个决战的指示》（1964 年 5 月 29 日），原件存河北省档案馆。

国家作出了重大贡献。全国人民学习解放军,主要是加强思想政治工作。人民解放军在保卫祖国和社会主义建设事业中,保持和发扬了“坚定不移的政治方向,艰苦朴素的工作作风,灵活机动的战略战术”“团结、紧张、严肃、活泼”的优良传统和作风,培养造就出许多先进典型和英雄人物。中共河北省委响应中共中央、毛泽东的号召,在各条战线因地制宜地组织学习大庆、大寨,学解放军的活动,对加强党组织的思想政治工作,调动一切积极因素,战胜困难、发展全省工农业生产起了积极作用。

这个时期,河北省组织广大人民群众特别是青少年学习光荣革命传统和英雄事迹,树立社会新风,成为了显著的时代特色。1963 年 3 月 5 日,毛泽东发出“向雷锋同志学习”的号召后,河北掀起了“学雷锋,树新风,做好事”的热潮。通过学习雷锋的先进事迹,使广大人民群众的共产主义思想、共产主义风格大发扬,无数雷锋式的好人好事,从不同的岗位上涌现出来。以雷锋精神为标志的一代革命新风,成为涤荡旧的思想作风的巨大力量。对其他先进英雄人物如焦裕禄、王进喜、欧阳海、王杰等人的事迹和南京路上好八连等的宣传学习,也在群众中产生了强烈反响。全心全意为人民服务的观念深入人心,公而忘私、助人为乐、勤俭节约、艰苦奋斗、遵纪守法、刻苦学习等美德成为全省人民崇尚的行为准则,开创了社会主义一代新风。

由于党的思想政治工作的加强,一大批初中、高中毕业生,积极响应党的号召,争做国家第一代有文化的新式农民,毅然回乡和下乡,奔赴农业生产第一线,在广阔天地里锻炼成长。邢燕子就是这个时期涌现出的全国知识青年的榜样。1959 年高中毕业后,邢燕子离开天津市的父母,来到汉沽大钟庄公社司家庄生产队插队落户,担任“燕子突击队”队长,为改变落后的农村面貌作出了贡献。她的事迹在《河北日报》发表后,河北省妇联和团省委联合发出通知,要求更多的知识青年走邢燕子的道路。1960 年 9 月 16 日,省委书记处书记、省长刘子厚在《河北青年报》发表署名文章,号召青年们到农村去贡献自己的青春和热血。于是在全省掀起了“力争做燕子式青年”的热潮,大批城镇知识青年上山下乡。到 1964 年,全省共有 100 多万名知识青年上山下乡,使在乡知识青年超过200万人。以到农村插队落户为主要形式的知识青年上山下乡运动，不仅直接解决了城镇青年的就业问题，而且加快了农业科学技术的普及推广，促进了农村的文化建设，提高了农村集体经济的管理水平，同时也使这一代青年得到了锻炼，他们中的许多人成长为建设社会主义新农村的骨干力量。

第　三　编

“文化大革命”的内乱及对内乱的抵制

（1966 年 5 月—1976 年 10 月）

1966年，正当全国胜利完成调整经济的任务，克服了国民经济中的严重困难，开始执行发展国民经济的第三个五年计划的时候，1966年5月到1976年10月发生了“文化大革命”。“文化大革命”是由领导者错误发动，被林彪、江青两个反革命集团所利用，给中国共产党和中国人民带来深重灾难的一场内乱，我国的社会主义事业遭到中华人民共和国成立以来最严重的挫折和损失。这期间，河北省的政治、经济、文化等方面都受到严重破坏，有的地区成为“文化大革命”的重灾区。但由于全省广大干部、工人、农民和知识分子，对“左”倾错误和林彪、江青两个反革命集团的干扰和破坏进行了各种形式的抵制和斗争，使“文化大革命”的破坏受到一定程度的限制，全省国民经济虽然遭受了巨大的损失，但总体上仍然取得了一定的发展。

第 十 四 章

“文化大革命”的开始和全面内乱

从1961年到1965年，河北完成对全省国民经济的调整，主要经济指标达到或超过了历史最高水平。但是，自中共八届十中全会以后社会主义教育运动中暴露出来的种种问题，毛泽东开始考虑需要寻找出一种能够全面解决问题的新途径和新方法。随着文化领域批判运动的升级，其矛头指向党的领导层，导致“文化大革命”的发动。中共八届十一中全会以后，“文化大革命”运动在全省展开。红卫兵运动成为“文化大革命”的急先锋。随着全省的夺权风暴，河北陷于全面内乱。驻冀部队奉命介入“文化大革命”，对稳定局势起了重要作用。

一、“文化大革命”的发动

政治思想文化领域的错误批判

1965年11月10日，上海《文汇报》发表了姚文元的文章《评新编历史剧〈海瑞罢官〉》。文章的发表及随之而来的在文艺学术领域里的批判运动，成为“文化大革命”的导火线。

《海瑞罢官》是北京市副市长、明史专家吴晗1960年11月写的一个剧本，于1961年1月在北京首次演出。江青一口咬定《海瑞罢官》的主题是“退田”，并多次向毛泽东说，《海瑞罢官》有问题，要批判。于是由江青、张春桥共同策划，姚文元执笔写了一篇点名批判的文章，这篇文章是在极其保密的情况下完成的。[①] 文章捕风捉影地认为《海瑞罢官》影射现实，使人们很容易把“退田”“平冤狱”，同八届十中全会批判的“单干风”“翻案风”联系起来，说什么“‘退田’‘平冤狱’就是当时资产阶级反对无产阶级专政和社会主义革命的斗争焦点”，“《海瑞罢官》就是这种阶级斗争的一种形式的反映”，“是一株毒草”。1965 年 12 月 21 日，毛泽东采纳康生的观点说，《海瑞罢官》的要害是“罢官”，嘉靖皇帝罢了海瑞的官，1959 年我们罢了彭德怀的官，彭德怀也是海瑞。这样就给本来不成立的“罪名”加上了更为浓重的政治色彩。该文实际上涉及几年来中央领导层在许多重大政策问题上的不同意见。文章发表后，在学术界引起普遍反感。

由于中共中央书记处采取慎重态度，19 天以后，1965 年 11 月 29 日，《北京日报》才加了编者按语，全文转载了姚文元的文章；11 月 30 日，《人民日报》转载时，根据中共中央副主席、国务院总理周恩来，中央政治局委员、中共北京市委第一书记彭真的意见，加了编者按语，指出：“我们希望，通过这次辩论，能够进一步发展各种意见之间的相互争论和相互批评。我们的方针是：既容许批评的自由，也容许反批评的自由；对于错误的意见，我们也采取说理的方法，实事求是，以理服人。”

1965 年 12 月 2 日，中共河北省委机关报《河北日报》连同《人民日报》的按语对姚文元的文章全文进行了转载。《河北日报》对姚文元的文章，迟迟未予转载的原因，主要是由于当时省委领导的精力正集中指导农村大范围的“四清”运动，对《文汇报》发表的这篇文章，既不了解它的政治背景，也不知道它的政治分量，对即将开始的“文化大革命”运动更是处于毫无察觉的状态。

这段时间，中共河北省委召开了两次重要会议。1965 年 11 月 3 日至 15 日，在天津市召开有各地委、市委、县委、天津市、省直各部门、大专学校、重点企业的负责人参加的省委工作会议。会议的主要内容是

---

① 中共中央文献研究室：《关于建国以来党的若干历史问题的决议注释本》，人民出版社 1983 年版，第 364 页。

贯彻当年10月中央工作会议精神，着重讨论研究河北省粮食生产和领导革命化问题。12月20日至28日，中共河北省委在石家庄市召开地委书记扩大会议。会议主要贯彻中共中央华北局邯郸座谈会议精神，重点讨论农村“四清”特别是清政治问题，并讨论培养提拔新生力量、接收新党员和整党问题，以及检查落实建设稳产高产田、冬春农业生产安排和备战问题。省委这两次重要会议都没有对文艺领域的批判进行部署。

从1966年1月21日起，《河北日报》陆续刊登批判著名作家梁斌的小说《红旗谱》《播火记》和李英儒的小说《野火春风斗古城》的文章。3月8日，邢台地区发生强烈地震，中共河北省委的主要精力忙于抗震救灾，对当时报刊上开展的“学术批判”，只作了一般性的部署，没有专门成立学术批判领导小组，也没有组织撰写所谓的重点批判文章。《河北日报》对批判“三家村”[①]的文章只是照抄照转。

4月6日，《河北日报》发表署名文章，对《海瑞罢官》《海瑞骂皇帝》进行批判，认为《海瑞骂皇帝》和《海瑞罢官》是“反党反社会主义”的两株大毒草。4月11日，《河北日报》摘编刊登了1965年以来各地报刊批判吴晗文章的观点，标题是“必须批判吴晗同志反动的政治观点”；同时还转载了《人民日报》摘编的吴晗1959年以来的所谓“反党、反社会主义、反马克思主义的政治言论”。与此同时，对河北省的一些文艺作品、学术观点和学术界的一些代表人物进行了批判。

4月30日，《河北日报》刊登河北大学历史系通讯组和历史系五年级史学评论小组分别写的《漆侠的“让步政策”论是对历史真实的歪曲》《批判漆侠的反马克思主义的“让步政策”论》的文章，批判河北大学历史系副教授漆侠的“让步政策”史观，同时还刊登了《与漆侠讨论

① “三家村”，指“文化大革命”前在北京市委主办的《前线》杂志专栏《三家村札记》上发表的三位作者的文章。他们是邓拓（中共北京市委书记）、吴晗（北京市副市长）、廖沫沙（北京市委统战部部长），共发表杂文60多篇。1965年5月10日，姚文元在上海《解放日报》《文汇报》抛出《评“三家村”——〈燕山夜话〉〈三家村札记〉的反动本质》，随后掀起了批判“三家村”的浪潮，三位作者被打成“三家村反党集团”。1979年8月2日，经中央批准，中共北京市委正式决定为“三家村反党集团”冤案彻底平反。

“让步政策”问题简介》。文章上纲上线认为，漆侠的“让步政策”论，是用封建地主阶级、资产阶级唯心主义历史观研究历史的必然结果，是对毛泽东思想的极大歪曲；“让步政策”论抹杀了封建统治政策的阶级实质，严重歪曲了历史真实；是污蔑农民革命，美化帝王将相“德政”的反动理论；它贩卖的是阶级调和论，是配合国内外反动阶级向马克思主义猖狂进攻而射出的毒箭。“让步政策”作为一种学术观点，是可以讨论的，但无根据地上纲上线到政治批判则是错误的。

从5月初开始，河北省意识形态领域的大批判开始升温。5月8日，《河北日报》发表了《破除迷信，解放思想，积极参加文化大革命》的社论。9日，根据中共河北省委指示，《河北日报》全文转载5月8日《解放军报》署名高炬的《向反党反社会主义的黑线开火》和《光明日报》署名何明的《擦亮眼睛，辨别真假》的文章。这两篇同时出笼的文章，实际上是江青一伙主持炮制出来的，对邓拓及《前线》《北京日报》《三家村札记》《燕山夜话》进行了诬蔑和攻击，矛头指向中共北京市委的所谓“独立王国”等问题。

根据形势的发展，中共河北省委于5月11日至14日在天津召开了文化革命工作紧急会议。参加会议的有天津市，各地、市委主管文教的书记和宣传部长，大专学校的党委书记和文科各系总支书记，各地“四清”总团政治部主任，以及省直宣传、文教单位的负责干部。在会议上，与会人员检查了“不甚理解，精神准备不够，脚步不齐，跟不上形势”的问题。会议要求认清形势，紧跟中央，积极投入战斗。要放手发动群众，建立由领导、专门班子、广大群众“三结合”的革命理论队伍，党委要加强领导。会议决定成立文化革命领导小组及其所属办公室和研究写作班子。尽管有这些部署，但省委仍然心里无底，寄希望于即将召开的中共中央华北局工作会议。因此强调：“这个部署只管华北局会议期间这一段”，“要系统地解决，还得华北局会议以后”。这次会议结束后，各地进行了传达贯彻，全省意识形态领域的大批判全面开展起来。当时批判运动的范围基本上没有超出意识形态领域，也没有引起广大工农群众和广大党员干部的充分注意，主要是揭露和批判教育文化界所谓的资产阶级反动学术权威，召开座谈会，开展批判活动。

在华北局会议召开前夕，中共河北省委根据中共中央和华北局的指示，决定将省会由天津迁到保定。1966 年 5 月 1 日，河北省会开始搬迁，中共河北省委、河北省人民委员会机关迁到保定市办公，省直各厅、部、委、办、局除少数单位迁往保定市外，多数单位根据靠近第一线、面向基层、深入群众的方针分散到保定市周围各县。这次省会搬迁，正值“文化大革命”初期，仓促匆忙，一切因陋就简，找一个安身立足之地。

中共中央华北局工作会议与河北内乱的开始

1966 年 5 月 4 日至 26 日，中共中央政治局扩大会议在北京召开（简称五月政治局会议）。这次会议揭发批判了彭真、罗瑞卿、陆定一、杨尚昆所谓的“反党错误”，通过了《中国共产党中央委员会通知》（简称“五一六通知”）。“五一六通知”对“二月提纲”进行了全面批判，并指出在文化领域各界和党、政、军各个领域都混进一批资产阶级代表人物，要求全党“高举无产阶级文化革命的大旗，彻底揭露那批反党反社会主义的所谓‘学术权威’的资产阶级反动立场，彻底批判学术界、教育界、新闻界、文化界、出版界的资产阶级反动思想，夺取在这些文化领域中的领导权。而要做到这一点，必须同时批判混进党里、政府里、军队里和文化领域各界里的资产阶级代表人物。”[①] 会议决定撤销以彭真为首的文化革命五人小组，重新设立以陈伯达任组长，康生为顾问，江青、张春桥等任副组长的中央文化革命小组（简称中央文革小组），这个小组实际上逐步成为不受中央政治局约束的、直接指挥“文化大革命”的领导机构。这次中央政治局扩大会议是“文化大革命”正式发动的标志，会议通过的“五一六通知”是发动“文化大革命”的纲领性文件。在政治局扩大会议接近结束时，中共中央指示华北局召开工作会议。

1966 年 5 月 21 日至 7 月 23 日，华北局工作会议在北京召开。河北省党政主要领导人、各地（市）县委书记以及省委各部门的主要领导人，共 400 余人出席会议。华北局会议参加人员共 1600 余人，按省、市、

---

① 中共中央文献研究室:《关于建国以来党的若干历史问题的决议注释本》，人民出版社 1983 年版，第 390 页。

自治区分组。河北组由华北局第三书记、省委第一书记林铁，第二书记、省长刘子厚主持会议。整个会议大体分三个阶段进行。从5月21日至5月底，主要是学习讨论中共中央政治局扩大会议文件，对彭、罗、陆、杨的所谓反党、反社会主义、反毛泽东思想的罪行进行声讨和批判。与会者纷纷检查自己对文化革命“很不理解，很不认真，很不得力”。6月是会议的第二阶段。在这期间，分两次先后传达了毛泽东、中共中央关于文化革命的指示，中央领导在政治局常委扩大会上的讲话。6月2日，《人民日报》发表聂元梓等7人的大字报，6月3日，宣布改组中共北京市委后，文化革命出现了风起云涌之势，这种会外的所谓革命风暴大大地推动了会议，会内会外互相激荡，会议迅速转入了“大鸣、大放、大揭、大议”的高潮。7月1日至23日，为会议的第三阶段，继续揭发批判。

中共中央对河北组迟迟揭不开“阶级斗争的盖子”不满，指责河北省委“按兵不动”，“妥协情况很浓厚”，并取消了林铁主持河北组会议的资格。6月24日至7月15日，华北局书记处按照中共中央的指示，召开中共河北省委常委扩大会议，河北省地、市、县党委负责人出席了会议。会上对河北组不联系实际，不揭发问题进行了严厉批评，发动与会者揭“盖子”，批判省委主要领导人的“修正主义”。在这样的压力下，在华北局第一书记李雪峰作第三次传达报告后，与会人员进行了深入的揭发和批判，河北的所谓“盖子”彻底揭开了。河北组的会议开始揭发和批判林铁的所谓右倾机会主义（修正主义）的政治路线、组织路线，以及个人野心家的错误，并株连到唐山、张家口、承德地市委的主要领导人。6月30日，林铁在河北组大会上作了检查。此后河北组会议开始了对林铁的揭发批判。会议认为“林铁的错误是反党、反社会主义、反毛泽东思想的错误，是彻头彻尾的右倾机会主义路线错误，也就是彻头彻尾的修正主义路线错误”。认为林铁的主要错误事实是:“反对总路线、大跃进和人民公社，大刮单干风，复辟资本主义”；“反对无产阶级对资产阶级的阶级斗争，大刮翻案风，为资产阶级复辟鸣锣开道”；“以生产冲击四清，代替四清，取消阶级斗争”；“依靠右派，打击左派，阴谋改组省委，由右派把持领导”；等等。根据会议情况，中共河北省委就林铁所谓错误的问题，向中共中央写了报告。列举的林铁的主要错误是，20世纪60年代初，林铁提出的把“自留地增加到百分之十”，“大牲畜允许社员私有私养，一户养几头不加限制，允许自由买卖”，“三包到组”，“包产到户”，“包田到户”等措施。事实证明，这些措施在当时是符合生产力发展的实际水平，有利于调动广大人民群众的生产积极性，有利于广大人民群众度过三年困难时期，得到广大农民群众的拥护的。因此，这根本不是什么“要复辟资本主义”。

华北局工作会议历时60多天，在这期间，社会形势发展变化很快。从重要报刊发出的信息表明，一场空前规模的政治运动即将在全国全面展开。《人民日报》《解放军报》《红旗》杂志，发表了大量充满火药味的批判文章，诸如《向反党反社会主义的黑线开火》《横扫一切牛鬼蛇神》《触及人们灵魂的大革命》《欢呼北大的一张大字报》等等，《河北日报》奉命一一转载。

在华北局会议期间，中共河北省委开始贯彻会议精神，对全省的文化革命运动进行部署。5月29日，中共河北省委召开天津八所大专院校负责人会议，决定成立“天津高等院校文化革命领导小组”，院校停课搞文化革命运动。同日，省委发出《关于认真学习中央〈五·一六通知〉的通知》，指出中央“五一六通知”是一个极为重要的文件。为了认真地学好中央“五一六通知”，省委决定：学习范围为县一级县委委员，专区以上政府机关正科以上的党员干部，地委以上党委机关副科长以上的党员干部，以及十七级以上的党员干部。要求在学习“五一六通知”的同时，学习5月2日《中央转发毛泽东同志给林彪同志的信》和中央批发《林彪同志委托江青同志召开的部队文艺工作座谈会纪要》。强调学习要有严格的纪律，文件要由机要室保管，不得遗失，文件的内容和学习情况，不得泄露，不出简报。

6月4日，省委决定向大中专学校派工作组或观察员，指导学校文化革命运动。此后，各地、市相继向大中学校派出工作组或观察员。6月5日，省委在北京召开河北省各高等院校党委、地（市）委负责人会议。省委第二书记、省长刘子厚在会上讲话。会议要求，“要活学活用毛主席著作，用毛泽东思想武装头脑，紧跟形势，放手发动群众，引火烧身。”6月10日，刘子厚在天津听取文化革命运动情况的汇报，对学校、医院、工厂、机关等文化革命运动分别作了指示，强调充分发扬民主，建立师生代表会和校、系文化革命委员会,依靠无产阶级左派,彻底闹革命。

7月23日下午,刘子厚在地委书记会议上,提出抓“文化大革命”,需要分三条战线作战:一个是农村的“四清”、生产;一个是省直机关的文化革命;一个是城市的文化革命和“四清”。城市重点是天津,其次是唐山。农村的文化革命和“四清”同时进行。当时刘子厚估计文化革命要不了多长时间,他指出:各地、市委也要文化革命,时间就是8、9两个月,并估计地委有三个星期到一个月的时间就差不多了,真正鸣放也就是两个礼拜。省委把文化革命看作和“四清”同样的运动,指出“不搞四清的二十几个县,也搞一下”,叫粗“四清”或叫粗线条文化革命,把干部适当调整一下。强调“有一条必须卡死,无论如何不能影响四清”。

7月25日,中共河北省委印发《关于农村文化大革命和四清运动的部署的几个具体问题》指出:“文化大革命”是“四清”运动的深入发展,把“四清”运动推向了一个更深更高更广的阶段,“四清”运动必须和“文化大革命”运动相结合,把“文化大革命”精神贯彻到“四清”运动的整个过程中去。文件要求,要以“文化大革命”的精神,用“亮、打、批、斗、教”的方法,把坚决走资本主义道路的当权派,批深批透;要在整个斗争中,用毛泽东思想教育农民,改造人们的世界观,深入开展意识形态领域的阶级斗争;要根据公社、大队社会主义集体经济的特点,注意解决经营管理方面两条道路斗争的问题,树立社会主义的经营管理思想和方法。文件部署了地级、县级“文化大革命”工作,关于地级“文化大革命”会议的开法,认为大体分四步:第一步,传达酝酿和重新学习“五一六通知”,大体用3天时间;第二步,发动到会人员对准地委揭发鸣放,大体用7天时间;第三步,对坚决走资本主义道路的当权派,展开“亮、打、批、斗”,大体用7天时间;第四步,安排工作,用两天时间。以上四步大体用20天时间。县级“文化大革命”分两批进行,不搞“四清”的县,组织学习,搞好生产,开展粗线条文化革命。同时要求整训工作队,解决工作队的文化革命问题。

7月27日、28日,参加华北局工作会议的河北省委常委在北京前门饭店召开会议,专门研究河北省直机关如何开展“文化大革命”的问题。会议决定:省直文化革命扩大到厅、局、处级干部,分三个阶段进行,第一阶段学习文件,第二阶段搞大鸣、大放,第三阶段安排好各系统的文化革命。会议决定成立省委“文化大革命”办公室,作为省委领导文化革命的办事机构。

通过中共河北省委以上三次有关“文化大革命”的部署可以看出,省委对这一运动还很不理解,更看重“四清”运动,认为文化革命很快就会结束。但是,对于文教系统的文化革命则另眼相待,形势估计过重,斗争目标也很明确。华北局会议刚结束,省委于7月26日即印发了《关于文教系统开展文化大革命的几点意见》。《意见》指出,整个运动分为四个战役解决斗争对象问题:一是整党内走资本主义道路的当权派,把钻进党内的资产阶级代表人物清除出去;二是整那些反党反社会主义反毛泽东思想的资产阶级学术“权威”;三是清组织、清经济,包括清理整顿党团组织,把教师职员队伍中的五类分子揪出来,清理反动的大学生和对一般学生重点进行政治审查;四是教学改革,系统地解决老大难问题。强调文教系统文化革命,重点是高等院校、完全中学和文教机关。高等院校全部开展运动,完全中学力争全搞,初级中学要普遍发动,抓住重点,以点带面,分期分批进行。领导干部要敢于放手发动群众,敢于领导运动,敢于讲政策、策略。要主要依靠广大群众自己搞,各学校要普遍建立文化革命委员会和召开革命师生代表会,在运动中要注意组织起一支“左”派队伍。同时,对文化革命中的相关政策、组织处理等几个具体问题进行了部署。

为在运动中维护和坚持党的领导,保持社会稳定,6月4日,根据中央派工作组到大中学校协助党组织领导运动,有领导有秩序地开展运动的要求,中共河北省委向各大中学校派出了工作组、观察员或联络员,工作组贯彻中央八项要求,为稳定局势做了大量工作,得到多数群众的支持。7月28日,北京市委根据毛泽东关于工作组“起坏作用,阻碍运动”,“不要工作组,要由革命师生自己搞革命”的指示,发出《关于撤销各大专学校工作组的决定》。河北省派往各大中学校的工作组也即速撤出,决定根据中央指示宣布大中学校放假半年闹革命。各学校红卫兵纷纷批判工作组站在资产阶级立场上,执行资产阶级反动路线,反对无产阶级革命,并对工作组进行揪斗。8月7日,中共河北省委召开地、市委书记紧急会议,汇报本地文化革命的动态,重点解决“如何防止出现压制革命运动”的问题。会议要求领导干部从世界观上来个根本转变,要正确对待学生的“革命运动”，依靠学生搞好学校的文化革命。至此，河北省在教育系统和其他战线的文化革命初步发动起来。

宣传贯彻“十六条”

1966年8月1日至12日，中共八届十一中全会在北京召开。8月5日，毛泽东写了《炮打司令部——我的一张大字报》，8月8日，全会通过了《关于无产阶级文化大革命的决定》（简称“十六条”）。这是继“五一六通知”以后，中共中央又一个充满“左”倾错误的纲领性文件。这个文件是由中央文革小组负责起草，经毛泽东审定的。文件对当时运动的形势、目的、重点、依靠力量、方法等根本问题都作了有严重错误的判断和规定。“十六条”指出：“当前开展的无产阶级文化大革命，是一场触及人们灵魂的大革命，是我国社会主义革命发展的一个更深入、更广阔的新阶段。”“在当前，我们的目的是斗垮走资本主义道路的当权派，批判资产阶级反动学术‘权威’，批判资产阶级和一切剥削阶级的意识形态，改革教育，改革文艺，改革一切不适应社会主义经济基础的上层建筑，以利于巩固和发展社会主义制度。”强调要“敢”字当头，放手发动群众，“充分运用大字报、大辩论这些形式，进行大鸣大放”，“不要怕出乱子”，指出“这次运动的重点是整党内走资本主义道路的当权派”，由群众选举产生的“文化革命小组、文化革命委员会和文化革命代表大会”，“是无产阶级文化革命的权力机构”。“十六条”在中央全会的通过表明，党的中央组织不仅肯定了已经初步发动起来的“文化大革命”，而且将这场革命叫作“文化大革命”，一个“大”字更增加了“革命”的分量。中共八届十一中全会批准“十六条”还表明，完成了批准“文化大革命”的法定程序和组织手续。“文化大革命”就在这种特定的历史条件下进一步全面开展起来。

根据中共中央“十六条”和中共八届十一中全会精神，中共河北省委进行了认真的学习、宣传、贯彻，并依托宣传、贯彻会议精神，对全省的“文化大革命”进行了部署和再发动。8月9日，《河北日报》全文刊登中共中央《关于无产阶级文化大革命的决定》。8月10日，省委召开省直机关的“文化大革命”会议。会议要求把省直“文化大革命”轰轰烈烈地搞起来。要大鸣、大放、大字报，不管对任何人，有什么意见都要讲，要“敢”字当头，充当革命的勇将。8月12日，河北省直机关2000多人集会，欢庆毛泽东8月10日接见北京革命群众时发出的“你们要关心国家大事，要把无产阶级文化大革命进行到底”的号召。8月13日，河北大学一些学生贴出大字报，炮轰河北省委内所谓“一小撮走资本主义道路当权派”。8月19日，省委根据华北局的指示，对全省的“文化大革命”作出部署，其要点是：(一)要求省、地、市、县领导机关要抓住群众的浪潮和火候大闹三个月革命，彻底解决省、地、市、县各级的领导核心问题，地、市、县的“文化大革命”要以地委为单位，召开地、市机关干部和各县领导骨干参加的“文化大革命”大会，首先炮打地委司令部，揭露地直、市直各部局和县委领导核心的问题，县委要以县为单位召开县社干部和贫下中农代表参加的县“文化大革命”大会，炮打县委司令部。参加地委会议的各县领导骨干，在适当的时候，分别回本县解决县委的问题。在地县大会期间，地直、市直、县直各单位，也同时发动，使会内会外，上下左右，结合进行，有分有合。省、地、市、县机关，都由干部群众实行全面选举，选出“文化大革命”委员会，领导“文化大革命”。(二)学校“文化大革命”，是各级领导的重点，一定要切实抓好。要按照“十六条”的规定把文化革命委员会(或筹备委员会)组织起来，展开对党内走资本主义道路当权派和资产阶级权威的斗争。要灵活地把学、组、斗结合起来，在斗争中学，在斗争中建立文化革命委员会。(三)厂矿、财贸、医院等单位，以“文化大革命”为中心带动“四清”，凡是群众行动起来的单位，要积极加强领导，原来设想的分期分批进行“四清”的安排，不能成为束缚群众的框框。这些单位的运动，由各单位的职工群众选出文化革命委员会来领导，撤出原来的“四清”工作队，可根据需要派联络员、联络组。以城市“四清”工作团为基础，成立厂矿、财贸文化革命办公室，作为市委主管这些单位“文化大革命”运动的工作机构。(四)农村正在进行“四清”的社队，要把“文化大革命”插进去，把“文化大革命”提出的问题交给群众讨论，大兴无产阶级思想，大灭资产阶级思想。农村“四清”工作队中，县以上各级机关的干部，一般都撤出来，回原机关参加“文化大革命”。“四清”尚未结束的社队，要留下借干、军队干部和少数机关干部组成小工作队，善始善终地把运动搞好，各级“四清”工作团要保持一个精干的班子，抓好运动。

8月19日，中共河北省委还发出《关于各级领导干部和机关干部在文化大革命中深入基层的通知》，要求各地立即动员全体机关干部深入学校、厂矿、农村，宣讲中共中央《关于无产阶级文化大革命的决定》和中共八届十一中全会公报，宣讲8月18日北京召开的百万人庆祝"文化大革命"的大会。《通知》发出后，天津市和各中等城市都立即按要求召开了庆祝"文化大革命"大会。各地先后抽调大批干部作为辅导员、宣传员、报告员，深入农村、街道、厂矿、学校，广泛开展宣传活动。全省许多机关和公社，编排了宣传"十六条"的文艺节目，组织宣传队、宣传车向广大群众进行生动活泼的宣传。承德专区隆化县还组织了15个乌兰牧骑式的宣传员骑兵队，到深山沟，对散居的社员和吃住在山上的创业队员进行宣传。其宣传的广度和深度都是空前的。通过这样的再发动，全省形成了声势浩大的全民性的"学习十六条，掌握十六条，运用十六条"的群众运动。

8月25日，华北局正式通知：经中共中央批准，撤销林铁中共河北省委第一书记、华北局第三书记职务；任命刘子厚为中共河北省委第一书记兼河北省省长、省军区政委。

9月28日，中共河北省委召开省直机关"文化大革命"筹委会会议，要求"继续集中火力，炮打司令部，也就是炮打党内走资本主义道路的当权派，把省委和各部、委、厅、局司令部中走资本主义道路的当权派全部挖出来，把省直机关文化大革命搞深、搞透、搞彻底"。9月30日，省委办公会议决定：成立省直"文化大革命"筹委会，今后省直"文化大革命"运动和省直"文化大革命"办公室由筹委会常委领导。随着省委"文化大革命"领导机构的建立，地（市）、县、乡、村以及各单位、各部门的"文化大革命"领导机构也相继建立起来，各级党政机关相继卷入"文化大革命"之中。

为了使"文化大革命"不冲击工农业生产，实现所谓革命、生产双丰收，保证"文化大革命"的顺利开展，9月10日至11日，中共河北省委召开地、市委书记会议。这次会议主要讨论了两个问题：一是抓革命促生产，力争革命、生产双胜利；二是努力加强工农群众和学生的团结，绝对不许挑动工人、农民来反对学生，同学生闹对立。为了维护社会治安,9月16日,省委发出《关于监狱、劳改系统暂缓开展文化大革命的通知》,指出全省监狱、劳改和劳教单位,都暂缓开展“文化大革命”,切实做好看管和改造犯人的工作。已开展的单位要停下来,组织干部职工活学活用毛泽东著作,学习中共中央关于无产阶级文化大革命的决定和有关文章,武装头脑,促进思想革命化,做好工作。对上级领导机关有意见,可以送大字报。9月17日,省委印发中央批转的公安部党组《关于公安机关无产阶级文化大革命中几个问题的通知》,对公安机关的“文化大革命”作出了规定,主要精神是:(一)公安机关无产阶级“文化大革命”,只在省公安厅、专署公安处、各大中城市公安局进行。县公安局按“四清”的办法搞。分局和派出所暂不搞。(二)进行无产阶级“文化大革命”的公安机关,要在机关内部搞,不要搞到公安机关外部去。欢迎群众对公安机关和公安干部送大字报,提意见,但不要进入公安机关,不要打砸派出所。公安人员也不要到学校、工厂、农村去串连。大字报在公安机关内部张贴,不要贴到街上去。(三)在贴大字报鸣放、揭发和批判斗争中,要严格注意公安内部问题的保密,切实遵守保密制度,不能不分场合,不看对象,随便乱说乱写有关公安内部问题。(四)各级公安机关的主要负责干部,如果是敌我矛盾的,由当地党委商同上级公安机关,负责加以调整;须向群众检查交代的,等群众发动起来后,在适当的时候,再回去向群众检查交代。以上措施和政策对“文化大革命”初期稳定生产,稳定社会秩序,维持社会治安起了一定的作用,但随着运动的发展,这些规定难以对“文化大革命”产生有效的约束力。

二、“文化大革命”在河北的发展

红卫兵运动

红卫兵运动是“文化大革命”的产物,是将“文化大革命”进一步推向全国的重要步骤,也是推动“文化大革命”发展并迅速达到高潮的工具。“文化大革命”期间,大批青年学生成为到全国各地“煽文化大革命之风,点文化大革命之火”的急先锋。1966年5月29日,北京清华大学附属中学的几个学生秘密组织了红卫兵组织。在他们的影响下,一些中学相继成立了“红旗”“东风”等秘密学生组织。8月1日,毛泽东给清华附中红卫兵写了表示支持的信,之后,各地红卫兵组织普遍建立起来。地处首都北京周围的河北各地大中学校的学生,也竞相仿效,纷纷成立红卫兵组织。中共河北省委随即发出了关于群众要求组织红卫兵应该允许的通知,于是各地红卫兵组织普遍成立起来。据1966年8月底的不完全统计,全省9个中等城市,239所大中院校,教职工1.7万人,学生16.6万人参加了红卫兵运动。

1966年8月4日,中共河北省委发出《关于参加我省农村四清运动的大专院校师生回校参加“文化大革命”的通知》,指出:目前,全国“文化大革命”更加蓬勃深入地开展,有些革命师生积极要求回校参加“文化大革命”。鉴于这个新的情况,根据中共中央华北局第一书记李雪峰的指示,省委认为,现在农村参加“四清”运动的大专院校师生,可全部回校参加“文化大革命”。随着各中学及大中专院校的学生回校参加“文化大革命”,更加壮大了红卫兵运动的声势,推动了大破“四旧”①,大搞“革命串连”和“横扫一切牛鬼蛇神”活动。

8月18日,首都北京举行有百万人参加的“庆祝无产阶级文化大革命”群众大会,毛泽东身穿绿军装,首次在天安门接见来自全国各地到北京串连的红卫兵。大会实际上是对前一阶段红卫兵一系列造反行动的高度肯定,从而把红卫兵运动推向了社会,推向了全国。

全省各大中学校的红卫兵,本来是缺乏历史知识和社会经验,思想比较单纯的青少年,他们出于对革命理想的热烈追求,在“八一八”大会的鼓动下,按照自己对“反修防修”的理解,同时也为表现自己的“革命造反”精神,从8月下旬开始,由校园“杀向社会”,“走上街头”,张贴大字报,散发传单,发表演说,并采取了不少过火行动。当时红卫兵组织都有比较“左”的名称。如“保定市第一司令部红卫兵”“河北大学毛泽

---

① “四旧”,指旧文化、旧思想、旧风俗、旧习惯。

东思想红卫兵红色造反团”“保定市捍卫十六条联合战斗兵团”,等等。以后各大中学以市为单位又成立了“红卫兵代表大会”(简称“红代会”)。一部分红卫兵对他们认定的“阶级敌人”“黑五类”“牛鬼蛇神”实行揪斗、体罚、抄家。其实,这些所谓的“阶级敌人”“黑五类”“牛鬼蛇神”,大多是社会各界的领导干部和专家学者。由于运动中学生们政治观点、立场、方法不尽相同,大多数学校出现两派或三派,因而开始出现学生斗学生,群众斗学生的事件,有的红卫兵对他们认定的“封、资、修事物”如寺庙、佛像、经书等,实行砸烂。在红卫兵这一横扫“四旧”的狂烈风暴中,一批古代文物建筑被毁掉了,造成空前的文化大破坏。

为保护文物,河北省文化局 8 月 24 日向河北省人民委员会提交了《关于在无产阶级文化大革命中保护古代文物建筑问题的报告》,要求:“对于已列入和计划列入的全国重点文物保护单位和省定文物保护单位,由各级政府文化主管部门和文化革命委员会共同协商,暂时封存,停止开放,妥善保护。”并要求:“各级文化主管部门和文物保管所应积极协助文化革命委员会发动广大革命群众揭发、批判文物保管工作中的问题,认真研究革命群众的意见,提出处理意见,分别报请国务院和省人委批准后,再逐步进行处理。”“专署、市、县公布或计划公布的文物保护单位如何处理,由专署、市、县文化主管部门和同级文化革命委员会研究,提出意见,报专署、市、县人委决定,并报省文化局备查。”《报告》强调要“向群众切实做好宣传教育工作”。《报告》公布了 101 处文物建筑名单。这些措施为保护古代文物、建筑免受红卫兵破坏起了重要作用。

红卫兵的造反行动受到了中央文革小组控制的舆论工具的高度赞扬,称赞他们是“革命的急先锋”,是“新生事物”。于是,全省各地的红卫兵组织更加盲目和冲动,打人、砸物、抄家之风也因不受约束而愈演愈烈。他们走上街头,将城市中表现所谓“四旧”内容的街道、商店、医院、学校的名称、标记、老字号等统统取缔或砸掉,换上被认为是体现“四新”[①]内容的新名称、新牌号。很多老字号的店铺、工厂、商店和街道的名称、字号,都被改成“新风”“东风”“反修”“红卫”“东方红”等一类

① “四新”,指新文化、新思想、新风俗、新习惯。

带有“革命”色彩的千篇一律的名字。如:保定“万家堂”药店改名“文革门市部”,唐山市启新水泥厂改为“东方红水泥厂”,保定槐茂酱菜厂改为“红光罐头厂”,石家庄大兴纱厂改为“东风色织厂”,石家庄长安路改为“东方红路”,等等。甚至到后来,张家口有一派群众要改张家口为“防修口”,而引起街头“大辩论”。红卫兵运动从改字号,很快发展到剪长发、剪长辫、砍高跟鞋、焚烧戏剧服装道具、古书字画、砸毁庙宇、破坏古迹,一直到抄家、打人、哄赶“黑五类”,揪斗“牛鬼蛇神”,形成了“打、砸、抄、抢、抓”运动,社会一片混乱。当时,教育界、学术界、新闻界、文艺界、出版界许多领导干部和专家、教授、记者都被当作“黑帮”“走资派”“反革命修正主义分子”“反动学术权威”等受到批斗和抄家。许多共产党员、共青团员、干部、教师、劳动模范,甚至一部分优秀学生也被当作“保皇派”“牛鬼蛇神”“黑爪牙”“修正主义苗子”等来批斗。红卫兵的这些做法,引起了广大群众的极大反感和不满。但由于此时全省各级党政领导机关,都被批判为执行了“资产阶级反动路线”,处于作检查的状态,对社会上的混乱局面既“无发言权”,更谈不上去制止了。

据统计,截至1966年10月7日,全省7.5万户“黑五类”家庭被搜查,金银首饰等值钱的物品甚至生活用品都被统统抄走。在抄家的同时,一些人被冠以“吸血虫”“五类分子”“人民的敌人”等罪名,被揪斗和殴打。破“四旧”造成了严重的后果,使社会各方面惶惶不安。为防止事态进一步恶化,《人民日报》于9月5日发表社论《用文斗,不用武斗》,其中传达了毛泽东有关“要用文斗,不用武斗”的指示,这才对全省红卫兵的极端行为产生了一些暂时的约束。

9月初,中共中央、国务院发出《关于组织外地高等学校革命学生、中等学校革命学生代表和革命教职工代表来北京参观文化大革命运动的通知》。《通知》规定:外地高等学校、中等学校学生和教职工代表“从9月6日起分期分批来北京参观、学习、相互支援,交流革命经验”,“来京参观一律免费坐火车”。《通知》发出后,大串连在全国出现高潮。9月9日,中共河北省委发出通知,要求立即将中共中央《通知》传达到大中学校广大革命师生。9月23日,中共河北省委、省人委批转省委文革办公室、省人委文教办公室《关于分批分期组织我省革命师生赴京参加文化大革命运动的安排意见》。在以后的几个月中，先后有数十万红卫兵涌向北京，“学习造反经验”，“参观、串连”，并陆续参加了毛泽东在天安门广场对红卫兵的检阅。还有不少红卫兵、“革命小将”以大连海运学院“长征红卫队”为榜样，步行向北京、井冈山、韶山、延安以及河北革命老区进发，“尝革命的风霜，见群众革命斗争的世面，深刻领会毛主席的正确路线”。

10月5日，中央军委、总政治部发出《关于军队院校无产阶级文化大革命的紧急指示》。这个《紧急指示》，实际上是由中央文革小组的陈伯达、江青、康生、张春桥等人直接参与起草的。其基本点是：军队院校要和地方院校一样开展“文化大革命”，原来党委领导运动的有关规定一律取消，“由革命学生和教职工选举成立文化大革命小组、文化革命委员会和文化革命代表大会，作为文化革命的权力机构”。这就在实际上宣布了取消基层党委对运动的领导。同日，中共中央转发了《紧急指示》，认为“这个文件很重要，对于全国县以上大中学校都适用”，应“坚决贯彻执行”。① 中共中央《紧急指示》的中心思想被造反派概括为“踢开党委闹革命”，并以狂热的形式推向全国。在这一思想指导下，河北省从军队到地方出现了红卫兵“炮打”、冲击党政军机关的局面。党政领导干部对于这种局面深感忧虑，不满和抵触情绪日益增加。

红卫兵“革命大串连”的发展及其对党政机关破坏性的冲击，使这一“革命运动”和交通、生产之间的矛盾日益尖锐，经济建设面临严重困难。为此，中共中央决定停止全国大串连。1967年9月23日，毛泽东批准由中共中央、国务院、中央军委、中央文革小组联合发出《关于在外地串连学生和在京上访人员立即返回原单位的紧急通知》，要求外出学生和其他人员“立即无条件地全部返回原地”。10月14日，中共中央、国务院、中央军委、中央文革小组又发出《关于大、中、小学复课闹革命的通知》，要求“全国各地大学、中学、小学一律立即开学”，“一边进行教学，一边进行改革”。河北省由于当时内乱局面正在发展，相当多的学生仍散在社会没有返校，学校的干部和教师也普遍因受到批判和审查不能

① 转引自郑谦、张化著：《毛泽东时代的中国》（三），中共党史出版社2004年版，第57页。

恢复正常工作，因而以上通知实际上难以普遍执行。全省很多大学、中学迟迟复不了课，学校秩序仍处于混乱状态。

批判“资产阶级反动路线”

“资产阶级反动路线”的提法，在中共八届十一中全会上已经提出。当时把刘少奇、邓小平指责为“资产阶级反动路线”的主要制造者和推行者。1966年10月，中共中央召开工作会议，研究部署批判“资产阶级反动路线”问题，实际上是对“文化大革命”的又一次发动。当时认为，党内存在两个阶级和两条道路的斗争，两个阶级、两条道路的斗争十分激烈。要人们以无所畏惧的精神去批判“资产阶级反动路线”。

1966年11月3日至25日，中共河北省委在保定召开省、地（市）、县三级干部会议。会议中心是传达贯彻中央工作会议精神，提高认识，进一步解决“文化大革命”中的“两条路线”问题。刘子厚代表省委检查了盲目执行所谓“资产阶级反动路线的错误”。各地、市、县委负责人也都作了自我批评。会议安排了下一步工作。会议要求，要集中力量搞好省、地（市）、县“文化大革命”；农村“四清”没有搞的明年秋后可按“文化大革命”的路子继续搞下去；地、县级“四清”工作团改为政治部；各级党委要建立革命、生产、机关工作三个班子，统一领导，分工负责，切实把各项工作领导好。11月5日至25日，全省大专院校和北京部分院校的师生先后有15万人次赴河北省省会保定市进行“革命”运动。刘子厚先后六次参加教师学生召开的“批判资产阶级反动路线”大会，并代表省委对前一段“文化大革命”中所犯“方向、路线错误”作了四次检查。在批判所谓资产阶级反动路线的过程中，党的基层组织和党的干部被指责为执行了“资产阶级反动路线”，成为受批判的主要对象。

1967年1月14日，《河北日报》发表署名左军的《革命造反派联合起来向河北省委资产阶级反动路线发起总的攻击！》的文章。文章说：“自无产阶级文化大革命以来，中共河北省委内一小撮人一直站在反动的资产阶级立场上，顽固地贯彻执行资产阶级反动路线，利用种种手段对抗以毛主席为代表的无产阶级革命路线。”之后，全省工业、农业、交通、财贸、文教、党政机关先后召开“批判资产阶级反动路线”誓师大会，各地造反派攻击的矛头指向省、地(市)、县党政主要领导人。“批判资产阶级反动路线”成为造反派夺权的前奏。

7月14日,河北大学“井冈山”兵团整理了《十二年来河北省党内两条路线斗争》材料。材料从合作化高潮到1958年、1960年困难时期,1962年七千人大会到党的十中全会前,党的十中全会到“文化大革命”,以及“文化大革命”中的华北局会议四个时期,对河北省12年来所谓两个阶级、两条道路、两条路线的斗争进行了系统分析和归纳。认为“省委内和全国一样,一直是存在着两个阶级、两条路线的激烈斗争的。这个斗争始终在进行,没有一天停止过”。材料对河北省委的所谓资产阶级反动路线及代表人点名进行了批判,号召彻底揭开河北省委阶级斗争的盖子。在批判“资产阶级反动路线”运动中,人为地造成许多冤假错案,大批久经考验的党的干部因此蒙冤受屈,受到残酷的打击和迫害。

“文化大革命”在全省的扩展

1966年8月10日,河北省直机关的“文化大革命”运动正式开始。当时,河北省直机关共78个单位,截至11月初,共揭发出391名“重点人”,158人受到批斗。在河北省委领导核心中,陆续“揭发和批判”了林铁、张承先、裴仰山、胡开明等人;在副省长中,王东宁、王力、郭芳被揭出很多所谓“严重问题”;省委的10个部委中,有8个部委的一把手被揭发有所谓“严重问题”;政府各厅局一把手中有30人被揭发有所谓“比较严重的问题”。河北省公安厅8名正副厅长全部被揪斗。

与此同时,全省各地、市党政机关的“文化大革命”运动也相继开展起来。9月19日,中共河北省委书记处书记、中共天津市委第一书记万晓塘被揪斗,致使其心脏病暴发逝世。截至10月6日,在地、市两级党政机关中共揭发出“重点批判对象”2705人,其中地、市委常委74人。“造反”浪潮严重冲击了全省各级党政机关,党的基层组织遭到破坏。这是造反派夺权,内乱升级的前奏。

按照中共中央原定部署,“文化大革命”的重点是文教部门和党政领导机关。工交企业和农村的“文化大革命”要和“四清”运动结合起来,有领导、有计划、分期分批地进行。但是,随着“文化大革命”的迅速发展，形势已很难控制。

关于厂矿、财贸、医院等单位的“文化大革命”，中共河北省委根据中共中央和华北局的指示精神，决定以“文化大革命”为中心带动“四清”。原来设想的分期分批进行“四清”的安排，不能成为束缚群众的框框。凡是群众行动起来的单位，都要积极领导。这些单位的运动，由各单位的职工群众选出文化革命委员会来领导，“四清”工作队一般都撤出来，可以根据需要派联络员、联络组。以城市“四清”工作团为基础，成立厂矿、财贸文化革命办公室，作为市委主管这些单位“文化大革命”运动的工作机构。这一部署使全省工交财贸系统由原来的“四清”迅速转到了开展“文化大革命”。

1966 年 12 月 5 日，石家庄国棉一厂以刘殿臣为首的“要武战斗队”借口厂党委“以生产压革命”，挑起事端，纠集“红卫兵石家庄造反司令部”“工人革命造反联合司令部”及哈尔滨军工学院到石串连人员，把国棉一厂大门砸开，冲进厂内，对阻挡他们的工人拳打脚踢，并将前往解决问题的副市长彭子堪和厂领导等三人揪到“红卫兵造反司令部”进行殴打、扣押。据统计，被抓、被打的职工有 300 余人。从 12 月 5 日至 20 日共停产 34 个班，减少产值 196 万元，少交利润 65 万元。许多生产工具和办公用品被抢走，一些机器设备受到不同程度的破坏。这被称为“一二·五”的事件发生后，周恩来办公室数次给驻军六十三军来电话，询问此事，后派联络员到石家庄调查解决。

12 月 9 日，中共中央发出由中央文革小组修改定稿的《关于抓革命、促生产的十条规定（草案）》（简称“工业十条”），正式确定在工交企业普遍开展“文化大革命”。文件规定工人可以“派代表到本市学校进行革命串连”，学生也可以到厂矿进行“革命串连”，工人“有建立革命组织的权利”。这一文件发至县、团级和工厂企业、事业、科研、设计单位。随着中共中央文件在全省的贯彻落实，“文化大革命”迅速在全省工交财贸各系统各部门蔓延，并且同大中学校学生联结起来。工交企业的“文化大革命”冲击和破坏了正常的生产秩序，使全省工业生产开始陷入全面混乱状态。

与此同时，“文化大革命”迅速向农村蔓延。1966 年 8 月 19 日，中共河北省委根据中共中央、华北局的指示，要求农村正在进行“四清”的社队，要把“文化大革命”插进去，把“文化大革命”提出的问题交给群众讨论。9月6日，省委发出《关于在农村建立文化革命组织的通知》。《通知》指出：“社队各级的文化革命组织，应该在同级贫协委员会领导下进行活动，代替农村原有的‘俱乐部’‘文化室’之类的组织。”“加强对四类分子[①]的管制，严格防止地、富、反、坏分子和‘四不清’干部，利用文化大革命，搞复辟活动。”《通知》下发后，“文化大革命”开始在全省农村蔓延开来。

9月14日，中共中央发出《关于抓革命促生产的通知》和《关于县以下农村文化大革命的规定》，12月15日，中共中央发出《关于农村无产阶级文化大革命的指示（草案）》（即“农村十条”），对这些中共中央文件的贯彻落实，标志着“文化大革命”开始全面地、合法地进入全省农业生产领域。

为了使农村的“文化大革命”不冲击农业生产，9月23日，《河北日报》发表题为《突出政治搞好秋收种麦》的社论。社论强调指出，各级领导要不违农时，抓好当前生产，在秋收、秋种、秋购最紧张的日子里，“四清”运动可暂停，农村破“四旧”、立“四新”活动可以在以后农闲时间进行。为有利于农业生产的正常进行，大中学校红卫兵和革命师生，不要到县以下的机关、农村人民公社进行“革命串连”。这个社论体现了省委对经济工作受冲击的担心和力求革命和生产双胜利的主观努力。

三、全省夺权风暴和“三支两军”

全省夺权风暴

经过几个月的“彻底批判资产阶级反动路线”，全省各级党政机关普遍陷入瘫痪状态，负责人大都被揪斗关押，不能理事，机关工作无人办

---

① “四类分子”，指地主、富农、反革命、坏分子，简称“地、富、反、坏”分子。

理,正常的工作、生产秩序已濒于崩溃状态。

1967年1月,上海爆发了所谓“一月风暴”。这场夺权风暴席卷全国。1月4日,上海《文汇报》的造反派夺了报社的权,并发表了夺权宣言;1月5日,《解放日报》的造反派也夺了权,声明不再是中共上海市委的机关报,接着夺了市委的权。1月11日,中共中央、国务院、中央军委、中央文革小组联合发出贺电说:“你们提出的方针和采取的行动,是完全正确的。”“你们这一系列的革命行动,为全国工人阶级和劳动人民,为一切革命群众,树立了光辉的榜样。”1月22日,《人民日报》发表《无产阶级革命派大联合,夺走资本主义道路当权派的权!》的社论,号召“自上而下地夺权,展开全国全面的夺权斗争”。

由于上海的夺权斗争得到中央的肯定,所以在上海“一月风暴”的影响下,全省各地造反派闻风而动,迅速开始了夺权斗争。1967年1月5日,北京、天津、石家庄、保定的红卫兵以及造反派组织查封了《河北日报》《保定日报》,省市两级党报被“夺权”。1月12日,由造反派主办的《河北日报》出版并发表《告读者》,宣称:“旧《河北日报》是河北省委推行资产阶级反动路线的工具。”1月13日,河北人民广播电台停播自办节目,除本省气象预报节目外,全部转播中央台节目。1月15日,保定市工业、农业、财贸、交通、文教、党政机关和外地到保定串连的100多个造反组织1万多人,在保定人民体育场和西郊分别举行了“抓革命,促生产,粉碎资产阶级反动路线新反扑”誓师大会,通过了《给毛主席的致敬电》和《紧急呼吁》。1月16日造反派主办的《河北日报》为此发表评论员文章《大联合大造反》。1月20日,《河北日报》发表社论《一切权力必须归无产阶级革命造反派》。社论指出:“要从党内一小撮走资本主义道路当权派和极少数坚持资产阶级反动路线的顽固分子手中把党权、政权、财权等等一切权力统统夺过来,牢牢地掌握在自己手中。”“全面夺权”,当时被认为是全省无产阶级“文化大革命”进入新阶段的重要标志。

一时间,从城市到乡村,从机关到工矿企业,从城市街道到农村社队,到处喊“造反”,到处在“夺权”。1967年1月23日,在保定的各路红卫兵同各路造反派组织,发起大夺权运动。一天之内,中共河北省委、河北省人民委员会，中共保定地委、保定专署、中共保定市委、保定市人民委员会等在省会的三级党政领导机关全部被夺权。省委书记、候补书记、常委以及地、市领导统统被打倒，关牛棚，挨批斗。1 月 29 日下午，省直机关革命造反派、人民解放军驻保部队、保定地、市和外地驻保革命造反派举行"控诉、批斗刘子厚、王路明[①]、刘英[②]、宋长兴[③]反革命修正主义集团大会"。在大会通告中无中生有地指出，刘子厚、王路明、刘英、宋长兴是反革命修正主义分子、党内走资本主义道路的当权派，其错误是对抗以毛泽东为首的党中央，对抗人民群众，在无产阶级"文化大革命"中疯狂镇压革命群众，顽固地坚持资产阶级反动路线，犯下了不可饶恕的滔天罪行。并决定将他们四人送交专政机关由造反派看管。大会发出《告全省人民书》，号召全省工农兵、红卫兵和造反派联合起来，打垮资产阶级反动路线的新反扑，打倒走资本主义道路的当权派，展开全面大夺权，把一切权力归无产阶级革命造反派。

在省直机关夺权的带动下，几天之内，全省地、市、县的领导机关统统被夺权，从上到下全省处于无政府状态。1 月 23 日，唐山地、市被夺权，领导被打倒。受中共中央华北局和河北省委委托，前往唐山帮助解决"文化大革命"问题的河北省副省长李子光于 3 月 1 日在唐山矿冶学院被迫害致死。1 月 24 日，"张家口市红色造反兵团"（由部分临时工组成）等造反组织数百人，冲击中共张家口地委和市委、市人委机关，围攻领导干部，抢去印章 40 余枚，并向全国发表了《联合声明》，宣告他们"夺了地、市委的权"。1 月 28 日，在"文化大革命"中被错误批斗的省委领导林铁、张承先被秘密送到衡水地区的故城县、景县，衡水地直 50 多个群众造反组织，以地委窝藏省委领导人为借口，当晚夺了地委的大权，地委领导人被无理囚禁，林铁与衡水地委领导一起挂牌游街，张承先被揪回北京。1 月 31 日，承德地、市各造反组织酝酿"夺权"，当日上午，在林业大学"造反队"、工人"红色总部"的头目把持下，强行夺了地、市党政机关大权。当日，有 89 个单位造反组织响应"夺权"，并成

---

① 王路明，时任中共河北省委书记处候补书记。

② 刘英，时任中共河北省委宣传部代部长兼《河北日报》总编辑。

③ 宋长兴，时任中共河北省委组织部副部长。

立由11人组成的“承德地区无产阶级革命派临时委员会”，简称“临委会”。从此，承德地区一片混乱。

在造反组织大刮“夺权”之风时，省、地（市）、县的主要领导人统统被打倒，挨批斗。1月29日，省会群众造反组织在保定市召开两万人大会，会上对省委第一书记刘子厚等人进行了批斗，并游街示众。2月5日，石家庄造反派组织召开群众大会，批斗刘子厚。以后一些地、市轮番批斗刘子厚。全省各地、市、县机关以及工厂、企业、学校等单位和部门的大批领导干部统统作为“走资本主义道路的当权派”被打倒或“靠边站”。

“全面夺权”极大地助长了无政府主义的思潮和行为，给全省的政治、经济、文化、科技、教育带来了空前的灾难。省、地（市）、县均陷于“打倒一切”的状态，各级党政机关相继瘫痪或半瘫痪，公安、检察、法院等专政机关也都无法正常履行其职能，大批工矿企业面临停产或半停产。为了夺权，全省大小山头迭起，各种派别林立。许多地方的“夺权”实际已变成造反派组织之间的“争权”和“抢权”，由此酿成的派性武斗层出不穷，“打、砸、抢、抓”事件不断发生，社会秩序一片混乱。

驻冀部队奉命“三支两军”

“全面夺权”开始后，全省陷于“打倒一切”的混乱状态，国民经济停滞，社会秩序混乱，整个局势变得更加难以控制。为了稳定形势，中共中央、国务院、中央军委、中央文革小组于1967年1月23日发出《关于人民解放军坚决支持革命左派群众的决定》。第二天，省会驻军各部队全副武装上街游行，表示坚决站在“革命左派群众一边”。2月16日，省会保定驻军四六四二部队移防，四八〇〇部队由东北调驻保定。2月21日，河北省军区与四八〇〇部队共同组成“支左”联络站，并发出通告，宣布负责保定的“支左”工作。3月19日，中央军委又作出《关于集中力量执行支左、支农、支工、军管、军训任务的决定》。此后，河北省军区与河北各地驻军先后向省直、地（专）市、县党政机关、公检法、报社、电台及大型厂矿企业和高等院校派出人民解放军，以“支持左派广大群众”名义，正式介入“文化大革命”，实行“三支两军”（支左、支工、支农、军管、军训）任务。这在当时的混乱情况下是必要的，对稳定局势起了积极作用，但也带来一些消极的后果。

“支左”部队派出军代表进驻各单位后，首先要认定哪个群众组织是“左派”，然后公开表态予以支持。被“支左”部队封为“左派”的群众组织，其成员群情振奋，张贴喜报，散发“海报”；而没有被认定为“左派”的群众组织，则各自认为都是响当当的“左派”，由此而引发出对“支左”部队的“支左”方向产生怀疑和不满情绪。何为“左派”？“左派”的条件是什么？对这些问题当时谁也没有作出科学的解释。同时，“支左”部队对河北省的历史、现状及地方工作不甚了解，刚介入地方“支左”就匆忙表态，这就注定要给驻军“三支两军”工作带来麻烦和困难。在这样一种复杂的背景下，“支左”从一开始就陷入了深刻的矛盾之中。

与“支左”同时进行的，还有军管。“全面夺权”以后，局势愈来愈难以控制。为了稳定形势，2 月 24 日，经国务院、中央军委批准，对河北日报社实行军事管制，这是河北省最早实行军管的部门。此后，根据中共中央的统一部署，河北省军区及河北驻军相继派出部队和军代表，对一些地区和单位实行军事管制，或加强对一些核心要害部门和机要单位的安全保卫工作。为实现“革命大联合”，1968 年 1 月 9 日，河北省军区根据中共中央、国务院、中央军委、中央文革小组《关于公安机关实行军管的决定》和北京军区的指示，对河北省公安厅、省检察院、省高级人民法院实行军事管制，并成立了中国人民解放军河北省公检法机关军事管制委员会。军事管制，其基本任务是稳定局势。在各级党政机关、专政机关已无法运转的情况下，由军队出面来维系起码的社会秩序，保护人民的生命财产和国家物资设施，确实是当时条件下唯一可行的稳定局面的有效方法。但是，在“文化大革命”那样的全局性错误中，在已经极端膨胀的阶级斗争扩大化的影响下，由于林彪、江青反革命集团的干扰破坏，以及地方工作与军队工作的差异和对地方情况的陌生，加之面临的又是大量政治、经济领域的错综复杂的矛盾和问题，因此军队“支左”工作不可能避免这样或那样的失误以致错误。

为了对当时在各群众组织中、在各种夺权活动中最为活跃的学生加以约束,1966 年 12 月 31 日,中共中央、国务院发出通知,要求对全国大中学校师生普遍进行短期军政训练,作为大中学校“文化大革命”的新课目。1967 年 2 月 19 日,中共中央发出《关于中学无产阶级文化大革命的意见(供讨论和试行用)》,其中规定,从 3 月 1 日起,中学师生停止外出串连,一律返校,一边上课,一边闹革命,分期分批进行军政训练。同时,《人民日报》发表《中小学复课闹革命》的社论。根据中共中央指示,河北驻军先后进入各大中学校,对学生进行军政训练。军训工作实际上是将人民解放军的组织形式和纪律、作风移植到学校,试图以此影响青少年学生的思想,约束他们的行为,以利于稳定学校秩序,抑制学校内旷日持久的无政府状态,使仍在社会上冲杀的学生回到学校,减少社会上的动乱因素。军训的确使混乱的学校秩序有所改观,但毕竟只是一种缓解动乱的权宜之计,不是教育改革和学校建设的方向,不能解决因内乱造成的学校教育混乱、落后等问题。

在当时的历史条件下,“支左、军管、军训”只能是执行“文化大革命”的总的错误方针。各派群众组织都从本派的利益出发,对中共中央的指示、通知等各取所需,各行其是,特别是在“权”的问题上始终争夺激烈,互不相让。“支左”部队对各派群众组织不可能一碗水端平,这就使一些派别的群众组织与“支左”部队之间的矛盾进一步激化。同时,由于河北省军区同保定驻军在“支左”问题上发生分歧,保定地方上群众组织分成“两大派”,摩擦增多,冲突四起,发展到“拥军派”与“反军派”两派武斗。此后,全省各地分成类似的两派以至不断发生武斗事件。

1967 年,全省各地都先后发生了规模大小不等的武斗。唐山发生“六·一八”“七·三〇”武斗,邯郸发生“八·一”“八·九”武斗,都有较大的伤亡。7 月 23 日、24 日,张家口市两大派群众发生大型武斗,即张家口“七·二三”“七·二四”武斗。26 日两派群众在地区铁路机关大楼再次发生武斗,相持十余天,后经解放军“支左”办公室劝阻,两派武斗队于 8 月 5 日脱离接触。这两次武斗也有许多人受伤。

6 月 22 日至 23 日,河北农大校园发生大型武斗,双方死伤数人。由于河北省军区同保定驻军在“支左”问题上分歧日益明显,两派群众组织矛盾不断激化，保定武斗日益增多。为解决保定武斗问题，8月31日，保定“支左”解放军和两派群众组织汇报代表团达成“立即制止武斗”的协议，但未能执行，保定武斗仍在继续。

1967年12月26日至1968年1月7日，中央文革小组组长陈伯达，在北京军区政委李雪峰、代司令员郑维山的陪同下，先后到唐山、保定、石家庄、邯郸等地视察。这次视察的主要任务是为建立河北省革命委员会作准备，但由于陈伯达在讲话中对“文化大革命”中的两派表态，“支一派压一派”，并没有化解了矛盾，相反，由于他的表态，造成了像“冀东假共产党”这样重大的冤假错案。

全国武斗频繁发生，不断升级，越来越严重的局面，引起中共中央的极大关注。中共中央采取了一系列坚决措施平抑武斗、制止动乱。1967年9月5日，中共中央、国务院、中央军委、中央文革小组发出《关于不准抢夺人民解放军武器、装备和各种军用物资的命令》，强调今后如有违反者，“当以违犯国法论罪”。9月13日，中共中央等领导机关再次联合发出《关于严禁抢夺国家物资商品、冲击仓库、确保国家财产安全的通知》。河北省对这两个文件的贯彻执行，使内乱的局势得到一定程度的缓和，但武斗仍在继续。

与此同时，河北省军区和四八〇〇部队积极结合本地实际，采取措施制止武斗。1967年5月26日，保定市5万多人在体育场举行“紧紧掌握斗争大方向，立即制止武斗”群众大会，省军区和四八〇〇部队领导到会讲话，要求各派造反组织停止武斗。由于军训部队的工作，7月18日，天津体育学院、河北财经学院、天津音乐学院、河北纺织工学院等院校纷纷复课闹革命。8月31日，省军区组织保定市两派群众组织达成不武斗、不抢武器弹药、不抓人、不抄家、不劫车、不互相攻击的“六不”协议，并布告全市。要求各群众组织和个人，应将现有的一切武器、弹药、武斗凶器限期上缴收缴武器办公室；逾期不交者，则强行收缴；抗拒不交者，依法惩办；对检举揭发者，予以保护和表扬；对打击报复者，予以严处。以上措施对抑制武斗起了一些作用，但收效不大。

人民解放军介入地方“文化大革命”执行“支左”是第一位的任务，同时还有“支农”“支工”的任务。当时由于河北全省党政机关被夺权，各群众组织忙于造反打派仗,形成工厂停工,商店停业的局面。为了减少混乱,使生产得以正常进行,1967 年 2 月,“支左”的解放军介入地方“文化大革命”不久,即组织省有关部门召开全省电话会议,宣布《关于全省工建交战线坚决贯彻“抓革命,促生产”伟大方针的几点意见》,提出了 1967 年在生产建设方面需要抓的几项主要工作。在工业方面,提出要保证国家重点产品超额完成计划;大力支援农业,加速农业机械化进程;加速发展地方钢铁、煤炭、有色金属以及化工等原材料生产;大力增产轻纺工业产品,提高质量、降低成本,保证市场供应和出口的需要;加强设备维修工作。在基本建设方面,提出要切实做好设计施工计划的安排,做好施工前的物资、劳力、运输等准备工作,积极组织跨年度工程的施工。在物资供应和节约工作方面,重点抓钢、铁、有色金属、煤、电、木材、橡胶的供应与节约。1967 年 2 月 27 日至 28 日,河北省军区在保定主持召开省、地、县三级革命干部和群众组织代表参加的河北省农业生产会议,研究和部署如何抓革命、促生产,掀起春耕生产高潮问题。会议号召全省各群众组织、贫下中农、干部和民兵,紧急动员起来,立即掀起春耕生产高潮。会议强调要继续贯彻“以粮为纲、多种经营”的方针,突出抓粮食,同时,要求棉花、花生等经济作物和林、牧、副、渔各项生产,都要有个全面的更大发展。会后,省、地、县三级抽派 1.9 万名机关干部,同当地驻军一起深入农村,帮助社队建立健全生产领导班子,落实生产计划。

1967 年 3 月 9 日,河北省军区协助工业部门召开全省工业生产会议,安排当年生产计划,要求彻底清除“经济主义余毒”,掀起工业生产新高潮。3 月 28 日,在“支左”解放军的组织下,成立河北省抓革命促生产指挥部。6 月 22 日,河北省抓革命促生产指挥部印发《关于当前工业生产的几点意见》,要求坚决制止武斗,搞好革命大联合,搞好工业生产。

河北省地处首都北京周围,驻军较多,保定、石家庄、唐山、张家口、承德等地、市都是由军一级的部队为主进行“三支两军”任务,力量很强。各地驻军都抽调出大批指战员到地方实行“三支两军”,这在当时的混乱情况下是必要的,对稳定局势,起到了积极的作用。正是由于驻军较多,“支左”力量强大,各部队在各自驻地“支左”,互不统属,互不干预,各自解决各自的问题;同时由于省会机关从天津迁到保定,省直机关驻地分散,省属高等院校大都在天津市,因此,河北省在“文化大革命”中,没有形成全省性的从上到下成系统的“两大派造反组织”。这是河北的一个显著特点。另外,由于解放军的介入,从全省范围讲,局势稳定较快较早,从而在一定程度上遏制了内乱,减少了损失。

1968 年 2 月 3 日,河北省革命委员会建立后,“三支两军”由军管会与省革命委员会双重领导。1971 年 10 月底至 12 月初,根据毛泽东关于石家庄市“支左”部队由六十三军移交二十七军的批复,进行了移交。1972 年 1 月 10 日,中共河北省委向中共中央、中央军委报告了关于石家庄市“三支两军”工作交接的情况。1972 年 8 月 21 日,中共中央、中央军委发出《关于三支两军若干问题的决定(草案)》,规定在已经建立党委的地方和单位,撤销“三支两军”的机构和人员。此后,中共河北省委贯彻决定精神,参加“三支两军”的人员陆续撤回军队。至此,军队介入地方“文化大革命”宣告结束。

第 十 五 章

各级革委会建立
和“斗、批、改”的全面展开

1967 年夏至 1968 年春，是河北省社会内乱最剧烈的阶段。中共河北省委、河北省人委以及各级党政领导机关都被群众组织夺了权，领导机关和经济管理部门完全瘫痪，不能行使管理工作的职能，许多正确的政策和规章制度被废除，无政府主义泛滥，国民经济受到严重影响。全省各地造反组织分成两派，严重对立，互相斗争，造成停工停产，有些地方甚至酿成“武斗”。人民迫切要求恢复生产，制止内乱。随着中共中央制止内乱的强制性措施的逐步贯彻落实，各派群众组织初步实现了大联合，成立了各级革命委员会，“文化大革命”进入到“斗、批、改”阶段。

一、建立各级革命委员会

地、市、县革命委员会成立

1967 年初，全省的夺权风刮过之后，造反组织各自为政，全省处于无政府状态之中。1967 年 7 月至 9 月，毛泽东视察华北、中南和华东地区，沿途就“文化大革命”的形势、制止内乱、实现群众组织大联合、解放

干部等问题发表重要谈话。中共中央、河北省根据毛泽东的意见，相继发出了多项措辞严厉的命令、布告，对一些顽固的武斗分子采取措施，以制止武斗蔓延，维护社会秩序，保护国家财产。人民解放军实行“三支两军”介入地方工作后，为消除派性，促进联合，曾举办有两派组织负责人和各派干部参加的毛泽东思想学习班，做了大量工作。一部分大中学校，开始按教学班实现大联合；一些单位的群众组织陆续联合发表“大联合”声明；各地市的“工人总部”“农代会”“大中学校红代会”“小学红代会”等联合性的群众组织纷纷建立。1967 年 10 月 17 日，中共中央、国务院、中央军委、中央文革小组发出《关于按照系统实行革命大联合的通知》后，全省各地群众组织的对立情绪有所好转，出现大联合的高潮。举办学习班虽然不能从根本上改变“文化大革命”的内乱局面，但是通过办班学习，全省解放了一批干部，促进了各派联合，对抑制继续恶化的混乱局面起了积极作用。

全省各地、市、县，在当地驻军的介入、支持下，先后实行“大联合”，建立了“三结合”（军队、干部、造反派代表）的临时权力机构——革命委员会。1967 年 11 月 21 日，石家庄地区革命委员会宣告成立。石家庄地区的党、政、财、文一切大权，统归其掌握，是石家庄地区最高临时权力机构，也是河北省地、专级建立的第一个“革委会”。11 月 22 日，20 多万群众和解放军指战员举行庆祝集会和游行。此后，从 1967 年 11 月 28 日至 1968 年 1 月 28 日，天津地区、承德地区、衡水地区、张家口地区、邢台地区、沧州地区、唐山地区、邯郸地区和石家庄市、唐山市、张家口市革命委员会相继成立。至此，除保定地、市外，全省地市级革命委员会都已建立。各地市革命委员会成立后，基本上没有再发生过大规模的武斗，局势稳定下来。

保定地区是一个例外。自军队介入保定地、市的地方工作以后，尽管做了不少工作，但两派武斗时起时伏，连绵不断。因此，保定内乱闻名全国，成了“老大难”。革命干部、群众组织负责人、人民解放军当地驻军代表的“三结合”和“革命大联合”未能实现，革命委员会迟迟建立不起来。

革命委员会是夺权后建立起来的临时权力机构，实行革命领导干部、革命群众组织负责人、人民解放军当地驻军代表的“三结合”。全省多数地、市、县革命委员会的成立早于河北省革命委员会的成立。它对于自下而上稳定局势,推动全省的“大联合”“三结合”起了积极作用。

河北省革命委员会的建立

中共河北省委、河北省人委被夺权后,河北的混乱局面引起毛泽东的关注。1967 年 7 月,毛泽东到南方视察,行前他让人通知北京军区副司令员郑维山随行前往武汉,以便在火车上谈河北省的问题。7 月 14 日,毛泽东在火车上与杨成武、汪东兴、郑维山谈话说:“干部多数是好的,河北的干部将来要来个大翻案。我过去支持刘子厚。刘子厚站出来了,阎达开就好办了嘛!”[①] 毛泽东的谈话对尽快结束河北的混乱局面,建立省级革命委员会发挥了作用。从 1967 年 11 月至 1968 年 1 月,由北京军区党委在北京举办学习班,刘子厚等一批省、地和军队负责人参加,为建立省革命委员会作准备。1 月 16 日至 28 日,北京军区在北京召开河北省革命委员会(简称省革委)筹备会议。出席会议的有 10 个地区、省直和军队负责干部及群众代表 180 余人。会议提出了省革委委员、常委、正副主任人选。会议认为,“石家庄的文化大革命走在全省的前头,工人阶级队伍比较坚强,可以形成全省的政治、经济、文化的中心”,建议省会由保定市迁至石家庄市。

1968 年 1 月 22 日,经中共中央批准,北京军区委托河北省军区召开“刘子厚检查亮相大会”,省会保定两派群众造反派组织各派代表参加。刘子厚“检查亮相”以后,两派代表发言表示支持刘子厚作为革命领导干部参加河北省革命委员会“三结合”。河北省军区和保定驻军领导人在大会上发言也表示支持。1 月 28 日,李雪峰、郑维山署名向中共中央呈报《北京军区关于建立河北省革命委员会的请示报告》。1 月 29 日,中共中央、国务院、中央军委、中央文革小组批准成立河北省革命委员会。河北省革命委员会由 121 名委员组成。其中,军队代表 26 名,

---

① 逄先知、金冲及主编:《毛泽东传(1949—1976)》(下),中央文献出版社 2003 年版,第 1491 页。

地方领导干部25名,群众代表70名。李雪峰任河北省革命委员会主任,刘子厚任第一副主任,马辉、曾美、张英辉、刘殿臣、耿长锁为副主任,杨磊之、刘英等31人为省革委常委①。省革委设办事组、秘书组、保卫组、政治部、生产指挥部。河北省革命委员会成立后,统掌河北省党、政、财、文一切权力,实行党政合一的高度集权的一元化领导体制。中共中央同意河北省省会由保定市迁至石家庄市。

1968年2月3日,河北省革命委员会在石家庄市正式成立。北京军区负责人郑维山,河北省革命委员会主任李雪峰,河北省军区和人民解放军河北驻军负责人,省革委会第一副主任刘子厚、副主任马辉、曾美、张英辉、刘殿臣、耿长锁及省革委委员等40万军民参加大会。大会通过了给毛泽东的致敬电。河北省革命委员会的成立,在全国是第13家,在华北五省、市、自治区中是最后一家。2月5日,《人民日报》《解放军报》发表社论《华北山河一片红》。社论公布了毛泽东的“最新指示”:“办学习班,是个好办法,很多问题可以在学习班得到解决。”社论指出人民解放军驻河北省广大指战员,在“三支两军”工作中,“帮助革命群众大办各种类型的毛泽东思想学习班。从城市到农村,从工厂、机关、学校,直到街道,毛泽东思想学习班的红花开遍河北全省”。这样的结果,“就大大加快了革命大联合和革命三结合的步伐,各级革命委员会自下而上的建立起来,为省革命委员会的成立,打下了坚实的基础”。社论还不指名地批判刘少奇及其在河北的代理人。社论说:“河北省地处首都北京周围,长期以来,中国赫鲁晓夫千方百计地向这里插手,伙同其在河北的代理人,妄图复辟资本主义。臭名昭著的‘桃园经验’,就是在中国赫鲁晓夫导演下,炮制出来的。”这篇社论的影响很大。

1968年2月4日至8日,河北省革命委员会举行第一次全体会议,研究讨论省革委会建立后的工作,会议通过了《河北省革命委员会关于更广泛、更深入地开展活学活用毛泽东思想群众运动的决议》。会议认为省革命委员会成立后,事情千头万绪,最根本的就是高举毛泽东思想

① 31名常委中,军队代表8名,地方领导干部7名,群众代表16名。设主任1名,副主任6名。马辉、曾美、张英辉为部队领导,刘殿臣是石家庄某工厂的“造反派”,耿长锁是全国著名农业劳动模范。刘、耿二人不在省革命委员会机关常驻办公。

的伟大旗帜，更广泛、更深入地开展活学活用毛泽东思想的群众运动。以大力办好毛泽东思想学习班为中心斗私批修，全面落实毛泽东的最新指示，夺取无产阶级“文化大革命”的全面胜利。《决议》强调指出：（一）必须进一步解决对毛泽东和毛泽东思想的态度问题。（二）继续大办各种类型的毛泽东思想学习班。会议决定采取切实的措施和灵活多样的形式，广泛开展大办毛泽东思想学习班的群众运动，让毛泽东思想学习班从城市到农村，从工厂、机关、学校，到街道和家庭，全面开展起来。（三）学习要坚持马克思主义理论联系实际的学风。（四）加强活学活用毛泽东思想群众运动的领导。会议讨论了革命委员会革命化的问题，通过了《河北省革命委员会关于实现革命化的八项规定》。要求：各级革命委员会必须把活学活用毛泽东思想放在首位；革命委员会的干部必须以普通劳动者的身份从事各项活动，坚持干部参加集体生产劳动的制度，要经常深入群众，拜群众为师，遇事和群众商量，虚心倾听群众意见，接受群众监督；凡属全省性的重大问题，都必须由省革命委员会或党委会进行讨论，作出决定，分别执行，重大问题，要及时请示报告；必须树立批评和自我批评的优良作风，有意见摆在桌面上，或者个别交换意见，不要不负责任地背后议论；革命委员会要在毛泽东思想基础上加强团结；革命委员会的机构要精简，人员要少，要有高度的工作效能；革命委员会成员要始终保持无产阶级革命者的本色，时刻警惕资产阶级“糖衣炮弹”的攻击等。

2月5日，经中央文革小组批示，河北省革命委员会的机关报《河北日报》复刊。3月，河北省革命委员会党的核心小组建立①，成员有李雪峰、刘子厚、马辉、曾美、张英辉、徐信、王金山7人。全省各地相继举行了庆祝会，庆祝河北省革命委员会的成立。

---

① 1968年2月河北省革命委员会组建后，未设党组。根据河北省革命委员会筹备会议确定的革命委员会的组织机构，必须实行革命化，初步拟定80人，最多不超过100人的原则，设办事组、秘书组、保卫组、政治部、生产指挥部5个工作部门，这些工作部门既是省革委的机构，又是省革委党的核心小组的工作机构。1969年11月保卫组改为保卫部。河北省高级人民法院和河北省人民检察院于1968年1月实行军管。1969年8月河北省人民检察院撤销。

进一步稳定全省局势

河北省革命委员会成立后,收缴武器,制止武斗;大办毛泽东思想学习班,促进“大联合”;抓自身“革命化”建设,进行“精兵简政”;落实中共中央“抓革命、促生产”和“要进一步实行节约闹革命”的指示精神,积极领导全省工农业生产,为进一步稳定全省局势做了大量工作。

为促进革命的“大联合”,建立“三结合”的领导机构,1968年3月8日,河北省革命委员会党的核心小组召开会议研究县级成立革命委员会问题。会议决定,未建立革委会的44个县(市)应抓紧工作,待条件成熟,马上建立。为解决保定问题,经过中共中央和省革委会多方面的工作,于3月9日,组织保定两派群众组织代表到北京参加中央举办的“毛泽东思想学习班”。3月16日,保定两派在北京学习班达成“迅速实现大联合,立即制止武斗”的协议(即“三·一六”协议),但未能落实,此后武斗仍然不断。直到1968年8月18日,保定地、市才同时成立革命委员会。至此,经过近两年的社会内乱,全省10个地区、142个县、2个自治县、9个县级市都成立了革命委员会。

为稳定全省社会秩序,河北省革命委员会根据中共中央有关指示精神,加大收缴武器、制止武斗的力度,积极致力于实现全面“大联合”。在北京军区、河北省革命委员会的直接领导下,由保定地区革命委员会、四八〇〇部队组成联合收缴武器领导小组,下设收缴武器办公室。鉴于保定两派签订的“三·一六”协议未能落实,6月14日,中央军委、中央文革小组指示河北省军区、保定驻军,要对保定两派群众进行思想政治工作,坚决收缴武器和制止武斗。

1968年7月3日、24日,中共中央、国务院、中央军委、中央文革小组先后就广西、陕西等地严重武斗发布《七·三布告》和《七·二四布告》,要求各地停止武斗,上缴武器,群众组织成员无条件回厂、回校,坚决镇压反革命等。中共中央《七·三布告》《七·二四布告》发布后,河北省革命委员会随即于7月27日发出《关于深入认真贯彻中共中央、国务院、中央军委、中央文革〈七·三布告〉和〈七·二四布告〉的通知》,号召全省各级革命委员会要坚决贯彻执行,采取开大会、开小会、广播演唱等多种方式,进行学习宣传,做到家喻户晓,人人皆知。8月14日,河北省革命委员会发出《关于坚决彻底全部地落实中共中央〈七·三布告〉的指示》。《指示》强调,凡以下情况必须坚决制止:一是拒不交出武器,拒绝解散武斗班子,实行武装袭击,用武力攻村占点,扩大地盘,非法建立革委会;或者化整为零,改换名义,隐藏武器,以伪装形式欺骗群众,对抗伟大领袖毛泽东的号令,妄图待机再起。二是以“防汛队”“护厂队”为名,变相保留武斗队,继续搞打、砸、抢、抓、抄,坚持反革命活动,破坏社会革命秩序,破坏无产阶级文化大革命,破坏革命大联合。三是借回厂回校回社回本单位之机,强占厂房、公房、仓库、宿舍,夺劫资财,构筑武斗工事,殴打赶走本单位人员,破坏生产设备,制造停产事故,或者制造事端,赶走回厂回校回社回本单位的人员。四是假借雇用临时工,扩大山头,发展实力,以至窝藏坏人,妄图负隅顽抗。五是绑架、行凶、暗杀、残害人民群众。六是继续制造殴打、杀伤人民解放军指战员的事件。《指示》在列举了以上问题之后,对如何贯彻落实布告精神作出安排部署。

此后,全省开始宣传、贯彻《七·三布告》与《七·二四布告》,落实中共中央批准发布的河北省革委会《七·二八布告》以及中国人民解放军四八〇〇部队、保定地区革委会的《七·二二布告》。通过宣传、落实取得相当成效。一是制止了武斗,收缴了一大批武器。除保定地区的个别地方外,武斗制止了。保定地区共收枪3万多支,在22个县中,有19个县武器基本上缴完。其他的唐山、天津、衡水、沧州、承德5个地区不完全统计,共收缴各种枪支2353支,子弹1.6万余发,土炮54门,手榴弹1.4万余枚。二是在外人员纷纷回原地原单位工作。三是对打砸抢、流氓盗窃、吸扎毒品、谋杀革命群众等集团性案件进行了检举、揭发和打击。另外,不少“老大难”单位的落后面貌逐步有所改善。

为稳定形势,促进大联合,促进生产,河北省革命委员会按照中共中央“要办学习班”的指示,大办学习班。1968年3月14日,河北省革命委员会下发《关于组织毛泽东思想宣传队深入农村的意见》。此后,河北省革命委员会相继制定下发一系列文件,决定抽调省直各部门10%至15%的干部,约700人到1000人,组成毛泽东思想宣传队,深入农村协助贫下中农办好毛泽东思想学习班，搞好春耕生产。在各级革命委员会的领导下，全省城乡各地的毛泽东思想学习班发展很快，到 1968 年 3 月底，全省就基本普及了。省办学习班多时达到一万几千人，大部分集中在文艺指挥部、公检法指挥部、报社电台指挥部系统和保定、石家庄、唐山、张家口、邢台等地。为了提高学习效果，不受本地派性的干扰，各地普遍实行异地办班。在级别和范围上，既有省级、地（专）市级、县级、公社级，又有党委政府各系统各部门及各厂矿企业学校等单位，甚至生产大队、生产小队、村民小组和家庭都举办了学习班。4 月 3 日，河北省革命委员会召开第二次全会，对前段办学习班的经验作了总结，并通过了《关于把大办毛泽东思想学习班的群众运动提高到新水平的决定（草案）》。到 1968 年底，全省参加各种类型的毛泽东思想学习班的干部群众达 2300 多万人。张家口、唐山、石家庄等地有 80% 至 90% 以上的人口，60% 至 80% 的家庭参加了学习。各地学习班有以下几种做法和特点：一是学习马克思、列宁和毛泽东著作；二是进行时事政策教育；三是培养政治理论骨干，组织阶级队伍。

为减少内乱对生产的影响，河北省革命委员会积极加强对经济工作的领导，1968 年 3 月 1 日，省革命委员会印发《关于抓革命促生产的决议》，对全省的各项工作进行部署，号召全省广大干部群众以大寨为榜样，贯彻执行以粮为纲，多种经营，农、林、牧、副、渔全面发展的方针和农业“八字宪法”；工业、交通战线要认真落实“抓革命、促生产”的方针，努力增加生产，提高产品质量；财贸工作，必须贯彻执行“增加生产，节约支出”和“发展经济，保障供给”的方针，做好物资供应，支持工农业生产和外贸出口任务的完成。各单位必须坚决贯彻执行中共中央《关于进一步实行节约闹革命，坚决节约开支的紧急通知》的各项规定，搞好对照检查和落实工作；各单位要尽快建立、健全和充实调整生产领导班子，农村基层单位按照中共中央指示，生产队一般不搞夺权，干部要正确对待群众，正确对待群众运动，积极领导好抓革命促生产；各级革命委员会和全省各地驻军要大力组织毛泽东思想宣传队，深入生产第一线，宣传毛泽东思想，搞好工农业生产。此后全省掀起了增加生产，增加收入，反对浪费，厉行节约的群众运动。

中共河北省代表会议

1969年4月1日至24日,中国共产党第九次全国代表大会在北京召开。九大在思想上、政治上和组织上的指导方针都是错误的。当时,各省、市、自治区党委尚未建立,大多数党员还没有恢复组织生活。在中共九大产生的九届中央委员会中,河北省李雪峰、刘子厚、马福全、王国藩、吕玉兰5人为中央委员,樊德玲为候补中央委员。其中李雪峰是八届中共中央委员,刘子厚在中共八届十二中全会(扩大)上由候补中央委员补选为中央委员。

为贯彻落实九大精神,学习九大文件,1969年4月29日,河北省革命委员会发出《关于认真学习“九大”光辉文献的重要通知》。《通知》要求各级党组织、革委会把学习、宣传、落实九大文献,放在一切工作的首位,深刻理解毛泽东“关于无产阶级专政下继续革命的学说”,在全省迅速掀起一个“大学习、大宣传、大贯彻、大落实”的群众运动。

1969年5月31日至6月21日,为了更好地学习、宣传、贯彻党的九大精神,中共河北省代表会议和河北省革命委员会第七次会议在石家庄同时召开。会议认为河北省革命形势大好,任务十分艰巨。当前首要任务是深入持久地学习九大文献,贯彻落实九大精神。会议强调要继续办好各种类型的毛泽东思想学习班,经常举行讲用会,要增强革命团结;要加强党的一元化领导,认真地不折不扣地全面落实党的各项政策,认真搞好城市、农村的斗、批、改。会议认为要完成九大提出的各项战斗任务,各级革命委员会要切实改进领导作风,深入基层,调查研究,以点带面,做到胸中有全局,手中有典型,一定要把工作做深、做细、做扎实。

中共河北省代表会议和河北省革命委员会第七次会议以后,按照会议的安排部署,全省各地认真贯彻落实九大精神,开展“斗、批、改”,包括“建立‘三结合’的革命委员会,大批判,清理阶级队伍,整党,精减机构,改革不合理的规章制度,下放科室人员”等项工作。

二、全面进行“斗、批、改”

“斗、批、改”与清理阶级队伍

“斗、批、改”的任务最先是在“十六条”中提出来的。1966年8月中共八届十一中全会通过的“十六条”中的第一条规定:“在当前,我们的目的是斗垮走资本主义道路的当权派,批判资产阶级的反动学术‘权威’,批判资产阶级和一切剥削阶级的意识形态,改革教育,改革文艺,改革一切不适应社会主义经济基础的上层建筑,以利于巩固和发展社会主义制度。”这一段话,以后就被简称为“斗、批、改”。1967年至1968年间,中央陆续提出了一些“斗、批、改”的具体设想和措施。1968年9月5日,全国29个省级革命委员会成立,9月7日,《人民日报》《解放军报》发表社论《无产阶级文化大革命的全面胜利万岁》指出:“全国山河一片红,这极其壮丽的一幕,是夺取文化大革命全面胜利进程中的重大事件,它标志着整个运动已在全国范围进入了斗、批、改的阶段。”社论明确提出:认真搞好“斗、批、改”是各级革命委员会面临的中心任务。在中共第九次全国代表大会以后,按照毛泽东提出的任务,“斗、批、改”运动在全国全面展开,“文化大革命”进入“斗、批、改”阶段。

河北省全面进行“斗、批、改”是从建立省革命委员会后开始的。1968年4月3日,河北省革命委员会第二次全体会议通过《关于厉行“精兵简政”实现革命化的决定(草案)》,从保持与人民群众的血肉联系、机构设置、班子建设、领导体制和领导方式等十个方面对革命委员会的建设作出了决定。其中,省革命委员会机构只设办事组、政治部和生产指挥部三个职能部门,编制80人。只抽调原省委、省政府极少的业务骨干参加省革委会机关工作,原省直各厅、部、委、办、局等职能部门停止工作,省直广大干部下放“五七”干校搞“斗、批、改”。显然这是一种“左”的“精兵简政”的做法。7月24日,河北省革命委员会第三次全体会议讨论通过《关于当前深入开展革命大批判、清理阶级队伍几个问题的意见》,强调“必须突出无产阶级政治”,“掌握斗争大方向”,“严格区分两类不同性质的矛盾”,“领导一定要走在运动的前面”,等等。8月26日,省革命委员会召开第七次紧急常委会议,根据中央的要求,讨论“革命大批判”“清理阶级队伍”和“开展对敌斗争”问题,部署全省各地的“斗、批、改”工作。此后“斗、批、改”运动首先从城市铺开,然后由城市拓展到农村。

1969年4月中共九大召开以后,全省贯彻落实九大精神,学习九大文件,开展“斗、批、改”,包括“建立三结合的革命委员会,大批判,清理阶级队伍,整党,精简机构,改革不合理的规章制度,下放科室人员”等项任务。11月15日,河北省革命委员会党的核心小组研究全省“斗、批、改”问题,批准成立由马力、王金山、黄夷和谷奇峰组成的“斗、批、改”工作领导小组。

1970年1月10日,河北省革命委员会党的核心小组办公会议听取当时农村“斗、批、改”情况的汇报,议定:(一)按照毛主席的指示,农村“斗、批、改”一个县要抓好几个公社,一个公社要抓好一两个大队,以点带面,先抓好1/3。(二)要用战略的眼光观察一切,落实一切,推动“斗、批、改”。(三)放手发动群众,依靠群众,宣传队不要包办。(四)搞好“斗、批、改”要突出抓好大批判、“清队”和整党。

1970年1月31日,中共中央发出《关于打击反革命破坏活动的指示》。2月4日,河北省革命委员会党的核心小组召开会议,研究如何贯彻执行中央指示,决定迅速向全省传达,发动群众,造成声势,立即掀起打击反革命破坏活动的群众运动。2月5日,中共中央又发出《关于反对贪污盗窃、投机倒把的指示》和《关于反对铺张浪费的通知》。这三个文件简称“一打三反”,即打击反革命破坏活动,反对贪污盗窃,反对投机倒把,反对铺张浪费。3月1日,省革委会召开第九次常委会议,学习贯彻中共中央上述指示精神,省革委会主任李雪峰在会上作了《立即动员起来,掀起“一打三反”新高潮》的报告。随后,全省在“斗、批、改”运动中增加了“一打三反”的内容。3月27日,中共中央发出《关于清查“五·一六”反革命阴谋集团的通知》后,“一打三反”与清查

“五一六”反革命集团[1]运动结合起来进行。

此前的1968年12月7日,河北省革委会印发《关于省革委建立专案办公室并启用印章的通知》。《通知》要求“文化大革命”运动中有关叛徒、特务、顽固不化的走资派以及重大反革命集团等的专案工作,均由专案办公室负责。在专案组办公室的直接领导下,全省各地掀起了清理阶级队伍的高潮。所谓清理阶级队伍,就是把“文化大革命”进程中,以各种名义、各种方式揪出来的所谓地、富、反、坏、右、特务、叛徒、走资派等来一次大的清理。截至1969年3月底,石家庄、唐山、张家口、邯郸、邢台、承德、沧州、秦皇岛8个地市共清理出各种所谓“阶级敌人”4万多人。据全省8个地区(缺承德、保定)和原省直单位的不完全统计,有7.6万人受到关押。邯郸地区的邱县,全县12万人,被关押的达1100多人。在“清理阶级队伍”中造成一批冤假错案。其中比较重大的冤假错案有:“冀东假共产党案”“深泽、献县叛徒案”“邱县新国民党案”等。以上冤假错案和其他错案给众多的受害者及其家属造成了极大损害,甚至使不少人致残、致死,影响极其恶劣。1969年1月28日至2月1日,河北省革命委员会召开第六次全体会议,要求各地贯彻落实中共中央关于对敌斗争中注意掌握政策的通知,严格区别两类不同性质的矛盾,扩大教育面,缩小打击面,严禁逼、供、信。尤其在毛泽东批转北京新华印刷厂“对敌斗争的经验”之后,各地陆续成批放人,一些冤假错案得到纠正。但是,仍有一部分所谓“案情重大”的案子未得到纠正或纠正不彻底。

审查干部与干部下放劳动

“文化大革命”进入“斗、批、改”阶段后,全省地、县两级(缺保定

① 所谓“五一六”反革命集团,原指北京市一度存在的一个名为“首都五·一六红卫兵团”的人数很少的极左小组织。他们利用1967年5月“五一六通知”在报刊上公开发表的机会,打着贯彻这一通知的旗号,建立秘密组织,进行秘密活动,攻击周恩来总理。不久这个反动组织被清查出来。但林彪、江青一伙极力夸大这个反动小组织的力量和活动,任意扩大范围,在全国掀起了清查“五一六”运动,制造了大量冤假错案。1970年3月27日,中共中央发出《关于清查“五·一六”反革命阴谋集团的通知》后,全国利用清查“五一六”名义制造的冤假错案运动有所降温,但又要求继续抓“反革命”,又产生了新形式的冤假错案。

地区）主要领导干部被解放出来的不到35%，省直部、委、厅、局主要领导干部不到20%。省革委会决定加强和加速对省直原正副厅局长、地委正副书记、正副专员以上干部及原县级第一二把手干部的审查工作。1968年8月22日，经省革委会常委会讨论，决定建立一个以军队干部为主，有地方领导干部和“革命造反派”代表参加的审干小组，在省革委会的直接领导下，负责省革委会担负的具体审干工作，并负责督促、检查、指导全省的审干工作，同时注意考察提拔优秀干部。争取1968年底完成对地、专以上领导干部的审查。县级干部的审查工作，由地区革委会组织同样的审干小组进行，审查后报省批准。审查干部的方法，采取办学习班和“三结合”的办法，实行上下结合，审干小组与发动群众相结合，审干小组与专案组相结合，分期分批进行。

1968年10月10日，河北省召开全省审干工作会议。会后，全省的干部审查工作全面展开，审查和解放干部的速度明显加快。1969年7月下旬，省革委会审干小组与组织组共同召开了各地区审查、解放干部和配备领导班子会议，对前一时期的审干工作进行了初步总结。会后，各地审查、解放干部工作继续进行。“问题”较清楚和简单的，经查证后，写出有关材料，经上级部门审批即可得到解放。“问题”较复杂严重的，则交专案组或成立专门的审干班子审查。原中共河北省委书记处的主要领导林铁、张承先、王路明、李颉伯、裴仰山等，都受到了专门审干班子的审查。

在审查干部期间，河北省还进行了大规模的干部下放。机关、事业单位的大批干部、知识分子被下放到农村，从事生产劳动。1968年10月14日，河北省革委会向中共中央、中央文革小组呈报了《河北省革命委员会关于干部下放劳动安排情况的报告》。《报告》对省革委会在职干部和原省直机关干部下放劳动的问题作了系统安排。主要内容是：在省革委会机关编制严格控制不超过100人的原则下，除老弱病残者外，每年分3期，每期30人左右，用4个月的时间下乡、下厂参加生产劳动，进行再学习。原省直机关工作人员大体在1969年二三月份，在基本完成“斗、批、改”的基础上，把大批干部下放到劳动中去学习。到1968年10月25日，全省（缺保定）机关、厂矿、财贸、卫生和其他企事业单位共下放3.2461万人，其中参加“五七”干校的有1.3万人，到农村插队劳动或蹲点劳动（以劳动为主，结合搞调查）的约有1.5万人；下放当工人的有3110人；结合劳动搞“斗、批、改”的968人，此外还有102人去当售货员和“赤脚医生”。

干部下放的另一个重要步骤是办“五七”干校。1968年10月5日，《人民日报》发表毛泽东关于干部下放劳动走黑龙江柳河“五七”干校的道路的指示。10月6日，河北省省会石家庄举行干部大会，贯彻和落实“五七”指示。1969年1月，河北省革委会派人到黑龙江柳河“五七”干校参观学习，并决定推广“柳河经验”。省革委会秘书组向省革委会报送了《关于确定省直五七干校校址和规模的请示报告》，提出将唐家庄农场、大曹庄农场、宣化农场、芦台农场改建为“五七”干校，安排省直机关干部下放劳动，搞“斗、批、改”。滹沱河“五七”干校，作为省革委会机关和所属单位在职干部轮流下放劳动的地方，不另安排学员。10月16日，河北省革命委员会党的核心小组办公会议决定将唐家庄、大曹庄、宣化、芦台4个农场和“五七”干校收归省革委会直接领导，由秘书组具体负责。截至1969年底，全省共办“五七”干校110所。其中省直5所，下放到干校参加劳动的干部4.983万人，其中省直1.2万人。1970年10月基本完成省直学习班“斗、批、改”任务后，全省又抽出大批干部插队落户，直接到农村参加生产劳动和“接受贫下中农再教育”。

全省各地的审干工作到1971年中共九届二中全会告一段落。这次审查干部和干部下放，是在“无产阶级专政下继续革命”的错误理论指导下进行的，林铁、阎达开、裴仰山、胡开明以及原承德、张家口、唐山地市的主要负责人王克东、葛启、杨远、白芸等人被扣上“死不改悔的走资派”的帽子，并在《河北日报》上点名批判；还把张家口、唐山等地区一些原主要负责人打成“反革命修正主义集团”“反党集团”。这些冤假错案危害极大。

“活学活用”与“革命大批判”

活学活用毛泽东著作的运动，早在20世纪60年代前半期就已经兴起。“文化大革命”开始后，这一运动进入了一个新的阶段。1966年

12 月 16 日,林彪为《毛主席语录》写了《再版前言》,强调“学习毛主席著作,要带着问题学,活学活用,学用结合,急用先学,立竿见影,在‘用’字上狠下功夫”。这段话后来被称为学习毛泽东思想的“三十字方针”。“斗、批、改”运动开始后,“活学活用”被放在首位,与“革命大批判”一起成为贯穿“斗、批、改”运动始终的两个基本内容,对“斗、批、改”其他各项内容产生了重要影响。

1968 年 8 月下旬,根据中共中央、国务院、中央军委、中央文革小组关于派工人毛泽东思想宣传队(简称“工宣队”)进驻学校,配合解放军领导学校“斗、批、改”的通知精神,全省各地相继向大中学校、新闻单位、文艺团体等上层建筑领域派出工宣队,指导办班学习。与此同时,全省共派出 3.2 万多人的“工人、解放军毛泽东思想宣传队”,进驻 1700 多个单位进行学习指导。1969 年 1 月 11 日至 29 日,省革委会召开全省毛泽东思想学习班代表会议,到会代表有工矿企业、生产大队、学校、商店、家庭等各条战线、各种类型的学习班代表及特邀解放军代表共 1200 人。会议通过《用毛泽东思想统帅一切,进一步大力办好毛泽东思想学习班的决议》和《给毛主席的致敬电》。省革委会主任李雪峰作了《紧跟毛主席的伟大战略部署,把活学活用毛主席著作群众运动推向新的高潮》的讲话。会议闭幕后,全省活学活用毛泽东著作的群众运动达到了新的高潮。

全省先后多次召开活学活用毛泽东思想积极分子代表会议、上山下乡知识青年活学活用毛泽东思想积极分子代表会议。各部门、各单位、各系统、党政军民学各领域纷纷召开活学活用毛泽东思想积极分子代表会议,并向全省工人、贫下中农、民兵、红卫兵、人民群众、革命干部和知识分子发出倡议书。在紧密结合实际斗争,发动广大群众学习;在组织落实,制度落实,行动落实;在领导干部带头学习,带头讲用,带头斗私批修,当好活学活用毛泽东思想、认真改造世界观的带头人,搞好领导班子革命化;在大学人民解放军,突出无产阶级政治,坚持四个第一,大兴“三八作风”,开展“四好”①“五好”评比运动等方面,全省涌现并表彰了

① “四好”,指政治思想好、三八作风好、完成任务好、生活管理好。

吕玉兰、王志琪等一大批活学活用毛泽东思想的先进典型。

活学活用毛泽东思想运动，是在当时的中共中央副主席林彪鼓吹和煽动起来的实用主义、形式主义学风盛行的情况下开展的。因此不可避免地打上了某些实用主义、形式主义的印记，“活学活用”导致了人们思维的庸俗化。在一个时期，“三忠于四无限”①成了人们的追求，“早请示晚汇报”形成了制度，跳“忠字舞”，唱“忠字歌”，做“语录操”就是无限忠诚的具体表现。这些个人崇拜、形式主义做法的后果，极大地破坏了党的实事求是的思想路线，也违背、阉割了马克思主义、毛泽东思想的精髓，背离了理论联系实际的学风。

全省在“斗、批、改”阶段，结合“活学活用”，广泛开展了“革命大批判”。按照当时的说法，开展革命大批判的理论依据是：“不破不立，这是革命的真理。不用毛泽东思想去批判各种反马克思主义的、修正主义的反动思想，不在政治、经济、文化领域中批判反动的资产阶级世界观，无产阶级就不能真正占领思想文化领域的各个阵地；已经占领了，如果不继续开展革命的大批判，这些阵地就有被资产阶级重新夺去的危险。”②所以，要通过在上层建筑领域、意识形态领域里开展大规模的、群众性的、持久的对所谓修正主义、资产阶级的批判，达到防止修正主义、战胜资本主义、改造世界观以及发展生产力的目的。

批判的主要内容大致为：第一，批判所谓“反革命修正主义路线”在政治、经济以及各个文化领域中的流毒，肃清它的影响。批判“黑六论”③“文艺黑八条”④“唯生产力论”“唯意志论”“利润挂帅”“物质刺激”以及所谓修正主义的文艺、文学作品。目的是使人们在各个领域都

---

① “三忠于”，即忠于毛主席、忠于毛泽东思想、忠于毛主席的无产阶级革命路线；“四无限”，即对毛主席要“无限热爱、无限信仰、无限崇拜、无限忠诚”。

② 《人民日报》1969年8月25日。

③ “黑六论”：《红旗》杂志1968年第4期发表《吸收无产阶级的新鲜血液——整党工作中的一个重要问题》的社论，捏造了刘少奇的所谓“六论”，即“阶级斗争熄灭论”“驯服工具论”“群众落后论”“入党做官论”“党内和平论”“公私溶化论”（“吃小亏占大便宜”）。社论发表后，全国开始了对所谓“黑六论”的批判。

④ “文艺黑八条”，指1962年4月30日，中共中央批转文化部党组、全国文联党组《关于当前文学艺术工作若干问题的意见（草案）》。

能分清什么是马列主义、毛泽东思想,什么是修正主义,什么是革命,什么是反革命,以保证“斗、批、改”的政治方向。第二,批判党内、革命队伍内部违反毛泽东无产阶级革命路线和政策的各种错误倾向。比如批判宗派主义、山头主义、无政府主义等错误思想。第三,批判社会上各种“资产阶级倾向”。这种批判涉及社会生活的各个方面,矛头指向当时被认为是资本主义的一切行为,如投机倒把、物质刺激、宗教迷信、腐蚀干部和青年、破坏生产、破坏民族团结,等等。第四,结合本单位“斗、批、改”和生产、工作实际开展大批判。第五,联系自己的思想和工作实际“斗私”,改造世界观,做共产主义新人。“大批判”的以上内容,归结起来就是毛泽东所提出的要“斗私、批修”。这既是“文化大革命”的根本目的,又是完成“斗、批、改”阶段各项任务的重要手段。在以阶级斗争为纲基础上的“活学活用”与“大批判”的结合实际上也就是“大立”与“大破”的结合。这在当时被认为是建立一个新世界的强有力的杠杆和动力。

中共九大以后,随着“斗、批、改”的全面铺开,全省的“大批判”也达到了高潮。不少地方和单位大都成立了专门指导大批判的常设机构,组织了大批判写作组,报纸上开辟了大批判专版,各种形式的大批判专栏遍布于城乡街头巷尾或单位内部,有线和无线广播在各时段适时播出指导各项工作的大批判文章。

在当时遍布于各行各业、各个领域的所谓“革命大批判”,最为集中的是批判所谓“刘少奇的反革命修正主义路线”。在广大农村,在批判“三自一包”①“四大自由”②和“各种资产阶级自发倾向”的时候,把“农业六十条”所规定的社员耕种少量自留地、经营少量家庭副业和出售少量家庭农副产品等,一概当作资本主义自发倾向来批判,有的把社员到农贸市场出售完成国家任务后剩余的农副产品,当作搞“投机倒把”去批判,并被当作“资本主义尾巴”统统割掉。一些工厂企业单位在批判“唯生产力论”“物质刺激”以后,取消了高空、高温、井下工人的劳保待

① “三自一包”,指自留地、自由市场、自负盈亏,包产到户。

② “四大自由”,指在土改后的农村中允许农民有借贷、租佃、雇工、贸易的自由。

遇;有的在批判“修正主义的管、卡、压”后,取消了工厂企业中一些基本的规章制度。在学校、科研院所甚至一些家庭都普遍充满了这类“革命大批判”。“大批判”的方法,常常采取扣帽子,打棍子,断章取义,无限上纲,甚至对某些所谓的“修正主义分子”采取种种难以忍受的人身污辱和迫害。随着时间的推移,“大批判”中那些空洞的说教、蛮横的结论、浅薄的文字、千篇一律的形式以及每每与之相伴随的变相武斗,使人们普遍增长了一种厌倦、反感和畏惧的情绪。这种“大批判”只能使人们在“左”倾错误中越陷越深,而不可能真正提高共产主义觉悟。它直接损害了工人、农民、知识分子的切身利益,严重地压抑了他们生产、工作的积极性,阻碍了各项建设事业的发展。

教育改革与知识青年上山下乡

在“文化大革命”运动中,教育战线始终是重灾区。“文化大革命”开始后,广大教育工作者便被当成批判的对象,遭到“横扫”,广大学生“停课闹革命”,各院校一片混乱。根据毛泽东 1968 年 7 月 21 日在一份调查报告上的批语①及 8 月 25 日中共中央、国务院、中央军委、中央文革小组发出的《关于派工人宣传队进驻学校的通知》精神,全省各地纷纷以产业工人为主体,配合人民解放军战士,组成“毛泽东思想宣传队”,分批分期进驻各校,帮助促进实现“革命的大联合”。此后,工宣队、军宣队陆续进入上层建筑领域。

从 1968 年 9 月初至 12 月底,全省县城以上城市,共派出工人宣传队 4.3 万多人。6 个市的工人宣传队共进驻 1200 多个单位。进驻较早的是大中专院校、文艺单位和机关,然后又进驻了小学和街道。在农村,从 1968 年 11 月下旬至 1969 年 2 月中旬,各地相继组织了“贫下中农毛泽东思想宣传队”,连同解放军指战员和地方干部,共 23 万多人,

---

① 指毛泽东在《从上海机床厂看培养技术人员的道路》调查报告上的批示。批示指出:“大学还是要办的,我这里主要说的是理工科大学还要办,但学制要缩短,教育要革命,要无产阶级政治挂帅,走上海机床厂从工人中培养技术人员的道路。要从有经验的工人农民中间选拔学生,到学校学几年以后,又回到生产实践中去。”此后,全国各地纷纷办起以毛泽东批示日期为名的“七·二一大学”,并依此进行教育改革。

陆续开进了1.3万多个生产大队（即三类和二类偏下的大队）。一二类生产大队组织上百万人的不出村的“贫下中农毛泽东思想宣传队”，解决本生产队的问题。“工人毛泽东思想宣传队”“贫下中农毛泽东思想宣传队”开进学校，批判“学校教育脱离阶级斗争”，让“有三大革命斗争经验的工人、贫下中农担任兼职教师，充实教师队伍”。石家庄市1968年底有34所普通中学聘请了620余名这样的教师。相反，对那些懂业务、重教学的教师，则以“业务挂帅”的罪名进行批判。各地学校还批判了“严重脱离三大革命斗争实践”的旧教材，并自编“适应三大革命斗争需要”的“新教材”。在缩短学制方面，一般将中学六年制改为四年二二分段制，小学则实行五年制。在学习中“以学为主，兼学别样”。有的地方规定普通中学每年用7个月左右的时间学政治、学文化，用3个月左右的时间下村下乡。而大专院校参加劳动的人数更多，规模更大。1968年11月20日，河北省革委会决定：组织全省19所院校的1.4万多名师生到农村去，在当地革委会和“贫下中农宣传队”的领导下，参加生产劳动和“斗、批、改”运动，接受贫下中农再教育。各地还在很短的时间内，办起了上千个工厂和农场。

1968年，河北省根据《人民日报》推广的“侯王建议”①，开始把中小学下放到生产大队，由贫下中农管理，教师则由吃商品粮改为吃农业粮，记工分。按照9个地区（缺保定）的统计，截至1968年12月上旬，全部公办小学和一部分中学下放到生产大队的共有47个县，占全省县（市）总数的36%。与此同时，其他各县也在积极进行下放试点。

在城市，则实行了厂办校、厂校合并，学校成为工厂的一个组成部分，受厂革委会的直接领导，有的学校则划归街道管理，以“工宣队”队员和街道的退休老工人为主体，吸收家长和师生参加，组成“三结合”的革命委员会，领导学校的“教育革命”。

“文化大革命”开始后，高校停止招生。1970年6月，国家推行新的招生制度，即实行群众推荐、领导批准和学校复审相结合的办法招收工

---

① 指1968年11月《人民日报》刊登山东省嘉祥县马集公社小学教师侯振民、王庆余的一封信。该信“建议所有（农村）公办小学下放到大队来办”。

农兵学员,学制缩短为2年至3年。其后,又确定工农兵学员学习期间的任务是“上大学,管大学,用毛泽东思想改造大学”。河北省按照中共中央部署,1970年12月,部分院校实行新的招生制度,首批招收工农兵学员4000人。此后,每年一批,直到1977年恢复高考。

对教育进行合理的改革当然是必要的,贯彻教育为政治服务、教育与生产劳动相结合的精神也是可取的。但在“左”的思想指导下的“教育改革”,实践证明不仅不能达到原来预想的培养又红又专的革命事业接班人的目的,反而给全省教育事业带来巨大的损害,严重挫伤了广大教育工作者和教师的积极性,而且影响所及,在社会上和中小学中普遍产生了“读书无用”“读书吃亏”等错误观念。总结多年经验而形成的各种规章制度遭到严重的破坏,致使学校管理处于混乱状态。广大教师被置于受改造的地位,很难在教学中发挥主导作用,正常的师生关系遭到破坏。高等学校招生办法改革后,学生文化课程大量减少,教学质量严重下降。由于取消考试,改为“群众推荐,领导批准”,这就为采取各种不正当手段上中学,跨入高等学府大开了方便之门,严重地败坏了社会风气,贻误了一代青少年的教育和成长,造成全省科技队伍和各方面人才的青黄不接、后继乏人,给经济和社会发展带来了消极影响。

教育改革的另一项重要措施是组织高中和大中专毕业生等知识青年上山下乡。河北省知识青年上山下乡工作,始于20世纪60年代初。在全国城乡经济发生严重困难时期,中共河北省委为贯彻中共中央关于减少城镇人口,增加农村劳动力的指示,开展精简职工和城镇人口,支援农业生产的调整工作。这在当时是有计划有组织地进行的,在知识青年走与工农相结合的道路,支持工农业生产发展等方面起了积极作用。“文化大革命”开始后,1968年12月22日,《人民日报》报道甘肃省部分城镇居民到农村安家落户的事迹,在编者按中引述了毛泽东“知识青年到农村去,接受贫下中农的再教育,很有必要”的指示。于是知识青年上山下乡作为政治运动被推向全国。12月28日,省革委会召开常委办事会议,讨论研究1969年安置城市知识青年上山下乡工作。自此之后,全省掀起响应毛泽东的号召,“到农村去,到边疆去,到最艰苦的地方去,到祖国最需要的地方去”的高潮,开始了大规模的知识青年上山下乡运动。

河北省动员安置知识青年上山下乡主要有到农村、农场、农村单建队、回原籍和投亲靠友等五种形式。到1969年6月,河北省大中学校已有14万名知识青年奔赴农业生产第一线,相当于“文化大革命”前四年上山下乡人数总和的两倍。

1970年5月12日,中共中央批转了《国家计委军代表关于进一步做好知识青年下乡工作的报告》。《报告》指出:目前城乡阶级敌人正在“拼命地同我们争夺年轻一代”,而我们“有些地方的领导同志对敌人的破坏活动打击不力”,“工作抓得不紧”,使得下乡知识青年存在不够安心等问题。为此,提出了如何改进的建议。为贯彻落实以上《报告》精神,省革委会决定,由省市县主要领导干部带队组成检查组,深入到农村第一线进行实地调查。检查的重点是,强奸下乡女青年,对女青年进行逼婚、诱婚,干部利用职权为非作歹和包庇怂恿违法犯罪分子等。同时对知青点进行了走访,帮助青年点建立学习制度,落实贫下中农进点和“五七”战士带点的工作,并对青年点的住房、吃菜、养猪等实际问题给予适当的安排和解决。通过一系列行之有效的工作,对稳定下乡知识青年的思想,缓解知青家长的忧虑起到了积极作用。

为了做好大专院校毕业生的上山下乡工作,1970年7月12日,省革委会发出《关于1969、1970、1971年大专院校毕业生分配的通知》,要求这三届的大专院校的应届毕业生,于8月15日前,全部到达接收单位;各地要加强毕业生的思想政治教育,提高觉悟,使他们坚定地走与工农兵相结合的道路,自觉地服从革命需要,坚决到农村去,到边疆去,到工矿去,到基层去,接受工农兵的再教育。10月31日,省革委会召开全省上山下乡知识青年活学活用毛泽东思想积极分子代表会议,号召全省上山下乡知识青年要当好“三员”①,在农村“三大革命”②斗争中充分发挥表率作用。12月5日,省革委会党的核心小组发出《关于进一步做好下乡知识青年工作的通知》。《通知》指出,用毛泽东思想武装知识青年,

① “三员”,指毛泽东思想宣传员、阶级斗争战斗员、大寨式的好社员。
② “三大革命”,指阶级斗争、生产斗争和科学实验这三项革命实践活动。

是培养造就革命接班人的根本问题；做好下乡知识青年的工作，必须狠抓阶级斗争；要加强下乡知识青年的思想政治工作，指导他们走突出无产阶级政治的道路；要求安置知识青年的地区和动员知识青年下乡的城市，要密切配合，互相支持，共同做好知识青年的再教育工作；要关怀下乡知识青年，认真落实党的政策。

为纪念毛泽东“知识青年到农村去，接受贫下中农的再教育”的指示发表三周年，全面落实知识青年上山下乡的战略部署，1971 年 12 月 21 日，中共河北省委、河北省革命委员会发出给上山下乡知识青年的慰问信，并组成有 7617 人参加的慰问团，由省、地、市、县的负责人带领，分赴 10 个地区下乡慰问全省 20 余万下乡知识青年，推动全省上山下乡工作的深入开展。1972 年 9 月，省革委会召开了全省知识青年代表会议，交流经验，表彰先进。1973 年 5 月，省革委会成立知识青年上山下乡办公室，具体负责知青工作。8 月 18 日，中共河北省委在石家庄召开了知识青年上山下乡工作会议，研究解决知青工作中的问题。9 月，省革委会制定了《知识青年上山下乡若干问题的试行办法（草案）》，进一步明确了做好知青工作的各项政策，对知青安置经费、口粮、住房、医疗等方面作了具体规定。1974 年 1 月 9 日，《河北日报》发表省革委会致上山下乡知识青年、带队干部的春节慰问信。同时开始在全省推广大厂回族自治县建设知青点和株洲厂社挂钩的经验，使城乡两方面共同做好知青工作。1975 年河北省知识青年动员安置工作，实行由学校定向、单位定点，系统对口动员、对口管理的办法，使知识青年上山下乡的管理工作进一步得到规范。这一年的 12 月，为纪念毛泽东“知识青年到农村去”的号召发表七周年及“大有作为”① 的指示发表 20 周年，中共河北省委、河北省革命委员会召开了全省上山下乡知识青年先进集体、先进个人代表会议，并作出《关于在上山下乡知识青年中树立和表彰一批先进典型的决定》。到 1976 年，全省共建知青点 4342 个，安置下乡知青 14.433 万

① “大有作为”出自毛泽东 1955 年主编的《中国农村的社会主义高潮》一书，他为其中的《在一个乡里进行合作化规划的经验》一文写的按语：“一切可以到农村去工作的这样的知识分子，应当高兴地到那里去。农村是一个广阔的天地，在那里是可以大有作为的。”见中共中央文献研究室编：《毛泽东文集》第六卷，人民出版社 1999 年版，第 462 页。

人，占插队青年总数的85.1%，青年点共建房屋6.06万间，达到了有宿舍、伙房、图书室、学习室、仓库等配套要求。在城镇知青大规模上山下乡的同时，河北省有关部门每年都留出部分招工、升学、参军指标用于知青回城，特别对下乡时间长、年龄较大的知青实行优先招收。知识青年上山下乡随着“文化大革命”的结束而停止。到1980年底，全省下乡知青大部分返城。

广大知识青年上山下乡，到农村和边疆，去参加经济文化建设事业，这无论对建设新农村还是自身的学习锻炼都是有积极意义的。但是，“文化大革命”中进行的知识青年上山下乡运动，在实施的政策、措施、方法上存在着严重缺陷。如在下乡的政策上搞“一刀切”；在动员方式上侧重行政手段；在下乡地点的选择上，片面强调越是困难的地方越是要去。同时，过分强调知识青年要下乡接受贫下中农再教育，使一批青年失去了继续接受学校正规教育的机会，造成了人才生长的断层，影响了青年的发展，而且上山下乡青年的家庭和部分农民也因此加重了负担。总之，实践证明，动员知识青年上山下乡的做法，对青年的发展和国家建设都带来了不利影响。

三、党组织的恢复和建设

整党建党

整党建党是“斗、批、改”阶段一项重要的任务，是对被“文化大革命”冲击而停止过组织生活三年之久的党员和党组织进行的整顿和重建。“文化大革命”开始后，在“打倒一切”“全面夺权”的猛烈冲击下，党的各级组织普遍受到冲击并陷于瘫痪、半瘫痪状态，党的各级领导干部普遍受到批判和斗争，广大党员被停止了组织生活。为使党组织得以恢复并发挥作用，1967年10月以后，毛泽东提出了整党建党的任务。但这次整党是建立在对党的性质、任务错误认识和党的队伍错误估计的基础上开展的。

整党建党的指导思想是毛泽东 1967 年 10 月在青海省革委会党的核心小组报告上的一个批示,即“五十字纲领”:“党组织应是无产阶级先进分子所组成,应能领导无产阶级和革命群众对于阶级敌人进行战斗的朝气蓬勃的先锋队组织。”① 还有毛泽东另一条关于“吐故纳新”的指示,即:“一个无产阶级的党也要吐故纳新,才能朝气蓬勃。不清除废料,不吸收新鲜血液,党就没有朝气。”当时要求全党以这两个指示为“最根本的原则”,“用毛泽东思想整顿、恢复、重建党的组织”。② 同年 12 月 2 日,中共中央、中央文革小组发出了《关于整顿、恢复、重建党的组织的意见和问题》。根据以上精神和党中央的部署,河北省各级革命委员会党的核心小组进行了全面整党建党工作。

河北省的整党建党工作是从 1968 年初开始的。这一年年初除保定外,全省 9 个地区共搞了 1123 个整党试点。其中:农村大队 662 个,工矿企业 129 个,财政金融系统 124 个,文教卫生系统 59 个,机关团体 42 个,城市街道 107 个。6 月和 9 月,河北省革命委员会党的核心小组两次召开整党建党座谈会,总结整党试点经验。试点工作是按照中共中央关于整顿、恢复、重建党组织的意见及毛泽东提出的“五十字纲领”进行的。试点单位对党员提出用毛泽东思想武装头脑,对所谓“叛徒、特务、阶级异己分子、顽固不化的走资派”清除出党,对不起党员先锋模范作用经教育仍无变化的劝其退党或开除党籍,对长期作预备党员不够转正条件的取消其预备资格,对有重大政治嫌疑而未作结论的暂缓参加组织生活,对少数犯有严重错误的党员采取严肃、积极、热情的态度,帮助其开展批评和自我批评。根据试点单位遇到的具体问题,省革委会政治部 9 月 24 日提出除叛徒、特务、走资派和列入阶级敌人被揪斗的党员外,均应参加整党。党员的组织生活恢复前,经过党内外讨论,由党员大会对党员分别作出准予恢复、暂缓恢复、准予恢复给党纪处分、自退除名、劝退出党、取消预备资格、开除党籍的意见。组织生活恢复后成立支

---

① 1967 年 10 月 27 日,中共中央、中央文革小组发出《关于已经成立了革命委员会的单位恢复党的组织生活的批示》,此批示提出了以阶级斗争为纲进行党的建设的要求,后来又被称为“五十字建党方针”,并写入“九大”通过的党章。

② 转引自席宣、金春明著:《“文化大革命”简史》,中共党史出版社 1996 年版,第 217 页。

部委员会，须经上两级组织批准。关于整党的领导问题，决定地（市）、县革委会成立党的小组负责此项工作。进驻工人毛泽东思想宣传队的单位，从工人宣传队、解放军战士和本单位在“文化大革命”中涌现出的积极的党员中挑选，组成临时整党领导小组，也可以由工人宣传队直接领导整党。

1969 年 4 月 1 日，中国共产党第九次全国代表大会在北京召开，中共九大的政治报告全面系统地阐述了整党建党的方针。毛泽东在中共九届一中全会的讲话中更尖锐地指出，党“事实是需要重建”。按照中央的部署，全省各级党组织深入学习贯彻九大精神以及新党章，检查总结前一段整党建党工作，全省整党建党工作全面展开。

截至 1970 年 4 月，全省有 2.6127 万个单位结束整党，占单位总数的 46.3%。存在的问题主要是以派整党、非党群众整党、以阶级斗争为纲的指导思想整党和突击入党等问题。5 月 5 日至 27 日，河北省革命委员会召开整党建党工作会议。会议学习了“北京六厂二校典型经验”①，总结了全省整党建党工作。会议要求在全省广大党员和群众中，掀起学习中共九大通过的新党章的群众运动。要从实际出发，理论联系实际，活学活用；领导要亲自动手，带头学，带头辅导，培训学习骨干，建立学习辅导网；要利用各种宣传工具，推广先进经验，使学习新党章的群众运动深入持久地开展下去。同时，各地领导干部要带头深入基层调查研究，把巩固无产阶级专政的任务，落实到每个基层单位。1970 年 6 月至 10 月，各地、市、县采取办学习班的方法，训练支部委员和公社干部，每期 15 天至 20 天；学习新党章，全省共训练党员干部 19 万名，占应训总数 27 万名的 71%。

在整党进行到一定阶段后，重新建立党组织的工作提到日程上来。

---

① “六厂二校典型经验”，是指八三四一部队进驻北京的 6 家工厂和 2 所大学，即北京针织厂、新华印刷厂、化工三厂、北郊木材厂、二七机车车辆厂、南口机车厂和清华大学、北京大学，在“支左”工作中创造的经验。北京市革委会积极推广这一经验。《红旗》杂志、《人民日报》、新华社等多次报道。此后，全国掀起学习“六厂二校经验”的热潮。1970 年 4 月，中共中央召开整党建党座谈会。会上交流了各地整党试点的情况和经验，并确定以北京“六厂二校”作为各地整党建党的样板。

1970年9月14日至18日，中共正定县第三次代表大会召开，大会选举产生了中共正定县第三届委员会。这是河北省第一个按照新党章建立起来的县委。9月19日，《河北日报》发表社论《认真搞好建立新党委的工作——热烈祝贺中共正定县委的成立》。截至1971年5月13日，全省有90%以上的基层单位进行了整党建党工作，其中80%以上的单位建立了党组织，共吸收了17.4万名新党员。保定地区、张家口地区、石家庄市、唐山市、保定市、张家口市、秦皇岛市及122个县，结束整党建党工作，准备召开党的代表大会，恢复党委领导机构。

按照“文化大革命”的要求进行的“整党建党”工作，由于指导方针的错误，问题很多。在“吐故纳新”中，有些符合条件的党员不能恢复组织生活或被错误地开除党籍，而有些不符合党员标准的人则被拉入党内，造成党组织的严重不纯。但也应当看到，通过“整党建党”，各地、市、县和各部门、各单位陆续建立了党的各级组织，先后恢复了大多数党员特别是许多老党员的组织生活，这对发挥党组织的作用，抵制和反对各种破坏活动起了一定作用。在整党运动的后期，整团建团运动陆续展开。1970年7月12日，中共中央发出《关于整团建团工作的通知》，要求在整党建党深入发展的同时，整团建团工作也要跟上来。之后，这项工作在全省全面铺开。其方法、过程与整党建党大致相同。经过整团建团，全省各级团组织恢复建立起来。

中共河北省第二次代表大会

1970年8月23日至9月6日，中共九届二中全会在江西庐山举行。会上，林彪、陈伯达破坏原定议程，搞突然袭击，提出“天才论”和设国家主席等问题，妄图实现其抢班夺权的野心。陈伯达在华北组的讨论中非常活跃，华北组的与会人员受陈伯达的煽动，也纷纷表态，建议在新宪法中恢复设国家主席一章，赞成毛泽东当国家主席。华北组“第二号简报”上还登发了陈伯达的发言。毛泽东识破其阴谋，华北组“第二号简报”被收回。8月31日，毛泽东写了《我的一点意见》批判陈伯达的“天才论”，并在全会印发，给林彪反革命集团以沉重打击。9月6日，周恩来在作总结讲话时，代表中共中央宣布对陈伯达进行审查。会后，中共中央对河北省革命委员会领导班子进行了调整,李雪峰调离原职,由刘子厚主持省革委会工作。1970 年 10 月,中共中央发出《关于召开地方各级党代表大会的通知》后,人们普遍关注的是什么时候召开党代表大会,建立“文化大革命”后的中共河北省委。当时,虽然全国多数省、市、自治区都召开了党代表大会,重新建立了党委,但河北省革命委员会党的核心小组主要负责人,惊恐初定,心有余悸,不敢贸然向中共中央提出召开党代会、建立河北省委的问题,而是等待中央的安排。[①]1971 年 5 月初,中共中央认为河北省重新建立省委的条件已经具备,指示筹备召开党代表大会。

中共河北省第二次代表大会开幕前,于 1971 年 5 月 6 日至 16 日,举办学习班,即预备会议,按照中央的规定传达学习了毛泽东《我的一点意见》及中央批陈整风文件,学习中共九大的政治报告和新党章,全体代表参观了革命圣地西柏坡,重温了毛泽东在七届二中全会上的报告,为党代表大会的召开做好了各项准备工作。

5 月 17 日至 20 日大会正式召开。出席大会的代表 1029 名。河北省革命委员会党的核心小组组长刘子厚向大会作《高举党的“九大”团结胜利的旗帜,沿着毛主席的无产阶级革命路线胜利前进》的工作报告。经讨论大会通过了这个报告。会议总结了全省“文化大革命”以来,特别是省革命委员会成立以来的工作,认为全省革命和生产的形势很好,“文化大革命”已取得辉煌成果。会议提出并讨论了今后的工作任务。要求全省各级党组织,必须彻底解决对毛泽东的态度问题,永远保持坚定正确的政治方向;必须刻苦学习马克思列宁主义、毛泽东思想,努力改造世界观,提高识别真假马列主义的能力;必须正确对待群众,特别要正确对待反对过自己的群众;必须严格坚持党的民主集中制,开展积极的思想斗争,切实保证党的政治路线的贯彻执行。会议强调要加强党对经济工作的领导,实现社会主义建设的“新跃进”;要大办农业,大办钢铁,狠抓三线和国防工业建设,在国家统一计划下,逐步建立起工农业协调发展、轻重工业基本配套、有利于独立作战,适合河北省特点的国

① 韩立成主编:《当代河北简史》,当代中国出版社 1997 年版,第 207 页。

民经济体系；必须进一步开展“工业学大庆，农业学大寨，全国学人民解放军”的群众运动，全面落实“抓革命，促生产”的方针；既充分发挥地方各级的革命积极性，又要防止分散主义，树立全局观念，坚持全国一盘棋；要加强战备，经常进行形势教育、战备教育、爱国主义和国际主义教育，树立无产阶级的战争观，要进一步落实地方各项战备工作，把河北建设成保卫祖国的钢铁长城。

会议选举产生中共河北省第二届委员会，由委员 79 名、候补委员 20 名组成。中共河北省第二次代表大会的召开，标志着在“文化大革命”中瘫痪的河北省级党组织正式恢复。5 月 21 日，第二届委员会第一次全体会议选举刘子厚、郑三生、马辉、刘海清、马杰、吕玉兰、马力、曾美、王金山、赵江、袁捷、谷奇峰、郭志 13 人为省委常委，刘子厚为中共河北省委第一书记，郑三生为第二书记，马辉、刘海清、马杰为书记，吕玉兰、马力为副书记。

中共河北省第二届委员会，实行党的一元化领导。省委第一书记兼任省革命委员会主任，省委第二书记、书记、副书记 6 人均为省革命委员会副主任。由于二届省委是在“无产阶级专政下继续革命”的理论指导下组建的，存在组织不纯的问题。在“文化大革命”结束后的清理工作中，先后有 19 人被免除委员或候补委员资格，其中被定为“造反起家”的 5 人，犯有“严重错误”的 3 人。

第二届中共河北省委的成立，对稳定全省的局势起到了积极作用。同全国各省、市、自治区党委比较起来，中共河北省委成立的时间较晚，在全国是第 23 家。在人员组成上，13 名常委中地方领导干部 5 人，部队领导干部 8 人，在 5 位书记中部队军职领导干部共 4 位，而由地方领导干部担任第一书记，这在全国是少有的。

恢复重建后党组织的建设

新的中共河北省委建立后，根据形势的发展和党员干部的要求，不断加强自身建设，建立和健全工作机构，大力发展党员，加强干部教育和作风建设，加强地县级党委、省直各单位、各部门党组织的恢复重建工作。经过努力，到 1972 年 2 月 9 日，全省 10 个地区、9 个市、145 个县已全部召开地方党的代表大会，建立了新党委。省直各单位、各部门党组织也逐步恢复建立。根据毛泽东关于无产阶级革命事业接班人的五项条件，各级党委在组织建设中实行了老、中、青三结合。地市县党委的第一把手中，地方干部占51.8%，军队干部占45.7%，不脱产干部占2.5%。大量工农党员参加了党委的领导。在地委中，老年占6%至7%，中年占72%，青年占21%；在县委中，老年占3%至4%，中年占60%，青年占36%。女党员选入各级党委的比重大有增加，一般都占到了20%左右。在全省1236名地市县常委中，有新生力量158名，多数党委的常委中有一名新生力量。不脱产的委员，在地市委中占1/3左右，在县委中占40%以上。至此，瘫痪已四年的各级党委和基层党组织得到了恢复和发展，绝大多数的党员也恢复了组织生活。

中共河北省第二届委员会，同此前的中共河北省革委会党的核心领导小组一样，仍以河北省革命委员会的工作机构作为中共河北省委的工作机构，即：两个牌子，一套机构，一套人员。设办公室、调查研究室、政治部、生产指挥部和保卫部。继续负责全省党务、行政、生产管理、司法等各项工作。为加强党的组织建设，1973年4月，根据工作的需要，中共河北省委新设省委办公室，后又改称省委办公厅。5月，撤销省委、省革委会政治部，恢复省委组织部、宣传部、统战部和省直属机关委员会，另恢复《河北日报》为省委机关报。到1976年10月，省委工作机构共7个。有的工作机构虽没有恢复到“文化大革命”前的规格，但作为工作部门也逐渐恢复。中共河北省监委的工作在“文化大革命”开始后不久即处于停顿状态，机关干部先后被下放，机构解体。1972年，被停顿的党的监察工作逐步恢复，由省革委会政治部组织组分管，设专职纪检干部6人。同年10月，河北省革命委员会政治部设监察组，同时各地市县也建立了纪检机构。1973年7月，中共河北省委决定，设立中共河北省委组织部监察处。1974年又将监察处改为纪律检查处。中共河北省委职能机构的恢复建立，标志着河北省委的工作逐渐步入正轨，初步改变了组织机构党政合一的状态。

新省委建立后大力发展党员，到1972年底，全省新发展党员35万余名。鉴于发展党员数量较大，要求偏急的情况，全省发展党员的重点转入没有党员或党员很少的单位,其他单位或部门转入以教育提高党员质量为主。1973 年 5 月,中共河北省委强调,必须认真做好对要求入党的积极分子的培养教育工作,特别注意在批林整风和三大革命斗争第一线对他们进行考察和锻炼,做到成熟一个发展一个,对已经入党而手续不完备的新党员,确实具备党员条件的,要按党章规定补办入党手续。针对在整党建党中发展党员出现的一些问题,省委组织部提出,对具备党员条件的,但入党手续不完备的,缺什么手续补什么手续;对在党委建立之前由县或相当县一级或受上级委托的公社革委会,代行公社以上职权的“斗、批、改”领导小组、整党建党领导小组和毛泽东思想宣传队批准的党员,考虑到当时的历史情况,应视为有效,但需由县委组织部写出证明装入档案。1974 年,发展党员的重点首先是解决“培养选拔接班人”的需要,其次是在没有党员的生产队和厂矿企业的较大班组发展党员。总的看,新省委建立后,按照党员标准发展新党员的工作是有成效的,吸收了一大批符合或基本符合条件的党外积极分子入党,给党组织增添了活力和战斗力。但是,也存在着一些问题,主要是不少党组织把敢于抓阶级斗争作为标准,吸收党员重出身、重工农,忽视在知识分子中发展党员,特别是派性观念没有得到根本清除,导致了在发展党员的过程中,有突击入党和纳亲纳派等问题发生,造成党员队伍新的不纯,带来不良影响。

长期以来,毛泽东对机构臃肿、效率低下等官僚主义现象十分反感,他希望通过革命委员会这种组织形式,由群众代表直接参加革委会的领导,干部经常参加集体生产劳动,下基层蹲点调查,以及加强思想政治工作和作风建设等途径,扫除官僚主义的陋习,使革委会真正体现广大人民群众的要求和意志。为了落实毛泽东的这些设想,搞好领导机关革命化建设,河北省各级领导班子实行了“三三制”,即:班子成员 1/3 在机关工作,1/3 调查研究,1/3 参加生产劳动。

河北省较早在机关实行这种“三三制”的是廊坊地区和邯郸地区。这两个地区先后于 1972 年和 1973 年实行“三三制”。1974 年 12 月后,河北省直机关和大部分地市机关普遍推广了廊坊、邯郸的做法。第一批下去蹲点劳动的干部,省直有3540人,地市直机关有3760人。这些干部绝大多数都下到农村的后进单位,除本身参加劳动外,还要帮助村干部“抓革命,促生产,改变后进面貌”。干部下基层参加生产劳动,密切了干部和群众的感情,促进了基层工作的开展。

第十六章

对内乱的抵制和全面整顿

在“文化大革命”期间,林彪、江青反革命集团把党的“左”倾错误推到极端,以达到篡夺党和国家最高权力的图谋。党和人民在“文化大革命”中同“左”倾错误和林彪、江青两个反革命集团的斗争是艰难曲折的,一直没有停止过。河北地处北京周围,林彪、江青反革命集团的黑手很自然地伸到了这里。在十分艰难的情况下,河北广大人民群众对他们的倒行逆施进行了不同形式的抵制。但是,由于林彪、江青反革命集团以极左的面孔出现,很能迷惑人,加上他们手中有权,“棍子”和“帽子”满天飞,河北也毫不例外地执行了极左路线,因此,这种抵制还是有限的,其表现形式是比较隐蔽的。

一、对极左思潮的批判和反复

华北会议和“批陈整风”

在中共九届二中全会上,陈伯达的问题暴露后,1970 年 11 月 16 日,中共中央作出《关于传达陈伯达反党问题的指示》,并转发毛泽东的《我的一点意见》(附恩格斯、列宁、毛主席关于称天才的几段语录)。12 月 22 日,中共中央召开华北会议。会前,毛泽东在一份文件上批示:“为何听任陈伯达乱跑乱说,他在北京军区没有职务,中央也没有委托他解决北京军区所属的军政问题。是何原因陈伯达成了北京军区及华北地区的太上皇？”① 会议主要根据这个批示的精神，揭发批判陈伯达，从而牵连到河北省革命委员会主任李雪峰。1971 年 1 月 24 日，周恩来根据毛泽东的指示，代表中共中央在华北会议上作了重要讲话，揭露、批判陈伯达，宣布中共中央的决定，更换北京军区的主要领导人。同时宣布：李雪峰调离原职，继续进行检查学习，待有成效后，再由中央另行分配工作。

华北会议后，河北省先是在各级领导干部中进行了传达贯彻，而后逐步扩大，在全省开展了“批陈整风”运动。1971 年 2 月 6 日，中共河北省革命委员会核心小组和省军区党委在石家庄召开“批陈整风”会议，历时 47 天，于 3 月 24 日结束。参加会议的地方和军队领导干部共 497 人。会议学习中央文件，重点揭发批判陈伯达的反党罪行，同时揭发批判李雪峰所犯的“方向、路线严重错误”。省革命委员会党的核心小组和省军区领导人在会上分别数次作“自我检查”。

1971 年 2 月，中共中央决定调天津驻军主要领导人郑三生任河北省革命委员会第一副主任。周恩来亲自同郑三生谈话，要他去河北支持刘子厚主持工作，稳定河北局势。郑三生到河北后，按照周恩来的指示，开展工作，团结各方面的同志，协调各方面的关系，对稳定河北的局势作了大量工作。

在“批陈整风”的过程中，河北省还对过去因陈伯达表态而被打击和批判的一派群众组织进行了平反。1971 年 4 月 12 日，河北省革委会党的核心小组下发了《关于纠正在原省直机关学习班所犯错误的决定》，“省委机关红色造反兵团”得到平反和恢复名誉。唐山、秦皇岛、丰润、丰南四个市县也为在 1968 年上半年被宣布为“流派”② 的 12 个群众组织公开平反，摘掉了“流派”的帽子。石家庄市也就过去对群众的政策问题作了检查。

由于中共中央的决策，各地驻军做了大量工作，在“批陈整风”期

---

① 逄先知、金冲及主编：《毛泽东传（1949—1976）》（下），中央文献出版社 2003 年版，第 1585 页。

② “流派”，指所谓“资产阶级反动流派”。

间，河北各地联系实际揭发批判陈伯达的罪行，全省没有发生新的内乱。在此期间，对因陈伯达在河北“表态”后遭受打击、摧残的“群众造反组织”，给予平反，宣布“两派都是革命群众组织，大方向都应该肯定”。

初步落实干部政策

“文化大革命”初期，大批领导干部被打倒，领导权和工作权被剥夺。1967年下半年，毛泽东视察三大区时指出，要解放一批干部，让干部站出来。为此，各地开始了审查干部的工作，把“好的”和“比较好”的干部“解放”出来，把“特务、叛徒、死不改悔的走资派”的问题进一步查证落实并作相应处理。到1968年5月，全省9个地区（缺保定地区）地县两级主要领导干部339人中，已“站”出来的118人，占总数的35%。其中结合进领导班子的87人。“文化大革命”进入“斗、批、改”阶段后，毛泽东指出：“正确对待干部，是实行革命三结合，巩固革命大联合，搞好本单位斗、批、改的关键问题，一定要解决好。”遵照毛泽东的这一指示，河北省决定加强和加速对省直原正副厅局长、地委正副书记、正副专员以上干部及原县级第一二把手干部的审查工作。1968年8月，河北省革委常委会讨论确定，建立一个以军队干部为主，有地方干部和“革命造反派”代表参加的审干小组。审干小组的任务是在河北省革命委员会的领导下，负责省革命委员会担负的具体审干工作，并负责督促、检查、指导全省的审干工作，注意考察提拔优秀干部，争取在1968年底，完成对地、专级领导干部的审查。县级干部的审查工作，由地区革委会组织同样的审干小组进行，在地区审查后，报省批准。审查干部的方法，采取办学习班的办法，上下结合，审干小组与发动群众相结合，审干小组与专案组相结合，分批进行。为了进一步搞好审干工作，1968年10月10日，河北省召开了全省审干工作会议。会后，河北省的审查和解放干部的速度明显加快。1969年7月，省革委审干小组和组织组召开各地区审查、解放和配备领导班子的会议，会后各地审查、解放干部的工作继续进行。当时要求“问题较清楚和简单的”，经查证后，写出有关材料经上级部门审批的即可解放；问题较复杂的，则交专案或成立专门的审干班子解决。全省各地审干工作到1971年中共九届二中全会以前相继告一段落。应该说这一时期的审干工作,虽有落实政策的内容,但在工作中受“左”的倾向影响严重,落实政策很不彻底。

1972年5月18日至29日,中共河北省委召开各地市和有关部门负责人参加的落实党的干部政策座谈会。会议针对“文化大革命”中许多老干部遭受打击和迫害,造成大量冤假错案的事实,重申了党的干部政策。会议强调,要团结干部的大多数,排除“左”右干扰,既注意防止“一风吹”的右的倾向,又要克服宁“左”勿右的错误思想;要用“一分为二”的观点,历史地、全面地看待犯错误的干部,贯彻执行“惩前毖后,治病救人”的方针;大胆培养、提拔新生力量,争取在两三年内,各级领导核心配备2名至3名新生力量;增强无产阶级党性,消除资产阶级派性,要善于团结和自己意见不同的人一道工作。随着这次会议精神的贯彻执行,落实干部政策有一定进展,但限于当时主客观条件,这种“落实”也只能是初步的。

“批林整风”和进一步落实干部政策

中共河北省委重建后不久,1971年9月13日,发生了“九一三”林彪叛逃、机毁人亡的重大事件。10月以后,随着林彪反党集团的罪行材料陆续发出并逐步传达到基层,按照毛泽东的思路,在全国范围内开始了“批林整风”运动。

1971年10月3日至9日,中共河北省委遵照《中共中央关于扩大传达〔1971〕57号文件的通知》,召开了有572人参加的地、师级党员干部会议,学习中央文件,揭发、批判林彪反革命罪行。10月10日至20日,按照中共中央的部署,全省各地向基层党支部副书记以上党员干部传达中共中央文件,听传达的计有24万多人。从10月底到11月底,有关文件精神传达到了全省广大党员和群众,计有3078万人。

1972年1月26日至2月3日,中共河北省委召开二届二次全会(扩大),传达、学习中央文件,批判林彪及其党羽炮制的《“571”工程纪要》[1]。会后,各地市县及大专院校、厂矿企事业单位也普遍召开了党委

[1] “571”为武装起义的谐音,是林彪反革命集团成员林立果、周宇驰等人起草的阴谋政变的文件。

扩大会议、三级干部会议或举办学习班,开展对《“571”工程纪要》的批判。是年河北省委强调把揭批林陈反党集团的斗争当作全年头一位大事来抓,“采取有效措施,克服松劲情绪,一定要把林贼一伙的反革命罪行批深批透,肃清其一切流毒和影响”。

从1971年9月下旬到1972年中期,河北省的批林运动基本上是这样的方式:中央每发一个关于林彪反党集团的文件,省委常委首先集中传达讨论,揭发批判,并召开会议,部署省、地、市、县各级的批林工作。这一时期运动的发展大体可分三个阶段:第一阶段,传达林彪叛党叛国文件和中央采取的一系列措施。第二阶段,主要传达《粉碎林陈反党集团反革命政变的斗争》材料之一、之二,使群众系统地了解中央同林陈反党集团斗争的过程,特别着重批判《“571”工程纪要》。第三阶段,主要传达学习《毛主席在外地巡视期间同沿途各地负责同志的谈话纪要》。至1972年11月底,县以上党委的“批林整风”告一段落。12月初,河北省委又召开地、市委书记会议,交流基层试点经验,研究部署下一年度的“批林整风”工作,并从省、地、市、县抽出50%的干部,深入基层,帮助工作。

在“批林整风”运动开展一年多之后,时任中共中央政治局委员的康生等指示河北,要在“批林整风”中进行清理工作,说“河北出了个李雪峰,是不是还有第二个李雪峰啊?”企图搞乱中共河北省委。于是,河北省委不得不于1973年1月先后四次召开省委常委会议进行讨论,并于1月4日至6日召开地、市委书记会议,部署清理工作。接着省直各部门和地、市委在春节前相继召开常委或常委扩大会议,吸收省、地、市直机关副局(组)长以上党员干部共2000多人参加,时间一般是半月至20天。2月中旬,省委又分三批召集地委书记开会听取各地清理工作的汇报,对进一步开展清理工作进行研究,确定扩大清理工作的范围:县级扩大到县直机关副局(组)长以上党员干部,城市扩大到区委正副书记。各地清理工作的基本做法是:首先重新学习毛泽东、中共中央的相关指示,进一步批判林彪反革命集团的罪行,“然后在统一思想认识、提高路线觉悟的基础上进行揭发检举,向党交心”。1973年5月13日,中共河北省委向中共中央、毛泽东汇报了自1972年下半年以来在“批林整风”中所做的工作，并且着重汇报了清理工作。与此同时，河北省委还先后整理了《关于国民党反共分子、托派、叛徒、特务、修正主义分子陈伯达到河北省“乱跑乱说”的罪行材料》等上报中央。

从“批陈整风”开始，河北省革委会党的核心小组多次召开会议，统一认识，形成决议。一方面责成各地、市革委会党的核心小组抓紧为受压的一派群众平反；另一方面派省革委会党的核心小组成员分赴原省直干部学习班，传达中央和省委的精神，具体落实平反事宜。有关这方面的个人检查、组织鉴定、处分决定以及揭发批判材料一律当众销毁；扣发了工资的予以补发；各地、市在“批陈整风”中，仿照省直的做法，抓紧解决了正确对待不同观点的干部和群众的问题。这样，就使全省不同观点的干部群众，逐步消除了对立情绪，缓解了人民内部分裂的紧张局面。

河北地处首都周围，驻军较多，搞好军队之间和军政、军民之间的团结，是保持河北稳定的极为重要的因素。为了做好这方面的工作，省委主要负责人于 1972 年 4 月 12 日至 18 日，同保定驻军几位负责人一起，先后到曲阳、阜平、涞源、易县、安国和保定市做促进军政、军民团结工作，号召广大干部、群众要尊重、支持、信任保定驻军，强调要团结起来。

在“文化大革命”中，河北许多老干部和工程技术人员被关进“牛棚”或靠边站。虽然从 1968 年下半年以来落实干部政策的工作一直在进行，但由于林彪、江青集团的阻挠以及极左思想的影响，这项工作一直困难重重。“九一三”事件后，在毛泽东的支持下，周恩来主持中共中央日常工作。周恩来抓住批判极左思想呼声高涨的有利时机，大大加快了落实干部政策的进程。河北省委紧跟中央的部署，落实干部政策工作的步伐加快。中共河北省委在全省计划会议上，分析了河北解放干部中存在的严重问题，指出：有些地方和单位资产阶级派性还没有消除，有些应该解放的干部没有解放，或者解放以后不使用，或者使用了但不能发挥他们的作用；有相当一批知识分子、工程技术人员改行转业，还有的作为一般劳动力来安排。会议要求各级党委，要消除资产阶级派性，正确对待革命干部，特别是各级领导干部和工程技术干部。经过省委的大力推动，全省落实干部政策的工作取得很大进展，大多数干部得到解放并安置了适当工作。

经济领域的纠“左”与整顿

“文化大革命”中的无政府主义思潮,给社会经济秩序造成很大混乱。林彪反革命集团被粉碎后,全国性的经济领域的整顿在周恩来的主持下迅速在全国展开。1971 年 12 月至 1972 年 2 月召开的全国计划会议提出,加强统一计划,整顿企业管理,落实党对干部、工人、技术人员的政策,坚持又红又专,反对无政府主义,把产品质量放到第一位。

1972 年 2 月 26 日至 3 月 16 日,河北省革命委员会召开全省计划会议,传达贯彻全国计划会议精神,安排年度国民经济计划,研究农轻重的关系、大办农业、大打矿山之仗及加强企业管理等问题。针对河北省许多企业生产管理中的混乱现象,7 月省委指示省直有关部门加强对企业管理情况的调查研究。在此基础上省委于 9 月 8 日至 28 日召开了以整顿企业管理为主要内容的全省工业会议。会议确定:(一)健全加强集中统一的生产指挥系统,调整充实职能管理机构,把生产与后勤两大块机构改为计划、生产调度、技术工艺、产品设计、财务成本、质量检验、设备维修、劳动工资、安全生产、供销、行政等职能机构,将连、排、班改为车间、工段和班组。(二)建立健全政治工作制度、岗位责任制、劳动考核制、质量检验制、设备管理维修制、技术操作规程、安全生产制和经济核算制八项规章制度。(三)认真搞好企业的经济核算,班组虽不是一级核算单位,也要搞好原材料消耗和工时定额核算。(四)坚持按劳分配原则,反对平均主义。这次会议精神的贯彻落实,对于企业克服无政府主义和管理混乱现象,恢复正常的生产经营秩序起到了重要作用。

在农业政策的调整方面,九届二中全会以后,国务院先后召开了北方地区农业会议,全国棉花、油料、糖料生产会议和全国林业会议,对极左思潮和“左”的错误提出了不同程度的批评。1971 年 12 月 26 日,中共中央发出《关于农村人民公社分配问题的指示》,针对农村中存在的“分光吃尽”、集体增产个人不增收、分配不兑现以及劳动计酬上的平均主义等现象,强调指出:应在发展生产的基础上逐步增加积累,公共积累不要一下子增加过多,要使农民在增加生产基础上增加个人收入;口粮分配要做到有利于调动最大多数社员的积极性;农村人民公社分配必须兼顾国家、集体和个人三者利益,坚持各尽所能、按劳分配的原则,不要照搬照抄大寨大队的劳动管理办法和分配办法，而要从实际出发，着重总结本地的经验，采用群众自己创造的、愿意接受的、简便易行的办法；要注意农业的全面发展，不能把党的政策允许的多种经营当作资本主义批判。

1972 年 1 月 4 日，中共河北省委就认真贯彻执行中央上述指示发出通知指出：《中共中央关于农村人民公社分配问题的指示》是一个极其重要的文件，反映了广大贫下中农和社员群众的要求。各级党委要切实抓好，认真落实。2 月 26 日，中共河北省委召开全省农村工作会议。会议决定：人民公社的收益分配必须兼顾国家利益、集体利益和个人利益，粮食分配要坚决贯彻落实中共中央关于继续实行粮食征购任务一定五年的通知，社员口粮分配一般可采取基本口粮和按劳动工分分配相结合的办法。在劳动管理上，要克服在劳动计酬上的平均主义。会议根据河北省的实际情况，研究讨论了进一步执行“农村六十条”的具体意见。

“反右倾回潮”“批林批孔”，纠“左”中断

周恩来领导的批极左思潮，受到了江青集团的反扑。1972 年底，毛泽东的思想也发生了变化。他认为，林彪反革命集团搞“修正主义，分裂，阴谋诡计，叛党叛国”，是极右。江青反革命集团乘机推波助澜，由“反右倾回潮”进而发起“批林批孔”运动，于是纠“左”中断。1974 年 1 月 1 日，“两报一刊”发表《元旦献词》，提出“批林，批判林彪路线的极右实质，就是批判修正主义”，“要继续开展对尊孔反法思想的批判”，“批孔是批林的一个组成部分”。紧接着中共中央下发了 1974 年第 1 号文件，即北大、清华“大批判组”汇编的《林彪与孔孟之道》（材料之一）。一场“批林批孔”的政治运动又一次在全国开展起来。

1974 年 1 月 26 日、27 日，中共河北省委常委会议研究确定，“集中力量，加强领导，把‘批林批孔’这个头等大事抓紧、抓好，迅速掀起批林批孔的新高潮”。1 月 29 日，省委常委会议确定，成立省委“批林批孔”办公室，在省委常委直接领导下，负责掌握全省“批林批孔”情况和进行试点工作。1 月 30 日，省直各部门和地、市委抽调干部 120 名，确定先抓石家庄印染厂等 12 个试点。1 月 31 日，中共河北省委、省革命委员

会在省会召开万人“批林批孔”动员大会,发动全省掀起“批林批孔”高潮。当时,人们并不清楚江青一伙打着“批林批孔”的旗号,把矛头指向周恩来,搞所谓的“批林批孔批周公”的险恶用心。全省在“批林批孔”运动中,主要是宣读《林彪与孔孟之道》的材料,召开各种形式的批判会,张贴大字报、办墙报、画漫画、编写小册子,宣讲“儒法斗争史”,等等。4 月 6 日,省会再次举行万人大会,省、地、市领导同省会工人、贫下中农、解放军战士等一起“批林批孔”。在大会发言中,主要是批判“孔老二”妄图复辟奴隶制并联系林彪反革命集团企图复辟资本主义的罪行,认定林彪等一伙是“孔老二”的徒子徒孙,是“现代的大儒”。这次批判大会在形式上使全省的“批林批孔”运动达到高潮。

在河北,运动初期主要是围绕中央下发的《林彪与孔孟之道》(材料之一)归纳的八个问题,展开批判。7 月以后,“批林批孔”运动的中心转到“评法批儒”、宣讲“儒法斗争史”上来。

“批林批孔”运动与“批林整风”运动的不同之处在于拉出了一个两千年前的古人作为批判对象。对于普通群众来说,对孔子其人是陌生的,要批判他,就要了解他,研究他。要使“批林批孔”运动取得成效,还必须用“马克思主义的观点”来指导。因此,中央在 1974 年 5 月间下发文件,提出要加强马克思主义理论队伍的建设。6 月 15 日,中共河北省委召开全省理论队伍建设会议。此后,各地大抓理论队伍的建设,从省到地、市、县各级党委都建立了理论学习领导小组,各级书记挂帅,党委一名常委成员专抓,党校和“五七”干校纷纷举办理论辅导学习班,各单位也举办了不定期的短期学习班,培训理论骨干。

“批林批孔”运动,又一次打乱了刚刚趋于正常的社会秩序。在“批林批孔”运动中,从 1974 年 5 月起,保定又内乱起来。这次内乱中有人策划极少数人轮番来省会石家庄,在大街上、在各大商场的玻璃橱窗上张贴、刷写标语。矛头所向,直指北京军区和省委主要领导人。保定的极少数人还一度冲进省革命委员会机关,占领办公厅的会议室,在机关大院内架设高音喇叭,并在办公楼的墙壁上乱写乱画,吵吵嚷嚷,煽动省委、省革命委员会机关干部起来“造反”。石家庄市有极少数人响应,占据市群众艺术馆的办公室。这些做法,引起省会广大人民的严重不满,群众愤愤不平。为了避免事态的扩大,影响省会乃至全省的局势,中共河北省委紧急通知石家庄地、市和省直各部门,指出保定极少数人来石家庄闹事是错误的,要求一切从维护大局出发,避免发生冲突,打不还手,骂不还口,不覆盖标语,不开展辩论,一切由省委负责解决。省会及有关各县按照省委要求做了大量工作,避免了冲突。

7月1日,中共中央发出《关于抓革命促生产的通知》,指出,“有的人不批林,不批孔,不上班,不劳动……继续搞跨行业、跨地区的串连,拉山头,打内战,还把这种行为说成是‘反潮流’的革命行动,这是对反潮流的严重歪曲。还有的人散布什么‘不为错误路线生产’的谬论,公然煽动停工停产。对于这些错误言论,必须加以批驳。对于幕后操纵者,要发动群众揭发批判。”《通知》下发及时,措辞尖锐,针对性很强。全省立即宣传贯彻中共中央的通知,以稳定局势。在石家庄搞内乱的极少数人,本来就无“群众基础”,经过各方面的工作,离开了石家庄。

二、全面整顿及其反复

开展全面整顿工作

1975年1月,周恩来在第四届全国人民代表大会第一次会议上的政府工作报告中重申,在20世纪内全面实现农业、工业、国防和科学技术四个现代化的宏伟目标,把全国人民的注意力再次引到发展经济、振兴国家的事业上。第四届全国人大会议以后,周恩来病重,在毛泽东的支持下,邓小平主持国务院日常工作,后又于7月同时主持中央日常工作。他大刀阔斧地对各条战线进行整顿,提出了一系列扭转混乱局面的方针、政策,进行了在当时条件下最大限度的拨乱反正。中共河北省委抓住这个大好时机,按照中共中央的部署,放开胆子,开展了全面整顿工作。

由于各级党组织领导班子在重建的过程中,受“左”的认识影响,加之强调“老中青”三结合,强调吸收“新生力量”,致使一些在“文化大革命”中的造反派参加了进来。这些人靠“造反”起家,派性思想严重,造成了一些地区、一些单位领导班子内耗严重,阻碍了各项工作的开展。这些年,中共河北省委一直被各地的派性斗争所困扰。因此,要恢复正常的工作和生产秩序,必须在党组织中清除这些“造反派分子”。为此,中共河北省委在 1975 年 3 月和 6 月连续两次召开地、市委书记会议,贯彻邓小平有关全面整顿工作的讲话精神,提出要把领导班子的整顿作为重点。省委第一书记刘子厚在讲话中说:各级领导要“敢”字当头,对资产阶级派性严重,经过教育批评仍不改的领导干部和头头,要采取组织措施,坚决把他们调离,派得力干部充实加强那里的领导班子,对仍无故不上班、不劳动和不服从调动的,不发工资。

省委在解决派性问题的过程中,对保定地区的问题倾注了力量。保定地区的问题由来已久,当地在“文化大革命”初期形成的两派造反组织,观点相左,互相攻击,甚至形成武斗。虽然后来实行革命大联合,但由于“左”的指导思想干扰,不可能从根本上解决问题,派性依然严重存在。全面整顿开始后,省委下大力量对保定地区的县级领导班子进行整顿,将派性严重的干部进行调整,派进得力干部充实班子。省委全面整顿措施的迅速落实,使全省形势越来越好。

中共河北省委在抓领导班子整顿的同时,根据中共中央的指示精神,结合河北的具体情况,还抓了交通运输、钢铁和煤炭行业为重点领域的整顿工作。首先抓了这些行业的领导班子的调整和建设,从消除派性入手,配强企业领导班子;其次进一步加强了党对经济工作的领导;再次是抓了企业的管理,恢复和健全了各项规章制度。

1975 年 2 月下旬,中共中央召开全国各省、市、区主管工业的书记会议;3 月 5 日作出《关于加强铁路工作的决定》,着重解决因闹派性、打派仗造成铁路运输被阻碍等问题。遵照中央指示,河北省开始整顿铁路运输秩序,打击破坏铁路设施和盗窃铁路运输物资的犯罪活动。省革委会在 3 月份批转了《省公安厅关于加强铁路安全保卫工作的报告》,要求组织广大干部群众认真学习和贯彻中共中央的决定,大力整顿铁路沿线治安秩序,抓好安全保卫工作。在党委统一领导下,铁路沿线地、市、县，由铁路、公安、武装、工商管理等有关部门组成整顿铁路秩序领导小组，建立健全铁路联防组织和护路队伍；沿线所在市、县公安机关分片负责，狠抓落实。经过整顿，治安秩序不好的站、段的面貌在短期内明显好转。与此同时，铁路部门也加强了管理工作，有效制止了无票乘车和危害行车安全的行为；对活动在铁路沿线的闲散人员进行了清理；对阻拦火车、中断运输、损坏列车和铁路设施、砍伐树木、偷盗煤炭物资等违法行为严肃处理。另外，加强了对易燃、易爆物品的管理，不断开展安全大检查，努力减少各种事故，防止重大火灾、爆炸和各种治安灾害事故的发生。1975 年 8 月，省革委会发出《关于转发北京铁路局革命委员会关于加强道口安全管理工作的通知》，要求各级革委会和公安、交通部门积极配合铁路部门，认真搞好铁路道口的管理工作。对无警告、减速等标志的公路与铁路交叉道口，迅速设置了路标，并加强路标的管理工作，坚决追查并严肃处理盗窃、破坏路标的事件，对破坏交通路标、制造交通事故的坚决打击。各地还帮助铁路部门，协调和处理新建、改建立交桥时有关房屋拆迁和劳力调动等问题，使施工任务顺利完成。经过整顿，河北境内的铁路运输秩序明显好转，安全正点率显著提高。

1975 年 5 月，中央在北京召开了钢铁工业座谈会。邓小平、叶剑英、李先念在座谈会上作了重要讲话。邓小平在讲话中提出整顿钢铁工业的四条办法：建立一个坚强的领导班子、坚持同派性斗争、落实政策、建立必要的规章制度。钢铁工业座谈会提出整顿钢铁工业，极大地鼓舞了河北钢铁工业战线的各级领导、科技人员和广大职工。河北省借这次座谈会的东风，狠抓了全省钢铁工业的整顿，取得了显著成效。唐山钢铁公司在“文化大革命”中稳定较早，生产也比较正常。在 1975 年的整顿中，加强各级领导班子建设，加快落实政策的步伐，建立健全了以计划管理、岗位责任制、生产管理、劳动工资管理、设备管理为重点的各项规章制度，促使生产进一步发展。1975 年钢产量达到 82.5 万吨，比 1970 年翻了一番，材坯加工总量达到 80.5 万吨，生铁产量达到 15 万吨，完成工业总产值 3.8 亿元，创历史最好水平。邯郸钢铁总厂是河北省在“文化大革命”中的一个“老大难”单位，虽经几次整顿，但成效不大。1975 年邯钢贯彻落实全国钢铁工业座谈会精神，发动群众批判资产阶级派性，促进了团结；从抓大案要案入手，打击了刑事和经济犯罪活动；开门整风，整顿总厂、分厂领导班子“软、懒、散”的问题；加强企业管理，建立健全必要的规章制度；狠抓了大干快上和重点设备的大修改造。邯钢通过整顿，卓有成效。1975 年工业总产值和主要产品产量都提前完成了计划，比 1974 年有较大幅度的增长。其中钢增长 45.5%，钢材增长 67.8%，商品坯增长 110.5%。

1975 年全省钢铁工业的形势是“文化大革命”期间最好的一年。全省生铁产量达到 178.24 万吨，钢产量达到 111.16 万吨，成品钢材达到 67.94 万吨，分别比 1966 年增加 3.64 倍、2.68 倍和 3.25 倍。钢和生铁的产量都突破 100 万吨，受到中央领导的赞扬，被邓小平誉为钢铁工业的“百万富翁”。

由于“文化大革命”的冲击，河北大多数企业的规章制度废弛，管理混乱，生产事故不断。在全面整顿中，1975 年 4 月 16 日至 20 日，省革委会召开全省安全生产会议，强调要充分认识搞好安全生产的意义，深入开展群众性的安全生产运动，开展对特殊工种工人的专业安全技术教育和训练，考核合格后方可上岗；建立健全合理的规章制度，首先把岗位责任制、安全技术操作规程、设备维修检查制度建立起来，并依靠群众，在实践中修补、完善；严肃追查和处理事故的责任人，并努力改善职工的生产条件。7 月 11 日，河北省革委会发出《关于最近连续发生重大事故的通报》，对一些地方连续发生翻车、火药爆炸、厂房塌顶、煤矿瓦斯爆炸、火灾、触电和中毒等重大事故进行了通报批评。要求各级革命委员会和省直部门组织企事业单位和农村社队广大干部群众，认真检查，找出问题，采取措施，坚决克服把生产同安全对立起来，忽视安全生产，对人民生命财产漠不关心的官僚主义态度；切实加强安全生产知识和遵守劳动纪律的教育，改善企业管理，建立健全合理的规章制度，建立群众性的安全组织；对于违反安全生产制度的行为进行认真严肃的批评，对已发生的重大事故要一个一个地查清原因，作出严肃处理；对违反安全生产制度、工作不负责的肇事者，分别情况，追究责任，情节严重的以党纪国法论处。

全面整顿促进了各项经济建设的发展。1975 年，全省工农业总产值 219.34 亿元,比上年增长 15.3%。其中:工业总产值 146.61 亿元,比上年增长 7.4%;农业总产值 72.73 亿元,比上年增长 11.5%。工业主要产品产量:钢 111.16 万吨,比上年增长 13.58%;原煤 5198 万吨,比上年增长 12.3%;发电量 112.95 亿千瓦小时,比上年增长 16.1%;棉纱 18.83 万吨,比上年增长 7.6%。粮食作物:小麦 460 万吨,比上年增长 16.1%;稻谷 36.7 万吨,比上年增长 18.2%。由于夏季大旱,玉米 421.12 万吨,比上年减产 5%;棉花 18.3 万吨,比上年减产 2.89 万吨;但当年油料增产,达到 24.05 万吨,比上年增长 4.5%。

1975 年,不仅国民经济形势迅速回升,而且政治形势、社会秩序也明显好转。人民群众拥护邓小平提出的全面整顿,拥护中共中央提出的一系列政策。安定团结,把国民经济搞上去的号召,深入人心。人民群众通过各种形式表达自己的心愿,以实际行动维护安定团结,发展生产。

全面整顿的中断和“批邓、反击右倾翻案风”

邓小平领导的全面整顿的不断深入,势必触及“文化大革命”的“左”的错误和政策,并且逐渐发展到对这些错误的系统的纠正,这就有从根本上否定“文化大革命”的可能。这种发展趋势,遭到“四人帮”的猖狂反对,也为毛泽东所不容。1975 年 11 月后,邓小平被停止了大部分工作,“专管外事”,全面整顿中断。同时,11 月下旬,中共中央在北京召开“打招呼会议”,宣读了经毛泽东审阅的《打招呼的讲话要点》,正式提出“反击右倾翻案风”问题。11 月 26 日,中共中央向各省、市、自治区第一书记,各大军区党委第一书记,中央和国家机关各部委党的负责人,军委各总部和各军兵种党委第一书记发出《关于转发〈打招呼的讲话要点〉的通知》,“反击右倾翻案风”运动逐步在全国展开。

中共河北省委 12 月 16 日至 22 日召开会议,传达中央《关于转发〈打招呼的讲话要点〉的通知》和中共中央转发的《清华大学关于教育革命大辩论的情况报告》。会后,中共河北省委贯彻中共中央的有关指示精神,在全省兴起了一场“教育革命大辩论”和“反击右倾翻案风”运动。

1976 年 1 月 8 日,中共中央副主席、国务院总理、全国政协主席周恩来在北京逝世。河北人民无限哀痛。1月12日至15日,各地下半旗志哀,并停止一切文娱活动。1月15日,首都举行追悼会,中共河北省委通知各地党政机关停止办公一天,组织学习周恩来的伟大革命精神和崇高品德,以寄托哀思。

2月5日,中共中央通知将《打招呼的讲话要点》扩大传达到党内外群众。3月3日,中共中央发出《关于学习〈毛主席重要指示〉的通知》,转发了毛泽东关于“批邓、反击右倾翻案风”的谈话,“批邓”的问题正式在党内公开。为了大造舆论,江青集团策划炮制了一大批所谓的“大批判”文章。《河北日报》遵命逐一转载。

运动之初,河北省委,各地、市委按照中央的有关精神,首先在大专院校普遍开展了“教育革命大辩论”。

2月27日至3月4日,中共河北省委常委以及在冀工作的中央委员一起学习了毛泽东在1975年10月至1976年1月间所作的有关指示,对“批邓”进行表态式的批判。3月9日至16日,中共河北省委召开县以上负责干部1375人的大会,对邓小平进行错误批判。“四五运动”① 后,邓小平受到错误处理。5月6日至8日,中共河北省委召开了地、市委书记会议,进一步贯彻中共中央指示,要求深入“批邓、反击右倾翻案风”。

在“批邓、反击右倾翻案风”运动中,保定又一次内乱起来。1975年,全面整顿在保定地区和保定市取得了一些成果,也触动了造反派的派性利益,引起了他们的不满。“反击右倾翻案风”运动开展后,这些人借机发难。1976年3月23日,保定市发生了部分市委委员将中共保定市委主要负责人“劫持”到五一饭店,企图强行解决市委的“翻案风”问题,压市委“转弯子”,但未能得逞。省委数次召开会议听取汇报、研究解决问题的方案,但由于问题复杂,又与“批邓、反击右倾翻案风”运动交织在一起,中共河北省委的努力没有收到效果。保定的局势越来越严重,后来竟然发生了少数人抢劫枪支、弹药的事件。

---

① “四五运动”,是指1976年4月5日清明节期间发生的人民群众在天安门广场以悼念周恩来、反对“四人帮”为主要内容并波及全国的群众运动。

4月13日,中共中央发出毛泽东圈阅的电话通知:“据了解河北保定地区清苑等县发生少数人抢劫枪支、弹药、粮食事件,责成河北省委、河北省军区限期解决。”省委接到通知以后,立即派出工作队。4月16日,省委派出400多人的工作队进驻高阳县,宣传落实中共中央“四·一三”电话通知,收缴被抢的武器。高阳县在极少数人的操纵下,发生了轰赶工作队,并劫持了工作队副队长,关押了9天的事件。保定地委少数领导人在地委招待处设立联络组,组织一些人轮番围攻、揪斗地委其他领导人。

保定的严重局势引起了中共中央的极大关注,也给“四人帮”插手河北提供了机会。5月下旬,在江青反革命集团的阴谋策划下,调省委常委和保定地委领导人去北京京西宾馆开会。会议期间,王洪文出面分别同保定地委领导人和省委常委谈话。

王洪文肯定保定地委某些领导人“批邓、反击右倾翻案风”的大方向正确,而对省委常委施加压力,压省委作检查。检查对邓小平是“顺着干”还是“对着干”的问题。省委领导人思想不通迟迟没有拿出一个正式的检查来。而省委不作“检查”,王洪文就不散会。此时,河北的政治局势异常紧张。就在这个时刻,7月28日,唐山发生了7.8级大地震。中共中央、国务院紧急派中共河北省委主要领导人刘子厚、马辉等人于当天上午,从北京飞往唐山机场,去组织领导抗震救灾。京西宾馆的会议因此不得不休会,但王洪文声言,河北省委的问题并没有完,抗震结束后要继续解决。于是,中共河北省委在这种政治压力下,投入到抗震救灾工作中。

就在河北全省上下投入紧张抗震斗争的时候,1976年9月9日,中共中央主席、中央军委主席毛泽东逝世。消息传来,全省上下沉浸在巨大悲痛之中,以各种形式开展了追悼活动。9月18日,中共河北省委召开45万人参加的追悼大会,缅怀毛泽东的革命实践活动和对河北人民的关怀。毛泽东逝世后,中国向何处去?这个沉重的问题压在人民的心头。10月,中共中央政治局代表党和人民的意志,一举粉碎了江青反革命集团。消息传来,河北人民欢欣鼓舞,纷纷集会欢庆胜利。

第十七章

经济建设在克服困难中发展

“文化大革命”十年内乱，河北省工农业生产虽然遭受到严重冲击和干扰，但在困难和曲折中仍有所发展，减轻了“文化大革命”带来的破坏。经济发展的原因，来自中共中央、国务院的关怀和支持，国家对河北的工农业建设进行了大量投资，产生了经济效益；特别是1972年周恩来领导的经济领域里的纠“左”与整顿，1975年邓小平领导的全面整顿，对促进河北经济发展起了重要作用。从省内看，中共河北省委恢复后领导班子相对稳定，虽在总体上仍贯彻执行“以阶级斗争为纲”的路线，但建设社会主义、把经济搞上去的信念没有动摇，广大工人、农民、科技人员以各种形式抵制林彪、江青反革命集团的严重干扰和破坏，在逆境中坚持生产，坚守岗位，奋力拼搏，使全省工农业生产保持了一定的增长速度，取得了一定的成绩。

一、“文化大革命”初期的工农业生产

“文化大革命”初期工农业遭受的破坏

经过1963年至1965年三年调整后，河北省国民经济出现了全面发展的趋势。1966年下半年开始的“文化大革命”打断了生产正常发展的进程。“文化大革命”初期主要在文化、教育、科技领域和党政机关

开展，领导机关陷于瘫痪，而工人、农民尚未参加到运动中来，因此对工农业生产的影响还不十分严重，再加上 1966 年上半年经济得到正常发展，因此当年的工农业生产仍然有较快的增长。农业战线，在战胜干旱、风雹、虫、涝等自然灾害之后，夺得 1966 年农业、牧业全面丰收。粮食总产量比历史上最高年产量的 1965 年提高 19.5%；棉花、油料也获得好收成；植树造林超过原计划的 73%，比造林最好的 1956 年提高 67%；大牲畜完成了增殖计划，比 1965 年增长 7%；猪只存栏数超额完成计划，比 1965 年增长 31%。全省有 29 个县（市）实现和超额完成了农业发展纲要所规定的粮食亩产指标。

这一年河北省工业战线提前 20 天完成全年国家计划，工业总产值与 1965 年同期相比，提高 19% 以上。主要产品产量增加，特别是支援农业的产品和原材料工业有较大幅度增长，铁制水车、农用水泵比过去四年生产的总和还多，胶管、传动带等成倍增长，生产和配套的排灌机具，可以扩大农田灌溉面积 1000 多万亩，小型柴油机已开始成批生产，同时制成青虫菌农药、氨压表等一批新产品。总体上 1966 年的各项经济指标还是上升的。1966 年完成社会总产值 131.91 亿元，比 1965 年增加 13.41 亿元；工农业总产值为 104.28 亿元，比 1965 年增加 9.41 亿元，其中农业总产值增加 3.58 亿元，工业总产值增加 5.83 亿元。

1967 年 1 月，中共河北省委和省人委以及各级党政领导机关都被群众组织夺了权，领导机关和经济管理部门完全瘫痪，不能行使管理工作的职能，许多正确的政策和规章制度被废除，无政府主义泛滥，国民经济受到严重影响。加之工人、农民也参加到“文化大革命”运动中来，许多地方分成了两派，严重对立，互相斗争，造成停工停产；有些地方甚至发生大规模的武斗，对生产造成了严重的破坏。因此，1967 年是国民经济受到严重破坏的一年，是工农业生产下降的一年。全省工农业总产值 102.69 亿元，比上年减少 1.51 亿元，其中工业总产值 53.96 亿元，比上年减少 1.45 亿元；农业总产值 48.93 亿元，比上年减少 0.14 亿元；工农业主要产品，原煤 2318 万吨，比上年下降 9.6%；发电量 42.95 亿千瓦小时，比上年下降 0.6%；粮食 1062.87 万吨，比上年下降 2.9%；油料

24.79 万吨,比上年下降 3.2%。

在流通领域实行“左”的政策,关闭市场,统一集期,阻碍了商品交换,使城乡集贸市场和商业受到严重影响。从“文化大革命”开始到1966 年末的半年中,全省集贸市场减少了 1/3。1967 年 11 月,河北省抓革命促生产指挥部在《关于加强市场管理,严厉打击投机倒把分子的通知》中,要求弃农经商的农民,立即返回原地,参加农业生产劳动。农村“四坊”只准集体经营,不准社员单干。全省各大中城市,一律不开放集市贸易。人民公社、生产大队办的企业和副业,城市街道办的生产服务组织不准经商。由于在流通领域实行“左”的政策,使商品流通受到限制,因而出现了下降的情况。社会商品零售总额 1966 年为 33.44 亿元,1967 年为 32.52 亿元,减少 0.92 亿元。其中:消费品零售额 1966 年为 27.19 亿元,1967 年为 26.79 亿元,减少 0.4 亿元;全省国内纯购进总值 1966 年为 30.36 亿元,1967 年为 27.63 亿元,减少 2.73 亿元。

由于工农业生产下降,商品流通额减少,财政收入受到了影响。1967 年,全省财政收入 10.76 亿元,比上年减少 2.54 亿元,下降了 23%。“文化大革命”初期的内乱对国民经济造成了一定的干扰和破坏,人民群众的生活也受到一定影响。

制定国民经济发展计划

1968 年 2 月 3 日,河北省革命委员会成立后,“文化大革命”初期的混乱局面得到克服,全省的工作和各项运动在省革委会的统一领导下进行。2 月 17 日,河北省革命委员会召开由各地、市、县革委会 700 多人参加的抓革命促生产誓师大会。会议根据华北地区抓革命促生产会议精神,交流办好毛泽东思想学习班的经验,讨论部署 1968 年的工业、农业、财贸战线的生产任务。大会指出,河北省已有 9 个地区 102 个县(市)成立了革命委员会,中央和省属工矿企业已有 70% 以上的单位实现了“革命大联合”。大会在总结了一年来抓革命促生产的成就和经验后,提出要全面贯彻毛泽东“抓革命,促生产”和“要节约闹革命”的方针,保证 1968 年工农业生产的更大发展。3 月 1 日,省革委会第二次会议通过《关于抓革命、促生产的决议》,要求全省广大贫下中农、革命群众和革命干部要以大寨为榜样，贯彻执行以粮为纲，多种经营，农、林、牧、副、渔全面发展的方针和农业“八字宪法”；工业、交通战线，要努力增加生产，提高产品质量；财贸工作，必须“增加生产，节约支出”和“发展经济，保障供给”，支持工农业生产和外贸出口任务的完成。坚决贯彻执行中央《关于进一步实行节约闹革命，坚决节约开支的紧急通知》的各项规定，各单位必须对照检查、条条落实。同时，强调要尽快建立、健全和充实、调整生产领导班子；农村基层单位，按照中央指示，生产队一般不搞夺权；干部要正确对待群众，正确对待群众运动，积极领导好抓革命促生产。

1969 年 4 月 9 日，河北省革命委员会草拟了 1969 年国民经济计划纲要，确定 1969 年发展国民经济的主要任务是：第一，高质量地保证毛泽东著作的出版，大力发展广播事业；第二，大力发展农业，加强工业对农业的支援，按照毛泽东“以粮为纲，全面发展”的指示，做好各方面的具体工作；第三，从备战出发，全面安排好工业生产建设；第四，继续狠抓交通运输；第五，积极做好财政贸易工作，支援工农业生产建设；第六，集中力量打歼灭战，多快好省地完成基本建设任务。

1971 年 3 月 30 日，河北省召开全省计划会议，讨论和拟定了全省 1971 年发展国民经济计划。确定了狠抓三线和国防工业的建设；大办农业，加快农业机械化的进程；狠抓原材料工业，特别是钢铁工业，大打矿山之仗；发展科学技术，努力赶超国内外先进水平的目标。

尽管这个时期，制订的经济计划指标过高，不太切合实际，在当时内乱的形势下，难以完成，但它表明，省革委会成立后对发展经济已经开始关注，工农业生产逐步转入正常。

二、“农业学大寨”运动和农业的发展

“农业学大寨”运动的开展

1968 年 2 月，河北省革命委员会成立后不久，召开了抓革命促生产

誓师大会,发动全省开展“农业学大寨”运动。此后,从省到县各级党政领导机关,年年召开各种形式、各种规模的“农业学大寨”会议,推动“农业学大寨”运动的开展。

1971 年“九一三”事件后,周恩来主持中央日常工作,针对“农业学大寨”运动中存在的问题,于当年 12 月 26 日,由中共中央发出《关于农村人民公社分配问题的指示》。1972 年 2 月 26 日至 3 月 16 日,中共河北省委召开的农村工作会议,结合河北的实际情况,贯彻中央指示。经过会议研究,制定了若干措施,主要是:在“农业学大寨”运动中,人民公社的收益分配,必须兼顾国家利益、集体利益和个人利益;粮食分配要坚决贯彻落实中共中央关于继续实行粮食征购任务一定五年的通知,社员口粮分配要克服平均主义,一般采取基本口粮和按劳动工分分配相结合的办法;在劳动管理上要克服劳动计酬上的平均主义,学习大寨的劳动管理办法,但必须从实际出发,同群众商量,不可照搬硬套;要保证农业第一线有足够的劳动力,从农村抽调劳动力要严格控制,县以上抽调农村劳动力常年不超过 5%,冬春不超过 10%;坚持干部参加集体劳动制度;坚决贯彻执行“以粮为纲,全面发展”的方针,加强工业支援农业,把农业生产提高到一个新的水平。这是一次很重要的会议,经各地贯彻落实,对纠正有些地方在“农业学大寨”运动中出现的问题,稳定当时实行的“三级所有、队为基础”的人民公社体制起了重要作用。

中共河北省委农村工作会议以后,当年 5 月 27 日,又在栾城县召开全省“农业学大寨”现场会,提出“全党动手,大办农业”的口号,要求各地更加广泛深入地开展“农业学大寨”的群众运动,加速建设“大寨县”的步伐。

1973 年和 1974 年,省委连续两年在邯郸召开全省“农业学大寨”现场会,组织学习和推广河北省的大寨——何横城大队学大寨的经验。成安县何横城大队地处冀南平原,社队干部和农民群众科学种田,实现了粮棉双高产。1973 年在国务院召开的全国棉花生产会议上,国务院领导人在讲话中表扬了何横城大队。何横城被誉为“河北省的大寨”。省委在邯郸连续两次召开大规模的现场会,推广何横城大队粮棉双高产的经验。在全省开展学习何横城大队治水、改土、高产作物种植和实行科学种田等经验，对发展农业生产还是起了积极作用的。

1975年9月15日至10月19日，中共中央、国务院在山西省昔阳县和北京召开了全国“农业学大寨”会议。在大会开幕式上邓小平代表中共中央、国务院向大会致以热烈的祝贺，并作了重要讲话。在会议期间，中共河北省委就下发通知要求各地组织学习邓小平的讲话。为此，在1976年京西宾馆会议上，“四人帮”还将此事作为河北省委执行邓小平路线的事例，逼迫省委作检查。

全国“农业学大寨”会议以后，中共河北省委又召开了一系列的会议，再三强调要传达好、学习好、落实好，来一个思想大发动，使全省“农业学大寨”“普及大寨县”的运动持续地向前发展。各地、市、县，直到公社，都召开了大会，进行传达贯彻。各工厂、企业也都召开会议，贯彻落实并重新修订增产节约计划，大力支援“农业学大寨”，使全省“农业学大寨”运动达到了新高潮。

开展水利基本建设，加强粮食生产

河北是农业大省，新中国成立后，全省农业生产有长足发展，但是，由于农业生产条件低下，旱涝灾害频繁发生，仍严重地制约着农业的发展和粮食生产，是一个缺粮省。从1949年到1965年的17年里，河北依靠国家调入粮食累计达1000万吨，其中1963年遭受特大洪水，当年国家调给河北粮食225万吨。显然，农业上不去，粮食不能自给，不仅阻碍全省而且影响全国的经济发展。“南粮北调”，主要是调给京、津二市和辽宁、河北两省。河北的人口和耕地又多于辽宁省。河北省必须下大力把农业搞上去，解决粮食自给的问题。

在“农业学大寨”运动中，全省围绕着提高粮食产量，大力开展农田水利基本建设，用以解决旱涝问题，改变农业生产条件。为此，在“文化大革命”中，中共河北省委、河北省革命委员会先后四次召开全省农田基本建设会议进行大力推动。1970年1月18日至22日，在灵寿县召开山区农田水利基本建设现场会，参观学习灵寿县宅南公社瓦房店大队的农田水利建设成就，介绍推广兴隆县西河川、灵寿县北庄公社、武安县马庄公社大水大队、遵化县建明公社西铺大队治山治水经验。1974年

9月20日至27日，召开全省农田水利基本建设会议，先后参观学习山西昔阳县大寨、北京平谷县以及本省山区、平原、低洼盐碱地区24个学大寨先进典型、9项农田水利工程。1975年7月7日至18日，召开全省平原地区农田基本建设会议，参观学习冀县“打、配、管、用、修”一整套机井建设经验，望都县合理布局机泵改革经验，以及文安、河间、献县等5县22个先进社队的典型经验，着重讨论和推动加速机井建设（特别是深井建设）和平整土地工作。1975年8月28日至9月9日，召开全省山区农田基本建设会议，参观学习河南省辉县学大寨、赶昔阳，大搞山区农田基本建设的经验，参观河北省武安、磁县、峰峰矿区、沙河、邢台、赞皇等县区17个学大寨典型单位。

河北省的水利基本建设，是在根治海河和打井抗旱两条战线上全面展开的。

根治海河运动15年，其间经历了“文化大革命”10年。河北省每年组织七八个地区，八九十个县市，三五十万民工，大协作，大会战，采取集中力量打歼灭战的办法，一条河系一条河系地治理，进行了大规模的根治海河工程建设。“文化大革命”期间，各项事业遭到空前的破坏，而根治海河有毛泽东“一定要根治海河”的号召，始终进展顺利。这一号召作为“最高指示”来执行。“海河工程，根治海河中央早批准了，对最高指示一定要坚决执行”，“当时，不管是哪一派造反组织，都不敢反对治理海河”。[①] 在那“‘打倒一切，全面内战’的年代，不少地方拦路设卡，武斗不断，但无论哪个地区，哪个方面，对于根治海河的车辆一律放行，根治海河工地上秩序井然”。[②] 周恩来对根治海河工程始终给予了极大的关怀，多次听取汇报，并给予具体指示。尤其在“文化大革命”期间对海河工程给予了有力的支持和保护。

在各行各业都在闹革命的形势下，中共河北省委于1966年9月6日决定：海河指挥部的“文化大革命”运动暂不进行，到冬季停工以后再搞。1967年3月15日，中共河北省根治海河指挥部政治部决定：“海河

① 曹应旺著：《周恩来与治水》，中央文献出版社1991年版，第153页。

② 《缅怀毛泽东》（上），中央文献出版社1993年版，第257页。

工地营以下单位不进行夺权斗争。如干部不称职或有严重错误,需要撤换的,要经县以上领导机关批准;武装干部或生产队的民兵连长、指导员要经上级军事机关批准。民工‘文化大革命’占用业余时间进行,保证纯劳动时间不少于八小时。”从而保证了海河工程的顺利进行。

根治海河期间正是中国经济困难时期,国家对根治海河的投入是有限的。要完成这一浩大的工程,必须动员各级领导干部和广大人民群众进一步贯彻自力更生、勤俭建国的方针。为此,自力更生、勤俭治水贯穿了根治海河运动全过程。挖河民工的工棚费开支很大,一般每人需要30元左右。民工发扬“穷棒子”精神,实行工棚物料自带,每人每期国家只给2.5元的补助费,实际节约90%多。黄骅县民工团搭建的“一窝龙”工棚,每人每期才合3角多钱,比规定的补助标准又节省了80%。这个经验推广后,工棚费大有节余。仅衡水地区一个工期就节省7.3万多元。每期工程进退场,百分之六七十的民工不坐火车,自运物料工具,徒步行军几百里,节约了运费。海河工地各级指挥机构,转战各河系,不搞基建,也基本不置买家具。不少县团指挥部没有办公桌,用几块土坯搭个台子办公。

在根治海河运动中,广大干部发挥自己的聪明才智,许多工程都做到了精心设计、科学施工。在子牙新河穿南运河枢纽工程的设计和施工中,如果按老办法全部采用倒虹吸结构,工程量大,建设时间长,投资需要4000万元。经过反复研究,采取了平交、立交相结合,井桩架渡槽的建筑形式,投资减少到650万元,当年建成生效,比全部采用倒虹吸形式节省资金80%以上,工期缩短2/3。在挖河筑堤设计中,采取“挖两河筑两堤”的办法,即防洪、排沥两条河道平行开挖,防洪河道填筑两堤,排沥河道不筑堤,将挖防洪河道主槽所出之土筑一防洪堤,再将挖排沥河道所出之土筑成另一防洪堤。这样,就形成了两河两堤、洪沥分流。在处理挖河与交通的矛盾上,采取先修桥后掏土的办法,做到挖河交通两不误。在挖河筑堤过程中,把弃土修成台田,成堤即行植树,基本上达到“六成”标准:河成、堤成、桥成、路成、田成、树成。这些都是根治海河中的创举。

1979年大规模排涝工程基本完成,根治海河取得了巨大成就:在海河中下游先后开挖了黑龙港河、子牙新河、滏阳新河、大清河、永定新河、北京排污河、潮白新河、漳卫新河、卫运河、蓟运河等 53 条骨干河道，总长度 3641 公里；修筑防洪堤 3260 公里；修建闸、涵、桥等建筑物 3445 座；在上游续建、扩建和新建大中型水库 30 多座，共完成土石方、混凝土 13.35 亿立方米。这些工程完成后，海河流域各水系都有了单独的入海通道，排洪能力提高了 4.34 倍。1964 年以来，由于水库、河道、洼淀联合运用（水库拦削洪峰，河道畅流入海，洼淀蓄滞缓洪）使洪水按照人们的意愿循序安全下泄，确保了北京、天津的安全，确保了国家干线铁路、公路交通、通信干线和大油田的安全，保障了全省城乡人民生命财产的安全，也使地方工农业免遭大损失。通过扩建原有的排沥河道，新辟排水骨干河道及其配套工程，使海河流域排沥河道入海能力由大规模治理前的 414 立方米 / 秒增加到 3180 立方米 / 秒，扩大 6.68 倍。平均每年因涝成灾面积，由 1964 年的 1107 万亩，减少到 353 万亩。如发生 3 年至 5 年一遇的沥水，可基本控制，不致成灾，即使发生超标准沥水，也可大大减轻灾害并使灌溉面积大幅度增加。由于充分利用了根治海河中修建的大、中、小型水库调蓄地上水和机井建设开发地下水，河北省的灌溉水源大大增加。到 1979 年末，全省有万亩以上灌区 159 处，配套机井 48.6 万眼，灌溉面积发展到 5506 万亩，比 1949 年增加近 4 倍。石津灌区过去只能灌溉 33.3 万亩耕地，根治海河过程中，随着岗南、黄壁庄水库的兴建、扩建，灌区灌溉面积扩大到石家庄、衡水和邢台市 14 个县的 250 万亩耕地。根治海河工程改变了河北省农业生产的面貌，促进了全省农业生产的发展。

在根治海河的过程中，河北省还对黑龙港及北运河以东地区的盐碱地进行了治理。上述地区自古土地盐碱，粮食产量低而不稳，是农业生产发展的一大障碍。为迅速改变洼碱地区的低产面貌，沧州地区掀起了台条田建设高潮。沧州市佟家花园大队，1964 年春在一块盐碱地上修了 40 亩台田，获得了成功，成为全区的样板。沧州地区及时召开现场会，在全区推广。1965 年 2 月，国务院副总理李先念视察沧州，对佟家花园治理盐碱的经验给予充分肯定。中共河北省委也将沧州的经验在全省推广。从此，台条田建设在沧州，特别是运东洼碱地区成了农田基本建设的重要内容。到1977年统计，沧州地区已建成台条田200多万亩。到1985年，全省盐碱地面积已减少到433万亩，占原有盐碱地面积的19.3%。黑龙港地区原是海河流域盐碱地集中而且碱化程度十分严重的地区，经过开挖疏浚河道，沿河两岸盐碱地变成了良田，农业生产由低产变高产，粮食年年获得丰收。过去的不毛之地，成为了全省的粮棉基地，并带动了各项事业的大发展。

从1965年开始，河北又进入到以干旱为主的时期。为了保证农业生产的发展，全省兴起了大规模的机井建设高潮。1965年至1966年春，河北省组织了以邯郸、邢台为中心的机井大会战，在全省范围内形成了群众性的机井建设运动。1966年4月5日，国务院总理周恩来视察了大名、磁县等地的打井工地，并作了重要指示，指出“态度要积极，步子要稳，自愿原则，自力更生”①。进入20世纪70年代，是河北省机井建设发展最快的时期。1968年在地下广泛分布着咸水的黑龙港地区，一些生产大队闯出了打深井（150米）的路子。中共河北省委对这一经验给予肯定和推广，并号召“要把机井建设作为大上农业的一项战略措施”来抓。为了加强对打井工作的领导，1973年1月，河北省委成立了抗旱打井办公室。各地、县也都建立健全了相应的组织机构。1973年1月至5月，省委、省革委会连续五次召开电话会，发动群众打井抗旱；2月和4月又分别在衡水和满城召开了平原东部地区抗旱打井现场会和山区丘陵区打井现场会，进一步推动了机井建设的发展；6月，省革委会召开全省抗旱打井配套会议，要求各地区按照浅中深相结合，分层取水，合理布局的原则，加速机井建设。这些会议的召开，起了巨大的推动作用，使机井建设的群众运动在全省普遍展开。到1975年底，全省共打机井60万眼，其中深井5万眼，配套46万多眼。在打井运动中，各钻井机台之间开展了劳动竞赛活动，涌现了一批先进典型。武邑县504机台，从1969年8月建立到1972年7月，在不到三年的时间里，共打井125眼，约9天打一眼机井，成为当时的先进典型。在打井过程中，有些地方注意了全面规划，合理安排机井布局，分层取水，收到了良好效果。当然在

① 中共中央文献研究室编：《周恩来年谱》（下），中央文献出版社1997年版，第26页。

打井过程中，特别是开始阶段，一些地方急于求成，追求数量，忽视质量，也出现了一些问题。但总的看，由于机井事业的迅速发展，河北的井灌面积不断扩大，减轻了旱灾程度，使全省粮食总产量逐年上升。

“文化大革命”期间，在学大寨大搞农田水利基本建设的过程中，尽管出现过某些形式主义的无效劳动和无偿调拨，但总体讲，它对改善农业生产条件、大量积累集体财产发挥了主要作用。

“文化大革命”期间，河北省坚持实行“围绕农业上工业”，发动和组织各行各业支援农业，大力改善农业生产条件，取得较为显著的效果。到1976年，全省拥有大中型拖拉机1.99万台，比1965年增加了1.43万台；小拖拉机从无到有，由1965年的28台，增加到1976年的4.77万台；农用助力机械，1976年达到79.16万台，比1965年增加68.87万台；水田、水浇地面积1976年达到5226.2万亩，比1965年增加了2594.81万亩；农村用电量，1976年达到20.5亿千瓦小时，比1965年增加了15.1亿千瓦小时；农用化肥施用量，1976年达到191.8万吨，每亩平均化肥施用量19.1公斤。

随着农业生产条件的改善，全省粮食产量不断提高，为解决“南粮北调”的问题做出了贡献，为实现粮食“自给有余”奠定了基础。1976年，全省粮食总产量达到1479.80万吨，比1965年的964.53万吨增加515.27万吨，增长53.42%。其中：小麦465.12万吨，比1965年191.97万吨增加273.15万吨，增长142.2%；稻谷28.58万吨，比1965年27.13万吨增加1.45万吨，增长0.05%；玉米444.57万吨，比1965年的250.74万吨增加193.83万吨，增长77.3%。油料总产量增长不大，1976年达到18.84万吨，只比1965年增加0.99万吨。鲜果产量，1965年为33.6万吨，1976年为63.88万吨，增加了1倍多；干果产量（核桃、板栗），1965年为2.93万吨，1976年为3.13万吨。大牲畜年末只数，1965年为300.65万只，1976年为369.68万只。猪年末存栏头数，1965年为772.88万头，1976年为1611.52万头；羊年末只数，1965年为573.56万只，1976年为640.85万只。水产品总产量，1965年为6.43万吨，1976年为12.93万吨。

但是，在发展农业生产的过程中，由于片面强调“以粮为纲”等原因，“文化大革命”期间粮食产量提高了，棉花产量却大幅度下降，这不仅影响了轻纺工业的发展而且影响了农民的收入，出现了许多“高产穷队”“高产穷县”。此外,在粮食生产中夏粮和秋粮种植的比例不合理,夏粮种植面积不断扩大,1976 年达到 4564 万亩,河北中南部产麦区夏粮种植面积的比例达到 75%,有的地方甚至达到 100%。大面积增加小麦种植,超过了水源、气温等条件的限度,不得不播种大量的旱地麦和晚茬麦,造成不应有的损失。在农作物的布局上,忽视了不同地区的具体条件,在一些不适宜粮食种植的地方,如张家口、承德地区的坝上地区,盲目开发草滩,扩大粮食作物种植,也造成了一些损失。

发展社队企业,壮大集体经济

河北省在大抓粮食生产的同时,还下力抓了社队企业的恢复和发展。1958 年,人民公社化后,农村的副业生产由公社、生产大队、生产队集体经营。1965 年 9 月,中共中央、国务院发出大力发展农村副业生产的指示后,河北省的社队企业有了一定的恢复和发展。在“文化大革命”初期,曾把社队企业当成“资本主义尾巴”来割,造成社队企业纷纷下马,到 1970 年全省社队企业仅保留下 200 多家。在此情况下,1970 年 5 月,河北省革命委员会在束鹿县召开了全省县办工业、社办工业现场会,以促进县办工业和社办工业的全面发展。

在推进县办工业和社队企业发展的过程中,河北省注意典型经验的推广。束鹿县依靠群众,厂厂搞支农,大搞三级修造网,社社队队建立农机修造站。遵化县坚持县社工业为农业服务的方向,发扬“穷棒子”精神,自己动手,自力更生,动员各行各业的力量,发展县社工业,从原料到成品,初步形成了一个县社工业的“土体系”,取得了显著成绩。这些经验在全省进行了推广。1973 年,省革委会召开全省社队副业整顿会议,总结推广了万全县因地制宜、全面规划、统筹安排,在狠抓粮食生产的同时,坚持“三就地”“四服务”(就地取材、就地加工、就地销售,为农业服务、为群众服务、为城市工业服务、为出口创汇服务),大搞一种、二养、三加工,大力发展多种经营的经验。

1975 年 10 月,中共河北省委、省革委会召开了全省县社工业副业会议。会议确定,对县社工副业要一个单位一个单位地进行认真整顿。这次整顿,是总结“四五”期间县社工副业发展的成绩和经验,克服前进中的缺点和错误,为“五五”期间县社工副业多快好省地向前发展创造条件。在这次会议上,还出台了《河北省革命委员会农村副业管理办法》(试行草案)、《河北省革命委员会关于县社、区街工业若干问题的规定》(草案)两个重要文件。在省委的大力倡导下,全省围绕发展农业的需要,坚持“三就地”“四服务”的方针,自力更生,土法上马,使“五小”工业(地方小钢铁、小水泥、小机械、小化肥、小煤矿)得到了较快发展。到1975年,全省共有社队企业11万个,其中社办企业1.5万个,占13.64%,队办企业9.5万个,占86.36%,从业人员111万人,总收入20亿元。

需要指出的是,“文化大革命”期间的“农业学大寨”运动,在指导思想上受“左”倾错误的严重影响,诸如“大批促大干”、“堵不住资本主义的路,就迈不开社会主义的步”、“割资本主义尾巴”、取消集市贸易,把“平均主义”当作“共产主义风格”;一面积极推进社队企业的发展,一面又强调“学理论,抓路线,不断解决县社工副业的方向道路问题”。这些对农业生产和社队企业的发展起了干扰和破坏作用。但另一个方面,在当时的历史条件下,开展毛泽东倡导的“农业学大寨”运动,对生产的发展又起了促进作用。那时,林彪、江青反革命集团“只要革命,不要生产”,鼓吹“政治可以冲击一切”,煽动“不为错误路线生产”。他们举着“以生产压革命”的大棒,不断给各级党政领导施加压力。而开展“农业学大寨”,往往可以“顶住”压力,诸如兴修水利、打机井、改良土壤、种子换代、改造盐碱地、防涝抗旱、科学种田、办社队企业等等,都可以纳入“农业学大寨”的轨道,表明在“贯彻执行无产阶级革命路线”。在“农业学大寨”运动中,广大人民群众焕发出战天斗地的干劲,涌现出无数先进人物,成为推动生产发展的主导力量。这些是应予肯定的。

三、“工业学大庆”和工业的发展

大庆是中共中央于20世纪60年代在工业战线树立起的一面旗帜,“工业学大庆”是中共中央的号召。“文化大革命”时期河北工业生产的各项工作大都是在“工业学大庆”的口号下进行的。1971年12月1日至14日,河北省召开了全省“工业学大庆”经验交流会。会议分析了“工业学大庆”运动的形势,讨论了进一步开展“工业学大庆”运动的意见。以后的几年里,又多次召开类似的会议,不断推动“工业学大庆”运动的深入开展。

在河北“工业学大庆”运动中,涌现了许多先进典型。开滦矿务局是突出的代表。1970年,开滦矿务局提出在“四五”计划的五年间实现原煤产量超过设计能力一倍的增产规划。经过全局干部职工的苦干,到1975年12月,这一规划提前8天顺利实现。开滦的经验得到了中共河北省委的肯定,从而在全省发动了“学大庆、赶开滦”的运动。

“三五”“四五”期间,河北省在工业战线上开展“工业学大庆”“学大庆、赶开滦”的群众运动中,先后组织了钢铁、煤炭、化肥、农机四个“大会战”。在“大会战”中有的部门和行业又组织了各自的“会战”,如农机“大会战”里又有“柴油机会战”“小拖拉机会战”等。在“会战”中,工业战线上的各级领导、广大干部、职工和科技人员,坚持生产,坚守岗位,奋力拼搏,以各种形式抵制林彪、江青两个反革命集团的严重干扰和破坏,使全省工业生产保持了一定的发展速度,一些行业取得了较为显著的成就。1965年全省工业总产值49.38亿元,到1976年发展到157.34亿元,增加107.96亿元,增长218.6%,平均年递增7.37%。在工业各行业中,钢铁、煤炭、电力、化肥、农机、水泥等都有较大的发展,支援了农业,促进了粮食生产,并为以后的发展打下了基础。

以重点工程建设带动钢铁工业的发展

1968年河北省革命委员会成立后,为了有效地支援国家经济建设和农业实现机械化,全省组织了“钢铁大会战”。

1969年由于战备的需要,国家确定进行小三线建设,国家计委确定在邯郸建设年产钢200万吨、生铁400万吨的钢铁基地。为此冶金部和河北省革命委员会进行部署,掀起了一场新的邯邢钢铁基地建设大会战,并要求邯郸冶金矿山公司迅速制定出“四五”期间矿山发展规划。具体规划矿点12个,年产铁矿石800万吨。根据这个规划,冶金部于1970年2月,又批准增加建设10个矿点,并当即列入1970年基建计划。国家建设的急迫要求,使河北省深感责任重大。为此,积极与国家计委协调配合。1973年4月,国务院和中央军委同意关于审批邯邢地区综合规划报告和建立邯邢基地建设领导小组的报告。中共河北省委书记马辉、副书记马力参加领导小组的工作。同年7月,中共河北省委和冶金部共同在邯郸市召开大会,宣布成立邯邢冶金矿山管理局,由冶金部和中共河北省委双重领导。

邯邢基地建设不仅得到国家部委的支持,也引起了中央领导人的关注。1973年10月22日,时任国务院副总理的邓小平在陪同外宾到南方访问结束后,路经邯郸视察。在认真听取了邯郸钢铁工业的汇报后,高兴地说:"邯郸是个好地方,我也非常怀念这个地方。这里有煤有铁有水有电,西部地下资源多,东部平原又盛产棉粮,条件非常好,比起西德(原德意志联邦共和国)著名的鲁尔工业区自然条件也不差,可以像鲁尔工业区那样,搞个大型的邯邢钢铁生产基地。"他对陪同的省委第一书记刘子厚说:"你们省里可以拿出个详细计划,直接报国务院审批,我支持你们!"①

有了这样的支持,邯邢基地建设的步伐进一步加快。1974年9月,河北省革委会又与冶金部联合发文,决定成立邯邢基地冶金矿山建设指挥部,全面负责邯邢基地冶金矿山的地质、设计和施工工作。1974年至1978年,邯邢基地冶金矿山建设经过四年施工会战,共完成基建投资3亿元,开工和建成铁矿山12座,同时还建成一批为矿山服务的辅助工程项目。

在完成国家重点建设项目的同时,河北省还大力抓了原有钢铁企业生产能力的提高。当时,一方面,狠抓了重点骨干企业的技术改造和成龙配套;另一方面,针对吨铁焦比达1300公斤的问题,大力贯彻周恩来关于"一九六九年高炉焦比一定要低于一九六六年"的指示,把降低焦比作为中心环节,在全省冶金系统开展了降低焦比为中心的社会主义劳动竞赛,使高炉焦比逐步下降,到1978年全省高炉焦比已下降到718公

① 中共河北省委党史研究室编:《邓小平与河北》,河北人民出版社2004年版,第347页。

斤，大大节约了焦炭。

在生产建设上，从1970年开始到1975年，对唐钢的炼铁系统、炼钢系统和轧钢系统，先后进行了改造和建设，扩大和提高了生产能力。这期间先后建成了邯郸钢铁总厂620立方米高炉、24平方米烧结机、20吨氧气顶吹转炉、650中型轧机、2300中板轧机等重点工程项目；完成邢台钢铁厂2座215立方米高炉、2座32孔焦炉以及对老轧机的技术改造；建设了承德钢铁厂255立方米高炉、1500立方米/n制氧机、中型轧机和无缝钢管轧机等16个重点项目；建成了石家庄钢铁厂5吨电炉、150立方米高炉、中型轧钢机和矽铁电炉；涞源钢铁厂建成了100立方米高炉。同期，全省钢铁工业企业技术装备日趋成龙配套，产品数量、质量和品种都有了较大的提高和发展。在管理上，突出抓“精料”：一是加快矿山选矿设备的技术改造配套，在增加高炉合格块矿的同时，增加精矿粉的产量，让高炉“吃好吃饱”；二是扩建了钢铁企业一批烧结机，让高炉全部“吃熟料”；三是发展球团生产，让高炉“吃精料”。1975年全省高炉炼铁熟料比由1966年的50.17%上升到73.7%。

在钢铁工业战线上，群众采矿业也有了较大的发展。1965年，邯郸武安县率先发动群众，办起了地方群众开采小铁矿，投资省、见效快，年产铁矿石10万吨。河北省冶金工业厅推广武安县的经验，在沙河、赞皇、青龙、遵化和兴隆等县，相继开展了群采小铁矿的活动。1969年冶金部在邯郸召开全国首次地方群采小矿山会议，推广武安县群众采矿起步早、周期短、见效快的经验。1975年又推广了赞皇县利用贫矿资源为小选厂实行“以选带采”“变贫为富”的经验，进一步推动了群采的发展。到1975年底，仅武安县群采矿石就达105万吨，张家口地区群采矿石达109.9万吨，涉县和沙河县群采矿石也达到20万吨以上。群采铁矿成为全省钢铁企业原料的主要来源渠道之一。

除钢铁生产外，“文化大革命”期间，黄金和有色金属的生产也有一定的发展。

加快煤炭生产，解国家建设之急需

“文化大革命”期间，河北煤炭工业以开滦煤矿为代表，为国家做出了突出贡献。

由于“文化大革命”的干扰破坏，1967年全国煤炭的平均日产量下降了近40%，给国民经济和人民生活造成严重影响。8月16日，中共中央、国务院、中央军委、中央文革小组联合向全国煤炭工业职工发出一封信，要求全体煤炭战线职工，顾全大局，坚守岗位，努力生产，把煤炭生产搞上去。河北煤炭企业职工积极响应中央号召，排除干扰，坚持下井生产，1968年原煤产量比1967年提高了21.86%。特别是开滦煤矿的10万职工，顾大局、识大体，想国家之所想、急国家之所急，千方百计挖掘老矿潜力，使原煤产量不断提高，从1967年到1970年，原煤产量平均年递增13.76%，1970年原煤产量超设计能力32%，超额完成了“三五”计划。国务院领导在听取开滦关于挖潜、增产煤炭经验汇报时，周恩来高度赞扬开滦煤矿的广大职工“流了汗，出了力，做了贡献，救了急”。

开滦煤矿在制定“四五”期间原煤生产计划时，基于国家能源紧张，需要煤矿挖掘潜力，增产煤炭的紧迫感，提出了产量翻番的设想。当时开滦的矿井潜力大，技术装备好，按照设计能力翻番的条件基本具备。开滦提出“四五”期间原煤产量翻番的大胆设想，得到中共河北省委和中央主管部门的肯定和支持。1970年9月，燃料工业部在开滦煤矿召开全国煤炭工业增产节约现场会议，推广开滦等单位实现翻番的措施。1971年“九一三”事件以后，周恩来主持中央日常工作，指示各地要整顿和加强对工业企业的管理，明确提出政治挂帅要挂到业务上，鼓励各级领导干部要理直气壮地抓生产、抓业务。这些都为开滦煤矿实现翻番创造了较好的大环境。开滦10万职工，奋战百里煤海，为开滦煤矿翻番出大力，流大汗。在实现开滦煤矿原煤产量翻番的运动中，涌现出大批英雄模范人物，被人们赞为“矿山铁汉”的赵各庄矿井上起重工侯占友就是其中的杰出代表。他白天在井上干好本职工作，晚上下井义务采煤，每年平均上450多个班。在创翻番的五年中，他在井下共干了490多个义务班。人们形象地称赞侯占友这种无私奉献精神是“地球转一圈、他转一圈半”。

开滦的广大煤矿工人、干部和工程技术人员就是凭着这么一种精神，相互配合，艰苦奋斗，共同努力，终于实现了翻番的目标。开滦煤矿从 1971 年至 1975 年,原煤产量以年平均递增 9.5% 的速度增长,到“四五”计划末的 1975 年提前 8 天实现了按设计能力翻番,洗精煤产量也提前 19 天翻了一番。1975 年开滦原煤产量达到 2563.8 万吨。1971 年至 1975 年累计增产的原煤相当于 21 座年产百万吨大型矿井六年的产量。国务院副总理邓小平、李先念肯定了开滦的经验,并指示要学习和推广开滦煤矿的经验。

中共河北省委、省革委会多次召开“工业学大庆、赶开滦”现场会、经验交流会。全省煤炭战线各局、矿在“学大庆、赶开滦”的推动下,不甘落后,奋发向上,生产水平都有较大提高。兴隆煤矿大干三年,也实现了按设计能力翻番的目标。1975 年全省原煤产量达到 5198 万吨,比 1965 年的 2492 万吨,增长了 108.6%,翻了一番还多。其中统配煤矿 4235.99 万吨,超设计能力 50%;洗精煤达到 1699.06 万吨,比 1965 年提高 1.5 倍;实现利润 1.496 亿元,比 1965 年提高 40%。

开滦煤炭翻番和全省原煤总产量翻番,在当时的历史条件下,为缓和国民经济建设用煤之急,起到了难能可贵的积极作用。但在普遍号召搞翻番的活动中,也出现一些问题,如忽视客观条件,使矿井开采强度过大,再次出现了重采轻掘、吃肥丢瘦的现象,导致部分矿井采掘比例关系不同程度地失调;在生产组织上搞突击、创高产,加班加点,长期处于“月初松、月中紧、月末拼”的被动局面等。

在全省煤炭工业生产中,地方煤炭工业在“三五”末期、“四五”期间有了长足的发展。全省的煤炭工业,“三五”时期的基建投资为 2.23 亿元,“四五”时期的基建投资为 6.64 亿元,共建成大中型项目 9 个,开滦、邯郸、峰峰、井陉、邢台等主要煤矿都新建、扩建了一批项目。全省“三五”时期,新增的煤炭开采能力为 382 万吨,洗煤能力为 265 万吨;“四五”时期,新增的煤炭开采能力为 298 万吨,新增洗煤能力为 312 万吨。河北省统配煤矿商品煤的 62.9%,炼焦精煤的 4.4%,由国家计划调拨,支援外省。为了解决河北省地方工业和人民生活用煤,必须靠自力更生,发展地方煤矿。河北的地方煤炭工业经过 1958 年的大发展之后,在 60 年代的调整中,大大收缩了。到 1970 年,全省又出现了“县县办矿”的热潮,1972 年矿井数量增加到 89 个。但这些矿大部分是土法上马,生产环节不配套,设备简陋,抗灾能力差。为保证地方煤矿持续、安全、稳步发展,逐步形成一批地方煤矿骨干企业,从 1973 年起全省组织地方煤炭工业“大会战”,要求在 1972 年的基础上,奋战三年,产量达到 1000 万吨。“大会战”要解决的核心问题是根据矿井资源情况,大力开展地方煤矿矿井技术改造。从 1973 年至 1975 年,全省对地方煤矿投资 7304 万元(其中煤炭部补助 2800 万元,省投资 2765 万元,地、县、矿自筹资金 1739 万元),开展矿井技术改造项目 66 个,增加生产能力 498 万吨,并建设了煤机厂、变电站等 12 个公用工程项目。从 1972 年到 1975 年河北省革命委员会补助钢材 5340 吨,以满足地方煤矿自己制造各种煤矿专用设备所急需,从而加快了矿井技术改造的步伐。各地、市、县、矿坚持“自力更生、艰苦奋斗”“集中力量打歼灭战”的原则,经过三年的努力,地方国营煤矿在提升、运输、通风、排水、供电等主要生产系统上的技术设备得到了明显的改善和提高。1975 年,全省地方煤矿的原煤产量由 1972 年的 577 万吨上升到 960.8 万吨,平均增长速度为 18.5%,基本上达到 1000 万吨的奋斗目标,为全省地方工业和人民生活用煤做出了贡献。

发展电力工业,为重点建设提供能源

“三五”和“四五”期间,为适应邯郸钢铁基地的“会战”、煤炭翻番、军工建设和农机、化肥“会战”以及北京的生产建设发展需要,国家对河北电力工业进行了规模空前的基本建设。这期间,全省新建和扩建了马头、陡河、唐山、邢台、微水、下花园、滦河、沧州等大中型火力发电厂,新建和扩建了岗南、黄壁庄、岳城、王快等水电站。1976 年全省发电量达到 113.28 亿千瓦小时,比 1965 年的 35.19 亿千瓦小时,提高了 3.22 倍。建成了石家庄至邢台的 110 千伏的输电线路,初步实现了石家庄、邯郸电网的统一调度。京津唐电网内的张家口、唐山、保定地区,建成了 220 千伏超高压输电线路和变电站。随着马头发电厂 10 万千瓦大型汽轮发电机组建成发电,石邯南部电网也建成了马头—邢台—石家庄的 220 千伏超高压输电线路,加强了石邯电网的输电能力。

在这期间,河北农用电力发展较快。但由于“文化大革命”的干扰和破坏,撤销了管理机构,破坏了规章制度,造成“发展无计划、管理无制度”的局面。线路乱建乱拉,不安全因素增加。农村触电死亡事故大幅度上升,线损率升高,个别达40%至50%,经济效益显著下降。1971年以后,河北农电才逐步走上正轨,建立健全了各级农电管理机构,恢复和完善了各项规章制度,有计划、有步骤地更新改造了不合格的线路和变电站,从而使河北农电发展在全国处于领先地位。1974年,在山东益都召开的全国农电会议上,介绍了河北省加强规划和管理的经验。

“文化大革命”期间,河北电力工业虽有一定的发展,但仍是国民经济的薄弱环节,与生产建设和人民生活的需要相比,差距还很大。在电力工业内部也存在着比例失调、建设大于配套、不能保证连续稳定供电等问题。

建设农业机械工业,直接为农业发展服务

河北省的农业机械工业的制造能力,基本上是在“三五”和“四五”期间形成的。20世纪70年代,全省重点发展了柴油机和小拖拉机,先后组织了制造“柴油机会战”和“小拖拉机会战”。

为解决农业急需的动力机械,20世纪60年代曾生产过锅驼机、煤气机,因不适合当时的农田条件而被淘汰。1965年试制成功12马力柴油机,经使用效果良好,但产量不大,远远满足不了农业的需要。1968年开始生产“195柴油机”,当年产量达2000多台。1971年,中共河北省委决定大上柴油机,成立了“柴油机会战办公室”,组织“柴油机会战”。发动和组织了全省268个机械工业企业参加,投资6000万元,在各个地、市兴建柴油机厂。到1974年,共建起16个柴油机生产厂,年产量达到17.45万台、214.7万马力。小柴油机的大量生产,为农业泵、打井机等排灌机械提供了动力,对当时电力不足和没有电源的地区的农业生产发挥了很大作用。

1974年,各地出现了“柴油机长腿”式的自制小拖拉机。为适应农业发展的需要,中共河北省委、省革委会决定大力发展耕作机械,组织制造“小型拖拉机大会战”,成立了“小拖会战办公室”。经过“会战”,相继建成了14个小拖拉机生产厂,到1976年底产量已达2.7169万台。

与此同时，于1974年5月破土动工修建石家庄拖拉机厂，该厂设计规模为年产“河北55型”即55马力拖拉机5000台。为建设石家庄拖拉机厂，全省组织了180个企业为该厂制造了219台专用机床，1977年基本建成投产。同期又改建了邢台拖拉机厂，设计规模为年产25马力拖拉机5000台。建成后又改产12马力拖拉机。拖拉机的大上，促进了机耕、机播、机割等配套机引农具及拖车的发展。

除此，河北省农业收打和加工机械尤其是小麦脱粒机和“185立式割晒机”也有了迅速发展，并走在了全国农业机械的前列。

遵循国家对外引进计划，发展化学工业

1972年，在周恩来的主持下，国家决定抓住西方资本主义国家在经济危机中急于出口的有利时机，根据国内需要，进口成套化纤、化肥技术设备。根据这个决策，国家计委草拟了《关于进口成套化纤、化肥技术设备的报告》。周恩来批示同意并报毛泽东，毛泽东圈阅批准了这个报告。

1973年1月，在1972年引进项目进展顺利的情况下，国家计委向国务院提出《关于增加设备进口，扩大经济交流的请示》，建议利用西方处于经济危机，引进设备对我有利的时机，在今后三五年内引进43亿美元的成套设备，其中包括13套大化肥设备。国家决定将其中的一套大化肥设备建在河北沧州。

1974年用引进的大型成套设备，开始兴建年产30万吨合成氨、48万吨尿素生产能力的沧州化肥厂。为确保沧州化肥厂的建设，河北省组织了“会战指挥部”，从石家庄化肥厂、宣化化肥厂等一些老化肥企业和沧州地、市调集了大批干部、工程技术人员和工人参加“会战”。经过三年多的艰苦奋斗，于1977年4月建成投产，成为全省化肥工业中的大型骨干企业。

在发展化肥生产中，河北省还组织了“小化肥会战”。1968年，河北省轻化工设计院设计了年产4500吨合成氨的双加压流程碳酸氨厂，结束了河北省自己不能设计小氮肥厂的历史。在“小化肥会战”办公室的统一组织指挥下，发动全省机械工业系统的70多个工厂分工制造小

化肥设备,先后制造出年产3000吨的小化肥厂的成套设备89套,装备了全省81个小化肥厂,并支援了北京、山西、湖北等省、市。在小化肥厂的发展中,“三五”期间,重点是“闯技术关”。1970年全省先后建成了41个小氮肥厂。经过生产实践,不断改进技术工艺,直至完成了碳化流程,终于闯过了“技术关”。“四五”期间,重点是“闯原料关”。由于全省小氮肥厂大量发展(到70年代后期已建成162个),对无烟煤和块煤的需要量急剧增多,供不应求,许多小化肥厂面临“吃不饱”的问题。为解决这个问题,“会战”中狠抓了原料改造和气化技术攻关,找到了一条适合小化肥特点的生产原料和工艺流程的途径,闯过了“原料关”。1976年,河北省化工局在宁晋化肥厂召开了推广碳化煤球现场会。此后,不少小化肥企业采用碳化煤球或其他粉煤成型工艺,并创造了使用小窑煤的经验,扩大了原料来源,基本做到了“有啥吃啥,吃饱吃好”。这不仅解决了原料问题,而且为全省小氮肥工业以后的发展和经济效益的提高创造了条件。1976年,全省合成氨产量达43.29万吨,农用化肥(折100%)达39.15万吨,其中,小化肥产量占相当大的比重。在兴办小化肥厂的过程中,有些地方带有盲目性,一部分企业亏损严重,但化肥产量的增长,为农业生产尤其是粮食的增产提供了有利的条件。

此外,在水泥工业方面,“文化大革命”期间,年产百万吨的大型企业——邯郸水泥厂,重新上马,恢复建设,到1969年基本建成投产,成为当时全国最大的、设备最先进的水泥企业。该厂总投资为1亿元,大部分设备从国外引进,设计能力年生产水泥98万吨。1974年的实际产量已突破了100万吨。与此同时,为适应大规模的农田水利建设发展的需要,还大力发展地方水泥工业。1965年全省地方水泥企业年产仅23万吨,到1975年地方水泥企业发展到近百个,产量达到188.9万吨,占全省水泥总产量363.82万吨的52%。这对缓和水泥供应不足,特别是支援工农业的发展起了很大的作用。

在石油工业方面,国家统一组织了“冀中石油大会战”,集中力量,开发任丘油田,取得突破性的进展,1976年产原油597万吨。

“文化大革命”十年间,河北省工业建设经历了艰难曲折的历程。这一时期在工业生产上所取得的一些成就,和农业生产取得的成就一样，绝不是“文化大革命”运动的成果，相反，如果没有“文化大革命”运动，河北省的经济发展会取得更大的成绩。成就的取得，反映了河北省的各级党组织和广大人民群众与“左”的错误进行的曲折抗争。当然，由于“左”的指导思想的影响，河北在经济建设中的有些做法，是违背经济规律的，也付出了巨大代价。但广大党员干部和人民群众在十分困难的条件下，积极投身社会主义经济建设的热情和干劲是应该肯定的，所取得的成就是值得永远铭记的。

四、“文化大革命”对河北经济的干扰和破坏

“文化大革命”期间，在“左”倾思想的指导和林彪、江青反革命集团的干扰与破坏下，把社会主义经济建设和国民经济管理上的许多正确的方针、政策和经验，当作修正主义和资本主义；把重视生产的发展当作“唯生产力论”；把合理的规章制度当作修正主义的“管、卡、压”；把调整时期行之有效的政策，当作“资本主义复辟”“刮单干风”；把重视价值规律的作用，讲求经济效益，增加盈利，当作“利润挂帅”“金钱至上”；把社会主义的物质利益原则，当作“物质刺激”“奖金挂帅”；把按劳分配和等价交换当作“资产阶级法权”；等等，予以批判，从而造成了极大混乱。更有甚者，林彪、江青两个反革命集团还鼓吹“只算政治账，不算经济账”，“不为错误路线生产”，“宁要社会主义的草，不要资本主义的苗”等谬论，其流毒甚广，影响恶劣。他们还煽动无政府主义思潮，制造内乱，挑起武斗，造成一些工矿企业停工停产。这些都使社会主义经济建设受到极大的冲击、干扰和破坏，造成了很大的损失。

国民经济比例失调

在工业上表现为生产资料的生产有所发展，消费资料的生产严重被挤，用于轻工业的基建投资比重在“一五”时期为 18.4%，而在“文化大革命”中的“三五”时期为 5.5%，“四五”时期为 4.5%，这就使得食品、服

装、日用陶瓷、日用机械、日用化工、百货和小商品等许多与人民生活密切相关的行业发展缓慢,远远不能适应人民生活的需要。在生产资料的生产中,采掘工业与加工工业的发展不协调,10 年中加工工业产值增长了 4 倍,而采掘工业只增长了 89.7%。

财政收入减少,企业亏损严重

从 1966 年到 1968 年,全省财政收入平均年递减 4.8%。1969 年以后,财政收入有所增加,但增长缓慢。河北省 1949 年至 1965 年,财政收入年平均增长 14.3%,而“文化大革命”的十年中,财政收入增长速度平均为 7.8%。

在工业上,许多企业只抓产值和产品数量,不敢抓管理、抓质量、抓利润,经济效益很差。全省全民独立核算工业企业百元产值提供的利润,1965 年为 19.65 元,1976 年下降为 10.40 元;百元资金实现的利润,1965 年为 16.62 元,1976 年下降为 8.26 元。亏损企业和亏损额逐年增加,1972 年亏损企业占全省全民工业企业总数的 24.1%,亏损额为 1.59 亿元,到 1976 年亏损企业比重增加到 28.2%,亏损额达 5.8 亿元。基本建设战线上“长、散、乱、费”的问题非常突出,固定资产交付使用率大幅度下降,“文化大革命”中的“三五”和“四五”时期,仅为 51% 和 56.6%,比 60 年代三年调整时期分别下降了 32% 和 26.4%。一些大的工程,实行“边勘探、边设计、边施工”的“三边”做法,造成“胡子工程”,资金浪费严重。

过分强调粮食生产,忽视多种经营

在农业上虽然进行了大量投资,农业生产条件有了较大改善,但农业投入产出率和劳动生产率低,物质消耗增加,净产值比重下降。1966 年全省农业物质消耗占农业总产值的 26%,1976 年上升到 42%,净产值率则由 74% 下降为 58%。在农产品产量上,粮食产量由 1965 年的 964.53 万吨,增加到 1976 年的 1479.89 万吨,增长 53.4%;油料产量由 1965 年的 17.85 万吨,增加到 1976 年的 18.84 万吨,增长 5.5%;棉花产量却由 1965 年的 26.07 万吨,减少到 1976 年的 10.95 万吨,减少 58%。林、牧、副、渔各业发展缓慢。

商业流通渠道单一

1976年,全省商业网点4.9536万个,比1957年下降73.65%,人员29万人,下降51%。在体制上,把集体所有制的供销合作社改为全民所有制;把城乡集市贸易,当作“产生资本主义的温床和土壤”而一再压缩。1962年底,全省城乡集市2225个,成交额为14亿元,相当于社会商品零售额的43.38%。到1966年底,全省城乡集市减少到1562个,成交额减少为2.77亿元。到1976年,勉强维持下来的集市贸易只剩下1019个,成交额仅为3.7亿元。结果是流通渠道不畅,服务质量下降,在商品经营上,违背等价交换原则,扩大指令性计划范围和强化统购统销,购销价格一律由国家规定,统得过多过死。日用消费品实行凭票证供应的品种越来越多,范围越来越广,人民日常生活和购买力受票证的制约。这些都影响了国民经济的发展和人民生活水平的提高。

第十八章
唐山大地震和抗震救灾

1976年7月28日，唐山发生了7.8级强烈地震，使灾区人民的生命财产遭受严重损失。在中共中央、国务院的领导下，在中央各部门、各兄弟省、市、自治区和中国人民解放军有关部队的大力支援下，中共河北省委、省革委会积极应对重大自然灾害，发动和组织全省人民抗震救灾，恢复生产，重建家园，取得了抗震救灾与恢复重建斗争的伟大胜利。

一、震惊世界的唐山大地震

强烈地震造成严重破坏

1976年7月28日凌晨3点42分56秒，唐山市、丰南县一带发生7.8级强烈地震。地震中心在北纬39°38′，东经118°11′，震源深度为11公里。震中位于人口稠密的唐山市路南区，震中烈度11度。当日18时45分又发生强余震，震级7.1级，震中位于滦县商家林，震中烈度9度。震感范围北至内蒙古自治区满洲里，南至安徽蚌埠、江苏靖江一线，西至内蒙古磴口、宁夏吴忠一带，东超过渤海湾岛屿和东北国境线，在这个范围内的人们都感到了异乎寻常的摇撼，其强烈的地震波及全国14个省、市、自治区，范围长轴2100多公里，陆地面积约217万平方公里。

“七·二八”唐山大地震使这座近百年历史的工业城市变成了一片废墟。地震灾害使人民群众遭受巨大伤亡，包括波及的京津地区在内，共震亡24.2419万人，重伤16.4581万人，轻伤需要治疗者达36万人之多。整个唐山地区①共震亡22.2999万人。唐山市的人口伤亡最为惨重，全市共震亡15.3934万人。地处极震区的路南区，震亡3.4089万人，震亡率高达27.6%。

强烈地震使唐山造成毁灭性破坏。唐山市区原有房屋建筑面积1748.5万平方米，倒塌破坏面积达1311万平方米，破坏率达75%。破坏最严重的11度极震区，经过一场浩劫，城乡各类建筑物普遍倒塌或破坏，尤其是在地震裂缝带通过的地方，地面建筑物荡然无存。唐山火车站、开滦医院、矿冶学院（现华北理工大学老校区）等，这些昔日高大的建筑，已不复存在；解放路、复兴路、胜利路等这些往日繁华的街道，面目全非，一片瓦砾。高耸的烟囱、水塔，几乎全部倒塌，大多从根部折断。笔直的铁路钢轨，大条大条地出现蛇形扭曲，或由于路基下沉而呈波浪起伏状，部分钢轨扭曲挤在一起。

城市生命线工程也遭到严重破坏。唐山市区用水取自地下，地震使全市38座水源井泵房倒塌22座，严重震裂9座。供水管普遍破裂、拔脱、错口，造成全市供水中断。地震使唐山供电设备损失110万千瓦，占京津唐发电网发电能力的30%，唐山供电局的36座变电站，34座受到损坏。邮电及交通也遭到巨大破坏，市话自动大楼、市邮政自动大楼全部倒塌，市区长话大楼三层倒了两层，通信及邮政设施、车辆等损失殆尽。地震使京山、通坨铁路线204公里遭到严重破坏，路基下沉开裂，最深者达3米，钢轨扭曲变形。桥梁破坏63座，其中长500米以上的特大桥2座，长100米以上的大桥16座。灾区铁路房屋倒塌73%，唐山站区房屋全部倒塌。灾区铁路沿线通信信号、给水、电力和其他运输设备几乎全部被毁。唐山市通往北京、天津和东北方向的铁路全部中断。

强烈地震使唐山的经济遭到巨大损失。强烈地震造成唐山可计算

① 1976年地震时，唐山地区辖唐山市、秦皇岛市和丰南、丰润、滦县、滦南、乐亭、迁安、迁西、遵化、玉田、昌黎、卢龙、抚宁12县以及柏各庄农垦区和汉沽、芦台2个农场。

的直接经济损失约 30 亿元,间接经济损失据测算达 100 亿元。①

万众同心的自救与互救

大地震时唐山市区被埋压的人约有 63 万②。强烈地震刚过,各单位、各部门幸免罹难的干部、职工,立即奔赴领导和工作岗位,指挥本单位、本部门已经脱险和临时赶来的干部、工人、居民展开救人活动,形成了震后第一支救灾队伍,普遍地开展自救与互救活动。

首先脱险的人立即成了第一批抢险救灾的主力。他们楼自为战,街自为战,村自为战,厂自为战,从抢救亲人、邻居、朋友、同事着手,很快形成了自救互救相结合的自觉行动。在区街、里巷、楼栋、机关、工厂、学校、部队及农村等地,三五人一伙,十人八人一组,自动结成抢险救人的战斗小集体,发挥了无比威力。废墟下凄厉的呼救声、呻吟声刺痛着人们的心,他们奔去,攀登在废墟残楼之上,砖石瓦砾之间,焦急地呼唤着,拼命扒挖着,一个从废墟中爬出来的人,决定了几人甚至几十人的命运,而这几十个人又决定了另外数百人的命运。每片楼群、每条街道、每个部门、每个单位、每个村庄,脱险的人们主动组织起来,有的忍着失去亲人的痛苦,用赤裸的双手去扒、去抠、去挖,用赤裸的双肩去扛、去抬、去顶……奋不顾身地抢救着在废墟里挣扎、流血、窒息的亲人、邻居、同志、朋友。

在自救、互救中,人类的英雄气概和高贵品质得到了最充分的体现。他们忍住了整座城市、家园瞬间变成废墟和亲人伤亡的悲痛,顾不上被砸毁与埋压的财产,忍着伤痛,只有一个心思,就是救人!救人!没有工具,硬是用双手抬起几十斤、几百斤重的水泥预制板,从瓦砾中把人救出来。他们懂得,早救出十分钟二十分钟,就能保住一条生命。早脱险的人往往自身也带着轻重不等的砸伤,他们顾不得处理就投入抢险。

自救、互救中涌现出了许多先人后己、舍己救人的动人事迹。哪里

① 李秉新主编:《中华人民共和国减灾实录》,河北人民出版社 1999 年版,第 665 页。

② 据资料推算,整个市区(不包括郊区和矿区)地震时约有 86% 的人被埋、被压,在极震区被埋压者约占 90% 以上,在近 70 万的市区人口中,约有 63 万人被埋、被压。

有呼救声，就先上哪里抢救。不少值夜班的人脱险后，立即参加了单位或就近的抢险救人战斗，到了能腾开身子时才赶回家里，家人有的在别人的营救下脱险，有的则因抢救不及时遇难。

抢救者是在空手赤脚的情况下，扒开七棱八角的碎砖石、掀动水泥板的。他们的手指磨出了血，胳膊划伤了，脚也蹬破了，仍奋力去扒。亲人要抢救，伙伴要抢救，邻里、同事等都要抢救，只要废墟中还有活着的人，他们就不顾一切地去抢救。

在火车站候车室倒塌的废墟上，在宾馆、饭店、招待所的断垣残壁旁，那些来唐山出差的人们，也自觉主动地在竭尽全力救助遇险者。

主震过去约一小时，天色已经发亮，脱险的人越来越多。这时群众性自救、互救活动逐步向有组织的救援发展。在这关系到群众生死存亡的关头，党的各级组织、民兵、治保、公安干警等，充分发挥了骨干和组织者的作用。街道、企业、公社和村庄的脱险干部们立即组成指挥机构，有的叫临时党支部，有的叫抗震救灾领导小组，有的叫抢险指挥组，主动承担了指挥任务。

唐山人民在地震当天开展的自救、互救活动，赢得了时间，大大减少了死亡人数。他们及时救出了被埋压的 80% 以上的人，最有效地挽救了 10 万计的生命，大大降低了死亡率。在自救、互救阶段，广大共产党员发挥了先锋模范作用，共产主义思想、人道主义精神、中华民族的传统美德得到了充分的发扬。但是，由于灾害过大，投入抢救活动的人们面临着断水、断炊的严重威胁，灾区人民急切期待着救援大军的到来。

积极应对地震灾难

唐山大地震发生后，毛泽东、中共中央、国务院极为关切。毛泽东从当年 6 月 1 日心脏病发作后，一直卧床不起，说话都很困难，但他清醒时仍十分关心唐山震情，送来的地震情况汇报，他都要亲自过目。当秘书报告地震造成极其惨重的损失后，毛泽东哭了。[①]

---

① 逄先知、金冲及主编：《毛泽东传（1949—1976）》（下），中央文献出版社 2003 年版，第 1783 页。

当天凌晨,中共中央、国务院在初步判明了大地震的震中之后,在中共中央第一副主席、国务院总理华国锋的主持下,立即在中南海紫光阁召开紧急会议,作出抗震救灾的重大决策。同时,派直升机巡视天津、唐山、丰南一带的灾情,并致电中共河北省委、省革委会、省军区等单位和遭受地震灾害的各族人民和解放军指战员,表示亲切的慰问,号召灾区的共产党员、共青团员、干部、工人、贫下中农和解放军指战员“团结起来,向严重的自然灾害进行斗争”。在获悉唐山地震的准确消息以后,中共中央成立了抗震救灾指挥部,国务院成立了抗震救灾办公室。同时召开了铁道部、邮电部、水电部、卫生部、北京军区等有关方面负责人会议,决定迅速动员全国力量,立即向灾区派遣救灾队伍和发运最急需药品、物资。中共中央于地震当天便向灾区人民发出了慰问电,号召灾区人民,在全国人民支援下,“发扬艰苦奋斗的革命精神,以坚韧不拔的毅力,投入抗震救灾斗争,奋发图强,自力更生,发展生产,重建家园”。中共中央的慰问电用飞机在灾区上空广为散发,极大地鼓舞了灾区人民。

当天,中共中央和国务院紧急调集解放军部队、医疗队和工程技术人员,日夜兼程,赶赴唐山灾区,抢险救灾。7 月 30 日至 8 月 7 日,中共中央派出以中共中央第一副主席、国务院总理华国锋,国务院副总理陈永贵、乌兰夫等为正、副团长的中共中央慰问团①,代表毛泽东、中共中央和国务院深入地震灾区进行慰问,具体指导抗震救灾工作。8 月 18 日,中共中央发出《关于唐山丰南一带抗震救灾的通报》,这是毛泽东生前圈阅的最后一份文件。②《通报》号召全党、全军、全国人民努力做好支援灾区的各项工作。在中共中央的统一领导下,抢救生命、治疗伤员、掩埋死者;开展大规模的防疫灭病;解决灾民的饮水、食品、住房问题;抢先恢复邮电通信、电力供应;抢修铁路、公路交通线;恢复文化教育活动;打击不法分子,建立正常社会秩序等各项工作迅速展开。

为战胜突然发生的毁灭性灾害,必须建立强有力的救灾组织和领导指挥系统。7 月 28 日下午 1 时 30 分,中共河北省委第一书记、省革委

① 中共中央慰问团总团下设唐山、天津、北京 3 个分团。

② 逄先知、金冲及主编:《毛泽东传(1949—1976)》(下),中央文献出版社 2003 年版,第 1783 页。

会主任刘子厚，北京军区副司令员肖选进、副政委万海峰、政治部副主任郑希文，中共河北省委书记、省军区司令员马辉，省委副书记马力，煤炭工业部部长肖寒等从北京飞抵唐山。下午2时，沈阳军区的救灾指挥机关到达唐山。29日中午，北京军区副政委迟浩田到达唐山。他们视察了灾情，向中央作了汇报，请求中央支援。7月29日上午，在唐山机场召开紧急会议，正式成立了河北省唐山抗震救灾前线指挥部（简称“省前指”），中共中央决定，由刘子厚任总指挥，迟浩田、肖选进、万海峰、马辉、马力任副总指挥。“省前指”设在唐山机场，下设办公室、组织组、宣传组、行政组、工建交组、保卫组、医疗卫生组、物资组、建房组、农业水利组等办事机构。省直各部、委、办、局均由主要领导人带队，抽调干部千人左右，对口包干，各负其责，投入救灾斗争。会上，对抗震救灾工作作了全面部署。会议认为，灾害是毁灭性的，救灾工作量极大。首先要救人，运送伤员，掩埋死者，同时解决活下来的人的吃饭、穿衣、喝水、医疗、运输等问题；全省各地区要立即运送药品、包扎和消毒材料、熟食、衣服、汽油、照明器材等；各地来的救援人员要自带车辆，伙食一律自行解决；会议还决定，各地运来的救灾物资交地、市抗震救灾指挥部统一分配使用，各地派来的救灾人员要由地、市统一指挥，并决定由曹子栋任物资领导小组组长。唐山地、市抗震救灾指挥部的负责人刘琦、许家信、曹子栋参加了会议。

与此同时，国务院派来了联合工作组，对抗震救灾工作进行具体指导和帮助，并负责协调各方面的力量。在省会石家庄市，建立了河北省抗震救灾后勤指挥部（简称“省后指”），其职责是完成“省前指”交给的任务。为有效地解决救灾的物资问题，又专门设立了省抗震救灾领导小组。“省前指”和“省后指”，形成了一个首尾连贯、协调一致的强有力的救灾指挥系统，保证了救灾工作的顺利进行。

在地震发生当天上午，中共唐山市委部分常委从废墟中脱险，立即赶到市委第一书记许家信住处，当即召开了市委临时紧急会议，决定成立唐山市抗震救灾指挥部。由于市委机关房屋全部倒塌，指挥部便设在市中心的新华路西山口、人民武装部门前，在一辆大轿车上办公。指挥部作出的第一个紧急决定是发布第一号通告，号召全市人民团结互助，抢救被压群众。并通知所有机关干部立即到指挥部报到。号召全市人民坚定信心,相信党中央一定会救援唐山。第二个决定是通知开滦各矿迅速打开通往地面的备用通风口,抢救井下工人。第三个决定是迅速建立各区、各系统抗震救灾指挥分部和领导小组,并逐步建立指挥部下属各办事机构。这样,在很短的时间里,从市到区到街道,以及各单位各部门都迅速建立起抗震救灾的领导机构,形成了全市性的、统一的抗震救灾领导指挥系统。同时,由市武装部组织恢复民兵组织,配合公安干警维护社会治安。

在地震中,中共唐山地委9名常委中有6人震亡,其中第一书记李悦农、代理第一书记牛勇均不幸遇难。在外地出差赶回唐山的地区革委会主任张一萍、地委副书记曹子栋和被砸伤的地委宣传部部长钟占一、军分区政委肖刚志等幸存的领导人很快组织了唐山地区抗震救灾指挥部,主要负责唐山地区所属各县的救灾工作。

这样,一天之内,从中央到省、市,从县(区)到公社、街道、村庄、单位、部门都建立了抗震救灾指挥部(或领导小组)。各级抗震救灾指挥部是在非常时期拥有非常权威的工作效率极高的指挥机构,在万分紧急、极为艰苦的救灾工作中,发挥了坚强的组织领导作用。

在接到中央抗震救灾指挥部的命令后,中国人民解放军各部队,中央和省、市、自治区有关部门和单位立即行动起来。从陆地到空中,各路救援大军日夜兼程,以最快的速度奔向灾区。按照中央军委指示,北京军区党委接到命令之后,立即组成前线指挥部并先于大部队赶到唐山,勘察现场,结合唐山市的地形特点、按部队进入市区的方位,分三大片部署“兵力”。接着2.8万多名指战员,140多个医疗队,6500多台各种车辆,迅速开赴灾区。最先到达灾区的救灾部队是北京部队某坦克师,他们于7月28日11时30分,由西北方向进入已经成为一片废墟的市区。五一〇三四部队于7月28日上午10时40分出发,指挥部在12个小时后便到达唐山,大部队于29日下午4时30分赶到灾区。他们经过一昼夜的急行军,到达目的地就立即投入战斗。继五一〇三四部队之后,五二八五七部队、五二八三一部队、八一〇五四部队、八一〇四三部队也相继赶到。

河北省军区的负责人，于地震当日上午就乘飞机赶到现场，亲临救灾第一线指挥战斗。省军区党委积极组织力量，先后从机关及所属单位抽调干部和医务人员300余人，分赴唐山、丰南、遵化、玉田、柏各庄农垦区、汉沽农场等地参加抢险救灾，还从邢台、邯郸、石家庄3个军分区抽调百余名干部作后备力量。

煤炭系统接到抢救开滦煤矿矿工的命令后，立即组织力量，火速行动起来。抚顺、阜新、大同、阳泉、北京、徐州、南票、峰峰等矿山救护队，乘飞机或汽车于地震当日就赶到了唐山。

铁道部发出救灾命令后，沈阳、锦州、北京铁路局以及铁道兵立即派出抢修队，在地震当天就投入了抢修铁路的紧张战斗。

卫生部要求各省组织医疗队的命令下达后，上海市在短短几个小时内，就从56所医院中抽调了870多名医护人员，组成了50多个医疗队。山东省卫生局于地震当天上午10时发出紧急通知，要求全省13个地区选派800多名医护人员，当晚赶到济南集合出发。

从7月28日到31日，短短的4天之内，全国各地支援唐山灾区的人员已达15万人。其中有人民解放军指战员10万人，医护人员近2万人，工业、交通、邮电等部门的干部、技术人员和工人3万余人。各地派出的汽车达5000余辆。7月28日至30日，仅唐山机场就起降飞机874架次，运进救灾人员数千人，救灾物资数千吨。从祖国四面八方赶到灾区的各救灾队伍，争分夺秒，舍生忘死，抢救被埋压的群众，开展了一场气壮山河的抗震救灾斗争。

二、气壮山河的抗震救灾斗争

抢救人民群众的生命财产

唐山灾民同这场人类罕见的特大灾难进行了英勇顽强的搏斗，到28日上午10时，已处于精疲力竭的状态。处处是遇难者的尸体，大量受伤人员缺医少药，幸免于难的人们无水、无食、无栖身之处。就在此时,参加抢险救灾的中国人民解放军部队陆续开到了灾区。

最早投入抢险救灾的是中国人民解放军驻唐部队。这些部队本身也遭到严重损失,他们既是受灾者,又是救灾者。驻在唐山地震高烈度区的部队有北京部队某师、空军某部领导机构、某部二一六团、某部五〇团、某部六二六团,以及唐山军分区、唐山市武装部和驻汉沽的某部六一九团等单位。地震发生时,部队的营房几乎全部遭到破坏,人员和装备物资大部被埋压,指战员和部分家属伤亡。在这种情况下,广大指战员临危不惧,领导干部身先士卒,迅速组织自救、互救,在很短的时间内,就把被埋压的指战员抢救出来,给受伤者作了包扎治疗,很快恢复了部队建制和战斗力。

指战员脱险之后,他们立即想到了受灾的人民群众。在部队遭受突然袭击,与上级暂时失去联系的情况下,他们不是被动地等待上级命令,而是主动行动,边行动,边报告,从自救中组织起来之后,立即投入抢救受灾群众和保卫重要目标等项战斗。这种积极的果断行动,赢得了抢救人民群众生命财产的宝贵时间。据事后统计,驻唐部队投入抢险救灾的兵力,仅占救灾部队总人数的 20%,而他们却抢救出被埋压群众 1.5893 万人,占部队抢救人数的 96%。这充分说明,在紧急抢救行动中,时间是何等重要。对于被埋压在倒塌建筑废墟下面的遇险人员来说,早救出一小时、半小时甚至十几分钟、几分钟,生命就可能得到挽救。在这种时刻,时间就是生命!

在抢险救灾活动中,这些部队充分显示了子弟兵全心全意为人民服务的高尚品德。驻唐山市郊的某部炮兵团,指战员从倒塌的营房中挣脱出来之后,没顾上料理内务,就立即奔赴市区。一路上哪里有遇险的群众,他们就在哪里抢救。一些部队家属也随军参加了抢救活动,不长的时间就抢救出近千人。同时,团内的医护人员全力救治驻地周围的受伤群众,先后医治达 3000 多人,用尽了所存的药物。驻唐山市郊的另一支部队,一面抓紧了解地震给部队造成损失的情况,一面帮助驻地村庄抢险救灾,对四周村镇和市区送来的伤员全力进行治疗。同时,部队首长还考虑到市内有许多重要目标如金库、电站、石油库、粮库、水坝等需要保卫,他们按照平常了解的情况,派出部队乘汽车赶往重要目标所在地,协助地方做好保卫工作。

在陡河水库大坝，水库管理处的干部、工人正在检查大坝，商量紧急措施。地震使大坝出现许多道裂缝，而这时天正在下雨，库区水位在上涨，垮坝的危险时刻威胁着人们。水库在市区的上游，一旦垮坝，后果将不堪设想。目前急需采取紧急措施——提闸放水，但是因电路中断，提升闸门的机械无法启动，只能靠人工提升。可是闸门重几十吨，人少提不动，赶来的部队指挥员弄清情况后，立即指挥一排战士冲进闸房，齐心协力用手摇动，终于把闸门提起来。库内的水沿着闸门宣泄下去，减轻了水位上升对大坝的压力，减少了对市区的威胁，为抢修大坝赢得了时间。

党中央、国务院召开的关于唐山地震的紧急会议，确定派遣部队到灾区进行抢险救灾后，接到救灾命令的部队都立即行动。

在严重的毁灭性灾害面前，千方百计救人，能多救活一个就要尽最大努力去做，这是从党中央、国务院、省地市指挥部到基层单位抢险救灾的指导方针。救灾部队不折不扣地执行了这个方针，涌现出许多可歌可泣的感人事迹。

在抢险救灾的部队中，有许多是在抗日战争、解放战争、抗美援朝战争中立过各种功绩、得过各种英雄模范荣誉称号的部队。他们在抢救受灾群众的特殊战斗中，又创造了无数舍生忘死的英雄业绩。驻唐某部“太原登城先锋团大功连”，地震中也受了灾，干部战士脱险后立即投入到抢救群众的战斗。他们在唐山煤矿医学院抢救时，得知一名小学生白海明还被埋压在楼房最底层时，立即跑步到现场。营教导员指挥连队分成四个突击组，从两侧轮流作业急速向埋压地点挖掘，几名战士在挖出的洞内作业。这时，一次余震袭来，残墙断壁再次塌落，一块水泥板向下滑动，威胁着小学生和在洞内作业战士的安全。几名战士冲上去用肩膀和身体扛住水泥板与松动了的砖垛子，洞上洞下紧密配合，救出了小学生白海明。

沈阳部队某部“尖刀连”，经过将近一昼夜的急行军赶到唐山后，不顾疲劳与饥渴，立即投入抢险救人。由于搬、抬清理废墟劳动强度很大，加之天热出汗多，全连有 8 名战士晕倒，多人受伤。可是战士们不说累不叫痛，拼力坚持抢救。经过全连干部、战士共同努力，从倒塌的房屋下面抢救出 11 名遇险群众。7 月 29 日上午 9 时多，得知唐山华新纺织厂的一名女工仍然被埋压着，一排长王宝和几名战士把堆积着的废墟扒开一个洞，王宝钻进去，可是洞穴太低，只能半跪半卧地掏砖拆板。经过两个小时的苦战，才把这名被埋压了 30 个小时的女工救了出来，而王宝却因饥渴和劳累过度而休克。这个连的吴险峰和其他 3 名战士在清理废墟时，发现一块一米多长的断墙突然从背后向下滑动，吴险峰马上冲上前去用身体顶住，使在场的战士和帮助抢险的群众及时躲避开，而他自己却受了重伤。

抢险救灾的各项任务是齐头并进的，但救人是第一位的任务。8 月 2 日“省前指”听取抢险救人的情况汇报。地震的当天，驻唐山的各部队抢救出被埋压群众 1.5893 万人。驻外地的部队赶到唐山后，从 7 月 29 日到 8 月 1 日，4 天时间，又抢救出 821 人。其中，8 月 1 日挖出来还活着的有 133 人。“省前指”和北京军区“前指”要求：还要继续努力抢救，能多救活一人就多救活一人。

参加抢险救灾的广大指战员，仔细地搜寻着每一个可能还活着的遇险群众。为了救活一个人，哪怕是把倒塌了的楼房翻个底朝天也心甘情愿。他们遵循的原则是：“只要有百分之一的希望，就要用百分之百的努力去抢救”。

8 月 9 日，震后第 13 天，北京军区某部三四一团“无坚不摧博山英雄连”的指战员们，出于对人民负责的高度责任心，仍然在废墟上仔细地搜寻着。这时，当地的一位居民告诉他们：唐山商业医院倒塌的病房楼里，可能还有人未被救出。他们便在基建工程兵的配合下，立即展开突击挖掘。最后把在倒塌的楼房下面被困 303 小时零 38 分的卢桂兰救了出来，创造了在断水、断粮情况下维持生命的奇迹。经过医疗队的抢救，卢桂兰的身体恢复了正常。

在气壮山河的抗震救灾斗争中，人民解放军救灾部队的广大指战员，指到哪里，就干到哪里，哪里任务紧急艰巨，救灾部队便出现在哪里，英勇顽强，全心全意，为夺取抗震救灾的胜利，做出了巨大的贡献。据统计，中国人民解放军救灾部队在唐山抗震救灾中，为抢救人民的生命财产共有 1000 余名指战员负伤或献出了生命,他们在全国各地支援的吊车队、医疗队的密切配合下,共救出被埋压的群众 1.6429 万人。同时,广大指战员还奋力抢救国家和人民群众的财产,到 10 月底,共挖掘和清理仓库、商店近 400 个,抢救出各种物资价值 8.9 亿多元;清理粮库近 30 个,粮食 1100 多万公斤。10 万名支援抗震救灾的解放军官兵,就像 10 万座丰碑,矗立在唐山人民心中。

解决灾民生存和生活的紧迫问题

强烈地震在一瞬间摧毁了人们的一切生存条件。因此,解决灾民的吃、喝、穿、住、行、医等问题成为各级党组织领导救灾工作的头等重要任务,也是对党的执政能力和应对重大自然灾害能力的严重考验。

震后,唐山自来水公司日产近万吨生活用水的大红桥水厂和龙王庙水厂都遭到严重破坏,自来水管道断裂,全市供水中断。无水即无生存条件,加以正值盛夏,因此解决灾民饮水成为一个十分迫切的问题。唐山市抗震救灾指挥部迅速采取应急措施,解决临时供水问题。这些应急措施是:(一)把各备水厂贮水池中存放的 9000 吨水,就地向附近群众供水;(二)组织各地支援的消防车、洒水车、油罐车运水,定点供应到户;(三)利用市区补压井,向四周铺设水龙带,形成一大批临时供水点;(四)利用市区 30 多口自备水源井,就地向群众供水。与此同时,唐山市附近各县,也发动群众,利用汽车、马车、排子车、水柜等一切可以利用的工具,昼夜向市区送水。北京市改造了十几辆运水车,给唐山市送来了“毛主席身边的水”。同时,“省前指”会同唐山市委、市革委会组成唐山市抗震救灾水源指挥部,组织全省自来水管道抢修力量进行抗震夺水大会战。石家庄市自来水公司抢修队于 7 月 30 日乘飞机首批赶到唐山;8 月 2 日,人民解放军抗震救灾部队以及张家口、保定、邯郸、秦皇岛、承德等地的抢修队伍相继赶到;辽宁省营口市自来水公司派出 29 位具有丰富经验的师傅组成抢修“志愿军”,清华大学近百名师生也参加了通水会战;天津市自来水公司在本身受灾严重的情况下送来了抢修急需的设备器材和管件;国家物资局从上海空运了 1.5 万米水龙带和 40 多吨钢管。全国各地的大力支援,为夺取抢修会战的胜利创造了条件。各地的抢修队和驻军抢修队采取分片包干、试压修漏、逐段抢修的方法进行突击会战。他们在抢修中分工不分家，团结协作、互相支援，仅用7天就恢复了唐山市最大的供水厂——大红桥水厂。在抢修过程中，抓住恢复水源井和疏通主干管这两个重点，本着先易后难的原则，修好一眼、使用一眼；先通主干线，再恢复支干线；由恢复一条线到恢复一大片，最后连通构成环网；先分区给水，后统一供水，压缩无水区。整个会战从8月中旬开始，到10月下旬结束，供水面积恢复到震前水平。

为解决灾民的吃饭问题，“省前指”紧急动员省内各地、市昼夜赶制烙饼、馒头、饼干等熟食。石家庄市饮食公司在7月30日零时接到加工5000公斤熟食的任务后，立即动员36个门市部340名干部和职工，利用各种加工工具，仅用5个小时，就加工出熟食1.25万公斤，及时运往灾区。1966年遭受过严重地震灾害的邢台地区隆尧县的领导和职工，在赶制烙饼时，考虑到灾区严重缺水，他们没有往饼里加盐，而是把全县贮存的食糖全部调出，烙成糖饼运往灾区。首都北京和一些兄弟省、市也给灾区送来大批饼干、面包等食品。

供应食品只是震后几天的临时措施，这样不仅耗费巨大，而且暑期气温高，食品在运送过程中极易霉烂变质。因此，“省前指”决定，尽快向灾区调运成品粮，并尽快恢复粮食供应网点和粮食加工厂。到8月中旬，遭受地震破坏的108家粮食供应点全部恢复营业。到10月底成品粮食的加工能力已接近震前。全国各地还支援了大批炊事、饮食用具，使灾区人民的吃饭问题得到妥善解决。

为解决灾民的日常生活供应，震后几天“省前指”在唐山市区临时采取了食物供给制，即每人每天免费供应粮食9两，蔬菜3两至4两；每人每月食油4两，猪肉0.5斤，食盐1斤，咸菜1斤，碱面1两，肥皂1块；每户煤油1斤，火柴半包；每个成年妇女卫生纸1包；每个居民委员会（村）半导体收音机1台。根据实际需要，还发放了一些炊事用具和其他生活用品，从而保证了灾区人民的基本生活需要。随着生活秩序恢复正常，从9月1日起，恢复了货币交换和正常的商品供应，结束了实物供给制，并及时调进大批生活物资，满足受灾群众的日常生活需要。

为妥善解决灾民的住房问题，“省前指”于8月6日召开建房工作会议，制定了“发动群众，依靠集体，自力更生，就地取材，因陋就简，逐步完善”的建房方针，提出建房要做到防震、防雨、防风、防寒、防火，形式可以因地制宜。这次会议提出的方针和要求都是正确的、实事求是的，在建房中起到了指导作用。

为支援灾区人民所需建房材料，“省后指”积极协调各部、委、厅、局，从全省各地调拨物资。许多省、市运来了大批建房材料，截至1976年10月统计：共运来杂木杆897万余根、油毡86.5万多卷、苇席262万件、草袋255万条、苇箔154万片、毛竹101万根。为了赶在天冷以前，让唐山人民住进新房，人民解放军每天投入6万多指战员，同唐山人民一起，共建简易过冬住房。截至11月15日，全唐山市共建过冬简易房35.1万间，按期完成了原定建房任务。入冬前，受灾居民都高高兴兴地从临时窝铺和帐篷里搬进了新建的防震、防雨、防风、防寒、防火的“五防”简易住房。与此同时，又解决了缺少棉衣、棉被的问题。据统计：唐山市区需要解决棉布262万米，絮棉56万多公斤；各县共需棉布666.6万多米，絮棉140万公斤。中共河北省委安排从省内留成棉解决总量的1/3，中央调拨总量的2/3。国家还拨给购买棉衣、棉被的救济款840万元。这样，就使灾区人民在冬天都穿上了棉衣，盖上了棉被。同时还千方百计地解决了取暖用煤以及炉具等问题，使灾区人民度过了震后的第一个冬天。

抢救伤员的紧张战斗

强震过后，大量伤员遍布灾区城乡，且伤情严重而复杂，受到死亡的第二次威胁，急待抢救治疗。据不完全统计：震后唐山地区和唐山市不同类型的伤员总数达70.36万人。其中，唐山市区为36.13万人，重伤员达16.49万人。

按照中央抗震救灾指挥部的统一部署和要求，中国人民解放军、国务院所属有关部门及各省、市，迅速派出医疗队，携带大批药品、医疗器械以及帐篷等，从四面八方赶赴灾区。在6天之内，上海、山西等11个省市共派来138个医疗队、1.04万人；解放军北京、济南、沈阳、昆明军区和各军兵种,先后派出100个医疗队、5000名医护人员。接着,内蒙古、湖南、广西、广东、江西、甘肃、宁夏、陕西、浙江、安徽、四川、贵州等省区派出的医疗队也陆续赶到灾区。为统一调度各方面的力量协调作战,“省前指”设立了医疗卫生组,组内分设医疗救护组、伤员转运组和药品组。唐山地市各级抗震救灾指挥部也设立了相应的组织。各级医疗救护指挥机构根据灾情轻重,对各地赶来的医疗队作了有组织的安排。① 在很短的时间内,各地医疗队就在整个灾区形成了一个医疗救护网络,救治活动有领导有组织地展开。

医疗队在震后的困难时期对伤员开展全面救治,为挽救伤员的生命做出了巨大的贡献。截至9月初统计,共救治伤员1500万人次,其中危重伤病员15.6万多人次。中央考虑到河北省已经负担很重,更考虑到要使重伤员能得到良好的进一步治疗,于是作出了将重伤员外转治疗的重大决策。为此,“省前指”设立了转运伤员专门机构,并决定在石家庄、保定、邢台、沧州等市的车站成立接待站,做好伤员的接待、慰问工作。并根据过去战争年代的经验,在各中转站设立了兵站医院,临时集中、收治、转运伤员。

在整个外转重伤员的过程中,先后动用飞机474架次,空运伤员2.07万人;火车专列159列,转运伤员7.28万人,共外转伤员10万余人。这些伤员分别转送到吉林、辽宁、山东、河南、安徽、北京、天津、上海等12个省市及本省医院进行治疗。截至1977年2月底,共从外地接回伤员7.269万名,截瘫伤员3000多名。还有一部分外转伤员于1977年10月被送回河北省,分别安排在石家庄、承德、邢台、邯郸、衡水、沧州6个地区疗养。

唐山地区发生强烈地震的消息经报纸、电台报道,得到了全国各族人民热情关怀,全国各省、市、自治区,全省各地区、各部门,党、政、军、民、学各阶层发扬革命集体主义精神,给了灾区积极的支持。全国人民的无私援助,体现在物质、精神、人力的各个方面,涵盖了唐山人民的生

---

① 唐山市新华路北有37个医疗队、2146人;新华路南有28个医疗队、2641人;市区陡河以东有69个医疗队、4185人。丰南、滦南、滦县、乐亭、昌黎、卢龙、迁安、迁西、遵化、丰润、玉田11个县及柏各庄农垦区共有149个医疗队、1.0791万人。

产、生活、救灾、医疗、防疫、抢险,恢复重建等各个层面,形成了“一方有灾,八方支援”的动人场面。这些救灾物资来自祖国的四面八方,写信寄物捐款的人有首都的普通工人,有海南岛的渔民,有黑龙江林区的伐木工人,有西藏、新疆的牧民,有维吾尔族的教师和学生,有守卫边防线的解放军战士,有远离祖国的海员,有驻外使领馆工作人员,有侨居海外的华裔学生,有朝气蓬勃的青少年学生,还有白发苍苍的老人。他们寄来的不只是慰问信、款、粮、物,更重要的是寄来了深厚的关爱之情和共产主义风格。很多邮件没写寄件人的地址和真实姓名,而是写着“共产党员”“普通一兵”“雷锋的战友”“公社社员”等。许多信件的封面、背面和汇款单简短附言里,写上了对灾民的鼓励、希望和嘱托。此外,在唐山地震后,一些国家及国际组织,也纷纷发来了慰问电,并表示支援。由于我国正处于“文化大革命”末期,在片面强调自力更生原则的形势下,拒绝了国际援助。

卓有成效的防疫灭病工作

强烈地震,不仅使唐山的工业、农业遭到了严重的破坏,同时也使城乡的生活和医疗设施遭到了毁灭性的破坏。震后第三天,部分地区出现了肠炎和痢疾,并迅速蔓延开来。一周时间,发病率便达到高峰。强烈地震以后,幸存下来的人们面临着瘟疫的严重威胁。

中共中央对灾区防疫灭病工作极为关心,指示一定要把防疫灭病工作搞好。“省前指”对防疫灭病工作也极为关注,把防疫灭病作为抗震救灾三大任务[①]之一,建立了防疫领导小组,制定了《防疫工作计划》。随后,唐山地、市、县、区、公社和参加救灾的各军、师、团、营也都普遍建立了相应的防疫组织,落实防疫措施。

依照党中央和国务院的指示,从8月5日开始,江苏123人、甘肃120人、黑龙江121人、宁夏76人、上海15人、辽宁141人、广东100人、卫生部25人、河北省526人,共1247名防疫人员赶到灾区。与此同时,5万多件防疫器械、400多吨防疫药品、100多万份疫苗,也从祖国四面

① 三大任务,指工农业生产、安排群众生活、防疫灭病。

八方运到唐山。一场有组织有领导的规模巨大的防疫灭病活动在整个灾区展开了。

为了避免疫病流行,中共河北省委、省革委会组织了4000多人的防疫队伍防疫灭病。首先,集中力量杀灭蚊蝇;其次,保护水源,搞好饮水消毒,并广泛开展预防接种;三是对已患肠炎、痢疾、伤寒、乙脑的病人,进行积极的治疗;四是清理尸体消毒并重新掩埋;五是搞好群众性的爱国卫生运动,改善环境卫生。由于措施得力,防治及时,大灾之后疫情不仅没有上升,反而比正常年份下降。这不仅是科学技术发展的结果,更重要的是在中国共产党的坚强领导和社会主义制度下,唐山大地震后,才出现了“大灾之后无大疫”的人间奇迹!

9月1日,中共中央在北京召开唐山丰南地震抗震救灾先进单位和模范人物代表会议,来自唐山、天津、北京抗震救灾第一线的3500多名代表出席会议。会议对抗震救灾中涌现出来的先进单位和模范人物进行了表彰,有力地促进了唐山抗震救灾和经济建设的恢复和发展。

三、在地震废墟上恢复和重建新唐山

全面恢复城乡基础设施

强烈地震给城市基础设施带来极其严重的破坏。震后,在中共河北省委、省革委会及其抗震救灾指挥部的领导下,在全国人民的大力支援下,唐山人民奋力抗震救灾,开始全面恢复城乡基础设施。

强烈地震使唐山的邮电系统遭到毁灭性的破坏,对外界的联络全部中断。为恢复邮电通信,“省前指”确定了先恢复无线通信,后抢修有线电讯和邮政通信的指导思想。在石家庄市、唐山市、秦皇岛市等邮电报务、机务人员努力下,唐山、丰南、秦皇岛等地的无线电台及时开通。唐山地、市的广大邮电职工不顾家人的伤亡和自己的伤痛,同北京、天津、辽宁等省、市及省内各地邮电部门派来的1200多名线路抢修人员密切联合,抢修线路,当天晚上就抢修了唐山至北京、唐山至石家庄市的有线长途电话，随后又接通了同沈阳的通信联络，以及“省前指”通往唐山市内的3条线路。7月29日上午，唐山到北京、天津、石家庄、沈阳等地的直达长途电话全部接通。到7月31日，唐山地区被震坏的400多条由县到乡的线路，多数已恢复通话。8月12日恢复了市内邮政营业。9月1日，开放了唐山各地的电报、电话业务，恢复了邮路。经过唐山广大邮电职工的努力和全国各地的支援，到9月上旬，邮电通信已基本恢复或超过震前水平。

为恢复铁路和公路交通，中共河北省委责成省交通部门成立了“抗震救灾公路桥梁办公室”，并派出公路部门领导干部和工程技术人员参加省抗震救灾前线指挥部交通组工作。人民解放军派出2.5万名指战员架设舟桥，抢修公路。交通部一局三处、承德地区工程队、河北省交通工程大队等单位，先后派出4500余人，唐山地区公路部门和当地群众1.5万多人，齐心协力维修公路、抢修桥梁，采取一切措施，争分夺秒恢复各干线通车。到8月12日，全地区公路交通全面恢复通车，保证了抢运伤员和运送救灾物资的车辆通行。铁道部、铁道兵部队于震后立即组织了抗震救灾联合指挥部，先后从12个铁路局、6个工程局和铁道兵3个师、1个舟桥团等28个单位调来4.2万多人，组成了抢修大军。抢修大军本着“先修通，后完善；先干线，后支专（线）”的原则，突击抢修铁路。8月10日，京山铁路全线通车。9月25日，正式开通旅客列车。到国庆节前夕，京山、通坨两条干线，除个别桥梁限速外，区间行车速度已恢复到震前水平。10月中旬，京山、通坨铁路的运输能力均达到了震前水平。到10月底，共整修铁路干线897公里；支线、专线146条、413公里；修复桥梁63座，临时修建和加固房屋近33万平方米。到1977年1月20日，14座重点桥梁工程，除滦河大桥外，均全部竣工通车。

唐山是京、津、唐电网的供电基地之一。震后唐山全部断电。为恢复电力供应，地震当天下午水利电力部就从北京派出了两部发电车，当晚就为唐山抗震救灾指挥部供了电。震后第二天，唐山供电局党委书记滕玉亭忍着伤痛组织临时指挥部，领导抗震救灾。北京电业管理局在唐山成立了以电业管理局革委会副主任李鹏为总指挥的“电力抗震抢修前线指挥部”,为尽快恢复灾区的供电,组织起3000多人的电力抢修队,火速奔赴灾区。紧接着,来自东北各地和省内石家庄、邢台、张家口、承德、保定、秦皇岛等市的电力抢修队伍也相继赶到唐山。经过各地电力抢修队和唐山电业工人的共同奋斗,不到一天两夜就把电力送到了唐山。震后第三天就向市区水源地、机场、路灯和开滦煤矿供了电。到8月6日,受灾停电的8个110千伏变电站,已有7个恢复供电;55个35千伏变电站,有24个恢复送电;市区恢复15条主要街道的照明用电;市区自来水井有一半恢复供电;开滦煤矿所属8个矿全部恢复用电,其中,5个矿井开始排水。到8月9日,唐山地区各县均恢复了供电。在各方支援下,唐山发电厂于震后14天开始并网发电,震后120天就恢复到震前水平。以通邮、通水、通路、通电为重点的城乡基础设施的恢复,极大改善了受灾群众的生存环境,为城市的复苏创造了条件。

恢复文教财贸和稳定社会秩序

强烈地震使教育事业遭到严重破坏。震前唐山地、市辖区共有省属大专院校3所,中小学(包括师范)7446所,教职工7.15万余人,震亡2765人,占总数的3.9%。唐山市区各中小学教职工的死亡率达13.2%。唐山矿冶学院教职工及职工家属死亡率均高达30%以上。唐山煤矿医学院教职工和学生的死亡率也达15%。唐山市所有学校校舍几乎全被震毁,教学仪器和各种设备损失严重。

首先,恢复各级各类学校的领导机构。在各校领导的组织与带领下,广大教职员工和学生积极为开学复课创造条件。震后不久,在北京军区某部连队的帮助下,居住在唐山市体育场附近的180多名中小学生组织起来,创办了“抗震学校”,并于8月3日举行了开学典礼。这是震后全市第一个开学上课的学校。不久,马家沟第一小学、唐山六中、十八中、三十六中、古冶第三小学等一大批中小学相继开学复课。到8月中旬,全市暑假未完就提前开学的中小学将近100所。到9月1日,全市409所中小学全部开学上课。农村中小学也在8月中旬陆续开学。至入冬以前,全地区建起6万多间简易教室、办公室和部分宿舍,教学秩序日趋稳定。受灾严重的唐山矿冶学院,也于9月下旬陆续复课,并招收了150名新生。

在恢复教育工作的同时，报纸广播和文化活动也迅速恢复起来。震后，幸存的文化工作者组织起来，走上抗震救灾的第一线。他们一面参加救灾工作，一面进行创作演出。《唐山劳动日报》于8月4日恢复出版。不久，《唐山文艺》也恢复出版。有线广播迅速恢复了播音。在解放军的帮助下，唐山市重点少年业余体校，很快投入了正常训练。“省前指”还调集省直文艺系统的大批演职员，组成抗震救灾慰问演出团和电影放映队，赶赴唐山，慰问受灾人民和救灾大军。文化活动的恢复，丰富了受灾群众的文化生活，使人们在同自然灾害的斗争中得到了鼓舞和安慰。

为恢复财贸工作，保证商品正常供应，唐山市财贸系统积极应对地震灾害。根据实际情况，既采取了临时供给措施，又从长远着想。到8月中旬商业网点逐步恢复，根据“先搞小的，多搞综合的，在主要街道也搞几个较大的和专业性的商店”的精神，建立了一个大型的新市区百货商场。这个商场的职工边营业，边复建，先搭席棚售货，然后，在解放军的帮助下，建成了一个650平方米的半永久性的大商场，于9月14日开业。这个商场经营4800多种商品，每天销售额达3万多元，接近震前水平。接着，更多的百货、食品、五金、交电、副食、蔬菜等“震兴”式商店陆续恢复营业。到9月底银行营业部、储蓄所、饭店、旅店、食品加工厂、面粉厂等陆续恢复营业。

为稳定和恢复正常的社会秩序，震后，中共唐山市公安局党委几位负责人从倒塌的房屋中脱险出来后，便立即赶赴已经坍塌的机关，成立了临时局党委，组织脱险的公安干警，分头上街执行保卫任务。接着，他们又到看守所、劳教所组织干警严密看守并向指定地点转移罪犯。他们还到各区公安分局、街道派出所、交通大队和消防大队指挥抢救伤员，布置保卫工作。为了打击不法分子的犯罪活动，公安政法各部门密切配合，联合办案。驻唐解放军和广大公安干警、民兵和基层保卫人员的努力，有力地维护了社会治安，保卫了国家和人民生命财产的安全。

为加强交通管理，确保畅通和安全，中央成立了交通指挥所，并派公安部负责人前往抗震救灾前线。河北省公安局、交通局和省军区联合建立了河北交通指挥分所。北京市公安局和河北省公安局先后派出数百名交通民警，配合唐山公安干警上路指挥交通。唐山驻军紧急派出7个连以最快的动作维持全市的交通秩序，并派出3个连封锁全市的所有进出路口，稳定市内的社会秩序。

恢复工业生产

为加快唐山的恢复和建设，8月25日至31日，中共河北省委在唐山召开地、市委书记会议。会议决定把唐山地、市委联合起来，由市委领导各县，不建大城市，发展小城镇，力争在较短的时间内，把唐山建设成更加繁荣美好的社会主义新城镇、新农村。全省组织23万人到唐山打井和修复大型水利工程。按照新的城市规划，首先恢复对全省全国有影响的开滦煤矿、唐钢、电厂等骨干企业和支援农业的五小工业，以及与抗震救灾有直接关系的轻工业。会议强调，各地要在人力物力上大力支援灾区；各厂矿企业要制订超产计划，落实措施，努力完成国家计划；全省广大干部群众要团结起来，夺取抗震救灾的新胜利。根据会议精神，在全国全省的大力支援下，唐山市的广大干部职工，化悲痛为力量，积极投入恢复生产的战斗。

地震，使开滦这座具有百年历史的老矿几乎变成了一片废墟，整个矿区处于瘫痪状态。面对严重的灾情，8月2日，开滦矿召开党委扩大会议，号召全矿广大干部职工要发扬艰苦奋斗、自力更生的革命精神，动员一切可以动员的力量，以最大的干劲加速恢复生产。在国务院联合工作组的直接领导下，广大开滦矿工发扬“特别能战斗”的光荣传统，所属各矿、区、班、组之间普遍开展各种形式的社会主义劳动竞赛。经过艰苦奋战，马家沟矿于当年8月7日出煤，成为震后第一个出煤的煤矿；林西采矿一区成为全矿区第一个开机出煤的机械化采煤区；吕家坨矿于11月28日在全矿区第一个实现原煤、洗精煤全面恢复生产，12月18日，日产量达到震前水平。1977年初，开滦的8个矿已有7个矿恢复生产；同年11月底，共排出井下积水约1.6亿吨，修复巷道37万多米，抢修各种机械设备3.3万多台(件)，使供电、排水、通风、通信、提升五大系统基本得到恢复。从12月1日起，原煤平均日产达到7万吨。中共河北省委、河北省革委会和煤炭部召开庆功大会，国务院发电祝贺，国务院所属22个部委的代表参加了庆功大会。

唐山钢铁公司，是个具有1.8万多名职工，年产近百万吨钢的全国重点冶金企业，在地震的瞬间几乎化为乌有。大震刚过，公司党委主要成员就陆续赶到公司并召开紧急会议部署抢险救灾。震后第二天，冶金部、河北省冶金局主要负责人率领工作队就到达唐钢领导抗震救灾。在冶金部、鞍山钢铁公司、首都钢铁公司、武汉钢铁公司等全国20多个单位1.5万援建大军的帮助下，经过27天的艰苦奋战，于8月25日12时20分炼出了震后第一炉钢。到1977年9月5日，唐山钢铁公司所属炼钢、轧钢、炼铁、耐火、石矿等11个厂矿全部恢复生产，当年12月份产钢8.2万吨，超过震前的月平均水平，超额完成了国家计划。

唐山机车车辆厂是随着开滦煤矿的开发而创建的中国第一家铁路工厂。面对严重的灾情，在各方面的支援下，广大干部职工顽强战斗，8月27日，“抗震号”内燃机车交付用户使用。10月份部分客车生产车间复产。截至1976年底，全厂基本恢复生产，并实现产值439万元。1977年完成工业总产值1555万元，新造机车5台，客车5辆，检修客车265辆，完成基本建设投资1318.5万元。

唐山启新水泥厂是有百年历史的老厂，是中国第一家机械化生产水泥的企业。在厂党委的领导下，全厂干部职工不等不靠，及时修复了运销台站，震后不到20天，就向外发运水泥3700多吨。到8月30日，先后有矿山车间、运销车间、运输科、机修车间、动力科和制成车间9号水泥磨等部门恢复了生产。9号水泥磨每天生产水泥300多吨，石灰产量达到震前水平。

唐山市建筑陶瓷厂，震后仅用了1个多月的时间就恢复了釉面砖的简易生产；到1978年，全厂生产基本上恢复到震前水平。华新纺织厂于1976年8月25日，即震后第25天，便开动96台织机，生产出震后第一批产品；9月25日，开动1.13万枚纱锭、207台织机，实现了纱布生产一条线；到年底，开动2万枚纱锭、500台织机，胜利恢复了生产。

整个唐山市区到1977年5月底,区属以上工业企业恢复生产的达98.6%。其中,全面生产的占企业总数的56%,已达震前水平的约占企业总数的50%。唐山工业生产的迅速恢复,充分显示了中国工人阶级战天斗地、勇往直前的大无畏英雄气概,同时也又一次证明:唐山的工人阶级队伍是一支特别能战斗的队伍。

恢复农业生产和农田水利设施

中共中央、中共河北省委不仅对灾区工业生产的恢复给予了极大的关怀和帮助,并且对恢复灾区农业生产也极为重视,指示要把农业生产恢复放在重要位置。农业生产季节性强,如果贻误农时,造成减产,就会加重灾情。根据中央关于“当年夺丰收,来年要增产”的指示,中共河北省委于8月12日在唐山召开了全省地、市委书记会议,讨论恢复灾区农业生产和农田水利设施问题,决定把1976年冬至1977年春根治海河工程的重点放在唐山地区,动员全省各地支援唐山,尽快恢复农田水利工程。

在各方面的支援下,经过全区广大农村干部和农民的努力奋战,夺取了当年秋季的好收成。全市(包括唐山地区)1976年粮食总产量达35.49亿公斤,相当于1975年的90.8%。入秋,党政军民百万大军又开展了播种冬麦的战斗。国务院给灾区调拨了大、中、小型拖拉机3100多台,配套机具1680台。各兄弟省、市的拖拉机厂、农具制造厂,都选送了最好的产品,以最快的速度赶送到唐山。到10月5日,全区共种麦410万亩,超额完成了任务,为夺取1977年夏粮增产奠定了基础。

为了恢复被地震破坏的水利工程,中共河北省委、河北省革委会于9月下旬抽调全省8个地区20万治河民工相继奔赴灾区,首先抢修大中型水库、扬水站、主干排灌渠道、河道堤防及其配套工程。到1977年3月底,全区共修复大、小水库190座,塘坝534处,扬水站260个,抽水点1700多座,闸、涵、桥443座,排灌渠3586条,河道堤防13条;新建蓄水池2座,水库7座,塘坝28处,抽水点60座,排水渠900多条;恢复、新建、续建其他工程1707项,共完成土石方总量4230多万立方米。

在修复农田水利工程中，中共河北省委、省革委会采取了一个非灾地区帮一个灾区县，一个非灾县帮一个受灾公社的办法，给重灾各县修井、打井。全省7个地区抽调3万多名打井人员，带着1300多台钻机、200多台空压机、电测仪和8000多套制井管的模具，从8月中旬开始，陆续开到灾区。经过支援队伍和当地群众的共同努力，到1977年3月底，共打井3.72万眼，其中，大口井2500多眼；修复旧井2.64万眼。井灌面积累计达到460多万亩，恢复到震前水平。

与此同时，积极恢复发展以养猪为中心的畜牧业生产，到1976年12月底，全区生猪已达到433万头，平均每户3.3头，比震前增加了20万头，全区大牲畜恢复到42万多头。农业生产的全面恢复，稳定了广大农村群众的情绪，同时也激发了他们战胜灾害、重建家园的信心。

唐山抗震救灾，恢复经济的斗争，实际上是一场以唐山人民为主体的全国性的大会战。在中共河北省委、省革委会的领导下，在全国、全省人民的大力支援下，唐山地震灾区人民经过两年多的努力，到1978年，国民经济已基本上恢复到了震前的水平。在抗震救灾恢复生产中，中国人民解放军发挥了极为重要的作用，做出了重要贡献。为表达全省人民，特别是灾区人民对人民解放军的感激之情，进一步加强军政军民团结，在1976年国庆节前后，中共河北省委、省革委会组成慰问团，慰问战斗在抗震救灾和恢复生产前线的人民解放军指战员。慰问团的成员们高度赞扬了解放军建树的功勋，转达了省委、省革委会和全省人民，特别是灾区人民对解放军的亲切慰问和衷心感谢。1977年新年、春节前夕，省革委会向战斗在抗震救灾和恢复生产前线的人民解放军以及全省驻军发出慰问信，再次表达全省人民向解放军的亲切慰问和衷心感谢。同时，唐山灾民顺利渡过震灾，恢复生产，也是同全国人民的大力支援分不开的。地震发生后，北京、上海、天津、陕西、河南、山东、山西、湖北、四川、辽宁、吉林、黑龙江等省市的援建大军，立即开赴唐山，帮助恢复生产。从1977年7月地震一周年到1978年3月，全国各地援建大军陆续完成援建任务。在他们陆续凯旋的时候，中共河北省委、省革委会领导同志参加了庆功、祝捷和欢送大会。在大会上，中共河北省委、省革委会领导代表全省人民、特别是灾区人民高度赞扬了援建人员的好思想、好作风、好品德，向他们评选出的“铁人”式工人、先进标兵、劳动模范、先进工作者、先进生产者、先进集体代表献了花，向所有参加援建的干部、职工赠送了《毛泽东选集》，并向各援建指挥部及所属单位赠送了锦旗。

第四编

社会主义建设在拨乱反正中进入新的历史时期

（1976年10月—1978年12月）

粉碎江青反革命集团，宣告了“文化大革命”的结束。此后的两年，河北同全国一样，处于徘徊前进的时期，按照中共中央的部署，这两年中共河北省委领导全省人民掀起了揭批江青反革命集团斗争的热潮。在这场斗争中，党内外广大干部群众经过拨乱反正，初步明辨了被江青反革命集团搅乱的思想理论是非，各级党组织的思想、组织、作风不纯的问题得到初步整顿，发展了全省安定团结的局面。工农业生产得到明显的恢复与发展，各项社会主义事业出现生机蓬勃的局面。但是，由于“两个凡是”还禁锢着人们的头脑，落实政策步伐迟缓艰难，经济上继续片面追求高速度，出现了急于求成的失误。1978 年开展的真理标准问题的讨论和对“左”的指导思想的进一步清理，为党的工作重点转移，进入新的历史时期创造了条件。

第十九章

揭批江青反革命集团和初步拨乱反正

1976年10月,中共中央政治局执行人民的意志,一举粉碎王洪文、张春桥、江青、姚文元反革命集团。粉碎江青反革命集团①后,通过“揭批查”运动,特别是解决保定问题,河北全省形势进一步稳定和发展。经过初步拨乱反正,民主政治制度得以恢复,各项社会主义事业也开始复苏。

一、揭批江青反革命集团

“揭批查”运动全面开展

江青反革命集团被粉碎的消息传来,河北省各地军民敲锣打鼓,载歌载舞,集会游行,庆祝这一伟大胜利。人们纷纷相庆:粉碎“四人帮”,为党除奸,为国除害,为民平愤,大快人心。全省城乡到处洋溢着喜庆的节日气氛。1976年10月21日,省会石家庄市45万军民集会,热烈庆祝粉碎江青反革命集团的伟大胜利。中共河北省委、河北省革委会领导与省会几十万军民一同游行庆祝。短短几天中,全省各地参加游行庆祝活动的多达1.28亿人次。面对江青反革命集团给各项事业造成的干扰

① 江青反革命集团,又称“四人帮”,主要成员为王洪文、张春桥、江青、姚文元。

破坏，深入揭批他们的罪行，大干社会主义，把江青反革命集团造成的损失夺回来，成为全省人民的迫切愿望和要求。根据中共中央的部署，省委领导全省人民投入到揭批江青反革命集团斗争中来。从 10 月到 12 月初的两个多月中，仅据全省 9 个地区统计，共举办各种类型学习班 66.9 万多期，参加学习人数达 1089 万人次，培养骨干 190 多万名，召开大中型声讨会 88.2 万多次，写批判文章和大字报达 1213 万多篇。省、地、市、县和厂矿企业、农村社队、街道、学校等多次召开深入揭批江青反革命集团经验交流会。

11 月 20 日至 29 日，省委召开全省宣传工作会议，进一步部署揭批江青反革命集团工作。会议提出，对“四人帮”的揭发批判仅仅是开始，要充分认识这场斗争的长期性和艰巨性，要深入揭发批判“四人帮”。11 月 31 日，省委、省革委会召开省直机关干部、职工万人大会，揭发批判江青反革命集团阴谋篡党夺权的罪行，声讨他们插手河北、搞乱保定、破坏抗震救灾的罪行。

12 月，中共中央下发《王洪文、张春桥、江青、姚文元反党集团罪证（材料之一）》（即中共中央 24 号文件）后，省委部署在全省范围内开展揭批江青反革命集团斗争的第一战役，重点对其反党夺权阴谋进行揭批。在第一战役中，全省各级党委在先学一步的基础上，深入到全省 300 多个试点单位，摸索经验，抓点带面，保证中央文件传达好、讲解好、贯彻好。各级党委通过党校、学校和举办学习班，辅导培训 310 多万名宣讲骨干和理论成员，编写材料，深入田间地头，家庭院户，走向工厂班组讲解辅导，全省各地采用办批判专栏、黑板报、广播、展览及文艺节目等多种宣传形式进行揭批，使广大群众了解江青反革命集团的罪行和开展这场斗争的性质、目的和意义。

1977 年 3 月，中共中央下发《王、张、江、姚反党集团罪证（材料之一）、（材料之二）》，全省各地在省委部署下相继开展了揭批江青反革命集团反党夺权阴谋和反动历史的第二战役。省委提出，要根据叶剑英提出的十个应该不应该（即应该不应该坚持党对军队的绝对领导；应该不应该坚持无产阶级党性，反对资产阶级派性；应该不应该继承和发扬我党我军的优良传统；应该不应该整顿军队；应该不应该严格遵守革命纪律和规章制度；应该不应该按照接班人“五项条件”[①]搞好老中青三结合；应该不应该强调军队要稳定；应该不应该严格训练、严格要求；应该不应该坚持野战军、地方武装、民兵三结合的武装力量体制；应该不应该准备打仗）和余秋里在国家计委报告中提出的十个要不要（即要不要坚持党的基本路线；要不要党的领导；要不要全心全意依靠工人阶级；要不要搞好生产；要不要规章制度；要不要社会主义积累；要不要实行各尽所能、按劳分配的原则；要不要无产阶级自己的专家；要不要引进新的技术；要不要坚持计划经济），正本清源，拨乱反正。在揭批江青反革命集团的斗争中，各级领导广泛开展了“三大讲”（即大讲江青反革命集团横行时党受其害、国受其害、身受其害；大讲同江青反革命集团作斗争的经历；大讲同江青反革命集团作斗争的经验）和“三讲一评”（即在进行“三大讲”时，不仅自己讲，还要让群众评；领导讲，群众评；一人讲，大家评。评的内容：“四人帮”流毒和影响摆出来没有，路线是非分清楚没有，正反两方面的经验总结得够不够）及路线对比活动，联系实际，肃清流毒，共同总结经验。根据中共河北省委的要求，全省各地围绕着在全省范围内流毒广、影响深、危害大的五个方面的问题开展揭批：一是揭批江青反革命集团煽动“踢开党委闹革命”“矛头向上就是大方向”，大搞层层揪，破坏党的领导的罪行；二是揭批江青反革命集团诬蔑抓贪污盗窃、投机倒把的大案要案是“大资批小资”，是“矛头向下整群众”的罪行；三是揭批江青反革命集团把整顿领导班子诬蔑为“搞复辟”，批判资产阶级派性是“打击造反派”，落实党的干部政策是“举逸民”“请隐士”的罪行；四是批判江青反革命集团诬蔑大干社会主义是“唯生产力论”，是“给走资派脸上贴金”，破坏工业学大庆、农业学大寨群众运动的罪行；五是揭批江青反革命集团破坏社会主义经营管理，攻击合理的规章制度是“管、卡、压”，煽动无政府主义的罪行。

---

① “五项条件”：（一）必须是真正的马克思主义者；（二）必须是全心全意为中国和世界绝大多数人服务的革命者；（三）必须是能够团结绝大多数人一道工作的无产阶级政治家；（四）必须是党的民主集中制的模范执行者；（五）必须谦虚谨慎、戒骄戒躁，富于自我批评精神，勇于改正自己工作中的缺点和错误。

1977年9月，随着中共中央关于《王、张、江、姚反党集团罪证（材料之三）》文件下发，中共河北省委部署开展在全省范围揭批的第三战役，即集中批判江青反革命集团的反动路线和理论。第三战役主要围绕江青反革命集团反革命路线的实质及其在各方面的表现，从哲学、政治经济学、科学社会主义理论上围绕八个方面的问题进行批判：（一）批判江青反革命集团炮制的“老干部是‘民主派’，‘民主派’就是‘走资派’”的反革命政治纲领，大搞层层揪的谬论和罪行，清除不要党的领导和怀疑一切、否定一切、打倒一切的错误影响。（二）批判江青反革命集团歪曲、篡改党的基本路线、颠倒敌我关系，混淆两类不同性质的矛盾的谬论和罪行，解决一些人不能正确处理搞社会主义革命，应该依靠谁、团结谁、打击谁的问题；解决一些人对资本主义不敢批，对坏人坏事不敢斗，对歪风邪气不敢管或不能正确贯彻执行党的各项政策的不良倾向。（三）批判江青反革命集团鼓吹群众运动天然合理，煽动无政府主义的谬论和罪行，解决一些人无组织、无纪律、无法制观念，不要统一计划、不遵守规章制度等问题。（四）批判江青反革命集团篡改毛泽东关于革命接班人“五项条件”，鼓吹“造反派”掌权，以帮代党，大搞资产阶级帮派体系的谬论和罪行，解决一些人不搞五湖四海、“任人唯亲”、拉帮结伙等问题。（五）批判江青反革命集团破坏四个现代化，制造革命与生产、政治与业务、红与专对立的谬论和罪行，解决一些人不敢抓生产，不敢抓业务，不敢把政治挂帅挂到生产、业务上以及政治和业务两张皮的问题。（六）批判江青反革命集团歪曲革命导师关于资产阶级权利的论述，诬蔑社会主义的按劳分配原则是“扩大资产阶级法权”，是产生新资产阶级分子的“土壤”和条件的谬论和罪行，解决一些人不敢落实按劳分配政策，致使一些地方存在干多干少、干好干坏、干与不干都一样的问题。（七）批判江青反革命集团分裂革命队伍，挑动群众斗群众的谬论和罪行，解决一些人不要安定团结，热衷于搞资产阶级派性的问题。（八）批判江青反革命集团破坏理论联系实际、实事求是、群众路线、谦虚谨慎、艰苦奋斗等优良传统和作风的罪行，解决一些人理论脱离实际、弄虚作假、欺上瞒下，不深入实际，不关心群众疾苦，贪图享受、挥霍浪费，利用职权牟取私利等问题。

在揭批江青反革命集团第三战役中,全省各地采取联系实际、列专题、一事一议、广泛开展路线对比,以及“三讲一评”的方法,肃流毒、治“内伤”。从 1977 年 10 月到 1978 年 3 月,几个月的时间里,省、地、县、社各级先后组织了 10 万多名干部下厂下乡下社宣讲文件,全省城乡召开各种类型批判会 158 万多次,其声势之大是前所未有的。

整顿是开展“揭批查”的主要内容和任务之一,其重点是整顿领导班子。根据省委的部署,1977 年冬和 1978 年春,全省各地结合揭批江青反革命集团,在抓好县以上领导班子整顿的同时,重点开展了社队和工矿企业领导班子的整顿。到 1978 年 8 月初,全省农村对 1909 个公社、2.2766 万个大队进行了整顿,占需整顿社队的 80% 左右;对部分社队两级领导班子 1.3847 万名领导成员,进行了必要的调整,充实和加强了基层领导力量。全省工建交系统第一批整顿了 1830 个企事业单位,占企事业单位总数的 23.4%。

在整顿领导班子的同时,全省范围开展了大规模的“一批双打”斗争(即批判江青反革命集团,打击阶级敌人的破坏活动,打击资本主义势力的猖狂进攻),作为揭批江青反革命集团斗争的重要组成部分。各地成立“一批双打”办公室,派出工作队奔赴各企事业单位及农村社队,结合揭批江青反革命集团第三战役,一边抓“一批双打”,一边抓落实政策;一边搞企业(社队)整顿,一边促工农业生产。省会石家庄市先后派出 99 个工作队、1830 名队员,对 218 个企业和单位的领导班子重点整顿。

全省各地通过开展对江青反革命集团的反党阴谋活动和反动谬论深入揭批的三个战役,初步澄清了被江青反革命集团搞乱了的路线是非、思想是非和理论是非,加强了各级领导班子的思想、组织和作风建设,打击了社会上各种敌对分子的不法活动,提高了人民群众的政治觉悟。但是,在当时“阶级斗争为纲”仍占主导地位的历史条件下,开展的各项运动依然带有特定年代的浓厚色彩,是非界限继续界定在“两个阶级”“两条道路”的斗争上面。这种“左”的倾向,使一些干部和群众受到不应有的伤害。

清查工作取得基本胜利

在开展揭批江青反革命集团三个战役的同时,河北省各级党组织根据中央关于揭批江青反革命集团和清查工作的指示,深入开展清查工作。“文化大革命”中在全省各级组织中,一些造反派头头、打砸抢骨干分子,追随江青反革命集团造反起家的人被作为“新生力量”混入领导班子,把持了大大小小的权力。这一问题不解决,必留隐患。从 1976 年粉碎江青反革命集团到 1978 年底两年的时间中,遵照中共中央的一系列指示,中共河北省委在领导全省人民揭批江青反革命集团的同时,贯彻既坚定又慎重,既弄清问题又稳定大局的方针,结合落实政策整顿领导班子,对参与江青反革命集团篡党夺权阴谋活动的骨干分子和有牵连的人和事,进行了认真清查。

1978 年 4 月 15 日,根据中央文件精神,结合河北省的实际情况,中共河北省委对清查工作和审查对象,提出了政策和定性处理意见。对于参与江青反革命集团篡党夺权阴谋活动的骨干分子,窃取了地、市、县部分权力,紧跟江青反革命集团,干了大量坏事,罪行严重,民愤很大的,属于敌我矛盾。对此类人都应开除党籍、撤销其党内外一切职务,但在处理时可根据其认罪态度的好坏,区别对待。有的要逮捕法办,有的可免于刑事处分,有的要放到群众中管制劳动,有的可按人民内部矛盾处理,回到生产劳动岗位或放到基层安排一般工作。对于参与江青反革命集团篡党夺权的某些阴谋活动而犯有严重政治错误、问题很严重,但还属于人民内部矛盾的人(包括有的属于可划可不划为骨干分子的人),应给以党纪、政纪处分,有的直至开除党籍;对其中态度较好,问题交代清楚,有悔改表现,群众谅解的,可从轻处理或免予处分。对于与江青反革命集团篡党夺权阴谋活动有牵连,犯有政治错误的人,应着重进行思想教育,使其彻底转变立场、划清界限,取得群众谅解,一般可不给处分。但对其中担任领导职务或在机密要害部门工作的,应当调离领导岗位和机密要害部门,另行分配适当工作。对于说了错话、做了错事的人,要帮助他们在群众中把问题“说清楚”,提高觉悟,分清是非,接受教训,及时给予解脱。

省委要求各级党委:定性处理是件非常严肃、非常细致的工作,情况复杂,政策性很强。切实做好定性处理工作,对巩固和发展清查成果关系极大。

1978 年 9 月和 11 月,中共石家庄市委对“文化大革命”中造反起家,并有严重打砸抢行为的市委常委、市革委会副主任马福全作出停职检查,回原单位接受群众批评帮助和隔离审查的决定。对在“文化大革命”中追随林彪、江青反革命集团,攻击老一辈无产阶级革命家,制造武斗事件的省革委会副主任刘殿臣,通过省、市调查组共同调查,石家庄市委作出免去刘殿臣一切职务,回原单位交代问题的决定(1980 年 3 月,省委组织部作出取消刘殿臣党员资格的决定)。

根据中央的要求和党的政策,全省清查工作在深入清查的同时,普遍抓了定案材料的核实和定性处理。从清查工作开始以来,全省清查涉及 4437 人。经过查证,列为清查对象的共 2919 人,其中地、市级领导干部 17 人,县级领导干部 353 人,一般干部和群众 2549 人。到运动结束,已查清 2895 人,占清查对象总数的 99.2%,已定和拟定为参与“四人帮”篡党夺权阴谋活动骨干分子 37 人,犯严重政治错误的 179 人,犯政治错误的 377 人。属于说错话、做错事的 2326 人,已全部予以解决。从 1977 年至 1978 年近两年的清查工作,把江青反革命集团在河北的阴谋活动基本揭露出来,与江青反革命集团阴谋活动有牵连的人和事基本查清。追随江青反革命集团造反起家的人,迫害老干部和群众,制造冤假错案,打砸抢骨干分子,被清除出各级领导班子,各级领导班子更加纯洁,人民群众的冤屈得到伸张。

解决保定问题,由乱到治

“文化大革命”以来,保定地区一直武斗不断,是河北的“老大难”。在王洪文、江青一伙直接插手、支持和指使下,保定地区少数人制造分裂,挑动武斗,夺取各级党委的领导权,蒙蔽和操纵某些人猖狂进行破坏活动,成为“文化大革命”的重灾区。他们在搞乱保定中先后组织 2.8 万个专业武斗队,到处打砸抢,砸抢军工厂,抢劫武器弹药,破坏战备,抢劫银行、粮库、商店等,残害人民群众。仅 1976 年就制造 100 多起大型武斗事件,不仅给保定人民造成极大危害,并且严重破坏了河北的形势。粉碎江青反革命集团后,解决保定这一“老大难”问题,改变保定长期以来的混乱局面,成为河北省实现安定团结的首要问题,同时也是揭批江青反革命集团斗争的重要组成部分。粉碎江青反革命集团不久,中共中央领导提出:保定问题是解决的时候了,再也不能拖了。1976 年 11 月 7 日,中共河北省委向中共中央作出《关于解决保定问题的请示报告》,提出了解决保定问题的措施:主要是继续广泛深入地传达贯彻中央有关文件,彻底揭发批判江青反革命集团破坏保定地区革命和生产的罪行;请河北驻军派出部队广泛深入地宣传贯彻《中共中央、国务院、中央军委布告》,收缴武器,解散武斗班子,撤除武斗据点;对反革命分子和打砸抢分子坚决实行镇压,对武斗头头集中办学习班,对首恶分子实行逮捕;省委在北京举办保定地、县委负责干部及军分区、人武干部学习班,提高觉悟,分清是非,消除隔阂,增强团结,在此基础上,解决好地、县级领导班子问题。为加强领导,还建议成立河北省解决保定问题领导小组。同年 11 月 9 日,中央政治局讨论并同意了河北省委的请示报告,批准成立河北省解决保定问题领导小组,由秦基伟、刘子厚、吴岱、马辉、王丕礼、李连秀、王金山、邓波 8 人组成,秦基伟任组长,刘子厚、王丕礼任副组长。同日,中共中央发出《中共中央、国务院、中央军委关于解决保定问题的布告》,号召“广大共产党员、共青团员、工人、贫下中农、民兵、革命干部、革命群众和驻保定人民解放军指战员,团结起来,共同对敌,彻底揭发批判王、张、江、姚‘四人帮’篡党夺权滔天罪行和他们推行的反革命修正主义路线,彻底揭发批判‘四人帮’破坏保定地区革命和生产的反革命罪行”。《布告》要求:“立即无条件停止武斗,解散各种形式、各种名称的武斗组织,拆除一切武斗工事,撤除一切据点、关卡,并将抢去的、私自制造的和社会上散存的一切武器、弹药、装备,清点、造册,集中上交中国人民解放军五一〇三四部队指定接收点。”

遵照中共中央和中央军委的指示,1976 年 11 月 16 日,人民解放军驻保定五一〇三四部队先后出动 20 个团的兵力,进入保定 23 个县、市,大张旗鼓地宣传中央《布告》,掀起了落实《布告》的声势浩大的群众运动。几天之中,驻保部队出动飞机 30 架次,散发张贴《布告》300 万份，书写大字标语10万多条，出动宣传车43台巡回宣读，利用有线广播站3900多个反复广播，召开群众大会8000余次，到会群众达578万人次，使《布告》家喻户晓，人人皆知。在宣讲《布告》的同时，部队封锁保定地区所有的交通要道，包围武斗据点，造成强大的政治攻势。在政策感召下，出现不少父母劝儿子交出武器，妻子劝丈夫退出武斗队的事例。到11月30日的半个月中，共收缴各种枪支1.1万余支，各种火炮699门，子弹14.5万发，手榴弹5.5万余枚及大批地雷、炸药、雷管等。犯罪分子全部归案，武斗组织全部解散，武斗工事全部被拆除。保定地区的武斗迅速停止，混乱多年的社会秩序终于平静下来。

在解决保定武斗和混乱局面的同时，着手解决两派群众组织对立，实现联合团结的问题。1976年12月11日至17日，河北省解决保定问题领导小组召开会议，传达中央领导关于解决保定问题的指示，部署有关工作。参加会议的有解决保定问题的工作组成员779人（其中河北省委派出500人，驻军派出279人），保定市、县、厂矿与驻保部队团以上干部共2000多人。在会上，中共河北省委第一书记、省革委会主任刘子厚强调指出：凡是形势不好，长期不得安宁的地方，都是“四人帮”的干扰破坏造成的。保定这个地方同样是“四人帮”给搅乱的。“四人帮”是共产党的大敌，是工人阶级的大敌，是全国人民的大敌，是中华民族的大敌，也是保定全体军民的大敌。不同观点的干部、群众之间，不要互相攻击，不要说“四人帮”是哪一边的后台，不要乱点名，不要争高低，不要纠缠历史旧账，绝不能把斗争矛头指向自己的阶级兄弟。同时，刘子厚、王丕礼分别代表河北省委和驻军主动作自我批评，以推动与会干部和保定地区不同观点两派人员的团结。参加会议的保定地区不同观点的干部，原来对立情绪很大，坐不到一起，也无法商量问题。通过几天的学习，促使不同观点的干部能坐在一起并彼此作自我批评，相互谅解，表示回去后一定要搞好与自己观点不同的干部和群众的团结，对反对过自己，甚至向自己动过武的，只要不是敌人都主动做好团结工作。

12月18日，各工作组和参加会议的负责人分赴保定各县（区）及单位。所到之处，受到当地党委、军宣队、驻军及群众的热烈欢迎。群众高兴地说:工作组带来党中央对保定人民的亲切关怀;党中央对解决保定问题决心这么大,这次保定问题一定能够解决好。我们一定听党中央的话,在党委领导下、工作组的协助下,结成一颗心,拧成一股劲,甩开膀子大干,彻底改变保定面貌。在当地党委的领导下和工作组的帮助下,广大干部群众坐在一起学习、批判、谈心。短短时间,保定形势发生重大变化:由过去枪声不断,武斗不止,群众日夜不宁,到后来武斗平息,枪声消失,社会秩序安定;由过去坏人横行霸道,群众挨整受气,到后来坏人威风扫地、得到严惩,群众扬眉吐气,拍手称快;由原来城里一摊,城外一摊,两派群众严重对立,打来打去,到后来城外的高高兴兴地回来,城里的敲锣打鼓欢迎,开始出现团结的景象。一些工厂由过去停止生产造武器,到现在开始开动机器恢复生产;农村许多地方掀起了农田水利基本建设的高潮,生产形势一天比一天好转。

为解决保定地区各级领导班子的问题,中共中央从全国7个省抽调12名干部组成保定地区领导小组。1976年12月20日领导小组成立,杨泽江任组长。领导小组担负起保定地区稳定和各方面的工作。1977年4月30日领导小组撤销,中共保定地委成立。

为彻底解决各级干部的问题,省委举办保定地、市、县负责干部学习班。第一期学习班从1976年12月15日开始,共304名干部参加,其中地方干部138名,军队干部166名。根据中共中央关于解决保定问题的指示及解决保定问题领导小组和中共河北省委的要求,学习班分四步进行:第一步学习文件,提高觉悟和辨别是非的能力;第二步揭批江青反革命集团;第三步检举揭发反革命和打砸抢的策划者和组织者;第四步各自多作自我批评,消除隔阂,增进团结。对在江青反革命集团影响下出现的问题,研究制定解决的原则和措施。

长期以来,由于江青反革命集团插手保定,支持和指使保定少数人搞串连、拉山头、闹分裂,使两派不同观点的群众裂痕较深,以至于学习班开始后,两种不同观点的学员之间对立情绪很大。吃饭不同桌,走道不同路,见面不说话,开会就吵架,坐不到一起。针对这种情况,学习班领导抓住揭批江青反革命集团罪行,并把揭批与清查结合起来。首先分清思想和路线是非,坚持就事说理,着眼于思想教育,清除江青反革命集团的影响;随着学员觉悟的提高,被江青反革命集团搅乱的思想得到澄清,再引导学员清查与江青反革命集团阴谋活动有牵连的人和事。长期以来追随江青反革命集团进行打砸抢的首恶分子、混进领导班子的坏人受到检举揭发,江青反革命集团插手保定的活动被逐一弄清。本着“惩前毖后,治病救人”和“扩大教育面,缩小打击面”的方针,学习班注重区别两类不同性质的矛盾,根据不同情况予以分别处理。对犯有一般错误的干部,重在说服教育,使之讲清问题,放下包袱,轻装上阵;对犯有严重错误的人,本着坦白从宽、抗拒从严的政策,可不采取组织措施的不采取组织措施,可捕可不捕的不捕。最后,只对 10 名有血债和罪行严重、民愤极大且态度不好者依法进行了严惩。第一期学习班到 1977 年 11 月结束,除逮捕或拘留 10 人外,其他学员都先后回到工作单位或重新分配工作。未参加学习班的部分干部,后集中到石家庄,于 1978 年 3 月 14 日至 11 月 25 日开办第二期学习班。前后两期学习班共审查了 210 人的问题。

在中共中央的领导下,保定地区多年对立的两派群众握手言和,军地之间一度存在的隔阂也得以消释,出现党政军民大团结的局面。1976 年 12 月 4 日下午,中共河北省委负责人从北京回到石家庄,立即召开中共河北省委常委、省军区党委常委联席会议,传达中共中央关于解决保定问题的重要指示。之后,河北省军区领导在省军区团以上干部参加的宣传工作会议上,强调了与保定驻军的团结问题。12 月 7 日,在省委、省军区召开的处以上干部和保定工作组 2500 人参加的大会上,再次强调与保定驻军团结一致,共同解决好保定问题,强调保定驻军“是毛主席亲自培育的具有光荣传统的英雄部队,在战争年代、在“文化大革命”、在唐山抗震救灾斗争中又一次建立功勋。这次又取得了解决保定问题第一战役的胜利,为人民立了新功”。为增进河北省委、省革委会与保定驻军的团结,省委主要领导走遍保定驻军的各个师,每到一处作自我批评,保定驻军各师首长也到省委作自我批评。根据北京军区领导指示,1977 年春节前夕,保定驻军党委派出军、师两级首长带领部队文艺宣传队前往省会石家庄对河北省委、省革委会、省军区和驻石部队进行慰问。省委、省革委会、省军区召开欢迎大会,与保定驻军互赠锦旗,举行文艺演出。军地团结的友好气氛达到从未有过的程度,为进一步推动保定形势全面好转和全省安定团结局面起了极大作用。

在中共中央的指示下,河北省委、省革委会及保定驻军,保定地、市广大干部群众,联系实际,揭批江青反革命集团及其支持和指使下的保定地区少数坏人搞乱保定的罪行,从而使保定长期以来的混乱局面得到扭转。在一年的揭批斗争中,全地区召开各种类型揭批江青反革命集团会议20多万次;到会群众2000多万人次;与江青反革命集团篡党夺权活动有牵连的人和事基本查清,解散了武斗队;打砸抢分子受到惩处,帮派体系被瓦解。并且,妥善处理突击提干5902人,处理突击入党4575人,突击招干1.96万人,对原有的领导班子进行了全面整顿,4.3万人参加了整顿。犯有各种不同错误的人大部分讲清问题并得到妥善安置和处理。公社以上领导班子成员得到调整,党的干部政策得到进一步落实,一些过去受到派性排斥的基层干部又回到领导岗位上来,许多未安排和被调离的干部得到了重新安排。政治上的揭批,组织上的清查,工作中的整顿,使保定地区各项工作很快发生了根本变化,工农业生产得到恢复和发展。1977年11月17日,因江青反革命集团及保定少数坏人破坏后停产达9个月的保定化纤厂全面复产。全区1977年共完成工业总产值15.224亿元,比1976年增长24.5%,超过历史最好水平。化肥、农机等支农产品和原煤、焦炭、生铁等原材料上升较快,手扶拖拉机、柴油机等产量成倍增长,质量提高,消耗降低,扭亏增盈。农田水利建设完成土石方1.5亿立方米,扩大水浇地44万亩,粮食征购比上年增长1亿斤。同年,全区财政收入完成2亿多元,比1976年增长32%;城乡储蓄比1976年增长24%,商品购销和库存都有增长,广大群众生活稳定。保定地区开始出现安定团结、欣欣向荣的景象。

解决保定问题,是粉碎江青反革命集团之后,河北省实现由乱到治的重大举措,它从根本上改变了长期以来保定地区的混乱局面,对稳定和发展河北全省的形势起到了重要作用。

二、民主政治制度的恢复与建设

河北省五届人大一次会议召开

1964年10月召开的河北省第三届人民代表大会第一次会议，到“文化大革命”前仅召开过一次会议。“文化大革命”开始后，河北省各级人民代表大会及其常设机构被迫完全停止活动。1968年2月3日成立的河北省革命委员会是集党务、行政、司法等各项权力于一身的“一元化”组织，取代了原有人大及其专门机构的活动和工作。1975年1月17日，第四届全国人民代表大会第一次会议通过的《中华人民共和国宪法》第二十二条规定:“地方各级革命委员会是地方人民代表大会的常设机构。”在这一特定历史条件下，河北省革命委员会即被视为河北省第四届人民代表大会的常设机构。粉碎江青反革命集团后，随着各项工作的恢复和形势的好转，中共中央多次提出，为召开第五届全国人民代表大会作准备，各省、市、自治区要先行召开人民代表大会，选举出席第五届全国人民代表大会的代表。根据中共中央指示，中共河北省委于1977年10月9日至14日召开各地、市委和省直机关各部门负责干部会议，研究召开省五届人大的问题。会议认为全省总的形势很好，召开省五届人大的条件是成熟的。据此，中共河北省委发出《关于召开河北省第五届人民代表大会的通知》，并开展召开省五届人大的筹备工作。

1977年11月15日至16日，根据全国四届人大常委会第四次会议精神，经中共河北省委提议，河北省革命委员会第十四次常委扩大会议作出《关于召开河北省第五届人民代表大会第一次会议的决定》。会议经过准备和协商，选举出河北省五届人大代表1351名，代表来自全省各个地区、各条战线、各工作岗位，有工人、农民、人民解放军、干部、知识分子，有少数民族，有各界爱国人士和归国华侨，以及战斗英雄、模范人物、先进生产者和工作者。

1977年11月26日至12月3日,河北省第五届人民代表大会第一次会议在石家庄召开。会议议程是:听取河北省革命委员会工作报告;选举新的河北省革命委员会;选举出席全国五届人大代表。在大会开幕前举行的预备会议上,与会代表听取并通过河北省革命委员会副主任王金山代表省五届人大一次会议代表资格审查委员会所作的《关于省五届人大第一次会议代表资格的审查报告》,选举产生了99人组成的大会主席团,并通过五届一次会议的议程。会上,河北省革命委员会主任刘子厚代表省革委会作《高举毛主席的伟大旗帜,沿着党的十一大路线胜利前进》的工作报告。报告共分七部分:(一)关于揭批"四人帮"的伟大斗争;(二)关于国民经济建设;(三)关于抗震救灾斗争;(四)关于文化教育领域里的革命;(五)关于民兵建设和公法工作;(六)关于各级革命委员会的建设;(七)调动一切积极因素,夺取抓纲治国的新胜利。

工作报告回顾和总结了1968年省革委会成立近10年的工作,提出今后一个时期的任务是:"在党的十一大路线指引下,高举毛主席的伟大旗帜,坚持党在社会主义历史阶段的基本路线,抓纲治国,抓纲治省,继续革命,团结战斗,加快我省国民经济建设的速度,相应地发展其他各项社会主义事业,为在1985年把我省建设成为高产稳产的农业基地和农轻重协调发展,具有自己特点的工业省而奋斗。"会议同时也认为,由于"四人帮"的干扰破坏,工作中存在着弱点和缺点,不能适应形势发展,国民经济发展速度还不够快,特别是农业这个基础不稳固,遇到了较大的沥涝就造成严重减产;在工作作风上也存在一些问题,尤其是实事求是、群众路线的作风,还没有很好地恢复和发扬,需要加以注意解决。

1977年12月3日,河北省五届人大一次会议闭幕。大会通过了《关于河北省革命委员会工作报告的决议》;选举产生了河北省革命委员会主任、副主任、委员和出席第五届全国人民代表大会的代表。刘子厚当选为河北省革命委员会主任,马辉、王金山、吕玉兰、郭志、刘英、张承先、王桂华、朱理治、兰凯民、岳宗泰、洪毅当选为革委会副主任,马连宝等128人当选为河北省革命委员会委员。会议还选举耿飚等134人为河北省出席第五届全国人民代表大会代表。

河北省五届人大的召开,集中体现了全省人民建设社会主义现代化强国和把河北省国民经济搞上去的热切企盼。但在当时的历史条件下，指导思想依然停留在“抓纲治国、继续革命”上，带有浓厚的“以阶级斗争为纲”和“左”的色彩，这不能不影响到对工作任务的科学定位和工作实践的拨乱反正。原有的失误未能得到完全纠正。

政协河北省第四届委员会第一次会议召开

1977 年 11 月 4 日至 5 日，政协河北省三届三次常委扩大会议召开，提出在河北省五届人大一次会议召开的同时，召开政协河北省四届委员会的建议。会议协商通过了《关于召开省政协四届委员会的决定》，通过政协委员总名额和各界名额分配方案。

政协河北省四届一次会议于 1977 年 11 月 25 日在省会石家庄召开。这是在 1964 年 10 月政协河北省三届一次会议召开后，历经 13 年后才召开的政协会议。会上，政协河北省第三届常务委员会委员、中共河北省委统战部副部长马卓洲代表省政协第三届委员会常务委员会作工作报告。报告回顾了三届政协一次会议以来 13 年的工作后提出：今后的工作是组织和推动各界爱国人士把揭批“四人帮”的伟大斗争进行到底；组织和推动各界爱国人士积极参加社会主义建设；推动各界爱国人士，搞好对台宣传，为解放台湾、统一祖国贡献力量；组织和推动各界爱国人士，在三大革命运动实践中，不断加强世界观改造；在党的领导下，积极做好政协会务的经常工作，努力发展革命统一战线。会议通过了《中国人民政治协商会议河北省第四届委员会第一次会议的决议》。

会议选举刘子厚为政协河北省四届委员会主席；张承先、潘承孝、耿长锁、姜占春、白志文、俞大绂、邹国厚、孙越崎、陆治国、马卓洲、甘春雷、李华生、胡毅、罗成德、申希礼、俞履圻 16 人为副主席；选出政协河北省四届委员会常务委员 108 人。

随着政协河北省四届一次会议的召开，省政协的日常工作和活动逐步开展，政协机关得到一定的充实和建设。全省各市政协机关相应逐渐恢复。1978 年 5 月，中共中央批转政协全国委员会机关党组《关于政协全年工作规划的请示报告》，要求“全国政协活动大体上应先恢复到四届政协在无产阶级文化大革命前的规模”，“把政协工作活跃起来”。据此,河北省委统战部向省委提交了省政协活动计划的报告。到 1978 年 11 月,河北省政协已筹建学习委员会、文史资料委员会、对台宣传委员会等专门机构。

根据中共中央决定,中共河北省委 1977 年 10 月 29 日发出通知,同意省委统战部《关于我省爱国民主党派问题的请示报告》。随之,河北省各民主党派包括民革、民盟、民建、民进等组织的活动开始恢复和开展工作。各地市的民主党派组织民革、民盟、民进、九三学社等也先后恢复活动。

群众团体的恢复和整顿

这一时期,河北省工会、共青团和妇联等群众团体也相继进行整顿。1978 年 8 月 26 日,共青团河北省委下发《关于贯彻落实中共中央批转共青团十大筹委会〈关于红卫兵问题的请示报告〉的通知的意见》,提出“文化大革命”已经结束,学校共青团、少先队和学生会已经或正在恢复,红卫兵组织不再继续存在,要在各级党委的领导下,以学校为单位,认真做好红卫兵组织的结束工作。此后,“文化大革命”以来学校中的红卫兵组织即行撤销。

1978 年 9 月至 10 月,全国妇联四大、中国工会九大和共青团十大分别在北京召开,确定了新时期工、青、妇工作的总任务并改选了各自领导成员。10 月 27 日,中共河北省委发出通知,要求各级党委十分重视中国妇女第四次代表大会、中国工会第九次全国代表大会和共青团第十次全国代表大会精神的传达和落实,帮助各级工会、共青团和妇联组织,发动广大干部、群众,特别是工人、青年和妇女,认真学习大会文件,搞好领导班子的整顿,充分发挥工、青、妇组织的作用,扎扎实实地搞好工作。

11 月 18 日至 22 日,河北省第六次妇女代表大会在石家庄召开,1345 名代表出席会议。会议听取和讨论了省妇联五届执委会提出的工作报告,确定了妇女工作的各项任务,选举产生了河北省妇联第六届执行委员会。12 月 1 日至 6 日,河北省工会第五次代表大会在石家庄召开,1338 名代表出席了会议。会议审议并通过了省总工会四届委员会所作的工作报告,选举产生了河北省总工会第五届委员会。12 月 13 日至19日,共青团河北省第七次代表大会在石家庄召开,1300名代表出席会议。会议审议和通过了团省委六届委员会所作的工作报告。选举产生了共青团河北省第七届委员会,通过了《关于开展“创建优秀团支部”和“争当新长征突击手”活动的建议》。至此,河北省省级工、青、妇组织的整顿和换届选举工作全部完成。

三、文教和科技战线的拨乱反正

教育战线的整顿和恢复

“文化大革命”期间,江青反革命集团炮制了“两个估计”,即建国后前十七年,“毛主席的无产阶级教育路线基本上没有得到贯彻执行”,“资产阶级专了无产阶级的政”;知识分子的大多数“世界观基本上是资产阶级的”。“两个估计”成为广大教师乃至广大知识分子的沉重精神枷锁。在揭批江青反革命集团中,全省教育战线广大群众采取各种形式,召开各种形式的批判会对“两个估计”开展批判,是非逐步得到澄清。为了清除其影响,中共河北省委先后多次召开常委会,联系河北省教育工作中的一些重大问题进行研究讨论,并作出相应决定。在1977年12月11日召开的全省教育工作会议上,联系河北的实际进行拨乱反正。会上,中共河北省委郑重宣布,为曾被誉为全国和河北省普及小学教育的一面红旗,后被江青反革命集团打成“黑典型”的河北省阳原县,予以彻底平反;宣布被江青反革命集团诬为“修正主义堡垒”的河北省重点中学先进典型辛集中学彻底平反。省委对全省推广的所谓“辛店经验”[①]作了自我批评。江青反革命集团鼓吹的所谓“辛店学校的经验”,篡改党的教育方针,鼓吹以学为主就是“干什么学什么”;培养有社会主义觉悟、有文化的劳动者,就是要把学生从小培养成为“长新角”“冒新刺”“敢于同走资派斗争的小老虎”;提出“要同十七年对

① 辛店经验:“文化大革命”中,河北省威县辛店搞的派贫下中农代表进入学校,管理学校的所谓“经验”。

着干”，“学校越乱越好”，要“踢开校门闹革命”，“推倒墙头搞教改，丢开课本，甩开课堂，砸锅吃饭”，等等。这个所谓“经验”，曾在河北省召开的“批林批孔”汇报会上介绍推广，也曾在全国九省市中小学生教育革命汇报会上予以推广。省委认为，“四人帮”对辛店学校的干扰和破坏是严重的，辛店学校的所谓某些“经验”，不仅对河北省，而且对全国都产生了不良影响。在推广所谓辛店学校“经验”的问题上，省委是有责任的。

通过对阳原县、辛集和辛店这三个重大典型事件的对比分析，对深入揭批江青反革命集团，分清教育问题上的路线是非，肃清流毒，起到了推动作用，极大地调动了广大教育工作者的积极性。

随着揭批江青反革命集团的深入，各项工作在拨乱反正中开始恢复和整顿。1977 年河北省有普通高等学校 27 所，在校生 2.28 万人，中等专业学校 84 所，在校生 3.66 万人；技工学校 8 所，在校生 6600 人；普通中学在校生 405 万人，比 1976 年增长 15%。其中，高中 129 万人，增长 3.2%；初中达到 276 万人，增长 9%；初中毕业生升学率 75%，小学毕业生升学率 95.4%，初中教育基本普及。小学在校生达 728 万人，学龄儿童入学率继续巩固在 97% 以上，工农业余教育、幼儿教育和盲聋哑教育也有所发展。但是，由于十年浩劫造成的破坏和影响，河北省教育事业的发展毕竟还存在许多困难和问题，同河北省国民经济发展的要求很不适应。全省科技人才很少，其中工业部门的工程技术人员仅占职工总数的 2.3%；每万人中大约只有 5 个大学生，均低于全国水平，和先进省市相比差距更大。

而当时学校培养的人才，无论从数量上和质量上都远远跟不上要求。这种严重不适应的局面，一方面是由于江青反革命集团的干扰破坏所致；一方面是由于省会的两次搬迁等原因，客观上也给河北省高等学校的建设和发展造成很大的影响。“文化大革命”前，河北省 28 所高等学校，有 15 所集中设置在天津市，1966 年省会从天津搬出后，除 3 所成建制划归河北省外，其他都留在天津。由于一些院校几经搬迁、下放，教师中要求调动人员较多，造成人才流失，急需配备教师 1000 多人，又由于种种原因不能调入。后来虽然新建了一些专业学校，但在林彪、江青反革命集团的干扰破坏下，撤销了大量学校，并使许多学校停办缓办，以致造成河北的科学、教育工作的落后局面。

就培养师资的大专师范院校而言，粉碎江青反革命集团后的 1978 年全省仅有 4 所，每年招生仅 2000 人左右，与中学教育事业发展极不适应。全省中学生 404 万人，而教职工只有 23.7 万人，按照 1965 年学生与教职员工的实际比例计算，尚缺教师 5 万人。由于中学师资来源不足，不得不大量抽调小学教师和选调中师毕业生到中学任教，或大量采用民办教师的办法来解决，这就严重影响到中小学教育质量的提高。面对形势发展，根据全国计划发展会议和全国教育事业计划组织会议精神，河北省革命委员会向国务院提出扩建师范院校，增强师资队伍的请示，经同意将基础较好的衡水师范学校等 8 所师范学校改建为师范专科学校。

1978 年 5 月，河北省革委会确定恢复和改办河北工业管理学校等 14 所学校；新建河北电子工业学校等 7 所学校。为贯彻落实党中央关于办好技工学校，加强技术培训工作的指示，培养和提高工人掌握现代化技术水平，多出人才、快出人才，省革委会还作出决定，除办好原有技工学校之外，迅速恢复河北省张家口劳动技工学校等 5 所学校，新建 15 所技工学校。

邓小平复出之后，对教育工作多次作出指示，强调尊重知识、尊重人才，办教育要两条腿走路；既要注意普及，又要注意提高；要办重点小学、重点中学、重点大学；要经过严格考试，把最优秀的人才集中在重点中学和大学。在邓小平的倡导下，从 1977 年起，全国高校招生制度进行改革，废除“文化大革命”期间实行的“自愿报名、群众推荐、领导批准、学校复审”的办法，恢复实行统一考试，择优录取。在 1977 年恢复的高校招生考试中，河北省实际招收新生 1.2326 万名，超出计划 3982 名。

根据全国教育工作会议精神和邓小平关于“一定要联系实际，解决问题”的指示，1978 年 5 月 30 日，中共河北省委常委会听取了省委常委、省革委会副主任张承先传达中央领导关于教育工作的指示和全国教育工作会议精神，研究了传达贯彻意见。省委常委会强调指出：对河北省科技教育情况要有个认识，科技是落后的，教育也是极为落后的，并不是河北人的落后，而是由于省会搬家和“四人帮”的干扰。要实现四个现代化，科技要领先，关键是教育，基础是教育。要把国民经济搞上去，就要抓科技，抓教育。中共河北省委、河北省革委会在6月3日召开万人大会，传达贯彻了全国教育工作会议精神，并于1978年6月25日至7月13日召开河北省教育工作会议。张承先代表省委，就贯彻落实全国教育工作会议精神，制定全省八年教育工作规划，作《认真贯彻全教会精神，又快又好又省地发展我省教育事业》的报告。报告提出：从1978年到1985年的八年间，前三年要着重整顿提高，打好基础，后五年要加快步伐，积极发展，实现三年大治，八年大变。首先要认真办好省属5所重点大学，分期分批办好365所重点中学、660所重点小学。优先解决重点学校的办学条件，选拔优秀学生到重点学校学习。大学招生，要保证重点大学优先录取；重点中小学招生，要适当扩大招生范围，不受就近入学规定的限制等措施和要求。会议还提出要把重点大学办成既是教学中心，又是科研中心；要恢复和新建一批科研机构，充实和加强科研队伍，承担国家的科研项目，促进教学质量和学术水平的提高。在大力加强基础知识教学的同时，重点中小学也要广泛开展多种形式的科学试验和科学普及活动。报告还指出：对教育工作者的冤假错案平反要抓紧进行，确实弄错的要进行复查，实事求是地予以解决；一切冤案、假案、错案要彻底平反；对被开除公职和退职退休不合理的教职工要进行复审，处理错了的要坚决纠正，按照党的政策，妥善处理。

1978年，针对教师队伍和教育事业发展极不适应的情况，特别是数量不足，水平不高，青黄不接，后继乏人问题，中共河北省委提出解决人才用非所学，把分配到各条战线的用非所学人员，大学毕业生择优选拔到高等学校做党政工作的教师，应积极归队。对1968年因推广“侯王建议”，国办教师及其原吃商品粮的家属、子女改吃农业粮的，要全部改过来。

为稳定教师队伍，提高教学质量，中共河北省委提出，要提高教师的政治地位和社会地位，建立教师考核晋升奖励制度。高校要恢复教授、副教授、讲师和助教职称。中小学教师教学成绩特别优异的，可评定为特级教师。还提出关心教师生活福利问题，解决好教师两地分居的住房饮食等问题。

对解决中小学校舍问题,中共河北省委决定除逐步增加国家投资外,城市要从“三税”收入中,确定一定的比例和从市财政中拨一部分款,用于学校的修建,农村可从地方自筹中拨款用于学校的建设。要在两三年内集中力量突击解决中小学校舍不足的问题。

对学校基建问题,省委常委张承先召集计委、建委、文办、建工局、建材局、物资局以及有关地市的负责人,召开了专门会议,对大学的基建问题作了具体安排,并确定1978年高等学校的基建投资任务,全部列入重点项目保证完成;对影响新生入学的项目,作为抢建工程迅速完成。

科技战线的整顿和恢复

1977年9月18日,中共中央发出《关于召开全国科学大会的通知》,指出“四个现代化的关键是科学技术现代化”。根据这一《通知》,9月28日,中共河北省委召开了全省科技工作会议。会上,省委领导传达了中央领导关于科技工作的指示,与会人员感到精神振奋,认为“中央关于科技大会的通知和领导讲话,全面总结了28年来科技战线所取得的伟大成就,澄清了被‘四人帮’颠倒的是非,完整地、准确地体现了毛主席关于发展社会主义科学事业的光辉思想体系,明确了发展科学事业的方向,规定了正确的方针和政策,提出了任务和要求,旗帜鲜明,目标宏伟,气势磅礴,振奋人心,充分表达了全国人民的迫切愿望”。

会议根据中央《通知》精神,研究和部署了揭批江青反革命集团、搞好整顿,落实知识分子政策和制定科技规划三项重要任务。强调首先把科研单位领导班子整顿好,要在1978年春节前调整配备好科研单位的党委书记、管业务的所长和管后勤的副所长。一定要下最大决心,像建国初期搞工业那样,把符合条件的干部迅速抽调到科技战线上来,改变过去把科研单位当成“养老院”“休干所”安排干部的做法。

会议强调,加强科研队伍的建设,首先要落实知识分子政策,做好科技人员的归队工作。要把转业改行的确有真才实学的专业人才调回科研岗位,对科研人员政治上、工作上、生活上需要解决的问题认真解决,创造必要的科研、实验条件。对因政治问题长期挂着的科研人员要尽快把问题搞清楚，果断地解脱和大胆地使用，该提拔的提拔，该使用的使用；对有成就有突出才能的科教人员，工作上给予重点保证，并配备必要助手，表彰他们发明创造，支持他们把科研成果写成论文或著作，恢复技术职称。会议提出，要制定今后三年、八年的具体安排和大体设想，以紧密结合大力发展工农业生产，实现机械化、自动化需要，并且围绕如何利用当地资源，确定重点科研项目。

在这次会议上，省委还作出成立河北省科学院的决定，并提出有计划地建立一些新的科研机构，大专院校和大厂矿也要建立健全科研机构，农村的四级农科网要做到组织、基地、任务三落实。

按照省委的要求，1978 年 10 月，《河北省 1978—1985 年科学技术发展规划纲要》出台。全省 19 个地市也根据自己的特点，先后制定出相应的科技发展规划。

在全省科技工作会议之后，全省科技工作有了较快的恢复和发展。各级党委普遍加强了对科技工作的重视和领导。1977 年 10 月 19 日，为加强对科技工作的领导，中共河北省委决定成立省科技领导小组，省委书记王金山任组长，省委常委张承先任副组长兼省科委主任。各地、市、县基本上成立了由一名书记主管的科技工作领导小组。科技管理机构也逐步建立健全起来。原有的一些专业科研单位得到整顿。河北省科学院和激光、自动化等科研机构开始筹建。一些高等院校恢复、充实了研究机构，加强科研力量。12 月，省委作出决定：恢复河北省科学技术学会。全省各地的科学技术协会和专业学会也开始恢复活动。省、地、市、县四级农科网得到进一步的巩固和发展，83% 以上的县、社、大队和生产队分别建立了农科所、农科站、农科队和农科组；不少工矿企业的科研机构和技术革新与技术革命组织得到恢复和加强。全省各地对科技人员的状况进行了普查，进一步落实了党对知识分子的政策，科技人员的工作、生活条件开始得到初步改善。许多地方和单位对有贡献的科技人员予以大张旗鼓的表扬，曾被“四人帮”诬蔑为“臭老九”的科技工作者，开始得到广大群众的尊重。

1978 年 7 月，全国科技大会后，中共河北省委进一步加强了对科技工作的领导。对原有的科研单位，省、地、市都重点抓了整顿，全省省、地、市三级科研单位中,有35个单位的领导班子得到充实和加强,共充实了53名领导干部,有38个单位配备了一、二把手。各地科协和学会逐步恢复,先后有1地、7市、5县恢复了科协,“文化大革命”前省级学会20个,恢复了14个,地、市级学会61个,恢复了23个。全省大多数城市建立了城市科技交流站,数千名科技人员参加了22个专业、86个业余技术交流活动。1978年8月2日,河北省科学院正式成立;9月18日,由中国科学院和河北省双重领导的中国科学院栾城农业现代化研究所在石家庄正式建立。

全国科技大会也推动了知识分子政策的落实,不少地、市、县成立了落实知识分子政策专门班子,加快了知识分子政策的落实。原张家口地区坝上和坝下两个农研所的科技干部、职工和家属,在三年困难时期由吃商品粮改吃农业粮,造成干部和家属以后的调动与生活上的困难,影响了积极性。在落实知识分子政策中,张家口地委将746名科技干部、职工和家属恢复吃商品粮,解决了这一长期未解决的老大难问题。由于各级党委重视,到1978年5月底,全省用非所学需调整的科技人员5600多人,已调整3200多人,占应调整的58%;绝大多数的科研、教学、医务、工程技术人员恢复了职称,晋升职称的有2390多人,其中,总工程师、副总工程师37人,工程师641人,教授、副教授15人,讲师233人,技师52人,主任医师52人,主治医师168人。各级组织还给有突出贡献的科技人员配备了345名助手,为1200多名科技人员解决了夫妇两地分居问题。对过去受到不公正审查的科技人员,有的进行了复查,属于错案和处理不当的作了纠正。

河北省科技战线经过初步拨乱反正,虽然取得了一定成绩,但是,由于长期以来“左”的指导思想影响和江青反革命集团造成的破坏,全省科技队伍在数量上、质量上都不能适应科技事业发展的需要。据统计,全省350个专业科研单位,只有7000多名科技人员,平均每个科研单位不足20人,其中县属科研单位平均只有4人,厂矿企业科技人员平均仅占职工总数的2.7%。在专业科研单位中,高、中级研究人员很少,约40%是刚参加工作的大中专毕业生。中共河北省委要求,各级党委都要把科技工作提到重要议事日程上来,要有一名书记或常委主管,“要像领导革命斗争，抓工业学大庆、农业学大寨那样，把科学管理拿在手上，打好科学技术现代化这一仗”。

文艺事业的复苏

河北的文艺事业在“文化大革命”中遭到严重破坏，极左思想使得文艺创作无论从内容到形式都很单一，文坛萧条，百花凋零。粉碎江青反革命集团后，河北省文艺工作者采取多种形式深入揭批江青反革命集团散布的“文艺黑线专政论”等各种谬论，批判江青一伙强加在文艺工作者身上的种种罪名和否定十七年文艺战线成就，扼杀文艺工作者社会主义积极性的罪行。随着揭批江青反革命集团群众运动的深入开展和知识分子政策的逐步落实，文艺事业重新活跃起来。

在 1977 年召开的河北省文艺创作座谈会上，省委第一书记刘子厚在会上鼓励全省的文艺工作者，要放开手写，放开手画，放开嗓子唱，放开手脚演。不要怕不成熟，不要怕有缺点，不要怕错，错了就改。

为了活跃文艺事业，在“文化大革命”中被迫停止活动的文化团体陆续恢复。1978 年 9 月 19 日，中共河北省委撤销河北省革命委员会文艺组，恢复河北省文学艺术联合会，田间任主席，梁斌、李满天等任副主席。1978 年 10 月，河北省文学艺术联合会第三次扩大会议在石家庄召开。在这次会上，省委领导提出：坚决推倒林彪、“四人帮”强加到河北省文艺工作者身上的一切诬陷不实之词，对受迫害的文艺工作者一律平反，对受到批判的好的作品应予以重新评价，恢复名誉。省委提出，对文艺工作者要从思想上、工作上、生活上关心，像对待科技工作者一样，保证他们有六分之五的时间深入生活，进行创作和开展业务活动，解决他们的各种实际困难。会议宣布，河北省文联及所属作家协会、戏剧家协会、美术家协会、音乐家协会、曲艺工作者协会、舞蹈工作者协会、摄影协会、民间文学研究会恢复活动。

通过揭批江青反革命集团在文艺领域散布的种种谬论，封杀多年的河北省一些优秀的传统戏剧作品重新登上舞台，打破了“文化大革命”时期只能演“样板戏”的禁忌，《红旗谱》等一大批优秀文学作品重新出版。群众喜闻乐见的民间传统文艺形式，重新与广大群众见面，文艺舞台逐步呈现出丰富多彩的局面。

对群众性文化活动,中共河北省委给予了积极支持。1977 年底,各地创作文艺作品 4 万多部,各地群艺馆、文艺宣传队、俱乐部活动丰富多彩。1978 年初,举办了全省首届群众业余文艺汇演。为了改善电影放映事业,各级革委会也加大了投入。全省各级电影放映机构在搞好电影发行放映工作的同时,还大力抓了声光改造工作,使得这一时期的电影放映事业得到发展,丰富了群众的文化生活。

第二十章
国民经济的恢复和好转

在经济领域,随着揭批"四人帮"斗争和拨乱反正的开展,整顿企业和扭亏增盈以及党在农村经济政策的落实,河北工农业生产有了新的增长,特别是农业生产有了较大的提高。但由于没有摆脱"左"的指导思想束缚,经济上又出现急于求成的失误。

一、国民经济的恢复和整顿

国民经济的恢复

粉碎"四人帮"后,广大人民群众的政治热情得到了极大焕发,大干社会主义的积极性得到了极大调动,夺回被"四人帮"造成的损失,开展社会主义劳动竞赛,大干社会主义成为广大群众的热切心愿和实际行动。中共中央在宣布"文化大革命"结束的同时,制定出"一年初见成效,三年大见成效"的战略决策,提出"为把我国建设成为四个现代化社会主义强国而奋斗"的战略目标。为贯彻中央精神,落实"把国民经济搞上去"的指示,河北省以工业学大庆、农业学大寨,大干快上为主要内容的社会主义劳动竞赛蓬勃开展。1977 年 1 月 19 日,中共中央发出《关于召开全国工业学大庆会议的通知》,动员全党、全国工人阶级,把工业学大庆的群众运动推向前进,为普及大庆式企业而奋斗。为贯彻中央《通知》精神，2月4日至13日，河北省召开工业学大庆会议。会议提出，把江青反革命集团搞乱的思想、理论、方针和政策纠正过来，划清抓革命、促生产同“唯生产力论”的界限，合理的规章制度同“管、卡、压”的界限，社会主义积累与“利润挂帅”的界限，关心群众生活同“物质刺激”的界限，为革命学技术同“白专道路”的界限。会议通过了《河北省工业学大庆，普及大庆式企业的规划》，要求1977年在全省5700个县、区属以上企业中，建成250个大庆式企业，1/4的企业建成学大庆先进企业；1980年要有1/3的企业建成大庆式企业，1/2的企业建成学大庆先进企业。强调要调动一切积极因素，多快好省地把河北省经济搞上去。随着全国和河北省学大庆会议的召开，普及大庆式企业、大干社会主义的高潮在全省各地兴起。

全省工业战线广大职工通过学大庆，克服困难，苦干实干，工业生产持续上升。1977年完成工业产值172.88亿元，超过年计划8%，比1976年增长15.4%。80种主要产品产量，超额完成计划的有61种，占76.25%；钢材、电解铜、烧碱、机制纸及纸板、糖、合成洗涤剂等10种产品增长10%至20%；木材、硫酸、纯碱、金属切削机床、汽车、卷烟、自行车等9种产品增长20%至35%；钢、原油、平板玻璃、合成氨、化肥、农药、拖拉机、化学纤维、缝纫机、保温瓶等15种产品增长30%；基建全年完成投资额21.1亿元，比1976年增长7.1%；国防工业完成产值比上年增长43.4%；地方货运增长19.3%，铁路货运增长7.8%；全省财政收入全年完成32.3亿元，提前一个月完成计划，比上年增长14%；商品零售额77.5亿元，比上年增长8.2%；收购额65.8亿元，比上年增长10.2%。外贸出口和收购都提前一个月完成全年计划。

1977年2月26日至3月7日，河北省农业学大寨会议召开。会议按照中央精神，讨论和修订了全省农业机械化规划和农业发展规划，提出把揭批江青反革命集团斗争引向深入，搞好整党整风，大干快上，迅速把农业搞上去。要书记动手，大办农业。各级领导搞农田基本建设要像“过去领导土改、合作化、人民公社那样，亲临第一线指挥作战，加快普及大寨县的步伐，迅速把全省农业搞上去”，要求1977年建成33个大寨县(市)。全省多次召开农业学大寨、大搞农田基本建设等会议，部署和推动农业大上。1977 年全省农业生产总值比 1976 年增长 3.62 亿元，1978 年比 1977 年增长 3.78 亿元。粮食生产 1978 年比 1976 年增长 206.79 万吨，其中夏粮增产 164.65 万吨，棉花增长 7400 吨，油料增长 5.64 万吨。

整顿企业，扭亏增盈

十年内乱中，由于江青反革命集团的破坏，批“唯生产力论”“利润挂帅”和“关、卡、压”，打乱了正常的生产秩序和企业管理。虽然经过广大工人的努力，但一些企业的正常秩序并未得到根本恢复，以致一些企业产值上升、利润下滑，产量增高、亏损增大的现象明显存在。因此，治理“内伤”，整顿企业，扭亏增盈成为实现经济形势根本好转亟待解决的问题。

在工业企业整顿中，中共河北省委、河北省革委会采取以地市为单位，全面规划，分类指导，分期分批进行整顿的做法。对好的和比较好的单位主要依靠自己搞，地市组织巡查；对部分单位进驻工作队，及时总结经验，以点带面；对问题较多的单位和部分一般单位，由地市组成强有力的工作队，进行具体帮助，使整顿工作取得了较好的成效。保定地区徐水县化肥厂曾是受破坏严重的“重灾户”，当时工厂停工停产搞武斗，化肥厂成了武斗据点。群众气愤地说：“化肥厂真稀奇，不出化肥出书记，不修机器造武器，不做贡献吃社会主义。”1977 年该厂大搞企业整顿，3 月中旬恢复生产，5 月即扭亏为盈，一年后生产合成氨 2500 吨，全年盈利 4.4 万元，改变了连续四年减产亏损的局面。石家庄市深入进行企业整顿，开展工业学大庆群众运动和社会主义劳动竞赛，开展“质量月”活动，促进了工业生产发展。到 1977 年 12 月初，全市完成工业总产值 31.6 亿元，提前 29 天完成国家计划。

1978 年 3 月 1 日至 18 日，河北省召开扭亏增盈会议。会议采取了有合有分的办法，分别召开冶金、化工、粮食、商业四个专业会议，传达领导讲话，座谈扭亏增盈的具体措施。会议对企业整顿的安排部署、方法步骤和组织领导等问题进行了研究讨论。会后，全省工交战线在 1978 年上半年打了提高质量、降低消耗、扭亏增盈、节劳挖潜、煤矿石利用和设备检修六个硬仗,各项经济技术指标都有好转,产品质量进一步提高,消耗成本降低,亏损减少,利润增加。到年底,全省钢、钢材、煤、焦炭比1977年提前76天至86天完成计划。在冀中平原建成我国第一个古潜山式高产大油田——任丘油田。全省工业总产值达198亿多元,比1977年多增长25亿元,增长14.5%。

急于求成的经济"跃进"规划

"文化大革命"结束后,大干快上,把耽误的时间抢回来,早日实现四个现代化,成为全国人民的共同心愿。1978年2月在全国五届人大一次会议上,华国锋提出:"在思想上要有一个大解放,在战略上要有一个大决策,在速度上要有一个大突破。"认为建设速度问题,不是一个单纯的经济问题,而是一个政治问题。加快国民经济的发展速度,在最短的时间内赶超世界先进水平成为全党的共识。在这次大会上,在国家计委和各部门建议的基础上,国务院提出了《1976年—1985年发展国民经济十年规划纲要》。中共中央政治局在全国五届人大一次会议后,将《规划纲要》批转各省市区党委贯彻执行。

根据中共中央和全国人大的要求,1978年3月31日至4月6日,中共河北省委召开地、市委书记会议,明确新时期的总任务,着重研究和制定高速度发展河北省国民经济的规划和措施。4月,河北省革委会成立长远规划领导小组,布置编制长远规划工作。规划小组参照河北省五届人大一次会议讨论的十年规划纲要和国家计委编制的控制指标,制定出《1976—1985年河北省发展国民经济十年规划》,到1985年,要求建立河北省稳固的农业基础,有效灌溉面积按农业人口每人一亩三分,每人一亩旱涝保收田。粮食、棉花平均亩产超《规划纲要》,各地区粮食自给有余;全面实现农业机械化,主要作业机械化程度达到95%。1980年有林面积达4540万亩,1985年达6570万亩,占宜林面积85%以上。工业方面,要集中力量打好国家确定的钢、煤、电、油等具有战略意义的歼灭战。到1985年,石油生产能力要相当"一个大庆",钢产量相当"两个鞍钢",原煤产量相当"四个开滦"。到1985年,进一步完善国民经济布局,主要生产环节基本掌握先进技术,农轻重协调发展,把河北省建成高产、稳产的农业基地和以钢铁、煤炭、石油、化工为主的工业省。

河北这一《规划》是鼓舞人心的，反映了河北人民把国民经济尽快搞上去的雄心壮志和迫切要求，但这样的宏大建设规模和增长速度，从资源、财力、技术力量和建设周期来说都是脱离实际的。《规划》更多地注重了“大干快上”，较少论证速度的可能性，特别是对当时经济工作存在的主要问题及其解决办法缺乏认真研究。十年“文化大革命”，河北经济积累和延续的比例失调问题，在粉碎“四人帮”后的两年里没有得到根本解决，有的还发展了。主要表现为：（一）农业内部比例失调。1978 年比 1975 年除粮食略有增长外，棉花、油料产量下降，棉花、油脂由调出变成调入，林、牧、渔业在农业总产值中所占的比重与新中国成立初期比较，林业、牧业增长不多，渔业还有所下降。（二）轻工业和重工业比例失调。1978 年与 1975 年相比，轻工业产值在工业总产值中的比重下降了 5.04 个百分点；从轻、重工业投资比重来看，“一五”期间，重工业投资占全部投资的比重为 45.9%，轻工业为 18.4%；“四五”期间，重工业投资比重增加到 54.7%，而轻工业却下降到 4.5%；“五五”期间前三年，重工业投资比重达到 61.9%，而轻工业则下降到 3.1%。在轻工产品中，纺织、陶瓷、造纸、食盐四大类产品占了轻工产品产值的一半多，呈现出畸形发展的态势。（三）基础工业与加工工业比例失调。突出问题是煤炭、电力不足，缺煤几百万吨，缺电数十万千瓦（装机容量），可能提供的钢材满足不了 12.6 万台金属切削机床的消耗，化工原料生产赶不上加工需要。工业的各个行业内部，生产环节不协调，前后不衔接、左右不配套的状况比较普遍。（四）积累和消费比例严重失调。“三五”和“四五”期间，全省积累占国民收入的比重增长过快，1965 年为 21.7%，1976 年增加到 32.6%，1977 年为 34.8%，1978 年为 34.9%。在积累部分的安排使用上，生产建设投资所占的比重过大，而非生产性建设如居民住宅、商业网点、文教卫生设施、城市公用事业等方面都欠账很多。（五）基本建设战线过长，投资效果差。1978 年普查，全省投资在 5 万元以上的在建项目达 5000 多个，其中全民所有制的在建项目 2350 个。按照预定的建设规模，需要再投资 65 亿元才能建成，而按照当时可能提供的资金,至少需要四五年的时间才能完成。除此之外,劳动力安排矛盾也很大,急需安排就业的就有 40 多万人,而一部分企业生产任务不饱满,不少职工没活干。一些工业产品,库存积压严重,质量管理混乱。在当时河北国民经济亟待调整治理的情况下,完成这个“跃进”《规划》显然是不可能的。

二、农村经济政策的落实和调整

农村经济政策的落实

随着揭批江青反革命集团的不断深入,农村经济政策开始得到调整。1978 年以来,《人民日报》刊登《怎样看待正当的家庭副业》的文章以后,陆续刊登了《贯彻执行按劳分配的社会主义原则》《按照客观经济规律办事,加快实现四个现代化》等文章,这对经济战线上拨乱反正,调整和落实农业政策有重要的指导作用。1978 年 4 月,中共河北省委制定印发了《关于当前农村经济政策若干问题的规定(试行草案)》,要求:“各级党委都要把认真落实党在农村的各项经济政策,作为搞好人民公社经营管理工作的一件大事来抓,切实加强领导,调查研究,抓好典型,不断总结交流经验,及时解决存在的问题。”《规定》明确提出:“要坚持各尽所能、按劳分配原则,认真执行定额管理,评工记分制度。”要“健全劳动组织,加强生产责任制。根据生产需要,生产队建立临时的或固定的作业组,实行定额管理,定任务、定质量、定时间、定工分”。但又指出“不许包产到组,包工到户”。要“认真搞好劳动计酬,实行多劳多得,少劳少得。按照社员劳动的数量和质量,搞好评工记分”。要“实行合理的劳动奖励制度。要开展劳动竞赛,定期检查评比,对集体贡献大的先进单位和模范社员,要给予适当奖励。要恢复过去牲畜、猪只饲养和农机具保管使用等行之有效的奖励制度。奖励应以精神鼓励为主,物质鼓励为辅。物质奖励数量要适当”。“要认真解决‘三多一少’(农村调用生产队的劳力多、非生产人员多、非生产用工多,实际从事农业生产的劳力少)的问题,严禁向生产队乱摊乱派。”

《规定》还提出:“要保证农业生产第一线足够的劳动力,留队劳力一般应保持在80%以上。国家机关和企事业单位调用农村劳力要报省劳动局和省建委审查,经省革委批准。社办企业调用生产队劳力,要经县计委审查,县委批准,并报省备案。没有批准手续的,生产队有权拒绝。”“大队干部实行定额补贴”;“大力压缩非生产人员”;“严格控制非生产用工”;“严禁乱摊乱派,任何单位都不得向生产队摊派粮钱和物料”;“在国家计划指导下,尊重生产队的自主权”;“生产队要在国家计划的指导下制订自己的生产计划,有权因地制宜、因时制宜地执行农业八字宪法,搞好科学种田,安排作物品种、茬口、种植形式,决定增产措施。县、社、大队既要加强对生产队的领导,不能放任自流,又不可管得过死。进行农田基本建设,改进耕作制度,制订种植计划和增产措施都必须认真听取广大社员的意见,十分重视群众的实践经验,做到从实际出发,因地制宜,坚决反对强迫命令、反对瞎指挥”。“认真执行农副产品的收购和奖售政策。”“积极发展社、队企业,不断壮大集体经济,允许和鼓励社员经营正当的家庭副业。”

省委《规定》的以上条款主要是根据“农业六十条”的基本精神和在清除江青反革命集团错误影响和做法的基础上制定的,对肃清江青反革命集团的影响,落实各项农村政策有着积极的意义。《规定》出台后,全省各地根据中央有关政策和《规定》,从办社方针到劳动管理、计划管理、生产管理、财务管理以及奖励制度等逐步抓落实,多数社队实行了定额管理,评工记分,建立健全了财务制度。

但是,在落实农村经济政策中,也引发了两种不同认识的分歧和不同意见的争论,甚至发生了压制民主问题。比较典型的是,围绕着沧县县委片面强调自留地的集体耕种,错误处理主张把菜地分给社员经营的姚庄子公社党委副书记邢永祺的事件。对此,新华社河北分社记者采写了稿件公开发表。9月4日《人民日报》发表新华社记者文章《看沧县县委是怎样破坏党的民主的》;同时,发表评论员文章《必须保障党员的民主权利》。11月30日,《人民日报》发表读者来信,批评沧县县委强迫取消或变相取消社员自留地的错误做法,要求尊重党的政策和国家法律给予社员的权利,并发表调查附记《是县委大,还是宪法大?》和短评《这个问题提得好》。《人民日报》的这些言论在群众中引起了议论,有赞成者,也有不完全同意者。这反映了在拨乱反正、探索农村政策过程中的新旧观念的冲突。

1978 年 6 月 23 日,中共中央转发湖南省湘乡县《关于认真落实党的政策,努力减轻农民不合理负担的报告》。7 月 6 日,中共河北省委发出《关于认真传达贯彻中共中央 37 号文件的通知》,要求各地、市、县委认真解决农民不合理负担过重问题,切实落实按劳分配政策,做到增产增收,多劳多得,分配合理。各地、市、县、社要加强领导,深入调查研究,以点带面,推动全局。7 月中旬后,中共获鹿县委在中共河北省委和石家庄地委农村政策调查落实组的具体帮助下,结合整党整风,宣传贯彻中央 37 号文件,发动群众揭摆加重农民不合理负担和干部作风上存在的强迫命令、违法乱纪等问题。当时揭露出的主要问题是:大搞计划外和非生产性建设;大吃大喝,请客送礼成风;非生产人员、非生产性用工、非生产性开支大量增加;大量超支欠款,造成不少生产队分配不能兑现;一些社队企业调用生产队劳动力,不给报酬;支农产品质次价高,缺斤短两,收购农副产品压级压价;乱占生产队耕地,不付酬,不减税;少数干部违法乱纪,打骂群众,乱扣乱罚之风盛行;领导干部搞瞎指挥、"一刀切",严重脱离群众等问题。

在落实中央 42 号文件,即中央转发陕西省委关于旬邑县少数干部强迫命令、违法乱纪问题的调查报告,解决少数干部强迫命令、违法乱纪问题中,中共获鹿县委对犯了错误的干部,坚持以思想教育为主,实行"惩前毖后,治病救人"的方针,帮助他们检查改正错误。对乱扣乱罚的社员钱物、工分认真进行了清理退赔,全县共退还不合理扣罚款 1.3 万多元;对 52 名打骂过群众的干部责成其向群众赔礼道歉,有的还召开了干群团结会,消除隔阂,增强了团结;对极少数严重违法乱纪、民愤很大的典型事件,县委组织专门班子查证落实,大张旗鼓地进行处理。与此同时,发动社队干部群众对现行的规章制度进行检查讨论。对符合国家政策规定,有利于巩固和发展集体经济的政策坚决保留;对自行制定的那些侵犯群众利益的“土政策”一律废除。

在贯彻中共中央37号文件，减轻农民不合理负担的过程中，1978年7月21日至23日，中共河北省委还在衡水地区召开解决农民超支欠款问题现场会，推广了衡水摸清超支欠款的“三个底”（一是欠款性质底，二是欠款人员底，三是偿还欠款能力底）的经验。在清理超支欠款中，衡水地委采取集中时间、力量、领导的“三集中”办法，抓住“三个一齐清”（即干部、群众欠款一齐清；队欠、户欠一齐清；新欠、旧欠一齐清），组织清欠工作队，举办欠款干部、社员学习班，很快形成群众性的清欠运动。从1977年底以后，经过半年的工作，全区农村生产队2649万多元的超支欠款（队欠户810万元，户欠队1839万多元），已解决2065万多元，占78%。其中收回社员欠款1465万多元，占原欠款数的79.7%；队归还欠社员的款600万元，占原欠款数的74.1%。其余584万多元的超支欠款，也都作了分期偿还计划。衡水地区有460个大队、1506个生产队实现了国家、集体、社员“三不欠”，有1859个大队、7377个生产队实现了集体与社员“两不欠”。清欠工作，较好地落实了党的分配政策，从而调动了广大农民群众的社会主义积极性。

1978年12月5日，中共河北省委就进一步贯彻落实中共中央关于减轻农民不合理负担的指示，规定了若干具体政策，指出：凡是依仗职权向社队勒索粮、款、物的要坚决退赔；要坚决刹住大吃大喝、请客送礼、铺张浪费的歪风；任何部门和单位，一律不准平调社队企业和大队、生产队的劳力、财力、物力，认真解决超支分空问题；厂矿企业因“三废”污染给生产队造成的损失，污染单位应按国家规定赔偿；乱扣乱罚的“土政策”一律废除。

通过贯彻农村政策和推广获鹿县委与衡水地委的典型经验，全省广大干部特别是县、社干部增强了政策观念，转变了作风。学习和研究政策的空气浓了，执行政策的自觉性得到提高；大吃大喝、铺张浪费等歪风基本上被刹住；党的艰苦奋斗、联系群众的优良传统和作风得到恢复和发扬。全省多数县委恢复了领导干部接待人民群众来信来访的制度，对群众反映的一些重大问题，主要领导干部亲自调查处理。为了搞好农田基本建设，各级领导干部深入基层，深入现场，同群众一起共同总结经验教训,讨论制定规划,不少领导干部坚持遇事同群众商量,指导工作从实际出发,克服了过去“一刀切”的做法。农村的积欠得到清理,农民的不合理负担有所减轻。各行各业以农业为基础的思想更加明确,以往那种“上下左右向生产队伸手,四面八方挖生产队墙脚”的现象开始得到扭转。这些对调动广大人民群众生产积极性起了很大作用,促进了农业生产发展。1978 年全省农业总产值达到 75.86 亿元,比上年增长 18%;粮食总产量达 166 亿公斤,比上年增加 30.5 亿公斤,增长 23.28%;棉花总产量达 1.17 亿公斤,增长 18.9%;农村社员平均收入 114.1 元,增长 37.2%。

家庭联产承包责任制的萌芽

真理标准的讨论促进了人们的思想解放,在落实农村经济政策的同时,河北农村出现了家庭联产承包责任制的萌芽。

1977 年,庆贺粉碎“四人帮”的鞭炮声刚刚消失,邯郸地区大名县万北村第一生产队,便从本队的实际情况出发,率先实行了发包责任田到户,根据产量多少记工分的办法,这种办法是同中共十一届三中全会后农村推行的联产承包责任制相似的,是它的雏形。

万北地处漳河河套内,村东村西两大方土地,都是比较肥沃的红淤土和两合土,很适合种粮食作物。合作化初期,粮食亩产最高达到 240 公斤。人民公社成立以后,生产劳动中的“大呼隆”和分配中的“大锅饭”,限制着社员生产积极性的发挥,20 年生产没有大的发展,粮食亩产一直在 250 公斤至 280 公斤的水平线上徘徊。“文化大革命”期间,批判“三自一包”,批判“工分挂帅”和“物质刺激”,使吃“大锅饭”的弊病变本加厉,集体收入每况愈下,劳动工值直降到 1 角多钱。到 1977 年,集体生产陷入难以维持的现状,小麦亩产只收了 64 公斤,不但没向国家做贡献,社员的口粮也没有保住,每人只分了 32 公斤小麦。

社员群众对这种连饭碗也顾不住的贫困生活不堪忍受。他们日益深刻地体会到贫穷不是社会主义。为了发展集体经济,摆脱贫困,他们开始是换干部,一班不行再换一班。1977 年麦收以后,社员转向生产经营形式这个“禁区”考虑问题了。社员们在街头巷尾、田间地头,日复一日地纷纷议论。有的说:“难道把大伙捆在一起一年又一年的受穷,就是干社会主义吗?”有的说:“不论谁当干部,也不论队大队小,如果还是‘上晌听打钟,干活一窝蜂,干多与干少都记三分工’,到‘驴年’也搞不好。”一位老社员说:“事情到了这步田地,强往一块捏不成了,不如干脆把地分到户,地里活包给他们干,谁干得好多开工,谁干不好少开工。”大家对这一意见都很赞成,一致要求把地分开。新任队长董可志在生产队当过10年会计,他对“大呼隆”干活和“大锅饭”分配的弊病深有体会。他认为向户分包责任田的办法适合本队的生产力水平和农业特点,准能增产。为了慎重,他把这一意见向大队党支部作了汇报。党支部认为刚批过“三自一包”,恐怕担上“修正主义路线”罪名。但在这里蹲点的公社书记默许他秘密地搞一段试试看。董可志对这条路多深多浅估不透,只好摸着石头过河,试着走。1978年夏天,他把280亩玉米田按劳力多少分到各户,并向大家讲明,每块地施肥一样多,犁地、打场由队统一安排,其他农活各户自己干,最后根据产量多少开给工分。因为这种办法把各户的生产责任落实到了地块,大家干活主动认真,庄稼管得较好。作物成熟时,因不便分户单打,按大家意见,每50公斤玉米穗记一个工。结果,这年秋季收了3.6万公斤粮食,比上年增长了30%。秋后民主讨论决定,以后长期实行发包责任田的办法,并对原来的办法作了补充和修改。

这一年的夏季,中共大名县委派工作组去万堤公社搞减轻农民负担试点,工作组就发现万北村一队包责任田到户的威力。于是他们和公社党委一起向全社推广了这一办法,但是工作组在县委会议上汇报时,却吃了一碗冷羹。县委领导郑重表示:“万北一队的办法近似分田单干,我们不能推广。”9月下旬,分包万堤区片的常务副县长程廷雪,亲眼看到万北一队的粮食产量一年翻一番,其他一些队学习万北一队的办法也都大幅度增了产,认为这种责任制不是分田单干,是改变穷队面貌的好办法。这时,一位新华社记者到万北一队采访,他也肯定了这个办法,说这是一种改革。他们两人在县委常委会上的发言,统一了常委们的认识。9月底,县委召开全县公社书记和县直各单位负责人参加的电话会,让董可志在电话会上介绍了经验。县委提出,生产力水平低、长期吃统销粮的队,可以仿照万北一队的办法去做。

由于这种办法基本消除了生产劳动上的“大呼隆”和分配中的“大锅饭”,群众生产积极性显著提高。地里苗断垄,社员不找队长,自己就补种了;麦田套种玉米,不用队长安排,家家自制点播器,种得又快又好;许多社员把多年积攒的老炕土、下房土都使在责任田里。他们说:“责任田就是对比田,别人管好自己管不好,脸上无光。”万北一队1978年的产量取得了惊人的成绩,小麦亩产275公斤,比上年增长了3倍多;全年粮食亩产由上年的220公斤猛增到525公斤;总产由5.5万公斤增到14.3万公斤,增长了1.6倍;向国家交售4.67万公斤,创了历史新纪录。

第二十一章

端正思想路线和加快拨乱反正

深入揭批江青反革命集团的斗争，必然涉及对“文化大革命”的评价，涉及毛泽东晚年的错误，以及应当如何正确对待毛泽东的指示和决策，检验真理的标准等问题。面对这些问题，一场关于检验真理标准的大讨论在全国广泛展开。河北省各级党组织和广大党员干部通过对真理标准的讨论，逐步冲破“左”的思想束缚，思想不断解放，从而推动全省工作重点走向历史转折。

一、开展真理标准问题的讨论

“左”的指导思想对河北的影响

粉碎江青反革命集团后，揭批斗争使各项工作开始冲破过去被压制的局面，呈现出生机，并有了明显的恢复和发展。但是，十年浩劫留下的后果十分严重，特别是在指导思想上未能摆脱“左”倾错误影响，严重影响着全面拨乱反正的开展。广大群众人心思治、人心思变，要求冲破“左”的指导思想的束缚。1976 年 12 月上旬，廊坊火车站出现张贴拥护邓小平复出的标语。1977 年 1 月，获鹿、保定、邢台、沧州、承德、张家口等地出现了呼吁为天安门事件平反、邓小平复出的大字报。1977 年 2 月 7 日，《人民日报》、《红旗》杂志、《解放军报》同时发表社论，提出:“凡是毛主席作出的决策,我们都坚决维护,凡是毛主席的指示,我们都始终不渝地遵循”(简称“两个凡是”)。中共十一大政治报告在理论上,继续维护所谓“无产阶级专政下继续革命的理论”,在政治上,继续对“文化大革命”给予肯定,这说明长期以来“左”的指导思想还没有从根本上改变。“两个凡是”的提出,给拨乱反正和各方面工作的开展造成了新的束缚,对落实政策,平反冤假错案以及对若干重大历史事件的正确评价,造成新的阻力,这些必然引起党内外群众的不满和抵制。在这种“左”的指导思想影响下,河北省各地落实政策、平反冤假错案等工作步伐缓慢。一些地方出现抵制落实政策、平反冤假错案的情况,甚至错误地把各地相继出现的人民群众抵制“两个凡是”,要求纠正“左”倾错误,平反冤假错案的呼声视为“反革命事件”,要认真追查,严肃处理。

“抓纲治国”依旧限定在“以阶级斗争为纲”的框框内,因此,人们开始思考:怎样才能彻底澄清江青反革命集团造成的思想混乱?应当用怎样的态度对待毛泽东的指示?判断历史是非的标准到底是什么?

真理标准问题的讨论

1978年5月11日,《光明日报》以特约评论员名义发表了题为《实践是检验真理的唯一标准》的文章,从根本上否定了“两个凡是”的错误方针。这篇文章,引起了全党广泛注意,在邓小平等老一辈革命家的支持和倡导下开展了一场真理标准问题的大讨论。这犹如巨石投潭,在河北引起很大反响。

1978年5月13日,《河北日报》全文刊登了这篇文章。8月23日,中共河北省委宣传部、中共河北省委党校召开理论与实践关系问题讨论会。省直及省会高校部分理论工作者在会上进行了热烈讨论。9月10日,中共河北省委召开全省农田基本建设会议,公社书记以上干部4500人参加。在会上,省委第一书记刘子厚号召全省各级党委,把实践是检验真理的唯一标准问题的讨论组织好、领导好,紧密联系实际,通过真理标准讨论推动各项工作。10月5日,《人民日报》以“实践证明是正确的才算真理”为题,报道了刘子厚在河北省农田基本建设会议上,表态支持实践是检验真理的唯一标准的消息。此后,河北省关于真理标准问题的讨论从宣传理论战线扩展到全省各级党委及各条战线,许多基层单位都开展了热烈的学习讨论,承德、唐山、保定各地先后召开了理论座谈会。

随着全国和河北省各地市开展真理标准问题讨论的逐步展开,10 月 27 日至 11 月 3 日,省委召开了理论和实践关系问题座谈会,参加会议的有省直各单位代表、各地市委书记或常委,地市委宣传部负责人,共 130 多人。会上,刘子厚作了《解放思想、拨乱反正,为加速实现四个现代化而奋斗》的专题发言。他认为:长期以来,林彪、江青反革命集团搞的唯心主义、形而上学,设置重重禁区,致使不少同志被唯心主义、形而上学的“紧箍咒”束缚得死死的,不敢迈步、不敢开口,战战兢兢、如履薄冰,言不由衷地发表违心之论。他指出:长期以来,不少同志不能以实践作为检验真理唯一标准,而是坚持另外一些标准:一是“本本”标准,凡事都要从“书本”上、“文件”中找现成答案,不管实际情况如何,不看时间、地点、条件,认为只有同“本本”对上号的才能说、才能做、才是真理,否则不能说、不能做;二是权力标准,认为谁官大谁就正确,认为真理随权力大小而转移,只要某个领导点过头,即使是实践证明错误的也要坚持;三是派别标准,一切从派别出发。实践是真理标准的问题讨论,目的在解放思想,拨乱反正,也就是拨思想认识路线之“乱”。当前这场讨论就是在思想认识路线上来一个根本的拨乱反正。

为把真理标准讨论引向深入,并推动各项工作的开展,中共河北省委要求:各级干部,特别是领导干部,要重温毛泽东的《实践论》《人的正确思想是从哪里来的》等著作,学习唯物主义认识论的原理,联系中国的实际,其中包括“文化大革命”的实际和各自的工作、思想实际,重新思考和评价中国革命和建设的实际问题,思考和研究河北省的各种实际问题。要全面落实党的政策,包括人的政策和各项经济政策。各级领导要旗帜鲜明,敢字当头,改变过去那种缩手缩脚的状况,敢于执行按劳分配政策,对于完成任务成绩突出的集体或个人给予荣誉奖、物质奖;在生产管理上实行责任制,建立专业队,实行定额管理,超产、超额奖励。要坚持“实践第一”观点,深入群众,搞好调查研究,切实转变领导作风,解决存在的问题。

真理标准的讨论,是一次深刻的马克思主义教育运动,也是一次思想大解放。对真理标准问题的深刻认识,破除了林彪、江青反革命集团所制造的现代迷信和精神枷锁,使人们的思想开始从教条主义的束缚下逐步解放出来。真理标准问题大讨论,为恢复党的思想路线奠定了基础。人们重新用实事求是的眼光思考“文化大革命”前以及“文化大革命”中发生的一些重大政治事件。真理标准问题讨论的深入,推动了拨乱反正落实政策和各项工作的开展。

二、解放思想,加快拨乱反正进程

打开平反冤假错案的局面

1978 年 8 月 11 日至 16 日,中共河北省委召开全省落实政策汇报会,着重解决各级领导对落实政策的认识问题。会议强调落实干部政策要依据事实,判断对干部的处理正确与否,根本的依据是事实。坚持正确的,要靠实事求是;纠正错误的,也要靠实事求是。落实干部政策一定要本着对党和人民高度负责的精神,坚持真理、修正错误,对冤假错案一定要彻底昭雪平反和纠正。凡是不实之词,不正确的结论和处理都要实事求是地改正过来。会上宣布,成立以省委书记王金山、郭志、尹哲等主抓的省落实政策信访工作领导小组,全省各地、市、县也成立相应的领导组织。各级组织和公、检、法、信访部门集中力量抓落实政策,同时各级党组织、各个系统、各个部门都行动起来,实行分级负责,归口办案,有重点、有计划地抓落实,把问题解决在基层。对“文化大革命”中受到错误审查和处理的干部、职工、社员,一个人一个人、一件事一件事地抓好落实。落实政策要同整顿领导班子结合起来,对那些觉悟低,抓落实政策不得力的领导班子,着重进行思想整顿;对少数犯有严重错误而又坚持不改阻挠落实政策的人,坚决调离领导岗位,有的要严肃处理。

在省委落实政策汇报会议后,全省各地端正思想,调查研究,从案件复查入手,揭露矛盾,寻找差距。在大量的事实面前,许多领导认识到,虽然前几年一直搞落实政策工作,但由于未坚持实践是真理的标准,“左”的指导思想未端正过来,因此,许多问题解决得不彻底,或者就根本未得到解决。邯郸地区对运动中捕判的 522 名干部中复查了 65 人的问题,发现其中有 55 起为冤错案。廊坊地区公检法部门领导最初认为所捕判的案件没多少问题,后来从信访中发现 100 多起冤错案,从而认识到对林彪、江青反革命集团破坏党的政策的恶果不能估计过低,对过去落实政策工作绝不能估计过高。落实工作不是“差不多”,而是任务艰巨。石家庄市原来一直自认为“形势好”,不是“重灾区”,落实政策“差不多”。省委落实政策汇报会后,中共石家庄市委先后召开各种不同会议,部署落实政策工作。在不断解决认识问题的同时,重点抓组织工作,层层建立强有力的领导班子和办事机构。有的书记连续几天接待和处理来信来访,坐镇解决“老大难”问题,从而促进全市落实政策工作迅速开展并取得显著效果。仅 3 个月,市一级研究解决了 2695 人的问题,其中纠正和平反冤假错案 277 起,831 名干部职工得到平反。石家庄车辆工厂召开平反昭雪大会,为 8 名被迫害致死的干部职工平反;给所谓“铁联”“108 盟”“反共小组”等假错案遭受迫害的 540 多名干部职工平反,恢复名誉。

与此同时,其他地、市也加快了落实政策的步伐。据统计,省委落实政策汇报会后,全省共有 2 万多人抓落实政策工作,在一个多月时间内共平反冤假错案 900 多起,相当于过去 5 个月的总和;复查 2600 多起定性为敌我矛盾和受处分过重干部的问题,对定性不准,处理偏重的干部进行了纠正;公检法复查申诉案件 4400 多起,对其中 1200 多起冤假错案进行了平反,从而扭转了一些地区和单位的被动局面。

1978 年 10 月 6 日,中共河北省委再次召开落实政策汇报会,省委书记王金山代表中共河北省委宣布:对“文化大革命”中被扣上“死不改悔走资派”帽子的原省委、省人委领导林铁、阎达开、裴仰山、胡开明等公开平反,恢复名誉;对“文化大革命”中被扣上“反革命修正主义集团”“反党集团”的承德、张家口、唐山等地的干部,推倒所强加给他们的一切诬蔑不实之词;为曾在《河北日报》被点名批判的著名作家和诗人远千里、田间、梁斌等平反。王金山代表省委要求,在落实政策中一定要坚持实事求是的原则,对冤假错案要昭雪平反,对不实之词、不正确的结论和处理都要改正过来。这一时期,河北省各地、市也先后召开大会,为一些领导干部、特别是"文化大革命"中被打成所谓"反革命修正主义集团""反党集团"的人员进行了公开平反。张家口地委于1978年10月19日为原地委书记胡开明、葛启、解峰等平反;唐山市委于10月11日对所谓"杨(远)、白(芸)反党集团"进行平反,同时召开全体干部大会恢复名誉并宣布彻底销毁所形成的档案材料。承德地委10月28日也对原地委书记王克东的所谓"死不改悔走资派"和王克东、郭耀臣、郑起茂等所谓"反革命修正主义集团"彻底平反,恢复名誉。

1978年,省委副书记尹哲带领20人的工作组进驻邯郸的邱县,就中央领导批示的长期未能彻底平反的邱县"国民党"假案进行复查,使这一冤假错案得到彻底平反。中共石家庄地委在1978年11月,为江青诬陷的所谓深县、献县叛徒集团公开平反,无极、献县先后为所谓"叛徒集团"假案进行了复查和平反。随着实践是检验真理标准讨论的不断深入,实事求是思想不断深入人心,"左"的僵化观念不断被突破,广大人民群众对民主法制的要求不断增强,尽快平反冤假错案、惩办凶手、查清原因,尽快落实各项政策的呼声日益高涨,群众上访数量激增,1978年8月至9月,省委信访接待办接待来访群众2744人次,比5月至7月增加了一倍多。8月至9月受理群众来信5.0525万件,比5月至7月增加将近一倍。河北省到中央上访的群众仍占全国第一位,党中央、国务院联合接待室接待的上访群众比省信访处接待的还多。从1978年8月至10月底,河北省收到各地上报党中央、国务院要结果结案报告546件,比前七个月增加三倍半。中央领导在1978年批示交办河北省的信访案件80件。这说明落实政策仍有差距。为此,同年12月,省委再次召开落实干部政策汇报会,听取各地和省直前一段落实干部政策情况汇报,分析存在的问题,提出加快落实干部政策步伐的措施。通过工作,至1978年12月上旬,全省共发现冤假错案1.6841万起,涉及11.2663万人(含干部1.2224万人),其中已平反1.3031万起,占总数的77.4%,涉及9.2839万人,占总人数的82.4%;正在复查的3366起、1.883万人;

尚未复查的444起、974人。上述案件涉及县委副书记以上的领导干部258人(不包括省直),已平反214人。在老干部的安排使用方面,“文化大革命”前,省委书记、省长、省政协主席共30人,除调出和去世的20人外,10人中有8人已安排了工作;省直厅(局)长共328人,除调出和去世的83人外,245人中有225人安排了工作;正副地委书记、委员89人,除调出和去世的20人外,69人安排了57人;正副市委书记、市长85人,除调出和去世的13人外,72人中64人安排了工作;306名正副县委书记、县长中,除去世的32人外,安排工作的246人;大专院校党委正副书记和校(院)长75人,除调出和去世的26人外,49人中有38人安排了工作。在加大落实干部政策力度的同时,全省各地对“文化大革命”中被打成“反动权威”“黑线人物”“政治扒手”,遭到打击迫害的知识分子、科技人员、工人、农民、劳模也进行了平反和昭雪。对在1968年“清理阶级队伍”中错定为“叛徒”“特务”和“地、富、反、坏分子”的人员着手进行了复查和平反。

通过平反冤假错案、落实政策,调动了广大干部和群众的积极性,促进了安定团结,为振兴河北创造了条件。

右派摘帽工作和天安门事件的平反

1978年4月5日,根据实事求是和有反必肃、有错必纠的方针,中共中央先后批准中央统战部和公安部《关于全部摘掉右派分子帽子的请示报告》和《贯彻中央关于全部摘掉右派分子帽子决定的实施方案》。对中央这一决定,中共河北省委多次开会部署,强调要充分认识做好安置和纠正工作的艰巨性和复杂性,要从大局出发,作为一项政治任务来完成,全面落实中共中央的决定。首先解决那些急需安置的人,对于已有工作但安排不当的也要进行调整,对“文化大革命”中被迫返乡的,与其他被遣返职工同样对待,有关部门准予办理户粮关系。被查抄财物,按规定财政拨款酌情赔偿。到1978年12月中旬,全省原有右派2.9203万人已全部摘帽。

1978年11月15日,中共北京市委宣布:经中共中央政治局批准,1976年清明节,广大群众到天安门广场沉痛悼念敬爱的周总理,愤怒声讨“四人帮”,完全是革命行动。对因悼念周总理、反对“四人帮”而受到迫害的干部群众一律平反,恢复名誉。据此,11月23日,中共河北省委作出《关于1976年清明节悼念敬爱的周总理反对“四人帮”受到迫害的同志彻底平反的决定》。《决定》指出:凡是因天安门事件受到打击迫害的,要一律宣布彻底平反,恢复名誉;对受到批评、指责、被迫作检查的要予以纠正;对收缴他们为悼念周恩来而抄写的诗词、悼文,拍摄的照片和录制的录音带,要一律退还本人;对这些人勇于同江青反革命集团作英勇斗争的革命精神,要通过各种形式予以大力表彰。省委的这一决定发出后,省直单位以及石家庄等地、市相继作出为“天安门事件”中受迫害的人员平反的决定。据统计,1976年4月清明节前后,全省到天安门广场的有4817人。其中被各地公安机关和基层组织审查的有804人,被河北省和北京市公安机关收容审查、拘留审查57人,共计861人。全省收缴革命诗词4091份,收缴拍摄悼念活动照片47张。到1978年12月15日前,804名受到审查的人员,除两人下落不明外均已获得平反;44名被收容审查的(包括北京市公安局收容审查的39人)已由公安机关进行平反,恢复名誉;13人被拘捕和开除公职的职工已由各单位召开群众大会,予以公开平反昭雪;对收缴的4091份诗词、47张照片和42份检查材料已全部退还本人。

右派摘帽工作和天安门事件平反,对化消极因素为积极因素,调动一切积极因素,团结一切可以团结的力量,推进“四化”建设有着极大的意义。

整党整风运动的开展

在揭批江青反革命集团过程中,中共中央作出“在全党范围内进行一次整党整风运动”的指示。根据中共中央的要求,中共河北省委对整党整风运动作了安排和部署。在全省范围内开展的整党整风运动,从1977年3月开始,到1978年底结束。省委要求:这次整党整风运动应以揭批江青反革命集团为纲,以“三要三不要”(要搞马克思主义,不要搞修正主义;要团结,不要分裂;要光明正大,不要搞阴谋诡计)的基本原则为指针,以认真解决由于“四人帮”破坏造成的组织、思想和作风不纯为内容,以达到把各级党组织整顿好、把领导班子建设好的目的。整党整风运动一般经历思想发动、揭批江青反革命集团、开展批评与自我批评、组织建设这四个阶段。在整党整风中,普遍开展“三讲一评”和“路线对比”活动,放手发动群众,实行开门整党。以领导班子的整顿作为整党整风的重点,从总结工作入手,肯定成绩,揭露矛盾,总结经验教训,端正思想政治路线,增强团结,转变作风。主要负责干部在揭批江青反革命集团斗争中开展“三大讲”,广泛发动群众进行评议,结合总结工作进行批评与自我批评,开展积极的思想斗争,几经上下,进行整改。在组织整顿阶段,按照毛泽东提出的接班人“五项条件”和老中青三结合的原则,调整、充实领导班子,特别是配备好一、二把手,建立健全民主集中制,制定出领导班子革命化措施。对一般党员,则开展查路线、查思想、查作风、查干劲的活动,开展批评与自我批评,写出思想小结,作出党员个人鉴定。为搞好这次整党整风,省委先后抓了两批试点。第一批试点单位15个(其中省委试点7个,地市委试点8个),第二批试点单位812个(其中省委试点18个,地市委试点103个,县委试点691个)。试点单位包括省、地、市、县直机关、工矿企业、财贸、文教、卫生系统和农村社队等单位。全省抽调5.7万名干部组成工作队进驻工厂、农村和企事业单位。在整党整风中,省委提出六条标准,即:(一)对江青反革命集团破坏党建罪行是不是批透了,同江青反革命集团篡党夺权阴谋活动有牵连的人和事是不是查清了,“四人帮”的帮派体系是不是摧毁了;(二)符合接班人“五项条件”、老中青三结合的革命化的领导核心是不是建立起来了,干部参加集体生产劳动的制度是不是坚持了;(三)广大党员的阶级斗争、路线斗争、“继续革命”觉悟是不是提高了,党组织是不是纯洁了;(四)党的集中统一领导和民主集中制是不是建立和健全起来了,党的优良传统和作风是不是恢复和发扬了;(五)工业学大庆、农业学大寨的群众运动是不是轰轰烈烈、扎扎实实开展起来了;(六)群众性学习马列著作和毛主席著作的群众运动是不是推向新的高潮了。

根据省委的部署,全省各地整党整风运动,在试点基础上由点到面,普遍展开。整党整风运动开始与“一批双打”结合在一起,后来整党整风加入了清查打砸抢分子的内容。有的地方将“一批双打”称为“一批三打”。运动开展中,各地进行揭批“四人帮”的反动谬论,从思想上提高认识,分清是非;在组织上对领导班子进行思想、作风和组织的整顿,开展批评与自我批评;同时发动群众,对破坏社会主义经济的贪污、盗窃、投机倒把活动揭摆和打击;在生产管理上进行建章立制。在经济整顿的同时,对“文化大革命”中的“四种人”①,发动群众揭发,进行清查和处理。整党整风运动推动了各方面的整顿和落实政策的深入,良好的生产秩序逐步建立起来。

整治不正之风,恢复和发扬党的优良传统和作风

随着揭批江青反革命集团的深入,一些被“四人帮”一伙颠倒了的是非,逐步被重新颠倒过来。人心思治,党心思治,人们企盼实事求是、群众路线和批评与自我批评的作风,呼唤党风好转,呼唤加强社会主义民主与法制建设。根据中共中央的安排,在思想和作风上恢复和发扬党的优良传统,成为端正党风,由乱到治的主要任务和内容。

这一时期,在推进整党整风过程中,对先后发生在河北省的一些违法乱纪事件,中共中央领导多次作出批示,责成河北省委深入调查,严肃处理。中共河北省委抓住这些典型事件进行了严肃处理和通报批评。其中较为典型的事件:(一)故城高考作弊事件。1977 年全国恢复高考后,河北省故城县县委书记等县领导无视党纪国法,依仗职权,违法乱纪,为使自己的子女考上大学,在报名和考试中及初选前进行了一系列舞弊活动。考前用原则作交易,费尽心机密谋策划,考试中指使一些人当“助考”、偷试题、送答案;考后还擅自启封,偷换试卷。这一舞弊事件涉及县委常委、县革委会主任 7 人,科、局长以上干部 20 多人。为严肃党纪国法,维护新的招生制度,中共衡水地委决定:撤销该县 4 名主要责任人的党内外一切职务,开除党籍,其他人员也受到相应的严肃处理。对此事件,《人民日报》、中央人民广播电台分别进行了批评报道。《河北日报》在公开批评报道的同时,发表评论员文章《坚决刹住资产

① “四种人”是指:参与江青反革命集团篡党夺权阴谋活动的人;追随江青反革命集团,干了大量坏事的人;迫害老干部造反起家的人;参加打砸抢罪行严重的人。

阶级歪风邪气》。中共河北省委抓住这一典型,要求全省各地党组织以故城为戒,开展“是立党为公,还是立党为私;是为革命,为人民服务,还是做官当老爷;是干社会主义,还是干资本主义”的大讨论。开展了以“查内伤,查不正之风,查违法乱纪,查资产阶级思想”为内容的“四查”活动,进行纪律和作风整顿。(二)石家庄印染厂、棉纺六厂分布事件。1977 年 2 月 6 日,春节前夕,石家庄印染厂以为职工搞福利为名,将该厂正品涤卡布染色后未经入库,在生产车间开剪私分,给国家造成损失 6 万多元。石家庄国棉六厂在 1978 年 4 月,未经主管领导同意,以试穿名义分给全厂职工试制毛涤纶 4300 多份。中共石家庄市委对石家庄印染厂、棉纺六厂的问题,进行了严肃处理。《人民日报》于 1978 年 7 月 28 日发表评论员文章《绝不允许私分私销国家计划产品》和《触目惊心的私分产品事件》,对此事进行公开批评。中共河北省委批转石家庄市委《关于印染厂和棉纺六厂私分国家产品检查报告》,要求全省各级领导,一定要刹住违反财经纪律,私分国家产品和“走后门”等不正之风。(三)沧州修建办公楼事件。从 1976 年到 1977 年,中共沧州地委置中央三令五申不准建楼堂馆所的规定于不顾,只考虑机关办公用房紧张等情况,便决定将自筹款及地直等单位基建款修房款集中使用,新建办公楼。中共中央副主席李先念,对国务院《信访摘报》中反映的沧州地委兴建办公楼的问题,作了调查处理的批示。中共河北省委派出调查组到沧州调查,认为沧州地委无视中央三令五申,在农业连年减产遭灾、群众生活困难的情况下,不是集中财力、物力大上农业,改变落后的面貌,解决群众困难,而是讲排场、搞阔气,违背了党的优良传统和作风。中共河北省委决定对这一问题在党报上通报批评。

除上述典型事件外,省委还查处了其他违纪违法事件,主要包括:三河县委违反规定建楼堂馆所的问题,石家庄地区无极县、邯郸地区鸡泽县、邢台地区新河县高考中领导干部营私舞弊的问题,邢台地区柏乡县护秋中打死人的问题,新河县招工中违反政策问题,邯郸地区魏县粮食浮夸问题,肥乡县严重违反财经纪律问题。对这些问题经过调查核实后,分别情况给予了严肃处理和公开批评。《人民日报》1978 年 2 月 14 日发表评论员文章《以三河县委为戒》。

针对全国不断出现的少数干部强迫命令、违法乱纪事件，1978 年 7 月，中共中央转发陕西省委《关于旬邑县少数干部强迫命令、违法乱纪问题的调查报告》，强调恢复和发扬党的优良传统和作风、拨乱反正，落实党的方针和政策。7 月 29 日，河北省委发出《关于传达贯彻中央 42 号文件的通知》指出："中央 42 号文件中指出的问题，在我省各地都不同程度地存在着。今年以来，省受理的人民来信来访，有 30% 以上是反映少数干部强迫命令、违法乱纪问题的，有的问题相当严重。"省委要求全省各地、各单位要在深入揭批江青反革命集团的第三战役中，坚决刹住强迫命令、违法乱纪的歪风，对违法乱纪问题普遍进行一次认真的检查。对少数犯错误的干部，要重在教育，个别问题严重的，要严肃处理。对混入干部队伍、残酷迫害群众的坏人，要依法制裁。凡是打骂群众的，都要检查错误，赔礼道歉；无理扣罚群众粮、款、工分的，要予以退赔；因违法乱纪造成的错案、冤案，要予以平反。要抓住严重强迫命令、违法乱纪的典型案件，进行公开处理，在报纸上揭露，借以教育广大干部群众。对遵纪守法、密切联系群众、全心全意为人民服务的好人好事，要大力表彰，广泛传播，以发扬正气，压倒邪气。

省委要求，各级党政领导机关，要认真纠正官僚主义作风。少数干部滋长的命令主义、违法乱纪的恶劣作风，往往同领导上存在着官僚主义等不良作风分不开。所以，改进干部作风，必须从领导上改起，领导干部必须以身作则。各级党委要采取坚决的态度和有力的措施，认真克服各种形式的官僚主义，以利于迅速地、彻底地纠正干部中的命令主义、违法乱纪作风。

中央文件和省委的通知在全省各地传达贯彻，同时检查和纠正领导干部违法乱纪问题，并对邯郸、邢台、唐山、石家庄等地发生的领导干部违法乱纪问题，分别进行了公开揭露和严肃处理。党组织整顿和对典型案件的查处，对端正党风，恢复党的优良传统起到了一定的促进作用。

贯彻党的十一届三中全会精神，进入新的历史时期

1978 年 11 月 10 日至 12 月 15 日，中共中央在北京召开工作会议，为党的十一届三中全会召开做准备。在会议闭幕时，邓小平作了《解放

思想,实事求是,团结一致向前看》的重要讲话,强调指出:首先是解放思想,只有思想解放了,我们才能正确地以马列主义、毛泽东思想为指导,解决过去遗留的问题,解决新出现的问题。一个党,一个国家,一个民族,如果一切从本本出发,思想僵化,迷信盛行,那它就不能前进,它的生机就停止了,就要亡党亡国。他还语重心长地告诫全党:再不实行改革,我们的现代化事业和社会主义事业就会被葬送。在中国面临向何处去的重大历史关头,这篇讲话是开辟新时期新道路的宣言书。紧接着,1978 年 12 月 18 日至 22 日,具有历史意义的中国共产党第十一届中央委员会第三次全体会议在北京召开。全会高度评价了实践是检验真理的唯一标准的讨论,批判了“两个凡是”的错误方针,充分肯定了必须完整地、准确地掌握毛泽东思想的科学体系,重新确立了马克思主义的思想路线、政治路线和组织路线,果断地停止使用“以阶级斗争为纲”的口号,作出了全党工作的着重点要转移到社会主义现代化建设上来和实行改革开放的历史性决策。

中共十一届三中全会公报发表后,河北省省会石家庄市 30 万群众热烈欢呼十一届三中全会的胜利召开,热烈拥护十一届三中全会公报的发表。全省城乡广大人民群众热烈拥护党的十一届三中全会作出的各项重大决策。为传达贯彻十一届三中全会和中央工作会议精神,研究和部署把工作重点转移到现代化建设上来,12 月 23 日,省委发出关于学习党的十一届三中全会公报的通知,12 月 27 日,《河北日报》发表编辑部文章《把工作的着重点转移到社会主义现代化建设上来——纪念毛主席诞辰八十五周年》。紧接着,省委仿照中央会议的开法,分两步进行,先于 1978 年 12 月 28 日召开省委常委扩大会议,各地、市委书记及华北油田指挥部党的核心小组负责人参加,紧接着在 1979 年 1 月 8 日,又召开中共河北省委工作会议,各县委、各大厂矿企业、农村、牧场、高校、省直局级负责人参加。会议的中心议题是讨论从 1979 年 1 月起,全党工作着重点转移到社会主义现代化建设上来的问题,讨论农业及 1979 年、1980 年国民经济计划安排问题。会议强调,要发扬民主,恢复党的实事求是、群众路线、批评与自我批评的优良传统和作风。会议宣布撤销省委在 1975 年至 1976 年发出的有关“反击右倾翻案风”内容的一切文件。会议指出,当前要认真做好思想发动,调整工作部署。各级党委要从实际出发,把注意力从主要搞政治运动转到主要搞社会主义现代化建设上来。进一步落实党的政策,发展安定团结的政治局面。要集中力量加快发展国民经济,首先把农业搞上去,狠抓农村经济政策的落实,继续改变农业生产条件,实行科学种田。有领导有步骤地对各级经济行政机构进行改革。搞好领导班子建设,大力改进思想作风。

中共十一届三中全会后,河北省加大肃清“左”倾错误影响的力度,进一步深入开展真理标准问题的讨论,突出思想上的拨乱反正,从根本上纠正“以阶级斗争为纲”的“左”的影响,把人们的思想统一到十一届三中全会确定的路线、方针和政策上来。此后,省委按照中央的部署,从河北的实际出发,采取一系列改革开放和加快发展的措施,全面推进和深化改革开放事业,河北的经济和社会发展进入了新的历史时期。河北党的历史从此揭开了新的更加辉煌的篇章。

结　束　语

河北社会主义革命和建设的辉煌成就及基本经验

从1949年7月中共河北省委恢复建立到1978年12月中共十一届三中全会召开,河北各级党组织带领全省人民走过了29年波澜壮阔的发展历程。这是河北人民在中共中央的领导下,以马克思列宁主义、毛泽东思想为指导,进行社会主义革命和建设并取得巨大成就的29年,也是在成功与挫折交织的曲折历程中不断沿着社会主义道路探索前进的29年。29年中,河北广大党员干部和各族人民群众满怀豪情、自力更生、艰苦奋斗,使生产力不断发展,经济实力不断增强,各项社会事业不断进步,人民生活不断提高,河北面貌不断变化。这期间,有凯歌行进的胜利,也有艰难曲折的探索,有正反两方面经验的积累,也有百折不回、勇往直前的信念。经过29年的奋发努力,河北人民把一个满目疮痍、经济萧条、文化凋敝、民不聊生的旧河北,建设成了经济社会稳步发展、教育科技文化初步繁荣、人民安居乐业的新河北,为新时期的改革开放和中国特色社会主义积累了宝贵经验、奠定重要了基础。

一、辉煌的成就

这29年间,在中共中央的坚强领导下,中共河北省委团结带领广大党员干部和人民群众，在取得新民主主义革命胜利的基础上，进行了伟大的社会主义革命，从根本上改变了全省人民的前途命运；经过艰辛探索，河北的社会主义建设事业取得了巨大成就，河北的面貌发生了翻天覆地的历史性变化。

一、完成了由新民主主义向社会主义的历史性转变。河北省在完成建立和巩固新政权、镇压反革命、新区土地改革、城市民主改革等新民主主义革命遗留任务的基础上，经过对生产资料私有制的社会主义改造，基本上实现了生产资料公有制和按劳分配，完成了由新民主主义向社会主义的历史性转变。社会主义基本制度的全面确立，实现了河北历史上最伟大、最深刻的社会变革，为今后一切发展进步创造了政治前提、奠定了制度基础。全省广大工人、农民、知识分子的主人翁责任感更加增强，劳动光荣的社会风尚进一步形成，建设社会主义的积极性和创造性空前高涨，成为全省社会主义建设事业不断前进的强大动力。

二、确立了社会主义的基本政治制度。29年间，中共河北省委带领全省人民，建立和巩固了人民民主政权，建立和完善了各级人民代表大会制度，建立和健全了中国共产党领导的多党合作和政治协商制度，在少数民族聚居区实行了民族区域自治制度。社会主义基本政治制度的确立，确保了全省各族人民群众参与管理政治、经济、文化和社会各项事业的合法权利，真正实现了人民当家做主的愿望，人民群众的精神面貌焕然一新，整个社会欣欣向荣、生机勃勃。

三、建立了完整的门类比较齐全的工业体系。29年间，在中央和兄弟省、区、市支持帮助下，河北省坚持从实际出发，发挥资源优势，发扬自力更生、艰苦奋斗的精神，在“一穷二白”的基础上，逐步建立起煤炭、电力、冶金、纺织、医药、化工、石油、机械等工业基地，初步形成了完整的门类比较齐全的工业体系。全省相继建设了以石家庄棉纺织厂、邯郸棉纺织厂为龙头的纺织工业，以华北制药厂为龙头的医药工业，以沧州化肥厂为龙头的化肥工业，以开滦煤矿、峰峰煤矿为龙头的煤炭工业，以唐山钢铁厂、邯郸钢铁厂为龙头的钢铁企业，以任丘油田为龙头的石油工业；以保定造纸厂、保定通用机械厂、保定电影胶片厂、保定化学纤维联合厂、保定蓄电池厂、保定变压器厂等为龙头的保定西郊“八大厂”等一大批大型骨干企业,有些工业企业在全国具有举足轻重的地位,有的产业现在仍然是全省国民经济的重要支柱,为全省经济社会发展和人民生活水平的提高做出了重要贡献。

四、农业生产条件极大改善,农业生产稳步发展。河北省虽有广阔的平原,但耕地面积仅占土地总面积的37%,沙、碱、洼、岗遍布各地,加上旱、涝、虫等自然灾害严重,新中国成立后,全省粮食仍不能自给,还要依靠国家"南粮北调"解决人民群众的吃饭问题。29年间,河北人民发扬"愚公移山"的精神,治山治水、改天换地,进行了大规模的农田水利建设。特别是1963年特大洪水后,河北人民积极响应毛泽东主席"一定要根治海河"的号召,全省连续十几年每年动员30万以上劳动力进行海河治理工程,使海河水系得到有效治理,防洪排涝基本得到控制。再加上连续十余年大搞农田基本建设,植树造林,修梯田、造塘坝,开展大规模机井建设,努力提高农业机械化和电气化水平。1978年全省有效灌溉面积达5490.2万亩,占全部耕地的54.8%,机耕面积达6110万亩,占总耕地的58%。农用排灌机械89.12万台,基本实现提水灌溉机械化。农业生产条件的显著改善,极大地促进了全省农业生产的发展。1953年到1969年十七年内,全省年平均缺粮27.4万吨,全部由外省调入。1978年全省粮食总产量1687.95万吨,比1949年的469.51万吨增长了2.6倍;棉花11.71万吨,油料24.5万吨;农林牧渔业增加值达到52.2亿元。基本上实现了粮食自给或略有结余,农民已完全改变了新中国成立初期人民群众"糠菜半年粮"的贫困生活,为实现由粮食调入省向粮食调出省的转变奠定了基础。

五、教育、科学、文化、卫生事业有了很大发展。29年间,河北的教育事业得到了很大发展。到1978年全省高等学校已由1949年的3所发展到27所,在校学生由1949年的0.18万人增加到2.9万人;中等专业学校由173所发展到16904所,在校学生由3.78万人增加到389.45万人;小学在校学生746.32万人,学龄儿童入学率达到96.7%。29年中,全省高等学校和中等专业学校共培养出各种专门人才50余万人。

河北的科技工作从无到有,白手起家。到1978年,省、地、县均建立了科学技术管理部门,成立了一批专业科研机构和技术推广机构,建立了一支专业科技力量为主的科技队伍。全省全民所有制单位自然科学技术人员发展到20.05万人,全省共有独立的科研机构318个。1978年全国科学大会后,河北的科技工作进入了新的发展阶段。

随着社会主义经济建设的蓬勃开展,河北的文化事业也取得了巨大发展。文艺方面,创作了一大批为人民服务、为社会主义服务的优秀作品。河北作家梁斌的《红旗谱》,孙犁的《风云初记》,徐光耀的《平原烈火》,李英儒的《野火春风斗古城》,冯志的《敌后武工队》等文学作品在全国产生了重要影响。戏剧方面,河北广大戏剧工作者创作演出的《节振国》《红旗谱》《战洪图》等,电影文学剧本《平原游击队》《小兵张嘎》《平原游击队》等,在全国享有较高声誉。河北的图书出版、广播电影电视事业也有较快发展,全省还陆续新建了一批图书馆、博物馆、剧场、群艺馆、文化馆、体育馆等群众性文化设施。所有这些都极大地丰富了人民群众的精神文化生活。

党和政府十分关心人民群众的健康水平,大力发展卫生事业,逐步建立了一套医疗、预防、妇幼、中医、科研和医学教育机构。除全民所有制医疗卫生事业外,在基层还有大批集体所有制卫生机构和个体卫生人员,形成了遍及城乡、布局比较合理的医疗卫生网。在全民所有制单位、机关、学校等实行了免费医疗制度;在农村实行合作医疗和“赤脚医生”制度,并在医疗保健方面坚持以预防为主的方针,建立了卫生防疫机构,广泛开展爱国卫生运动,大力进行疾病防治工作,危害人民健康的鼠疫、天花、黑热病、麻风病等很快被消灭。这些都为增强全省人民体质,提高人民群众的健康水平,发挥了重要作用。

六、人民群众的物质生活水平显著提高。29年间,随着社会主义建设事业的发展,全省城乡人民群众的生活发生了巨大变化。到1978年农民人均纯收入由1954年的62.66元提高到114.1元。职工年平均工资由1949年的318元增加到592元。城乡居民的消费水平有了较大提高,1978年全省城乡居民每人年均消费额160元,比1952年的77元,增长1.08倍。随着居民收入的增长,城乡居民储蓄显著增加,居民的购买力也有所提高。1978年全省城乡居民储蓄存款年末余额由1952年的0.29亿元提高到11.17亿元;社会商品零售总额由1952年的16.92亿元提高到83.68亿元。主要消费品零售量也有较大增长,1978年同1952年比较:粮食由164.6万吨增至280.9万吨;肉猪由41.9万头增至330.5万头;水产品由2万吨增至4万吨;鲜蛋由0.5万吨增至1.4万吨;棉布由1.9亿米增至3.8亿米。随着居民消费水平的提高,城乡居民用于文化生活和服务方面的支出逐年增加,到1978年底,全省城镇居民家庭每百户拥有自行车164辆,缝纫机55台,手表200只,收音机85台。这些主要耐用消费品的大幅度增长,反映出人民群众生活水平的显著提高。这在当时是一个重要成就。

二、曲折的历程

河北社会主义革命和建设29年的历程,是一个艰辛探索的过程。其间既取得了辉煌的成就,也经历了严重挫折。

1949年至1956年,是河北从新民主主义向社会主义过渡时期。河北各级党组织全面贯彻《共同纲领》和党在过渡时期的总路线,建立和巩固了各级人民民主政权,国民经济得到了迅速恢复和发展;开展了有计划的经济建设,提前完成了第一个五年计划的各项指标,经济建设取得了巨大成就;胜利完成了对农业、手工业和资本主义工商业的社会主义改造;顺利实现了由新民主主义到社会主义的历史性转变,确立了社会主义的基本制度,为经济发展和社会进步提供了根本的制度保障。

在社会主义改造基本完成后,党领导人民转入全面的大规模的社会主义建设,并对社会主义建设道路进行了艰辛探索。由于党对领导社会主义建设缺乏经验,也没有现成的经验可供借鉴,只能在实践中探索。在探索中出现了两次大的失误,使社会主义建设事业遭到了严重挫折。第一次大的失误是1958年至1960年的“大跃进”运动,使国民经济和人民生活陷入了严重困境。经过1961年至1965年的全面调整,工农业生产、科技教育文化事业等方面取得了很大成就,社会主义建设又重新出现了欣欣向荣的景象。这一时期,虽然遭到过严重挫折,但同时也积累了领导社会主义建设的宝贵经验。特别是在国民经济调整期间，1963 年 8 月河北发生了历史上罕见的特大洪涝灾害，1966 年 3 月邢台地区又发生强烈地震灾害。这两次严重自然灾害发生后，在中共中央和毛泽东主席、周恩来总理的亲切关怀下，在解放军和全国人民的大力支持下，河北省各级党委和政府带领广大干部群众展开了波澜壮阔的抗灾救灾斗争，很快取得了恢复生产、重建家园的重大胜利，充分显示了社会主义制度的优越性。第二次大的失误是 1966 年至 1976 年的“文化大革命”，使党、国家和人民遭到更严重的挫折和损失。但广大党员干部和人民群众对建设社会主义的信念没有动摇，在逆境中坚守岗位，坚持生产，减少了“文化大革命”造成的破坏，国民经济仍然取得了一定发展。在“文化大革命”后期，河北省发生了震惊世界的唐山大地震，使唐山这座有百年历史的重工业城市，瞬间化为一片废墟。在中共中央、国务院的领导和全国人民的支援下，河北省党政军民团结拼搏，展开了一场气壮山河的抗震救灾斗争，取得了重大胜利，并在地震废墟上开始了新唐山的建设。1976 年“文化大革命”结束后，经过两年短暂徘徊，河北终于走上了改革开放的正确道路。

河北社会主义革命和建设 29 年的历程中，正确与错误、成功与挫折，错综交织，反映出探索的复杂性和艰巨性，体现了中国共产党人为探索建设社会主义道路付出的艰辛和努力。

两次大的失误，都是在“左”的指导思想下发生的，主要表现在以下三个方面：一是经济建设急于求成。全党上下强烈要求改变贫穷落后面貌、尽快赶超西方国家、尽快使人民过上好日子的美好愿望是好的。但应把革命热情和按客观经济规律办事结合起来。不能违背经济发展的规律，片面追求生产发展的高速度；不能把人的主观能动性夸大到不适当的程度；不能把建设速度问题上的不同意见与阶级斗争相联系。急于求成，急躁冒进，结果事与愿违，欲速则不达。二是所有制结构急于求纯，即不切实际地提高公有化程度，以为公有化程度越高越纯越好。消灭私有制是共产党人的最终奋斗目标，但在“一穷二白”的基础上建设社会主义，没有生产力的高度发展，是不可能建成社会主义的，更谈不上实现共产主义。片面强调生产关系对生产力的反作用，忽视生产力是生产关系的决定性作用都是违背社会发展规律的。三是阶级斗争扩大化。党的八大已经宣布,进入社会主义社会后,无产阶级同资产阶级之间的矛盾已经不再是我国社会的主要矛盾,社会的主要矛盾已经转化为“人民对于建立先进的工业国的要求同落后的农业国之间的矛盾”,“人民对于经济文化迅速发展的需要同当前经济文化不能满足人民需要的状况之间的矛盾”。但后来由于受国际国内经济政治形势的影响,没能用正确的方法处理和解决在一定范围内存在的阶级矛盾和阶级斗争,给社会主义建设事业造成了严重后果。

建设社会主义是全新的事业,认识和掌握其中的客观规律都不可能一次完成,必须经过“实践、认识、再实践、再认识”这个循环往复的过程,在这个过程中,既会有成功,也难免会有失误。“我们要从胜利和失败两方面来认识规律。”这是河北29年探索建设社会主义道路出现失误的认识论原因。再者,由于我们党曾长期处于战争和激烈的阶级斗争环境中,对迅速到来的新生的社会主义社会和大规模的社会主义建设缺乏充分的思想准备和科学研究,对什么是社会主义和怎样建设社会主义这个根本问题还没有完全搞清楚。因此,在社会主义改造基本完成以后,在认识和处理社会主义社会发展进程中出现的政治、经济、文化等方面的新问题时,容易把不属于阶级斗争的问题看成阶级斗争,或者把属于人民内部的阶级斗争看成是敌我性质的矛盾,而又习惯沿用过去熟习而又不能随意照搬的那种大规模急风暴雨式的群众运动的旧经验、旧方法去解决,这就难免出现重大失误。

河北的社会主义革命和建设是中国共产党实践活动的组成部分。河北作为“畿辅”大省,直接受益于中共中央的关怀和帮助。中央领导多次到河北视察调研,对河北的社会主义建设事业给予了及时的指导。中央的许多重大决策曾在河北进行过试验或试点,河北提供的宝贵经验,推进了社会主义革命和建设事业的发展。同样,实践中出现的偏差,也对全国产生了一定的影响。比如“大跃进”中率先在徐水进行的“共产主义”试点,成为全国“共产风”“一平二调”“穷过渡”的典型。在农村“四清”运动中,河北参与提供的“桃园经验”和“小站夺权”经验被批转全国,助长了“四清”运动中“左”的错误的发展。

世界上任何一个政党,没有不犯错误的。中国共产党和其他政党相区别的显著标志之一,就是具有自我批评的优良作风,善于从错误中学习,总结经验教训,把错误变成正确的先导。我们党对自己的失误和错误历来采取郑重的态度,一是敢于承认,二是正确分析,三是坚决纠正,从而使失误和错误连同党的成功经验一起成为宝贵的历史智慧。29 年中,河北各级党组织在中共中央的领导下,在推进社会主义革命和建设中一旦发现错误,就勇于承认错误,积极纠正错误,不断深化对社会主义建设规律、共产党执政规律的认识。在经历了 29 年的艰难探索之后,河北终于走上了改革开放的正确道路,并不断把中国特色社会主义事业推向前进。

三、历史的启示

河北在社会主义革命和建设的 29 年中,不仅取得了辉煌的成就,也积累了丰富的经验,为新时期开创中国特色社会主义道路提供了有益的镜鉴和启示。

一是必须始终坚持党在指导思想上的与时俱进,用发展着的马克思主义指导新的实践。中国共产党是用马克思主义理论武装起来的政党,在马克思主义理论指导下,我们取得了新民主主义革命的胜利。新中国成立后,我们党一开始就面临着在中国将要建成什么样的社会主义,如何建设社会主义的历史任务。这是一个全新的课题,也是对执政后的中国共产党提出的严峻挑战。关于如何建设社会主义,当时世界上并没有现成的经验可供借鉴,马克思主义也不可能为上百年后遇到的新问题提供现成答案,中国共产党人只能根据马克思主义的基本理论结合中国的具体实际,进行艰辛的探索和开拓。对此,毛泽东也有清醒的认识,他指出,“马克思这些老祖宗的书,必须读,他们的基本原理必须遵守。但是,任何国家的共产党,任何国家的思想界,都要创造新的理论,写出新的著作,产生自己的理论家,来为当前的政治服务,单靠老祖宗是不行的。”

在社会主义建设刚刚起步的情况下，我们党在探索中也积累了领导社会主义建设的重要经验，形成了一系列正确的理论成果。但是在后来的探索实践中，由于对马克思主义采取了片面或教条式的理解，照抄照搬马克思主义的原有结论，不能与时俱进地用发展着的马克思主义指导新的实践，导致了实践上的严重失误。社会主义革命和建设的实践充分证明：离开马克思主义的指导，社会主义建设就没有出路；照抄照搬马克思主义的原有结论，照抄照搬他国革命和建设的具体模式，社会主义革命和建设就要受到挫折。在实践中丰富和发展马克思主义，用发展着的马克思主义指导新的实践，是马克思主义始终充满生机和活力、具有强大生命力的根本之所在，也是从 29 年社会主义革命和建设正反两方面经验教训中得出的基本结论。

二是必须始终坚持解放思想、实事求是的思想路线，正确认识不断变化的形势和任务。新中国成立后，河北各级党组织和广大党员群众面临着国内形势的深刻转折和工作环境、根本任务的巨大变化。由新民主主义过渡到社会主义，由战争年代转为和平建设时期，由处理阶级斗争、阶级矛盾为主转向进行经济文化建设为主，需要大力发展先进生产力，大力发展先进科学文化。在形势和任务发生转变面前，人们往往带着旧的习惯和思维方式看待转变后的工作和任务，僵化地教条地处理不同历史条件下出现的各种矛盾和问题，以至于主观与客观、理论与实际相脱离，这样势必出现工作偏差与失误。历史的教训启示我们：必须坚持正确的思想路线，实事求是，一切从实际出发，正确判断形势和任务，才能不断把社会主义建设事业推向前进，取得新的胜利。

三是建设社会主义，必须坚持以经济建设为中心。在社会主义制度基本确立后，所要解决的主要矛盾是人民日益增长的物质文化需要同落后的社会生产之间的矛盾。这就决定了党和国家的工作重点必须坚定不移地转移到社会主义建设上来，集中力量发展社会生产力，并在此基础上不断改善人民的物质文化生活。在社会主义社会内部，一方面，剥削阶级作为阶级已经消灭；另一方面，阶级斗争仍将在一定范围内长期存在，在一定条件下还有可能激化，这是一个重要的基本事实。党的各级组织，特别是党的领导干部，对此要保持全面、清醒的认识，正确地加以对待和处理。但不能因为阶级斗争在一定范围存在而把它扩大化和绝对化,更不能以阶级斗争为纲。归根结底,我们在社会主义建设中出现的失误就是没有坚定不移地、适时地将工作重点进行转移,这是党和人民的事业付出了惨重代价而得来的深刻教训。

四是社会主义建设必须尊重客观规律,把革命热情和按客观经济规律办事结合起来。人是要有一点精神的,从事社会主义建设这一前无古人的伟大事业,更需要发扬敢想、敢干、敢闯的革命精神。但人的主观能动性只有在认识和把握客观规律的前提下才能得到充分发挥,凡是超越实际、超越"阶段",片面追求高速度,夸大主观意志的作用,急于求成、急躁冒进,都只能破坏客观规律,给社会主义建设带来严重损失。我们在经济建设中出现的重大失误,一个重要原因就是未能按客观规律办事。因此,不断研究新情况,解决新问题,总结新经验,继续深化对社会主义建设规律的认识,是党的一项重要任务。

五是必须始终坚持党的群众路线,尊重广大人民群众的首创精神。人民群众是历史的创造者,也是社会主义建设的主力军。河北 29 年的发展和成就,归根结底来自最广大人民群众的创造和奋斗。河北是革命老区,广大党员干部和群众受到党的长期教育,经历过革命战争的洗礼和考验,对党有着深厚的感情,对社会主义和共产主义事业抱有坚定的信念。在社会主义革命和建设中,广大群众精神振奋,意气风发,斗志昂扬,以主人翁的姿态焕发出巨大的积极性和创造性,涌现出一大批先进典型和模范人物。在农业合作化中,有被毛泽东誉为"我们整个国家的形象",靠"三条驴腿"起家的遵化县西铺村的"穷棒子社";有被誉为"五亿农民的方向"的安平县王玉坤合作社。工业战线,有多次创造全国黑色金属矿山掘进最高纪录的龙烟铁矿"马万水小组""马万水工程队";有"特别能战斗"的开滦煤矿英雄集体和"地球转一圈、他转一圈半"无私奉献的"矿山铁汉"侯占友。农业战线,有"万里千担一亩田,青石板上创高产"的"当代活愚公"沙石峪人;有战穷山恶水、开山劈石修路造田的南滚龙沟人;有带领群众植树造林锁风固沙,不改变面貌不论嫁的临西县东留善固村全国劳模吕玉兰。他们都是在社会主义革命和建设中涌现出来的广大人民群众的优秀代表。中共河北省委十分重视先进典型的示范、引领和表率作用，尊重人民群众的首创精神，不断总结和推广先进经验，使这些先进典型在全省乃至全国产生了重大影响。因此，始终保持党同人民群众的血肉联系，充分发挥好、保护好人民群众的积极性和创造性，是战胜各种困难和考验，在社会主义建设事业中不断取得新胜利的群众基础和力量源泉。

六是必须努力建设高度的社会主义民主政治，使社会主义民主制度化、法律化。29 年正反两方面的经验告诉我们，要坚持人民民主，必须依靠人民执政，支持和保证人民当家做主的合法权利；必须坚持和完善人民民主专政和人民代表大会制度与多党合作的政治协商制度；必须坚持和完善民主集中制，以发展党内民主，带动人民民主，不断推进经济、政治、文化和社会的法制化建设。在“文化大革命”中，河北省同全国一样，国家的基本政治制度遭到破坏，国家宪法和法律遭到践踏，极端民主化和无政府主义泛滥，制造了大批冤假错案，给党和国家事业造成巨大损失。这表明，建设中国特色社会主义，必须发展社会主义民主，使民主制度化、法律化；必须坚持依法治国，建设社会主义法治国家，坚持党的领导、人民当家做主和依法治国有机统一，才能保证党和国家事业沿着正确的道路健康发展。

七是必须不断加强党组织的自身建设，充分发挥党员的先锋模范作用和党组织的战斗堡垒作用。在社会主义建设各项事业中，为继续保持和发扬党的优良传统和作风，经受住执政的考验，防止出现官僚主义、脱离群众的危险，河北各级党组织结合不同时期的中心任务，不断通过整风整党等形式、坚持干部到基层“蹲点”、参加集体生产劳动等制度，加强党的组织建设和作风建设，批判和抵制资产阶级和封建残余思想的侵蚀，提高拒腐防变的能力，保持党的纯洁性和先进性。特别是通过惩处刘青山、张子善等一批腐败分子，不仅表明了党和政府从严治党、严惩腐败的坚强决心，而且在全社会特别是干部队伍中逐渐形成了节俭朴素、廉洁奉公的一代新风。在社会主义建设中，广大党员以身作则、克己奉公，艰苦奋斗，充分党员的发挥了先锋模范作用；在战胜重大自然灾害等危急关头，各级党组织果断应对，靠前指挥，充分发挥了战斗堡垒作用；在艰辛探索社会主义建设道路的过程中，广大领导干部深入群众，调查研究,坚持真理,修正错误,为探索中国特色社会主义道路积累了宝贵经验。29 年中,河北各级党组织经受了成功与挫折的考验,把贫穷落后的旧河北建设成了初步繁荣的新河北,为新时期的改革开放和中国特色社会主义奠定了坚实基础。

如今,在风雨锤炼中成熟起来的中国共产党,带领全国人民正在向全面建设社会主义现代化国家的宏伟目标奋勇前进。在新时代,回顾河北社会主义革命和建设波澜壮阔的发展历程,应该永远铭记我们的前辈在社会主义建设事业中作出的巨大贡献和艰辛探索,在中共中央的坚强领导下,以习近平新时代中国特色社会主义思想为指导,不忘初心、牢记使命,以史为鉴、开拓创新,奋力开创新时代全面建设经济强省、美丽河北新局面,为全面建设社会主义现代化国家和实现中华民族伟大复兴中国梦做出更大贡献。

后　记

在即将迎来中国共产党百年华诞之际，我们谨将《中国共产党河北历史》第二卷（修订本），献给全省共产党员和广大读者。

本书是在2009年出版的《中国共产党河北历史》第二卷的基础上修订而成的。记述的是1949年7月中共河北省委恢复建立到1978年12月中共十一届三中全会召开，中共河北省委组织带领全省人民进行社会主义革命和建设29年的历史。

原《二卷》是按照原中央党史研究室的部署，并经中共河北省委同意编写的。该书从1998年开始启动，前后历经10年时间，其间曾数易其稿，2009年新中国成立60周年之际由中共党史出版社出版。当时各章的撰写人员是：李碧山（第一、二、三、四章），李桂花（第五、六、七章），刘京华（第八、九、十章、后记），刘洪升（第十一、十二、十三章），冉世民（第十四、十五、十八章），赵胜军（第十六、十七章），张建华（第十九、二十、二十一章、结束语）。

这次修订是在保留原《二卷》基本内容的基础上，充分借鉴《中国共产党历史》第二卷的政治史学观点、历史分期、编写体例、装帧设计，积极吸收近年来河北党史学界最新研究成果，对原《二卷》进行了以下几个方面的调整、增补和修改：

一是将原《二卷》的第一编与第二编合并为第一编，并重新撰写了导语；对有的章、节标题作了修改。全书由五编合并为四编。

二是新增加了河北社会主义革命和建设时期的部分历史图片。

三是在史实考订、文字表述、事件评述、注释的规范等方面进行了修改。

这次修订再版，是在河北省委党史研究室室务会的直接领导下进行的。省委党史研究室主任孙增武、原主任张福建审读和审定了全部书稿，并提出许多重要的修改意见。副主任赵胜军、宋学民、姚建敏审读了全部书稿。本书特聘河北省社会科学院历史所研究员刘洪升对全部书稿进行了审改。

在修订过程中，虽然我们力求全面客观地反映历史的本来面貌，揭示历史的发展规律，但限于我们的学识水平和研究能力，本书在史实叙述、史料运用、事件评价等方面，肯定还存在不妥之处，恳请广大读者和史界同仁批评指正。

编 者

2021 年 2 月

从书后记

历史是最好的教科书。党的十八大以来，以习近平同志为核心的党中央高度重视党史和文献工作。全国党史和文献部门深入贯彻落实习近平总书记关于党史和文献工作的一系列重要论述，扎实开展党史研究和编写工作，推出系列党史编研成果，充分发挥了以史鉴今、资政育人的作用。

为庆祝中国共产党成立100周年，中央党史和文献研究院组织各省（自治区、直辖市）党史和文献部门编写和修订本地区新民主主义革命时期的中国共产党历史基本著作，由中共党史出版社推出《中国共产党历史（地方卷）集成·新民主主义革命时期》（简称“一卷集成”），为开展党史学习教育和“四史”宣传教育提供了重要读本，受到社会各界的好评。

为迎接党的二十大胜利召开，深入贯彻落实中共中央办公厅《关于推动党史学习教育常态化长效化的意见》，“推动正确党史观更深入、更广泛地树立起来，让正史成为全党全社会的共识”，中央党史和文献研究院组织《中国共产党历史（地方卷）集成·社会主义革命和建设时期》（简称“二卷集成”）编写出版工作，用党的光辉历程和伟大成就鼓舞斗志、明确方向，用党的光荣传统和优良作风坚定信念、凝聚力量，用党的实践创造和历史经验启迪智慧、砥砺品格，为实现中华民族伟大复兴的中国梦提供不竭精神动力。

“二卷集成”编写出版工作，坚持以习近平新时代中国特色社会主义思想和习近平总书记关于党史、文献工作的重要论述为指导，以党的第二个历史决议、第三个历史决议为遵循，注重吸收最新研究成果。中央党史和文献研究院院务会高度重视此项工作，曲青山院长给予大力指导。各地党史和文献部门积极配合，26个省（自治区、直辖市）完成了“二卷集成”的编写出版任务。“二卷集成”的出版，是全国党史和文献部门向党的二十大献上的一份厚礼！

党有所需，史有所为。编写出版中央和地方党史基本著作，是党中央赋予全国党史和文献部门的重要职责。我们将继续做好后续集成丛书的编写出版工作，全面系统讲好党的历史，修好红色家谱，为广大党员干部群众在新时代新征程深入学习党史、从党史中汲取前进的智慧和力量，不断作出新的贡献。

中央党史和文献研究院第七研究部

2022年9月